BULLETIN CRITIQUE

VINGT-SEPTIÈME ANNÉE

1906

TOME XII

DEUXIÈME SÉRIE

BULLETIN CRITIQUE

PUBLIÉ SOUS LA DIRECTION

DE MM.

A. BAUDRILLART, E. BEURLIER
L. DUCHESNE, Membre de l'Institut
L. LESCŒUR, H. THÉDENAT, Membre de l'Institut

Secrétaire de la rédaction
Marcel THIBAULT

DEUXIÈME SÉRIE

1906
— TOME XII —

PARIS
ANCIENNE LIBRAIRIE E. THORIN ET FILS
ALBERT FONTEMOING, ÉDITEUR
Libraire des Écoles Françaises d'Athènes et de Rome,
DE L'INSTITUT FRANÇAIS D'ARCHÉOLOGIE ORIENTALE DU CAIRE,
DU COLLÈGE DE FRANCE, ET DE L'ÉCOLE NORMALE SUPÉRIEURE
4, Rue Le Goff, 4

BULLETIN CRITIQUE

1. — **Histoire des Livres du Nouveau Testament**, par E. Jacquier, tome second. Paris, Lecoffre, 1905. In-12 de 511 p.

Le premier volume de cet excellent ouvrage parut en 1903. J'en rendis compte dans le *Bulletin Critique*, n° du 5 mai de cette même année. Les éloges que je crus devoir donner à cette première partie, la seconde les mérite également. On sent que l'auteur, le très distingué professeur d'Ecriture Sainte aux Facultés catholiques de Lyon, est parfaitement maître de son sujet.

Dans neuf chapitres, M. Jacquier traite : 1° des Evangiles en général, de la signification et de l'emploi de ce terme, des titres et de l'ordre des Evangiles; 2° de la Tradition sur l'origine et la formation de ces derniers : les témoignages de saint Luc, de Papias et des écrivains postérieurs; 3° de l'Evangile oral : de son contenu, de l'idiome dont se servit Notre Seigneur, de celui de l'Evangile oral et des Logia; 4° de l'analyse comparée des trois synoptiques; 5° des hypothèses sur leur formation, celles de l'école de Tubingen, de la tradition orale, de la dépendance mutuelle, l'hypothèse documentaire; 6° de l'Evangile selon saint Mathieu; 7° de celui selon saint Marc; 8° de celui selon saint Luc, et enfin 9° du texte sous lequel nous sont parvenus ces évangiles. Comme on le voit, l'auteur ne parle pas de l'Evangile selon saint Jean. Il le réserve pour le ou les volumes suivants, où il l'étudiera ainsi que les autres écrits johanniques, de même que les Actes des Apôtres et les épîtres catholiques.

Comme je le disais, lors de l'apparition du premier volume, l'auteur est très bien informé, et il résume excellemment le résultat de ses informations. Un simple coup d'œil sur les points traités dans ce second volume permet d'en juger l'importance.

Le plus souvent, sans prendre parti lui-même dans la discussion, l'auteur expose les diverses hypothèses formées de nos jours sur l'origine et la formation des synoptiques. Les témoignages contradictoires de Papias et d'Eusèbe, celui de saint Jérôme sont consignés avec soin, comme ils le méritent ; mais ce désaccord entre écrivains de la plus haute antiquité ecclésiastique indique assez la réserve avec laquelle on doit toucher à des questions ouvertes depuis si longtemps et dont la solution définitive se fera sans doute encore plus longtemps attendre.

Dès lors, que dire de certains exégètes qui, sans informations nouvelles, prétendent avoir trouvé la clef de ces énigmes scripturaires ?

M. Jacquier n'est point de ces audacieux, et je l'en félicite d'autant plus qu'il a étudié de plus près le texte et la tradition évangélique.

Ce qu'il y a d'incontestable, et ce que tout le monde sait depuis longtemps, c'est que les Evangiles sont essentiellement fragmentaires, qu'à part saint Luc qui semble avoir pris quelque souci de l'arrangement des faits, ni saint Mathieu, ni saint Marc ne s'en sont préoccupés. Ce qu'ils ont voulu faire, c'est moins œuvre d'historiens que de moralistes.

D'autre part, si saint Mathieu et saint Marc sont les auteurs des Evangiles qui portent leur nom, le premier n'a eu besoin que d'évoquer ses souvenirs personnels, et le second ceux de saint Pierre, son maître, sans qu'il soit besoin de supposer des *Logia* primitifs, consultés et mis en œuvre par eux. Que si l'on retarde la rédaction de ces Evangiles, c'est autre chose, mais alors qu'on nous serve des preuves et non des hypothèses plus ou moins gratuites, comme on l'a fait jusqu'à présent.

L'exégèse chez certains est une affaire de pure imagination. M. Jacquier ne l'entend pas ainsi, certes, et son Histoire des Livres du Nouveau Testament, lorsqu'elle sera terminée, remplacera avantageusement les manuels actuellement en usage dans les Grands Séminaires, manuels dont le moindre défaut souvent est d'être pleins de pieuses inutilités et vides d'informations vraiment scientifiques.

A. Roussel.

2. — Pierre Suau. **S. François de Borgia** (1510-1572) dans la collection « les Saints ». Paris, Victor Lecoffre, 1905, in-12, 204 pages.

La biographie de S. François Borgia ne diffère-t-elle pas de la majorité des œuvres qui composent la collection des *Saints* ? N'a-t-elle pas à un plus haut degré que les volumes précédents le caractère d'un récit hagiographique de pure édification ? L'action sociale du saint est-elle suffisamment mise en lumière ? Oui, s'il s'agit de son existence laïque et des grandes charges qu'il a remplies sous le règne de Charles-Quint. Tout le chapitre concernant la vice-royauté de Borgia en Catalogne est d'un intérêt historique indéniable ; il présente de curieuses peintures des mœurs de la Renaissance. Non, si l'auteur se propose d'être (et nous croyons qu'il devait être) l'historien d'une phase importante dans le développement de la Société de Jésus.

Le généralat du saint que l'on nous annonce presque comme une seconde fondation de l'Ordre des Jésuites ne garde-t-il pas une trop grande part de mystère ? Le récit en est surchargé de menus faits édifiants au point de rendre énigmatiques pour le lecteur ces graves paroles de la conclusion « La Compagnie de Jésus n'avait encore qu'une notoriété restreinte, qu'un crédit discuté. Comme toute œuvre à peine fondée, elle avait à vaincre des hostilités redoutables, à s'étendre, à s'organiser, à s'affermir dans la pratique de ses constitutions et de ses règles. Laynez... la laissait cependant à peine instruite de ses constitutions, repoussée de France, combattue en Espagne, insuffisamment pourvue de moyens de formation. Il lui fallait un protecteur dont le nom seul l'accréditât, dont l'indiscutable sainteté lui servît de modèle et d'apologie, dont la douce énergie assurât l'empire de la règle, dont l'initiative hardie et prudente développât ses œuvres. François de Borgia fut ce protecteur providentiel. » Que la notoriété de la Compagnie de Jésus se soit accrue par l'adhésion de Borgia à sa règle et aux œuvres de S. Ignace, le livre de M. Suau le démontre abondamment. S. François demeura influent à la cour par le souvenir de son rang féodal et de ses services, il devint populaire auprès des humbles par les manifestations répétées de sa volonté de déchoir aux yeux du monde. Encore ne serait-il pas indispensable de multiplier les exemples de cette humilité un peu théâtrale. Un prince qui lave la vaisselle des moines que sa générosité nourrit, reste toujours un prince et la perfection de sa vie monacale compense le mépris des préséances. Il est vrai que les exemples d'abaissement volontaire touchent les âmes simples mais d'une émotion passagère qui bien souvent laisse peu de traces. Plus utiles à leur siècle et à l'Eglise sont les saints qui peuvent créer ou perfectionner quelque grande institution comme celle que S. François Borgia après S. Ignace élabora pour plier l'Europe à la discipline catholique. Combien il eût importé à la gloire du saint de marquer exactement dans quelle mesure la bonne organisation intérieure et la force d'expansion avaient été assurées à l'ordre des Jésuites par ses deux premiers généraux Loyola et Lainez. Il aurait été possible après cela de mesurer le progrès accompli par la puissante Compagnie sous la direction de Borgia, tandis que le présent Opuscule néglige sur trop de points de satisfaire notre curiosité. Peut-être l'auteur estime-t-il cette curiosité profane et dans les circonstances actuelles, le lecteur se rend compte qu'il doit être discret; puis les dimensions de la brochure excluent les longs exposés. Quelques traits du moins nettement marqués auraient pu nous guider soit dans l'histoire de l'Ordre même des Jésuites, soit dans quelques combinaisons politiques dont l'auteur nous permet à peine de soupçonner l'importance.

On sait entre autres choses que le très catholique Philippe II a manqué parfois à la déférence filiale que Rome attendait de lui; les raisons, les procédés de cette résistance du roi d'Espagne à la Cour pontificale sont inégalement connus. Dans son chapitre intitulé « le commissaire général d'Espagne, » M. Suau nous met en présence d'un conflit d'ordre économique, les monastères des Jésuites étaient suspects à la Cour de Madrid comme des instruments d'exploitation financière au profit et au service du pape. Chacun était dans son rôle; le moine défendait les intérêts généraux de la religion et accumulait des ressources considérables pour la propagande, le roi veillait au bien-être matériel de son Etat, comme c'était son devoir. Il ne s'agit pas d'une épreuve temporaire arbitrairement infligée à l'homme de Dieu et l'historien, si préoccupé qu'on le suppose de faire ressortir les vertus, la résignation du saint, ne doit pas méconnaître les raisons justifiables des contradictions infligées à son héros.   H. Gaillard.

---

3. — Colajanni. **Latins et Anglo-Saxons : Races supérieures et races inférieures**. Traduction et préface par J. Dubois. 1 vol. in-8, Alcan, 1905.

Ce livre est une nouvelle réfutation de l'anthropo-sociologie.

On sait que toute une école de médecins et de biologistes prétend découvrir dans la race, entendu au sens le plus strictement zoologiste, le facteur quasi-unique de l'évolution sociale. A signaler parmi les porte-étendards de la doctrine, Vacher de Lapouge en France, Ammon en Allemagne, Sergi en Italie, et leur ancêtre à tous le comte de Gobineau. Leurs conclusions sont appuyées sur une somme importante de documents fournis par l'Ecole anthropologique, et relatifs à l'indice céphalique, à la stature, au teint des yeux et des cheveux, etc. Cet appareil scientifique en a imposé aux philosophes, aux sociologues et aux statisticiens de profession, et nous avons vu récemment des hommes de la valeur de MM. Fouillée, Bouglé et autres diriger contre eux leurs batteries. C'est que ces Messieurs des Facultés de médecine ne respectent rien de ce qui nous est cher. Les peuples latins condamnés à une décadence fatale, parce que brachycéphales bruns ; les Anglo-Saxons prédestinés à la maîtrise perpétuelle de l'univers parce que dolichocéphales blonds ; les démocraties vouées à la ruine parce que l'aristocratie des « eugéniques » a seule le talent et la vertu ; la guerre politique et économique exaltée et consacrée parce que le progrès s'accomplit par l'écrasement des faibles ; le protestantisme investi des promesses de ce monde parce qu'il est sous ses formes variées la religion des dolicho-blonds : voilà leur verdict, inspiré, disent-ils, par la science la mieux contrôlée. Il y a de quoi rendre furieux un méditerranéen, un démocrate, un socialiste, un catholique...

Jusqu'ici l'explosion de colère et d'indignation s'était manifestée dans le camp des métaphysiciens, ou dans celui des historiens. Ils s'étaient mis à apprendre la biologie et l'anthropologie, pour être à même de répondre par des arguments topiques. C'était une vraie apologétique. Lisez la *Démocratie devant la Science* de M. Bouglé.

Mais M. Colajanni est un médecin, un professionnel de l'anthropologie. Il apporte son concours à l'escouade dévouée des polémistes. Il est d'ailleurs bien autre chose qu'un médecin. C'est avant tout un patriote qui a fait son coup de feu dans les bandes de Garibaldi, dès l'âge de treize ans. Qu'on ne tente pas de discuter sa foi dans la nouvelle Italie; il ne veut pas l'avoir en vain arrachée à l'émiettement politique et à l'oppression cléricale. C'est en outre un homme d'Etat, siégeant depuis de longues années à la Chambre des Députés, un adversaire convaincu de l'impérialisme de M. Crispi; pour lui la guerre est homicide et les armées permanentes une cause de dégénérescence. Il fut par occasion un industriel dont les entreprises ne furent pas heureuses. C'est enfin un professeur qui enseigne actuellement la statistique à l'Université de Naples. A ce titre, il a donné trois ouvrages au public cultivé de l'Italie : l'un sur le *Socialisme*, le second la *Sociologie criminelle*; le troisième dont on nous offre la traduction.

Ce livre pourrait se diviser en quatre parties bien que la matière soit répartie indistinctement entre vingt-sept chapitres. La première pose le problème de l'anthroposociologie et établit péremptoirement qu'il n'y a pas coïncidence entre la nation et la race. La seconde institue un parallèle au point de vue démographique, politique, militaire, économique, intellectuel, moral entre les Anglo-Saxons, représentés, dit-on, par les Anglais, les Nord-Américains, les Scandinaves et les Allemands, d'une part, et les Néo-Latins, Français, Italiens, Espagnols, de l'autre. C'est la partie la meilleure et où la statistique donne infiniment de consistance aux assertions du sociologue. La troisième, plus théorique, recherche les vrais facteurs de l'évolution, physiques, anthropologiques, sociaux, et fait avec raison la part la plus grande à l'éducation entendue au sens le plus large, et au moment historique, à l'imprévu, au hasard. Dans une quatrième enfin, on essaie d'élucider le concept de décadence; on se demande si les peuples néo-latins sont en progrès ou déclinent; l'on essaie de scruter l'avenir pour y chercher un motif d'espérer.

Je voudrais citer les conclusions parce qu'elles me paraissent la plupart très sages, très modérées :

1° La *supériorité* et l'*infériorité* des races sont des phénomènes essentiellement relatifs au moment où on les observe.

2° Tous les *peuples* et toutes les *races*, ou plutôt toutes les *nations* ont apporté (quelques-unes apporteront) leur tribut au patrimoine de la civilisation.

3° Le patrimoine de la civilisation à travers les siècles et les *nations* augmente sans cesse. (Je crois bien que cette assertion est démentie par l'histoire. M. C. oublie un instant la « barbarie » du Moyen-Age, fasciné qu'il est sans doute par le dogme du progrès continu).

4° Toutes les nations parvenues au maximum de grandeur que révèle le moment historique de leur supériorité sont ensuite entrées dans une décadence plus ou moins rapide.

5° La décadence des *nations* a toujours commencé par atteindre leur constitution et leur vie intérieure; elle fut morale avant de devenir intellectuelle et économique.

Dans l'ensemble ces conclusions ne s'écartent pas des opinions reçues. Il faut en savoir gré à M. C. Dans cette nouvelle branche du savoir qu'on appelle la sociologie, trop d'auteurs se permettent de rester jeunes impunément. Il est surprenant de voir le respect et la déférence que ces écrivains ont les uns pour les autres, même lorsqu'ils discutent des opinions enfantines et ultra-fantaisistes; combien peu d'implacables critiques ils comptent dans leur rang! Mais M. C. ne se gêne pas, lui, et il sait dire (p. 322) aux anthroposociologues qu'ils sont des « romanciers, des escamoteurs et des copistes. »

Ah! s'il le leur savait dire brièvement! Si après leur avoir montré bien sèchement pourquoi ils se trompent, il passait à un autre sujet et ne revenait pas en arrière, par pitié pour le lecteur. M. C. est abondant, prolixe, et redondant comme beaucoup de ses compatriotes. « La philosophie de l'histoire, dit Thorold Rogers, est une nourriture aussi creuse que l'alchimie, l'astrologie et la métaphysique. » C'est de la sociologie qu'il veut parler, telle que beaucoup l'entendent. Les sujets sont si vastes et si généraux, le champ si largement ouvert aux hypothèses, qu'il y faut du génie ou beaucoup de pénétration historique et psychologique pour intéresser. On supporte un Taine, un Fustel de Coulange, un Fouillée, un Boutmy, parce que ce sont de bons esprits et de grands artistes. Hélas! il ne suffit pas de leur rendre hommage et de les choisir pour modèles, pour atteindre à leur talent. Mais alors pourquoi n'est-on pas plus court?

Et puis il n'est guère permis de composer un livre d'articles, parus sans suite dans diverses revues, et qui traitent d'un même sujet sous des aspects différents, en reprenant toujours la question *ab ovo*. On inflige ainsi au lecteur le supplice de redites fastidieuses.

Cet ouvrage tire sa valeur, d'abord de ce qu'il est une critique ferme et sensée de théories aventureuses, effrontément présentées comme des conclusions certaines de la science moderne; puis, de ce qu'il exploite d'authentiques statistiques, et qu'il suppose des lectures sans nombre; enfin de ce qu'il prend pour guide d'excellents maîtres tels que M. Fouillée dans sa *Psychologie des Peuples européens,* M. Boutmy dans ses études sur l'Angleterre et les Etats-Unis, M. Bryce dans sa *République américaine*. Les sociologues géographes, tels que Ratzel, Metchnikoff, Vidal de la Blache, Demolins, sont aussi utilisés.

En somme un ouvrage important, consolant, animé, à tendances antimilitaristes, démocratiques, intellectualistes, anticléricales, sorte de plaidoyer, qui se ressent un peu de l'homme politique et du journaliste.

L. DE LACGER.

---

4. — **Esquisse de la Science du Bonheur,** construite d'après le *Plan méthodique*, par François DAVID. Un vol. in-18 de 336 p. Librairie Giard et Brière. Paris, 1905.

M. F. D. est prophète. Il a entrevu, dans le lointain des temps, une science nouvelle, et il s'efforce d'en délimiter les contours. Pour décrire ce monde inconnu, il lui faut des mots inouïs. Ne vous étonnez donc pas de rencontrer, dans un ouvrage qui traite de la « *Science du Bonheur* », tous ces termes d'une belle précision : *minutheur, heurheur jorheur; gramheur* et *kilogramheur, mètrheur, Kilomètrheur* et *voltheurmal.* On n'est pas savant à moitié!

Nouvelles, les idées de M. F. D. le sont-elles autant que lui-même le croit? L'auteur rêve d'une science du bonheur, destinée à remplacer la morale du devoir. Ce fut, autrefois, l'ambition de

Bentham. Il est juste d'ajouter que M. F. D. s'occupe surtout de constituer la Science du Bonheur. Mais il est convaincu qu'une morale y est enfermée.

Dans la *Statuscience du Bonheur*, M. D. considère l'état intrinsèque, intensif et extrinsèque du bonheur; dans l'*Evoluscience du Bonheur*, il en étudie l'évolution « productive », « extensive » et « destructive ». Des répétitions, des subdivisions à l'infini, pas d'idées neuves. — La dernière partie de l'ouvrage, la *Métruscience du Bonheur*, est... soyons aimable et disons qu'elle est originale. M. D. convie les savants à édifier une science où il sera traité du bonheur comme s'il s'agissait de lignes, de plans et de solides, où l'on déterminera les gramheurs, les minutheurs et les mètrheurs de tel objet de désir. Seulement, remarque mélancoliquement M. F. D., il s'écoulera bien du temps avant que cette science soit faite.

C'est assez notre avis.   H. Villassère.

---

5. — **La justice et l'expansion dans la vie. Essai sur le bonheur des sociétés humaines**, par J. Novicow, membre et ancien vice-président de l'Institut international de sociologie. — Paris, Félix Alcan, 1905, 1 vol. in-8.

L'auteur de ce livre nous avertit dès la première page qu'il est Grand-Russien et né dans le giron de l'Eglise orthodoxe grecque. Son berceau et la religion de son enfance le classent par conséquent parmi les maîtres actuels de l'Empire russe. Cet avis semble inutile. De nombreux ouvrages ont fait connaître en France le nom et les opinions nettement socialistes de M. J. Novicow et la facilité avec laquelle il manie notre langue l'a rendu familier à ses lecteurs. Son origine importe donc peu : ce sont ses idées seules qu'il convient et qu'il est intéressant d'étudier.

Son œuvre nouvelle, d'ordre philosophique, est divisée en trois parties très distinctes, mais qui s'enchaînent étroitement afin d'aboutir à la même et unique conclusion.

Dans la première, il établit sans peine que l'injustice entraîne une diminution de la puissance vitale des gouvernés et des gouvernants eux-mêmes et qu'elle constitue une véritable mutilation, parce qu'elle est une violation du droit. Qu'un Etat en attaque un autre et qu'il sorte vainqueur du conflit militaire, il n'en souffrira pas moins que le vaincu, alors même qu'il agrandirait son territoire aux dépens de celui-ci, puisqu'il l'empêche d'augmenter ses facultés mentales, comme ses forces productrices. La guerre franco-allemande n'est pas un exemple contraire. Elle a tué dans leur germe des milliers de générations ; elle a restreint le nombre des vivants. On peut faire à cette thèse de graves objections. Mais M. J. Novicow y tient, et théoriquement au moins, je ne les reproduirai pas ici, car j'accepte son axiome favori que « le nombre des travailleurs est nécessaire pour faire disparaître la misère du genre humain », quoiqu'il n'hésite pas à reconnaître que tous les hommes ne travaillent pas également (p. 121.)

La seconde partie est consacrée à un retour sur le passé. Pourquoi la justice universelle ne s'est-elle pas encore réalisée dans le monde malgré les progrès de la civilisation? Est-ce que nous n'aspirons pas tous au bonheur et notre vœu le plus impérieux n'est-il pas d'en jouir? Oui, sans doute : mais l'obstacle, c'est l'ignorance, c'est l'erreur, et la terre ne deviendra le paradis que lorsque la vérité et la science les auront détruites. La justice ne régnera sur le globe que lorsque les hommes seront frères et auront des « intérêts absolument identiques (p. 177). » Confessons que c'est ajourner indéfiniment son avènement.

Ici, M. Novicow s'interrompt brusquement pour revenir à son thème de prédilection et combattre dans huit chapitres le « darwinisme social » de MM. Lester Ward, Gumplowicz et Ratzenhofer, d'après lesquels la guerre est la condition initiale de la formation et des progrès des collectivités humaines (p. 253.) Ces huit chapitres ne sont pas les moins curieux ni les moins nourris de son volume. La place réservée à ce compte-rendu m'interdit pourtant de les analyser : il suffit de dire qu'ils préparent le lecteur à la troisième partie consacrée à « l'organisation de l'humanité, » c'est-à-dire au socialisme dont M. Novicow est un adepte convaincu.

Ce qu'il propose dans cette dernière partie, c'est la conclusion d'une sextuple alliance entre les Etats-Unis, la Grande-Bretagne, l'Allemagne, la France, l'Italie, l'Autriche-Hongrie et la Russie, alliance qui fera la loi au monde entier et lui imposera le règne de la justice, en d'autres termes le bonheur universel par la « démocratisation des sociétés. »

Est-il besoin de rien ajouter ? Et ne nous connaissons pas tout cela depuis longtemps ? La guerre à la guerre, la démocratie et la fraternité universelle, cette noble chimère des dernières années du xviiie siècle, est-ce que l'*Ami des hommes*, le père de Mirabeau, et l'orateur de la Constituante lui-même après lui ne les avaient pas prêchées dans ces phrases typiques que répétera en les adoucissant Bernardin de S. Pierre :

« Les grandes fortunes sont dans un Etat ce que sont les brochets dans un étang...

« La colère du Ciel ne fait magasin que des pleurs du pauvre opprimé...

« L'ordre social doit assurer le bonheur du genre humain pour en bannir la misère, pour fonder le bien-être de chacun, l'amélioration morale de tous... »

M. J. Novicow affirme (p. 524) que « si tout individu pouvait avoir un gain annuel de 2.000 fr., il n'y aurait plus de misère, ni de question sociale. » Je suis persuadé qu'il est lui-même un parfait honnête homme et un tendre père de famille ; mais n'appartiendrait-il pas sans le savoir à cette école contemplative et rêveuse qui s'est formée dans son pays parmi les Slaves et qui nous rappellerait un peu les bergeries de 1789, si nous ne nous souvenions en même temps des échafauds de 1793 ?

Henri Beaune.

---

6. — E. Pilastre. **Lexique sommaire de la langue du duc de Saint-Simon**. Paris. Didot, 1905.

Tous ceux qui aiment notre littérature sauront gré à M. Pilastre de nous avoir donné un lexique sommaire de la langue de Saint-Simon. Pour juger combien ce livre était nécessaire, il suffit d'avoir lu les « Mémoires ». Saint-Simon a vécu parmi les écrivains classiques et ne ressemble à aucun. Ce grand seigneur qui « écrivait à la diable pour la postérité », a trouvé au service de sa curiosité et de sa passion la langue la plus hardie, la moins correcte, la plus expressive et la plus riche qu'on ait osé écrire au xviiie siècle.

Par ses nombreux archaïsmes, elle nous ramène de cent cinquante ans en arrière, jusqu'à d'Aubigné et Montaigne. Saint-Simon, étant duc et pair, méprisait les chétifs grammairiens qui voulaient imposer des lois au génie ; il prit avec la syntaxe des libertés de grand seigneur et créa pour son usage des termes nouveaux, insoupçonnés, qui eussent excité la bile de Malherbe et fait pâlir Vaugelas. Aussi n'écrivait-il pas pour sa génération, gâtée par les puristes et indigne de le goûter. Quand son œuvre parut enfin, les jeunes romantiques l'acclamèrent et reconnurent un ancêtre dans l'irascible écrivain.

Saint-Simon n'étant pas de son époque, il ne faut point chercher dans sa langue un témoin de l'usage, comme nous le faisons d'ordinaire pour les écrivains classiques. Bornons-nous à recueillir chez lui les hardiesses de langage et les tours inusités que le génie seul peut se permettre. Le lexique de M. Pilastre nous sera un guide précieux dans cette étude.

En parcourant la liste des mots relevés dans le lexique, on est surpris d'abord du grand nombre d'archaïsmes. Plusieurs supposent, pour être compris, la connaissance de l'ancien français. Tels sont : *arraisonner, bistourner, compersonnier, dépriser, ébreneuse, embler, escousse, fétardise, forlonger*, etc. D'autres comme *éplapourdi, gourfouler, halbrenant* sont forgés librement par l'auteur, ou sont pris à la langue populaire, tels que *débagouler, gavion,* etc. Je ne dirai rien des termes ou des expressions empruntés à l'italien. A l'époque où écrivait Saint-Simon, c'est encore un archaïsme.

Plusieurs de ces mots, dont quelques-uns sont inconnus à tous les lexiques, présentent de réelles difficultés de sens. M. Pilastre en a donné généralement une explication satisfaisante. Il est regrettable que l'étymologie soit la partie la plus négligée de ce lexique. Je sais bien et l'auteur avoue très modestement qu'il convient d'avancer sur ce terrain avec circonspection, qu'il ne faut pas accueillir comme des certitudes certaines hypothèses téméraires, et que nul ne peut se flatter d'éviter l'erreur en pareille matière. M. Pilastre s'est inspiré des dictionnaires même récents, y compris le dictionnaire général de MM. Thomas et Darmsteter. Aussi est-on fort surpris de trouver dans son lexique certaines étymologies singulières, qui ne résistent pas à l'examen et ne méritent point discussion. Les plus élémentaires notions de phonétique nous interdisent de croire que *abîme* puisse venir directement de *abyssus*, *baguette* de *baculus*, *baigner* de *balneare*, *bouteille* de *buticula* (butticula est absolument nécessaire), se *chêmer* de *semis* et surtout *percer* de *pertundere*. *Pou* ne peut s'expliquer par *pediculum* mais suppose nécessairement *peduculum* (ancien français peouil). Il est au moins inutile de supposer un *per finam* ! pour expliquer *parfin*.

Je n'insiste pas sur ces fautes qui sont trop grossières pour n'être pas dues à la distraction. Avec ses erreurs et ses lacunes, le lexique sommaire de la langue de Saint-Simon est appelé à rendre des services et nous laisse désirer sur la matière un ouvrage complet et définitif. M. Pilastre est, mieux que personne, en mesure de nous le donner.

J. CHARLES.

---

7. — Charles GIDE. **Economie Sociale.** — **Les Institutions de Progrès Social au début du xxe siècle**. 1 vol. Paris, Larose, 1905.

Sous ce titre vient de paraître en un élégant volume in-8°, la réédition du rapport sur l'Economie Sociale à l'Exposition Universelle de 1900. Ceux qui avaient pu se procurer ce document si remarquable seront enchantés de le voir ainsi vulgarisé et mis par son auteur lui-même à la disposition du public.

Le texte primitif a été conservé : l'auteur a seulement ajouté de nombreuses notes relatives aux chiffres et aux événements plus récents, si bien que le petit livre sous sa forme actuelle constitue ce qui existe de plus complet, et de plus récent sur l'ensemble des questions d'Economie Sociale.

C'était un problème des plus délicats que la classification des institutions d'Economie Sociale si nombreuses et si variées dont il s'agissait de rendre compte : l'auteur a groupé tout ce que l'on peut imaginer au point de vue social et tout ce qui existe aussi bien comme œuvre d'initiative privée que des associations ou de l'Etat, sous les quatre chefs suivants : Salaires, Confort, Sécurité et Indépendance. » Il ne peut être question ici d'analyser même de loin ces pages à la fois concises et complètes sur les œuvres de tout genre et les institutions de tout modèle. Mais c'est là précisément le privilège de la science que d'instruire sans fatigue et de faire ainsi passer devant les yeux du lecteur avec une exactitude de détails et une élégance merveilleuse tout ce qu'il ignore.

C'est avec une sympathie aussi éclairée qu'étendue que M. Gide accueille les efforts de tout genre qui ont été tentés sur le terrain de l'Economie Sociale : l'individu comme l'Etat reçoivent pour les résultats acquis les encouragements les plus mérités. Tout est charmant dans la manière d'exposer jusqu'à la ligne d'ironie dont l'auteur agrémente ici et là les pages les plus sérieuses. Témoin cette conclusion exquise de la préface :

« Il est probable qu'il y aura dans cet inventaire de l'héritage que le XIXe siècle léguait au XXe beaucoup de déchet et dans ces prévisions beaucoup de déceptions. — Si dans cent ans quelque nouveau rapporteur pour l'Exposition de l'an 2000 retrouve le présent rapport dans des archives, il est possible qu'il juge bien vaine l'importance attribuée à telle ou telle institution depuis longtemps tombée dans l'oubli, ou qu'à l'inverse il sourie de la cécité des rapporteurs et des membres des jurys qui ne leur a pas permis d'apercevoir tel document perdu dans la masse, telle institution insignifiante en apparence, où pourtant se trouvait déjà contenue en puissance la solution des problèmes qui tourmentaient leurs contemporains. Du moins il apprendra en relisant ces pages ce que les hommes du commencement du XXe siècle croyaient savoir en fait d'Economie Sociale, ce qu'ils pensaient bon, ce qu'ils attendaient de l'avenir, et s'il trouve quelque naïveté dans leurs espérances, cela lui sera encore un utile enseignement. »

Comme eût dit Montaigne, ceci est un livre de bonne foi et sans attendre la fin du XXe siècle, le lecteur partagera vite l'intérêt de l'auteur et sa sympathie pour tous ces admirables efforts vers le bien-être moral et social.   B. R.

---

8. — **Les Sociétés Coopératives de consommation,** par Charles GIDE. 1 vol. in-18 jésus. Librairie Armand Colin, cart. toile souple. VII, 192 pages.

Nul n'était mieux qualifié que M. Ch. Gide pour écrire la monographie de la Société Coopérative de consommation. Initiateur des doctrines coopératives, M. Gide est en même temps l'un des apôtres les plus actifs du mouvement coopératif en France : il a participé à la création et à l'administration de beaucoup de sociétés de consommation et il est actuellement président du Comité central de l'union coopérative des Sociétés françaises. Ce petit volume reprend sur un point de détail les études antérieures de l'auteur, déjà parues sous le titre : La Coopération ; conférences de propagande.

« J'ai voulu expliquer, nous dit M. Gide dans l'avant-propos, aussi clairement que possible ce que c'est qu'une société coopérative de consommation, comment elle vit, ce qu'elle fait, ce qu'elle vaut, quelles ambitions la travaillent, quelles préoccupations la tourmentent, quelles dissensions la ruinent, et aussi comment, dans le trantran de sa vie d'humble ménagère elle touche aux plus hauts problèmes de la science économique. »

Réduire ainsi en deux cents pages tout ce qui touche à la société coopérative de consommation est un chef-d'œuvre de concision et d'élégance que seul pouvait accomplir un véritable ami des coopératives, les connaissant à fond et surtout les aimant pour le rêve qu'elles contiennent.

Rien de plus complet, malgré sa brièveté, que ce petit volume : la nature et définition de la société coopérative de consommation, l'historique et l'origine avec les pionniers de Rochdale, la statistique du mouvement, les caractères économiques et juridiques des coopératives, leurs différents types, les fédérations, la lutte des coopératives et des commerçants, les rapports avec les coopératives de production, les employés et les ouvriers dans les sociétés, toutes les questions possibles sont abordées et résolues à la lumière de l'expérience. Le livre est d'une lecture facile, attrayante, passionnante même, et il est bien certain qu'il ralliera à la coopération beaucoup de gens qui l'ignorent comme il réjouira ceux qui la connaissent et qui l'aiment déjà.

La clarté égale l'élégance du style et c'est une fois de plus une joie littéraire que de suivre M. Gide dans ses développements. A voir le succès actuel de la coopérative de consommation en France et à l'étranger, on ne doute pas qu'elle ne soit appelée au plus brillant avenir. D'ailleurs les coopérateurs ont en eux-mêmes le gage du succès : la foi en leur œuvre et en leur destinée. Ce petit livre est bien fait pour l'augmenter encore. B. R.

9. — **La Seigneurie et la paroisse de Font,** par Frid. Brülhart. Fribourg (Suisse). Imprimerie Fragnière frères, 1905, in-8, 130 p.

Monographie excellente et richement documentée. Font est un délicieux village, assis au bord du lac de Neuchâtel. Ses premiers habitants furent peut-être des lacustres ; du moins a-t-on récemment encore trouvé beaucoup de débris d'habitations de ce genre, surtout des pilotis. Les Romains qui d'ailleurs connurent admirablement l'Helvétie, s'établirent aussi à Font qui cependant ne fait guère qu'au xie siècle son entrée définitive dans l'histoire avec la seigneurie de ce nom. Après avoir été inféodée au duché de Bourgogne, la seigneurie de Font tomba sous la domination de la Savoie vers le xiiie siècle. Au commencement du siècle suivant, les seigneurs de Font prirent le titre de seigneurs de la Molière, sans augmenter beaucoup en puissance, ni surtout sans que leur tranquillité en fût raffermie, car nous les voyons toujours entraînés dans les querelles du voisinage. Vassaux des sires d'Estavayer et sujets de la Savoie, les seigneurs de Font qui avaient déjà perdu la Molière virent Font tomber au pouvoir des Suisses alors en guerre contre Charles le Téméraire dont Jacques de Savoie était l'allié. Le château de Font croula sous la pioche des démolisseurs : il ne devait plus sortir de ses ruines. A partir de cette époque Font, distrait de la Savoie, fut rattaché à la Suisse, et son histoire dès lors se confond un peu avec celle de ce dernier pays. Placé sous la domination de Fribourg, il échappa à la Réformation et put maintenir intactes ses traditions catholiques. Un certain nombre de prêtres français se réfugièrent à Font durant la Révolution. Les troupes de la République, assoiffées d'argent encore plus qu'affamées de gloire, n'épargnèrent pas cette localité, lorsqu'à la sollicitation des Vaudois elles marchèrent contre Berne et les autres cantons aristocratiques dont les caisses bien remplies excitaient leur convoitise. A les entendre, elles apportaient la liberté. Ce qu'il y a de plus certain, c'est qu'elles laissaient derrière elles la ruine et la dévastation.

Telle est à grands traits l'histoire de Font à travers les âges. L'auteur relève tous les faits dignes d'être notés, au fur et à mesure qu'ils se présentent. On y rencontre souvent de curieux traits de mœurs qui en disent long sur la civilisation des époques auxquelles ils se rapportent. Ce n'est pas seulement la seigneurie de Font, c'est aussi la paroisse dont ce volume renferme les annales. Un répertoire très commode termine l'ouvrage.

L'édition est soignée.   J. Gaudeul.

BIBLIOGRAPHIE

I. — SCIENCES RELIGIEUSES.

Barbet de Vaux (J.). — Scènes d'évangiles, in-8, 4 fr. — P. Lethielleux.

Bojan (C.). — Les Bulgares et le patriarche œcuménique, in-8, 3 fr. — F. Pichon et Durand-Auzias.

Guiraud (J.). — La Séparation et les élections, in-18, 3 fr. 50. — V. Lecoffre.

Le Camus (Mgr). — L'Œuvre des apôtres, 3 vol., in-8, 18 fr.; in-12, 12 fr. — H. Oudin.

Leclère (A.). — Le Mysticisme catholique et l'âme de Dante, in-8, 2 fr. 50. — Bloud et Cie.

Lefranc (abbé E.). — Les Conflits de la science et de la Bible (320 p.), in-12, 3 fr. 50. — E. Nourry.

Sorel (G.). — Renan historien du judaïsme, in-8, 3 fr. (30/XII.) — G. Jacques.

Sorel (G.). — Renan historien du christianisme, in-8, 3 fr. (20/II 1906). — G. Jacques.

Sorel (G.). — Renan historien des premiers temps apostoliques, in-8, 3 fr. (30/IV 1906). — G. Jacques.

II. — PHILOSOPHIE ET SCIENCES SOCIALES.

Avezac-Lavigne. — Saint-Simonisme-positivisme, in-8, 3 fr. — E. Leroux.

Béchaux (E.). — La Question agraire en Irlande, au commencement du xxe siècle (472 p.). in-8, 8 fr. — A. Rousseau.

Benoist (Ch.). — L'Organisation du travail. T. I, in-8, 10 fr. — Plon-Nourrit et Cie.

Couailhac (M.). — Maine de Biran, in-8, 7 fr. 50. — F. Alcan.

Foucher de Careil (comte). — Mémoire sur la philosophie de Leibnitz, 2 vol. (326-353 p.), in-8, 8 fr. — F.-R. de Rudeval.

Prat (L.). — Le Caractère empirique et la personne, in-8, 7 fr. 50 — F. Alcan.

Renouvier (Ch.). — Critique de la doctrine de Kant, in-8, 7 fr. 50. — F. Alcan.

Sigogne (L.). — Socialisme et monarchie, in-12, 3 fr. — F. Alcan.

III. — LITTÉRATURE.

Cervantès Saavedra (M.). — Don Quichotte de la Manche (400 p.), in-4, 8 fr. 50. — A. Mame et fils.

Champault (P.). — Phéniciens et grecs en Italie, d'après l'Odyssée, in-12, 6 fr. — E. Leroux.

Claretie (L.). — Histoire des théâtres de société, in-16, 4 fr. — Lib Molière.

Macler (F.). — Pseudo-Sébéos, texte arménien avec traduction, in-8, 1 fr. 50. — E. Leroux.

Martinenche (E.). — Molière et le théâtre espagnol, in-16, 3 fr. 50. — Hachette et Cie.

IV. — HISTOIRE ET GÉOGRAPHIE.

Arbois de Jubainville (H. d'). — Les Druides et les dieux celtiques à forme d'animaux, in-12, 4 fr. — H. Champion.

Boudet (M.). — Le château Sarrazin à Clermont-Ferrand, av. 3 pl. (51 p.), in-8, 3 fr. 50. — E. Lechevalier.

Boudet (M.). — Le Domaine des Dauphins de Viennois et des comtes de Forez, en Auvergne, 1303-1349 (95 p.), in-8, 3 fr. 50. — E. Lechevalier.

Colin (G.). — Le Culte d'Apollon Pythien à Athènes, in-8, 10 fr. — A. Fontemoing.

Colin (G.). — Rome et la Grèce de 200 à 146. av. J.-C., in-8, 16 fr. — A. Fontemoing.

Dallemagne (H.). — Les Cartes à jouer du XIXe au XVe siècle, 3650 ill. et 40 pl., 2 vol. in-4, 60 fr. — Hachette et Cie.

Dayot (A.). — Histoire contemporaine par l'image, 1789-1872 (368 p.), in-4, 15 fr. — E. Flammarion.

Espaullard (H.). — Histoire de Noisy-le-Sec depuis son origine jusqu'à nos jours, av. 40 ill. et 11 pl. (500 p.), in-4, 20 fr. — Clavreuil.

Goupilleau (P.). — Carnet de route du conventionnel P. C. A. Goupilleau, en mission dans le Midi, 1793 (104 p.), in-8, 2 fr. — Debroas, à Nîmes.

Gruyer (P.). — Napoléon, roi de l'île d'Elbe, in-8, 15 fr. — Hachette et Cie.

Hanotaux (G.). — Histoire de la France contemporaine. T. III. Présidence de Mac-Mahon (700 p.), in-8, 7 fr. 50. — Combet et Cie.

Lasserre (A.). — La Participation collective des femmes à la Révolution française (350 p.), in-8, 5 fr. — F. Alcan.

Lavisse (E.). — Histoire de France, T. VII, 1re partie, 3e fasc. : Louis XIV, 1643-1685, in-8, 1 fr. 50 (2/XII). — Hachette et Cie.

Lévi (S.). — Le Népal, Etude historique d'un royaume hindou. T. II, in-8, 10 fr. — E. Leroux.

Machat (J.). — Documents sur les établissements français de l'Afrique occidentale au XVIIIe siècle, in-8, 3 fr. — A. Challamel.

Mémoires de l'impératrice Joséphine. La cour de Navarre et la Malmaison, in-8, 1 fr. 50 (20/XII). — A Fayard.

Roche (L.). — Les Grands récits de l'épopée française, in-16, 3 fr. 50. — Plon-Nourrit et Cie.

V. — ART ET ARCHÉOLOGIE.

Bénédicte (L.). — L'Art au XIXe siècle, 1800-1900, av. 250 ill. (750 p.), in-8, 20 fr. — E. Lévy.

Brenet (M.). — Palestrina (232 p.). in-8, 3 fr. 50. — F. Alcan.

Cox (R.). — Philippe de la Salle, dessinateur lyonnais, 1723-1803, 35 pl., 40 fr. — A. Calavas.

Cust (L.). — La Collection royale de S. M. Edouard VII, palais de Buckingham, in-fol., 275 fr. — Hachette et Cie.

Décout (L.). — L'Histoire de l'art apprise par des promenades dans Paris (292 p.), in-16.

Gebhart (E.). — Florence, av. 176 grav., in-4, 4 fr. — H. Laurens.

Geffroy (G.). — Les Musées d'Europe, La Belgique, av. 57 pl., 20 × 27, 15 fr. — Per Lamm.

Martin (abbé J.-B). — Histoire des églises et des chapelles de Lyon 2 vol. in-4, 70 fr. — H. Lardanchet, à Lyon.

Metman (L.) et G. Brière. — Le Musée des Arts décoratifs. Le bois, 1re partie, moyen âge, renaissance, 60 pl., in-4, 36 f. — D. A. Longuet.

Moreau-Vauthier (Ch.). — L'Homme et son image, in-8, 30 fr. — Hachette et Cie.

Riat (G.). — Ruysdaël, av. 24 grav. (128 p.), in-8, 2 fr. 50. — H. Laurens.

Tei-San. — Notes sur l'art japonais. La peinture et la gravure (332 p.), in-18, 3 fr. 50. — Mercure de France.

Wickenhagen (Dr E.). — Manuel de l'histoire des beaux-arts, av. 265 grav. (VIII-262 p.). in-8, 6 fr. — Fischbacher.

ACADÉMIE DES INSCRIPTIONS ET BELLES-LETTRES

Séance du 24 novembre. — M. HÉRON DE VILLEFOSSE donne lecture d'une lettre du P. Delattre signalant à Saint-Louis de Carthage la découverte d'un nouveau sarcophage de marbre blanc rehaussé de peintures, qui se trouvait placé au-dessous d'un certain nombre de cercueils de bois et d'ossuaires. Un corps très décomposé s'y trouvait, enfermé dans un cercueil de bois richement décoré de peintures et de dorures, pourvu de quatre poignées de bronze. Comme mobilier funéraire, cette belle sépulture renfermait un petit grenat roulant sur un fil d'or avec un anneau de suspension, un objet en plomb ayant la forme d'une patte de poule, un anneau de doigt en matière noirâtre — peut-être de l'ambre, — et enfin une bague sigillaire en or creux à âme d'argent. — Sur le rapport de M. BABELON, le prix du budget, dont le sujet était « la préfecture du prétoire au quatrième siècle » est prorogé à 1908. — M. Maurice Prou, professeur à l'Ecole des Chartes écrit au secrétariat perpétuel qu'il se porte candidat au fauteuil de M. Oppert. Inversement, M. Huart fait connaître son désistement. L'Académie se forme aussitôt en comité secret pour la discussion des titres des candidats, qui demeurent au nombre de sept.

Séance du 24 décembre. — L'Académie procède à l'élection d'un membre ordinaire en remplacement de M. Oppert, décédé : Avant l'ouverture du scrutin, le secrétaire perpétuel fait connaître que MM. Maurice Prou et Charles Diehl retirent leur candidature. — Trente-six membres prennent part au vote. Majorité : 19. — Au troisième tour, M. Bernard Haussoullier est élu par 20 voix contre 14 à M. Paul Girard.

Voici le détail des scrutins précédents : 1er tour : MM. Paul Girard, 12; Halévy, 7; Haussoullier, 9; Victor Henry, 7; Revillout, 1. — 2e tour : MM. Girard, 14; Halévy, 4; Haussoullier, 17; Henry, 1.

L'Académie se forme en comité secret pour discuter les titres des candidats proposés pour la place de correspondant.

M. Haussouillier, le nouvel élu de l'Académie, est maître de conférences à l'Ecole des Hautes-Etudes, où il professe la littérature grecque. Il a publié d'importants travaux sur l'hellénisme, dont le plus récent, fort apprécié, est le volume sur Athènes, dans la collection des *Guides Joanne*.

L'Éditeur-Propriétaire-Gérant : ALBERT FONTEMOING.

Imprimerie Générale de Châtillon-sur-Seine. — A. PICHAT.

BULLETIN CRITIQUE

10. — **Trois années de la Vie de Chateaubriand** (1814-1816) par M. Charles de LOMÉNIE (librairie Albert Fontemoing, 110 p. in-8, Paris, 1905.)

M. Charles de Loménie vient de réunir en une brochure importante les articles — revus et augmentés — qu'il a publiés récemment dans le *Correspondant* sur trois années de la vie de Chateaubriand (1814-1816). Cette courte période a vu, ce me semble, la naissance et la mort du grand politique à sa foi dans les destinées du royalisme parlementaire. Il demeura toujours attaché aux principes de ce régime, dont il avait contribué le plus à dégager et à mettre en crédit les formules ; mais n'ayant trouvé pour fonder ce royalisme modèle ni le prince ni les sujets qu'il fallait, je crois qu'il ne cessa plus, à partir de 1816, de professer un mépris « napoléonien », un impitoyable mépris, de tout ce qui avait contrecarré, mal servi ou ruiné ses visées. Tel n'est peut-être pas le sentiment de M. de Loménie qui, toutefois, s'est laissé entraîner, par un minutieux examen de la brochure de *Buonaparte et des Bourbons*, à faire un exposé des sentiments que Napoléon et Chateaubriand nourrissaient l'un pour l'autre, d'après lequel il est évident que ces magnifiques adversaires s'appréciaient hautement, et qu'un terrain d'entente eût pu les réunir si leurs procédés et leurs prétentions n'avaient été incompatibles. Antipathie de caractères plutôt que de sentiments et d'idées. Ils voulaient, au fond, rallier la vieille France et la nouvelle sur les mêmes bases, avec les mêmes appuis ; même amour forcené de la gloire les animait. Surtout, ils ne raisonnaient pas différemment au son des tambours, sur le passage des drapeaux. Mais Napoléon n'avait pas la main moins brutale que Chateaubriand, l'épiderme sensible ; et quoique le premier fût évidemment né pour commander comme le second pour servir, l'orgueil de celui-ci l'empêchait de s'offrir, l'orgueil de celui-là l'empêchait de solliciter. A ce sujet, on ne saurait trop méditer sur l'espèce de paix posthume que Chateaubriand conclut avec Napoléon vers 1818, quand, dégoûté par son expérience des Bourbons et ayant lu dans les Mémoires de Montholon des paroles de l'empereur déchu qui le flattaient, il écrivit : « Bien des petits hommes à qui j'ai rendu de grands services ne m'ont pas jugé si favorablement que le géant dont j'avais osé attaquer la puissance. » Amère boutade, mais profondément sincère, dont le sens est corroboré par maints passages des *Mémoires d'Outre-tombe*. On a souvent reproché à Chateaubriand d'avoir composé cette brochure *de Buonaparte et des Bourbons* pendant la campagne de France et de l'avoir publiée durant le séjour des alliés à Paris. M. de Loménie a déterminé sa portée sur l'opinion et la date controversée de sa mise en circulation : elle parut à point, alors qu'il était urgent d'unir ceux qui abandonnaient Napoléon à ceux qui préconisaient les Bourbons ; et M. de Loménie dit encore, avec un vrai bonheur d'expression, qu'en composant ce libelle, Chateaubriand était de ceux qui pouvaient se croire autorisés et « contraints par la nécessité à saisir, dans les revers mêmes de nos armes, l'occasion de secouer un joug contre lequel toute protestation sans révolte avait été rendue impossible. »

L'examen des *Réflexions politiques* donne lieu à un commentaire non moins curieux des griefs de Chateaubriand contre les hommes de la 1re Restauration, « misérable race de Cour », et de son enthousiasme pour la Charte. La personne de Louis XVIII, qui avait voulu être pour quelque chose dans ces *Réflexions* et dans les consécrations officielles de leur succès, ne cessa d'être tout à fait sympathique à Chateaubriand qu'au retour de l'île d'Elbe. A ce moment critique, le roi n'avait su être hardi ni à partir ni à rester. On le sait, Chateaubriand était de ceux qui attendaient qu'il restât. Mais Louis XVIII avait trop d'esprit ; il était encore sur le trône le critique indécis, compromettant et malicieux du règne de Louis XVI. Il ne sut de même ni élever Chateaubriand à sa vraie place, ni l'en écarter franchement. Il faut bien noter que Chateaubriand n'était pas non plus d'une force d'âme imperturbable ; les découragements succédaient vite en lui aux excès de confiance. Il traînait partout une incurable mélancolie et les longs ennuis des cœurs passionnés. Par exemple, il suivait Talleyrand avec plus de fidélité que de zèle, comme d'ailleurs il l'admirait sans l'estimer et se subordonnait à lui en se croyant propre à le supplanter. L'historique des rapports de ces deux puissances, à cette époque, est sobrement et clairement esquissé par M. de Loménie.

Où Chateaubriand se retrouva tout entier, ce fut à la Chambre introuvable, quoiqu'il n'eût pas été de ses membres ; mais en en défendant la majorité, il rentrait dans cette opposition constitutionnelle qui est la place des génies tels que le sien, sages et lumineux, mais trop personnels, trop grands et trop agités pour la main qu'ils prétendent guider et remplir ; ils ne la brisent pas ; ils lui échappent sans cesse. Alors Chateaubriand se fit le théoricien, désagréable à Louis XVIII, de *la Monarchie selon la Charte*. Le silence de tous enflait sa voix ; la désapprobation royale rehaussait son courage. — Le cycle des trois années de sa vie, embrassé par M. de Loménie, s'achève là.

Où tend M. de Loménie, c'est à prouver que Chateaubriand conçut les conditions d'un vrai libéralisme et réalisa le type du vrai libéral. Si son dessein n'avait été que de prouver l'amour de Chateaubriand pour la liberté individuelle avec tous ses corollaires, il l'aurait bien rempli. La liberté avait été si souvent et si intimement blessée en Chateaubriand, et par l'empereur et par le roi, qu'il ne pouvait admettre un Etat où elle fût bâillonnée : car il y eût étouffé ; ni un Etat où elle devînt licencieuse ; car il sentait que le respect dû à son sacerdoce d'écrivain était inséparable du respect des pudeurs publiques. Mais était-ce être un libéral que d'en avoir les conceptions sans le caractère désintéressé ? Force est pourtant de concéder que Chateaubriand fut un libéral éminent, en ce sens qu'il ne fut à aucun degré jacobin. Le jacobin ne veut la liberté que comme un moyen ; et Chateaubriand la voulait comme un but. D'après cette distinction, il importe moins de savoir si ce but, qui ne laissait pas d'être glorieux et avantageux pour la France, s'identifiait peu ou prou aux ambitions personnelles de Chateaubriand.

Dauphin MEUNIER.

11. — Ernest Gossart. **L'Auberge des princes en exil**, anecdotes de la Cour de Bruxelles au xvii⁰ siècle. Bruxelles, chez l'imprimeur du roi, 1905, 1 v. in-12, avec 13 planches hors texte.

Livre aimable et de lecture mondaine qui d'ailleurs relate les fastes de la mondanité au xvii⁰ siècle dans les Pays-Bas, l'opuscule de M. Gossart est très agréable à parcourir. Il a le genre de mérite qui convient à un recueil d'anecdotes, il est écrit d'un ton aisé. Mainte scène gracieuse s'y trouve finement esquissée. Pour le fond même des récits on ne doit pas s'attendre à la révélation de très grandes nouveautés. La plupart du temps M. G. puise ses matériaux dans des ouvrages antérieurs tels que l'*Histoire des princes de Condé* par le *duc d'Aumale*, les *Histoires de Lorraine* de *D. Calmet*, du *Cte d'Haussonville*, etc., d'où il extrait soigneusement pour les mettre en relief les détails de la vie aristocratique et princière intéressant la ville de Bruxelles. Toutefois un appendice de dimensions modestes contient sept pièces nouvelles, documents en espagnol et en français.

En somme, M. G. a institué pour Bruxelles, l'histoire en main, un équivalent du *Carnaval de Venise*. Au xvii⁰ siècle, c'était à Bruxelles, l'accueillante auberge mi-flamande, mi-française que les princes bien souvent découronnés trouvaient le meilleur asile. Les conspirateurs français y apportaient ensemble ou successivement leur turbulence brouillonne qu'ils mettaient, comme Charles IV de Lorraine et le grand Condé, au service de la politique espagnole et plus ordinairement au service des dames. C'est surtout dans des entreprises de galanterie fastueuse qu'ils dépensaient leur activité et ajoutaient à leur dénûment en contractant des dettes. Rien de plus comique que le contraste si aimablement souligné par M. G. entre la légèreté, les bruyants divertissements des *proscrits* et la gravité un peu offusquée de leurs protecteurs espagnols. Entre les princes qui oublient si joyeusement leurs infortunes et les archiducs, les officiers d'Espagne qui voudraient endiguer pour l'exploiter leur activité débordante, le bon peuple flamand n'hésite guère : il fait cortège aux hôtes aimables dont le tumulte l'excite parfois jusqu'au délire. Le plus beau triomphe est celui qu'a obtenu le duc de Lorraine dans un rôle de Pantagruel populaire.

Parmi les exilés qui fréquentaient Bruxelles les Français ont au XVII° siècle comme de nos jours fourni le principal contingent. C'était au temps joyeux où nos plus grands seigneurs « faisaient partie d'assassiner M. le cardinal de Richelieu, » ou de renvoyer en son pays natal le Mazarin, « ce gredin de Sicile. » M. G. n'a garde d'insister sur les causes plus ou moins volontaires des exils auxquels la Belgique a dû des passe-temps nouveaux et inédits. La politique — c'est la règle du genre — s'efface devant les intrigues amoureuses et les comptes-rendus de solennités mondaines. Comme il faut expliquer cependant les départs précipités de nos princes, la politique intervient çà et là : l'auteur lui fait sa part avec goût, avec discrétion, avec impartialité aussi lorsqu'il s'agit des ambitions nationales des voisins que les Belges jugent d'ordinaire le plus sévèrement, c'est-à-dire des Français. Peut-être, tout au commencement du livre, Henri IV est-il encore rabaissé sous l'influence de certains préjugés hostiles. Le roi de France disparaît trop derrière l'amoureux sénile de la princesse de Condé. En dépit de cette légère critique, nous sommes persuadés que l'*auberge des princes en exil* n'excitera pas moins de curiosité sympathique à Paris qu'à Bruxelles.   H. GAILLARD.

12. — **Le Secret de la Franc-Maçonnerie**. Paris, Perrin, 1905. in-12 de II-390 pages.

Ce livre est intéressant. Il a pour but d'établir que la Franc-Maçonnerie est d'origine anglaise et travaille au profit de l'Angleterre. A l'appui de cette thèse, on apporte des faits et des observations très curieuses. L'étude de la Nouvelle-Atlantide de François Bacon est, de toutes, la plus suggestive. L'appendice sur l'œuvre philosophique et scientifique de Bacon vaut la peine d'être lu ; l'auteur y ramène à sa juste valeur ce prétendu savant, ce prétendu père de la méthode expérimentale. Bacon est une de ces réputations *soufflées*, comme nos sectaires aiment à en faire aux leurs. Malheureusement, il y a trop de lacunes, de *trous*, dans l'argumentation de ce livre ; on ne voit pas le lien de certains faits ; pour que l'ouvrage de *** s'imposât autant qu'il intéresse, il faudrait plus de preuves solides à l'appui de telles de ses assertions.   Alfred BAUDRILLART.

VARIÉTÉS

L'ANCIENNE VERSION SYRIAQUE DES ÉVANGILES [1]

M. Crawford Burkitt se trouva chargé à la mort de Bensly (avril 1893) de l'édition critique des anciens évangiles syriaques que celui-ci préparait : nul n'avait meilleur titre à recueillir pareil héritage. Madame Lewis et sa sœur madame Gibson ont raconté [2] avec quelle vive curiosité le distingué *lecturer* de Cambridge parcourut le premier les photographies du palimpseste découvert par elles, au Sinaï, comment, en ayant emporté les meilleures épreuves, il les déchiffra fébrilement avec Bensly et ne tarda pas à y reconnaître une recension analogue au texte de Cureton. La part qu'il prit ensuite à la publication [3] de la version sinaïtique fut singulièrement active : non seulement, à l'égal de ses deux collègues, Bensly et M. Rendel Harris, il en transcrivit un tiers sur l'original, mais encore, de retour, il put fournir d'après les photographies de madame Lewis, dix-neuf pages qui complétaient sa portion et celle du professeur défunt. Dès lors il s'est appliqué sans relâche à sa tâche immense, et voici aujourd'hui l'admirable résultat de ce labeur : le plus ancien évangile syriaque restitué en toute exactitude, et mieux situé dans l'histoire.

Destiné d'abord à la collection des *Texts and Studies* de M. A. Robinson, l'ouvrage s'est élargi en deux forts volumes de maniement commode, splendidement édités par l'*University Press* de Cambridge. Le premier contient le texte des Évangiles en *estrangelo* non vocalisé, avec traduction anglaise en regard, d'après les

---

1. *Evangelion da-Mepharreshe*. The Curetonian Version of the four Gospels with the readings of the Sinai Palimpsest and the early Syriac Patristic evidence edited, collected and arranged by F. CRAWFORD BURKITT. Cambridge, University Press, 1904, in-4. Vol. I : Text, XIX-556 pp. vol. II : Introduction and notes, VII-322 pp.

2. *How the Codex was found*. Cambridge, 1893. p. 70 suiv. *In the Shadow of Sinai*. Cambridge, 1898. Introduction.

3. *The Four Gospels in Syriac transcribed from the Sinaitic Palimpsest* by the late Robert L. Bensly, J. Rendel Harris and F. Crawford Burkitt. Introduction by Agnes Smith Lewis; edited for the Syndics of the University Press, Cambridge, 1894.

deux recensions indépendantes qui représentent actuellement l'ancienne version syriaque : le manuscrit de Cureton (C) et celui du Sinaï (S). C'est l'*Evangelion da-Mĕpharrĕshē*, l'évangile des (livres) séparés, ainsi que porte le titre de C et l'*explicit* de S, par opposition au Diatessaron, l'*Evangelion da-Mĕhallĕtē*, ou des (livres) mêlés. M. Burkitt réimprime *in extenso* l'édition de Cureton (1858), depuis longtemps épuisée, y joignant les trois feuillets de Berlin publiés en 1872 par Rœdiger; il ne donne, en règle, que les variantes de S. dont le texte continu apparaît là seulement où C fait défaut, comme il arrive par ex. pour l'Evangile selon saint Marc: disposition avant tout pratique, permettant de gagner de l'espace et de comparer facilement les deux textes. Néanmoins, la première place pouvait revenir à S. plus ancien et plus pur, et il y a même, semble-t-il, quelque abnégation de la part de l'auteur à l'avoir retenu au second rang, car l'édition qu'il est en mesure d'en donner aujourd'hui marque un grand progrès sur celle de 1894, et bien plus, peut passer pour définitive. Déjà en 1896 et en 1897 madame Lewis, après deux nouveaux voyages au Sinaï, avait présenté de nombreux amendements dans ses *Somes pages of the four Gospels re-transcribed...* et dans l'*Expositor*. Présentement il y a, au total, près de trois cents corrections supplémentaires, insérées dans le texte, puis groupées en appendice : c'est un témoignage net de la minutieuse exactitude du paléographe et du philologue, bien que ces retouches, ne portant que sur des points de lecture secondaires, fournissent peu à l'interprétation. Dans les notes le savant syriacisant réunit plus utilement encore les citations évangéliaires des écrivains antérieurs au ve siècle et particulièrement d'Aphraate et de saint Ephrem, représentant presque toutes ces leçons du Diatessaron [1]; c'est d'ailleurs, sans doute, l'examen de ces passages très habilement recueillis, qui nous vaut la théorie neuve et séduisante exposée dans l'introduction.

Celle-ci remplit le second volume, orné de quatre fac-similés phototypiques et d'un portait de Cureton. Après avoir donné une description détaillée des manuscrits (ch. i), puis étudié soi-

---

1. M. Burkitt a poussé l'obligeance jusqu'à donner en regard une traduction anglaise des citations et des variantes de l'apparatus; l'édition est donc entièrement accessible à ceux qui ignorent la langue syriaque.

gneusement leur grammaire et leur vocabulaire (ch. ii), M. Burkitt s'enquiert des origines de l'*Evangelion da-Mepharreshe*, de ses rapports avec la Peschitto et le Diatessaron (ch. iii et iv) et enfin de la valeur du texte qu'il représente (ch. v); suit, pour terminer, une longue série de notes sur des leçons choisies (p. 257-322). Cette étude est de première importance, tant dans l'ensemble qu'en détail, pour la critique textuelle du Nouveau Testament.

On a remarqué depuis longtemps que l'ancienne version syriaque occupait une situation intermédiaire entre nos meilleurs onciaux grecs (*Vaticanus, Sinaiticus*) et les textes dits occidentaux (*Codex Bezae*, versions africaines, etc.); somme toute cependant on est arrivé à estimer prépondérant l'accord avec ces derniers et, après Westcott et Hort, presque à placer la version syriaque dans le groupe occidental. Pour M. Burkitt, après nouvelle enquête, le texte qu'elle représente est d'espèce unique et de très haute antiquité, mais, tel qu'il nous est parvenu, partiellement influencé par le Diatessaron; c'est-à-dire que l'*Ev. da-Mepharreshe* serait postérieur à l'Harmonie de Tatien. Il se range donc sur ce point à l'avis de Baethgen et de Zahn, après avoir lui-même soutenu (*Guardian* 31 oct. 1894) l'antériorité de S. Une des principales objections à cette thèse était l'omission, dans S, de la finale de Marc, alors qu'elle est attestée par le Diatessaron. Si l'on avait affaire à deux manuscrits d'une même traduction, il serait clair que la recension moins complète est la plus ancienne, mais il s'agit de deux documents qui s'opposent intentionnellement l'un à l'autre et révèlent presque à chaque page des différences textuelles considérables. Par suite le traducteur de l'*Evangelion* n'avait pas ces versets dans son original, et, l'eût-il voulu, il lui était impossible de les extraire du Diatessaron, où ils se mêlent aux récits parallèles. On ne saurait du reste prêter aux partisans de cette théorie l'idée étrange d'une traduction syriaque faite *au moyen* de l'Harmonie, ne fût-ce que par simple appel de mémoire : il est beaucoup plus juste de parler de réminiscences fatales, s'imposant en quelque sorte aux copistes, en regard d'une œuvre aussi universellement répandue. Et c'est précisément le grand mérite de M. Burkitt d'avoir su montrer, d'autre part, l'indépendance foncière et l'originalité du texte primitif des Evangiles séparés vis-à-vis du Diatessaron.

Voici l'essentiel de cette reconstruction. Le Diatessaron est la forme la plus ancienne de l'Evangile syriaque; il représente le texte grec lu à Rome vers 170 par Tatien disciple de S. Justin, soit un texte occidental de même genre que D (*Codex Bezae*) et que les premières versions latines. L'*Evangelion da-Mepharreshe* peut être daté des environs de l'an 200, c'est-à-dire de l'époque où la première communauté chrétienne de langue syriaque fut réorganisée sur le modèle de l'Eglise gréco-romaine par Palout, troisième évêque d'Edesse : or ce dernier fut sacré par Sérapion d'Antioche, dont on connaît le zèle en faveur des évangiles authentiques (cf. Eusèbe. H. E. vi, 12), et il n'est pas impossible que l'*Evangelion* ait été préparé sous ses auspices et que Palout lui-même en ait été le traducteur. L'œuvre n'a pas pu échapper, en ces conditions à l'influence du Diatessaron, néanmoins, elle correspond plutôt, dans l'ensemble, au grec lu à Antioche à la fin du iie siècle et c'est cet ancien texte antiochien, si faiblement représenté en fait par les manuscrits grecs subsistants, que S ($\text{iv}^\text{e}/\text{v}^\text{e}$ s.) et C (ve s.), tous deux incomplets et plus ou moins assimilés à l'Harmonie, (et de plus le second, aux textes grecs postérieurs,) nous ont conservé partiellement. Mais la publication des « Evangiles séparés » ne put vaincre la faveur qui s'était attachée dès l'origine au Diatessaron : on continua à s'en servir pour les lectures liturgiques jusqu'à l'épiscopat de Rabboula d'Edesse (411-435). Celui-ci, au témoignage de son biographe contemporain, « traduisit, par la sagesse de Dieu qui était en lui, le Nouveau Testament du grec en syriaque, à cause de ses altérations, exactement tel qu'il était » (Overbeck : *S. Ephraemi... aliorumque opera selecta*. 1865 p. 172). M. Burkitt n'hésite pas à reconnaître, dans cette nouvelle traduction, la Vulgate syriaque ou Peschitto du N. T., que cite en effet le même biographe. C'était avant tout une révision de l'*Ev. da-Mepharreshe*, reposant sur un texte antiochien du commencement du ve siècle, et destinée à remplacer l'œuvre anormale et tendancieuse de Tatien, car Rabboula était plein de zèle pour l'uniformité ecclésiastique. La réforme réussit pleinement : de ce jour on ne cite plus que la Peschitto, alors qu'avant Rabboula il n'y a d'attestations que du Diatessaron et quelquefois, des « Evangiles séparés ». Tels sont du moins les résultats d'une scrupuleuse enquête au travers de la première littérature syriaque : les citations des Actes de Thomas s'accordent avec l'*Ev. da-Mepharreshe* contre le Diatessaron et la Peschitto ; la Doctrine des Apôtres emprunte à Tatien ; Aphraate présente des coïncidences frappantes avec le texte de S et de C, bien qu'il cite le plus souvent d'après le Diatessaron, et un accord partiel avec la Vulgate syriaque est de trop peu de poids pour pouvoir l'emporter; le cas de S. Ephrem est similaire : sur cinquante passages [1] tirés des œuvres manuscrites les plus authentiques (non de l'édition romaine dont les citations ont été conformées à la Peschitto) huit seulement se rapprochent de la Vulgate syriaque contre S et C, et encore, le plus souvent, dans un contexte scripturaire apparenté à l'*Ev. da-Mepharreshe*, ou du moins autre que tous les textes bibliques que nous connaissions en langue syriaque ; d'autre part S. Ephrem fait habituellement usage du Diatessaron, dont il écrivit un commentaire conservé en arménien ; enfin de ce docteur à Rabboula, le commentaire d'Abba, les poésies de Cyrillona, la *Doctrine d'Addai*, les *Actes de Habbib*, le *Livre des Martyrs* de Maroutha ne laissent pas encore reconnaître la Peschitto. Pratiquement, lorsque les citations diffèrent à la fois du Diatessaron et de l'*Evangelion* il y a lieu de laisser pendante la question de provenance, car l'original de Tatien nous échappe encore, et l'on ne peut dire jusqu'à quel point les fragments conservés par les écrivains syriaques le représentent dans son état de pureté. La restitution de la leçon primitive des « Evangiles séparés », et partant du texte grec qui est à leur base, offre donc des difficultés très considérables : mieux vaut se contenter de donner des règles générales, et ne procéder par comparaison avec les manuscrits grecs et les anciennes versions que sur des points de détail bien déterminés. C'est aussi l'objet du dernier chapitre de l'Introduction : là sont peut-être les pages les plus suggestives du livre, les plus riches en vues nouvelles sur les origines du texte évangélique.

L'ancienne version syriaque a pu être conformée au Diatessaron, soit par le traducteur lui-même, soit par les copistes. Dans le premier cas, la leçon de celui de nos deux représentants qui rappelle

---

1. Le quatrième volume des Hymnes et Homélies de S. Ephrem, publié en 1902 par Mgr Lamy, n'a fourni que deux citations nouvelles à l'étude antérieure de M. Burkitt, *S. Ephraim's quotations from the Gospel* (1901), réimprimée ici.

Tatien est authentique, celle de l'autre est le résultat d'une révision d'après des manuscrits grecs postérieurs; dans le second cas, la leçon qui diverge du Diatessaron correspond au texte même de l'*Evangelion*. C offre, à n'en pas douter, le plus de retouches tardives d'après le grec, et néanmoins, la plupart du temps, il est « extrêmement probable » que l'on a affaire à une assimilation au Diatessaron, en sorte que la leçon ne concordant pas avec ce dernier peut être tenue pour originale et sauvegardant le texte antiochien. Il en sera de même toutes les fois que S s'accordera avec la Peschitto et C avec le Diatessaron: comme il est impossible que le texte du Sinaï dérive de la Vulgate syriaque, sa leçon sera seule primitive. Toutefois, « en d'assez nombreux passages, dit M. Burkitt (p. 222), S a été conformé au Diatessaron, tandis que C a conservé le vrai texte... Naturellement il peut y avoir des cas où S et C ont été tous deux assimilés, indépendamment, au Diatessaron, et le fait serait très difficile à prouver, mais les divergences importantes entre S et C d'une part, et leur accord fréquent contre le Diatessaron d'autre part, rendent peu probable un grand nombre d'altérations pareilles. Lorsque S et C s'accordent, on a tout lieu de croire qu'on possède l'original de l'*Ev. da-Mepharreshe*; lorsque cet accord est appuyé par le Diatessaron, on doit admettre que le traducteur de l'*Ev. da-Mepharreshe* se contentait d'adopter la leçon du Diatessaron ».

Ces opérations préliminaires effectuées, il est permis de rechercher les affinités textuelles de l'ancienne version syriaque, non sans se rappeler qu'elle représente un original de premier rang et n'a pas elle-même influencé les manuscrits grecs. L'examen de M. Burkitt porte principalement sur les trois groupes fondamentaux de Westcott et Hort.

1° Le texte syrien ou antiochien de la fin du IV° siècle, qui correspond à notre *textus receptus*, diffère essentiellement de celui de l'*Evangelion*. Or si l'on admet que la Peschitto du N. T. est l'œuvre de Rabboula, il pourra sembler singulier que sa révision exécutée entre 411 et 435 ne se rapproche pas beaucoup du texte de saint Jean Chrysostôme. D'après M. Burkitt, on pourrait supposer une solution de continuité dans l'usage des Antiochiens, à dater de la déposition de Paul de Samosate (274). Mais s'il est permis de s'en tenir à la théorie de la double recension syrienne (grecque) émise par Hort (*Introd.* § 189), la première recension étant représentée dans l'hypothèse par la Peschitto, ne serait-il pas plus conforme à la nature du texte byzantin de reconnaître avec M. von Dobschütz [1], dans la tradition textuelle, un développement insensible et à plusieurs lignes ? Même après 411, Rabboula a pu lire, à Edesse, un texte grec autre que celui qui, grâce à saint Chrysostôme, avait alors droit de cité à Constantinople et à Antioche : on reviendrait de la sorte à la recension attribuée à Lucien, soit au texte antiochien des dernières années du iiie siècle. Et, par parenthèse, cette conclusion serait loin de nuire l'autorité de la Peschitto.

2° Le texte neutre du *Vaticanus* et du *Sinaiticus*, au contraire, a tant de rapports avec celui de l'*Ev. da-Mepharreshe* qu'on pourrait presque supposer une dépendance immédiate du second. Cependant S a trop de leçons exclusivement propres qui, à ce compte, eussent été inévitablement écartées, au même titre que la finale de Marc ; d'autre part, les erreurs d'un groupe ne sont pas celles de l'autre. Il semble donc qu'on doive reconnaître deux lignes indépendantes figurant la transmission parrallèle d'un archétype commun. On en trouve une preuve dans ce fait que l'*Evangelion* primitif, comme l'ancienne version latine, était à peu près exempt des passages dénommés par Westcott et Hort « Western non-interpolations » : beaucoup de ceux que l'on retrouve dans C, et même quelquefois dans S, proviennent, en réalité d'une révision postérieure, basée sur un texte grec plus voisin du *textus receptus* que de l'archétype du Vatican et du Sinaïtique ; quant aux autres, fort peu nombreux, il ne reste qu'à les rayer de la liste des deux critiques anglais [2].

3° Les formes les plus distinctement occidentales des « Evangiles séparés » sont attribuables à l'influence du Diatessaron. On ne saurait pourtant les expliquer toutes de cette manière : outre les cas nombreux où l'attestation de l'Harmonie fait encore défaut, il en est d'autres où Tatien porte une leçon divergente ou use de pré-

---

1. *Theologische Literaturzeitung*. 1902. c. 20-3. rec. Burkitt : *S. Ephraim's quotations*.

2. C'est le cas pour Marc XIV, 39 (S) et Luc XII, 19-21 (SC); de même pour Marc II, 22, bien que S ait été assimilé ici à Matt. IX, 17 ; et, par pure supposition de M. B., pour Luc V, 39 où SC font défaut.

térition. A cette dernière espèce se rattache la célèbre variante du palimpseste sinaïtique pour Matt. I, 16 : « Jacob engendra Joseph ; Joseph, à qui était fiancée la vierge Marie, engendra Jésus qui est appelé le Christ ». Or on sait par Théodoret (Haeret. Fab. I, 20) que Tatien retrancha de son Harmonie les généalogies et les passages relatifs à la descendance davidique du Seigneur, et la version arabe confirme le fait : il n'y a donc pas d'emprunt à Tatien. D'autre part la leçon sinaïtique correspond à celle de l'ancienne version latine, principalement représentée par le texte africain du *bobbiensis*, par le *Codex Bezæ* (où le grec manque), le *vercellensis* et le *sangermanensis* ; en grec on ne la trouve que dans deux cursifs du XII⁰ siècle (346 et 556) appartenant au groupe de Ferrar : Ἰακὼβ δὲ ἐγέννησεν τὸν Ἰωσήφ, ᾧ μνηστευθεῖσα παρθένος Μαριὰμ ἐγέννησεν Ἰησοῦν τὸν λεγόμενον Χριστόν. M. Burkitt ne peut consentir à faire dériver la variante de S, d'une autre forme de texte. « Je crois, dit-il, que S a conservé exactement le texte original de l'ancienne version syriaque dans ce passage et que toutes les autres variantes syriaques (dans C, dans Aphraate et ailleurs,) proviennent de celle de S. Mais, quant à la leçon de S elle-même, je suis arrivé à ne pouvoir la regarder comme autre chose qu'une paraphrase de la leçon du groupe de Ferrar, le traducteur syriaque faisant rapporter ᾧ aussi bien à ἐγέννησεν qu'à μνηστευθεῖσα » (p. 263). Ce texte incorrect serait-il donc primitif? M. Burkitt qui montre bien l'absence d'intention hétérodoxe chez l'auteur de cette leçon, désespère néamoins de trouver la clef du problème textuel qu'elle soulève. D'une manière générale, lorsqu'il s'agit de leçons occidentales différentes de Tatien, il conseille (p. 244) de se fier plus à l'accord d'Edesse et de Carthage qu'à celui de Rome et d'Edesse : cette dernière rencontre ne fait supposer « guère plus qu'un texte en usage courant à Rome à la fin du II⁰ siècle », la première « peut permettre de remonter une génération plus haut ». Or S concorde en Matt. I, 16 avec le *bobbiensis* (*k*) et là gît bien la difficulté. Mais, observerons-nous, le cas n'est pas isolé : parmi les exemples donnés (p. 235-8) de leçons occidentales indépendantes du Diatessaron, les attestations africaines (*k*, *e*, *Cypr.*) ne font pas défaut, et même en Matt. VIII, 5, où S est appuyé seulement par *k*, la leçon paraît primitive. On serait fort tenté de porter une semblable conclusion pour le verset débattu. Du moins, distinguons ici primitif d'authentique : chercher à reconstituer l'autographe du texte sacré dans tous ses détails est chose impossible, et, bien qu'il puisse paraître naturel de tenir la leçon claire pour une correction de la leçon confuse, gardons-nous en l'espèce de donner à celle-ci un privilège d'authenticité que l'évidence extrinsèque ne légitime pas encore.

On peut juger par le résumé précédent des difficultés que suscite l'ensemble du problème textuel étudié par M. Burkitt : on lui saura donc gré des diverses solutions, quelques-unes fort élégantes, qu'il suggère avec tant de savoir et de talent. On en peut parler d'autant plus librement que lui-même avoue ne se pas faire illusion sur le caractère précaire de plusieurs de ses hypothèses (cf. p. 206). En somme, il reste acquis que le texte qui sert de base aux « Evangiles séparés » est spécifiquement distinct de celui de Diatessaron et que la Peschitto du N. T. n'est pas attestée avant le ve siècle. L'attribution de cette révision à Rabboula atteint la plus haute vraisemblance. Il est, par contre, moins sûr que l'ancienne version syriaque soit postérieure au Diatessaron et que les chrétiens d'Edesse se soient passé de Nouveau Testament, et surtout d'Evangile, jusqu'à Tatien. Les arguments du Dr Hjelt [1], tendant à démontrer des différences de mains dans les quatre Evangiles syriaques, gardent encore leur valeur : M. Burkitt les a écartés bien rapidement en prétextant, en faveur de l'unité littéraire, de son expérience de traducteur (p. 210-2). Est-il alors vraisemblable que des versions, d'abord indépendantes, de chacun des Evangiles, aient été dans la suite révisées sur un même texte antiochien? On n'oserait le dire. S, notre meilleur représentant de l'*Ev. da-Mepharreshe*, est certainement en rapport avec le Diatessaron, et M. Hjelt n'a pas prouvé que cette recension lui fût antérieure ; mais les assimilations à Tatien pourraient être le fait des seuls copistes. Enfin, c'est par pure conjecture que l'on assigne à cette traduction une source antiochienne en lui associant le nom de Palout. Bref, la question demeure toujours ouverte.

Après avoir lu, M. Burkitt, on reconnaîtra une fois de plus qu'il nous manque toujours, et pour cause, une théorie consistante sur l'origine et la nature du texte dit occidental. Des leçons où le

---

1. *Die altsyrische Evangelienübersetzung und Tabians Diatessaron.* Leipzig, 1903. p. 96-107.

syriaque rencontre la version latine, comme pour Matt. i, 16, feraient croire volontiers à l'unité littéraire du groupe, et s'il en était ainsi, le témoignage d'ensemble de la version syriaque inviterait à supposer un texte original beaucoup plus pur que le latin : faudra-t-il alors continuer à parler de texte occidental ? M. Burkitt remarque à la fin de son livre (p. 254) que, si désormais nous pouvons nous flatter de connaître les textes lus à Rome, à Alexandrie et à Antioche, il n'en est pas de même de ceux d'Ephèse et d'Asie Mineure. Sans doute, mais il est tout de même fort surprenant que rien ne soit venu jusqu'à nous du texte asiatique, étant donné la grande diffusion du christianisme dans ces régions. En 1881 Hort écrivait déjà : « Nous sommes disposés à soupçonner que le texte occidental prit naissance dans le nord-ouest de la Syrie ou en Asie mineure et fut de bonne heure porté à Rome, d'où il se répandit dans l'Afrique du Nord et la plupart des contrées de l'Europe » (*Introd.* § 153) ; tout à la suite, M. Ramsay a montré que le *Codex Bezæ* témoignait, en ce qui concerne les Actes, d'une connaissance très particulière de la géographie d'Asie Mineure [1], et ses observations ne laissent pas que d'être assez frappantes ; il est notable encore que saint Irénée lisait un N. T. de type occidental. Il ne nous semblerait donc pas impossible que le grec recouvert par l'*Ev. da-Mepharreshe* représentât, à son état premier, le texte même qui, venu de Palestine, fut postérieurement revisé et complété aux alentours d'Ephèse, et de là transporté en Occident [2].

1. *The Church in the Roman Empire*. Londres, 1893. p. 151-165.
2. L'appui de l'ancien syriaque paraît décisif pour les leçons suivantes (on voudra bien consulter la liste des autres témoins dans l'apparatus de Tischendorf) : Matt. III, 17, « tu es mon Fils » ; — ibid. vi, 6 leç. « prie ton Père dans le secret. » (om. τῳ 2°) ; — ibid. viii, 5 leç. « Après ces choses un centenier... » ; — ibid. xi, 5 om. de « et les pauvres sont évangélisés. » ; — ibid. xxii, 35 om. de « docteur de la loi » ; — ibid. xxv, 1 add. de « et de l'épouse » ; Marc ix, 43 om. de « dans la géhenne » ; Luc iv, 44 leç. « Judée » au lieu de « Galilée » ; — ibid. viii, 43 om. de « ayant dépensé tout son bien pour les médecins » (= Marc v, 29) ; — ibid. xi, 11 leç. « quel est parmi vous le père à qui son fils demandera un poisson... » en omettant l'incise sur le pain et la pierre (= Matt. vii, 9) ; Jean I, 34 leç. « l'élu de Dieu » ; — ibid. xii, 8 om. du verset.

Mais ces suggestions demanderaient des preuves que la critique n'a pas à sa disposition. Aussi bien, en se distinguant par une sage réserve à l'égard de ces questions obscures, M. Burkitt n'a-t-il fait qu'accroître notre confiance en la solidité d'ensemble de ses hypothèses, en même temps qu'il a su garder à son érudition claire et précise, tout son charme. Pour être apprécié à sa valeur vraie, le vieil Evangile syriaque ne pouvait trouver éditeur plus compétent, historien plus avisé : à ce double titre M. Burkitt a tout droit à notre reconnaissance [1]. H. DUMAINE.

BIBLIOGRAPHIE

I. — SCIENCES RELIGIEUSES.

Barry (W.). — Newman, trad. A. Clément, in-8, 5 fr. — P. Lethielleux.

Biré (A.). — La Séparation des Eglises et de l'Etat, in-8, 3 fr. — A. Rousseau.

Dupanloup (Mgr). — Lettres de direction sur la vie chrétienne, in-12, 3 fr. — P. Lethielleux.

Jenouvrier (L.). — Situation légale de l'Eglise catholique en France d'après la loi du 9 décembre 1905, in-12, 3 fr. 50. — Vve Ch. Poussielgue.

Launay (abbé L.). — Histoire de l'église gauloise, depuis les origines jusqu'à la conquête franque (511), 2 vol., in-12, 8 fr. — A. Picard et fils.

Lecomte (M.). — La Séparation des Eglises et de l'Etat (400 p.), in-8, 5 fr. — F. Juven.

Le Doré (A.). — Persécution. Devoirs des catholiques, in-12, 2 fr. — P. Lethielleux.

Loisy (A.). — Morceaux d'exégèse (215 p.), in-8, 5 fr. — A. Picard et fils.

Manifestation de la Vierge immaculée en 1830, ses conséquences religieuses et sociales, par un prêtre de la Mission, in-16, 1 fr. — V. Lecoffre.

Rabath (R. P.). — Documents inédits pour servir à l'histoire du christianisme en Orient. T. I, in-8, 7 fr. 50. — A. Picard et fils.

---

1. Le système de sigles employé dans l'édition peut être proposé comme un modèle de simplicité et de clarté. On regrettera d'autre part, qu'au lieu de dresser un index spécial des citations évangéliques de l'Introduction, l'auteur se soit contenté de distribuer des renvois insuffisants, au milieu des notes finales « on select readings. »

II. — PHILOSOPHIE ET SCIENCES SOCIALES.

Cassaigneau (Dr M.). — Essai sur un quatrième état de la matière (226 p.), in-18, 3 fr. 50. — A. Maloine.

Chénon (E.). — L'Ancien coutumier du pays de Berry, in-8, 1 fr. — L. Larose et L. Tenin.

Félix (P.). — Essais sur les principes fondamentaux des gouvernements (VIII-550 p.), in-8, 7 fr. 50. — Lib. des Saints-Pères.

Garcia-Mansilla (E.). — Tolstoï et le Communisme (254 p.), in-18, 3 fr. 50. — H. Charles-Lavauzelle.

Jacquesson (P.). — Du nom de famille, particule et noms de terre, in-8, 5 fr. — L. Larose et L. Tenin.

III. — LITTÉRATURE ET PHILOLOGIE.

Abou-Kurra. — Un traité de ses œuvres arabes, avec traduction, in-8, 1 fr. 50. — P. Geuthner.

Azkue (R.-M. de). — Dictionnaire basque-espagnol-français. T. I, A-L. (XLVII-561 p.), in-4, 25 fr. — P. Geuthner.

Castéran (A.). — L'Algérie d'aujourd'hui (214 p.), in-18, 3 fr. 50. — E. Flammarion.

Cheyssac (L. de). — Le Ralliement, in-18, 3 fr. — Lib. des Saints-Pères.

Fossey (Ch.). — Contribution au dictionnaire sumérien-assyrien, 1er fasc., in-4, 25 fr. — E. Leroux.

Fossey (Ch.). — Textes assyriens et babyloniens relatifs à la divination, 1re série (IV-52 p.), in-folio, 6 fr. — P. Geuthner.

Groffier (V.). — Héros trop oubliés de notre épopée coloniale, avec 400 grav. (400 p.), in-folio, 15 fr. — Desclée, de Brouwer et Cie.

Lachèvre (F.). — Bibliographie des recueils collectifs de poésies publiés de 1597 à 1700. T. IV et dernier (VIII-340 p.), in-4, 10 fr. — H. Leclerc.

Legras (L.). — Etude sur la Thébaïde de Stace (356 p.), in-8, 6 fr. — E. Cornély et Cie.

Legras (L.). — Les Légendes thébaines dans l'épopée et la tragédie grecques (192 p.), in-8, 4 fr. 50. — E. Cornély et Cie.

Pineau (L.). — Le Romancero scandinave, in-18, 5 fr. — E. Leroux.

Poincaré (R.). — Idées contemporaines, in-18, 3 fr. 50. 1 vol. — E. Fasquelle.

Poincaré (R.). — Questions et figures politiques, in-18, 3 fr. 50. — E. Fasquelle.

Poincaré (R.). — Causes littéraires et artistiques, in-18, 3 fr. 50. — E. Fasquelle.

Touzard (J.). — Grammaire hébraïque abrégée (XXIV-435 p.), in-8, 5 fr. — V. Lecoffre.

IV. — HISTOIRE ET GÉOGRAPHIE.

Bagès (comm. G.). — Le Siège de Glogau, 1813-1814 (64 p.), in-8, 1 f. 50. — H. Charles-Lavauzelle.

Barraud (Dr J.). — Promenade d'un médecin à travers l'histoire, in-18, 3 fr. 50. — F.-R. de Rudeval.

Bigot de Monville. — Recueil des présidents, conseillers et autres officiers de l'Echiquier et du Parlement de Normandie, 1499-1550, in-8, 12 fr. 1 vol. — A. Picard et fils.

Bonde (A.). — Le domaine des hospices de Paris depuis la Révolution jusqu'à la troisième République (342 p.), in-8, 6 fr. — Berger-Levrault et Cie.

Brière (G.) et **P. Caron**. — Répertoire méthodique de l'histoire moderne et contemporaine de la France, 6e année, 1903, in-8. — E. Cornély.

Chandon de Briailles (R.) et **H. Bertal**. — Archives municipales d'Epernay, XVIe siècle (550 p.), in-8, 16 fr. — H. Leclerc.

Chandon de Briailles (R.) et **H. Bertal**. — Table alphabétique des registres des délibérations de la ville d'Epernay, in-4, 10 fr. — H. Leclerc.

Christian (A.). — Etudes sur le Paris d'autrefois. T. III, écrivains, imprimerie, in-4, 4 fr — G. Roustan et H. Champion.

Flornoy (E.). — Madame Craven intime, in-12, 2 fr. — Lib. des Saints-Pères.

Liber testamentorum sancti Martini de campis, in-8, 4 fr. 50. — A. Picard et fils.

Meller (P.). — Armorial du Bordelais, sénéchaussées de Bordeaux, Bazas et Libourne, 3 vol. (1200 p.), in-4, 60 fr. — H. Champion.

Mémoires de l'impératrice Joséphine. La cour de Navarre et la Malmaison, in-8, 1 fr. 50. — A. Fayard.

Monumenta Germaniæ historica inde ab a Christi D usque ad a MD ed. societas aperiendis fontibus rerum Germanicarum medii ævi, Scriptorum tomi XXXII, pars I (361 p.), in-4, 18 m. — Hahn, Hannover.

Schaeck (J. de). — Six mois en Mandchourie avec S. A. I. le grand duc Boris de Rassie, av. 41 grav., in-8, 5 fr. — Plon-Nourrit et Cie.

V. — ART ET ARCHÉOLOGIE.

Congrès archéologique de France. LXXe session, Le Puy, 1904 (LVI-599 p.), in-8, 10 fr. — A. Picard et fils.

Foureau (F.). — Documents scientifiques de la mission saharienne, 2 vol., av. 428 fig., 30 pl. et 16 cartes (IV-1210 p.), in-4, 60 fr. — Masson et Cie.

Moreau-Vauthier (Ch.). — Gérôme peintre et sculpteur, l'homme et l'artiste, in-16, 3 fr. 50. — Hachette et Cie.

Rosenthal (L.). — Géricault, av. 24 reprod., in-8, 3 fr. 50. — Lib. art anc. et mod.

Sortais (G.). — Fra Angelico et Benozzo Grozzoli, av. 5 chr. et 47 grav. (275 p.), in-4, 10 fr. — Desclée, de Brouwer et Cie.

ACADÉMIE DES INSCRIPTIONS ET BELLES-LETTRES

Séance du 8 décembre. — Après lecture faite de l'homologation du décret approuvant l'élection de M. HAUSSOULIER comme membre titulaire en remplacement de M. Jules Oppert, M. GEORGES PERROT, secrétaire perpétuel, introduit, avec le cérémonial accoutumé, le nouvel élu dans la salle des séances. — Le président, après avoir adressé à son nouveau confrère les félicitations de la Compagnie, l'invite à prendre place parmi les membres de l'Académie pour assister aux travaux qui vont faire l'objet de la séance. — M. COLLIGNON, président, annonce ensuite à ses confrères la perte que l'Académie vient de faire en la personne de M. Gustave Saige, archiviste paléographe, conservateur des archives et de la bibliothèque de la principauté de Monaco, et correspondant de l'Académie, décédé en cette ville le 5 décembre, à l'âge de soixante-sept ans. — M. PHILIPPE BERGER donne l'interprétation de l'inscription gravée sur le chaton d'une bague du troisième siècle avant notre ère, et dont le milieu est occupé par un ange aux deux ailes déployées et porte en caractères hébraïques le nom de Joab. Il est très curieux, ajoute-t-il, de trouver un Carthaginois portant une bague juive, vieille de trois ou quatre mille ans. Il en est de même aujourd'hui chez nous qui portons, en même temps que des pierres antiques, des pierres datant de l'époque de la Renaissance.

L'Académie procède ensuite à l'élection : 1° de deux correspondants nationaux ; 2° de trois correspondants étrangers. — Les deux correspondants nationaux élus sont : MM. Emile Thomas, professeur de littérature latine à l'Université de Lille, et Jeanroy, professeur de littérature française à l'Université de Toulouse. — Les trois correspondants étrangers sont : MM. Pischel, professeur de sanscrit à l'université de Berlin : Arthur Evans, archéologue anglais, conservateur à Oxford, et Barclay-Head, numismate anglais et conservateur au Bristish Muséum. La séance a été terminée par la communication faite par M. Holleaux, directeur de l'Ecole française, de l'état des fouilles entreprises à Delos aux frais de M. le duc de Loubat, correspondant de l'Académie.

Séance du 15 décembre. — M. Holleaux, directeur de l'Ecole d'Athènes, continue sa communication, accompagnée d'un plan à grande échelle, sur l'état d'avancement des fouilles de Délos. — M. BABELON annonce que la Société française des fouilles archéologiques a entrepris des fouilles autour du monument d'Auguste à la Turbie (Alpes-Maritimes). Ces fouilles allaient être entreprises par le gouvernement sarde en 1859, lorsque le comté de Nice fut réuni à la France. Le gouvernement français se borna à classer le Trophée d'Auguste comme monument historique. Les fouilles actuelles sont dirigées par M. Philippe Casimir, ancien maire de la Turbie, assisté d'une commission d'archéologues locaux, sous le contrôle de M. Formigé, architecte de la commission des Monuments historiques. — M. Babelon donne ensuite lecture d'un rapport de M. Casimir sur cette première campagne, qui fait présager pour la suite des fouilles les plus heureux résultats. — M. OMONT reprend la lecture du travail de M. Labande sur les routiers français en Italie au quatorzième siècle.

ERRATUM

Bulletin du 5 janvier 1906, page 20. Lire : *Séance du 1er décembre* au lieu de : *Séance du 24 décembre*.

BULLETIN CRITIQUE

13. — **La mission de Jean Jacques Olier et la fondation des Grands Séminaires en France**, par G. Letourneau, curé de Saint-Sulpice. Paris, Lecoffre, 1905. In-12 de xii-378 pages.

Dans sa préface l'auteur annonce que son ouvrage est une réponse à des assertions erronées, parues récemment, relatives aux origines des séminaires français. Intention louable assurément, inspirée par un sentiment de piété filiale qu'il faut approuver. Malheureusement l'auteur tombe à son tour, au moins dans la première partie de son livre, dans des erreurs aussi notables que celles qu'il a entrepris de réfuter. Dans cette même préface il nous dit modestement n'avoir pas eu le loisir de composer une œuvre originale, et s'être borné à « reprendre le texte de M. Faillon. » C'est là le malheur. M. Faillon était, en la circonstance, un guide peu sûr. J'ai dû, à plusieurs reprises, protester contre les assertions de cet écrivain : excellent historien à bien des points de vue, mais absolument mal renseigné sur d'autres et quelque peu dépourvu de sens critique. Reprenons notre démonstration.

M. Letourneau a raison de dire que l'Oratoire ne s'est pas occupé exclusivement des grands séminaires et ne borna pas à cette œuvre toute son activité. « Les Oratoriens, écrit-il, (p. 35) qui, par leur large constitution, embrassaient... à la fois tous les ministères sacerdotaux, furent absorbés par la multitude de leurs occupations, par les prédications, par les confessions, par l'étude, par la direction des collèges laïques ou par les séminaires d'humanistes... » On ne saurait mieux dire, mais ajouter que « pendant de longues années ils ne purent rien faire de solide et d'efficace pour la fondation des séminaires de théologie », est de tous points inexact. Si Saint-Magloire, qui fut, dès le début, le séminaire diocésain de Paris et le resta jusqu'à la Révolution, fondé en 1624, n'eut pas dès le début une organisation complète, il s'y trouvait, à partir de 1629 « huit oratoriens et plusieurs jeunes ecclésiastiques qui payaient pension. » (Arch. nat. M. 201.) C'est bien là un séminaire, à commencements modestes il est vrai; mais M. Olier, d'après M. Letourneau lui-même, ne débuta à Vaugirard qu'avec trois disciples, et quand ils se transportèrent, l'année suivante, à Saint-Sulpice ils étaient quatorze. Retenons les dates : 1re fondation de Saint-Magloire 1624 et organisation plus complète en 1629, commencement de Saint-Sulpice 1642. Que si l'on chicane sur la date de 1629 pour Saint-Magloire, reculons encore jusqu'au 6 septembre 1640, date à laquelle un enseignement complet de grand séminaire y était organisé. C'est toujours antérieur aux débuts de M. Olier, comme l'a péremptoirement démontré le P. Savelon dans un travail, paru en 1895 dans la *Correspondance catholique*, que M. Letourneau semble n'avoir pas connu.

Des origines passons au développement de l'œuvre. M. Letourneau énumère les diverses fondations de séminaires faites par les trois premiers supérieurs de Saint-Sulpice : quatre sous M. Olier, deux sous M. de Bretonvilliers et quatre sous M. Tronson. Or à la mort de M. Olier, l'Oratoire dirigeait six séminaires, sans parler même de celui de Luçon auquel s'arrête longuement l'auteur (sans citer cependant mon *Oratoire à Luçon*) : Mâcon, Toulouse, Saint-Magloire, Malines, Rouen et Lyon. A la fin du siècle qui correspond à la mort de Tronson et à peu près à celle du P. de Sainte-Marthe, Saint-Sulpice avait donc six séminaires en plus, et l'Oratoire dix : Grenoble, Soissons, Laon, Condom, Lectoure, Arles, Châlon, Rieux, Vienne et Dijon. « Si ce chiffre cesse de croître pour l'Oratoire et diminua même pendant le xviiie siècle, écrivai-je en 1884 (*Bulletin critique* p. 173), il ne faut pas oublier que le maximum des établissements de Saint-Sulpice, au moment de la Révolution, ne fut que de dix-huit maisons, et que c'est à M. Emery, vrai second fondateur de Saint-Sulpice, qu'est dû l'essor que cette Compagnie a pris. » Et j'ajoutais : « On est donc en droit de conclure... que l'Oratoire a eu autant de part que Saint-Sulpice à la formation de l'ancien clergé de France. »

A en croire M. Letourneau, le P. Eudes et sa Congrégation

aurait même eu plus de part à la fondation des Séminaires que l'Oratoire. Mais l'activité des Eudistes ne dépassa pas les limites de la Normandie et de la Bretagne, et plusieurs de ces *maisons de pauvres clercs* qu'énumère l'ouvrage étaient non des séminaires, mais ce qu'on appelle aujourd'hui des écoles apostoliques. De plus s'appuyer sur les affaires qu'eut le P. Eudes avec l'Oratoire et qui nécessitèrent son expulsion de cette congrégation par le P. Bourgoing, cette « beste noire des jansénistes » pour écrire à ce propos « qu'il demeurait constant que l'Oratoire n'avait pas travaillé efficacement à fonder les séminaires diocésains en France », est une erreur singulière. Lisez donc Batterel. Si saint qu'ait pu être ensuite ce personnage (il faut le croire puisqu'il a été déclaré vénérable) il ne l'était guère à ce moment-là du moins, comme le savait bien celui qui, pour essayer de tromper les gens, s'est permis d'écrire au crayon, sur les documents compromettants qui se trouvent aux Archives nationales *qu'il y était question d'un autre P. Eudes*.

Ces graves questions mises de côté, il n'y a que du bien à dire de l'ouvrage de M. Letourneau. En peignant en raccourci un tableau plein d'intérêt de la mission de M. Olier comme fondateur du séminaire de Saint-Sulpice, il nous a donné une excellente suite à l'étude qu'il publiait naguère sur le ministère pastoral de M. Olier. Avec lui nous conviendrons volontiers que « les séminaires de notre pays ont des origines dignes de tout respect, et que leurs fondateurs méritent à jamais la reconnaissance du clergé français. » Avec lui surtout nous souhaitons que « cet ouvrage attache plus fortement que jamais les prêtres qui le liront aux traditions précieuses que leur ont léguées les séminaires du xviie siècle et qui sont aujourd'hui si gravement compromises. »

A. INGOLD.

---

14. — RICHARD (l'abbé P.). **Origines de la nonciature de France.** Nonces résidants avant Léon X (1456-1511) (extrait de la Revue des questions historiques, juillet 1905) in-8°, 48 p.

L'institution des nonces avec résidence permanente ne date que de Léon X. Et cependant, dès le début du règne de Louis XI, de nombreuses questions (projets de croisade nécessités par la chute de Constantinople, Pragmatique Sanction, visées françaises sur l'Italie) rendaient désirable la résidence en France d'envoyés pontificaux ; il y avait déjà des nonces permanents auprès de l'Empereur et du duc de Bourgogne.

Les premiers nonces en France furent des commissaires de la croisade, parfois rehaussés de la dignité de légat *a latere*. Ils avaient à la fois des attributions ecclésiastiques et des attributions financières, parfois partagées entre plusieurs personnages.

La durée de leurs fonctions n'était point fixée, la lenteur des négociations prolongeait souvent jusqu'à trois ans une mission qui ne devait en principe durer que six mois. Le nombre de ces envoyés du pape variait sans cesse. Une instruction aux nonces qui ne changea jamais, ce fut, dans la collation des bénéfices vacants, de nommer les candidats du pape de préférence à ceux du roi. Il n'y avait non plus aucune continuité dans ces missions.

Le premier nonce à résidence fut Etienne Nardini, (avril 1467-juin 1468) auquel succéda un *collecteur général*, avec le titre de *nuncius et orator*. Sixte IV désigna un chanoine de Marseille comme nonce pour la décime, mais en réalité avec pouvoirs généraux. Son successeur, l'évêque de Modène, fut médiateur entre Louis XI et Charles le Téméraire. Ce pontificat de Sixte IV apporta les plus grands progrès à l'institution de la nonciature de France. En 1476, les attributions financières restent à l'évêque de Modène ; Julien de la Rovère eut en partage les collations bénéficiales.

Sur la demande de Louis XI, Sixte IV lui envoie comme nonce Raymond Péraud archidiacre d'Artois ; mais il ne fut pas seul, car le Génois Grimaldi, venu pour une affaire secondaire, resta un an en France, et comme évêque nommé de Grasse, représenta le clergé aux Etats de 1484.

Avec le règne de Charles VIII apparaît l'obligation de résider auprès de la personne du roi, mais non la permanence. A chaque changement de pape, l'application des principes de la cour pontificale varie. Au bout de trois ans, Innocent VIII envoie en France Cheregato et Florès : ils restent quatre ans ; la cour les prie d'intervenir dans nos démêlés avec l'Angleterre. Ils désignèrent eux-mêmes leur successeur.

Sous Alexandre VI, la légation française auprès du pape suffit à assurer les relations. En avril 1504, le cardinal Georges d'Amboise est nommé légat *a latere* pour la France. Son rôle devint plus effacé par la venue de Giovanni Ferreri, archevêque d'Arles, trois ans durant véritable ambassadeur permanent de César Borgia auprès de Louis XII. Alors, les privilèges financiers du nonce sont remplacés par un traitement fixe (125 florins par mois) ordinairement versé d'avance.

Jules II envoya à deux reprises Carlo de Caretto à Louis XII. Son auxiliaire, Pierre Le Filleul, évêque de Sisteron, seul depuis octobre 1504, fit la navette entre Rome et la cour avec le titre de nonce résidant. Pendant ce temps, le cardinal d'Amboise gardait toujours les pouvoirs spirituels. L'évêque de Tivoli, qui succéda à Le Filleul, se vit signifier son congé par Louis XII, mais revint deux fois en mission temporaire. Jules II mourut le 21 février 1513. A son successeur Léon X, le pontife diplomate, était réservé l'honneur d'organiser définitivement la nonciature de France.

Cette histoire très compliquée est racontée avec abondance et clarté par M. l'abbé R. qui nous révèle, chemin faisant, d'intéressantes particularités, comme un essai de création en France d'un Mont de Piété et d'une répression de l'usure, idées dont Louis XI ne voulait profiter que pour sa politique égoïste.

Paul Deslandres.

---

15. — Jean Guiraud. **La Séparation et les Élections,** in-12 de viii-436 pages. Paris, Lecoffre, 1906.

De ce livre clairvoyant et courageux nous ne dirons qu'une chose, c'est qu'il devrait être répandu par milliers d'exemplaires d'ici les élections. Tout catholique qui veut se faire une opinion sérieuse et fondée sur la séparation, et ne pas se bercer de vaines utopies, doit le lire et l'étudier. Pour juger de la loi du 9 décembre 1905, il suffit de se demander qui l'a voulue et pourquoi on l'a voulue? Qui l'a voulue? La franc-maçonnerie ; les ennemis déclarés du catholicisme. Pourquoi l'ont-ils voulue? Pour faire un pas de plus dans la voie de la persécution et de la destruction du catholicisme. Ils avaient tiré du Concordat tout le mal qu'ils en pouvaient tirer. Pour faire plus de mal, il leur fallait un instrument nouveau, ils l'ont fabriqué ; il leur fallait cacher la pointe et le tranchant de l'instrument ; ils l'ont provisoirement enveloppé d'un fourreau ; il n'y a qu'à l'en tirer et on l'en tirera dès que le tour des élections sera joué. Et dire qu'il y a des catholiques assez incommensurablement naïfs pour ne pas voir cela! Leurs adversaires n'ont pourtant pas pris la peine de leur cacher ce qui les attend.

M. Jean Guiraud a démasqué tous les pièges de la loi de 1905. Voici les principales divisions de l'ouvrage. Livre I. Préliminaires de la séparation. Chap. Ier. Séparation libérale et séparation maçonnique. Chap. II. Provocations maçonniques. Chap. III. Déclaration de guerre à l'Eglise. Chap. IV. Attentat contre le suffrage universel. Livre II. Les spoliations de la séparation. Chap. V. Négation du besoin religieux. Chap. VI. Le budget du culte dette nationale. Chap. VII. Le budget du culte indépendant du Concordat. Chap. VIII. La propriété des églises d'après le droit. Chap. IX. La propriété des églises d'après l'histoire. Chap. X. Spoliation et profanation. 1° Projets jacobins non votés. Chap. XI. Spoliation et profanation. 2° Projet voté. Chap. XII. Spoliation des trésors-évêchés, presbytères et grands séminaires. Chap. XIII. Confiscation des fondations religieuses. Chap. XIV. Séparation antidémocratique. Livre III. Usurpations et tyrannies. Chap. XV. Suppression de la liberté du culte. Chap. XVI. Les associations cultuelles dans l'Eglise. Chap. XVII. Associations cultuelles schismatiques ou impuissantes. Chap. XVIII. Les prêtres hors la loi. Conclusion. Appendices. I. Le projet de Séparation. II. Votes des députés sur la Séparation. III. Votes des sénateurs sur la Séparation. Index des noms propres.

M. Jean Guiraud montre à merveille le nombre presque incalculable de vols éhontés commis sous le couvert de cette loi ; mais surtout il fait voir le prêtre à peu près réduit à l'impuissance et à l'inaction par ses ennemis et au besoin par ses amis ; (grâce au fonctionnement des associations cultuelles ; on peut le conjecturer aisément par l'exemple de beaucoup de conseils d'administration dans les maisons libres d'enseignement ; leur influence s'exerce dans le sens de l'ultra-prudence et pourtant ils sont en général composés d'hommes riches et indépendants). Enfin M. Guiraud fait toucher du doigt le mensonge de cette loi qui garde pour un moment des apparences libérales: « Le prêtre est reconnu citoyen, chaque fois qu'il y a quelque avantage à lui retirer ; il est rétabli dans sa qualité de prêtre, chaque fois qu'il y a quelque tyrannie à lui imposer ! Là réside tout le vice de la loi. Elle supprime à l'Eglise tout le bénéfice du Concordat, sans lui accorder les libertés de la Séparation. Elle la soumet à un régime hybride qui n'est ni une union régulière avec l'Etat, ni une séparation loyale ; mais une série de tyrannies inspirées par une suspicion et une haine incurables. C'est le clergé, c'est l'Eglise hors la loi (p. 354). »

Tout le prouve. Plus nulle égalité entre les libres-penseurs et les catholiques par exemple. « Il sera permis d'élever des statues aux plus bas malfaiteurs qu'une Libre-Pensée quelconque aura reconnus comme siens. Les pires ennemis de la religion se dresseront en bronze devant les portes de nos églises comme Renan devant la cathédrale de Tréguier, La Barre devant le Sacré-Cœur. Qu'importe que cette vue blesse profondément les catholiques. Leur conscience a-t-elle droit à la liberté, au respect? etc., etc. » (p. 352.)

« Il ne s'agit ni de « libérer » l'Etat, ni de « libérer » l'Eglise ; mais bien de détruire la religion, lentement sans doute mais sûrement... Il faut avouer que nos persécuteurs modernes ont fait de grands progrès sur les anciens persécuteurs leurs devanciers... Plus avisés les politiques du Bloc essaient de cette mort lente et insensible qui vient de la paralysie; toute leur loi a pour but, même dans ses plus insignifiantes prescriptions, de faire pénétrer dans le catholicisme cet engourdissement fatal qui le conduirait sûrement à la mort » (p. 357).

L'aboutissant de la séparation telle qu'elle est faite, si les prêtres et les fidèles ne réagissent au plus tôt, c'est ce clergé de popes, réduit aux cérémonies cultuelles, que depuis trente ans on prépare chez nous, et que le Concordat, même strictement appliqué, n'a pas réussi à former. M. Guiraud tire de son étude des conclusions politiques qu'il ne nous appartient pas de discuter dans une revue de ce genre; bornons-nous à dire qu'il conseille aux électeurs de refuser impitoyablement leurs voix à quiconque a voté la loi de 1905 et à tout candidat qui ne s'engagera pas à en demander la révision dans un sens catholique.

Alfred BAUDRILLART.

16. — **Le Spiritualisme**, par Georges Dumesnil, professeur de philosophie à l'Université de Grenoble. Paris, 1905, in-8° de xv-162 pages. Société française d'imprimerie et de librairie.

Le titre de ce livre est à lui seul un programme. Dans un temps où idéalistes et positivistes sont d'accord pour rayer du dictionnaire philosophique le terme de *spiritualisme*, M. Dumesnil le relève fièrement comme un drapeau. A ceux qui seraient tentés d'en sourire avec dédain voici sa réponse : « Il ne faut tenir aucun compte de la défaveur des circonstances, quand on a quelque vérité utile à dire ou à rappeler. La réalité de notre âme individuelle et notre libre arbitre, la certitude de l'existence de Dieu, l'infirmité du matérialisme, voilà des vérités qui ne prétendent à aucune autre actualité, comme on dit, qu'à celle qui dure toujours » (p. xiv).

Si dans le système cartésien, le mécanisme est un moyen « de faire tomber la nature des choses sous la prise de la pensée » sans d'ailleurs porter la moindre atteinte à la liberté de l'âme, ce dualisme a passé après Descartes par d'étranges vicissitudes. Ainsi chez Hume « à la fin du *Traité de l'entendement* il n'y a plus d'âme, plus de volonté, plus d'entendement ». De son côté le *cogito* de Kant est « une machine à penser qui n'a rien à voir avec un moi concret et libre ». Mais M. D. s'en prend surtout à « l'homme qui a développé le plus normalement et le plus fortement en France les germes du kantisme ». Il s'agit de M. J. Lachelier, aux yeux duquel le *Je pense* est « un être idéal » et « la faculté de penser une forme sans réalité substantielle, suspendue sur le vide », comme M. D. le répète à plusieurs reprises : ce qui n'empêche d'ailleurs nullement les successeurs de Kant et M. Lachelier « de faire du *Je pense* l'absolu lui-même produisant tout » (p. 34). Evidemment ce n'est là « qu'un absolu entre une infinité d'autres possibles. »

Pour jeter un peu de lumière sur des théories abstraites par elles-mêmes et surtout par la dialectique qui en a construit le savant édifice, M. D. imagine (p. 36-54) une longue et impartiale controverse avec un disciple de M. Lachelier qui défend les thèses les plus hardies comme les plus spécieuses du livre célèbre sur *Le fondement de l'induction*. Une des causes décisives de l'obscurité de tant de systèmes modernes ne serait-elle pas, comme la remarque en est faite ici en passant, la passion malheureuse de vouloir donner une démonstration de tout, même des principes et des affirmations tenues jusqu'alors pour évidentes ? Bref, voici en quels termes M. D. se croit autorisé à résumer la doctrine qu'il combat : « Mon moi est une illusion, un rêve », bien mieux, « je ne suis pas plus moi que le tout inconscient, et pas plus responsable que le monde fortuit » (p. 44)

De M. Lachelier nous remontons à Maine de Biran, que l'on nous montre s'élevant par étapes successives du sensualisme de ses premiers maîtres jusqu'au spiritualisme très personnel de ses derniers écrits, où il s'achève par une doctrine de la grâce — puis à Ravaisson, résolu « à fortifier la philosophie de Biran en l'allégeant de la substance inconnue qu'elle avait toujours supposée, tandis qu'elle se confessait hors d'état de l'atteindre », mais en revanche « pensant toucher dans l'acte volontaire dont nous avons conscience l'absolu de notre substance » (p. 64). Et M. D. sans hésiter donne raison à M. Lachelier mettant à découvert le vice originel de ce système dont le ressort, sentiment de l'effort ou réflexion de la force, était pris de la physique.

Abordant ensuite la discussion la plus brûlante de l'heure actuelle, M. D. nous propose une triple démonstration de notre libre arbitre : la première tirée de l'introspection, la seconde de l'action, la troisième « du monde envisagé comme la manifestation et l'œuvre de la liberté concrète » (p. 83). Ses preuves, je dois le faire observer, ne rappellent guère les preuves classiques : témoin la première, ainsi résumée (p. 69) : « Il y a en moi un pouvoir infini de me réserver totalement, de me garder en suspens, quelque motif d'action qu'on me propose, quelque nécessité d'action qu'on prétende m'imposer, autant dire selon le langage coutumier : il y a en moi un pouvoir infini de doute » (p. 69). S'agit-il plus loin d'établir l'unité essentielle de notre nature spirituelle ? voici le raisonnement quelque peu imprévu de l'auteur : « Je ne suis pas pour moi une abstraction nécessairement inerte déduite de mon expérience sensible : loin de là, je me saisis, en tant que je doute de cette expérience et que je m'affirme simultanément, comme un pouvoir réel et concret d'abstraction. Et là je suis un, non de l'unité inerte de l'atome matériel ou psychophysique, mais d'une unité synthétique, c'est-à-dire raisonnable » (p. 80). C'est le cas de répéter avec M. D. lui-même : « Fort heureusement il ne faut pas tant d'appareil pour le commun des hommes : chacun d'eux croit naturellement à la réalité des choses. »

Je m'empresse d'ailleurs d'ajouter qu'il y a dans son livre, et en grand nombre, des réflexions judicieuses ou même profondes sans cesser d'être claires : celle-ci, par exemple : « A mesure qu'elle s'applique à des objets, à des êtres plus élevés dans la hiérarchie naturelle, la science devient de plus en plus incertaine et inefficace. On est plus sûr de bien asseoir un théorème, de déterminer le poids atomique d'un corps, de saisir les combinaisons d'un gaz, que de guérir un malade, de régénérer une nation ou de former un caractère... Inversement la philosophie est de plus en plus certaine et utile en haut, comme connaissance de l'esprit et de la perfection... Quand nous descendons en nous-mêmes au-dessous de la brillante sphère de la conscience, vers la zone crépusculaire du subconscient, vers la couche obscure de l'inconscient, nous tâtonnons et c'est à peine si la pensée peut y retrouver quelque chose de ses traits » (p. 96 et 97). Quelques pages sur le rêve (p. 99 et suiv.) abondent également en remarques neuves et suggestives.

En tête de la seconde partie de l'ouvrage brille ce mot sacré : *Dieu*, dont Paul Janet, peu de temps avant sa mort, déplorait hautement la suppression « pusillanime » et inqualifiable dans la littérature philosophique. C'est sous la forme d'un dialogue avec Descartes que sont agités ici les problèmes fondamentaux de la théodicée. Il m'a été agréable d'y retrouver le vieil argument de Bossuet et de Fénelon, se déclarant incapables d'expliquer les vérités éternelles dès qu'on refuse d'en chercher l'origine dans l'intelligence de l'Etre absolu. Si M. D. rejette l'argument ontologique sous sa forme traditionnelle, il n'en déduit pas moins avec Descartes de l'idée de perfection une preuve de l'existence de Dieu, puisque, dit-il, cette idée ne peut dériver que d'un être parfait réel. Sa conclusion est d'une netteté qui ne laisse rien à désirer (p. 149) : « Nous disons simplement qu'il est nécessaire pour la raison que Dieu soit et nous en concluons qu'il est réellement. Il y a longtemps que l'insensé a dit en son cœur : « Dieu n'est pas. » Il ne dépend pas de nous de guérir l'insensé, s'il ne veut pas obtempérer à la raison : mais aussi il ne dépend pas de nous de le trouver raisonnable. »

Si les grandes vérités, bases essentielles de tout ordre moral paraissent momentanément obscurcies en tant d'intelligences, si, comme le fait remarquer l'auteur à la première ligne de son *Avant-propos*, notre pays en particulier a le plus grand besoin d'en reprendre une vive conscience, c'est qu'on oublie trop que « la vraie philosophie est la seule science, et qu'à mesure qu'on la possède, elle est une méthode de plus entière liberté » (p. 161).

Je ne dirai pas qu'il soit toujours facile de suivre M. D. dans ses déductions parfois bien subtiles et bien compliquées : mais ce qui frappe chez lui à chaque page, c'est la constante préoccupation de ce spiritualisme affirmé avec une égale conviction, quoique sous des formes diverses, par Platon et par S. Augustin, par S. Thomas et par Descartes. Et sur la question délicate des rapports entre la raison et la foi, voici une phrase significative, relevée entre beaucoup d'autres (p. 28) : « Combien n'importe-t-il pas de remarquer qu'aux yeux de la philosophie la Trinité chrétienne est une conception infiniment mieux faite que toutes autres ou, pour mieux dire, parfaite ! »

C. Huit.

---

17. — Arthur Chuquet. **Dugommier.** — **Un prince Jacobin. Charles de Hesse ou le général Marat**. Paris, Fontemoing, 1904 et 1906, 2 vol. in-8 de 464 et 423 p.

Dugommier a reçu de Napoléon, qui le connaissait bien, un éloge sans réserve : « il avait toutes les qualités d'un vieux militaire ; extrêmement brave de sa personne, il aimait les braves et en était aimé ; il était bon quoique vif, très actif, juste ; il avait le coup d'œil militaire, du sang-froid et de l'opiniâtreté dans le combat ». Le livre de M. Ch. justifie ce jugement « du maître des maîtres ». Officier d'ancien régime, ayant fait la guerre de Sept Ans et la campagne d'Amérique, son héros est entré dans la Révolution, entraîné, (c'est lui-même qui le dit) « par la grande cause de l'humanité, par la voix de l'équité naturelle. » Deux victoires à l'armée d'Italie en 1793 lui valent le commandement de l'armée qui assiège Toulon. Il reprend la ville révoltée et devient ensuite commandant en chef de l'armée des Pyrénées-Orientales. Victorieux des Espagnols au Boulou, le 30 avril 1794, il les écrase de nouveau à la Montagne-Noire, et meurt en plein triomphe le 17 novembre. C'est une figure intéressante et peu connue, même après l'étude trop touffue du capitaine Pineau. Quand même son livre n'aurait dû être qu'une simple biographie, M. Ch. aurait donc eu raison de l'écrire. Mais le travail dépasse cette portée restreinte. Les 350 dernières pages (plus des trois quarts du volume) sont consacrées à l'armée des Pyrénées-Orientales et à ses opérations en 1793-1794. Dugommier n'est que le centre — ou l'occasion — d'une étude d'histoire militaire, la suite attendue, sous une autre forme, des *Guerres de la Révolution*. Cette suite est excellente. M. Ch. sait à merveille s'orienter et nous conduire dans cette guerre de montagne si compliquée et si dispersée. Son exposé est aussi complet qu'on peut le désirer, tout en conservant la clarté parfaite et l'intérêt soutenu qui distinguaient déjà ses travaux antérieurs.

Le prince jacobin Charles de Hesse, le « général Marat » comme il s'appelait lui-même, n'est pas intéressant au même titre que Dugommier. Il n'a pas remporté de victoires, il n'a même jamais commandé à l'ennemi, et c'est tant mieux, car il était, nous dit M. Ch., « dénué de talents militaires, incapable de commander une division et même une brigade, aussi poltron que fanfaron. » L'homme privé ne vaut guère mieux, « méchant et vindicatif, abusant de son autorité..., faisant le mal avec délices, heureux de nuire à ceux qu'il n'aimait pas, sacrifiant la chose publique à ses ressentiments particuliers. » Mais il est un assez bon exemple de cette écume de l'ancienne société, mauvais officiers et mauvais fonctionnaires, devenus jacobins et terroristes pour garder leurs places ou en prendre d'autres, et dont la révolution eut tant de peine à se débarrasser. Charles de Hesse est un de ceux qui, suivant un mot célèbre, « infectèrent le nouveau régime de tous les vices de l'ancien ».

Cadet de la maison de Hesse-Rothenbourg, il sert en France parce qu'il fait meilleur vivre à Paris qu'à Cassel ou même à Vienne ; poussé par sa « naissance », il est capitaine à quatorze ans et colonel à trente-trois, avec douze mille livres de pension du Roi. Mais il en veut à Louis XVI de ne pas lui donner un gouvernement, et après 1789 il se pose en victime du despotisme, se fait jacobin et patriote, puis politicien et dénonciateur Il dénonce tout le monde, ses subordonnés d'abord, puis ses chefs : Victor de Broglie, Custine, Lückner, Montesquiou. Il dénoncerait, (c'est lui qui le dit), Dieu le père lui-même, s'il n'était pas jacobin. On l'en récompense mal à son gré; il est lieutenant général en 1792, mais n'obtient que des commandements de l'intérieur, et médiocres : Perpignan, Besançon, Orléans. Montesquiou, qu'il obsède de sollicitations, l'emmène à Lyon et s'en repent vite. Hesse entrave les convois, suscite des émeutes et laisse faire des massacres, résiste aux ordres de son chef, l'accable de calomnies, le pousse au désespoir et finalement à la désertion. Les Jacobins eux-mêmes l'estiment à sa valeur. Bouchotte le réprimande et ne l'écoute pas, Robespierre le destitue et l'envoie en prison. Les thermidoriens l'en tirent, mais lui refusent un service actif et le mettent à la retraite. Sous le Directoire, il se fait journaliste, et devient l'arbitre de la politique étrangère dans les colonnes de l'*Ami de la Patrie*. Bonaparte l'envoie à l'île de Ré, puis l'expulse, et dès lors le général Marat, redevenu prince germanique, mène une vie de désordres et de scandale à Cassel, à Darmstadt, à Francfort, où il meurt en 1821, misérable et presque fou.

Tous ces avatars d'un personnage méprisable, mais singulier, conduisent M. Ch. à nous présenter de nombreux tableaux d'ensemble (p. ex. Lyon en 1792, ch. IV) pleins d'intérêt, de vie et de couleur. On sait qu'il y excelle, et l'éloge de sa « manière » n'est plus à faire. L'ouvrage est presque uniquement construit sur des documents d'archives, et c'est une bonne réponse aux historiens fantaisistes, qui affectent de considérer les sources purement narratives comme les plus véridiques et les seules intéressantes. Par endroits, quoique très rarement, on souhaiterait peut-être une ou deux références de plus (p. ex. p. 334 et suiv., pour le récit du complot jacobin de 1800)[1].

Dans *Charles de Hesse*, comme dans *Dugommier*, M. Ch. touche

---

1. Un ou deux *lapsus* : le résumé donné p. 299 de *l'ultimatum* apporté à Lille par Malmesbury n'est exact que de loin; les conférences de Seltz n'ont pas eu lieu avant celles de Rastatt (p. 305), et je ne vois pas trop comment Alvensleben, encore que théosophe, aurait pu « rester invisible six semaines sur cinq » (p. 308). Il faut lire : p. 10, Harambure; p. 109, accusateur *public*; p. 216, à *vrai* dire; p. 248, 13 vendémiaire; p. 348 n., et p. 350, rente.

à une foule de questions de l'histoire de la Révolution et rencontre une foule d'acteurs plus ou mois connus des événements de cette époque. Il nous renseigne ainsi, chemin faisant, d'après les meilleures sources, sur une multitude de personnages dont les biographies ne parlent pas ou ne parlent qu'inexactement. Il serait bien à désirer que M. Ch. fît un jour pour l'ensemble de ses travaux d'histoire révolutionnaire ce que Chassin avait fait pour les siens : grâce à l'index qui les complète, ses volumes sur la Vendée sont un précieux instrument d'information biographique et même bibliographique. Munis de ce complément indispensable, les vingt volumes de M. Ch. rendraient encore plus de services.

R. GUYOT.

---

18. — **Le Clergé et le Culte Catholique en Bretagne, pendant la Révolution, district de Dol.** Documents inédits, recueillis, mis en ordre et publiés par P. DELARUE. Deuxième partie. Commune de Dol. Rennes, Plihon et Hommay, 1905, in-8, 316 p.

L'auteur n'est pas un inconnu pour les lecteurs du *Bulletin Critique*. J'ai déjà eu l'occasion de leur signaler son érudition consciencieuse et l'exactitude de ses informations (cf. *Bulletin Critique* du 15 août 1899). Ce nouveau volume n'est pas inférieur à ses devanciers. Il s'ouvre sur une notice du clergé de la cathédrale de Dol, ce monument qui fait toujours l'admiration des archéologues, en dépit des mutilations révolutionnaires.

Les documents forment cinq groupes, suivant qu'ils datent de l'époque de l'Assemblée nationale, de l'Assemblée législative, de la Convention, du Directoire ou du Consulat.

M. Delarue a utilisé les archives locales et aussi les archives départementales. Parmi les pièces les plus intéressantes je citerai les suivantes.

P. 33. L'acceptation solennelle de la Constitution civile par Guillot de Folleville qui se rétracta plus tard (voir p. 120) et joua, sous le titre usurpé d'évêque d'Agra, dans l'armée catholique et royale, le rôle que l'on sait.

P. 47. Curieux document relatif à l'entretien du blé Guyoul par l'évêque.

P. 65. Procès-verbal de la séance tenue le 4 février 1791 par le directoire du district : il y est question de l'attitude du clergé dolois en face de la constitution civile improuvée par l'évêque, M. de Hercé, la future victime de Quiberon. Le prélat quitta, pour n'y plus jamais rentrer, sa ville épiscopale, le vendredi 1er avril 1791, vendit ses meubles et se retira à Mayenne, son lieu d'origine, d'où il partit bientôt pour l'exil.

P. 102. Le 7 juin, M. de Hercé écrivit de Mayenne aux administrateurs du district de Dol une lettre « fort humble » pour demander de l'argent. Il leur disait qu'il « attendait tout de leur justice et de leur bonté » ajoutant qu'en retour ils pouvaient compter « sur sa condescendance (?) et sa reconnaissance ».

Cette lettre, un peu trop modeste en effet, fut communiquée à M. Delarue par un ami qui avait vu l'original.

P. 123. M. Macé curé de Rimou avait prêté serment. Il se rétracta, ce qui ne l'empêcha pas d'être assassiné plus tard par les Chouans, s'il faut en croire une lettre de Le Coz, alors évêque assermenté d'Ille-et-Vilaine, à Grégoire et datée du 28 février 1796[1]. Notons que tous les méfaits commis à cette époque, dans nos campagnes bretonnes, étaient libéralement attribués aux Chouans par les papiers publics.

P. 128. Très intéressante supplique de Guillot de Folleville, après sa rétractation « à messieurs les maires et officiers municipaux et procureur de la commune de la ville de Dol. » Il se plaint de n'être plus en sûreté, ce qui l'oblige à chercher quelque part un asile.

Guillot s'éloigna, en effet, et ne reparut à Dol qu'en novembre 1793, dans les rangs de l'armée vendéenne. C'est alors qu'eut lieu entre lui et son compatriote Lecarlate, le curieux dialogue rappelé p. 175. Quelques mois plus tard, après la déroute du Mans, l'évêque d'Agra montait sur l'échafaud, et mourait plein de foi, de courage et de repentir.

P. 256. Glé avait prêté le serment tout d'abord, puis il s'était rétracté lui aussi. On le renferma au Mont-Saint-Michel, nommé le Mont-Libre, depuis qu'on y entassait les victimes du fanatisme révolutionnaire, pour lui faire « expier dans les fers le crime de

---

1. Cf. *Correspondance de Le Coz*, 1er vol. 165.

n'être pas marié », comme s'exprime le commissaire près l'administration du canton de Dol, qui semble désapprouver les abus de pouvoir du conventionnel Lecarpentier.

P. 259. La complainte de Mr Saint-Pez, l'une des victimes de Lecarpentier, se chanta longtemps dans le pays dolois. M. Delarue, je le vois, n'a eu qu'une assez médiocre copie à sa disposition. J'en ai une meilleure que je tiens d'un arrière-neveu de ce saint prêtre, Charles Saint-Pez (ou Pé) de Roz Landrieux.

P. 275. La pièce consignée à cette page renferme des détails tristement curieux sur la profanation de la cathédrale de Dol et sur les pertes de tout genre subies par la ville qui cependant avait accueilli la Révolution avec transport, sans se douter de l'avenir prochain qui lui était réservé.

P. 280 et suiv. La municipalité doloise revint souvent sur ces ruines et dévastations. Le 25 floréal an XIII (15 mai 1805), elle dressa un long « mémoire des pertes que la ville et commune de Dol a essuyées depuis la Révolution française, sans en avoir été dédommagée par aucun bienfait ou établissement quelconque, si ce n'est une administration et un tribunal de district qu'on s'est bientôt empressé de lui enlever, et un tribunal de police correctionnelle qu'on lui a ôté pour le transférer à Montfort ».

Suit la longue énumération des méfaits révolutionnaires, dont la municipalité d'alors s'était rendue la complice, supposé même qu'elle ne les eût pas inspirés.

Les historiens, ou simplement ceux qui s'occupent de connaître l'histoire d'un pays, lors même qu'ils n'auraient pas l'intention de l'écrire, ne sauraient trop de gré aux érudits, tels que M. Delarue, qui leur fournissent des documents de première main et de la plus haute importance. Ils peuvent ainsi facilement se renseigner et se faire une idée exacte du passé.   A. Roussel.

---

19. — Pascal. **Opuscules choisis.** Edition nouvelle revue sur les manuscrits et les meilleurs textes avec une Introduction et des notes par Victor Giraud. 1 vol. in-12, 80 p., Paris, Bloud, 1905, 0 fr. 60.

Ce petit volume comprend : le Mémorial de la nuit du 23 novembre 1654, le mystère de Jésus, la prière pour le bon usage des maladies, les pages sur la conversion du pécheur, l'Entretien avec M. de Saci sur Epictète et sur Montaigne, des fragments d'une conférence à Port-Royal, puis des développements sur la Religion, les deux Infinis, les trois ordres et le Pari.

Sur le Mémorial M. Giraud nous communique une trouvaille de M. Strowski assez curieuse. Pascal dans cette fameuse nuit du 23 novembre sous le coup des préoccupations qui le tourmentaient et dont Jacqueline nous fait le récit tout au long dans ses deux lettres du 8 décembre 1654 et du 25 janvier 1655, aurait ouvert par hasard, *par le sort du livre*, l'Evangile de S. Jean au ch. xvii. Cette prière sacerdotale de Jésus, la nuit de son agonie, répondait merveilleusement à son état d'âme et fut pour lui une illumination. D'où le mot *feu* qui est en tête. Les preuves en sont dans la dialectique du mémorial qui est semblable à celle de S. Jean, dans les deux citations qui y sont faites au chapitre xvii, dans la version vieux français : *cette est la vie éternelle...* qui fait croire que Pascal avait sous les yeux une Bible de Louvain, sans doute, qui avait conservé comme les bibles de Genève, le vieux français de Lefèvre d'Etaples. Cette argumentation qui nous est présentée d'une façon trop sommaire ici, nous fait désirer impatiemment les pages que doit faire paraître M. Strowski et qui la développeront.

M. Giraud croit pouvoir trouver l'origine ou du moins l'inspiration de la célèbre parole du *Mystère de Jésus* : « console-toi, tu ne me chercherais pas, si tu ne m'avais trouvé », — « puisque c'est le posséder que de le désirer », dit d'autre part la *conversion du pécheur*, — dans le chapitre xviii du livre X des *Confessions* de S. Augustin : Si je vous trouve, mon Dieu, hors de ma mémoire, il faut donc que je vous aie oublié. « *Et comment vous puis-je trouver si je ne me souviens pas de vous.* » Je ne sais pas si M. Giraud n'a pas été influencé et trompé par son trop vif désir de trouver du nouveau. Le rapprochement s'impose-t-il davantage avec cet autre passage du ch. xx : Mais ce n'est pas ce que je veux chercher maintenant, n'étant en peine que de savoir si la vie bienheureuse est dans la mémoire : car *nous ne l'aimerions pas si nous ne la connaissions pas.* »

M. Giraud a été bien inspiré de citer cet admirable fragment poétique où madame Ackermann a, dans un dialogue entre Pascal et Jésus, paraphrasé le *Mystère*.

> Mon fils quand on me cherche on m'a déjà trouvé...
> Je t'ai donné mon sang, accorde-moi tes pleurs...
> La plus saignante plaie est celle qui m'attire ;
> C'est par elle, Seigneur, que je veux vous toucher.

M. Giraud a d'une façon très heureuse mis en relief des fragments d'une conférence à Port-Royal, probablement celle-là même où en présence de quelques-uns de ses amis, il exposa le plan et le dessein de sa future *Apologie*. Dans la grande édition Brunschwig ces fragments sont classés dans la section VII *la Morale et la Doctrine* aux n°s 416 et 430. Ils ne sont donc pas groupés ensemble.

Dans le fragment sur les deux infinis, M. Giraud rappelle la découverte récente qu'a faite M. J. Calvet au sujet de la formule célèbre : « C'est une sphère infinie dont le centre est partout et la circonférence nulle part. » Pascal avait pu lire une formule semblable dans le traité de l'*Immortalité de l'âme*, de Jean de Silhon, qui date de 1634 : « (Dieu), une substance qui est parfaite, sans accidents, une simplicité qui comprend une infinité de choses, *un centre qui est partout et dont la circonférence n'est nulle part.* »

M. Edouard Le Roy a écrit pour le fragment sur les trois ordres une lumineuse note qui éclaire vivement les limites des trois ordres, la science, la philosophie, la religion et leur transcendance vis-à-vis l'un de l'autre. M. Giraud rappelle que cette conception est renouvelée de S. François de Sales. Mais il faut remonter bien plus haut. On connaît la psychologie de S. Paul (I Thess. v, 23) : *le corps, l'âme, l'esprit*. En différents endroits de ses lettres, en particulier I Cor. II, 14, 15, il oppose les *psychiques* que M. Le Roy appellerait philosophes, aux spirituels, *pneumatiques*.

Enfin viennent les pages où Pascal developpe son argument du *pari*. M. Giraud contre M. Lanson mais avec M. Brunschwig est convaincu qu'elles devaient entrer dans l'apologie ; il croit même que l'argument dépouillé de la forme utilitaire que Pascal lui a donnée, est d'une vérité générale et humaine.

On a pu voir quelle richesse d'informations et de nouveautés cette petite édition renferme. M. Giraud est un bien ardent pascalisant.

D. S.

ACADÉMIE DES INSCRIPTIONS ET BELLES-LETTRES

Séance du 22 décembre. — Le président prononce l'éloge funèbre de M. Fritz-Ludwig-Ernst von Spiegel, orientaliste bavarois, le plus ancien correspondant étranger de l'Académie (depuis 1867), décédé à l'âge de 85 ans. Ses travaux, fort remarquables, avaient eu pour objet presque exclusif l'étude de la Perse et entre autres l'édition et la traduction de l'*Avesta*. — M. CLERMONT-GANNEAU communique les photographies de deux inscriptions en caractères hébreux carrés anciens, gravés sur un grand linteau de calcaire dur, qui vient d'être découvert à Jérusalem par le Père Germer-Durand sur le flanc oriental du mont Sion. — M. THÉODORE REINACH communique un choix de textes grecs extraits des 221 inscriptions provenant d'Aphrodisias en Carie, et qu'il a déchiffrées sur des estampages et des photographies de M. Paul Gaudin. Ces inscriptions contiennent des textes émanés de l'autorité romaine, des règlements de police, des dédicaces à des dieux, des empereurs, de simples particuliers, et beaucoup d'épitaphes : enfin quelques textes chrétiens, parmi lesquels une épitaphe du temps de Justinien, le 20 juillet 550. — M. SALOMON REINACH lit un mémoire sur le sixième livre de *L'Enéide*. — A ce sujet, M. GASTON BOISSIER prend la parole, et débat sur certaines théories de son contradicteur.

Séance du 29 décembre. — L'Académie procède à l'élection de son président et de son vice-président pour 1906. — M. CAGNAT, vice-président, est élu président à l'unanimité des suffrages moins un bulletin blanc. — M. SALOMON REINACH est élu vice-président dans les mêmes conditions. — L'ordre du jour appelle ensuite la désignation au ministre de l'instruction publique de deux candidats, en première et seconde ligne, aux chaires d'assyriologie laissée vacante par le décès de M. Oppert et de grammaire comparée, laissée vacante par la retraite de M. MICHEL BRÉAL. Pour la chaire d'assyriologie, l'Académie présente en première ligne le Père Scheil, par 26 voix contre 7 à M. Fossey et à M. Thureau-Dangin ; — en seconde ligne, M. Thureau-Dangin par 19 voix contre 14 à M. Fossey. — Pour la chaire de grammaire comparée, M. Meillet est présenté en première ligne par 32 voix, et M. Grammont en seconde ligne par 27 voix. — M. SÉNART est élu membre de la commission du prix Volney en remplacement de M. Oppert. — MM. DELISLE et CAGNAT sont réélus membres de la commission Debrousse. — MM. DELISLE et COLLIGNON sont élus membres de la commission Osiris. — MM. DELISLE et A. CROISET sont réélus membres de la commission administrative. — Les membres sortants des commissions des antiquités nationales, des Ecoles d'Athènes et de Rome, l'Extrême-Orient et Benoît Garnier sont réélus.

Séance du 5 janvier. — Après lecture du procès-verbal, MM. COLLIGNON et CAGNAT prononcent successivement l'allocution d'usage pour la transmission de la présidence. — Le président rappelle que l'Académie espère entendre le plus tôt possible les notices sur MM. Müntz, de Barthélemy et Oppert, rédigées conformément à la tradition par leurs successeurs. — Le secrétaire perpétuel communique une lettre du Père Delattre sollicitant une subvention pour les fouilles qu'il dirige si habilement à Carthage. — M. DELISLE communique les fac-simile des miniatures du second volume du *Josèphe* de la Bibliothèque nationale, copié pour le duc de Berri et complété, au temps de Louis XI, par le célèbre peintre tourangeau Jean Foucquet. Ces peintures, dont la communication est due à M. Warner, du Musée britannique, sont dignes des plus belles pages de Foucquet. M. Delisle espère que l'Académie voudra bien s'associer financièrement à leur reproduction — M. SALOMON REINACH fait une communication sur un sujet qui, par certains côtés, se rapproche de l'actualité, encore qu'il s'agisse de Vercingétorix et du siège d'Alésia. Il a été amené à se demander pourquoi le vaillant chef gaulois, réfugié à Alésia avec 80,000 hommes et prévoyant qu'il n'avait de vivres que pour un mois renvoya, dès le début du siège, plusieurs milliers de chevaux alors qu'il aurait pu les garder pour nourrir ses hommes M. Reinach établit que les Gaulois, comme la plupart des peuples de l'antiquité, n'étaient en aucun cas hippophages. Les païens ne mangeaient de la viande de cheval qu'à titre d'animal sacré et au cours d'un sacrifice. Les Papes prescrivirent à saint Boniface évangélisant l'Allemagne au huitième siècle, d'interdire sévèrement l'hippophagie, non par raison d'hygiène mais de religion, comme les sémites pour la viande de porc, afin d'abolir des repas sacrificiels qui, autant que le culte des idoles, entretenaient les superstitions les plus tenaces du paganisme.

L'Éditeur-Propriétaire-Gérant : ALBERT FONTEMOING.

Imprimerie Générale de Châtillon-sur-Seine. — A. PICHAT.

BULLETIN CRITIQUE

20. — **Das Buch Kohelet. Kritisch und metrish untersucht, ubersetzt und erklärt** von V. ZAPLETAL. O P. Freiburg (Schweiz) — Kommissionsverlag der Universitäts-buchhandlung. (O. Gchweud). 1905.

Le savant professeur de Fribourg continue la série de ses remarquables publications bibliques par une étude sur le livre de l'Ecclésiaste. Comme dans le « *Totemismus und die Religion Israëls* » (1901), et dans le « *Schöpfungsbericht der Genesis* » (1902), le P. Zapletal présente des conclusions qui paraissent définitives. L'Ecclésiaste restait un livre énigmatique ; ces derniers temps encore, il donnait naissance à une littérature abondante où se rencontraient les opinions les plus diverses, plus ou moins bien présentées, plus ou moins fondées, mais dont aucune ne fournissait la réponse satisfaisante. C'est cette diversité d'interprétations qui décida le P. Zapletal à entreprendre le travail qu'il vient de publier. Chargé d'enseigner chaque année l'introduction à l'Ancien Testament, les notes qu'il avait accumulées sur l'Ecclésiaste, étaient devenues si nombreuses qu'il ne savait plus lui-même que penser. Il voulut se faire un jugement personnel ; il laissa tous les commentateurs « pour ne plus écouter que Kohelet lui seul dans sa langue ». Et guidé par son instinct si sûr d'exégète de premier ordre, puissamment aidé par sa haute connaissance de la philologie et de l'archéologie sémitiques, ici comme ailleurs, il trouva.

1° L'Ecclésiaste est l'œuvre d'nn *seul* auteur ; 2° Cet auteur est un *juif* qui connaît les doctrines de la philosophie grecque, mais ne lenr fait aucun emprunt et reste fidèle aux vieilles croyances de la tradition judaïque ; 3° Il a écrit son ouvrage *en vers*, et ce vers est presque toujours construit d'après un mètre de quatre ou six pieds ou mieux accentuations (Hebungen.) Voilà, en trois lignes, la réponse à trois problèmes difficiles et depuis si longtemps discutés. Et cette triple solution, le P. Zapletal la développe avec une abondance, une clarté, une force de preuves qui semblent décisives.

En ce qui concerne le premier point, les critiques allemands contestent l'unité de la composition littéraire, et se fondant sur les contradictions doctrinales de l'Ecclésiaste, prétendent se trouver en présence de diverses rédactions de différents auteurs. Siegfried en compte jusqu'à cinq. Le P. Z. soutient que ces contradictions ne sont qu'apparentes. D'après lui, d'aucune façon on ne peut en conclure que ce livre ne forme pas un tout complet, sorti de la plume d'un seul et même auteur, si le terme hébreu *Kohelet* (mal traduit en grec par ὁ Ἐκκλησιαστης) ne désigne pas autre chose qu'un « collectionneur de *logia* » (*Sammler von Saprüchen*). Tout son travail fut de grouper dans un recueil, en les marquant de son empreinte personnelle, les différents aspects de la pensée juive sur la triple question de Dieu, du schéol et de la rémunération. Ce serait donc une « espèce de somme » analogue à celle de saint Thomas où Kohelet a condensé la philosophie, la dogmatique, la morale de l'Ancien Testament, tout à fait comme au moyen-âge le docteur Angélique le fera pour la théologie de son temps. Le but que se propose Kohelet et le genre littéraire qu'il adopte, expliquent donc bien les apparences contradictoires de sa doctrine, et ces dernières ne prouvent rien contre l'unité de composition.

En second lieu, Kohelet est un juif qui n'est pas l'ami de la philosophie grecque, comme on le disait volontiers. Quoiqu'il vive dans un milieu, pénétré des doctrines helléniques et qu'il ne les ignore pas, il ne leur emprunte rien. Ffleider le prenait pour un disciple d'Héraclite, Tyler à la fois pour un partisan d'Aristote, du stoïcisme et de l'épicurisme. Ces opinions qu'on avait une certaine tendance à admettre, sont savamment discutées et réfutées. Kohelet est un fidèle de l'antique foi judaïque, il garde intactes les vieilles croyances sur Dieu, le schéol, la rémunération durant la vie terrestre, sans s'attacher à la doctrine grecque de l'immortalité qu'il connaît pourtant bien.

Kohelet est un pseudonyme; les Septante l'ont traduit par

ὁ Ἐκκλησιαστής, S. Jérôme par *concionator*, d'autres par *Sammlung* (*recueil*). Le P. Z. n'accepte ni l'un ni l'autre de ces sens. La forme hébraïque *Kohelet* est bien le participe *kal* du verbe *kahal* qui signifie « rassembler, réunir » — non pas des personnes dans une assemblée, — mais des choses, des paroles, des *logia* dans un recueil. Et Kohelet intitule son livre « *Diberé kohelet* » « Paroles du collectionneur (Worte des Sammlers) parce qu'il parle sans cesse à la première personne. Qui donc se cache sous ce nom ? on a voulu que ce soit Salomon ; le P. Z. ne le pense pas ; d'ailleurs il se déclare incapable de dévoiler le véritable auteur. Il est même à supposer qu'on ne le découvrira jamais, faute de documents. Les hypothèses qu'on a faites récemment ne sont que de la fantaisie. Il est impossible d'identifier Kohelet avec le grand prêtre helléniste Alkimos. Tout ce qu'on peut affirmer avec certitude, c'est qu'il vécut vers la fin du troisième siècle avant l'ère chrétienne.

Seule la question du rythme peut donner lieu à des discussions. On croyait jusqu'ici que l'Ecclésiaste était en prose, sauf quelques rares passages ; ainsi pensaient même Driver et Bickell. Quand on a lu la savante dissertation où le P. Zapletal expose ses principes de métrique et que d'après cette méthode on étudie le texte hébreu de l'Ecclésiaste, il paraîtrait, en effet, qu'on est en présence d'une œuvre entièrement poétique. Mais on peut contester ces principes de métrique. Le P. Z. déclare d'ailleurs qu'il n'est d'aucune école, et que ni le système des trochées et iambes ni celui des « Morengesetze » ne lui donnent satisfaction. D'après lui, l'accent tonique qui a pour fonction normale de marquer l'élévation de la voix, a de plus une valeur métrique : un pied se compose d'une syllabe régulièrement accentuée (*hebung*) et d'une, deux ou quelquefois trois syllabes non accentuées sur lesquelles s'abaisse la voix (*sinkung*). Quand il n'y a entre deux *arsis* aucune syllabe pour *thesis*, la première remplit à elle seule la double fonction *d'arsis* et de *thesis*. Evidemment ces règles sont élastiques ; mais il se pourrait qu'elles soient vraies à cause de leur extrême simplicité ; elles semblent bien convenir à la poésie hébraïque qui est avant tout une poésie populaire ; et elles ont le grand avantage de respecter le texte sans le torturer, comme on le fait souvent, pour l'adapter à un système plus savant de versification. En tous cas, le P. Z. nous avoue que, s'il croit avoir découvert la métrique de l'Ecclésiaste, ce n'est pas là son dernier mot sur la poésie hébraïque ; ses études ne sont pas finies sur ce point ; nous souhaitons qu'il trouve le temps de les terminer et qu'il nous donne bientôt la « prosodie hébraïque » qu'on attend encore.

Toutes ces questions sont étudiées en détail dans une « Introduction » qui comprend onze chapitres : 1° le nom du livre ; 2° le contenu du livre ; 3° la composition du livre par rapport à son contenu ; 4° le livre est un tout qui se tient, en ce sens qu'il reflète les différentes vues de l'ancien Testament ; 5° la métrique du livre ; 6° les prétendues influences de la philosophie grecque ; 7° l'auteur du livre ; 8° l'auteur de l'épilogue ; 9° la croyance de Kohelet par rapport à l'immortalité de l'âme ; 10° les prétendues hérésies de Kohelet ; 11° la canonicité du livre de Kohelet.

La seconde partie contient le commentaire, d'abord le texte hébreu très soigneusement critiqué et divisé en strophes et en vers d'après la méthode exposée plus haut ; puis la traduction allemande qui suit de très près l'original. Chaque réflexion de Kohelet est expliquée en détail, et plusieurs passages sont mis en lumière par des citations analogues d'autres auteurs de l'antiquité.

De tels résultats disent d'eux-mêmes la valeur d'une méthode. C'est là de l'exégèse, de la vraie ; la prudence n'exclut pas la pénétration d'esprit et une critique rationnelle n'est pas nécessairement l'ennemie née des opinions traditionnelles. Le P. Zapletal nous en fournit la preuve ; en vérité, comme on l'a dit si justement, son étude sur l'Ecclésiaste est, dans toute la force du terme, « une œuvre magistrale ».

Paul BUGNICOURT.

---

21. — Louis MADELIN. **La Rome de Napoléon.** — La domination française à Rome de 1809 à 1814. — Paris, 1905. Plon Nourrit, 1 vol. in-8° de 727 pages.

De tous les territoires qu'il arracha aux princes de l'Europe pour agrandir son Empire, il n'en est aucun dont Napoléon ait plus ardemment souhaité la possession que les Etats de l'Eglise. Ils n'avaient cependant rien qui dût tenter un conquérant : fort réduits en étendue, ils n'offraient qu'un sol d'une qualité médiocre où l'agriculture était négligée, où aucune industrie ne s'était développée, qu'une côte insalubre et difficile à défendre, que des montagnes sauvages où vivait une population pauvre, dépourvue de vertus militaires et d'habitudes laborieuses. Mais ce sol ingrat était le berceau d'une race qui avait conquis le monde, ces paisibles sujets du Pape étaient regardés comme les descendants de ceux qui par leur âpre ténacité, par leur génie guerrier et administrateur, avaient subjugué tous les peuples et les avaient, en quelque sorte, fondus ensemble sous l'hégémonie romaine. Or Napoléon était « Romain dans les moelles »; du Romain antique, il avait non seulement le physique, mais « le goût du grand, la passion de la domination, l'imagination démesurée unie parfois au plus impitoyable réalisme »; lecteur passionné de Tite-Live, de Tacite et de Plutarque, il voyait les Romains tels que les avait représentés Corneille; de plus, l'idée impériale l'acheminait vers le Capitole comme elle y avait acheminé les empereurs germains du Moyen-Age et Charles Quint, tous ceux enfin qui avaient rêvé de la domination universelle. Il était naturel que lui qui avait remanié la carte de l'Europe occidentale et qui voulait faire entrer dans le système français toutes les nations du continent, désirât commander en maître là où avait été le siège de la puissance de César et d'Auguste. D'autre part, l'Italie presque tout entière faisait déjà partie de l'Empire, Naples n'étant aux yeux de Napoléon qu'un royaume vassal. Etait-il possible qu'au centre même de la péninsule continuât d'exister un Etat indépendant dont le chef refusait de se soumettre aux obligations du *Blocus continental?* A quoi bon fermer tous les ports aux marchandises anglaises si on laissait ouverte une brèche si petite qu'elle fût dans cette gigantesque muraille dont Napoléon voulait ceindre l'Europe afin de ruiner le commerce de son ennemie? Et pourquoi hésiter à mettre la main sur cet Etat, quand le souverain qui y régnait n'avait ni flotte ni armée et qu'on attribuait à son gouvernement incapable la faiblesse des revenus, la stagnation de l'agriculture, l'absence presque totale de commerce et d'industrie en même temps qu'on lui imputait l'indolence des habitants et l'abaissement de leurs caractères? Il y avait là pour l'Empereur assez de motifs de se décider à abattre un pouvoir qui lui semblait un anachronisme; rien ne lui paraissait plus facile que d'annexer à son Empire un territoire qu'une bonne administration telle qu'il la concevait rendrait prospère, tandis qu'on réveillerait chez les Romains « avilis par le joug des prêtres » des qualités et des vertus qui sommeillaient seulement dans les arrière-petits-fils de ces conquérants et de ces travailleurs incomparables dont les œuvres grandioses forçaient encore l'admiration après tant de siècles écoulés.

Comment s'effectua cette annexion du domaine pontifical à l'Empire français, comment les diverses classes de la population accueillirent-elles ce brusque changement de maître, quels obstacles les Français rencontrèrent-ils dans l'accomplissement de la volonté de Napoléon, comment administrèrent-ils les deux départements du Tibre et du Trasimène formés dans l'ancien Etat de l'Eglise, comment furent-ils, en 1814, contraints d'abandonner leur conquête éphémère, et quelles traces subsistèrent de leur court passage? Telles sont les questions principales auxquelles répond le nouveau livre de M. Madelin.

Si un pareil sujet présentait par sa compléxité même de grandes difficultés, il offrait en même temps un intérêt captivant : l'auteur de *Fouché* devait être plus que personne tenté de le traiter puisqu'il est un amoureux fervent de Rome et qu'il a vécu au milieu des descendants de ceux qui furent pour un temps les sujets de Napoléon au même titre que les habitants de Lyon ou de Bordeaux. Nous n'avons pas la prétention de suivre M. Madelin dans tous les développements où son étude l'a conduit, et il faut nous borner à indiquer quelques-uns des résultats de son enquête. Et tout d'abord, nous devons marquer l'erreur initiale qui a vicié tout le système de conquête et d'organisation qui était celui de l'Empereur : à Rome, comme en Allemagne, comme en Hollande, comme dans les provinces Illyriennes, le système devait aboutir à une faillite. Il consistait à faire table-rase des institutions traditionnelles des pays annexés et à tout reconstruire à la mode française sans tenir compte des mœurs séculaires, des habitudes invétérées, du climat, pas plus que du tempérament de chaque race. Le Français, né centralisateur et césarien apportait partout avec lui la détestable manie de « l'uniformisation universelle. »

En deux mots, on bâtissait un édifice bien ordonné et de majestueuse apparence, mais on le bâtissait sur le sable, si bien qu'à la moindre tempête, tout craquait et se désagrégeait. On put bien, à l'instar des départements français, organiser dans les anciens Etats de l'Eglise les départements du Tibre et du Trasimène, avec toute la hiérarchie accoutumée, préfets, sous-préfets, conseillers de préfecture, maires, adjoints, conseillers municipaux, y introduire le système judiciaire de notre pays avec une Cour d'Appel et des tribunaux de première instance, substituer aux anciens impôts des contributions comme on en payait de l'autre côté des Alpes, apporter même le bienfait d'une administration probe et intelligente, on ne parvint pas à secouer l'apathie des Romains, à les empêcher de regretter leur ancien gouvernement et à faire d'eux des citoyens fiers d'appartenir au grand Empire dont Napoléon à l'apogée de sa gloire était le chef en 1809. On a dit que chaque peuple a le gouvernement qu'il mérite : sans chercher ici si cet axiome est vrai ou faux, on peut affirmer en tous cas que les sujets du Pape possédaient avant l'annexion celui qui leur convenait le mieux, un gouvernement à la fois despotique et paternel qui satisfaisait les intérêts et flattait les goûts de la grande majorité de la population. Il n'y avait à Rome presque personne qui souhaitât un changement de régime, il n'existait nulle part de parti français disposé à soutenir avec énergie et constance le nouvel état de choses ; d'ailleurs les souvenirs encore récents de la malheureuse république romaine étaient plus propres à éloigner les adhésions qu'à les encourager. En outre, il faut le dire à la louange des Romains, la plupart gardèrent à Pie VII dépossédé injustement une fidélité qui ne se manifesta pas par une attitude provocante à l'égard des usurpateurs mais qui n'en fut pas moins sincère et solide. Sans doute, il sembla un moment que le patriciat se ralliait, on vit les princes romains en assez grand nombre accepter des fonctions honorifiques ou lucratives, paraître brillamment dans les salons du général de Miollis, mais aucune conviction sérieuse n'avait amené le scandaleux volte-face de tant de neveux de papes au lendemain même du jour où le Pontife avait quitté Rome sous l'escorte de gendarmes, après avoir été arraché brutalement du Quircial. Ces grands seigneurs, presque tous décoratifs et nuls, n'apportaient aucune force effective au gouvernement que l'Empereur avait installé par la violence : ils étaient également prêts à s'incliner devant le roi de Naples Murat comme ils le firent en 1814 et à accueillir avec transports, comme ils n'y manquèrent pas, Pie VII rentrant en maître dans ses Etats. Quant au peuple, il semblait voir avec indifférence l'installation des Français, mais ne laissait échapper aucune occasion de manifester une sourde hostilité. Ce fut le souci constant de la *Consulta* de trouver des gens qui consentissent à remplir les fonctions publiques élevées ou humbles. Les obligations auxquelles les soumettait une administration vigilante, même les plus utiles, parurent aux Romains une insupportable contrainte; le service militaire surtout excita le plus vif mécontentement parmi les descendants des Fabius et des Scipions. Les évêques et les prêtres enfin, pour qui Napoléon n'avait pas assez d'invectives se laissèrent, à de rares exceptions près, déporter et emprisonner en masse plutôt que de prêter serment à l'usurpateur et d'enfreindre ainsi les ordres formels du pape prisonnier. Et pourtant l'Empereur avait voulu que les Romains fussent traités avec plus de douceur que ses autres sujets, il avait envoyé pour le représenter des hommes probes et intelligents, pleins de bonnes dispositions à l'égard de leurs administrés : la mansuétude ne réussit pas mieux que la violence à réduire ces obstinés. Lorsque la débâcle arriva, on n'eut plus à compter sur le loyalisme d'aucun de ceux qui s'étaient en apparence ralliés : Miollis s'enferma avec sa petite garnison dans le château Saint-Ange tandisque les Napolitains qui s'étaient traitreusement introduits comme alliés, étaient accueillis à Rome en libérateurs. Le général sortit fièrement de la citadelle avec les honneurs de la guerre quand l'armistice le releva de la faction où Napoléon l'avait placé.

Certes les projets grandioses conçus par l'Empereur pour régénérer Rome échouèrent, mais on aime avec M. Madelin à passer en revue tout ce qui fut accompli de beau et d'utile pendant les quatre années que dura la domination française. On reste saisi d'admiration devant le zèle, l'intelligence et l'activité de fonctionnaires comme Miollis, Tournon, Janet, Gerando et Rœderer qui, mal secondés par les agents subalternes, obligés par leurs instructions d'appliquer sans relâche une politique de combat et de tout reconstruire sur les ruines des vieilles institutions, trouvèrent des loisirs pour cultiver les lettres et les arts, pour refondre les Académies, en même temps qu'ils s'efforçaient de créer à Rome une agriculture, une industrie et un commerce, qu'ils poussaient les travaux de déblaiement des monuments antiques avec une ardeur jusque-là inconnue, perçaient des rues, construisaient des cimetières, endiguaient des fleuves, desséchaient des marais et dotaient la ville de la délicieuse promenade du Pincio. Certaines de leurs tentatives demeurèrent vaines, mais tant de labeur ne devait pas être entièrement perdu. Quand il fut rentré au milieu des acclamations enthousiastes de ses sujets, Pie VII se rendit compte que quelque bien avait été accompli pendant sa captivité, et sagement il laissa subsister plusieurs des innovations introduites par les Français. Consalvi se plut à rendre particulièrement hommage à la manière rigoureuse et intègre dont les magistrats impériaux avaient administré la justice. Pendant sa dictature de neuf ans, le cardinal s'appliqua suivant l'expression d'Azeglio à « singer » Napoléon. En somme la Rome de 1815 était, malgré les apparences, bien différente de celle de 1808 : le souffle des idées modernes y avait passé; « le vieux bâtiment restait debout, mais l'air qu'on y respirait avait été vivifié. »

On éprouvera le plus grand plaisir à suivre dans l'ouvrage de M. Madelin l'histoire de la domination française à Rome, à connaître les projets de l'Empereur sur une ville qu'il a passionnément aimée, à voir comment ses agents s'acquittèrent de leur tâche et quelles déceptions vinrent démentir de si grandes espérances. L'auteur ne s'est pas contenté de raconter sèchement les faits : on voit qu'il s'est épris de son sujet, que les personnages qui y jouent un rôle l'ont vivement intéressé, et c'est la meilleure des raisons pour que le lecteur, emporté par un style alerte et toujours pittoresque, s'intéresse lui-même aux tableaux colorés qui passent devant ses yeux. Les portraits comme ceux de Miollis, de Tournon, de Janet, de Norwins et de l'étonnant gendarme qu'était Radet sont frappants de vie et de vérité, certains épisodes tels que l'enlèvement de Pie VII sont rapportés avec des détails si caractéristiques qu'ils ne sauraient s'effacer de la mémoire de ceux qui les ont lus. L'historien, le consciencieux chercheur de documents ne doit pas être moins loué que l'écrivain. Les sources dont M. Madelin s'est servi sont de tout premier ordre et il a eu soin de contrôler les unes par les autres les informations qu'il tirait des témoignages contemporains. Outre les correspondances officielles et les pièces de comptabilité conservées dans les dépôts de Paris et de Rome, il a eu à sa disposition des archives privées, de précieuses lettres et les mémoires inédits des meilleurs témoins c'est-à-dire du général Sextius de Miollis et du baron Camille de Tournon. Quand nous aurons dit que les jugements de l'auteur sont prononcés de bonne foi, qu'il n'est ni un admirateur aveugle de l'Empereur et de son système ni un détracteur passionné, nous aurons fait le plus bel éloge d'une œuvre qui obtiendra le plus légitime des succès.

Georges DAUMET.

---

22. — A. CASTELEN, S. J. **Droit naturel. — Devoir religieux. Droit individuel. Droit social. Droit domestique. Droit civil et politique. Droit international.** Un in-8° de 965 p. — Paris, Lethielleux.

L'ouvrage du R. P. Castelein est une véritable *Somme*. Toutes les questions de morale, morale individuelle et morale sociale, celles-là surtout qui préoccupent le plus nos contemporains, y sont traitées d'une manière lumineuse, forte et précise. L'auteur est muni d'une vaste érudition ; il connaît Aristote, saint Thomas, les grands scolastiques dont les distinctions qui nous paraissent quelquefois subtiles, ont maintenu dans des Ecoles rivales la liberté des opinions ; mais il connaît aussi les philosophes, les économistes, les *sociologues* modernes, qu'il a étudiés, qu'il combat à bon escient, auxquels il fait aussi des emprunts, car son esprit n'est pas exclusif. Son irréprochable orthodoxie n'est point peureuse, parce qu'elle est éclairée ; elle se meut à l'aise dans les vastes limites qui enserrent le domaine de la doctrine catholique. Le P. Castelein sait discerner dans les actes pontificaux ceux qui sont incontestablement *ex cathedra* des autres actes où cette marque souveraine n'apparaît point, et qui n'en méritent pas moins un docile et cordial respect. Il fait même quelque part un aveu qui n'étonnera que les esprits irréfléchis ou ignorants « Si loin, » dit-il à la page 891, « va la liberté du penseur catholique que, dans les cas mêmes où il a à s'expliquer sur une déclaration infaillible ou une action universelle de l'Eglise, il peut toujours reconnaître qu'il lui serait difficile, voire impossible, de la justifier, vu l'état de ses connaissances. » Le P. Castelein prouve ainsi la justesse de son assertion. « Cet acte de haute probité intellectuelle honore le philosophe croyant et la foi qu'il professe. Ce serait prétendre à l'infaillibilité de notre raison et de notre science que d'affirmer à priori que nous sommes capables de justifier dans toute son étendue tout ce qu'il y a de vrai et de légitime dans la doctrine et dans la conduite de l'Eglise catholique. »

Parmi les nombreuses questions qu'a traitées le P. Castelein, j'indiquerai celle du prêt à intérêt. Que de débats elle a soulevés, et ajoutons aussi, que de consciences elle a inquiétées! Au XVIIe siècle, l'oratorien Chaduc était puni par ses supérieurs, pour avoir écrit *sa lettre à un théologien sur l'usure*, laquelle préludait à des théories aujourd'hui communes; sous Louis-Philippe encore, un évêque de doctrine sévère, tout en louant de son gallicanisme le cardinal de La Luzerne, le blâmait d'avoir gauchi dans sa *Dissertation sur le prêt de commerce*. Le P. Castelein n'avait à redouter ni les rigueurs qui atteignirent le P. Chaduc, ni les railleries d'un prélat qui traitait durement la théologie de Gousset et même celle de Bouvier; il a fait de la question du prêt à intérêt, au point de vue historique et au point de vue doctrinal, l'exposé le plus complet et le plus judicieux. A propos du mensonge, le P. Castelein repousse la définition : *negatio veritatis debitae*, le refus de la vérité à qui y a droit; ou, selon la formule de M. Fonsegrive : « l'énoncé conscient d'une erreur avec une intention injuste. » Force est bien cependant de laisser aux personnes pressées par une question indiscrète ou malveillante, le droit de défendre leur secret ou le secret d'autrui : de là la théorie des restrictions mentales, lesquelles reposent sur l'équivoque. « On peut rattacher à l'équivoque le mensonge conventionnel pour protéger certains secrets, » dit le P. Castelein, qui poursuit : « Le mensonge conventionel est *un mensonge matériel, fondé dans une convention généralement admise pour la protection de secrets, qu'il est d'intérêt général de pouvoir protéger.* » Très bien; mais avec ces larges et nécessaires concessions, sommes-nous donc si loin de la définition du mensonge rejetée par le P. Castelein? Et cette définition a cela de bon, qu'elle nous débarrasse des restrictions mentales, qui ne sont faites que pour les habiles. Qu'on ne dise pas que l'on peut abuser d'une telle définition, et mentir impudemment en prétendant que ceux que l'on trompe n'ont pas droit à la vérité. Ne peut-on pas abuser aussi de la théorie des restrictions mentales en l'étendant, en tel ou tel cas, plus loin que saint Alphonse ne l'eût permis?

Notre définition laisse intact le droit à la vérité qui, à vrai dire, est le *droit commun*; ceux-là se mettent à l'état d'exception, ceux-là y renoncent qui tendent des pièges à la sincérité d'autrui, et, déçus, ils ne doivent s'en prendre qu'à eux-mêmes.

A. LARGENT.

---

23. — **Mémoires de Saint-Simon**, (édition des Grands Ecrivains) par A. DE BOISLISLE, avec la collaboration de L. LECESTRE. Tomes XVII et XVIII. Paris, Hachette, 1903 et 1905 [1].

« Quoi de plus captivant que les peintures de Saint-Simon, a-t-on écrit récemment, avec ses croquis d'un vigoureux crayon et ses *instantanés* de Versailles et de Marly. » On me permettra d'ajouter que le charme de la lecture de ces deux nouveaux volumes de l'édition des Grands Ecrivains a été doublé pour moi par ce fait que je viens de les lire dans le voisinage de Marly, et à l'endroit même où s'est passée une partie des événements qui y sont relatés. Une circonstance accidentelle peut ainsi augmenter l'agrément de ce commerce avec Saint-Simon; mais la vérité est que, partout et toujours, il y a grand intérêt à le relire, surtout avec le commentaire de MM. de Boislisle et Lecestre (je choisis à dessein ce qualificatif) qui décuple le profit qu'on tire de cette lecture.

Le 17ᵉ volume nous donne à peu près la moitié de l'année 1709. Un des premiers événements dont Saint-Simon nous y parle est la mort du célèbre confesseur de Louis XIV le P. La Chaise, dont le portrait, si copieusement annoté par les éditeurs, aurait cependant gagné à être rectifié sur un point qui n'est pas sans importance. Saint-Simon raconte que le P. La Chaise avait « toujours » sur sa table le Nouveau Testament de Quesnel... qu'il ne con- » naissait point de plus excellent livre, ni d'une instruction plus » abondante... », et l'addition de Saint-Simon à Danjeau, citée page 477, renchérit encore sur cet éloge pour le moins singulier du livre condamné par la bulle *Unigenitus*. Or, tout ceci est une pure légende, comme je crois l'avoir suffisamment prouvé dans une

---

1. Par suite d'une circonstance accidentelle et indépendante de notre volonté, nous ne signalons qu'aujourd'hui à nos lecteurs, et avec le volume 18ᵉ paru récemment, et 17ᵉ publié déjà en 1903.

longue note de *Rome et la France* (p. 24-25), premier volume de ma collection de *Documents pour servir à l'histoire religieuse des* XVIIe *et* XVIIIe *siècles*.

A cette critique ou rectification j'en ajouterai tout de suite quelques autres : on va voir de combien peu d'importance elles sont, ce qui est encore faire l'éloge de cette édition. J'observe donc que la note (p. 150, note 5) relative à Massillon est incomplète : « parvenu à la direction du séminaire », y dit-on. Pour parler exactement il aurait fallu mettre : nommé directeur au séminaire de Saint-Magloire de Paris. Puisqu'on cite (p. 228) comme une autorité l'ouvrage de M. Jauffret sur Belsunce, peut-être aurait-on pu mentionner les deux brochures que j'ai publiées, contre cet ouvrage.

Dans le second volume j'ai tout aussi peu de lacunes ou d'imperfections à signaler. Page 165 on aurait pu citer sur le combat de Rumersheim l'étude de M. Arthur Benoit, parue en 1884 dans la *Revue catholique d'Alsace* et publiée aussi en brochure. P. 242, l'oratorien Verjus ne fut que l'évêque nommé de Glandèves, et seulement évêque de Grasse. La note 7 de la page 254 donne du molinisme une définition qui n'est pas exacte. Et c'est tout.

Par contre que de précieux renseignements, on trouvera de nouveau dans la copieuse annotation de ces deux volumes qui sont certainement parmi les mieux documentés de la collection. Par exemple sur la destruction de Port-Royal, sur les affaires de la bulle *Unigenitus*. Voici, toujours dans ce 17e volume, d'intéressants détails sur la terrible année 1709 où Louis XIV fit fondre sa vaisselle d'or, sur la mort du prince de Conti et sur celle du prince de Condé. Signalons encore la longue et très curieuse digression de Saint-Simon « sur les noms singuliers », où l'on trouvera des renseignements qu'il importe de connaître quand on s'occupe de l'histoire du grand siècle.

Dans le XVIIIe tome on remarquera l'importante « affaire d'Espagne du duc d'Orléans » sur laquelle les travaux du P. Baudrillart, abondamment cités comme de juste par l'annotateur, ont apporté tant de documents nouveaux qui confirment souvent le récit des *Mémoires*. La campagne de Flandre et la célèbre bataille de Malplaquet occupent une bonne partie de ce volume où nous signalerons encore l'intéressant portrait du célèbre évêque de Chartres, Godet des Marais. Mais il faudrait transcrire la table entière de ces volumes pour en dire tout l'intérêt. Rappelons seulement en finissant que de longs appendices complètent de nouveau ces deux volumes. Ce sont d'abord les additions de Saint-Simon au Journal de Dangeau. Puis divers autres morceaux dont nous ne citerons que les Lettres et mémoires du duc du Maine. Si l'édition marche trop lentement au gré des lecteurs, c'est qu'une annotation aussi bien fournie exige un travail dont il est difficile de se faire une idée et dont on ne saurait assez louer et remercier les éditeurs. Si souvent déjà nous l'avons fait, en présentant aux lecteurs du *Bulletin Critique* les précédents volumes, que nous n'avons plus rien à leur apprendre à ce sujet. A. INGOLD.

---

24 — Moïse CAGNAC, docteur ès-lettres de l'Université de Paris. **Saint François de Sales, lettres de direction.** Préface du marquis Costa de BEAUREGARD, de l'Académie française. Un vol. in-12 de IV-328 p. Paris, Poussielgue.

M. Moïse Cagnac a demandé une préface au marquis Costa de Beauregard, et l'académicien, compatriote de saint François de Sales, et si proche des de Maistre, a écrit la préface la plus judicieuse et la plus souriante. Elle loue l'auteur du recueil, elle loue le saint dont on publie une fois de plus les incomparables lettres de direction, elle s'attache à caractériser sa doctrine et sa méthode. « Une admiration inintelligente », écrit M. Costa de Beauregard, « ne voit trop souvent dans l'évêque de Genève que le docteur de l'indulgence. Son cœur fait tort à sa haute raison. Pour combien d'entre nous, saint François de Sales n'est que le vieillard de Virgile devenu chrétien et ne sachant de ce monde que le bourdonnement des abeilles, le parfum des roses, le chant des oiseaux ! » Non certes, ni pour S. de Sacy dont vient cette comparaison, ni pour aucun lecteur sérieux des œuvres de François de Sales, le saint n'est seulement le vieillard des Bucoliques devenu chrétien. Il est le guide expérimenté, compatissant, mais ferme qui recommande à tous une « dévotion mâle, courageuse, vaillante, invariable. » Il veut que cette dévotion plonge ses racines dans une foi robuste, et cette foi, il veut qu'on la défende. De son temps comme du nôtre, les âmes subissaient l'épreuve de tentations contre la foi ; ces tentations différaient des nôtres, elles venaient moins peut-être du scepticisme agnostique qui nous menace que des objections suggérées par le calvinisme ; qu'importent leur origine et leur caractère, si ces objections troublaient et attristaient les âmes ? François de Sales lui-même avait été assailli un jour par une objection contre la présence réelle, objection dont par prudence et par charité il a emporté avec lui le secret. L'évêque de Genève connaît la part de la volonté dans la croyance, et c'est à cette volonté qui n'est pas aveugle, qui a été éclairée par l'intelligence et fortifiée par la grâce, qu'il confie la garde de la foi. « Ne craignez point les tentations, » dit-il, « ne les touchez point, elles ne vous offenseront point ; passez outre et ne vous y amusez pas. »

La douleur tient dans toute vie humaine une place considérable ; François console d'autant mieux qu'il en avait plus profondément senti l'atteinte. Faut-il rappeler la lettre où le saint raconte à madame de Chantal la mort de sa mère ? Je n'égalerai pas sans doute ces quelques pages à l'incomparable neuvième livre des Confessions de saint Augustin ; et cependant, par un endroit, la lettre de François me plaît davantage. L'évêque de Genève avoue tout simplement qu'il a pleuré sa mère ; il ne s'en excuse pas, comme a fait Augustin, un peu subtil dans les effusions de sa tendresse et dans les élans de son génie.

M. Moïse Cagnac, tout en adoptant l'orthographe moderne, a respecté le style de l'auteur. On sait que les Religieuses du premier monastère de la Visitation d'Annecy publient une nouvelle édition des œuvres du saint, laquelle sera sans doute définitive ; c'est le texte de cette édition que M. Cagnac a publié jusqu'à l'année 1608 ; pour le reste, il s'est reporté à l'édition Vivès ou au recueil de S. de Sacy. A la fin de chaque lettre, M. Cagnac indique l'édition dont il a suivi le texte.

A. LARGENT.

---

25. — **Molière et la Vie**, par Henri DAVIGNON, un vol. in-12, Paris, Fontemoing, collection *Minerva*.

Tandis que nous lisions ce livre, nous ne pouvions nous empêcher d'interpeller mentalement l'auteur en ces termes : — Jeune homme, vous ne réussirez pas ; hé ! quoi, vous avez l'audace de croire qu'étudier Molière ne consiste pas à faire l'inventaire de ses logis, le décompte de ses médecins, voire le tableau de ses querelles de ménage : que vont penser de vous les maîtres officiels de l'enseignement littéraire ? Que vous n'êtes bon à rien, puisque vous ne leur fournissez seulement pas des documents inédits, qui leur permettent de grossir le nombre des détails infimes qu'ils racontent à leurs auditeurs, sous prétexte de leur faire connaître les classiques français. C'est à l'œuvre, à l'œuvre seule du grand comique que vous vous êtes attaché ! vous l'avez analysée, disséquée, synthétisée ; bien plus, vous l'avez comprise ; vous vous êtes nourri de la moelle de ce lion ; et vous pensez vous faire lire, que dis-je ? vous faire pardonner ! Sur les femmes dans Molière, vous avez écrit des pages charmantes, pleines de finesse et de verve, pleines de vérité aussi et par conséquent de nouveauté ; vous avez tracé un portrait vivant du peintre indulgent des petites gens, du peintre complaisant de la bourgeoisie ; vous êtes allé jusqu'à montrer comment, chez Molière, les situations les plus dramatiques restent toujours comiques, comment l'aspect, le côté comique des choses prédomine toujours, et vous avez expliqué, d'une façon vraiment magistrale, que si tant de gloire s'attache et s'attachera sans fin au nom du grand comique, c'est précisément parce qu'il n'a été que comique, au lieu de se laisser aller à gémir, chose si facile et si inutile, parce qu'il a discerné le ridicule profond, intense, des vices, des passions, de tout ce qui fait le malheur des hommes, des familles et des sociétés : vous avez dit tout cela, et vous comptez sur des juges impartiaux ! Résignez-vous à attendre l'arrêt de la postérité. J. LAURENTIE.

BIBLIOGRAPHIE

I. — SCIENCES RELIGIEUSES.

Brooks, Guidi, Chabot. — Scriptores syri, série 3, t. IV : Chronica minora, texte et traduction, 2 vol., in-8, 15 fr. — Vve Ch. Poussielgue.

Calmes (T.). — Evangile selon saint Jean, édition abrégée, in-12, 2 fr. 50. — V. Lecoffre.

Duchesne (Mgr. L.). — Histoire ancienne de l'Eglise. T. I, in-8, 8 fr. — A. Fontemoing.

Guiraud (J.). — La Séparation et les élections (viii-436 p.), in-12, 3 fr. 50. — V. Lecoffre.

James (W.). — L'Expérience religieuse, in-8, 10 fr. — F. Alcan.

Konti-Rossini (K.). — Scriptores œthiopici, série II. T. XX : Vitæ SS. Basalota Mika'el et Anarewos, texte et traduction, 2 vol., in-8, 10 fr. — Vve. Ch. Poussielgue.

Lesêtre (Abbé H.) — La Paroisse 263 p. in-12, 2 fr. — V. Lecoffre.

Paulesco (Dr N.-C.). — Des notions « Ame » et « Dieu » en physiologie, in-8, 1 fr. 25. — Vigot frères.

Sorel (G.). Renan, historien du judaïsme, in-8, 3 fr. — G. Jacques.

Veüillard-Lacharme (abbé D.). — L'Œuvre messianique de Jésus-Christ, in-12, 2 fr. 50. — V. Lecoffre.

II. — PHILOSOPHIE ET SCIENCES SOCIALES.

Bry (G.). — Précis élémentaire de droit international public (viii-689 p.), in-18, 6 fr. — L. Larose et L. Tenin.

Bureau (P.). — Le Paysan des fjords de Norvège, in-8, 6 fr. — Bib. de la science soc.

Guex (F.). — Histoire de l'instruction et de l'éducation, av. 107 grav., in-8, 6 fr. — F. Alcan.

Rignano (E.). — Sur la transmissibilité des caractères acquis. Hypothèse d'une centro-épigenèse, in-8, 5 fr. — F. Alcan.

III. — LITTÉRATURE.

Allègre (F.). Sophocle, in-8, 8 fr. — A. Fontemoing.

Barre (A.). La Bosnie-Herzégovine, de 1878 à 1903, (300 p.) in-8, 3 fr. 50 (20/I). — L. Michaud.

Bertrin (abbé G.). — Sainte-Beuve et Chateaubriand. Problèmes et Polémiques, in-12, 2 fr. 50. — V. Lecoffre.

Kamel Pacha (M.). — Egyptiens et Anglais, in-16, 3 fr. 50. — Perrin et Cie.

Lanson, Fréminet, Dupin et des Cognets. — Mélanges d'histoire littéraire, in-8, 6 fr. 50. — F. Alcan.

Reynès Monleur. — Ames celtes, in-16, 3 fr. 50. — Plon-Nourrit et Cie.

Rivarol. — Les plus belles pages (434 p.), in-18, 3 fr. 50. — Mercure de France.

Salomon (M.). — L'Esprit du temps, in-16, 3 fr. 50 (13/I). — Perrin et Cie.

Worms (L.). — Souvenirs d'Espagne, avec 64 gr., in-4, 20 fr. — H. Floury.

IV. — HISTOIRE ET GÉOGRAPHIE.

Bardoux (J.). — Essai d'une psychologie de l'Angleterre contemporaine. Les crises belliqueuses, in-8, 7 fr. 50. — F. Alcan.

Borrel (E.-L.). — Les Ceutrons pendant les temps préhistoriques et l'époque gallo-romaine (VII-281 p.), in-8, 5 fr. — F. Ducloz, à Moutiers.

Corda (cap. H.). — Le Régiment de La Fère et le 1er régiment d'artillerie, av. 17 pl. coul., 6 noir et 14 cartes (XIX-432 p.), in-8, 20 fr. — Berger-Levrault et Cie.

Defrance (E.). — La Corporation des barbiers, perruquiers, coiffeurs et coiffeuses à travers l'histoire, av. 150 gr. (320 p.), in-8, en souscr., 12 fr. — V. Lemasle.

Forquet de Dorne (C.). — Les Césars africains et l'anarchie militaire (VI-334 p.), in-8, 4 fr. — J. Siraudeau, à Angers.

François (G.). — Notre colonie du Dahomey, av. 52 reprod. (284 p.), in-8, 6 fr. — E. Larose.

Grimal (J.). — La Guerre de 1870, in-16, 3 fr. 50. — Lib. universelle.

Lamy (E.). — Mémoires de Aimée de Coigny, in-18, 3 fr. 50. Nouvelle édition. — Calmann-Lévy.

Laurent (Ch.). — Le Dernier Condé, in-18, 3 fr. 50 (23/I). — P. Ollendorff.

Levy (G.). — Après la guerre. Problèmes sud-africains, in-16, 3 fr. 50. — Lib. universelle.

Le Goupils (M.). — La crise coloniale en Nouvelle-Calédonie, in-8, 2 fr. — Bibl. de la science soc.

Madelin (L.). — La Rome de Napoléon. La domination française à Rome, de 1809 à 1814, in-8, 8 fr. — Plon-Nourrit et Cie.

Martin (J.). — Gustave Vasa et la Réforme en Suède, in-8, 10 fr. — A. Fontemoing.

Masson (Fr.). — Napoléon et sa famille. T. VII, 1811-1813, in-8, 7 fr. 50 (23/I). — P. Ollendorff.

Matter (P.). — Bismarck et son temps — L'action, 1863-1870, in-8, 10 fr. — F. Alcan.

Mémoires du général marquis Alphonse d'Hautpoul, pair de France, 1789-1865, in-8, 7 fr. 50. — Perrin et Cie.

Michon (L.). — Le Gouvernement parlementaire sous la Restauration, in-8, 6 fr. — F. Pichon et Durand-Auzias.

Monographies de familles et de régions, in-8, 12 fr. — Bib. de la sc. soc.

Nesselrode (A. de). — Lettres et papiers du chancelier comte de Nesselrode. T. IV, 1811-1812, in-8, 7 fr. 50 (31/I) — A. Lahure.

Nicolas Mikhaïlovitch de Russie (grand duc). — Le Comte Paul Stroganov, trad. de F. Billecocq, 3 vol., in-8, 30 fr. — P. Ollendorff.

Samaran (Ch.) et C. **Mollat**. — La Fiscalité pontificale en France au XIVe siècle, in-8, 10 fr. — A. Fontemoing.

Thirion (H.). — Madame de Prie, 1698-1727, in-8, 7 fr. 50. — Plon-Nourrit et Cie.

Vice-amiral (le) Bergasse du Petit-Thouars, d'après ses notes et sa correspondance, 1832-1890, in-8, 7 fr. 50 (20/I). — Perrin et Cie.

V. — ART ET ARCHÉOLOGIE.

Barrès (M.). et P. **Lafond**. — Théotocopuli dit Le Greco, av. 25 pl., in-4, 25 fr. — H. Floury.

Bénédite (L.). — Vigée-Lebrun, sa vie, son œuvre, son époque, av. 60 héliogr., in-4. — H. Piazza et Cie.

Bertrand (A.). — Versailles, ce qu'il fut, ce qu'il est, ce qu'il devrait être, in-16, 3 fr. 50. — Plon-Nourrit et Cie.

Boschot (A.). — La Jeunesse d'un romantique, Hector Berlioz, 1803-1831, in-16, 4 fr. — Plon-Nourrit et Cie.

Guerville (A.-B. de) — La Nouvelle Egypte, 250 photog. (500 p.) in-8, 25 fr. — Lib. Universelle.

Hamel (H.). — Causeries sur l'art et les artistes, in-8, 3 fr. 50. — A. Lemerre.

Joran (Th.). — Le Chapitre des beaux-arts du « Siècle de Louis XIV » de Voltaire (104 p.), in-16, 2 fr. — Croville-Morant.

Vever (H.). — La Bijouterie française au XIXe siècle, av. 415 gr. (500 p.), in-8, 40 fr. — H. Floury.

ACADÉMIE DES INSCRIPTIONS ET BELLES-LETTRES

Séance du 12 janvier. — M. SENART, au nom de la commission Benoît-Garnier, propose à l'Académie, qui ratifie ses conclusions, d'accorder une subvention de 3,000 fr. à la mission saharienne de M. de Matylinsky, la moitié devant être remise immédiatement sur les reliquats disponibles, l'autre moitié payable à l'échéance du trimestre d'avril. Il propose en outre de mettre à exécution les intentions de l'Académie en versant immédiatement une somme de 5,000 fr. pour la mission Pelliot au Turkestan, et de réserver pour le même objet une somme de 7,000 fr. sur les échéances prochaines des arrérages. — M. HÉRON DE VILLEFOSSE décrit la découverte faite par le Père Delattre dans les ruines de Carthage, au mois de novembre dernier, d'un énorme sarcophage en marbre blanc, rehaussé de couleurs et long de 2^{m}75. Le couvercle est orné sur chacun de ses grands côtés de onze acrotères recouverts de peinture bleue. Sur les deux frontons apparaît une représentation peinte de Scylla ailée, brandissant une sorte de massue ; des chiens hurlants s'élancent de ses flancs. Le corps du défunt reposait dans un cercueil de bois décoré de peintures et de dorures qui était placé au fond de la cuve en marbre blanc. Ce précieux monument a été placé au musée Saint-Louis en attendant qu'il soit transféré au musée du Louvre, auquel le Père Delattre s'est empressé de l'offrir par l'intermédiaire de l'Académie. — M. BABELON communique et commente une monnaie grecque nouvelle qui porte le nom d'Hippias, le tyran d'Athènes, expulsé en l'an 511 avant J.-C. — M. A. THOMAS signale une liste de noms d'animaux due à Polemius Sylvius, auteur latin dont on ne connaît qu'un ouvrage composé en Gaule en 447 et dédié à l'évêque de Lyon, Eucherius (saint Eucher). Cette liste, deux fois imprimée par Mommsen, comprend 480 mots, dont un cinquième était resté jusqu'ici inexpliqué. M. Thomas, qui déclare avoir toute confiance dans le manuscrit de Polemius Silvius, encore qu'il ne date que du douzième siècle, signale une vingtaine de ces termes qui fournissent l'étymologie de mots français ou italiens actuellement en usage, notamment *camox* (chamois) *darpus* (darbon, patois provençal signifiant taupe), *gaius* (geai), *marisopa* (marsoupe en Poitou), *sofia* (ablette, appelée soife à Lyon), *mus montunus* (marmotte), *taxo* (taisson ou blaireau).

L'Éditeur-Propriétaire-Gérant: ALBERT FONTEMOING.

Imprimerie Générale de Châtillon-sur-Seine. — A. PICHAT.

BULLETIN CRITIQUE

26. — **L'histoire, le texte et la destinée du Concordat de 1801**, par l'abbé Em. Sévestre, deuxième édition, entièrement refondue, contenant tous les documents ayant trait aux rapports de l'Eglise et de l'Etat avec les discussions des Chambres françaises, concernant l'abrogation du Concordat. Paris, Lethielleux, in-8 de xxiv-702 p.

J'ai rendu compte de la première édition de cet ouvrage dans le n° du 15 janvier 1905. L'auteur a considérablement augmenté, dans cette seconde édition, son étude sur le Concordat, puisqu'au lieu de 251 pages qu'elle renfermait alors, elle en comprend aujourd'hui sept cents. Les additions portent principalement sur les très nombreuses références, la prodigieuse quantité d'indications bibliographiques fournies par l'auteur, et sur les Appendices qui à eux seuls forment deux cents pages, et contiennent d'importants documents ayant trait au régime concordataire en France, à la séparation de l'Eglise et de l'Etat, dans ce pays, aux relations du gouvernement français avec les autres cultes, au régime concordataire chez les autres peuples. On y trouve encore les récentes allocutions, de Pie X, des extraits du rapport de M. Briand, la lettre collective des cardinaux français au président de la République, les délibérations protestantes et israélites sur la séparation, le projet de loi voté à la Chambre, le 3 juillet 1905, à la veille des vacances.

C'est certainement tout ce que l'on a écrit de plus complet sur le Concordat.

Les qualités de la première édition se retrouvent dans celle-ci, à un degré supérieur, surtout en ce qui concerne l'abondance des informations de l'auteur, j'allais quasi dire la *sur-abondance*, tant les documents succèdent aux documents, les notes aux notes : celles-ci occupant souvent les trois quarts des pages. Ne nous plaignons pas de cette richesse qui pourrait paraître un peu excessive, on ne saurait jamais être trop, ni trop bien informé. L'auteur n'a certes plaint ni son temps, ni sa peine. Je ne crois pas qu'il ait lieu de le regretter, car son ouvrage, paraissant en ce moment, intéressetous ceux qui suivent avec angoisse la crise actuelle, ou qui simplement l'observent avec curiosité, car je ne crois pas qu'elle rencontre nulle part l'indifférence.

Comme je le disais, en signalant la première édition à l'attention des lecteurs du *Bulletin Critique*, l'histoire de ce pacte conclu, voici un siècle, entre Rome et la France, est singulièrement attachante. On assiste aux efforts tentés par les divers gouvernements qui se sont succédé depuis la signature de ce traité de paix, sinon d'alliance, pour restreindre les droits de l'Eglise et resserrer ses liens, j'allais dire multiplier ses entraves. A part de courtes éclaircies, rayons de soleil plutôt furtifs dans un ciel toujours menaçant, le catholicisme fut toujours traité en suspect. L'auteur a raison de distinguer l'Eglise des Eglises, car c'est bien, en effet, au catholicisme qu'en veulent nos gouvernants athées, non au protestantisme, ni à la synagogue qu'ils eurent d'ailleurs souvent pour alliés. Si le projet de loi ne fait pas cette distinction, c'est une hypocrisie de plus.

L'auteur, après avoir résumé les raisons que donnent les adversaires du Concordat, ennemis de l'Eglise, pour en poursuivre l'abrogation, examine les arguments de ceux qu'il appelle les « séparatistes catholiques », braves gens qui se repaissent d'illusions ; mais grâce à Dieu leurs rangs s'éclaircissent chaque jour. Il est évident que si la République voulait sincèrement laisser en paix l'Eglise, celle-ci lui ferait assez volontiers cadeau du maigre budget qu'on lui jette dédaigneusement comme une aumône, et qu'elle n'accepte jamais que comme le paiement d'une dette ; mais comment a-t-on pu s'imaginer un moment que les pires ennemis de cette Eglise n'avaient d'autre but que de lui rendre la liberté, et qu'en brisant les chaînes dorées (oh! si peu dorées) qui l'attachent à lui, un gouvernement sectaire rêvait tout simplement d'en faire de gros sous? A ce sujet, M. Sévestre fait un rapprochement piquant, assez inattendu. Lacordaire, — en cela fidèle disciple de ce grand utopiste que fut parfois Lamennais, — et plus tard Gambetta furent partisans de l'abrogation du Concordat, mais la réflexion les fit bientôt changer d'avis et ils ne tardèrent pas à répudier une séparation qui, vu les circonstances, ne pouvait qu'être funeste à l'Eglise et à l'Etat. Ces circonstances ne se sont pas modifiées essentiellement. Waldeck, Ferry, Goblet et les autres hommes vraiment politiques, je veux dire ici avisés, que vit éclore cette troisième République, si féconde en politiciens, quoiqu'ils fussent les ennemis irréconciliables de l'Eglise, ne voulurent pas de cette abrogation. Pour nos gouvernants actuels, ils reprennent à leur compte en l'étendant la maxime attribuée à Robespierre et disent : « Périsse *la France* plutôt qu'un principe. » Ce principe-là, c'est leur haine pour Dieu et tout ce qui le rappelle. Tout le monde sait ce que devient l'antique prestige de la France. Il disparaît chaque jour de plus en plus et est remplacé par l'indifférence ou le mépris. L'ouvrage de M. l'abbé Sévestre est à la fois, qu'on me passe le mot, plein de renseignements et d'enseignements. On ne saurait trop consulter ceux-là ni se pénétrer assez de ceux-ci, pour apprécier l'importance de la question présentement débattue au Parlement, et prévoir les catastrophes que provoquera sa solution négative, d'ailleurs imminente, et qui sera très probablement chose faite, quand ces lignes paraîtront [1]. A. ROUSSEL.

---

27. — **Le Christianisme**. Exposé apologétique par G. de PASCAL. — Première partie. **La vérité de la religion**. Un volume in-8° écu de 560 pages. Paris, Lethielleux.

L'auteur, — il le dit lui-même dans l'avant-propos de son ouvrage, — n'a voulu « ni faire un simple catéchisme à l'usage des enfants de dix à quinze ans, ni composer pour les prêtres une théologie approfondie. » Son but a été « d'exposer à des esprits cultivés, — jeunes gens, hommes d'étude et hommes du monde — deux choses trop souvent ignorées de ceux-là même qui prétendent à une culture d'esprit raffinée : d'abord la *vérité*, c'est-à-dire l'excellence surhumaine et la divinité de la religion; ensuite, les

---

1. On n'attend plus que l'application de la loi.

vérités, je veux dire : le contenu dogmatique et moral de cette religion. »

L'ouvrage commence par de judicieuses pages sur le *problème de la certitude*. L'auteur est psychologue; ajoutons aussi qu'il est théologien, et qu'il défend, contre les demeurants plus ou moins conscients de doctrines réprouvées, la possibilité d'une religion naturelle, toute autre que celle de Jules Simon. « Historiquement, » dit M. de Pascal, « Dieu nous a proposé obligatoirement une religion complète, apportée d'en haut, et il n'est pas permis à l'homme de refuser le don divin supérieur pour s'en tenir aux éléments inférieurs d'une religion purement naturelle. Ceux qui nient la religion naturelle ont donc raison à ce point de vue; mais soutenir que la religion est en soi et *nécessairement* surnaturelle, c'est confondre les deux ordres de nature et de grâce, et tomber dans l'erreur du faux supernaturalisme et du traditionalisme. »

L'auteur a divisé ce premier volume en quatre livres : *La révélation;* — *La vraie religion;* — *L'Eglise;* — *Les fausses religions.* Je noterai, dans le premier livre, le chapitre consacré aux *motifs de crédibilité*. Là encore on retrouve le théologien soucieux de maintenir intact l'enseignement du concile du Vatican, sur la valeur apologétique du miracle; et le psychologue qui sait quelle influence persuasive a toujours exercée et exerce particulièrement sur nos contemporains le spectacle des harmonies du christianisme et de l'âme humaine. M. de Pascal n'a garde d'oublier la méthode dont M. l'abbé de Broglie a été l'infatigable promoteur : « méthode que l'on pourrait appeler *analytique* et *expérimentale*, et qui consiste à démontrer par l'étude des faits comparés et par l'histoire des religions l'absolue transcendance, et par conséquent, le caractère divin du christianisme. »

Le troisième livre : *L'Eglise,* semble avoir été traité par l'auteur avec prédilection. Je n'aborderai ici aucune des questions que M. de Pascal s'attache à y résoudre. Je signalerai seulement une méprise (peut-être une faute d'impression) qui confond le pape Adrien II avec Adrien VI, ce Florent d'Utrecht qui, simple professeur, émit, sur la faillibilité du pape en tant que personne privée, une opinion irréprochable. Je regretterai aussi que l'auteur, dont l'admiration pour Bossuet n'est pas douteuse, ait cru devoir rapporter, un peu amplifié, le mot de Tréville (Il n'a point

d'os) sur le grand évêque ; je regrette plus encore qu'il ait paru accorder quelque importance aux rapports de la police de Colbert. Les policiers d'alors étaient capables de comprendre un Bossuet, comme ceux de nos jours eussent compris un Lacordaire ou un Dupanloup.
A. LARGENT.

---

28. — Gaston SORTAIS. **La Providence et le Miracle devant la science moderne.** Paris, Beauchesne, 2 fr. 50.

Nous devions déjà à M. Sortais, entre autres ouvrages, un *Traité de philosophie* qui trahit un esprit clair et érudit. Le petit ouvrage qu'il édite aujourd'hui contient les mêmes qualités. C'est une série de six chapitres où l'auteur suit pas à pas les *affirmations de la conscience moderne* d'après M. Séailles et où il étudie avec beaucoup de scrupule la Providence et le miracle en face de la science la plus récente et de la philosophie la plus exigeante et la plus rigoureuse. M. Séailles avait affirmé un peu légèrement que les concepts de création, de conservation, de providence, de cause finale et de miracle s'évanouissent de plus en plus devant les progrès de la science moderne. En regard de cette allégation téméraire M. Sortais cite quelques opinions des savants les plus authentiques. Ils se nomment Képler, Galilée, Newton, Descartes, Leibniz, Laplace au sujet duquel est faussement accréditée la légende qu'il se passait de l'hypothèse-Dieu —, Geoffroy-Saint-Hilaire, Lamarck, Ampère, Liebig, Volta, Fresnel, Faraday, Mayer, Pasteur, Chevreul, Wurtz, de Quatrefages, Faye etc. Toutes ces autorités interviennent en faveur de l'existence d'un Dieu Providence.

La question du miracle est plus longuement traitée. Elle se subdivise en trois thèses partielles : le miracle n'est pas incompatible avec la notion de science, elle ne l'est pas non plus avec la notion de Dieu, enfin il est constatable.

L'intervention de Dieu dans le monde est, la fréquence en moins, analogue à celle de la liberté humaine. Déclare-t-on la science impossible à édifier en raison des actes libres qui entrent dans le dynamisme des phénomènes naturels ? Mais pour que la position des partisans du miracle soit aussi forte que possible, M. Sortais essaie de réagir contre la définition ordinaire du miracle : une dérogation aux lois de la nature. « Un miracle, dit S. Thomas, est ce qui est en *dehors* et *au-dessus* de toute nature créée. » Cette notion est utile lorsqu'il s'agit de répondre à l'objection tirée de l'immutabilité divine. Dans le cas du miracle en effet la loi n'est pas violée, puisque les circonstances ne sont plus les mêmes. On sait que le principe du déterminisme se formule : dans les mêmes circonstances les mêmes causes produisent les mêmes effets. Encore un coup à côté des miracles divins et angéliques qui sont en dehors et au-dessus des forces naturelles, il y a les miracles humains, miracles de liberté qui sont en dehors seulement de ces mêmes forces.

Le chapitre sur la constatation du miracle doit être lu en connexion avec le chapitre suivant sur les miracles de Lourdes. Ce n'est que dans ce dernier qu'on y résout l'objection la plus spécieuse et la plus embarrassante. En supposant que le miracle soit possible, comme nous ne connaissons pas encore toutes les forces de la nature, les faits qu'on nomme miraculeux sont peut-être des cas où ces forces interviennent: le miracle n'est donc jamais constatable. L'objection serait insoluble, si le fait en question était fortuit, inattendu, imprévu, sans signification, sans liaison avec un ordre de choses connu. Mais lorsque ce fait est lié à la volonté d'un homme (Jésus-Christ), attendu ou espéré par la prière (Lourdes), il n'est plus fortuit, imprévu, sans signification, il entre dans un ordre de causes bien connu, les causes surnaturelles. Oserait-on dire que Jésus-Christ ou le malade de Lourdes sont les seuls à connaître ces forces ignorées dans le secret de leur déclanchement.

Dans le même chapitre M. Sortais, s'appuyant sur les spécialistes les moins suspects, comme le docteur Bernheim, fixe la puissance limite de la suggestion qui est « une thérapeutique purement fonctionnelle » et impuissante à reconstituer les tissus endommagés. Il y expose et y discute un cas-type, celui de Pierre de Rudder.

Le livre finit sur un dilemme : génération spontanée ou miracle. Dieu est nécessairement intervenu le jour où la vie est apparue dans l'univers.

La Providence et le miracle s'ajoute utilement aux ouvrages de vulgarisation sur le sujet. Quelques points y sont traités avec une force nouvelle. Mais on regrette presque que M. Sortais au lieu d'instituer une exposition sereine, ait pris M. Séailles comme adversaire. Il en résulte parfois quelque désordre et quelques longueurs.

D. SABATIER.

---

29. — Baron de MARICOURT. **En marge de notre histoire.** — Emile Paul, éditeur. 1905, in-12 de VII-310 pages.

Lorsque M. de Maricourt arrive, en aimable visiteur, dans une maison amie, il s'enquiert des vieux papiers. Chez ce brillant *chartiste*, la science historique ne perd jamais ses droits. Devant lui comparaissent les liasses de lettres jaunies, les livres de raison, les actes notariés et les cahiers de mémoires inédits. Sa famille elle-même lui fournit de curieuses sources d'informations ; car son grand-père, le baron Hue dont il a — nos lecteurs s'en souviennent — publié avec beaucoup d'intelligence les curieux mémoires, a été de ces personnages de troisième plan, acteurs modestes, mais spectateurs intéressés et confidents sûrs qui voient parfois plus et surtout mieux que les premiers rôles. Hue et ses enfants ont laissé des papiers intéressants : de Louis XVI à Charles X, de la prise de la Bastille au triste exode de 1830 vers Cherbourg, cette famille a été associée de près au sort des Bourbons : les princes, leurs ministres, leurs amis ont écrit aux Hue : on leur a raconté beaucoup de choses qu'ils ont consignées. Tout cela fournit matière à une chronique intime des trois derniers Bourbons. M. de Maricourt furette d'autre part : c'est un petit Lenôtre. Les études de notaires et les bureaux d'état civil lui livrent leurs secrets aussi bien que les tiroirs des châteaux où il rend visite ; il connaît d'autre part bien nos Archives publiques et notre littérature historique et il ne connaît point, lorsqu'il chasse, de chasse gardée. Lorsqu'il a fini sa chasse, il l'accommode avant de nous la livrer : il l'accommode de façon parfois très piquante, mais de telle manière que la sauce ne prime pas le gibier. On retrouve ainsi encadrés dans d'agréables récits de longs morceaux *in extenso* de documents inédits.

M. de Maricourt nous sert ainsi un petit festin assez délicat. Il y a, à la vérité, des *hors d'œuvre* et quelques entremets. Il y a des plats de résistance : un tout au moins.

Si « le mariage de Marguerite Léonard et du vicomte de Saint Mayolle », « Une séquestration au xviiie siècle » histoire de l'infortunée Catherine Denis, la biographie du bon Bouilly et le séjour de madame de Pompadour à Fontainebleau nous initient agréablement aux mœurs intimes de ce xviiie siècle à la fois sensible et frondeur, sentimental et voluptueux, le morceau considérable (quatre-vingts pages) consacré aux journées révolutionnaires de 89 et 92, se recommande, et par la valeur des témoignages évoqués, et par l'originalité des hypothèses émises, comme un chapitre d'histoire et des plus importants. Naturellement on ne saurait prendre au pied de la lettre des témoignages émanant de serviteurs dévoués, ardents et presque fanatiques de Marie-Antoinette et de Louis XVI ; et peut-être l'hypothèse soulevée par l'un d'eux d'émeutiers payés par l'Angleterre et entraînant de naïfs Parisiens relève-t-elle des arguments de polémique trop courants en ce pays-ci. Et de même Louis XVIII, la duchesse de Berry, Charles X nous apparaissent peut-être un peu trop, à travers d'autres témoignages évoqués au cours d'autres articles, comme des victimes dont rien ne légitimait les disgrâces. Il n'en va pas moins que c'est non seulement avec plaisir, mais avec profit qu'on lit ce petit livre. L'érudition s'y fait aimable après s'être faite entreprenante : ce sont des villégiatures utiles à nous tous et à l'histoire que fait ainsi M. de Maricourt.

Je n'ai relevé que des très légères erreurs, fruits de distractions bien pardonnables. L'auteur sait aussi bien que moi que lorsque Bonaparte épousa Joséphine, il était « déjà illustre », mais n'était pas premier consul (p. 216). En revanche je ne connaissais pas aussi bien que lui la curieuse existence des « jardiniers et concierges du roi » sous l'ancien régime, les charités de madame de Pompadour (que notre Académie eût couronnée du prix Montyon), les piquantes relations de Marie Caroline, duchesse de Berry avec sa famille — même après son mariage morganatique, — et les dernières heures passées en France par les Bourbons déchus. Et comme les plus solennels historiens ne m'avaient pas appris ce que M. de Maricourt est allé quérir dans de vieux papiers de famille, il faut remercier M. de Maricourt d'employer ses loisirs à chasser autre chose que des lapins et des perdreaux.

Louis MADELIN.

30. — **Le Parsisme,** par Victor Henry, professeur de sanscrit et grammaire comparée des langues indo-européennes à l'Université de Paris. Paris, Dujarric, 1905, in-12, xvii-303 p.

L'auteur, dans sa conclusion, donne son livre pour un « résumé plus fidèle qu'original » du Parsisme. Tant mieux, car ce que l'on demande aux ouvrages de ce genre, c'est surtout l'exactitude, l'originalité ne vient qu'après, lorsqu'elle vient. Oldenberg pour ce qui concerne les Vedas, James Darmesteter pour le Zend-Avesta, Franz Cumont pour le Mithriacisme sont les auteurs que M. Henry cite le plus volontiers, et nul ne sera tenté de lui en faire un grief. Cet ouvrage n'est guère qu'un répertoire sur cette religion, connue plus ordinairement sous le nom de Mazdéisme, dans l'antiquité, et de Parsisme, à partir du Moyen-Age. Dans une série de chapitres fort nourris, l'auteur étudie successivement les origines du Parsisme, Zoroastre et l'Avesta, la théologie, la démonologie, le plan de la création, la morale et la législation, la magie et la médecine, le culte et la liturgie, le code funéraire, les fins dernières, la légende héroïque, enfin l'histoire du Parsisme depuis les Achéménides jusqu'après la conquête de la Perse par les Musulmans, en passant par les Arsacides et les Sassanides. Bien qu'il se défende d'avoir été « original », l'auteur a su donner sa note personnelle. Sa vaste érudition l'y obligeait, pour ainsi dire, en l'incitant à comparer le Parsisme aux autres religions dont il a fait une étude approfondie, celles de l'Inde, par exemple. Dans une note finale, il s'exprime ainsi, à propos de la similitude des traditions chrétiennes et de celles du Parsisme : « En écrivant ces lignes, j'espère n'affliger la conscience d'aucun de mes frères catholiques. » Non sans doute, M. Henry n'affligera aucun de ses frères, mais je ne serais pas surpris que plus d'une de ses assertions les étonnât ; tout d'abord, dans cette même note, où il parle du dogme de la résurrection des corps, qu'il déclare, je ne vois pas pourquoi « faire double emploi avec celui de l'immortalité de l'âme », et en « contradiction avec ce que nous savons des transformations de la matière », comme si cette science des transformations de la matière était définitivement et entièrement acquise. Il ajoute, toujours au sujet de la résurrection des corps, il ne peut d'ailleurs être question que de celle-là, puisque l'âme ne meurt pas : « Loin de moi la prétention d'en définir le dogme ; mais j'ose croire que, si on le soumettait aujourd'hui à un concile, la définition serait fort différente de celle que semble en impliquer la formule. » Quelle est donc cette formule ? « Tous les hommes ressusciteront. » Voilà à peu près tout ce qu'il y a de défini à ce sujet. Sous quelle forme et comment ? Nous l'ignorons. Je ne sais quel docteur *dans* l'Eglise, sinon *de* l'Eglise, a pu, sans être condamné, enseigner que les justes ressusciteront en forme de boules, parce que, suivant lui, la forme sphérique est la plus parfaite ! Après cela, je ne vois pas trop la raison du scrupule de M. Henry. Lorsque celui-ci, quelques lignes plus loin, nous parle de l'emprunt que les Juifs auraient fait aux Perses de ce dogme de la résurrection, mais simplement comme d'une hypothèse fort vraisemblable, il nous étonne un peu moins, sans doute, et nous reconnaissons avec lui que Dieu peut se servir de tout moyen pour nous faire connaître sa volonté, tels autrefois Balaam et son âne, et que « qui s'en étonnerait ou s'en scandaliserait aurait la prétention de dénombrer limitativement (oh ! le vilain mot !) les voies par lesquelles il est donné au Divin de se révéler à nous », mais Dieu (j'aime mieux ce mot que le terme de Divin qui sent le panthéisme et semble nier la personnalité divine), mais Dieu, dis-je, ne fait que ce qu'il veut, et rien ne nous dit qu'il ait choisi la religion mazdéenne comme « une des sources lointaines qui alimentèrent le fleuve vivifiant du christianisme. » Dans cette dernière page de son livre, l'auteur fait de la phrase ; heureusement, c'est à peu près la seule où il en fait ; dans les autres, c'est de la science qu'il nous donne, de la meilleure et de la plus informée, cela vaut mieux.

Alfred Roussel.

---

31. — Oskar Weise. **Charakteristik der lateinischen Sprache**, Gritte Auflage, 1905, Leipzig, Druck und Verlag von B. d. Teubner, in-8°, vi-190 pages.

Voici la troisième édition d'un manuel bien connu et très apprécié en France depuis la traduction qu'en a donnée le regretté F. Antoine, professeur à l'Université de Toulouse (*Les caractères de la langue latine* etc..., Paris, Klincksieck, 1895. — *Nouvelle col lection à l'usage des classes*, xxii). Cette édition pourrait être en réalité considérée comme une quatrième, si l'on remarque que le travail de F. Antoine a moins souvent consisté à traduire qu'à remanier le texte allemand, avec le consentement de l'auteur, et à l'adapter aux besoins des étudiants français.

Le succès de ce manuel est justifié par les services qu'il rend à tous ceux « qui sont appelés à compléter dans les universités leurs études classiques et à examiner de plus près et pour ainsi dire par le dedans le fonctionnement et la vie de la langue parlée par le plus grand peuple de l'antiquité. » (F. Antoine). La présente édition n'est pas une réimpression pure et simple de la seconde. Elle en reproduit bien les cinq grandes divisions : Langue et caractère du peuple romain ; — Progrès du style et progrès de la civilisation ; — Langue poétique ; — Langue populaire ; — Le latin classique dans César et Cicéron ; (ce dernier chapitre ne figurait pas dans la première édition). Mais l'auteur a complété sa rédaction précédente en plusieurs endroits ; v. par ex. p. 12, p. 14 (addition de *adoria*), p. 100 (composés à finales en *-ger* et en *-fer* dans Ovide), p. 103 (exemples de formes hybrides avec radicaux latins et finales grecques), p. 104 (exemples de l'infinitif parfait au lieu du présent), p. 139 (expressions vulgaires dans César) etc. En outre il a ajouté en appendice un chapitre très intéressant, malheureusement trop sommaire, sur la manière dont la civilisation romaine se reflète dans le vocabulaire latin, et il a profité dans ses *Remarques*, dont l'ensemble reproduit celles de la deuxième édition, des travaux les plus récents relatifs aux questions dont il traite.

Je ne m'occuperai pas ici des cinq premiers chapitres, qui n'ont rien de neuf. L'appendice passe en revue et explique, dans leur rapport avec les idées qu'ils représentent et les faits qu'ils désignent, un certain nombre de mots empruntés, soit aux magistratures : *praetor, quaestor, aedilis* etc., soit à la vie publique et aux vieilles mœurs romaines : *augures, fetiales, haruspices, Quirites*, etc., soit à la guerre : *hastati, triarii, principes, populari*, etc., soit à la vie domestique : *praedium, hortus, Maeniana, cenacula*, etc., soit aux oracles proprement dits : *templum, immolare, omen*, etc., ou au calendrier : *calendae, idus, nundinae*, etc., ou à la monnaie, aux poids, aux mesures : *as, nummus, sestertius, stips, passus*, etc.

Je me borne à énumérer l'essentiel; le chapitre est très clair et très instructif. Sans doute beaucoup de renseignements, comme il faut s'y attendre, n'ont rien d'original ni de nouveau, mais on rencontre rarement un ensemble d'étymologies aussi clairement présentées et aussi judicieusement groupées; rarement aussi le rapport entre le vocabulaire et la vieille civilisation romaine n'a été aussi nettement mis au jour pour les questions dont traite l'appendice. On regrette cependant d'y trouver, données comme certaines, des étymologies discutables, par exemple celles de *fetiales* (de *profiteri* [ou plutôt *fari*], ceux qui portent la parole quand il y a une guerre à déclarer ou une paix à conclure), de *tela* (de *tendere*), de *arma* (de *arcere*, *arcma*), de *omen* (= * *ovismen*), de *carmen* (de *incatare* [sic?], *cantare*, [par conséquent *canere*]), de *funus* (apparenté avec θοίνη) etc. On voudrait aussi un ordre plus rigoureux dans les séries d'étymologies; par ex., pourquoi traiter (p. 159), de *Augures*, *Salii*, *pontifices*, etc., puis, trois pages plus loin (p. 162) de *fanum*, *compitum*, *manes* etc.? Tous ces mots peuvent se rattacher à un même ordre d'idées générales, la religion. Il semble de même que les alinéas sont mal répartis; ainsi, p. 159, *advocatus*, *candidatus*, *persona*, etc., sont étudiés immédiatement après *pontifices*, *fetiales*, *salii*, *Quirites*, sans alinéa spécial; p. 163, on trouve énumérés pêle-mêle *scribere*, *satura* (*lanx*), *eculeus*, *ficatum*, *numen*, *sublatus*, etc. Il y a enfin quelques lacunes; pourquoi par exemple, à propos des monnaies, citer *Juno moneta*, si on n'explique pas l'étymologie de ce dernier mot, comme on le fait pour les autres? On croirait que cet appendice n'a pas encore atteint sa rédaction définitive.

Les Remarques, qui terminent le manuel, ont été soigneusement revues et complétées (il y en a 112, dont 7 relatives à l'appendice, au lieu des 99 de la 2ᵉ édition). Sur les études spéciales parues depuis 1898 et mises à profit, sur les notes nouvelles et les additions aux notes anciennes, v. en particulier Rem. 2 (lire § 1 et non § 2), 12, 18, 39, 40, 44, 45, 51, 53, 62, 67, 80, 82, 85, 86, 89, 95, 100, 101, plus 106-112. La plupart des modifications et améliorations sont relatives à la langue poétique, à la langue populaire et au latin de César et de Cicéron; v. l'indication des études de G. Landgraf, sur la langue latine, 1901; — de R. Frey, sur la langue de César, 1900; de Jules Lebreton, sur la langue et la grammaire de Cicéron, 1901 : — de E. Norden, J. Schmidt, J. May, etc.

L'Index final est trop court et très insuffisant. Pourquoi donner un renvoi à certains mots, comme *actio, bonus, deliciae, disciplina,* etc., et non à d'autres dont l'explication n'est pas moins intéressante, ni moins utile, par exemple *Quirites, diligere, matrimonium, ludus,* etc. ? Cet index reproduit d'ailleurs textuellement celui de l'édition précédente et par suite ne renvoie à aucune des observations de l'appendice. Ces lacunes sont regrettables ; le manuel serait consulté avec beaucoup plus de profit et de commodité s'il donnait une table complète de tous les phénomènes de langage et de style qu'il étudie, et de toutes les expressions importantes qui y sont expliquées ou analysées.

Tel qu'il est, il n'en rendra pas moins de très grands services.

J. Vessereau.

---

32. — **Seyyed Ali Mohammed, dit le Bab**, par A. L. M. Nicolas, premier interprète de la légation de France en Perse. Paris Dujarric, 1905, in-12, 458 p.

Après avoir consacré vingt pages à réfuter une assertion inexacte de feu Gobineau, qui écrivit jadis sur le fameux Beyan, ou Biyyan, dont il donna même une prétendue traduction, l'auteur entre en matière, ou plutôt non, pas encore, car ce livre que du reste il donne pour une esquisse, est aussi étrange pour la forme que pour le fond, mais en revanche on y trouve des choses curieuses et des renseignements que, sans doute, l'on chercherait vainement ailleurs. Des tableaux et une liste bibliographiques suivent l'Avant-propos et précèdent la préface qui nous conduit à la page 75 où l'auteur semble commencer enfin tout de bon. Afin de permettre au lecteur de se rendre compte de la nature et de l'importance de la réforme apportée dans l'Islamisme persan par le fameux Seyyèd-Ali-Mohammed, dit le Bab, fondateur de la secte qui lui emprunte son nom de Babisme, il nous retrace dans ses grandes lignes l'histoire des Chiites, depuis son origine jusqu'à nos jours. A la page 189, commence enfin cette histoire du Bab qui fait l'objet du présent volume, M. Nicolas nous promettant de nous donner dans un second la doctrine de son héros. Seyyèd Ali-Mohammed naquit à Chiraz, le premier Moharrem de l'an de l'hégire 1236 (26 mars 1821). C'est, on le voit presque un contemporain. D'un caractère « méditatif et plutôt silencieux, » il écrit son premier ouvrage à 19 ans « le riçaléh Feqqihéy », où il donne libre cours à sa piété islamique. Notre auteur réfute avec indignation la légende qui veut que son héros ait été jusqu'au bout « plus ignorant qu'un enfant, plus craintif qu'un agneau, enfin, tranchons le mot, plus bête... qu'il n'est permis de l'être, etc » (199). Quant à cette dernière licence, cela est, en effet, difficile à croire, car jusqu'où ne va-t-elle pas ? Seyyèd devint *Bab*, c'est-à-dire Porte, la porte de la connaissance divine, à la suite d'une *Manifestation*, un peu comme Siddhârtha, sur les bords du Gange, vingt-quatre siècles auparavant, était devenu *Buddha*, c'est-à-dire Illuminé, après une extase de ce genre. Les superstitions absurdes et répugnantes des Chiites avaient révolté Seyyèd, et il leur déclara une guerre sans merci. L'auteur nous en donne de nombreux échantillons plus *bêtes* les uns que les autres, pour employer son style, mais il déclare qu'il ne les juge pas, car il ne veut pour rien au monde contrister les nombreux amis qu'il compte parmi les Chiites pour qui ces sornettes sont paroles d'Évangile. Le nouveau Bab apporta de nombreuses preuves de sa mission divine, entre autres, en montant un cheval fougueux, devenu subitement docile comme le mouton le plus pacifique. La nouvelle doctrine se propageait rapidement, mais non sans contradiction. Deux insurrections formidables éclatèrent à son occasion : celles de Mazandéran et de Zendjan. Après de nombreuses péripéties, vinrent l'emprisonnement et l'exécution du Bab à Makou, le 27 du mois de Chahaban, l'an de l'hégire 1266 (8 juillet 1850). L'un des fidèles du Bab, Molla Mohammed Ali, mourut avec lui. Tous deux furent amenés garrottés devant le peloton d'exécution qui se composait d'un régiment tout entier, le régiment chrétien des Bahadourans.. « C'est alors que se passa un fait étrange, unique dans les annales de l'humanité. » Tous ces soldats firent feu, à la fois, sur les deux condamnés. Molla Mohammed Ali, couvert de blessures, eut encore la force, avant de tomber, de se tourner vers son maître et de lui dire : « Maître, es-tu content de moi ? » Pour Bab, les balles ne firent que couper ses liens : il n'avait pas une égratignure ! Un second feu de salve l'étendit mort, parce qu'il le voulut bien, suivant ses partisans. Après avoir raconté la destinée mirifique du cadavre de Bab, l'auteur parle des événements de Yezd et de l'insurrection de Neïriz, puis des exécutions de Babis qui suivirent l'attentat contre le Chah en 1852. L'ouvrage se termine par le récit de la mort tragique de la célèbre Qourret-oul-Aine. M. Nicolas appelle Seyyèd Ali, qui certes ne fut pas un homme ordinaire, « la plus grande figure des temps modernes », et le proclame bravement « un héros qu'aucun héros n'égala jamais. » Pour parler le langage familier auquel se complaît l'auteur, je dirai qu'un pareil éloge vous laisse tout *baba*, pardon : tout *babi* !   A. ROUSSEL.

BIBLIOGRAPHIE

I. — SCIENCES RELIGIEUSES.

Allier (R.). — Une révolution. Séparation des Eglises et de l'Etat (92 p.), in-8, 1 fr. 50. — Fischbacher.

Barbier (abbé E.). — Cas de conscience. Les catholiques français et la République (iv-492 p.), in-12, 3 fr. 50. — P. Lethielleux.

Bonnet (J.). — Du Rajeunissement eucharistique de l'Eglise (16 p.), in-8, 0 fr. 50. — Lib. des Saints-Pères.

Bonnet (J.). — Le Pape doit-il être Italien ? (16 p.), in-8, 0 fr. 75. — Librairie des Saints-Pères.

Brémond (H). — Newman. Essai de biographie psychologique (428 p.), in-16, 3 fr. 50. — Bloud et Cie.

Dard (abbé A.). — Chez les ennemis d'Israel, Amorrhéens, Philistins (334 p.), in-12, 3 fr. 50. — V. Lecoffre.

Lhopiteau (G.) et E. **Thibault**. — Les Eglises et l'Etat, commentaire pratique de la loi du 9 décembre 1905 (360 p.), in-8, 8 fr. — A. Rousseau.

Livre blanc du Saint-Siège. La Séparation de l'Eglise et de l'Etat en France (180 p.), in-8, 0 fr. 75. — Maison de la Bonne Presse.

Norero (H.). — L'Union mystique chez sainte Thérèse (x-83 p.), in-8, 2 fr. — Fischbacher.

Sabatier (P.). — A propos de la Séparation des Eglises et de l'Etat (108 p.), in-16, 1 fr. — Fischbacher.

Serbat (L.). — Les Assemblées du clergé de France, origines, organisation, développement, 1561-1615 (418 p.), in-8, 12 fr. — H. Champion.

Touchet (Mgr). — L'Action de l'Eglise sur l'évolution sociale, discours (16 p.), in,12, 0 fr. 50. — P. Lethielleux.

II. — PHILOSOPHIE ET SCIENCES SOCIALES.

Compayre (G.). — Montaigne et l'éducation du jugement, in-18, 0 fr. 90. P. Delaplane.

Eymieu (A.). — Le Gouvernement de soi-même, in-16, 3 fr. 50. (27/I). — Perrin et Cie.

Pacheu (J.). — Du Positivisme au mysticisme (355 p.), in-16, 3 fr. 50. — Bloud et Cie.

Rivaud (A.). — Le Problème du devenir et la notion de la matière dans la philosophie grecque (VIII-488 p.), 10 fr. — F. Alcan.

Thibault (A.). et A. **Saillard**. — Précis de droit. Les pouvoirs publics (XI-448 p.), in-15, br., 5 fr.; rel., 6 fr. — Berger-Levrault et Cie.

III. — LITTÉRATURE.

Appleton (Ch.). — Le Testament de Caius Longinus Castor, in-8, 1 fr. — A. Fontemoing.

Barrès (N.). — Le voyage de Sparte (300 p.), in-12, 3 fr. 50. — F. Juven.

Calvino (J.-B.). — Nouveau dictionnaire niçois-français, in-8, 6 fr. — H. Champion.

Canat (R.). — La Littérature française par les textes (VIII-748 p.), in-18, 6 fr. — H. Champion.

Carlyle (Th.). — Pamphlets du dernier jour (444 p.), in-18, 3 fr. 50. — Mercure de France.

Delpy (A.). — Essai d'une bibliographie spéciale des livres perdus, ignorés ou connus à l'état d'exemplaire unique, 1er fasc. A à G (156 p.), in-8, 5 fr. — A. Duret.

Ruelle (C.-E.). — Bibliotheca latina. Bibliographie annuelle des études latines (80 p.), in-8, 3 fr. (31/I). — A. Eichler.

Vandaele (H.). — L'Optatif grec, in-8, 8 fr. — A. Fontemoing.

Vandaele (H.). — Qua mente Phæder fabellas scripserit, in-8, 3 fr. — A. Fontemoing.

Vial (F.) et L. **Denise**. — Idées et doctrines littéraires du XVIIe siècle (IX-300 p.), in-18, 3 fr. — Ch. Delagrave.

IV. — HISTOIRE ET GÉOGRAPHIE.

Andrieux (L.). — La Commune à Lyon en 1870 et 1871, in-16, 3 fr. 50 (27/I). — Perrin et Cie.

Ardouin-Dumazet. — Voyage en France. 43e série. Région parisienne. II.

Est. La Brie, av. 23 cartes (418 p.), br , 3 fr. 50 ; rel., 4 fr. — Berger-Levrault et Cie.

Ardouin-Dumazet. — Voyage en France. 44e série. Région parisienne. III. Sud : Gâtinais français et Haute-Beauce, avec 23 cartes (428 p.), in-12, br., 3 fr. 50 ; rel., 4 fr. — Berger-Levrault et Cie.

Bildt (baron de). — Christine de Suède et le conclave de Clément X, 1669-1670, in-8, 8 fr. — Plon-Nourrit et Cie.

Billot de Goldlin (J.). — Famille d'Arc. Essai généalogique sur les familles du Chemin et de Villebresme (90 p.), in-8, 3 fr. — E. Lechevalier.

Bliard (P.). — Le Conventionnel Prieur de la Marne en mission dans l'Ouest, 1793-1794, in-8, 5 fr. — Emile-Paul.

Bordeaux (A.). — La Guyane inconnue, voyage à l'intérieur de la Guyane française, in-16, 3 fr. 50. — Plon-Nourrit et Cie.

Brière (G.) et P. **Caron**. — Répertoire méthodique de l'histoire moderne et contemporaine de la France, 6e année, 1903 (xxxv-361 p.), in-8, 18 fr. — E. Cornély.

Cadet de Gassicourt (F.). — Histoire de l'abbaye de Cordillon. T. I : Histoire, av. 3 fig. et 13 pl. (xxxiv-351 p.), in-4, souscr., 15 fr. — Jouan à Caen.

Carnot (S.). — Les Volontaires de la Côte-d'Or. 1789-1791, av. 14 pl. et 30 gr., in-4, 10 fr. (27/I). — Hachette et Cie.

Chambrier (J. de). — De Sébastopol à Solférino (306 p.), in-18, 3 fr. 50. — A. Fontemoing.

Chantriot (E). — La Champagne. Etude de géographie régionale, av. 40 vues phot. et fig., et 21 graph. et cartes (xxiv-316 p.), in-8, 8 fr. — Berger-Levrault et Cie.

Chantriot (E.). — Les cartes anciennes de la Champagne. Catalogue et observations critiques (ix-90 p.), in 8, 3 fr. 50. — Berger-Levrault Cie.

Chéradame (A.). — Le Monde et la guerre russo-japonaise, av. 18 cartes, in-8, 9 fr. — Plon-Nourrit et Cie.

Chevillet (J.). — Ma Vie militaire, 1800-1810, in-16, 3 fr. 50. — Hachette et Cie.

Colin (cap. J.). — Les campagnes du maréchal de Saxe. 3e partie : Fontenoy, in-8, 12 fr. — R. Chapelot et Cie.

Conférence (la) d'Algésiras, par ***, av. 8 croquis cartogr., (vi-224 p.), in-8, 5 fr. — Berger-Levrault et Cie.

Escudier (A.). — Histoire de Fronton et du frontonnais, in-8, 3 fr. 50. 1 vol. — Imp. Douladoure-Privat, à Toulouse.

Fleury (comte). — Les dernières années du marquis et de la marquise de Bombelles, in-8, 5 fr. — Emile-Paul.

Gautier (Dr L.) — La médecine à Genève jusqu'à la fin du xviiie siècle (xvi-696 p.), in-8, 15 fr. — Fischbacher.

Houdeau (P.). — L'union britannique xvi-275 p), in-8, 5 fr. — A. Rousseau.

Lamouzèle (E.). — Essai sur l'organisation et les fonctions de la compagnie du guet et de la garde bourgeoise de Toulouse au xviie au xviiie siècle (144 p.), in-8, 2 fr. 50. — H. Champion.

Mémoires du duc de Lauzun, av. 100 estampes et tableaux, in-8, 1 fr. 50. — A. Fayard.

Moris (H.). — Cartulaire de l'abbaye de Lérins. 2 vol., in-4, 40 fr. — H. Champion.

Pionnier (Ed.). — Essai sur l'histoire de la Révolution à Verdun, 1689-1795, av. nombr. pl. (cxxxviii-566 p.), in-8, 10 fr. — E. Lechevalier.

Pionnier (Ed.). — Le Collège de Verdun après le départ des jésuites et l'Ecole centrale de la Meuse, 1762-1803, in-8, 3 fr. — E. Lechevalier.

Rouard de Card (E.). — La Politique de la France à l'égard de la Tripolitaine pendant le dernier siècle (47 p.), in-8, 2 fr. 50. — A. Pedone.

Ségur (marquis de). — Julie de Lespinasse, in-8, 7 fr. 50. — Calmann-Lévy.

Vice-amiral (le) Bergasse du Petit-Thouars, d'après ses notes et sa correspondance, 1832-1890 (vi-415 p.), in-8, 7 fr. 50. — Perrin et Cie.

V. — ART ET ARCHÉOLOGIE.

Dottin (G.). — Manuel pour servir à l'étude de l'antiquité celtique, in-12, 5 fr. — H. Champion.

Imbert (H.). — Johannès Brahms, sa vie et son œuvre (xix-170 p.), in-8, 6 fr. — Fischbacher.

Michel (A.). — Histoire de l'Art depuis les premiers temps chrétiens jusqu'à nos jours. T. I, 2e partie : l'art roman, in-8, br., 15 fr. ; rel., 22 fr. 1 vol. — Librairie A. Colin.

Neufforge (de). Recueil d'architecture. T. VIII et dernier, 600 phototypies, 33/14, 300 fr. — A. Guérinet.

CHRONIQUE

1. Le **Cours d'histoire** complet de MM. A. Ammann et E.-C. Coutant, (Librairie classique Ferdinand Nathan, Paris, rue de Condé), rédigé en conformité exacte avec les nouveaux programmes de l'Enseignement secondaire (1902) comprendra en tout neuf volumes. Six ont déjà paru : Premier

cycle : l'*Antiquité* (classe de sixième) ; *le Moyen-Age et le commencement des Temps modernes* jusqu'en 1498 (classe de cinquième) ; les *Temps modernes* (classe de quatrième). — Second cycle : *La fin du Moyen-Age et les Temps modernes* jusqu'en 1715 (classe de seconde) ; *la Fin de l'Ancien Régime ; la Révolution* [1715-1815] (classe de première) : *Histoire contemporaine de 1815 à nos jours* (classes de philosophie et de mathématiques). — Sous des divisions et des subdivisions fort claires et de peu d'étendue l'auteur — car je crois savoir que M. A. poursuit seul l'achèvement de l'ouvrage — a condensé avec une véritable habileté la somme énorme de connaissances historiques qu'exigent nos modernes programmes. L'exposé est simple, précis, bien présenté. Les jugements sur les personnes et les faits témoignent d'une critique qui a tenu à se renseigner exactement : ils sont le plus souvent impartiaux et modérés. Une part équitable a été faite à l'histoire des institutions, à celle de la littérature. Chaque chapitre se termine par un Index géographique, une Bibliographie sommaire du sujet ou de l'époque étudiés et par un tableau récapitulatif des événements. Un choix de gravures accompagne le texte. Cette série de Manuels de format commode est appelée, semble-t-il, à rendre de réels services aux étudiants.   G.

2. — Georges Ducrocq : **Du Kremlin au Pacifique**. Paris, Honoré Champion, s. d. (1905), in-8 de 147 p., grav. ; 2 fr. 50.

Voici un livre qui, pour ne pas constituer une relation continue de voyage, n'en est pas moins intéressant et n'en mérite pas moins d'être signalé à l'attention de ceux qui aiment des impressions vécues, personnelles et vivement senties. Son auteur, M. Georges Ducrocq, à qui nous devons déjà le fort joli volume intitulé *Pauvre et Douce Corée*, s'est borné à décrire, sur son long itinéraire du Kremlin au Pacifique (à Wladivostok et à Port-Arthur), les paysages qui l'avaient particulièrement frappé, les scènes qui lui avaient paru le plus caractéristiques. Il l'a fait au jour le jour, dans un style vivant, délicat et coloré, parfois souriant, parfois aussi légèrement ému (v. p. 133-136, « femmes de chez nous ») ; et il contribue ainsi pour sa part à nous faire mieux connaître un pays sur lequel vient de se porter pendant plus de dix-huit mois l'attention du monde entier, et dont nous avons le devoir de suivre soigneusement l'évolution.   H. F.

3. — **La Morale des Religions** par de Lanessan, ancien ministre de la marine.

Un livre comme celui-là ne s'analyse pas : il n'en vaut ni la peine, ni l'honneur.

Deux mots le résument : le blasphème et l'ineptie. Prétendre que toutes les religions sont immorales, surtout le Christianisme, c'est faire preuve d'une mentalité spéciale qui n'est nullement du ressort de la critique. L'auteur est de ceux auxquels s'applique le vers du poète florentin.

Non ragionam di lor, ma guarda e passa.

A. Roussel.

ACADÉMIE DES INSCRIPTIONS ET BELLES-LETTRES

Séance du 19 janvier. — Au début de la séance, M Cagnat, président, expose que retenu par ses devoirs professionnels au Collège de France, il n'a pu assister aux obsèques de mademoiselle Dosne, mais que l'Académie y a été représentée par son vice-président, M. Salomon Reinach. — Le président communique ensuite une lettre d'un élève du collège de Grasse (Alpes-Maritimes) et signalant la découverte à Tourette-Lès-Vence d'une inscription romaine ayant trait à une famille romaine du pays. — L'Académie élit, pour examiner les modifications qui pourraient être apportées dans l'application du règlement une commission composée de MM. Delisle, Barbier de Meynard, Lair, Heuzey, Héron de Villefosse, Sénart. — M. Foucart lit une intéressante note de M. Ed. Naville, correspondant de l'Académie, sur le dieu de l'Oasis d'Ammon. — M. Bréal étudie l'origine des mots latins *finis* et *funis*. Ce doublet dérive du mot grec *skoinos* qui signifiait fin et câble. — Sur le rapport de M. Babelon, le prix Duchalais n'est pas décerné cette année. Les arrérages viendront s'ajouter au capital de la fondation. — M. S. Reinach communique une série de photographies de sculptures grecques conservées à Boston et qui lui a été fournie par M. Eug. d'Eichthal, son confrère de l'Académie des sciences morales et politiques.

L'Éditeur-Propriétaire-Gérant: Albert Fontemoing.

Imprimerie Générale de Châtillon-sur-Seine. — A. Pichat.

BULLETIN CRITIQUE

33. — **Archiv für Religionswissenschaft**, unter Mitredaktion von H. Usener, H. Oldenberg, C. Bezold, K. Th. Preusz, herausgegeben von A. Dieterich und Th. Achelis. VII Band. Leipzig, B. G. Teubner, 1904. (IV, 554 s. gr. 8) m. 16.

La septième année de de l'*Archiv für Religionswissenschaft* inaugure en fait une série toute nouvelle. La Revue reste consacrée à l'histoire des religions; mais elle étend son programme et donne à sa méthode plus de rigueur. L'ethnologie cède du terrain à l'archéologie et surtout aux diverses branches de la philologie. La part faite à l'étude comparée des religions bibliques est aussi notablement plus large. On se propose de reconstituer le milieu historique où elles sont nées et où elles se sont développées et ainsi de rendre compte des caractères qui les distinguent des autres développements religieux. Le programme laissait espérer la disparition des fantaisies aventureuses où se complaisait naguère l'histoire comparée des religions. De fait, la Revue s'est, à ce point de vue, fort améliorée. Mais il paraît bien clair qu'il faudra toujours compter avec le libéralisme des directeurs et des principaux rédacteurs. Voilà déjà que dans l'une des dissertations de la présente année, la première et la plus considérable du second fascicule, M. Usener, sans même se demander si le symbolisme qui aujourd'hui les explique n'y était pas attaché dès l'origine, ramène certaines cérémonies religieuses, telles que la bénédiction des fonts et d'autres analogues, à tout un ensemble de pratiques superstitieuses, survivances des cultes païens, et qu'il y découvre avec des adjurations imprégnées de mythologie de véritables rites magiques. Nous doutons fort que de tels travaux attirent à la Revue les sympathies des théologiens auxquels ailleurs on fait appel.

Tous les articles, il faut le reconnaître, n'ont point ce caractère. Somme toute, l'histoire et la théologie trouveront à glaner en ce recueil érudit et, à la condition d'en user toujours avec critique, il pourra rendre des services. Pour donner un aperçu des matières traitées dans les numéros de 1904, voici plusieurs travaux relevés parmi les plus importants : Usener ; *Mythologie* (p. 6-32), Essence de l'idée et de la vie religieuses, leur formation ; devoirs que la nature et l'origine de ces idées impose à la science des religions. — Holtzmann ; *Sacramentalisme dans le N. T.* (p. 58-69), douze pages assez peu objectives où l'on cherche à montrer l'influence des mystères sur la liturgie sacramentelle. — Farnell : *Hypothèses sociologiques concernant la place de la femme dans les religions anciennes* (p. 70-94) : la prédominance d'un sacerdoce féminin et d'une déesse-mère, l'exclusion des hommes de certaines cérémonies, l'échange de vêtements entre les deux sexes en d'autres occasions, témoigneraient, au moins pour ce qui concerne les pays méditerranéens, de la survivance du matriarcat. — J. J. M. de Groot : *La Persécution du Bouddhisme par Wu-Tsung* (p. 157-168), traduit et commente d'après les vieux livres de la dynastie des Tsang le décret de persécution porté par l'empereur Wu-Tsung en 844. — L. H. Gray : *La double nature des Archanges iraniens* (p. 345-372) essaie d'établir que les textes iraniens attestent une nature matérielle et une nature spirituelle chez les ameshas spentas : l'aspect matériel serait le premier en date. — Julicher : *Les mariages spirituels dans l'ancienne Église* (p. 373-386) apporte au travail d'Achelis sur les *Virgines subintroductæ* un supplément de matériaux tirés surtout des églises syriennes, nestoriennes et monophysites. Contrairement à Achelis, il affirme qu'il n'y avait là qu'une épreuve de la chasteté. — Deissmann : *Le prétendu fragment d'évangile du Caire* (p. 387-392) conclut que ce fragment n'appartient pas à un évangile non canonique, mais tout simplement à un commentaire sur saint Luc.

Outre ces dissertations dont il serait facile d'allonger singulièrement la liste, l'*Archiv* renferme des rapports critiques sur la littérature récente de chaque domaine religieux. Ainsi, cette année, M. Bezold nous renseigne sur les publications qui ont trait à la religion assyro-babylonienne (p. 193-211) ; M. H. Oldenberg remplit la même tâche pour les religions de l'Inde (p. 212-234) ;

MM. K. Th. Preusz, B. Ankermann, H. H. Juynboll, pour celles des non-civilisés, (p. 232-263; 494-516); M. A. Wiedemann pour celle de l'Egypte (p. 471-486). Il n'est pas impossible que ces rapides recensions confiées à des spécialistes de renom, contribuent, pour une bonne part, au succès de la Revue.

L'*Archiv* s'adresse à un public international et se propose de donner l'hospitalité à des articles en un bon nombre de langues européennes. Ce pourrait être facilement un inconvénient; l'avenir le dira. En tout cas, les deux fascicules de l'année 1904 ne contiennent sauf trois dissertations en anglais, que des travaux en langue allemande. Le français n'y est pas représenté.

D. E. B.

---

34. — **Correspondace du Comte de Jaucourt, avec le prince de Talleyrand pendant le Congrès de Vienne**, publié par son petit-fils sur les manuscrits conservés au dépôt des affaires étrangères, avec avant-propos et notice biographique. — Ouvrage accompagné de 2 héliogravures, grand in-8° de XVI-361 pp. — un index — Plon-Nourrit, 1905.

On sait assez que le prince de Talleyrand chargé, à la première Restauration, du portefeuille des affaires étrangères, remplit moins longtemps cette charge à Paris qu'à Vienne. Nommé, en septembre 1814, plénipotentiaire du roi Très Chrétien au Congrès qui allait *liquider* la situation européenne, l'ancien évêque d'Autun avertissait, le 11, les ministres du roi à l'étranger que le comte François de Jaucourt ferait, durant son absence, l'*interim* des affaires étrangères.

Le comte de Jaucourt ne se contenta pas d'entrer en correspondance avec les représentants de Louis XVIII en Europe : du 17 septembre 1814 au 11 mai 1815, il resta en relations épistolaires étroites avec le prince de Talleyrand. Il le considérait évidemment comme son chef, mais ses lettres n'ont ni le caractère ni le style de rapports officiels : Jaucourt, qui avait, très jeune, connu l'ancien régime, en avait gardé la jolie impertinence et la finesse caustique. Il envoyait au prince, fait pour comprendre et goûter cette manière, une véritable chronique de la cour, de la ville et plus particulièrement du Cabinet dont ils faisaient parties, — si du moins on peut donner le nom de cabinet à ce ramassis de conseillers disparates et bizarres dont le terrible comte nous fait à maintes reprises le tableau bien vivant. L'abbé de Montesquiou, Blacas, Beugnot, Ferrand, Clarke, Dandré passent tour à tour, sous la plume acérée du ministre intérimaire, un assez mauvais quart d'heure ; et je dirai même d'assez mauvais quarts d'heure, car il y revient sans cesse. Le sentiment qu'on garde de cette chronique, écrite au jour le jour, est que la France ne fut pas gouvernée durant l'automne de 1814 et l'hiver qui suivit. Et dès lors on s'explique plus facilement le retour de l'île d'Elbe, la déconfiture stupéfiante de ce gouvernement d'incapables et d'infatués, et ce désarroi tragi-comique de mars 1815 dont ces lettres nous permettent d'autre part, d'apprécier une fois de plus l'étrangeté.

A Gand d'où Jaucourt date ses lettres à partir du 2 avril, c'est le spectacle ahurissant d'une cour rejetée brusquement à l'exil sans boussole ni baromètre : « tout ce qui sort de France crie au Blacas comme au loup » ; mais si les avis sont unanimes sur ce point, combien ils sont différents sur d'autres : on a été trop faible, on a été trop dur, chacun apporte ses récriminations et ses conseils ; Jaucourt est soucieux : il a été feuillant aux beaux jours de 1791, il est resté constitutionnel ; il est d'ailleurs protestant, ce qui ne le rend pas favorable aux défenseurs *ultra* du trône et de l'autel. Il n'a qu'une peur, c'est d'être enveloppé dans une aventure d'émigration, et Coblentz revient trois ou quatre fois dans sa plume. Ce souvenir le hante : il presse Talleyrand de revenir à Gand reprendre la direction : « Je ne doute pas qu'elle ne nous défasse de cet air de Coblentz auquel nous nous laissons aller. »

Il n'aime point Bonaparte « ce diable d'homme, » mais on sent qu'il force son style pour en parler comme d'un ogre, car il est homme de bon sens : il regarde manœuvrer Fouché avec intérêt, et suivant qu'il voit en lui un allié possible ou un dupeur probable, il le traite d'homme utile ou de canaille.

Somme toute, datées de Paris et de Gand, ces lettres renouvellent parfois et dans tous les cas vont singulièrement nourrir l'histoire de la première Restauration et de la Cour en exil et c'est un *document de tout premier ordre* que cette correspondance.

Elle est en outre écrite d'un style charmant. Jaucourt qui, le 31 décembre 1814, recommande à Talleyrand de bien brûler ces lettres (bénissons le prince de ne l'avoir point fait), avait ses raisons: qu'il entretienne dans un style cruel Talleyrand de leurs collègues, ou de cette « chenille appelée Bombelles » (le ministre de France à Copenhague), ou du duc de Richelieu qu'il conviendrait de « coller » au tzar puisqu'il l'aime tant, et de vingt autres, sa manière fait sourire et nous devinons qu'elle plaisait à Talleyrand.

Celui-ci répondait cependant sur un style grave: ses lettres à Jaucourt qui trahissent des préoccupations d'ordre international ou de politique intérieure, complètent celles qu'il adressait à Louis XVIII et que M. Pallain a publiées, on sait avec quel bonheur. Mais il a naturellement avec son sous-ordre et ami ses coudées plus franches. On le voit au lendemain du 20 mars, fort préoccupé des lettres qu'il a adressées au roi et que celui-ci a peut-être oubliées aux Tuileries : l'Empereur pourrait en faire le plus fâcheux usage, car « il y a parlé successivement de toutes les puissances et dans des termes qui souvent ne leur font pas beaucoup d'honneur. » De fait, avec Jaucourt, même, il apprécie avec une sévérité dédaigneuse les intrigues du Congrès. Il y est cependant très mesuré.

Ces documents étaient au Ministère des affaires étrangères d'où M. de J., petit-fils du ministre, les a tirés pour notre fortune. Il les a accompagnés d'une notice biographique intéressante (Jaucourt mérite une plus ample étude), de notes utiles sur chacun des personnages désignés et d'un index qui rend le livre d'un maniement très commode. Il y a parfois des erreurs : Anglès (p. 296) ne fut jamais ministre de la police générale sous Napoléon, mais chef d'un des arrondissements de police. Lapsus de plume plus grave : p. 328, Talleyrand se plaint de ce que le *Journal Universel*, gazette oficielle de Gand, attaque les *nationalistes*. Le mot ferait rêver : mais le *Journal Universel* portant le mot *nationalisés*, Talleyrand n'a pu forger le mot et le copiste, que sollicitaient des préoccupations trop modernes, a mal lu certainement.

En dernière analyse, recueil de documents précieux et d'une lecture agréable, ce livre devait être publié et il l'est à notre entière satisfaction.

Louis MADELIN.

35. — Henri LECHAT. **La sculpture attique avant Phidias**. (Bibliothèque des Ecoles françaises d'Athènes et de Rome, 92e fascicule). Paris, Albert Fontemoing, 1904, in-8, viii-510 p., 48 fig. dans le texte.

Il y aura bientôt trois ans, j'ai rendu compte dans le *Bulletin Critique* (n° du 5 mars 1903) du recueil de M. L. intitulé *Au Musée de l'Acropole d'Athènes*. Le nouveau travail que le même savant a fait paraître l'an dernier et qui achève de le classer hors de pair dans la jeune école archéologique française, *La sculpture attique avant Phidias*, a pour la plus grande partie le même objet. M. L. avertit d'ailleurs que, dans son idée, l'un et l'autre volume restent étroitement unis, « mais, ajoute-t-il, j'ai toujours pensé que les études que je réunissais là — dans le premier — ne devaient être qu'une préparation à un ouvrage conçu sous une forme historique, embrassant tout le développement de la sculpture athénienne, depuis les origines jusqu'à la fin de l'archaïsme. » Il fallait d'abord reconnaître un à un les monuments, les reconstituer, les classer, les dater : alors seulement pouvait venir la synthèse nécessaire.

La synthèse, nul n'était mieux en mesure de la tenter que celui qui, dans l'analyse, s'était montré le critique le plus averti comme le plus délicat, et, d'autant que la synthèse, en même temps que plus difficile, est supérieure à l'analyse, la *Sculpture avant Phidias* l'emporte sur *Au Musée de l'Acropole*.

Deux divisions fondamentales sont communes, correspondant à deux périodes et aux deux ensembles de sculptures parvenues jusqu'à nous qui décoraient l'Athènes antérieure à l'invasion de Xerxès, les sculptures en pierre tendre, auxquelles se rattachent quelques premières sculptures en marbre, et, d'autre part, les sculptures en marbre, en particulier la riche série des « corés ». Il y a pourtant telles de celles-ci, dont la plus connue est la « coré » d'Euthydikos, où apparaissent certains traits qui marquent le début d'une période nouvelle : de là, la fixation à la date de 500 environ d'une troisième période, dont l'étude s'imposait dans l'histoire de la sculpture attique avant Phidias et qui mène jusqu'au milieu du ve siècle.

L'influence qui se fait jour à cette date, dans l'art qui aura son apogée dans les marbres du Parthénon, peut être qualifiée tout d'abord d'une façon négative, comme anti-ionienne : « la sculpture où elle se manifeste, écrit M L., poursuit un idéal de simplicité, de naturel, de vérité, et, s'il porte avec lui une certaine fleur de grâce, la porte sans avoir l'air d'y penser. » Avec la « coré » d'Euthydicos, la boudeuse, le bel éphèbe blond, qu'on a pu appeler le frère de la boudeuse, en est le plus célèbre représentant. Faut-il rapporter exclusivement à un seul atelier l'action extérieure ainsi exercée sur l'art attique contemporain ? Peut-on la restreindre à l'école d'Argos, et nommément à Hagéladas, voire même au Péloponnèse ? Il n'est pas invraisemblable qu'on doive aller plus loin et faire une part, parmi les écoles de l'Ouest de la Grèce, à celles d' « Extrême-Ouest », les écoles de la Sicile et de la Grande-Grèce.

En face de la série attico-dorienne, M. L. dresse une autre série, qu'il appelle attico-ionienne, et sans doute les œuvres qu'il y énumère ne sont pas appréciées avec un sens moins juste. La série, pourtant, se tient, il me semble, moins bien : c'est que, comme le porte le titre du chapitre, nous restons en présence du développement de l'idéal antérieur, à tel point que M. L. a pu écrire que, pour les œuvres de cette série, la question de date, qui souvent en fait est difficile à déterminer avec certitude, est secondaire, parce qu'elles se lient sans interruption aux sculptures de la période précédente. Le départ, par suite, forcément n'est pas bien net entre ces œuvres, dites attico-ioniennes, et le troisième groupe, par exemple, établi antérieurement dans les « corés », le groupe des « corés » proprement attiques caractérisé par la « coré » d'Anténor.

Il faut noter encore que, lorsque, arrivé à l'épanouissement de l'art attique dans la seconde moitié du Ve siècle, M. L. veut renouer le fil de la tradition, les deux noms en qui elle se personnifie, Calamis et Callimaque, sont par malheur les noms d'artistes fort mal connus, pour ne pas dire totalement ignorés. M. L. est en terrain autrement sûr quand il qualifie, — dans des pages qui sont des meilleures du livre et qui nous donnent le droit d'attendre de lui une étude particulière de ce maître, — l'art de Phidias. Mais n'y revient-il pas sur ce qu'avait peut-être d'exagéré, au début de la troisième période, sa définition des deux formes d'idéal nouvelles « comme deux courants artistiques entre lesquels aucune conciliation n'apparaît possible et n'est d'ailleurs souhaitable. » Déjà, dans les métopes du Trésor des Athéniens à Delphes, qu'il rattache pourtant au courant attico-ionien, il reconnaissait que l'auteur de l'Héraclès de la métope d'Héraclès et la Biche avait dû se rapprocher des artistes doriens « pour prendre dans leurs figures d'athlètes nus les solides principes et le substantiel enseignement qu'elles comportaient. » Dans le grand bas-relief d'Eleusis, Déméter, Coré et Triptolémos, dans les sculptures du Parthénon, tel personnage, dit-il, rappelle, plutôt la tendance ionienne, tel autre la dorienne, toutes deux tempérées d'atticisme. Le mot d'atticisme nous donne le secret, si j'ose dire, de la vérité vraie, dont M. L. lui-même a su trouver d'heureuses formules, puisque c'est à lui que j'emprunte les lignes suivantes : « Plus d'un artiste a dû, par l'effet du milieu même où il vivait, être porté à combiner ensemble l'une et l'autre tendance », et ailleurs, dans la conclusion dernière de son étude : « dès l'origine, l'école attique nous a paru animée d'un esprit qui la mettait à égale distance de l'art dorien et de l'art ionien, et aussi la rendait apte à comprendre et à prendre les qualités distinctes, plus spécialement propres à chacune de ces deux grandes divisions du génie grec; — elle fut la terre élue où se rejoignirent, se juxtaposèrent les deux formes d'intelligence, les deux directions de pensée, les deux capacités de création artistique, qui étaient également grecques, également nécessaires au rôle intellectuel de la Grèce; — pour comble de fortune, elle put un jour rassembler en une flamme unique les deux flambeaux lentement rapprochés. »

Il m'a semblé opportun d'insister surtout sur cette troisième partie de la *Sculpture attique avant Phidias* parce que c'est celle qui n'a point son pendant dans le volume *Au Musée de l'Acropole*, dont le *Bulletin* a déjà entretenu ses lecteurs.

L'examen de la seconde partie, consacrée aux sculptures en marbre antérieures à la fin du vi^e siècle, m'amènerait à répéter les éloges que j'ai naguère donnés à la partie correspondante du premier travail de M. L., avec cette différence qu'il s'agit, non plus d'un simple examen successif des œuvres, d'ailleurs fort savamment classées, mais d'une exposition doctrinale, et que, à côté des « corés », une large place est faite aux statues d'hommes et aux bas-reliefs, notamment aux frontons du nouvel Hécatompédon.

Il en serait de même de la première partie relative aux sculptures en pierre tendre, qui, en dehors de quelques groupes d'animaux, se composent presque uniquement de frontons, fronton de l'Hydre, petit fronton d'Héraclès et Triton ou fronton rouge, deuxième fronton d'Héraclès combattant Triton et de Typhon, fronton des deux serpents, fronton d'Iris, fronton de l'olivier. J'ai déjà dit que, contrairement à M. Brueckner, M. L. n'admettait pas que le grand Héraclès combattant Triton et le Typhon, complétés respectivement l'un et l'autre par d'autres groupes, eussent formé deux frontons distincts, mais qu'il les réunissait pour constituer un fronton unique, le fronton occidental de l'Hécatompédon, dont le fronton oriental ne serait autre que le fronton des deux serpents. MM. Wiegand et Schrader, dans leur grand ouvrage, *Die archaische Poros-Architektur der Akropolis zu Athen*, paru en 1904, publication très complète et très soignée où tous les monuments sont figurés, lui avaient donné raison. Mais, plus récemment encore, M. Furtwaengler remet tout en question. Il disjoint à nouveau l'Héraclès combattant Triton du prétendu Typhon, que, d'accord avec M. L., il trouve d'ailleurs mal nommé : à chacun il joint un des deux serpents, qui eux aussi auraient été à tort réunis, et place le premier dans le fronton oriental, le second dans le fronton occidental de l'Hécatompédon. Le débat est de ceux qui se laissent malaisément trancher sans une étude personnelle et prolongée de tous les éléments du problème. Dans le placement de deux autres frontons déjà, le fronton de l'Hydre et le fronton rouge, M. L. s'était séparé de ses prédécesseurs, qui prétendaient les rapporter à un même édifice, alors que pour lui ils devaient couronner deux monuments voisins, et il ajoutait alors : « Et si cependant le contraire venait à être démontré, il faudrait supposer dans la construction ou la décoration de cet édifice unique une assez longue interruption, laisser le fronton de l'Hydre en deçà et reporter au delà le fronton rouge. » Il resterait, en effet, à M. L.,

---

1. *Die Giebelgruppen der alten Hekatompedon auf der Akropolis zu Athen*, Separat-Abdruck aus d. *Sitzungsberichten d. kgl. Bayer. Akad. d. Wissenschaften*, 1905, heft III.

— la solution réelle ne fût-elle pas, ici ou là, celle à laquelle il se tient, — le mérite, dans une étude où, à l'inverse de M. Wiegand, le point de vue architectural n'intervenait qu'en toute dernière ligne, de l'exacte appréciation artistique des différentes sculptures étudiées.

Etienne MICHON.

---

36. — **Un couvent persécuté au temps de Luther. — Mémoires de Charité Pirkheimer, abbesse du Couvent de Sainte-Claire, à Nuremberg**, traduits de l'allemand et précédés d'une Introduction par Jules-Philippe HEUZEY. Préface de Georges GOYAU. Paris, librairie académique Perrin et Cie, 1905, in-16 de XLV-252 p.

L'historien Janssen a maintes fois cité dans les premiers tomes de son « Allemagne et la Réforme » les *Mémoires* de Charité Pikheimer : il n'a pas peu contribué de la sorte à les faire connaître au loin. Toutefois ce procédé de dissection enlevait à l'œuvre le meilleur de sa physionomie originale. C'est donc une heureuse inspiration qu'a eue M. J.-P. H. de traduire pour le public français et de nous donner de son entier l'écrit de l'abbesse de Sainte-Claire de Nuremberg. Beaucoup de lecteurs, certainement, lui en sauront gré.

Elles sont poignantes en effet plus qu'on ne saurait dire les Annales, pourtant si courtes, (1524-1525) de ce couvent de Pauvres Clarisses bavaroises. Luther, en ce temps-là, atteignait l'apogée de la célébrité ; ses doctrines avaient trouvé écho partout. D'un bout à l'autre de l'Allemagne, les chaires retentissaient de ce cri : Plus de couvents, plus de prêtres, plus de messe, plus de vœux. Et l'on avait vu des prêtres et des moines prendre femme ; et, dans l'ombre, les Paysans s'étaient préparés à traduire par des faits la logique des enseignements nouveaux. Nuremberg n'échappait pas à ces influences. Les « Martiniens », y dominaient dans le Conseil de ville et déjà leur action dissolvante s'était exercée contre maint couvent. Parmi les filles de Charité Pirkheimer leur prosélytisme tenta d'abord de s'exercer au moyen des entretiens du parloir, avec la complicité des parents et des amis. Cette tactique n'eut pas de succès. L'attitude alors devient hostile et vexatoire ;

mais elle se nuance d'une hypocrisie qui en double l'odieux. Le Conseil commence par chasser les deux Frères Mineurs, confesseurs des religieuses, offrant de les remplacer par des prédicants apostats et mariés. « Cela eût fait taire les médisances. » La chapelle du couvent est convertie en lieu de prêche ; un Chanoine et un Chartreux, partisans du « Nouvel Evangile », y prennent la parole tour à tour. Les Clarisses sont contraintes de subir impassibles leurs fielleuses diatribes.

Ce n'est pas tout. Plusieurs mères viennent réclamer leurs filles religieuses, et trois de ces infortunées sont violemment arrachées du cloître. Les autres, on veut les obliger à changer d'habits : on exige d'elles un inventaire de leurs biens et revenus : on les grève d'impôts ; on leur fait subir des interrogatoires. Au dehors leurs serviteurs sont maltraités, battus : la populace veut mettre le feu au couvent. « C'est miracle, écrit l'abbesse, que la moëlle ne nous ait pas séché dans les os. » Et pourtant les pauvres nonnes, privées de la messe et des sacrements, abandonnées de leurs amis, trahies par leurs protecteurs officiels, tinrent bon quand même. Il n'y en eut qu'une seule à apostasier.

Charité Pirkheimer s'est peinte elle-même dans ses *Mémoires*. On y devine la femme intelligente, lettrée, spirituelle, habituée à frayer avec l'élite de la société nurembergeoise. Elle correspond en latin avec l'évêque de Bamberg ; elle converse avec Mélanchton ; elle réfute les idées de Wincesla's Link. On pourra aussi remarquer le ton mesuré quoique toujours ferme, de ses suppliques au Conseil. Mais là où apparaissent surtout ses qualités maîtresses : un bon sens exquis, un inaltérable attachement à sa foi et à ses vœux, une affection sans limites pour ses filles, c'est dans sa correspondance et dans ses entretiens avec le curateur Gaspard Nützel, l'aîné — honnête bourgeois très entiché des idées luthériennes et que son zèle rend maintes fois un brin ridicule.

Est-il bien nécessaire d'ajouter que l'Introductiou de M. H. et les pages, comme sait en écrire l'auteur de l' « Allemagne religieuse », encadrent dignement l'écrit de l'abbesse du xvie siècle. Aujourd'hui mainte Supérieure de communauté pourrait reprendre la plume de Charité Pirkheimer et redire à peu près les mêmes afflictions. C'est ce qui fait l'actualité de ce petit volume.

D. Léon GUILLOREAU.

37. — NEWMAN. **Méditations et Prières** traduites par Mme Agnès Pératé. 1 vol. in-24, 343 p., Lecoffre, 1905.

On ne saurait trop recommander ce petit livre aux personnes qui cherchent un bon aliment pour l'ardeur de leur vie religieuse. Elles y trouveront sur la Vierge, sur le chemin de la Croix, sur la doctrine chrétienne des méditations et des prières qui donneront à leur piété une direction forte et sûre. Le génie de Newman se reconnaît dans ces pages savoureuses, principalement dans cet admirable *songe de Gérontius* qu'on ne saurait lire sans ressentir le frisson du sublime. C'est le poème des destinées d'une âme à partir de l'instant où elle abandonne son corps sur le lit de l'agonie. Il faut résister à la tentation de citer; on irait trop loin.

En tête de ce recueil se trouve une étude de LI pages sur la piété de Newman. Elle est de M. Bremond, l'écrivain le plus compétent en Newmanisme, l'auteur de l'*Inquiétude religieuse* et d'*Ames religieuses*, l'éditeur des pages choisies de Newman et le prochain biographe du célèbre converti [1]. La piété de Newman, c'est une foi puissamment réaliste, si l'on entend par foi la faculté de se rendre présent l'invisible. « Avoir le sens spirituel, dit Newman, c'est voir par la foi tous ces êtres bons et saints qui nous entourent actuellement, quoique nous ne les voyions pas de nos yeux corporels; c'est les voir par la foi d'une manière aussi vivante que celle dont nous voyons les choses de la terre, la campagne verte, le ciel bleu et le brillant soleil. C'est pourquoi, lorsque les âmes saintes sont favorisées de visions célestes, ces visions ne sont que la continuation extraordinaire de la forme visible, par intuition divine, des objets qui sont en permanence dans leur esprit par l'opération ordinaire de la grâce. » De là vient son continuel commerce avec les anges et la couleur particulière que prend sa dévotion envers Jésus-Christ, la Vierge et les saints. Nous sommes aussi loin que possible de la piété intellectuelle et dialectique du XVIIe siècle, des Olier, des Bérulle, des Condren. D. S.

---

1. Les *Annales de philosophie chrétienne* publient en ce moment quelques chapitres de cette biographie psychologique de Newman sur le point de paraître. Novembre 1905. *La première conversion de Newman*. Décembre 1905. *Mémoire et dévotion*. — Etude sur la psychologie religieuse de Newman.

38. — A. Pachalery. **Anthologie des prosateurs et des poètes français du XIXᵉ siècle**. I. Prosateurs (1800-1850). Librairie G. Rousseau, 6, rue Richelieu, Odessa 1905.

La précision, la méthode, voire même un certain esprit scientifique, la sécheresse, d'un mot les qualités qui font le grammairien, ressortent de l'ouvrage de M. Pachalery.

Son Anthologie, excellente par son contour, conserve en maints détails je ne sais quel parfum de ces Anthologies surannées où Charles Nodier avec le chien du Brisquet y jouait consciencieusement son rôle.

D'esprit aristocratique, M. Pachalery apporte une aristocratique minutie à établir l'authenticité des lettres de noblesse qui, selon lui, doivent rehausser la valeur d'un écrivain. Il parle avec désinvolture du « comte Victor Hugo », sans vouloir se souvenir que le poète était si bien au-dessus de son titre qu'il dédaignait de le porter.

M. Emile Faguet a fait précéder ce livre d'une introduction. Les jugements portés par ce critique éminent sur les prosateurs français, font généreusement les frais des notices littéraires qui parsèment l'Anthologie de M. Pachalery, et c'est ce qu'on y lit peut-être de meilleur. Dominique Roland Gosselin.

---

39. — **Le collège du Havre** (1579-1865), par l'abbé Anthiaume. Paris, chez Ernest Dumont, 2 vol. grand in-8°.

Grâce à l'intelligente initiative de M. Edgard Zevort, recteur de l'université de Caen, la plus jeune peut-être de nos grandes villes possède maintenant, en près de neuf cents pages, une bonne histoire de son principal foyer d'enseignement. Puisque les établissements les plus modestes, le collège d'Eu par exemple, ont fourni la matière de substantielles notices, le jour où les travailleurs se seront assez multipliés, la France aura plusieurs centaines de monographies où notre siècle apprendra comment se sont formées à l'amour des « bonnes lettres » les générations qui ont fait la gloire intellectuelle de notre pays.

M. l'abbé Anthiaume, licencié-ès-sciences, aumônier du lycée du Havre, n'a pas employé moins de cinq ou six années de recherches suivies pour composer cet important ouvrage. C'est qu'aussi sa rédaction présentait des difficultés particulières. Relativement rares aux archives départementales, les matériaux n'étaient guère plus abondants au Havre même ; à tel point que les deux seuls débris des leçons du xviiie siècle que l'auteur ait pu citer [1], ce n'est pas sur place qu'il les a rencontrés.

Comme en avertit son sous-titre, « Contribution à l'histoire de l'Enseignement secondaire en France, et particulièrement au Havre, » M. Anthiaume a résumé la pratique de l'ancienne pédagogie. Cette esquisse, habilement fondue dans la trame du récit, ne sacrifie pas à la mode trop générale de s'attarder aux alentours d'un sujet : elle est souvent d'une haute utilité, pour bien comprendre les faits. Par exemple les amateurs recueillent avidement ces grands placards de thèses, dont les graveurs ont fait parfois des œuvres d'art remarquables ; mais combien parmi eux sauraient simplement énumérer les diverses épreuves à subir par les aspirants à ce bonnet de « docteur en Sorbonne, » qui devait les tirer de la foule ? Qui sait maintenant qu'à la veille de la Révolution, la nation normande avait encore dans l'Université de Paris son calendrier spécial ? La chose a paru si curieuse à la Société des Bibliophiles normands, qu'elle en a réimprimé l'unique exemplaire connu.

Plus de cent soixante pages de ce bon livre sont occupées par d'intéressantes notices sur « les collégiens célèbres. » Il y aurait bien ici à faire la réserve qui récusa les « hommes *illustres* » de Niceron ; mais ce titre courant n'a été adopté que par abréviation. Le terme exact se lit en tête du chapitre : « les collégiens qui se sont fait un nom ». Et d'ailleurs parmi tous ceux qui ont conquis une honorable notoriété, bon nombre ont atteint une juste renommée, depuis ce brillant général Archinard jusqu'à Augustin Normand,

---

1. Tome I, p. 182-183. Dans la belle conclusion qui termine la rhétorique de Saunier, le sens paraît demander *promovendam*.

Le principal ouvrage du professeur Torrachini (II, 266) semble être une *Grammaire italienne*, publiée à Paris par la librairie étrangère Blanc-Montanier, mais imprimée au Havre par S. Faure. Un exemplaire de 1840 est une troisième édition ; in-12 de xi-288 pp.

ce prince de nos constructions navales, officier de la Légion d'honneur, correspondant de l'Académie des Sciences. Mais la faveur du monde est vraiment peu de chose, puisqu'il avait presque oublié le nom du véritable fondateur du collège, Michel Petit, curé d'une pauvre paroisse de trois cents âmes, dont le testament légua en 1599 « pour servir de collège ou école » une maison qui existe encore.

Tous ces articles biographiques, fort travaillés, abondent en informations nouvelles. L'un des plus remarquables est celui où l'origine havraise du P. Gabriel Daniel, l'historien, est revendiquée avec une très grande probabilité. Il se termine par un bel éloge latin, inédit.

M. Anthiaume a confié l'exécution de ses deux volumes à une imprimerie créée depuis quelques mois, qui s'est acquittée de sa tâche avec un bon goût et un ensemble de qualités dont de vieux ateliers se feraient honneur. A peine la confusion entre œ et æ mérite-t-elle une mention.
A. TOUGARD.

BIBLIOGRAPHIE

I. — SCIENCES RELIGIEUSES.

Benattar (C.), **El Habi Sebai**, etc. — L'esprit libéral du Coran (100 p.), in-8, 2 fr. — E. Leroux.

Dreyfus (H.) et M. **Habib-Ullah**. — Les Préceptes du béhaïsme (x-74 p.), in-18, 2 fr. 50. — E. Leroux.

Dujardin (E.). — La Source du fleuve chrétien. T. I : Le Judaïsme (420 p.), in-18, 3 fr. 50. — Mercure de France.

Fabre (J.). — L'Imitation de Jésus-Christ, traduction et notes (xxvi-416 p.), in 8, 7 fr. — F. Alcan.

Lecomte (M.). — La Séparation des Eglises et de l'Etat (540 p.), in-8, 5 fr. — F. Juven.

Lejay (P.). — Le Rôle théologique de Césaire d'Arles (192 p.), in-8, 3 fr. 50. — A. Picard et fils.

Loi du 9 décembre 1905. Séparation des Eglises et de l'Etat (54 p.), in-8, 1 fr. 50. — A. Pedone.

Reinach (S.). — Cultes, mythes et religions. T. II, av. 30 grav., in-8, 7 fr. 50. — E. Leroux.

Sévestre (abbé E.). — L'Histoire de l'œuvre de jeunesse de Sainte-Croix, de Saint-Lo, in-8, 2 fr. — P. Lethielleux.

Simler (J.). — Guillaume-Joseph Chaminade, 1761-1850 (xxi-795 p.), in-8, 7 fr. 50. — V. Lecoffre.

II. — PHILOSOPHIE ET SCIENCES SOCIALES.

Eymieu (A.). — Le Gouvernement de soi-même. Essai de psychologie pratique, in-16, 3 fr. 50. — Perrin et Cie.

David (F.). — Le Programme politique selon la science du bonheur (32 p.), in-8, 3 fr. 50. — Giard et Brière.

Mauger (A.). — Simples notes sur l'organisation des secours publics à Paris, in-8, 7 fr. 50. — H. Didier.

Noël (O.). — Histoire du Commerce du monde. T. III, 1789-1870, in-8, 20 fr. — Plon-Nourrit et Cie.

Pinon (R.). — Origines et résultats de la guerre russo-japonaise (500 p.), in-8, 5 fr. — Perrin et Cie.

Recueil de matériaux sur la situation économique des Israélites de Russie. T. I, in-4°, 7 fr. 50. — F. Alcan.

Seestren. — La Grande guerre de 1906, lutte de l'Allemagne et de la Triplice contre la France et l'Angleterre, in-18, 3 fr. 50. — Ch. Eitel.

Vernier de Byans (J.). — Condition juridique et politique des indigènes dans les possessions coloniales (292 p.), in-8, 7 fr. — A. Leclerc.

III. — LITTÉRATURE.

Bordeaux (H.). — Pèlerinages littéraires, in-16, 3 fr. 50. — A. Fontemoing.

Bourdeaux (J.). — Poètes et humoristes de l'Allemagne. La France et les Français jugés à l'étranger, in-16, 3 fr. 50. (10/11). — Hachette et Cie.

Cayotte (L.). — Dictionnaire des rimes, in-8, cart., 3 fr. 50. — Hachette et Cie.

Chassinat (E.). — Bibliothèque des arabisants français ; 1re série : Silvestre de Sacy, t. I (cxvi-264 p.), in-8, 15 fr. — A. Picard et fils.

Delzant (G.). — Lettres, 1874-1903, in-16, 3 fr. 50. — Hachette et Cie.

Dussaud (R.). — Notes de mythologie syrienne, II-IX et index, in-18, 4 fr. — E. Leroux.

Gaultier (P.). — Le Rire et la caricature, av. 16 pl., in-16, 3 fr. 50. — Hachette et Cie.

Inscriptiones graecae ad res romanas pertinentes. T. III, fasc. 5, in-8, 2 fr. — E. Leroux.

Marsan (J.). — La Pastorale dramatique en France à la fin du xvie et au commencement du xviie siècle (xii-524 p.), in-8, 10 fr. — Hachette et Cie.

Martel (F.) et E. **Devinat**. — Théâtre classique, XVIIe et XVIIIe siècles, in-12, cart., 2 fr. 50. — Ch. Delagrave.

Mézières (A.). — Au temps passé, in-16, 3 fr. 50. — Hachette et Cie.

IV. — HISTOIRE ET GÉOGRAPHIE.

Archives diplomatiques. Recueil mensuel de diplomatie, d'histoire et de droit international, fondé en 1861. Année 1905, t. 93, 94, 95, 96, 4 vol. (1.500 p.), in-8, 60 fr. — Direction.

Belin (P.). — Histoire de l'ancienne Université de Provence, 2e période, 1re partie, 1679-1730, in-8, 7 fr. 50. — A. Picard et fils.

Berard (A.). — Bresse et Bugey historiques et pittoresques, in-8, 7 fr. 50 (15/11). — Per Lamm.

Cachot (E.). — Jourdan en Allemagne et Brune en Hollande, in-8, 7 fr. 50. — Perrin et Cie.

Druon (H.). — Fénelon, archevêque de Cambrai, in-12, 4 fr. — P. Lethielleux.

Dumoulin (M.). — Précis d'histoire militaire. Révolution et empire. T. I, av. atlas 100 croquis (990 p.), in-8, 25 fr. — H. Barrère.

Duval (comm. J.). — Napoléon, Bulow et Bernadotte, 1813. Offensives contre Berlin (90 p.), in-8, 1 fr. 50. — H. Charles-Lavauzelle.

Godart (J.). — La Juridiction consulaire à Lyon. 1463-1905, av. 60 phototypies (436 p.), in-8, 25 fr. — A. Rey et Cie, à Lyon.

Grimal (J.). — La Guerre de 1870 et ses enseignements, in-16, 3 fr. 50. — Lib. universelle.

Grouchy (vic. de) et P. **Cottin**. — Journal inédit du duc de Croy, 1718-1784, 2 vol. in-8, 15 fr. — E. Flammarion.

Hervot (Dr.). — La Médecine et les médecins à Saint-Malo, 1500-1820. (248 p.), in-8, 4 fr. — Plihon et Hommay, à Rennes.

Lallemand (L.). — Histoire de la charité. T. III. Le moyen-âge, in-8, 7 fr. 50. — A. Picard et fils.

Lauer (Ph.). — Les Annales de Flodoard (LXVIII-307 p.), in-8, 8 fr. — A. Picard et fils.

Laurent (Ch.). — Le dernier Condé (402 p.), in-18, 3 fr. 50. — P. Ollendorff.

Marion (M.). — Le Garde des sceaux Lamoignon et la réforme judiciaire de 1788, in-8, 6 fr. — Hachette et Cie.

Martin (V.). — Sous la Terreur, souvenirs d'un vieux Nantais (406 p.), in-18, 3 fr. 50. — P. Téqui.

Masson (Fr.). — Napoléon et sa famille. T. VII, 1811-1813 (512 p.), in-8, 7 fr. 50. — P. Ollendorff.

Monceaux (P.). — Histoire littéraire de l'Afrique chrétienne. T. III : Le IV⁰ siècle, in-8, 10 fr. — E. Leroux.

Piépape (gén. de). — Le Coup de grâce, épilogue de la guerre franco-allemande dans l'Est, in-8, 8 fr. — Plon-Nourrit et Cie.

Poupardin (R.). — Catalogue des manuscrits des collections Duchesne et Bréquigny, in-8. 7 fr. 50. — E. Leroux

Staël (baronne de). — Des circonstances actuelles qui peuvent terminer la révolution et des principes qui doivent fonder la république en France (C 352 p), in-8, 7 fr. 50. — Fischbacher.

Vianzonne (Th.). — Impressions d'une Française en Amérique, in-16, 4 fr. — Plon-Nourrit et Cie.

Warrego (P.). — A l'autre bout du monde, aventures et mœurs d'Australie (324 p.), in-16, 3 fr. 50 — Lib. universelle.

V. — ART ET ARCHÉOLOGIE.

Clerambault (G. de). — Les Donjons romans de la Touraine et de ses frontières (55 p.), in-4, 3 fr. — A Picard et fils.

Labande (L.-H.). — La Cathédrale de Vaison (71 p.), in-8, 2 fr. — A. Picard et fils.

Morgan (M.-J. de). — Mémoires de la délégation en Perse. T. VIII : Recherches archéologiques, in 4, 50 fr. — E. Leroux.

Musée Guimet. T. XVII : Conférences de M. E. Guimet, in-18, 3 fr 50 — E. Leroux.

ACADÉMIE DES INSCRIPTIONS ET BELLES-LETTRES

Séance du 26 janvier. — La Société philosophique américaine invite l'Académie à se faire représenter aux fêtes qu'elle organise pour le mois d'avril à Boston à l'occasion du 200⁰ anniversaire de la naissance de Benjamin Franklin. — Le président félicite M. Delisle de la haute distinction dont il a été l'objet de la part de l'empereur d'Allemagne qui vient de lui conférer l'Ordre : *Pour le mérite*, et dit que cet honneur rejaillit sur l'Académie. En l'en remerciant, M. Delisle associe la Bibliothèque nationale à l'honneur dont l'Académie veut bien prendre sa part. — M. Omont lit une Notice sur un nouveau manuscrit des œuvres mathématiques de Gerbert récemment acquis par la Bibliothèque nationale, et qui date du onzième ou du douzième siècle. Les textes qu'il renferme présentent des variantes importantes pour différents traités mathématiques de Gerbert et de Hériger de Lobbes, et y ajoutent quelques opuscules du même ordre, encore inédits. — M. Heuzey communique une notce intiitulée « les Dieux à Turban sur les cylindres chaldéens ». Il signale dans les représentations religieuses gravées sur ces petits monuments une curieuse modification à partir de l'époque où les rois de la ville d'Our s'emparent de l'hégémonie en Chaldée. Le dieu auquel s'adressent les adorations ne porte plus que très rarement la coiffure à cornes de taureau. Cet emblème traditionnel de la divinité est remplacé d'ordinaire par le simple turban, que portent les rois et les chefs des cités chaldéennes. Faut-il en chercher la cause dans une certaine épuration des sentiments religieux, qui aurait repoussé pour les dieux les symboles empruntés aux animaux ? M. Heuzey voit une explication plus naturelle dans ce fait que les rois d'Our, comme on le sait par leurs inscriptions, acceptaient les honneurs divins. Par une confusion voulue, ce serait en réalité le roi régnant qui recevrait l'adoration de quelque divinité. — M. CAGNAT, quittant pour un moment le fauteuil de la présidence, informe l'Académie de la découverte que vient de faire dans le Sud tunisien M. le capitaine Donau ; il s'agit d'une série de bornes portant des inscriptions qui prouvent qu'en l'an 29 après Jésus-Christ, le sol fut délimité et loti par la légion IIIe Auguste, suivant la méthode des arpenteurs romains. — M. Paul Monceaux, ancien membre de l'Ecole d'Athènes, fait connaître les principaux résultats de ses recherches sur la versification à tendances populaires des chrétiens d'Afrique. Il étudie successivement le rythme des inscriptions métriques, des œuvres de Commodien, de plusieurs poèmes d'époque vandale ou byzantine. Il signale plus spécialement le *Psalmus contra partem Donati* de saint Augustin ; les vers de ce psaume sont de seize syllabes avec hémistiche au milieu, isosyllabie, rime ou assonance, accent fixe à la fin du vers et de l'hémistiche. — Ce savant travail donne lieu à quelques observations de MM. HAVET et S. REINACH.

Séance du 2 février. — M. PERROT, secrétaire perpétuel, donne lecture de son rapport semestriel sur l'état d'avancement des publications de l'Académie. — M. B. HAUSSOULLIER présente trois inscriptions grecques inédites, provenant de Babylone. La plus intéressante est un palmarès d'une distribution de prix au gymnase de Babylone, en l'an 110 avant J.-C. Elle porte une double date, d'après l'ère des Arsacides et d'après celle des Séleucides. Les inscriptions grecques de Babylone sont encore très rares ; la plupart proviennent des fouilles des Allemands à Homera, sur l'emplacement de l'ancienne Babylone. — M. CAGNAT étudie le mode de construction et les dispositions des bibliothèques d'Ephèse et de Timgad. Il montre les analogies qu'elles présentaient entre elles, avec un édifice de Pompéi qui passait pour être un temple des dieux protecteurs de la cité et que l'on devra donc à l'avenir désigner comme étant une bibliothèque. — M. SALOMON REINACH signale ce fait qu'en 177 il y avait une communauté de chrétiens à Lyon, qui faisaient profession de ne pas manger le sang des animaux. Il en conclut qu'il fallait que les animaux fussent immolés suivant le rite juif, que par suite il y avait une boucherie juive et par conséquent à cette date à Lyon une communauté juive dont aucun historien n'avait parlé.

Séance du 9 février. — M. HÉRON DE VILLEFOSSE ajoute à l'intéressant Mémoire de M. CAGNAT sur les bibliothèques de l'antiquité, la communication d'une photographie de la *Bibliotheca Celsiana*, découverte à Ephèse, photographie prise par le P. Louis Jalabert, professeur à l'Université de Beyrouth; on y voit très nettement la disposition intérieure de l'édifice. — M. Frantz Cumont, correspondant, communique une Note sur les mystères de Sabazius et le judaïsme. Un texte de Valère Maxime prouve que Jupiter Sabazius avait été identifié avec le Jahwé Sabaoth des juifs et les croyances de ceux-ci ont laissé des traces nombreuses dans les monuments du dieu phrygien. Ce mélange d'idées bibliques et païennes se manifeste en particulier dans les célèbres fresques du tombeau de Vincentius, découvert dans les catacombes de Prétextat. — M. le commandant Espérandieu, correspondant, fait une communication sur les résultats des récents sondages pratiqués au mont Auxois par les soins de la Société archéologique de Semur et de son actif président, M. le docteur Simon. Les fouilles ont révélé un grand nombre d'objets divers des époques gauloise ou romaine; elles permettent, en outre, d'affirmer que les ruines d'Alise se trouvent à quelques centimètres du sol et qu'il sera facile de reconstituer la ville antique.

L'Éditeur-Propriétaire-Gérant: ALBERT FONTEMOING.

Imprimerie Générale de Châtillon-sur-Seine. — A. PICHAT.

BULLETIN CRITIQUE

40. — **Innocent III et la Croisade des Albigeois,** par Achille Luchaire, membre de l'Institut. — Paris, Hachette, 1905, in-12 de 262 p.

Pour juger sainement le rôle du pape Innocent III dans la lutte contre l'hérésie albigeoise, il importe de se rendre tout d'abord un compte exact de la situation des provinces méridionales dans la seconde moitié du xiie siècle, et c'est ce qu'a fait M. Luchaire : il nous peint d'une façon très vivante l'inclination naturelle des esprits vers toutes les innovations et leur extrême mobilité entretenues et développées par l'activité et la hardiesse des transactions commerciales, la prospérité des fortunes publiques et privées, la fréquentation assidue des étrangers de toutes races et de toutes religions. Quant au clergé et à la noblesse, ils sont bien loin de représenter ces forces sociales sur lesquelles repose la France du Nord : tandis que le lien féodal est absolument relâché, le clergé l'épiscopat surtout, dépourvu du zèle apostolique et plus occupé d'affaires et de guerres que du salut des âmes, est en butte à l'hostilité passionnée des seigneurs féodaux et des bourgeois des villes.

Le terrain était donc bien préparé par l'hérésie et l'on n'a pas de peine à comprendre les succès remportés parmi ces populations légères et sensuelles soit par la doctrine du marchand lyonnais Pierre Valdo, qui, à force de simplifier le catholicisme, en venait presque à le supprimer, soit par le catharisme manichéen, dont la morale facile légitimait tous les vices en garantissant le salut aux fidèles par la seule réception du *consolamentum*.

Sans doute, le fanatisme des cathares excitait celui des catholiques, mais ces derniers haïssaient les hérétiques, surtout parce qu'ils redoutaient que leur présence n'attirât la colère divine sur leur pays, parce que, plus ou moins inconsciemment, ils les considéraient comme des éléments discordants dans une société jusqu'alors unie par les liens d'une croyance commune ; la lutte contre l'hérésie était donc, à proprement parler, une mesure de préservation sociale, mais, — la remarque est de M. Luchaire, — le clergé, « plus éclairé », plus pénétré surtout des doctrines chrétiennes, montrait souvent beaucoup plus de tolérance que les laïques ; on peut même affirmer que, « plus on remontait dans la hiérarchie de l'Eglise, plus la passion religieuse s'atténuait ».

Le pape Innocent III, dont il ne faut pas juger le caractère d'après la vigueur de ses invectives, usa toutes ses forces à l'organisation d'une campagne pacifique : son programme bien déterminé était de relever la dignité et la sainteté du clergé, et de réveiller son zèle, afin qu'il regagnât les égarés par les seules forces de l'exemple et d'une éloquence persuasive. Opposant durant de longues années une résistance obstinée aux fureurs des violents, prescrivant l'emploi de la douceur et de la patience préférablement à celui de la force, imposant la mesure, la lenteur et la régularité dans les procédures, il introduisit dans la coutume répressive en matière d'hérésie de notables adoucissements. Mais, après l'échec des diverses missions envoyées par lui dans le Languedoc, quand il vit Pierre II, roi d'Aragon, le seul parmi les seigneurs du pays qui fût vraiment attaché au siège apostolique, bien plutôt disposé à se servir du pape qu'à le servir, Innocent, las d'une lutte qu'il soutenait presque seul pour la tolérance, se décida à faire appel au roi de France en faveur de l'orthodoxie romaine ; dans sa pensée, d'ailleurs, la seule apparition des troupes de Philippe-Auguste dans le Midi devait terrifier les hérétiques et les ramener à l'Eglise. Le but qu'il poursuit est avant tout d'ordre religieux, et il espère bien bannir la politique de cette expédition ; il avait compté sans l'anarchie féodale du pays, où l'autorité du roi de France était nulle, sans l'ambition des chefs de l'armée, sans l'inexorable sévérité de ses propres légats, qu'il dut désavouer à diverses reprises. Du mois de septembre 1213 au mois de novembre 1215, le pape ne néglige aucune occasion de ménager la possibilité pour les anciens seigneurs de rentrer dans les domaines qui leur avaient été enlevés par les hommes du Nord, et jusqu'au sein du concile de Latran, il essaye de faire prévaloir la modération. La solution qu'il préconisait n'a sans doute pas triomphé, au moins en apparence, et la déchéance du comte de Toulouse Raimon VI ne put être évitée, mais l'intervention du pontife avait atténué le gain des vainqueurs, ménagé en quelque mesure les seigneurs du midi et indirectement préparé leur retour dans leurs fiefs.

Tel nous apparaît, dans le livre de M. Luchaire, le noble rôle d'un pontife remplit d'un zèle tout apostolique pour le salut des âmes et le triomphe de l'orthodoxie. Doué d'un sens politique très perspicace et peu commun chez ses contemporains, animé aussi d'une charité tout évangélique, Innocent III voulait que la vérité prévalût par sa propre force et sans le secours de la contrainte. Dominé par la force des événements, il ne put, il est vrai, réaliser pleinement son programme, mais il eut du moins la gloire d'introduire dans le monde plus de tolérancce et de charité.

Le volume, écrit d'une plume élégante et vivante, est d'une lecture fort agréable ; destiné au public, il est exempt de toutes références bibliographiques, de toutes discussions de textes, mais la science et la droiture de l'auteur nous sont d'assez sûrs garants pour qu'il soit permis d'ajouter foi à son exposé.

André LESORT.

---

41. — **D'où vient la décadence économique de la France**, par le baron Charles MOURRE. — Paris, Plon-Nourrit, nouv. éd. 1905, in-18 de 460 p.

Il nous faut d'abord dire deux mots de la méthode historique de M. Mourre, puisqu'aussi bien celui-ci nous l'expose dans ce livre. Pour « expliquer les causes présentes par les causes lointaines », ce qui est son but, et, pense-t-il, le but de l'histoire, il convient de « chercher partout les enchaînements nécessaires... », c'est-à-dire de s'efforcer de « connaître *toutes* les causes composantes et *tous* les effets qui ont l'habitude d'être produits par ces causes... », en ayant soin de remarquer qu'il faut « que le lien qui unit la cause à l'effet soit non pas un lien possible mais un lien nécessaire. » — « Nous ne sommes pas l'auteur de cette méthode, ajoute-t-il, mais personne jusqu'ici n'en a tracé les règles. »

Je ne sais, en effet, si ces règles n'ont été formulées nulle part ;

mais dégager l'histoire de la sèche chronologie des événements, y tenir compte des antécédents et de la psychologie des peuples, y faire la part de l'économie politique, en tirer la philosophie, n'est-ce pas la forme que, depuis Taine surtout, l'histoire a revêtue et qui, avec la pléiade brillante de nos historiens modernes, a renouvelé l'étude du passé et rendu si vivantes, et si attachantes les fouilles entreprises de toutes parts aux sources mêmes de l'histoire?

Pour n'être pas neuve, la méthode qui nous est exposée n'est pas moins bonne assurément; mais une bonne théorie ne suffit pas.

M. M. s'est proposé de rechercher d'où vient notre décadence économique.

Il affirme tout d'abord, que, sur ce terrain, mais avec quelle rapidité! nous sommes en décadence. « La France est en décadence parce qu'en matière économique nous avons moins d'initiative que nos voisins. » D'où vient donc ce manque d'initiative? Pour le déterminer, l'auteur va s'efforcer de reprendre, en quelques pages, tout ce qui a contribué à la formation du peuple français ! invasions barbares et anarchie mérovingienne; puissance prise par l'Eglise et les grands seigneurs; féodalité, dont la conséquence directe, — « le peu de penchant des grands propriétaires pour la culture — », pèse encore sur nous aujourd'hui. « Ces faits, dit-il, s'enchaînent avec une nécessité absolue. Le résultat était fatal », comme aussi, plus tard, la guerre de cent ans et la Réforme, suites obligées de l'unification trop tardive de la France ; comme enfin l'absolutisme et la Révolution elle-même. Le mépris des professions lucratives, l'absentéisme des grands propriétaires, l'intervention incessante de l'Etat : voilà ce que nous a légué l'ancien régime. Le régime moderne, au lieu de réprimer ces tendances fâcheuses, travaillera à les développer. Concours pour les fonctions, partage égal dans les successions, intervention perpétuelle de l'Etat : voilà quelques-unes de nos plaies actuelles.

Cette situation est-elle sans remède? Nous connaissons la cause du mal, les remèdes seront donc faciles à indiquer : il faudrait réduire le nombre des fonctionnaires, réduire le nombre des candidats aux fonctions publiques, pousser les hautes classes vers les professions lucratives, abaisser les droits sur les ventes d'immeubles, pour faciliter les transactions au profit des plus capables. « Nous avons réclamé une politique protectionniste moins étroite, une décentralisation vigoureuse, le droit de tester librement, des dégrèvements d'impôts pour les familles nombreuses, et des augmentations pour celles qui comptent moins d'enfants ; nous avons signalé comment on pourrait mettre à profit le goût des Français pour les décorations et les titres de noblesse ; nous avons demandé que l'Etat n'adoptât pas pour les appointements de ses fonctionnaires des règles différentes de celles qui régissent tous les salaires, c'est-à-dire qu'il rétribuât les services publics le moins possible... » Et l'auteur ajoute plein de confiance ! « Peut-être ces réformes seraient-elles pour notre pays le prélude d'un retour à des idées plus justes, le commencement d'une ère nouvelle de paix, de concorde et de grandeur. »...

— Mais ce n'est pas tout. Un pays croît ou décline non seulement par ses qualités et ses défauts, mais aussi suivant que les pays voisins sont eux-mêmes en voie de prospérité ou de décadence. Il importe donc de connaître ces pays, et M. M. refait, plus rapidement encore, pour l'Allemagne et l'Angleterre le travail qu'il vient de faire pour la France.

On voit qu'on a voulu mettre bien des choses dans ce livre ; mais tout y reste superficiel.

Faut-il faire quelques remarques un peu au hasard ?

— M. M. attribue une influence insignifiante à la race. Imaginez, dit-il, par exemple, une colonie d'étrangers établie chez nous ; ils garderont les traits physiques de leurs pères, et s'ils se marient entre eux, leurs enfants les conserveront aussi ; mais ils prendront le caractère moral de leur pays d'adoption. — Cela est-il aussi sûr ? Et ne trouverait-on pas d'exemples d'hérédité persistante ?

— Quant à dire qu'actuellement en France « l'enseignement est libre, la liberté de penser est absolue... » et que peut-être « nous tendons vers l'âge d'or où il n'y aura plus de question sociale, » c'est une façon bien optimiste d'envisager le présent et l'avenir !

— Si nous passons aux remèdes, nous voyons qu'une diminution des appointements des fonctionnaires serait désirable. Cela est possible, bien que discutable ; ce n'est pas en tous cas la pratique observée par les Anglais que l'auteur nous donne cependant en exemple.

— Il faudrait, dit ailleurs M. M., que le père ne fût pas dépouillé de *tout* moyen pécuniaire. — Mais la quotité disponible ?

— Il faudrait augmenter le nombre des bourses pour éliminer par une concurrence de plus en plus grande les hautes classes des fonctions publiques et les rejeter ainsi vers l'industrie, le commerce et l'agriculture. — Que le but soit désirable, soit. Mais ce moyen d'y atteindre est au moins imprévu.

— Enfin, tout est-il, en Allemagne et en Angleterre, si parfait que le dit M. M. ? Il n'y a rien dans son livre sur la crise actuelle de la terre en Angleterre, où cependant la concurrence étrangère et le manque de main d'œuvre font si bien sentir leurs effets que récemment un écrivain bien informé, un écrivain anglais, disait : « la situation est terrifiante ! » et qu'aujourd'hui, il est des Anglais qui réclament des droits protecteurs. N'aurait-il pas fallu aussi dire un mot du socialisme qui, en Allemagne, pour être contenu, n'en existe pas moins ?

Trouvera-t-on que ce livre, où il est parlé un peu de tout (depuis les Huns jusqu'au général Boulanger) a rempli le très ambitieux programme qui nous était promis ?

Gaston de MONICAULT.

---

42. — **François Rakoczi II, prince de Transylvanie** (1676-1735), par Emile HORN. — Paris, Librairie académique Perrin, 1906, in-12, avec portrait.

Le *François Rakoczi II* de M. Em. Horn n'est pas seulement un livre d'histoire, c'est un symptôme historique. Avec une recrudescence d'énergie et de foi patriotique, la Hongrie rassemble ses titres de noblesse nationale pour s'enhardir à l'action. M. Horn, un des plus ardents ouvriers de cette œuvre glorieuse, y fait contribuer la langue et l'érudition française. Il trouve en France un écho sympathique : le passé Magyar ne manque pas d'admirateurs dans notre pays justement préoccupé de l'avenir de la patrie Hongroise. Quels renseignements le consciencieux récit de M. Horn apporte-t-il sur le tempérament national Hongrois ? Quels exemples propose-t-il aux descendants des compagnons de Rakoczi ? La première impression qui se dégage de cette lecture donne à penser que la vraie nation en Hongrie est toujours l'aristocratie, puisque seule elle reste au premier plan dans cette narration très consciencieuse d'un des plus brillants épisodes de l'histoire Hongroise. La plèbe a pourtant fourni un renfort considérable au camp aristocratique, l'appoint des bandes de paysans soulevés au nom de la Croix, *Kouroucz*. Les sentiments, les préjugés, la conduite de ces paysans ont présenté un intérêt très particulier. M. Horn nous en avertit en regrettant de ne pouvoir nous citer des anecdotes caractéristiques. Les lecteurs ne se consoleront pas aisément de la suppression de cet élément pittoresque. L'auteur n'aurait-il pas dû prendre le temps de nous offrir quelques tableaux typiques des mœurs des Kouroucz ? Peut-être aurait-il mieux fait sentir ainsi l'originalité du soulèvement Magyar, auquel on peut sans cela trouver trop d'analogie avec les confédérations des nobles polonais par exemple. Et le féroce incident de la diète d'Onod, où deux députés furent assaillis à coups d'épée par la majorité des partisans de Rakoczi, où l'étendard d'un comté traître à la Confédération fut déchiré sur le cadavre de son représentant, n'est pas de nature à éloigner la pensée du lecteur des turbulentes assemblées que les Piasts tenaient aux bords de la Vistule. En général M. Horn est trop exclusivement préoccupé de l'*histoire bataille* qu'il expose d'ailleurs avec beaucoup de précision mais non sans quelque sécheresse. La proportion des faits purement militaires, marches et sièges, est peut-être exagérée dans cet ouvrage en somme assez court. L'occasion de faire une pareille critique ne se rencontre pas souvent dans les œuvres historiques écrites depuis peu d'années. Peut-être la surabondance des détails militaires nous frappe-t-elle surtout en raison de la difficulté que nous éprouvons à identifier les vocables hongrois des noms de villes et de châteaux. Quoi qu'il en soit, tout prétexte de critiquer le choix des matériaux historiques ou le style disparaît dans les dernières pages de la biographie de Rakoczi. La grave sérénité de l'exilé a mis son empreinte sur le tableau de sa retraite au couvent français de Grosbois et de sa prison fleurie aux bords de la mer de Marmara. Comme tous les caractères bien trempés du XVIIe siècle, Rakoczi a mis l'intervalle d'une longue et chrétienne retraite entre sa vie militaire et sa mort. Avec quel intérêt, justifié par tous les détails que l'auteur donne sur le mode de vie tout spirituel de son héros, pénétrons-nous dans cette grande âme qui associe le culte de la patrie au culte de Dieu et de l'Eglise! A ceux qui craignent ou feignent de craindre le cosmopolitisme de la piété catholique, nous recommandons la méditation des actes et des paroles de Rakoczi. Victime, dès sa jeunesse, d'une cour dévote et de cardinaux ambitieux, il garde de l'éducation qui lui a été imposée un sentiment durable de déférence envers l'Eglise, sans renoncer à vivre en tolérant accord avec les protestants dans l'intérêt de sa patrie, sans déposer les armes, même quand Rome les a maudites. Lorsqu'il est vaincu, sa défaite ne l'empêche pas de conserver un dévouement fidèle et égal à sa patrie et à sa croyance.

H. GAILLARD.

---

43. — **La Famille et les Origines du Vénérable Alain de Solminihac.** — Généalogie, par le Comte de SAINT-SAUD et Paul HUET ; Etude critique, historique et archéologique, par le Marquis de FAYOLLE. — Paris, H. Daragon, 1905, in-8° de vi-250 p. avec quatre gravures hors texte.

L'ordre religieux réclame le Vén. Alain de Solminihac comme l'une de ses gloires, l'Eglise de France du XVIIe siècle, comme l'un de ses prélats les plus méritants. Il a fourni une belle carrière, en effet, ce contemporain des Vincent de Paul et des Olier — leur émule et leur ami. Parfois encore on l'a comparé à saint Charles Borromée, et le parallèle peut se soutenir, car l'un et l'autre furent par leurs œuvres, par leur vie, par leurs exemples, de vrais, de saints réformateurs.

1. Indiquer le format de ce livre est une réelle difficulté. La librairie académique, fidèle à ses remarquables traditions, n'a rien épargné pour la belle exécution typographique de la vie de Rakoczi. Mais la dimension du volume sensiblement agrandie ne lui permet plus de cadrer avec les livres in-12. Il y a là une fausse mesure capable d'inquiéter les amateurs, dont les bibliothèques encombrées réservent aux nouvelles acquisitions des places strictement déterminées par les formats anciens. Cette considération n'est pas à dédaigner par ce temps de mévente des livres.

Cadet d'une vieille famille périgourdine, Alain de Solminihac songeait à se faire admettre dans l'Ordre de Malte, lorsque les plans d'un vieil oncle, Arnaud, abbé de Chancelade et vicaire général de Périgueux, en décidèrent autrement. A l'âge de vingt-deux ans, il se trouva pourvu par bulles de l'abbaye qu'Arnaud était censé gouverner depuis plus de trente années et, qu'en réalité, il n'avait jamais guère traitée que comme un bien de rapport. Chancelade appartenait à l'Ordre des Chanoines réguliers ; elle avait connu jadis la splendeur et la prospérité. Mais les Calvinistes étaient passés par là, pillant et brûlant tout, ou à peu près — et, à la suite des Calvinistes, s'étaient introduits le relâchement et toutes les misères morales qu'il traîne après lui. Voilà en quoi consistait, avec quelques compensations pécuniaires, l'héritage légué à Alain de Solminihac.

C'était par bonheur un vaillant, qui ne faisait rien à demi. De suite il se mit à apprendre le latin, le grec et, après avoir émis régulièrement ses vœux, il s'en vint à Paris étudier la philosophie et la théologie. On le retrouve ensuite à Chancelade, occupé à relever les ruines matérielles de son abbaye, essayant de ramener à un peu de régularité ses quelques rares subordonnés. A l'exception d'un seul, tous font la sourde oreille. Le vieil abbé Arnaud lui-même se retire. Sur ces entrefaites, les vocations commencent à affluer, et bientôt Alain se trouve à la tête d'une communauté jeune et fervente, qu'il réglemente selon ses désirs. Sa renommée du reste ne tarde pas à grandir. En 1625, Richelieu et le P. Joseph le chargent de la visite des couvents de Calvairiennes alors existants. L'année suivante, il enquête de même dans les abbayes de Chanoines réguliers disséminées en Périgord, en Limousin, en Saintonge et dans l'Angoumois. Bien mieux, il installe de ses religieux à la Couronne, à Sablonceaux, à Saint-Géraud de Limoges. On lui en réclame de même à Bourges, à Foix et jusque dans les Pays-Bas. L'œuvre pourtant est arrêtée dans son essor par la tentative parallèle du P. Faure, que patronnait le Cardinal de La Rochefoucauld. Néanmoins la réforme mitigée de Sainte-Geneviève n'arriva pas à supprimer celle plus sévère de Chancelade.

Durant les vingt-trois dernières années de sa vie, Alain de Solminihac devait déployer son activité et dépenser son zèle sur un autre champ d'action plus vaste, mais là encore avec non moins de bonheur et de fruit. En 1636, Louis XIII l'avait nommé, malgré sa résistance, à l'évêché de Cahors. Dans ce nouveau poste, comme jadis à Chancelade, tout était à créer, à renouveler. Pas de clergé, des églises dans la détresse, une mense épiscopale dilapidée par des étrangers. Résolument il se mit à l'œuvre. Au moyen de visites pastorales réitérées, il se tint en contact avec ses prêtres et leurs ouailles : il multiplia les missions dans les campagnes, se fit lui-même prédicateur dans le patois des paysans du Quercy. En même temps, il relevait la dignité des mœurs cléricales par une série d'ordonnances, créait un séminaire, réformait les couvents de son diocèse, fondait des nouveaux établissements religieux ou charitables. Tout cela ne se faisait pas sans contradictions, ni même sans procédure. Et certes ce n'était pas affaire de goût ou d'intérêt chez un homme qui, comme lui, pratiqua toute sa vie les mortifications d'un ascète, et ne consentit jamais à procurer le moindre avantage à aucun des siens. Faut-il ajouter que cet infatigable, cet intransigeant — vrai type de ce que devront être nos évêques français de demain — ne fut ni gallican, ni janséniste et, qu'un des premiers, il sollicita la condamnation des doctrines que renfermait l'*Augustinus*.

MM. le marquis de Fayolle, le comte de Saint-Saud et Paul Huet étaient particulièrement qualifiés pour entreprendre l'œuvre collective signée de leurs noms ; tous trois, en effet, se font honneur d'appartenir à la parenté de l'évêque de Cahors. D'une plume concise, mais non sans charmes, le marquis de Fayolle a résumé la vie du prélat, discuté la question de ses armoiries, dressé un bon essai iconographique et biographique concernant le Vénérable, et enfin décrit les quelques objets à son usage, aujourd'hui encore pieusement conservés en Quercy et en Périgord. La tâche de MM. de Saint-Saud et Paul Huet devait être plus ardue. Ainsi qu'ils le racontent dans leur Introduction, il s'agissait d'établir nettement à quelle branche des Solminihac appartenait le Vénérable Alain, et cette recherche délicate était notablement entravée par des traditions de famille peu sûres, par des affirmations gratuites — non moins sujettes à caution — répétées et imprimées jusqu'en ces dernieres années. Les patientes invesgations des deux érudits dans les archives privées et dans nos grands dépôts publics de documents les ont amenés à distinguer, outre les sujets indéterminés, cinq rameaux issus de la souche primordiale — les autres, au nombre de quatre, ne s'y rattachant que par des alliances — et Alain de Solminihac est sorti, quoi qu'on ait pu dire, du second de ces rameaux, celui des Solminihac-Belet. Pour quiconque voudra bien suivre MM. de Saint-Saud et Paul Huet dans leurs développements nourris de preuves, la démonstration est aussi claire que probante. Il ne reste plus qu'à acquiescer. C'est donc un devoir très agréable pour nous de les féliciter, ainsi que leur collègue le marquis de Fayolle, d'avoir mis en commun leur labeur et leur érudition pour donner au public un ouvrage, auquel la reprise en Cour de Rome de la cause du Vénérable — bientôt, espérons-le — du Bienheureux évêque de Cahors, ajoute un surcroît d'intérêt.

D. Léon Guilloreau.

---

44. — **La philosophie de l'Impérialisme. — Apollon ou Dionysos.** Etude critique sur Frédéric Nietzsche et l'utilitarisme impérialiste, par Ernest Seillière. — Paris, Plon-Nourrit, 1905, in-8, de 364 p.

Il est difficile de parler de Nietzsche : les uns, guidés par une pieuse admiration recueillent avec ferveur ses moindres aphorismes ; d'autres n'admettent même pas qu'on discute les idées de ce « candidat à la paralysie générale. » Dédain systématique ou enthousiasme irraisonné, tels sont les deux pôles extrêmes où s'égarent les critiques du poète de Zarathoustra. Le mérite de M. Seillière a été tout d'abord de prendre une attitude intermédiaire entre ces deux excès et véritablement philosophique. Sa critique toujours en éveil ne se laisse jamais séduire par les bizarres conceptions de Nietzsche ; mais, estimant avec raison qu'il est par trop facile de dédaigner totalement un philosophe dont on ne peut nier l'influence, il s'est efforcé de dégager les éléments sains et féconds de sa pensée. « Plutôt que de rejeter en bloc les matériaux philosophiques insuffisamment ordonnés qu'il accumule, sans jamais parvenir à les mettre en œuvre, il convient donc de les examiner avec soin, afin d'en conserver ce qui est susceptible d'utilisation ultérieure et de négliger le reste à bon escient. » La méthode est excellente et M. S. l'a suivie avec une heureuse fidélité.

Son étude est l'histoire de la pensée de Nietzsche, depuis l'enthousiasme wagnérien du jeune professeur de Bâle jusqu'au déchaînement de la révélation zarathoustrique. Tout en signalant très finement ses contradictions, ses fluctuations, ses hésitations, ses retours, M. S. distingue quatre périodes dans cette évolution. Mais d'un bout à l'autre deux tendances contradictoires se disputent la pensée de Nietzsche : celle d'Apollon, le dieu de la raison impérative et claire, patron du « principe d'individuation », « qui amena dans la nuit de désordre du monde titanesque la sévère discipline militaire et la ferme organisation civique »; à côté, l'influence du mauvais génie de Nietzsche, celle de Dionysos, le symbole des tendances orgiaques de l'Orient tropical qui énervent et passionnent leurs adeptes », principe de mysticisme, entraînant à la « fusion narcotique avec la nature. »

Les séductions de l'art grec, les jouissances de la musique wagnérienne, la philosophie de Shopenhauer s'unissent tout d'abord pour inspirer au jeune professeur de Bâle ce que M. S. nomme son premier dionysisme. L'origine romantique est évidente de ces « orgies d'individualisme et de mysticisme pathologiques, » de cette éthique inquiétante et bizarre où le satyre est représenté comme le type de l'espèce, dont la forme la plus accomplie est la Bacchanale convulsive et dont le couronnement est la religion du génie. L'homme de génie n'est que la plus haute extase du Tout-un, qui en lui seul prend pleine conscience de ses plus belles fantaisies de rêve.

Puis, voici 1876 et la première représentation de l'Anneau du Nibelung, au théâtre de Bayreuth ; la rupture avec Wagner et la lente élaboration d'une philosophie nouvelle. C'est Apollon que Nietzsche s'efforce alors de faire régner dans sa pensée, où dominent trois vues essentielles : la volonté de puissance, l'immoralisme, le surhomme. La volonté de puissance vient d'Helvétius : c'est l'amour du pouvoir, le fondement de l'utilitarisme. Mais, chez Nietzsche, le principe ne tarde pas à dévier par exagération et à tendre de plus en plus vers un pessimisme dionysiaque et morbide : la joie devant le malheur d'autrui. De même l'immoralisme n'est d'abord qu'un effort rationnel pour examiner la tradition morale de l'humanité et en adapter les préceptes aux convenances de la société présente, « émancipation de la morale aveugle de la coutume, hommage lige à la morale éclairée de la raison. » Mais Nietzsche fait de vains efforts pour persister dans ce dessein modéré; son immoralisme dégénère peu à peu en passion frénétique, libérée de toute contrainte, en déchaînement d'animalité, apothéose du crime, idéal du satyre devenu « la bête de proie blonde. »

Quant à la théorie fameuse du surhomme, qui a tant fait pour la réputation populaire de Nietzsche, même dans cette période de sa pensée, elle ne cesse d'être hésitante et vague. C'est le moment où il s'inspire de la doctrine de Darwin. « Créer l'homme qui ait toutes les qualités de l'âme moderne, » c'est mettre en pratique l'idée évolutive, pour faire naître un exemplaire de la surespèce. Mais l'idée ne se précise vraiment que quand triomphe de nouveau le mysticisme dionysiaque, avec le panégyrique du surhomme « pessimiste, nihiliste, ascétique, extatique, chantant et dansant dans les tropicales végétations de l'illogisme et de la fantasmagorie. » C'est la troisième époque. Le mysticisme s'empare souverainement de la pensée de Nietzsche, à partir de l'extase de la nuit d'août 1881, dans les forêts de Silva-Plana et c'est alors la révélation zarathoustrique. Les quatre dernières années de la production nietzschéenne sont caractérisées par des préoccupations ethniques, sous l'influence, paraît-il, du comte de Gobineau. Le type supérieur de l'humanité, le maître de demain que salue alors le philosophe c'est le conquérant aryen aux cheveux blonds. Ces deux dernières parties de la philosophie de Nietzsche sont imprégnées de « cette prédilection voluptueuse pour la cruauté dépourvue de tout motif utilitaire », que M. S. a très heureusement dénommée « sadisme intellectuel » (p. 259).

Cette analyse, impartiale et fine, des idées de Nietzsche est rattachée par un lien peut-être un peu frêle, à la théorie générale de M. S. sur l'utilitarisme impérialiste. Cette doctrine, dont Darwin et surtout ses disciples ont donné la théorie, a été peu à peu élaborée par « le féodalisme du xviii° siècle et le germanisme du xix°. Boulainvillers, Herder, Gervinius, Gobineau, Renan, l'aile aryaniste de l'anthropo-sociologie contemporaine, y ont travaillé tour à tour. Quand Nietzsche a pu parvenir à émonder, dans son esprit, les frondaisons du mysticisme dionysiaque, il a souvent écouté les suggestions de cet impérialisme de race. La morale du contrat en est l'expression dans les faits. Cette morale, qui « à la perfection sociale vers l'intérieur du groupe militaire associe l'individualisme achevé à l'occasion vers les dehors », est la seule morale véritable et possible, d'après M. S. C'est le « contrat social plus instinctif dans les âges primitifs ou mystiques, plus rationnel et utilitaire dans la civilisation avancée ou individualiste. » (p. 337). « C'est la morale probable de l'avenir, étant donnée la courbe suivie jusqu'à nos jours par l'éthique européenne, courbe qu'il n'est pas au pouvoir de quelques rêveurs de modifier dans sa forme d'ensemble. » (p. 169).

- Toute cette partie constructive, — malgré son vif intérêt, — prête à contestation. Je préfère pour ma part les mille remarques de détail que M. S. a semées à travers son étude, traits ingénieux ou profonds, qui illuminent parfois une période d'histoire ou une question de philosophie. Je me reprocherais de ne pas en signaler au moins quelques-uns ; par exemple, des idées sur le communisme militaire de Lacédémone et le laconisme de Platon (XVI-XXV) ; une piquante définition du romantique (« un romantique est un individualiste pathologique doublé d'un mystique inquiet ») ; une amusante et peut-être profonde analyse de l'influence de l'opéra et de l'idylle à la d'Urfé sur la Révolution Française ; des pages très originales sur Helvétius (p. 124) ; l'extase mystique étudiée comme origine des philosophies panthéistes de la nature, (p. 238) ; l'influence de Rousseau sur Nietzsche, (p. 251) ; enfin une énumération plaisante des contradictions de Nietzsche sur Jésus, (p. 348).

A. Prat.

45. — **Un texte arabico-malgache du XVIe siècle**, transcrit, traduit et annoté, d'après les mss. 7 et 8 de la Bibliothèque nationale, par M. G. Ferrand. Paris, Imprimerie nationale. C. Klincksieck, 1904, in-4° de 128 p.

Dix-huit feuillets du ms. 7 du fonds arabico-malgache de la Bibliothèque nationale sont publiés, traduits et annotés par M. Ferrand qui s'est également servi pour son travail du ms. 8 de la même collection. Nous avons dans ces pages « un texte musulman bilingue, arabe et arabico-malgache ». Le texte arabe, « rare assemblage de barbarismes et de solécismes » et le premier en date, a été « traduit en arabico-malgache dans l'interligne ».

Le ms. 7 tire de son ancienneté même une partie de sa valeur. Remontant pour le moins au xvie siècle, il est le plus ancien texte malgache connu. Il appartenait probablement à la fameuse abbaye de Saint-Germain-des-Prés... où un missionnaire français avait dû l'apporter au xviie siècle.

Les dix-huit feuillets publiés « contiennent la doctrine habituelle prêchée aux infidèles sur le bonheur parfait des élus et les horribles tourments réservés aux méchants et aux incrédules ». — « Ils pleurent tous, dit le prédicateur musulman, ils pleurent, les damnés qui sont dans l'enfer; ils rient tous, ils rient, les bienheureux qui sont dans le paradis [1]. » Telle est, en raccourci, toute la doctrine renfermée dans ces pages vagues et touffues, que je comparerai à une grosse étoffe dont le tissu très lâche aurait pour chaîne des versets du Coran et pour trame une paraphrase fastidieuse. Le docteur ès-sciences coraniques, qui s'efforçait au xvie siècle de grouper des prosélytes sous la bannière verte de l'Islam, ne savait apparemment à quel saint de la Mecque se vouer pour faire entrer le plus léger souci de la vie future dans les cervelles des Madécasses; cervelles aussi dures peut-être que celles des Juifs anciens, si péniblement traînés par Moïse vers une terre où coulaient pourtant le lait et le miel. Et c'est pourquoi il répète si souvent la même leçon, les mêmes exhortations; il chevauche d'une première idée sur une seconde et sur une troisième; puis il passe de nouveau sur la seconde pour revenir à la troisième et finir par la première; il menace l'infidèle et le flatte; il le flatte et le menace et, en définitive, ne nous apprend pas grand'chose.

Heureusement, sur ce fond de peu de valeur, il y a la langue, qui est d'un grand prix. Ce spécimen du vieil idiome malgache constitue un document de premier ordre « pour l'étude de la morphologie des dialectes sud-orientaux ». Le livre, précieux déjà par ce côté, acquiert une nouvelle importance par la savante annotation de M. F., annotation très riche en trouvailles philologi-

[1]. P. 59-60.

ques, en observations critiques, en curieuses remarques, en références et notices [1]. C'est le labeur d'un travailleur courageux et informé, dont l'admirable patience est récompensée par la satisfaction de l'effort victorieux.   Jean PÉRIER.

---

46. — **Chants de guerre,** poème de E. MARIOTTE; musique de Alexandre GEORGES. — Paris, Ch. Marchand, 1906, in-12, de 77 p.

Curieuse et heureuse tentative que d'associer de bons vers à la musique ! Lorsque l'on a écrit les *Déchirements* et *Diwân*, il y a du mérite à se plier aux exigences d'un art qui embellit, si l'on veut, mais qui, en tout cas, modifie l'harmonie naturelle du vers. Je crois que pour réussir comme l'a fait ici Emile Mariotte, il faut surtout le don lyrique. Ces petits poèmes, en rythmes variés, sont entraînants et bien vivants. Il n'est pas d'ailleurs défendu aux poètes — et aux amateurs de poésie, s'il en est d'autres — de se plaire à cette lecture sans attendre l'exécution en musique ; ils y trouvent l'énergie dans *les Conquérants* et la grâce dans *Présage*, et, sous le titre de *Complainte* (« C'était un grand cheval de guerre »), une fantaisie d'un très beau lyrisme. Partout du sentiment et de l'art ; et c'est pourquoi nous souhaitons à cette œuvre patriotique le succès littéraire que semble déjà lui promettre l'accueil de la presse.   Frédéric PLESSIS.

BIBLIOGRAPHIE

I. — SCIENCES RELIGIEUSES.

Delaporte (L.). — Fragments sahidiques du Nouveau Testament. Apocalypse (XIV-65 p.), in-8°, 4 fr. — P. Geuthner.
Erbt (W.). — Die Hebraer (IV-236 p.), in-8°, 6 m. — J. C. Hinrichs, Leipzig.

---

1. Peut-être l'annotation est-elle parfois surabondante. Dans un ouvrage comme celui-ci, fallait-il consacrer une notice biographique à des personnages aussi connus que Mahomet, Abou-Bekr, Omar, Othmân et Ali ? Evidemment non ! (Voir les notes des pages 66-68).

Faguet (E.). — L'Anticléricalisme (366 p.), in-18, 3 fr. 50. — Soc. fr. imp. et lib.

Farjenel (F.). — La Morale chinoise, fondement des sociétés d'Extrême-Orient, in-8°, 5 fr. — V. Giard et E. Brière.

Gaffre (L.-A.) et A.-C. **Desjardins**. — Le divorce entre l'Eglise et la République, De Clovis à Loubet, d'Anastase II à Pie X (xviii-410 p.), in-12, 3 fr. 50. — P. Téqui.

Seeberh (Rhold.). — Aus Religion u. Geschichte. 1. Bd. (vii-400 p.), in-8°, 7 m. 60. — A. Deichert, Leipzig.

II. — PHILOSOPHIE ET SCIENCES SOCIALES.

Barthélemy (J.). — Les Théories royalistes dans la doctrine allemande contemporaine sur les rapports du roi et des Chambres dans les monarchies particulières de l'Empire (48 p.), in-8°, 2 fr. — V. Giard et E. Brière.

Bérard (V.). — L'Affaire marocaine (460 p.), in-18, 4 fr. (17/II) — Lib. A. Colin.

Beurdeley (B.) et E. **Benatre**. — Nouveau manuel électoral, commentaire de toutes les lois électorales, in-18, 2 fr. 50. — L. Larose et L. Tenin.

Bos (Ch.). — La Marine qu'il nous faut (xxix-437 p.), in-12, 3 fr. 50. Berger-Levrault et Cie.

Boulenger (M.) et N. **Ensch** — La lutte contre la dégénérescence en Angleterre (Actualités sociales, IX) (viii-97 p.), in-18, cart., 1 fr. 50. — V. Giard et E. Brière.

Colas (E.). — Catéchisme d'un laïque (338 p.), in-18, 3 fr. 50 — Ch. Amat.

Gonnard (G.). — La Femme dans l'industrie, in-18, 3 fr. 50. — Librairie A. Colin.

Kessler (gén.). — La Patrie menacée, in-18, 3 fr. 50. — Perrin et Cie.

Las Cases (Ph. de). — L'Assurance contre le chômage en Allemagne (questions ouvrières) (vi-190 p.), in-8°, 4 fr. — V. Giard et E. Brière.

Loria (A.). — La Morphologie sociale, in-8°, 5 fr. — V. Giard et E. Brière.

Prins (Ad.). — De l'Esprit du gouvernement démocratique (Etudes sociales) (x-294 p.), in-8°, cart. 7 fr. 50. — V. Giard et E. Brière.

Wallier (R.). — Le Vingtième siècle politique, année 1905 (460 p.), in-18, 3 fr. 50. — E. Fasquelle.

III. — LITTÉRATURE.

Bac (F.). — Vieille Allemagne (380 p.), in-18- 3 fr. 50. — E. Fasquelle.

Barou Le Bœuf. — Légende historique du Béarn (80 p.), in-16, 1 fr 25. — Ch. Amat.

Moreau (G.). — L'Envers des Etats-Unis, in-16, 3 fr. 50 — Plon-Nourrit et Cie.

Séché (L.). — Lamartine de 1816 à 1830. Elvire et les Méditations (338 p.) in-18, 3 fr. 50. — Mercure de France.

Suchier (H.). — Les Voyelles toniques du vieux français (230 p.), in-12, 3 fr. 50. — H. Champion.

Tolstoï (Cte L.). — Œuvres complètes. T. XV : Anna Karénine. T. I (450 p.), in-16, 2 fr. 50. — P.-V. Stock.

IV. — HISTOIRE ET GÉOGRAPHIE.

Belwe (M.). — Gegen die Herero 1904/1905 (VIII-152 p.), in-8, 4 m. — E. S. Mittler u. Sohn. Berlin.

Bittard des Portes (R.). — Contre la Terreur. L'insurrection de Lyon en 1793, in-8, 7 fr. 50 (15/III.) — Emile-Paul.

Bliard (P.). — Le Conventionnel Prieur de la Marne en mission dans l'Ouest, 1793-1794, in-8, 5 fr. — Emile-Paul.

Bordeaux (A.). — Les Places aurifères de la Guyane française (26 p.), in-8, 2 fr. — H. Dunod et E. Pinat.

Boutry (M.). — Autour de Marie-Antoinette, in-8, 2 fr. (15/III). — Emile-Paul.

Carnot (S.). — Les Volontaires de la Côte-d'Or 1789-1791, av. 14 pl. et 30 gr. (x-232 p.), in-4, 13 fr. — Hachette et Cie.

Colas (E.). — Voyage en linguistique ou explication sur la préhistoire du Périgord (XI-212 p.), in-12, 2 fr 75. — Ch. Amat.

Gentil (L.). — Mission de Segonzac Dans le Beld-es-Siba Explorations au Maroc, av. 208 fig. (352 p.), in-8, 12 fr. (20/II). — Masson et Cie.

Glachant (V.). — Benjamin Constant sous l'œil du guet, in-8, 7 fr. 50. — Plon-Nourrit et Cie.

Hamet (J.). — Les Musulmans français du Nord de l'Afrique, in-18, 3 fr. 50 (17/II) — Librairie A. Colin.

Hodgkin (T.). — History of England. Vol. I (550 p.), in-8, 7 s. 6 d. — Longmans.

Mangenot (H.). — Quelle était la maladie du conventionnel Couthon? thèse (111 p.), in-8, 2 fr. 75. — Rey et Cie, à Lyon.

Mantoux (P.). — Notes sur les comptes rendus des scéances du Parlement anglais au XVIIIe siècle, conservés au ministère des Affaires étrangères (108 p.), in-8, 2 fr 50. — V. Giard et E. Brière.

Nergal (J.). — L'Evolution des mondes, in-8, 1 fr. 50 (28/II). — Schleicher frères.

Nesselrode (A. de). — Lettres et papiers du chancelier comte de Nesselrode. T. IV, 1811-1812, in-8, 7 fr, 50. — A. Lahure.

Pilastre (E.). — Abrégé du journal du marquis de Dangeau (VII-217 p.), in-8, 5 fr. — Firmin-Didot et Cie.

Roche du Teilloy (A. de). — Les étapes de Georges Bangosfsky, officier lorrain. Fragments de son journal de campagne (1797-1835) (119 p.), in-8, 3 fr. — Berger-Levrault et Cie.

Stéfane-Pol — De Robespierre à Fouché, notes de police (312 p.) in-18, 3 fr. 50. — E. Flammarion.

V. — ART ET ARCHÉOLOGIE.

Duret (Th.). — Manet (360 p.), in-18, 3 fr. 50. — E. Fasquelle.

Jouin (H.). — Jean Goujon, collection des artistes célèbres, av. 67 gr., in-8, 3 fr. 50 — Lib. de l'Art.

La Laurencie (L. de). — L'Académie de musique et le concert de Nantes à l'hôtel de la Bourse, 1727-1767 (320 p.). in-8, 5 fr. — Soc. fr. imp. et lib.

Lecomte (L.-H.). — Histoire des théâtres de Paris. Le Théâtre Historique, 1847-1891 (168 p.), in-8, 6 fr. — H. Daragon.

Maitre (L.). — Les Hypogées et les cryptes des églises du Poitou, antérieures à l'an mille, av. gr. (60 p.), in-8, 2 fr. — E. Lechevalier.

Milet (A.). — Ivoires et ivoiriers de Dieppe, étude historique, av. 38 photot., in-8, 3 fr. 50. — Lib. de l'Art.

Riat (G.). — Gustave Courbet et son œuvre, av. 20 pl. et 100 comp. 400 p., in-4, 25 fr. (20/II). — H. Floury.

CHRONIQUE

4. — Léon Désers. **La Morale dans ses principes**, instructions d'apologétique. — Paris, Poussielgue, 1905, in-18, de 248 p.

M. l'abbé Désers, curé de Saint-Vincent-de-Paul, a déjà publié ses instructions du dimanche sur *Dieu et l'homme, le Christ Jésus, l'Eglise catholique, les Sacrements*. Elles sont intéressantes à lire ; elles ont dû être plus intéressantes à entendre. On n'y doit point chercher ce qu'on n'y promet point : des sujets étudiés à fond. Comment en un quart d'heure, en vingt minutes, exposer d'une manière complète et rigoureuse les *preuves du libre arbitre* et en général toutes les questions complexes qui se rattachent à la morale dans ses principes. Parfois même le sujet aurait pu être plus fouillé. L'instruction sur les erreurs de la conscience aurait, semble-t-il, gagné en profondeur et en clarté, si on avait cherché les causes de ces erreurs dans la passion et l'intérêt, dans l'habitude des fautes répétées,

dans la contagion de l'exemple, dans l'autorité des lois humaines, dans l'ignorance. On trouve toutefois dans ces instructions des idées neuves, ingénieuses et fortes. Les pasteurs de paroisse y verront aussi un exemple heureux de l'adaptation que l'on peut faire des plus graves problèmes à des auditoires instruits.
D. S.

ACADÉMIE DES INSCRIPTIONS ET BELLES-LETTRES

Séance du 16 février. — L'Académie fixe à son ordre du jour du 2 mars prochain la discussion des différentes questions qui lui ont été soumises par le bureau de l'Association internationale des Académies. — M. Salomon Reinach donne lecture d'une note de M. Seymour de Ricci, contenant le texte et la traduction d'un fragment récemment publié en Allemagne de l'historien grec Sosylos, professeur de grec d'Hannibal. — Ce fragment, déchiffré par M. Wilcken sur un papyrus grec de la bibliothèque de Würzburg, décrit en grand détail un curieux épisode d'une bataille navale livrée en 217 av. J.-C. à l'embouchure de l'Ebre et dans laquelle une heureuse manœuvre de la flotte marseillaise assura le triomphe des Romains sur les Carthaginois. — M. Viollet communique la première partie d'un Mémoire qu'il a rédigé sur le rôle de Bérenger Frédol dans le différend entre Philippe le Bel et Boniface VIII.

BULLETIN CRITIQUE

47. — **Les applications sociales de la Solidarité**, leçons professées à l'Ecole des hautes études sociales par MM. Budin, Gide, Monod, Paulet, Robin, Siegfried, Brouardel. — Paris, F. Alcan, 1905, in-8, cart. de xxii-261 p.

Quelle que soit l'opinion que l'on professe sur la valeur morale absolue de la Solidarité, il n'est pas contestable qu'elle ne soit une des formes les plus utilement pratiques de la moralité dans ses rapports avec la société. Elle diffère peu dans son principe de l'intérêt bien entendu ; « c'est ce que montre la très heureuse définition qu'en donne M. Gide : « La solidarité implique toujours un certain sacrifice de l'individu — non pas sacrifice désintéressé, car un sacrifice absolument désintéressé, ce n'est pas de la solidarité, c'est de la charité ou de la fraternité ; — non pas, non plus un sacrifice en vue d'un profit *individuel* égal ou plus grand à recueillir; — car ce n'est plus de la solidarité, c'est de l'échangisme, du *do ut des* ; — mais sacrifice d'un intérêt individuel (mon argent, mon travail, mon temps, ma liberté) en échange d'un avantage *social*, sacrifice d'une portion de son *moi individuel* pour l'accroissement de son *moi social*. » Donc, au point de vue pratique, et sur le terrain social, il est utile, il est indispensable de faire comprendre à tous que, dans notre société, « nous sommes tous solidaires les uns des autres et qu'en protégeant les déshérités de la fortune, nous nous protégeons, nous et les nôtres. » C'est, comme le dit M. L. Bourgeois, dans la préface de ces conférences, l'élément essentiel de la justice et de la paix.

Ces conférences, de portée toute pratique, étudient les principales applications de la solidarité et son « organisation légale. »

Les conférenciers se préoccupent avant tout des moyens de protéger la santé publique et de défendre la vie humaine. M. Henri Monod montre d'une façon décisive « que le souci de la santé publique, avec l'accomplissement des obligations que sa protection impose, est un devoir pour tout honnête homme. » Tandis que M. Brouardel, sans crainte d'entrer dans la minutie des détails intimes, fait comprendre l'importance de la propreté individuelle et de la propreté du domicile, M. Monod explique la législation sanitaire de 1902. Tous les efforts du législateur tendent d'abord à la destruction de la graine nocive, c'est-à-dire à la salubrité. Il travaille ensuite à combattre la propagation de toutes les maladies transmissibles, par l'obligation de *la déclaration*, par *la désinfection* ou les autres moyens de défense, tels que la vaccination anti-variolique [1]. Avec un optimisme consolant, M. M. prévoit le temps où, traquées par les découvertes de la science et par les pratiques de l'hygiène, toutes les maladies évitables seront définitivement vaincues. « Mais il faut que chacun d'entre nous devienne un apôtre de l'hygiène publique et paie sa prime d'assurance mutuelle contre la maladie » en subvenant aux dépenses nécessaires pour assurer la salubrité publique.

Parmi toutes les maladies transmissibles, la tuberculose est la plus terrible, « fléau plus meurtrier, affirme le Dr Robin, que les grandes épidémies, danger social qui met en péril l'avenir même de notre race. » D'après le savant membre de l'Académie de médecine, les sanatoriums tant prônés ne sont dans la lutte contre la tuberculose qu'un moyen insuffisant et d'avantage factice. Financièrement irréalisables, ils ne donnent que trop souvent l'illusion de la guérison. En Allemagne, où fleurissent les sanatoriums, la proportion de guérisons n'est guère que de 10 0/0. A ce propos, le Dr R. surprend en flagrant délit d'inexactitude son confrère M. Brouardel qui affirme qu'en Allemagne 67 0/0 des malades soignés au sanatorium peuvent être considérés comme radicalement guéris. » Il y a là de quoi rendre un peu sceptique sur la valeur des statistiques officielles! Le Dr R. est d'avis qu'il est excellent de détruire les bacilles en suivant les règles de prophylaxie ac-

---

1. Grâce à la vaccination, en Angleterre, pour l'année 1901, le nombre des décès par variole a été de 85, seulement. En Allemagne, pour l'année 1897, il n'y a eu que 5 décès.

tuellement édictées, mais il estime que l'essentiel est de modifier le terrain tuberculisable, afin de le rendre rebelle au bacille. Il développe le mot spirituel, mais profond du Dr Grancher : « Chaque nation s'efforce d'opposer une barrière à la marche envahissante de la tuberculose. L'Allemand lutte par le sanatorium : l'anglais par le rosbif et le tennis. Je préfère la méthode anglaise, plus agréable et plus sûre. »

La question du logement joue un rôle considérable dans la propagation des maladies et surtout de la tuberculose. M. J. Siegfried, avec sa grande compétence, expose ce qui a été fait pour l'amélioration du logement des classes laborieuses en France et dans les pays étrangers. Enfin le Dr Budin fait le tableau lamentable de la mortalité infantile en France. « Près de 150 000 enfants succombent chaque année en France, *alors qu'il serait facile d'en conserver la moitié !* » On parle beaucoup de dépopulation : si nous ne pouvons que difficilement exercer une influence sur le développement de la natalité, efforçons-nous du moins, par tous les moyens, de combattre efficacement la mortalité. »

Deux questions d'ordre différent sont encore traitées dans ces conférences : la législation sur les accidents du travail et la coopération.

Avec la première question, nous passons de la solidarité matérielle et de la solidarité morale à la solidarité légale. La loi sur les accidents du travail a été votée en France à l'imitation de l'Allemagne et de l'Autriche. « Elle substitue, dit M. G. Paulet, à l'idée de responsabilité personnelle l'idée de responsabilité collective, à l'idée de réparation unitaire l'idée de réparation globale. Elle traduit pour des groupements définis et à raison des faits déterminés, la solidarité des intérêts et des devoirs en une solidarité de droits, revêtus de force légale. »

La conférence de M. Gide est la plus intéressante et peut-être la plus profonde de toute la série. La coopération est, à son avis, un moyen tout puissant de transformation sociale. Après avoir bien organisé des sociétés coopératives, il faudrait unir entre elles les sociétés de même espèce, puis établir des liens entre sociétés de catégories différentes ou même entre elles et d'autres associations mutuelles ou syndicales. Ce serait s'acheminer peu à peu vers la République coopérative, c'est-à-dire vers un régime social fondé sur l'association de toutes les bonnes volontés. On y tend en Angleterre et en Suisse. Mais, pour arriver au but, il faut que la coopération soit réellement fondée sur l'esprit de solidarité et c'est jusqu'à présent ce qui semble manquer le plus en France. La solidarité s'y rencontre plutôt dans les théories des orateurs que dans la réalité des faits. A ce propos, M. G. fait spirituellement la critique des panégyristes exaltés de la solidarité qui semblent la présenter comme la panacée universelle et veulent la trouver en toutes choses, comme Raspail trouvait l'arsenic. « La protection des enfants en bas-âge ou des jeunes filles est-elle une application sociale de la solidarité ? Je le veux bien, mais beaucoup de ceux qui l'ont exercée jusqu'à présent et de ceux qui l'exercent encore, religieux ou laïques, ont cru le faire tout bonnement par amour, pour l'amour des enfants ou pour l'amour de Dieu. La construction des logements à bon marché, la lutte contre la tuberculose, la protection de la santé publique sont-elles des applications sociales de la solidarité ? C'est possible. Cependant on pourrait dire, sans être trop pessimiste, que la peur d'être nous-mêmes contaminés y est pour quelque chose... Peut-être me direz-vous que l'amour et la peur et la contrainte légale ne sont que des formes de la solidarité ? Alors, de même que l'apôtre disait : « Soit que vous mangiez ou que vous buviez ou que vous fassiez quelque autre chose, faites tout pour la gloire de Dieu », de même il serait plus court de dire : Quoi que nous fassions, faisons-le pour la solidarité ! »

A. Prat.

---

48. — **France et Angleterre. Cent années de Rivalité coloniale, — L'Afrique.** — par Jean Darcy. — Paris, Perrin et Cie, 1904, in-8 de 481 p.

M. Jean Darcy, auquel nous sommes déjà redevables d'un excellent livre sur *la Conquête de l'Afrique* et son partage entre les différentes nations européennes dans les dernières années du XIXe siècle, continue ses études d'histoire coloniale contemporaine en retraçant, dans l'ouvrage dont on vient de lire le titre, les principaux incidents de la rivalité coloniale de la France et de l'Angleterre durant tout le cours du dernier siècle. Sujet considérable s'il en fût, car (comme le dit fort bien l'auteur au début de son volume sur l'Afrique) « toutes nos tentatives d'expansion, tout accroissement de notre domaine, provoquèrent de la part de la Grande-Bretagne une opposition caractéristique. » Personne cependant, en dépit de son importance et de son intérêt, ne s'était encore avisé de traiter scientifiquement cette histoire dans son ensemble.

C'est précisément cette lacune de notre littérature historique que, sans se laisser arrêter par les multiples difficultés de ce sujet délicat entre tous, M. Jean Darcy s'est efforcé de combler. Pour y parvenir, il ne s'est pas contenté de recourir aux documents déjà publiés, aux ouvrages et aux articles de journaux contemporains des faits eux-mêmes, etc.; il a aussi consulté une foule de documents inédits. Les Archives de nos ministères des Affaires Etrangères, de la Marine et de la Guerre, celles du Record Office, les Archives Nationales lui ont fourni une foule de renseignements précieux; d'autres informations d'une égale importance, M. Jean Darcy est redevable à des documents de grande valeur empruntés à des archives particulières telles que les archives du château d'Epoisses (cf. la note 2 de la p. 121, la note 3 de la p. 139, etc.) Ainsi la documentation de *Cent années de Rivalité coloniale* est vraiment remarquable, et aussi abondante qu'il est possible de la désirer. Quant à la mise en œuvre, elle est telle qu'on pouvait l'attendre de l'auteur de ce volume sur *la Conquête de l'Afrique,* dont nous avons tout à l'heure évoqué le souvenir; l'exposition, très vivante, très sérieuse et très spirituelle à la fois, tire parti de tous les documents, mais ne se laisse jamais dominer exclusivement par eux; le style alerte et incisif, rappelle celui des maîtres de l'histoire diplomatique, dont les ouvrages font si grand honneur à l'école historique française de la fin du xixe siècle. Qualités de fond et qualités de forme s'unissent dans un harmonieux ensemble, et font du nouveau livre de M. Jean Darcy un des ouvrages les plus intéressants et les meilleurs qu'il nous ait été donné de lire sur l'histoire diplomatique et coloniale de la France au siècle dernier.

Des deux volumes que nous promet M. Jean Darcy sur l'histoire de la rivalité coloniale de la France et de l'Angleterre à partir de 1815, nous ne possédons encore que le premier, relatif au continent noir ; si, dans toutes ses tentatives d'expansion au delà des mers, dans l'Afrique continentale, dans la mer des Indes, sur les rivages du Pacifique et au Nouveau-Monde, la France « s'est heurtée à l'Angleterre acharnée à lui couper la route et à réprimer son élan, » c'est dans le premier de ces différents champs d'action, — le cœur de notre nouvel empire colonial, — que s'est exercée avec le plus d'ardeur et de persévérance l'hostilité de l'Angleterre. Aussi est-il tout naturel que M. Darcy ait consacré un volume entier à l'exposé des relations plus ou moins tendues engagées entre les deux pays à propos de l'Afrique ; cela lui a permis de traiter son sujet avec toute l'ampleur qui convenait, sans séparer la géographie de l'histoire, dans ce livre plein de faits et d'informations de toute nature, où l'élégance de la forme le dispute à la valeur du fond.

Nous souhaiterions pouvoir, à la suite de M. Jean Darcy, aborder l'examen des différents sujets traités dans le premier volume de *Cent années de Rivalité coloniale* (la querelle d'Alger, l'affaire tunisienne, la question du Niger, la question du Congo, la question du Nil), et montrer quels multiples enseignements s'en dégagent ; ce n'est pas toutefois dans le *Bulletin Critique* qu'il faut songer à entreprendre une pareille étude. Ce qu'il convient plutôt de relever ici, ce sont les points sur lesquels l'auteur donne prise à quelques critiques. Ces points sont, — hâtons-nous de le dire, — très peu nombreux, et de très minime importance ; on peut les résumer dans cette observation générale que M. Jean Darcy, très bien informé de l'histoire coloniale contemporaine, a négligé de se renseigner avec une égale précision sur les origines de notre empire d'outre-mer. Lui qui, à propos de l'affaire tunisienne, félicite très justement Jules Ferry d'avoir proclamé et « respecté les lointaines traditions de notre politique nationale » (p. 198), semble parfois avoir oublié de se documenter à leur sujet. Loin de nous l'idée de lui chercher chicane pour ne pas paraître plein de foi dans l'existence d'établissements normands au Sénégal et sur la côte septentrionale du golfe de Guinée dès le XIV° siècle ; mais, pourquoi ne pas rappeler (p. 214) que, au XVI° siècle, les marins normands ont indéniablement trafiqué dans ces parages et que le chevalier de Briqueville et Augustin de Beaulieu se sont rendus dès 1612 « en la rivière de Gambie.... pour s'y fortifier et y establir une colonie? » pourquoi reculer jusqu'à 1637 la fondation de Saint-Louis du Sénégal et l'attribuer au capitaine Lambert et à Claude Jannequin de Rochefort? pourquoi, alors que nos marins ont touché au cap Lopez dès le XVIe siècle, écrire (p. 325) que « notre première apparition au Congo remonte au XVIIIe siècle? » — M. Darcy fera bien, d'autre part, de contrôler l'orthographe des noms qu'il cite et de ne pas écrire *Malakong* pour *Matakong* (p. 225), *Luggard* pour *Lugard* (p. 290-291), etc.

Ce ne sont là d'ailleurs que des vétilles, et nous les oublions volontiers en constatant de quelle manière précise et sereine à la fois M. Jean Darcy a montré l'ardeur et la persévérance que l'Angleterre avait apportées à contrecarrer la France sur les quatre théâtres de la rivalité franco-anglaise en Afrique : les côtes barbaresques, le Niger, le Congo, le Nil. Sur l'objet principal du travail de M. Jean Darcy, nous ne trouvons, au total, aucune critique à formuler, et nous nous plaisons à saluer dans le premier volume de *Cent années de Rivalité coloniale* ce manuel d'histoire contemporaine de notre politique africaine qui manque encore à notre littérature coloniale. Henri FROIDEVAUX.

49. — **De Timotheo I, Nestorianorum patriarcha, (728-823), et Christianorum orientalium condicione sub chaliphis Abbasidis**, par H. LABOURT. — Paris, Victor Lecoffre, 1904, in-12 de XVI-89 p.

Un savant écrivain a dit que les œuvres d'érudition françaises, surtout les thèses de doctorat, par la science dont elles portent le caractère, par leur clarté et leur netteté, font honneur à notre pays. La belle thèse latine de M. Labourt fortifie cette conviction dans l'esprit du lecteur.

Timothée Ier, patriarche de l'Eglise nestorienne, florissait à Bagdad, sa résidence, au VIIIe siècle de notre ère et au commencement du IXe, sous les califats d'Al-Hâdî, de Hâroun al-Raschid, d'Al-Amîn et d'Al-Mamoun. Très ambitieux, retors à l'occasion, doué d'une rare intelligence, d'une fermeté et d'une persévérance invincibles, infatigable dans les labeurs ininterrompus de ses hautes fonctions épiscopales et dans l'étude des sciences sacrées et profanes, administrateur et controversiste habile, il occupa pendant plus de quarante ans le siège patriarcal des Nestoriens. Il eut ses entrées à la cour des Abbassides qui l'estimaient pour ses talents et l'accueillaient avec honneur pour sa valeur morale. Timothée disputa plusieurs fois devant le calife Al-Mahdî sur des questions philosophiques et religieuses avec les docteurs musulmans. Il ramena à des sentiments plus humains le célèbre Hâroun al-Raschid, persécuteur implacable des Chrétiens au début de son règne. Un jour, il reçut de ce prince en cadeau la somme de 84.000 pièces d'argent. Le récit de sa vie éclaire singulièrement deux faits historiques, d'un intérêt capital, sur lesquels M. L. a insisté avec raison, parce qu'ils ont été obscurcis comme à plaisir — au moins le premier — par les panégyristes fanatiques de l'islamisme.

N'avons-nous pas vu des orientalistes ignorant ou paraissant ignorer que les Chrétiens du vIII[e] siècle et ceux du IXe furent les initiateurs des Arabes dans les mystères de la philosophie, des sciences et des arts, qu'ils furent, pour m'exprimer plus exactement, les Pères de la civilisation arabe? Sous la dynastie des Omayyades et, plus tard, quand les Abbassides, leurs successeurs, veulent réorganiser le gouvernement de l'empire, leurs vizirs ont recours principalement, sinon exclusivement, à des chrétiens pour l'administration des finances. Et quand les Abbassides, tranquilles possesseurs d'un pouvoir incontesté, tournent enfin leurs regards vers les choses de l'esprit, ceux qui apportent, traduisent et vulgarisent dans leurs États les œuvres de la civilisation grecque (philosophie, astronomie, physique, alchimie, médecine, architecture), les maîtres en un mot des savants arabes, sont tous ou presque tous des moines grecs ou syriens. Les travaux de ces moines, dont l'influence bienfaisante sur la culture intellectuelle des Arabes s'étend jusqu'à l'Espagne elle-même, demeurent la cause principale de la gloire scientifique de l'Islâm. Car, « peut-être aucun savant musulman, et certainement aucun arabe d'Espagne n'a su le grec ». Grecs aussi, plus rarement juifs, étaient les médecins des califes. De ces observations il faut conclure sans doute que les quelques découvertes faites par les Arabes proviennent en définitive du génie inspirateur de la Grèce et de l'Espagne chrétiennes.

Le second fait historique, digne de remarque, c'est que les chroniqueurs musulmans n'ayant que du mépris pour les sujets chrétiens du calife ont passé sous silence à peu près toute leur histoire. Or la biographie de Timothée Ier, tirée surtout des sources syriaques, établit que les patriarches nestoriens du VIIIe siècle avaient sous leur juridiction une multitude d'évêques suffragants, résidant les uns dans les provinces du califat de Bagdad, les autres bien au delà des frontières. Il y avait des chrétientés depuis la mer Méditerranée et la mer Rouge jusqu'à la mer Jaune ! Il y avait les métropolitains ou évêques de Sanâ et de l'Yémen, de Damas, d'Arbelles, de Holwân, de Gondisâpour, de Hérat, de Merw, de Samarcande ; il y avait ceux de l'Inde et ceux du Thibet et de la Chine. Les vallées du Tigre et de l'Euphrate, les montagnes qui s'étagent en gradins à l'est de ces vallées étaient couvertes de monastères chrétiens. Les moines, poursuivis dans leurs cloîtres par l'intolérance du Croissant, s'en allaient porter la foi, les mœurs, la civilisation chrétiennes dans les contrées les plus reculées de l'Asie. Dans ses lettres, Timothée parle souvent de cénobites qui faisaient à pied le trajet du Tigre à l'Indus, « avec une besace et un bâton » pour tous bagages. Les rives de la mer Caspienne, le Turkestan jusqu'à la mer d'Aral reçurent aussi l'Evangile. Plusieurs rois turcs de ces contrées se convertirent au christianisme avec leurs sujets. Partis du Turkestan, d'autres missionnaires franchirent le Pamir pour porter dans le Céleste empire, avec leurs croyances religieuses, les sciences profanes, en particulier l'alphabet dont se servirent les Turcs, les Mongols et les Mandchous, au Moyen-Age. Peut-être leur liturgie influença-t-elle le cérémonial du lamaïsme. La célèbre inscription syro-chinoise de Si-ngan-fou, de l'an 780 de J.-C., nous assure que, longtemps avant l'élévation de Timothée Ier sur le siège patriarcal, la religion chrétienne avait pénétré en Chine, qu'elle s'y propageait rapidement malgré les efforts du bouddhisme et qu'elle y était honorée sous le nom de « religion splendide ». Un des empereurs chinois du VIIIe siècle, Hiuen-Tsung, reçut très probablement le baptême. Les évêques nestoriens de ces régions lointaines, quoique séparés de leur patriarche de Bagdad par d'immenses espaces, reconnaissaient pourtant avec fidélité sa juridiction spirituelle et lui envoyaient un tribut. Malgré les persécutions qui les décimèrent au ɪxᵉ siècle, ces chrétientés chinoises subsistèrent jusqu'à l'époque de Marco-Polo qui les retrouva, et même jusqu'au xɪvᵉ siècle où Jean de Mont-Corvin les mentionne encore.

Le petit livre si dense de M. L. contient une encourageante leçon pour tous les curieux d'histoire orientale. L'Asie est un monde peuplé de sphinx qui murmurent toujours d'antiques énigmes, et quiconque interrogera son sphinx de prédilection avec la conscience et la patience scrupuleuses de M. L. aura l'honneur de lui arracher plus d'un secret.   Jean Périer.

---

50. — **Louis XIV et la Grande Mademoiselle** (1652-1693), par Arvède Barine. — Paris, Hachette, 1905 in-16 de 392 p.

Madame A. Barine nous donne ici la suite de l'intéressante étude qu'elle a publiée en 1901 sur « la Jeunesse de la Grande Mademoiselle. » Ce nouveau livre mérite tous les éloges et la longue faveur accordés à l'ancien. Le public ami d'une lecture facile et séduisante, attentif aux détails nombreux et piquants, y trouvera de quoi satisfaire largement son goût et sa curiosité, tandis que l'historien sérieux sera content d'y rencontrer, avec le portrait d'une figure, complexe et peu commune, un tableau très original de la société française au début du règne personnel de Louis XIV.

Mademoiselle de Montpensier quitte Paris pour sa terre de Saint Fargeau : c'est la volonté du Roi son cousin. Après la poursuite des rêves les plus brillants et l'accomplissement de folles équipées, de constater que tout est fini et de se voir désormais condamnée par l'exil à l'isolement et à l'obscurité : voilà ce que l'héroïne de la Porte Saint-Antoine ne peut envisager « sans peur et sans chagrin. » On sourit presque de la voir pleurer, mais au fond, n'a-t-elle pas grand sujet de le faire et sa déchéance n'est-elle encore plus complète qu'elle-même ne l'imagine et ne le soupçonne? Son exil, en effet, est un événement significatif. Il marque la fin d'un régime et d'une société ; il inaugure une profonde transformation politique et morale.

Pendant qu'à Saint-Fargeau, on essayera de chasser l'ennui en causant de littérature et de paysage, à Paris, les âmes auront trouvé leur maître. Toutes les têtes se courberont à l'envi sous sa main, et les classes se confondront dans sa dépendance. De leur exil, les victimes de la Fronde ne soupçonneront point ce changement ou, l'ayant entrevu, n'en mesureront pas toute l'importance. Aussi quelle désillusion à leur retour! Comme ils se sentiront dépaysés dans cette nouvelle société qui n'a plus d'indépendance et de fierté. Il leur en coûtera beaucoup de se remettre au diapason commun : ce ne sera qu'au prix de durs mécomptes et de fréquents ennuis qu'ils s'habitueront aux exigences d'un maître absolu et qu'ils s'initieront peu à peu au changement survenu dans les idées et dans les façons d'être. Or, à ce point de vue, la Grande Mademoiselle fut bien « représentative » de son époque et de sa génération. C'est un premier mérite pour madame A. Barine d'avoir mis particulièrement cette idée en relief et d'avoir montré, par les difficultés perpétuelles de la princesse et de Louis XIV, « l'espèce d'incompatibilité d'humeur qui existait au début entre la royauté absolue et les survivants de la Fronde ». On pourra s'en convaincre par la lecture du chapitre des « Démêlés de mademoiselle avec son père » ou celui des « Projets de mariage. »

« L'espèce d'incompatibilité d'humeur » ne se bornait pas d'ailleurs à la politique. Si la duchesse de Montpensier n'entendait rien des nouvelles façons de penser et d'agir de son royal cousin, elle ne comprenait pas davantage les sentiments et les tendances du monde qu'elle retrouvait. Le changement avait été plus général, il s'était étendu aux manières et aux mœurs elles-mêmes. A la faveur du trouble où la société avait été jetée, — grâce aussi, disons-le, aux encouragements et à l'exemple du jeune roi, — un laisser-aller général s'était introduit, on s'abandonnait à ses passions avec la même facilité qu'on se livrait au souverain dispensateur des honneurs et des fêtes. Madame Arvède Barine nous a peint de main de maître un sobre et brillant tableau de cette société légère, où les rangs se confondaient par des mésalliances, où les distances s'atténuaient entre classes par l'oubli de l'étiquette, où, surtout depuis que les femmes s'étaient vues systématiquement écartées de l'action publique, les choses de l'amour prenaient une importance et une tournure qui présageaient pour bientôt des conséquences aussi peu morales que la polygamie du Roi ou le fameux drame des Poisons!

Il est intéressant de suivre l'attitude et l'évolution de la « Grande

Mademoiselle » au milieu de ce monde, tout différent de celui qu'elle avait quitté en 1652. Choquée d'abord par des manières dont le sans-gêne et la familiarité ne cadraient pas avec ses vieux préjugés de caste, rebelle à une conception de l'amour qu'elle n'avait point apprise au théâtre de Corneille, elle fut pourtant gagnée insensiblement par l'ambiance. Sur le tard, le torrent l'emporta, elle finit par en devenir la victime. Ce fut l'histoire de « Mademoiselle amoureuse », l'histoire du roman avec Lauzun, qui la rendit si ridicule et qu'elle paya de tant de larmes.

Tel est dans son ensemble le livre de madame Arvède Barine. S'il n'apporte à l'histoire presque rien d'inédit qui soit essentiel, toutefois, par les nombreux détails qu'il renferme et les aperçus originaux qu'il ouvre au lecteur, apparaît-il comme une œuvre intéressante et vraiment instructive. Ce qui lui donne surtout sa valeur, c'est l'art avec lequel l'auteur a su grouper autour de deux personnages et de quelques idées générales une suite de développements qui, tout en prouvant des connaissances très étendues et parfaitement assimilées, révèlent aussi un remarquable talent d'analyse et d'exposition. D'éléments tirés d'un grand nombre d'ouvrages connus, mémoires du temps ou livres récents, comme celui-ci de M. R. Allier sur la « Cabale des Dévots » ou le « Drame des Poisons » de M. F. Brentano, madame Arvède Barine a su former un tableau neuf et vivant d'une époque et d'une société qu'on a bien longtemps ignorées. Henri CARRU.

---

51. — **Philosophische Aufsaetze**. — Berlin, Weidmannsche Buchhandlung, 1904, in-8, de IX-257 p.

Ce volume renferme douze *essais philosophiques,* publiés par la *Société philosophique* de Berlin, pour fêter son soixantième anniversaire. L'*Avant-Propos* explique tout ensemble l'objet de la Société, (fondée le 5 janvier 1843), et le but qu'elle se propose par cette publication. L'enseignement et le livre ne suffisent pas à entretenir de façon vivante l'activité philosophique ; la Société réunit des hommes de tendances très diverses, et les invite à se communiquer mutuellement, en de vivants dialogues, ce qu'ils estiment savoir sur les principes de la pensée et de l'action, à mesurer chacun leur propre connaissance à celle d'autrui. Et, constatant que, de nos jours surtout, la philosophie est peu populaire, (à moins de se transformer en applications pratiques), la *Société* voudrait, par cette publication, faire apprécier son œuvre et attirer des adhérents nouveaux. Cette profession de foi explique, d'ailleurs, la diversité des tendances dont ce volume offre l'expression. Et cette diversité est mise en relief par l'épigraphe en vers, due à l'un des collaborateurs, Emile Jacobsen (dialogue sur la *Chose en soi* entre le *positiviste*, qui se refuse à admettre l'inconnaissable, craignant de changer par là son savoir en apparence mensongère, et l'*idéaliste*, qui lui montre le noumène dans le *moi*, « unité du savoir et de l'être, seul durable dans l'écoulement des choses. » L'ouvrage est dédié aux mânes de Kant, pour le centième anniversaire de sa mort.

1. Adolf Lasson, *Immanuel Kant, pour le centenaire* (article de la National-Zeitung). — Kant, réalisation du génie allemand, a donné un contenu objectif et autonome à la personnalité libre, et cela sous une forme rigoureusement scientifique. Il a attribué à l'homme, vis-à-vis de la nature, une place toute nouvelle; et, faisant évanouir le monde de la matière, il a placé dans la raison libre l'inconditionné. Ce qui fait la valeur universelle de son œuvre, c'en est le haut idéalisme moral.

2. Adolf Lasson, *Discours prononcé dans la salle des fêtes du Rathaus à Berlin*. — L'auteur insiste sur l'idéalisme moral et la philosophie kantienne de l'histoire. Il montre l'anthropocentrisme de la doctrine, et comment la nature donnée dans l'expérience sensible est déjà un produit de l'esprit, champ d'action pour la réalisation de l'Etat juridique et de la liberté. Il oppose à l'idéalisme de Kant le culte exclusif des Allemands actuels, même de ceux qui se réclament de Kant, pour la pure expérience sensible et leur mépris pour l'idéal moral.

3. A. Doering, *Le concept de la Philosophie et sa place dans l'encyclopédie des sciences*. — La philosophie n'est pas, suivant la conception usuelle qu'on s'en fait, la synthèse des sciences particulières; elle est, au sens antique renouvelé par Kant, la science du bonheur ou du souverain bien, l'éthique axiologique. Les autres sciences, prises ensemble, ont un caractère social; la philosophie a un caractère individualiste. La logique, introduction à toutes

les sciences, n'a pas avec la philosophie de relation spéciale ; non plus que la théorie de la connaissance, introduction aux sciences de l'être.

4. Alfred WENZEL, *L'humour envisagé comme intuition mondiale* (Weltanschauung). — Optimisme et pessimisme sont deux points de vue également incomplets, parce qu'absolus l'un et l'autre. L'humour les réconcilie. Il convient de voir en lui une forme supérieure du comique. Individualisation des contrastes, telle est sa méthode. Et, s'il traite par l'ironie les deux opposés, idéal et sensible, s'il applique cette ironie au sublime comme au bas, c'est que le sublime lui apparaît conditionné, et que le sublime véritable se découvre dans le moi et non dans le monde. Mais l'ironie est appliquée au moi lui-même, qui contient les deux termes opposés et se prend pour un absolu. Il est donc faux d'identifier l'humour avec la négation. Incomplet, il voisine avec le tragique ; complet, il réconcilie la douleur et la joie. Il se fait un idéal de la pénétration réciproque du sensible et du spirituel ; et il incarne cet idéal inaccessible dans une intuition sentimentale. Aussi l'œuvre de l'humour est-elle symbolique : le périssable n'est pour lui qu'une image, l'image de l'éternel. Et, sans détruire le sens propre des concepts moraux, humain et autonome, il réalise à sa manière l'intuition du monde « par delà le bien et le mal. »

5. Dr Wilhelm STERN, *Le concept de l'action*. — Eclaircissements apportés à quelques concepts que le Dr Stern expose dans un ouvrage antérieur sur le *Fondement critique de la morale comme science positive*. Il définit l'action comme activité volontaire qui détermine un changement dans le monde extérieur et aussi un changement psychique dans la personne de l'agent, (dans son rapport au monde extérieur). Il adopte l'idée de la liberté conçue comme détermination par les forces psychiques de tous ordres, et surtout par celles qui sont héréditaires. Il cherche à montrer, en combattant l'opinion de plusieurs juristes, que le concept juridique de l'action doit s'identifier avec le concept général qu'il s'en est fait ; et aussi que ce dernier concept suffit à toutes les exigences de la science juridique.

6. Dr Georg ULRICH, *La pensée et l'être*. — L'être est compris tout entier dans la pensée. Il n'y a pas d'individualité absolue. Connaître, c'est ramener le particulier aux déterminations universel-

les. Etre, c'est élargir l'individualité, l'universaliser. La vie, organique et spirituelle, consiste dans cette pénétration de l'universel et de l'individu. Le troisième terme, qui unit les deux autres, c'est la pensée, « réalité supra-individuelle, substance et force productrice du monde. »

7. Ernest KAHLE, *Le concept de la conscience, critique des thèses de Ferdinand Jacob Schmidt* (conférence).

8. Adolf LASSON, *La causalité*. Les diverses catégories de la pensée, pour nécessaires qu'elles soient, n'ont pas toutes la même valeur. Celle de causalité réclame l'examen. L'expérience ne suffit pas à l'établir, et c'est mal définir la science que la borner à la recherche des causes. La pensée vise à la connaissance de l'être des choses; elle cherche le rationnel dans l'être; elle aspire à déterminer les fins. Aussi la causalité toute extérieure et matérielle ne lui suffit-elle pas. C'est dans l'esprit que nous trouvons la loi de *dépendance*, comme loi *a priori*; l'activité de la pensée est le fondement réel et le seul intelligible. De là l'échelle des formes de la dépendance, depuis le mécanisme abstrait jusqu'à la dépendance *idéale*.

9 Félix LEWIN, *Les chemins de la vérité*. — La vérité est la plus haute des idées morales, l'idée morale objective. Le rationalisme et le sensualisme prétendent y conduire; le criticisme de Kant enlève au concept son objectivité. Or l'idée de l'infini, présente dans celles d'espace, de temps et de causalité, nous interdit de sortir du subjectif. Pourtant il y a des vérités; elles sont situées dans notre âme; on y parvient en éclaircissant ce que celle-ci renferme, et en prenant conscience de la subjectivité de cette pensée.

10. Dr Joh. SCHUBERT, *La philosophie hégélienne de la religion*. — La méthode dialectique de Hegel est la conséquence dernière du concept kantien de la nécessité *a priori*. Hegel a surmonté le dualisme kantien, et, définissant la religion de manière réflexive, déterminant par son monisme la nature spirituelle et vivante de Dieu et l'identité *en soi* de Dieu et de l'homme, il a consacré l'élément mystique.

11. Emil JACOBSEN. *Energie et Entéléchie*. La loi de la conservation de l'énergie ne vaut que dans l'ordre du mécanisme; dans le monde spirituel il y a augmentation de l'être; et le pouvoir créa-

teur des entéléchies, agissant pour un but, se déploie dans et par la nature. C'est à tort que l'on applique le concept de l'énergie hors de sa sphère, et que l'on croit pouvoir nier l'esprit.

12. Emil JACOBSEN, *Psaumes de philosophie naturelle.* (*Les deux soleils. — Connaissance du divin. — La souveraineté de l'esprit. — La force créatrice de l'esprit. — Eloge de la sagesse.*)

J. SEGOND.

---

52. — **Le Culte d'Apollon Pythien à Athènes,** par G. COLIN. — Paris, Fontemoing, 1905, in-8, de 178 p. avec 39 gravures et 2 planches hors texte.

Le Trésor des Athéniens, à Delphes, dont les pierres éparses se sont trouvées assez nombreuses pour permettre une reconstruction, ne constitue pas seulement, comme on sait, une source précieuse de renseignements sur la sculpture et l'architecture du ve siècle. Les murs, couverts d'inscriptions, parmi lesquelles se trouvèrent les hymnes à Apollon, ont fourni d'utiles documents épigraphiques.

M. Colin s'attaque au plus important de ces groupes, celui des inscriptions qui se rapportent à la *Pythaïde*, c'est-à-dire à la procession que les Athéniens, à certaines époques, envoyaient officiellement à Delphes.

L'auteur groupe toutes ces inscriptions, et, s'appuyant en outre sur quelques documents d'autre origine, s'efforce d'en tirer tout ce qui peut faire mieux connaître l'institution. Les textes nouveaux sont au nombre d'une soixantaine et malheureusement, un seul excepté, ne remontent pas au delà de la dernière moitié du IIe siècle avant J.-C.

Afin d'éviter les redites, M. C. étudie ces textes, non pas suivant leur ordre chronologique, mais d'après les différentes parties de la théorie athénienne ou les diverses phases de l'ambassade sacrée dont ils traitent.

De cette minutieuse revue, nous ne pouvons qu'indiquer les résultats généraux. A la fin du IIe siècle, les Athéniens, réalisant les vœux de Platon qui recommandait d'envoyer aux grands jeux de la Grèce des députations nombreuses composées des plus illustres citoyens, donnaient à la théorie de Delphes un grand éclat. Théores, pythaïstes, canéphores, appartenaient aux premières familles. On ne se contentait pas d'offrir à Delphes de somptueux sacrifices, des jeux suivaient les cérémonies religieuses, où se succédaient les courses de chevaux et de chars, les concours poétiques et musicaux, et peut-être gymniques. Si l'état athénien prenait sa part des dépenses, les particuliers appelés à figurer dans la théorie tenaient à ne pas être en reste de générosité, et, à mainte reprise, la ville de Delphes leur en témoigne sa reconnaissance.

Beaucoup de questions de détail restent encore à résoudre ; toutefois, M. Colin dit fort justement et prouve que l'on peut se faire dès à présent une idée assez précise du cortège qui se rendait à Delphes et des fêtes qui s'y célébraient. Il souhaite que des fouilles pratiquées au Pythion des bords de l'Ilissus viennent un jour compléter le dossier du Trésor des Athéniens et surtout fournir des documents d'une date plus reculée.

André BAUDRILLART.

BIBLIOGRAPHIE

I. — SCIENCES RELIGIEUSES.

Catéchisme (le) sans maître. Explication littérale du mot à mot du catéchisme, par un catéchiste (vii-432 p.), in-18, cart., 1 fr. 50. — Lib. des catéchismes.

Guibert (J.) — Apologétique vivante (18 p.), in-8°, 0 fr. 50. — G. Beauchesne et Cie

Stapfer (P.) — Questions esthétiques et religieuses (242 p.) in-8°, 3 fr. 75. — F. Alcan.

Turmel (J.). — Histoire de la théologie positive, du Concile de Trente jusqu'au Concile du Vatican : I : L'Eglise (410 p.), in-8°, 6 fr. — G. Beauchesne et Cie.

II. — PHILOSOPHIE ET SCIENCES SOCIALES.

Cassou (cap. P.). — Etude sur la situation militaire de l'Indo-Chine (437 p.), in-8°, 8 fr. — A. Rousseau.

Debolo (M.). — L'Apprentissage à l'atelier (387 p.), in-8°, 6 fr. — A. Rousseau.

Garreau (G.). — Commentaire de la Loi du 21 mars 1904, sur le recrutement de l'armée (882 p.) in-8°, br. 18 fr ; rel., 12 fr. — H. Charles-Lavauzelle.

Hamet (I.). — Les Musulmans français du Nord de l'Afrique (320 p.), in-18, av. 2 cartes, 3 fr. 50. — Librairie A. Colin.

Kirkbride (F. B.), J. E. Sterrett. — Modern Trust Company, its Functions and Organisation, in-8°, 10 s. 6 d. — Macmillan.

Lacombe (P.). — La Psychologie des individus et des sociétés selon Taine, historien des littératures (II-376 p.), in-8°, 7 fr. 50.

Maumus (R. P.). — Le Despotisme jacobin, lettres d'un libéral, in-16, 3 fr. Plon-Nourrit et Cie.

Moulin (H.-A.). — La Question marocaine, d'après les documents du livre jaune (VIII-177 p.), in-8°, 3 fr. 50. — A. Rousseau.

Notovitch (N.). — La Russie et l'alliance anglaise, étude historique et politique, in-8°, 5 fr. — Plon-Nourrit et Cie.

III. — LITTÉRATURE.

Adam (Mme). — Mes illusions et nos souffrances pendant le siège de Paris, in-18, 3 fr. 50 (15/III) — A. Lemerre.

Citoleux (M.). — Mme Ackermann, in-8°, 6 fr. — Plon-Nourrit et Cie.

Citoleux (M). — Lamartine (La poésie philosophique au XIX° siècle.) in-8°, 7 fr. 50. — Plon-Nourrit et Cie.

Larroumet (C.). Chroniques dramatiques in-16, 3 fr. 50. — Hachette et Cie.

Leblond (M. A.) Leconte de Lisle, d'après des documents nouveaux (478 p.), in-18, 3 fr. 50. — Mercure de France.

Shaw (M.). — Illustres et inconnus, souvenirs de ma vie (350 p.), in-18, 3 fr. 50. — E. Fasquelle.

Vigny (A. de). — Correspondance 1816-1863, in-18, 3 f. 50. — Calmann-Lévy.

IV. — HISTOIRE ET GÉOGRAPHIE.

Clausewitz. — La Campagne de 1779 en Italie et en Suisse, trad. A. Niessel, 2 vol. (VI-477-350 p.), in-8°, 12 fr. — R. Chapelot et Cie.

Clerget (C.). — Tableaux des armées françaises pendant les guerres de la Révolution (116 p.), in-8°, 3 fr. 50. — R. Chapelot et Cie.

Clouzot (H.). — Nouvelles notes pour servir à l'histoire de l'imprimerie à Niort et dans les Deux-Sèvres (50 p.), in-8°, 2 fr. — H. Champion.

Dupuis (V.) — La Campagne de 1793 à l'armée du Nord et des Ardennes (512 p.), in-8°, 12 fr. — R. Chapelot et Cie

Gentil (L.). — Explorations au Maroc. Dans le Bled es Siba, av. 223 fig. (XVI-364 p.), in-4°, 12 fr. — Masson et Cie.

Haise (J.). — Un lieutenant du marquis de la Rouërie dans la conjuration bretonne : Georges-Julien Vincent (37 p.), in-8°, 1 fr. 25. — Haize, à Saint-Servan.

Un Kriegspiel d'armée en 1775, par le com. N*** (40 p.), in-8°, 1 fr. 25. — R. Chapelot et Cie.

Loliée (F.). — Les femmes du second Empire, av. 50 gr. (450 p.), in-8°, 7 fr. 50. — F. Juven.

Mantoux (P.). — La Révolution industrielle au xviii^o siècle. Essai sur les commencements de la grande industrie moderne en Angleterre (544 p.), in-8°, 10 fr. — E. Cornély et Cie.

Margueron (L.). — Campagne de Russie, 2° partie : marche de la grande armée, 1er février-24 juin 1812. T. IV (632 p.), in-8°, 12 fr. — H. Charles-Lavauzelle.

Martinien (A.). — Guerre de 1870-1871. Etat nominatif par affaires et par corps des officiers tués ou blessés dans la 2° partie de la campagne, du 15 septembre 1870 au 12 février 1871 (242 p.), in-8°, 8 fr. 50 — H. Charles-Lavauzelle.

Plumon (E.). — La Colonie allemande de l'Afrique orientale et la politique de l'Allemagne dans ces régions (thèse) (157 p.), in-8°, 5 fr. — Imp. Simon à Rennes.

Prunelé (A. de). — Saint-Germain-le-Désiré, en Beauce, pages d'histoire locale (viii-179 p.), in-8°, 6 fr. — Imp. Garnier, à Chartres.

Sénèque (cap.). — Luttes et combats sur la frontière de Chine (Cercle de Moncan), 1893-1894-1895 (156 p.), in-8°, 3 fr. 50. — H. Charles-Lavauzelle.

Uthéza (J.). — Monographies d'Aigues-Vives et Saint-Frichoux (184 p.), in-8°, 5 fr. — Imp. Bonnafous-Thomas, à Carcassonne.

Watteville (R. de). — Les protestants et le protestantisme en Russie Aperçu historique (45 p.), in-8°, 1 fr. 50. — A. Rousseau.

Waliszewski (K.). — Les Origines de la Russie moderne. La crise révolutionnaire du xvii^o siècle, 1584-1614, in-8°, 8 fr. — Plon-Nourrit et Cie.

V. — ART ET ARCHÉOLOGIE.

Cloquet (L.). — Lexique des termes architectoniques (422 p.), in-32, cart., 3 fr. — Ch. Béranger.

Cust (R. H. Hobart). — Giovanni Antonio Bazzi, hitherto usually styled Sodoma (460 p.), in-4°, 21 s. — J. Murray.

Gebhart (E.). — Sandro Botticelli et son époque, in-4°, 500 fr. — Manzi, Joyant et Cie.

Séailles (C.). — Léonard de Vinci, l'artiste et le savant, 1452-1519, in-16, 3 fr. 50. — Perrin et Cie.

Thobois (B. J.). — Le château d'Hardelot (xxv-241), in-8°, 5 fr. — Imp. Delambre, à Montreuil-s-Mer.

Wyzewa (Th. de). — Ingres (Les grands artistes français). Introduction biographique, av. 60 reprod., 25 sujets et 35 portraits, in-8°, cart., 5 fr. — F.-A Brockhaus.

ACADÉMIE DES INSCRIPTIONS ET BELLES-LETTRES

Séance du 23 févrer — L'Académie renvoie à sa commission des inscriptions et médailles l'étude et la rédaction d'une inscription en l'honneur de l'abbé de Feletz, rédacteur au *Journal des Débats*, il y a cent ans, et destinée à son village. — M. Léopold Delisle informe officiellement ses confrères du don magnifique, dont nous parlions ces jours-ci, fait à la Bibliothèque nationale : le tome II des *Antiquités juives* de Josephe, orné des miniatures de Fouquet, qui grâce à la générosité du roi d'Angleterre et de sir John Thompson, va reprendre sa place à côté du tome Ier. — M. Salomon Reinach lit un Mémoire sur la mort du grand Pan et tente d'expliquer par là l'annonce de la mort surnaturelle de Jésus. Le pilote d'un vaisseau allant de Grèce en Italie, s'entendit appeler par une voix mystérieuse qui lui annonça que le « grand Pan était mort ». Il y aurait eu un malentendu sur le sens de cet appel ; le récit de Plutarque fut de bonne foi, mais devint la source, depuis quelques siècles, d'une foule d'hypothèses plus ou moins invraisemblables. — M. Joret signale à l'Académie l'activité et le zèle dont fait preuve la Société d'études provençales qui, fondée il y a deux ans à peine, publie un recueil d'Annales et s'est créé un grand nombre de correspondants dans toute la région du Midi. M. Joret lui-même a publié sous les auspices de cette Société un curieux article sur l'Helléniste d'Ansse de Villoison.

L'Éditeur-Propriétaire-Gérant : Albert Fontemoing.

BULLETIN CRITIQUE

---

53. — Eusèbe : **Histoire ecclésiastique**. Livres I-IV, texte grec et traduction française, par E. Grapin, dans la Collection de *Textes et Documents pour servir à l'étude du Christianisme*, publ. sous la direction de Hippolyte Hemmer et Paul Lejay. — Paris, A. Picard et fils, 1905, in-12 de viii-524 p.

La nouvelle collection des textes et Documents nous donne, avec le premier volume d'Eusèbe, un second fascicule. Le premier — on s'en souvient — était les « Apologies » de S. Justin. Le texte qui nous est offert est la reproduction de celui de Schwartz. C'est donc un texte critique de haute autorité. Désormais, il ne sera plus permis de citer Eusèbe en se référant à d'autre éditions. Le clergé a maintenant entre les mains une édition d'Eusèbe aussi sûre que commode. Il faut espérer qu'il saura en profiter pour refaire connaissance avec le grand et seul historien des origines chrétiennes. Quand on songe au peu que nous saurions des premiers siècles du christianisme si Eusèbe ne nous avait pas été conservé, on reste confondu. Aussi voudrait-on que chaque chrétien eût lu, une fois au moins en son existence, ces pages si claires, si simples et si lumineuses, où, tour à tour, l'historien raconte la vie du Christ, celle des apôtres et celle des premières communautés chrétiennes. Mieux que tous les autres ouvrages de seconde main, en effet, la lecture d'Eusèbe fait entrer dans l'intimité des fondateurs de l'Eglise ; mieux que toutes les dissertations, elle fait revivre à nos yeux les difficultés que les missionnaires eurent à vaincre pour jeter dans la société païenne les germes de la civilisation chrétienne. La lecture d'Eusèbe est, du reste, à la portée de tous, grâce à l'excellente et serrée traduction qui accompagne le texte grec. Les érudits, à leur tour, pourront profiter de l'appendice qui suit le texte grec et dans lequel les éditeurs ont indiqué les variantes des manuscrits comme les principaux travaux à consulter sur chaque chapitre. Si j'avais une réserve à formuler au sujet de cette édition, elle porterait précisément sur cet appendice. La disposition typographique est à mon avis trop confuse. Il eût été préférable de grouper sous chaque rubrique d'une façon plus claire, les variantes, les remarques et les renvois bibliographiques.

A. V.

---

54. — **Mariage et Union libre,** par Georges Fonsegrive. — Paris, Plon-Nourrit, 1904, in-16 de 392 p.

Le besoin d'un tel livre se fait sentir vivement à l'heure où l'institution du mariage indissoluble est attaquée avec violence, où des sophismes, répandus à profusion, troublent en cette matière les notions les plus justes et les plus claires dans l'âme des simples. M. Fonsegrive, avec son intelligence robuste et souple, met en relief les aspects complexes de la question, et, avec une loyauté trop rare, s'efforce de présenter, sans les dénaturer ou les affaiblir, les arguments les plus captieux ou les plus séduisants de ses adversaires. La force des raisons qu'il invoque à l'appui de sa thèse rend vraiment intéressante sa défense du mariage indissoluble.

Voici quelques observations faites au cours de la lecture : Sur le droit de famille de la Rome païenne, l'auteur fait siennes nombre d'appréciations surannées, dont la critique et l'érudition moderne ont montré l'inexactitude ou l'exagération :

— Pages 186 et 187, « Mais si le mariage a pour but l'enfant... on peut dire qu'alors tout change, que le divorce perd sa raison d'être et que le mariage ne se conçoit pas sans l'indissolubilité. Ce qui nous confirme dans cette vue c'est que toutes les raisons que nous avons vu alléguer depuis Luther en faveur du divorce ne sont tirées que de la considération de l'intérêt des parents. Jamais on n'y parle des enfants comme si en tout cela les enfants n'avaient aucun intérêt. » *Jamais* n'est pas exact, car Ernest Legouvé, que je regrette de trouver parmi les partisans du divorce, a soutenu cette même idée erronée qu'il fallait instituer le divorce dans l'intérêt des enfants, parce que la séparation permettait aux parents de se torturer l'un l'autre en se servant de leurs enfants. Or, il ne s'est pas aperçu, en faisant dans les *Pères et les Enfants* un tableau si noir des effets de la séparation à ce point de vue, que le divorce n'y apportait pas du tout un remède, puisque, même divorcés, le père et la mère ont le droit de voir leurs enfants et par conséquent peuvent se servir d'eux pour se faire le plus de mal possible.

— Page 238, « Le mariage est une association, un contrat même, si l'on veut, mais un contrat qui ne se forme pas sans cause. On a des raisons pour se marier. » J'observe que l'association peut elle aussi faire l'objet d'un contrat et qu'il n'y a pas au point de vue juridique de contrat valable sans cause. En droit, il faut distinguer la cause des motifs, des raisons qui déterminent à le faire.

— Page 252, « Car le Code admet bien que l'épouse fugitive soit ramenée au domicile conjugal entre deux gendarmes... » Le code n'en parle pas, c'est la jurisprudence qui a autorisé l'emploi de la *manus militaris* dans ce cas, et encore il y a des décisions en sens contraire.

— Page 318, « Dans tous les autres contrats, c'est en vue de leurs fins propres que les parties stipulent, ici c'est pour des fins supérieures. Leur libre volonté se consacre à une œuvre qui dépasse leur personnalité particulière ». Mais on peut citer des contrats (promesse pour autrui, contrat de rente viagère pour autrui, gestion d'affaires), où l'une des parties tout au moins n'a pas en vue des fins qui lui soient particulières, mais bien l'intérêt exclusif d'autrui.

— Page 375, « Et d'abord le droit de tuer reconnu au mari et au mari seul n'est qu'un vestige de l'antique barbarie ! pour l'honneur de l'humanité, il devrait disparaître de nos codes. » Le Code pénal ne reconnaît pas du tout au mari le droit de tuer, il dit seulement (art. 324) que le flagrant délit de la femme est une excuse pour le mari qui tue l'épouse ou le complice, ce qui est bien différent. En effet, l'excuse au point de vue juridique n'exclut pas du tout la culpabilité, elle la suppose au contraire bien établie. Seulement, lorsqu'elle est atténuante comme dans ce cas, elle entraîne une diminution de la peine, le législateur a pensé que l'indignation légitime du mari pouvait lui faire perdre son sang-froid et qu'il était juste de le punir moins sévèrement. C'est le jury seul que l'on doit incriminer, lorsqu'au lieu de déclarer le mari coupable avec circonstances atténuantes, il prononce qu'il n'est pas coupable du tout et le fait par conséquent acquitter. J'ajoute que, dans la pratique, la femme qui tue son mari dans les mêmes circonstances profite généralement de cette indulgence regrettable du jury.

— Page 371, « L'autorité du mari sur les biens propres de la femme, dans la gestion des biens communs, non moins que sur les enfants dépasse de beaucoup ce qu'exige l'équité. » Mais la loi laisse chacun faire son contrat de mariage comme il lui plaît, elle n'impose le régime de communauté qu'à ceux qui ne font pas de contrat. J'ajoute qu'il ne suffit pas de connaître le texte de la loi, il faut savoir aussi comment les tribunaux l'appliquent. Il serait facile de montrer que, dans bien des cas, la jurisprudence a modifié, amélioré, complété ou aggravé la loi. Les praticiens en savent quelque chose.

Toutes ces observations, et d'autres que nous pourrions faire, n'empêchent pas que l'on trouve dans le livre de M. Fonsegrive l'essentiel de ce qu'il est nécessaire de connaître pour la justification de l'union indissoluble, la seule à mon avis qui assure le mieux les droits légitimes du père, de la mère et de l'enfant.

E. CAILLEUX.

---

55. — **L. Annae Senecae** dialogorum libros XII edidit Émil HERMES, MCMC, Lipsiae, xx-384 pp. (*Bibliotheca Teubneriana*. — L. ANNAEI SENECAE opera quae supersunt. Vol. I fasc. I).

Ce fascicule de la *Bibliotheca Teubneriana* fait suite à l'œuvre commencée en 1898 avec les *Epistulae morales* de O. Hense (vol. II des œuvres de Sénèque), continuée en 1900 avec le *De Beneficiis* et le *De Clementia* de L. Hosius (vol. I fasc. II) et destinée à s'achever prochainement avec les *Naturalium quaestionum libri VIII* de A. Gercke, qui formeront le vol. II. Ces trois volumes doivent remplacer le Sénèque de Fr. Haase, publié en 1852 (dernière édition, 1898) dans la même collection.

L'édition de E. Hermes répond à une nécessité. Le texte de Haase, établi en grande partie d'après le travail de recension consciencieux, mais discutable dans ses résultats, de C. R. Fickert (Berlin, 1842-1845) ne pouvait plus faire autorité depuis l'édition magistrale de Gertz (L. ANNAEI SENECAE dialogorum libros XII ad codicem praecipue Ambrosianum recensuit M. C. Gertz. Copenhague et Leipzig, 1886, gr. in-8, xxiii-443 pp.) qui avait été lui-même précédé de l'édition fort estimable de Koch-Valhen (Iéna, 1879). E. H. comble donc une lacune de la *Bibl. Teubn.*

Il avoue modestement qu'il n'apporte rien de nouveau pour la correction du texte, qu'il n'a pas découvert de nouveaux mss., et n'a pas cru devoir établir une nouvelle recension de A (Ambrosianus), dont le contenu nous est connu par les apparats de Koch et surtout de Gertz. Il se borne à emprunter l'essentiel à ses deux prédécesseurs. Il a raison. La recension de Gertz est trop complète et trop minutieuse et ses renseignements sur la valeur de A sont trop précis pour qu'il y ait à glaner quelque chose de sérieux après lui. E. H. nous donne donc, d'après Gertz, la description de A (Ambroisienne, C n° 90, XIe s.) et nous indique sommairement la nature des corrections apportées successivement à la rédaction primitive par quatre copistes différents (A^2, A^3, A^4, A^5), du xiie au xive siècle. Pour l'établissement de son texte, il s'en tient en principe avec Gertz à A^1. Il s'abstient de donner, ce qu'avait fait Gertz, le relevé complet des changements de toutes sortes apportés dans le texte de A^1 par les copistes postérieurs, changements qui consistent fréquemment en de simples modifications d'orthographe. A ce titre de spécimen, il présente cependant quelques-unes de ces dernières dans les dialogues I et II. Pourquoi cette exception? Il était bon de donner toutes les corrections qui paraissent acceptables ou qui sont acceptées, par ex. *de Provid.*, I, i, 6 : *patres* A^5 pour *partes* A^1; *ibid.*, I, iv, 4, *aliter quam* A^2 pour *aliter cum*; *de Const. sap.*, III, 4, *admota* A^2 pour *amota*; *ibid.*, XVII, 4, *voluptatem* A^3 pour *voluntatem*, etc. ; pour celles qui sont injustifiées, il fallait ou les donner toutes ou n'en donner aucune; quant aux particularités orthographiques ou aux abréviations, comme *at, illud, quit, quemamodum, anime*, etc., qui varient à l'infini, et dont quelques-unes sont des fautes indiscutables, il eût suffi d'un tableau d'ensemble dans la préface.

Dans son estime pour A^1, E. H. le suit fréquemment jusque dans ses variations d'orthographe. Il ne sert à rien de dire que Sénèque pouvait être négligent en orthographe comme pour le reste. Admettons que cela soit. Est-il bien sûr que les négligences et différences en question ne soient pas simplement le fait du copiste? Ce dernier paraît fort insouciant; il écrit *michi, nichil, nichilominus, pena, siquis* etc., que rejette avec raison H.; il a des formes barbares : *hiis, Trhansymennum, mereat* (pour *maereat*) *nollint, resperis* (pour *respexeris*) etc. Il fait les génitifs singuliers de la 2ᵉ déclinaison, dans les thèmes en *i*, tantôt en *ii*, tantôt en *i*; les datifs-ablatifs pluriels tantôt en *iis*, tantôt en *is*; les accusatifs pluriels de la 4ᵉ déclinaison en *uus* ou en *us*, la 3ᵉ personne du singulier des parfaits à contraction en *iit* ou en *it*. Il est bien impossible de savoir ce que Sénèque a écrit réellement, si on relève toutes ces incertitudes. En fait, est-ce bien Sénèque, plutôt que le copiste, qui dans certains passages, à très peu de lignes d'intervalle, écrit *fili* et *filii* (*ad Marc. de Consol.*, XIII, 1 et 2), *ex is* et *de iis* (*de Ira*, II, XXIX, 2) etc.? Cf. *impetus* à côté de *inpetus* (*de Ira*, II, III, 4-5), *iniquum* et *inicum* (*de Provid.* V, 3), *adfectus* et *affectus* (*de Ira*, I, X, 3-4) et, çà et là, *magistratuus* et *magistratus*, *Kanus* et *Canus*, *quicquid* et *quidquid*, *perit* et *periit*, *inpendere* et *inpendere* etc. Les cas de ce genre sont innombrables. Ce sont là peut-être des vétilles; mais l'autorité de A¹ (beaucoup de ces formes ont été corrigées par les copistes postérieurs) ne peut pas suffire à justifier tous ces changements d'orthographes choquants. Il nous faudrait d'autres arguments.

E. H. n'en fait pas moins preuve d'une sagacité remarquable et son respect pour A¹ se concilie fort bien avec une liberté d'opinion absolue. Il n'hésite pas à rejeter les leçons qu'il juge mauvaises dans son manuscrit ou les conjectures de Gertz et des autres critiques qui lui paraissent mal fondées, pour leur substituer soit une conjecture personnelle, soit la leçon des mss *deteriores* (ς); en général il mérite pleine approbation. Toutefois il condamne un peu trop sommairement les mss *deteriores* (Préface, p. XIII). S'il est vrai que ces mss présentent les mêmes fautes graves que A, et que d'autre part ils fournissent souvent de meilleures leçons, ne seraient-ils pas dérivés d'un archétype différent de A, mais aussi bon, sinon meilleur que lui? Je ne prétends pas répondre à la question; mais elle s'est déjà posée dans l'esprit de plusieurs critiques, en particulier de O. Rossbach (*De Senecae philosophi librorum recensione et emendatione*, Breslau, 1881) et de F. Leo (*Deutsche Literaturz.*, 1888, n° 1), à l'occasion de la supériorité que Gertz accordait à l'Ambrosianus sur tous les autres manuscrits. Quoi qu'il en soit, E. H. n'a pas craint, et avec raison, de préférer bien des leçons de ς à des leçons mauvaises de A; par ex., outre le passage du *de Ira*, III, VIII, 8 : *antequam ⟨robur accipiat⟩* (v. Préface, p. XIII), cf. *ad Marc. de Consol.*, I, 23 : *tacebuntur*; *ibid.*, VIII, 1 : *decrescit*; *de Brevit. vit.*, XIV, 4 : *hesterna*; *ibid.*, II, 4 : *immersos*; *de Otio*, V, 5 : *terminum*, etc.

Malgré sa tendance conservatrice, l'édition de E. H. est donc conçue avec plus d'indépendance que ne le laissent supposer les déclarations modestes de l'auteur. Il s'est d'ailleurs entouré de tous les secours nécessaires et n'a pas craint la peine que devrait lui imposer la révision des études de détail auxquelles a donné lieu le texte de Sénèque. En dehors des vieilles conjectures ou corrections de Pincianus, Erasme, Muret, Juste-Lipse, qu'il conserve en cas de besoin, il fait de judicieux emprunts à nombre de critiques modernes; il donne (pages XIV-XVIII de la préface) la liste des travaux récents, même des simples articles de revue, dont il a tiré profit. A vrai dire, certaines des conjectures qu'il leur emprunte ne sont pas hors de discussion, et la liste en question offre quelques lacunes. Elle n'indique pas les remarques de K. G. Georges, qui est cependant cité dans l'apparat (v. par ex. *de Vit. beat.*, XXXVI, 5; *de Brevit. vit.*, II, 3), ni la communication de J. E. B. Mayor à la *Cambridge philol. Society* (Séance du 16 Mai 1883) sur un ou deux passages de la *Consol. ad Helviam*, bien qu'une interprétation de Mayor soit indiquée et acceptée en un passage difficile du *de Otio*, III, 4 (v. la note de l'apparat critique). Elle ne cite pas non plus l'étude de Naegler *De particularum usu apud L. Senecam philosophum* (Nordhausen, 1880), ni l'article signé Le V(ieux) N(ormalien) dans la *Revue de philologie*, VII, 3, p. 171-173, 1883 (Sénèque, dialog. lib. I, *de Provid.*), ni celui de G. Lafaye, *ibid.*, 1897, III, p. 174-178 (*ad Helv. de Consolat.*, X et XII), ni celui de K. Lincke dans le *Philologus*, 1900, XIII, 2, pp. 195-196) *ad Senecae* dial. *de Const. sap.*, XII, 1 et 3) etc.

Ces remarques n'enlèvent rien d'ailleurs à la valeur de l'édition ni au mérite de l'éditeur. Il sait s'affranchir de la tradition, quand elle lui paraît mauvaise, montre plus d'indépendance que Haase, Koch et Gertz, sans jamais chercher le succès facile que pourraient donner des conjectures fantaisistes. La plupart de ses conjectures personnelles sont marquées au coin du bon sens;

quand il ne trouve rien à proposer, il met une croix ou distingue par un procédé typographique ce qui est authentique de ce qui ne l'est pas. C'est là une méthode tout à fait digne d'éloge.

Sur le détail des mss que E. H. a pu ou dû utiliser en dehors de A, j'ai peu à dire. Ce sont : 1° dans le *de Ira*, L (Laurentianus, XIIe/XIIIe s.); 2° dans la *Consol. ad Marc.*, F (Florentinus, XVe s.); 3° dans la *Consol. ad Polyb.*, dont la plus grande partie manque dans A, le même Cod. F, plus B (Berolinensis, XIVe s.), DE (deux mss de Milan, XIVe s), H (Hauniensis, XVe s.), V (Vratislaviensis, XIVe s.) et G (Guelferbytanus, XIVe s.). La plupart des variantes sont d'ailleurs empruntées aux éditions de Fickert, Koch et Gertz, et non tirées d'une collation directe des manuscrits.

L'apparat critique, comme le texte est partout établi avec le plus grand soin; le volume se termine par un *Index nominum*; il n'y a pas de table finale, défaut commun à la plupart des volumes de la *Teubneriana*.

En somme, bonne édition, bien au courant des études relatives à Sénèque, destinée, malgré quelques lacunes et quelques incohérences, à faire honneur à la collection à laquelle elle appartient.

J. VESSEREAU.

---

56. — **Lettres d'Elvire à Lamartine,** par R. DOUMIC. — Paris, Hachette, 1905, in-16 de 100 p., avec 2 fac-similés des autographes conservés à Saint-Point.

M. R. Doumic a eu la bonne fortune de découvrir au château de Saint-Point, quatre lettres de Julie Charles à Lamartine. Ce sont ces lettres, déjà publiées dans la *Revue des Deux-Mondes* du 1er février 1905, qu'il offre au public, en les faisant suivre d'une lettre de Bonald, de deux lettres d'Aymon de Virieu et de quatre lettres du docteur Alin qui soigna madame Charles durant sa maladie. Ces lettres, découvertes depuis celles d'Elvire, contiennent de précieux renseignements sur ses derniers moments. Elles ont permis à M. D. de compléter son pénétrant et délicat commentaire et de mettre dans tout son jour la physionomie morale de l'inspiratrice du *Lac* et du *Crucifix*.

Elle nous apparaît assez différente du portrait que nous en avait tracé Lamartine dans les commentaires de ses *Méditations* et dans son roman de *Raphaël*. Ce n'est pas l'idéologue raisonneuse qui refuse de croire à la Providence. Son premier cri, en apprenant l'arrivée de Lamartine à Paris, est pour remercier Dieu de lui avoir ramené son Alphonse, son ange, son enfant, comme elle l'appelle; et elle voit dans cet heureux événement la justification même de leur amour. « Dieu nous permet de nous aimer, Alphonse, j'en suis sûre; s'il le défendait, augmenterait-il à chaque instant l'ardent amour qui me consume? » (1re lettre, 25 décembre 1816). On reconnaît là une disciple de Rousseau et c'est bien là cette sentimentalité religieuse que l'auteur de la *Nouvelle Héloïse* avait mise à la mode; et ce sont les mêmes idées sur l'amour considéré comme un acte de piété et une vertu ennoblissante. En même temps, elle est atteinte de cette tristesse indéfinie qui sera le mal du siècle et qui naît moins des malheurs particuliers que du sentiment de notre incapacité à trouver ici-bas le parfait bonheur.

Les trois premières lettres respirent une passion ardente qui se cache mal sous le caractère de tendresse maternelle qu'elle essaie de lui donner. La dernière, au contraire, écrite seulement cinq semaines avant sa mort, après qu'elle a reçu les derniers sacrements, montre une âme entièrement revenue à la notion chrétienne du devoir et ne désirant plus vivre que « pour expier. »

« Dieu lui-même s'est donné à moi, écrit-elle, vous comprenez quels devoirs m'imposent de si grands bienfaits. Ils seront tous remplis. Les sacrifices ne me coûteront rien : ils sont faits et je sens à la paix de l'âme qui résulte de mes résolutions que le bonheur aussi pourrait bien se trouver dans cette route du devoir qu'on croit à tort si pénible. »

Elle mourut dans ces sentiments si parfaits. Et, quand Lamartine disait plus tard dans le *Crucifix*, la paix angélique du visage de la chère morte, il ne faisait guère que reproduire ce passage de la lettre que lui adressait son ami Virieu : « Aucun de ses traits n'a été défiguré. Les chairs sont devenues blanches comme de l'albâtre. Sa bouche était entr'ouverte, ses yeux à demi-fermés et il y avait sur toute sa figure une expression céleste de douceur et de repos. »

On ne saurait exagérer l'influence de Julie Charles sur Lamartine. C'est bien elle vraiment qui a renouvelé son cœur et qui y a ouvert les sources de la vraie poésie. C'est dans le souvenir de ce grand amour, c'est dans la douleur de cette mort prématurée que Lamartine composa ses plus belles *Méditations*, celles qui le sacrèrent grand poète. « Julie morte, écrit M. Doumic, Elvire allait commencer de vivre. Comme on voit dans les légendes naïves et pleines de sens, toute une floraison jaillir d'une tombe à peine fermée, ainsi sur la tombe de la jeune femme, l'amour refleurissait en poésie. »

En publiant ces lettres et en les commentant avec tant de finesse et de charme, M. Doumic a apporté une contribution précieuse à l'étude de la poésie lamartinienne. Son petit volume doit avoir sa place, dans toute bibliothèque à côté des *Méditations*.

P. Hervelin.

---

57. — **Un Éducateur mystique, Jean Frédéric Oberlin** (1740-1826), par Emond Parisot. — Paris, H. Paulin et Cie, 1905, in-8° de 324 p.

C'est un nom bien connu, que celui du pasteur Oberlin. Une foule d'articles de revues, des brochures, des livres même, ont contribué à conserver cette mémoire (la liste blibliographique de toutes les contributions relatives à Oberlin occupe, à elle seule, dix-sept pages in-8).

Malgré cette abondance d'ouvrages, il restait encore à écrire, à propos de cet homme, des pages d'histoire : car, pour la plupart, les devanciers de M. Parisot s'étaient contentés de simples apologies, d'éloges sans critique, agrémentés même de plus ou moins nombreuses « broderies ». Le livre dont il s'agit aujourd'hui est au courant de tout ce qui s'était antérieurement publié ; mais il est conçu avec une méthode plus sûre, et, en outre, M. Parisot a eu la bonne fortune de compléter toutes ces indications anciennes par des renseignements cherchés au pays même, dans ce Ban de la Roche où vécut Oberlin, par des communications de parents, enfin et surtout par la lecture de presque tous les papiers, jusqu'alors inédits, que l'on conservait en Alsace, du célèbre pasteur-éducateur.

Aussi la partie biographique du livre est-elle très documentée et intéressante. Il s'en dégage nettement la physionomie de ce pédagogue, et c'est bien l'une des plus originales parmi les instituteurs et les professeurs de jadis. Dans son petit coin d'Alsace, cet homme simple et modeste est à la fois un maître incomparable, un pasteur, un apôtre. Il amène au mysticisme non seulement les enfants qui lui sont confiés, mais ses paroissiens et paroissiennes ; en même temps, par sa volonté forte, par son inaltérable foi dans l'avenir, il les anime de son zèle, leur fait comprendre l'action, leur inspire l'amour de la vérité et du bien. Ce n'est pas le régent vulgaire, qui se contente des traditions reçues et les transmet à son tour ; c'est un rêveur pratique, qui connaît la nécessité de la science, et qui en veut convaincre son entourage: en sorte qu'il apparaît comme un novateur, presque un réformateur, et que, d'avance, il pressent et même organise, longtemps avant l'heure, tous les progrès dont se prévaut notre pédagogie moderne: il fonde des salles d'asile, des écoles primaires, des conférences populaires, des cours d'adultes ; il a jusqu'à l'idée de la solidarité, trois quarts de siècle avant qu'elle soit admise aux programmes officiels.

M. Parisot met fort bien en relief toute la partie nouvelle et même audacieuse pour l'époque, de la pédagogie conçue par Oberlin. Comme document historique, son livre est donc des plus intéressants, et au point de vue éducatif, il abonde en indications précieuses pour les maîtres modernes. On peut dire que la biographie d'un tel homme, écrite avec cette sincérité, est comme une vivante leçon donnée à tous ceux qui s'occupent de la jeunesse, et qui à cette œuvre veulent apporter une inébranlable conviction, une réelle bonté, et cette ardeur que les mécomptes n'éteignent point, parce qu'elle a sa source plus haut que l'humanité.

Pascal MONET.

---

58. — Général Jean-Pierre DOGUEREAU : **Journal de l'expédition d'Egypte**, publié par le comte DE LA JONQUIÈRE. — Paris, Perrin, 1904, in-8° de 430 p., avec portrait et carte.

Jean-Pierre Doguereau, né en 1774, entra en 1793 à l'Ecole d'artillerie de Châlons, servit à l'armée de Rhin-et-Moselle jusqu'en 1797, et ensuite à l'armée d'Egypte, où il suivit le général Dommartin, comme lieutenant d'artillerie attaché à l'Etat-major.

Capitaine en octobre 1798, il fait fonctions de chef d'état-major de l'artillerie pendant la campagne de Syrie. En avril 1800, Kléber le nomme chef de bataillon. Il reste en Egypte jusqu'à la capitulation en 1801, passe ensuite à la garde consulaire, sert en Espagne sous l'Empire, devient maréchal de camp et vicomte sous la Restauration, et meurt en 1826 commandant de l'Ecole d'artillede la Fère.

Pendant la campagne d'Egypte, Doguereau a écrit un *Journal* qu'il remania un peu plus tard. L'éditeur estime, sans en avoir la preuve positive, que la rédaction dernière date du milieu de la période consulaire. Ce journal est intéressant, très précis, et exact à très peu de chose près. Doguereau ne raconte que ce qu'il a vu, mais il a vu à peu près tout ce qui intéresse l'histoire militaire de l'expédition. Son témoignage peut servir à résoudre plusieurs questions importantes. Il nous montre par exemple que l'expédition de Syrie fut conçue par Bonaparte sans autre pensée que de prendre l'offensive contre les Turcs et de prévenir l'attaque du pacha d'Acre. On notera aussi la part énorme des circonstances dans les premiers succès de cette campagne (p. 161-162), la violation par Bonaparte de la capitulation d'El-Arich (p. 166), l'abandon des malades au Mont Carmel (p. 238), l'ordre donné à Jaffa pour que les pestiférés ne tombassent pas vivants entre les mains de l'ennemi (p.246). M. de la J. a donné du *Journal* de Doguereau une édition excellente. Sa compétence particulière lui a permis de joindre au texte de précieuses notes et une préface à la fois sobre et complète. Je n'ai relevé que deux *lapsus* : à la page 422, il faut lire *amiral* Ganteaume, et non *général*, et aux pages 164, 286 et 307, on doit écrire *chère* et non pas *chair*.

.·.

La société française pendant le Consulat, IIe série, par Gilbert STENGER. — Paris, Perrin, 1905, in-8° de 532 p.

Ce volume offre au lecteur « le tableau de la famille Bonaparte pendant le Consulat et celui des salons des femmes remarquées, c'est-à-dire de celles dont on parlait à la même époque ». Les traits de ce tableau sont empruntés « aux mémoires et aux journaux du temps. » C'est en effet aux mémoires surtout que M. S.

s'adresse, sans égard à l'époque de leur composition, à leur degré de véracité ni même à leur authenticité plus ou moins certaine Quant aux journaux, je n'en ai relevé, sauf erreur, que deux citations : l'une est antérieure au Consulat de plus de deux ans (p. 339); l'autre est puisée dans un « illustré » tout récent (p. 386) et consacrée à l'éloge d'un grand seigneur d'aujourd'hui, de son château et de ses chasses. Quelques historiens contemporains, depuis Michelet jusqu'à M. Turquan, fournissent aussi quelques notes à M. S. Ces notes, du reste, sont rarement destinées à appuyer le texte, mais presque toujours à le renforcer d'anecdotes qui n'ont pas trouvé place dans le cadre du « tableau ». M. S. s'est bien gardé de consulter, « ni les archives, ni les papiers exhumés de la poussière par M. un tel et un tel! » (sic). La raison qu'il en donne vaut d'être citée : « Aux archives, ou dans ces papiers, j'aurais trouvé, pour mes études spéciales, des notes de police, bonnes à impressionner ceux qui ont l'esprit jacobin ou trop bonapartiste, non les indépendants cherchant le reflet sincère des idées d'une époque, inscrites bien plutôt dans les mémoires et les journaux du temps. Les auteurs de ces mémoires, les rédacteurs de ces journaux, n'écrivaient point pour les puissants du jour; ils écrivaient pour le public et pour l'avenir... » Belle garantie de véracité! On se demande si M. S. est dupe lui-même d'un pareil sophisme, et s'il n'a pas voulu tout simplement, pour l'agrément des oisifs qui aiment les « histoires » et ignorent l'histoire, écrire ce livre amusant, mais qui n'a rien de commun avec elle.

A signaler, page 365, une plaisante « coquille » dans l'épitaphe de Vigée : il s'était présenté non à l'*Académie*, mais à l'*Institut*, ce qui vaut mieux pour la rime.

* * *

L'Allemagne française sous Napoléon Ier, par Georges SERVIÈRES. — Paris, Perrin, 1905, in-8° de VIII-492 p. avec carte.

M. S. a constaté qu'il n'y avait en France aucun travail documenté sur l'occupation française dans la partie du territoire allemand située aux bouches de la Weser et de l'Elbe et que Napoléon annexa en 1810 à l'Empire. Il a entrepris de combler cette lacune en consultant les nombreux documents conservés aux archives nationales et aux affaires étrangères. Ses recherches lui ont fourni la matière d'un gros volume dont le titre, l'*Allemagne française sous Napoléon Ier*, est doublement trompeur : d'une part, il semble indiquer une étude sur tous les pays occupés qui font aujourd'hui partie de l'Allemagne; de l'autre, il ne s'applique pas au premier tiers de l'ouvrage, où sont exposés les événements antérieurs à l'occupation. Ainsi le livre tient moins et plus que le titre ne promet.

M. S. s'est servi de sources excellentes, mais uniquement françaises. De là, nécessairement, des lacunes, (par ex. pour l'année 1813, où l'information est évidemment insuffisante), et aussi, dans l'esprit du lecteur, une certaine hésitation à admettre les conclusions à M. S., quel que soit le réel effort d'impartialité et de critique dont témoigne l'auteur.

Ces réserves faites, il n'y a guère qu'à louer dans cet ouvrage. M. S., qui confesse de bonne grâce son défaut de préparation professionnelle, a cependant de très sérieuses qualités d'historien. Il ne se dégage pas toujours assez de la masse des détails, mais il voit bien les points où il importe d'insister, et il ne néglige aucun fait caractéristique. Il sait résumer et « extraire » un document, ce qui n'est pas toujours facile, et son exposé est fait sur un ton excellent, clair et précis, sans recherche de l'effet pittoresque ou oratoire. Trois faits principaux s'en dégagent. 1° L'annexion des villes hanséatiques et du pays environnant ne fut pas seulement un moyen d'assurer l'exécution du blocus continental; Napoléon y cherchait aussi des ressources pour l'augmentation de sa flotte et de son armée navale. — 2° Le régime français, quoique imposé de toutes pièces et sans modification aucune au pays, fut accepté en général sans résistance. — 3° Le mécontentement et l'insurrection finale furent le résultat du système douanier : les villes commerçantes, comme Brême et Hambourg, étaient exclues du trafic français et fermées au transit allemand qui les faisait vivre : ce régime les condamnait à la ruine. On voit que sur ces deux derniers points, les conclusions de M. S. sont d'accord avec celles de M. Schmidt dans son récent travail sur le Grand-Duché de Berg.

On regrettera parfois l'imprécision des références aux sources imprimées. L'impression a été revue avec soin, et les fautes sont rares. (Lire cependant, p. 10, n., *Barère* et *Billaud-Varenne*; p. 21, 17 frimaire an *IV*; p. 32, n. 2, *Reubell* et la *Revellière*; p. 71, *shillings*; p. 258, *Halle*). Quelques inexactitudes à signaler, surtout dans le chapitre préliminaire : le conseil exécutif prenait des *arrêtés*, non des *décrets* (p. 9); il n'y avait pas de commissaire des relations extérieures en septembre 1793 (p. 12, n. 1), et moins encore de Ministre de l'Instruction publique en l'an IV (p. 33, n.); l'explication donnée, (p. 50) de la rupture du traité d'Amiens est insuffisante. Il est inutile de conserver l'ancienne orthographe aux mots *boîte, vert, asile, blé*, etc. et à plus forte raison de les souligner.

Ces critiques de détail ne sauraient enlever grand'chose à la valeur du livre de M. S., qui est grande. Résultat de longues recherches conduites avec beaucoup de méthode et de conscience, l'ouvrage contient une quantité de faits utiles à connaître, et certaines parties entièrement neuves (v. notamment le chapitre et la note sur Bourrienne.) C'est un travail très honorable et qui rendra de réels services.   R. GUYOT.

---

59. — **Les Basiliques chrétiennes.** — **Les Eglises byzantines.** — **Les Eglises romanes.** — **Les Eglises gothiques,** par L. BRÉHIER, dans la Collection *Science et Religion*, n° 379-382. — Paris, Bloud et C¹ᵉ, 4 vol. in-16 de 64 p.

On ne saurait trop louer ces quatre plaquettes. En dépit de la brièveté du texte et de la rareté de l'illustration, on a, après la lecture, des idées claires et précises. C'est que M. B. a été sobre de la bonne façon et a su dégager les traits frappants. En général, sans omettre les vues d'ensemble, il a présenté de brèves monographies des édifices caractéristiques : des exemples sont toujours plus parlants que la simple statistique. M. B. ne s'en est pas tenu à l'architecture et ce n'est pas le moindre attrait de ses brochures que les descriptions pittoresques qu'il fait de la décoration et du mobilier des édifices. Il ajoute aux chapitres non une bibliographie touffue, mais seulement les références de quelques livres auxquels il peut être vraiment utile de se reporter. Je n'ai pas besoin de dire que l'information de M. B. est excellente et que les derniers travaux archéologiques ont été mis à contribution. Enfin on ne pouvait faire mieux dans des ouvrages élémentaires et il faut dire que, somme toute, ces brochures sont d'une lecture plus profitable pour des novices qu'un livre comme le *Manuel d'architecture religieuse* de M. Enlart, très complet et très exact d'ailleurs, mais si aride qu'il n'intéresse que les connaisseurs.

Les Basiliques chrétiennes contiennent des renseignements nouveaux en particulier sur les édifices d'Asie-Mineure (Etudes de M. Strzygowski). La distinction que fait M. B. entre les basiliques gréco-romaines à charpente et les basiliques orientales voûtées me paraît très exacte et je suis étonné qu'on la rencontre si rarement : le mot « basilique » désigne à l'origine deux types de monuments, qu'il s'agisse de l'architecture civile ou de l'architecture religieuse. Pour la décoration des basiliques gauloises, on aurait pu mentionner les toits de métal, les peintures, les vitraux dont Fortunat est si fier : mais ce n'est là qu'un détail. Autre détail : il manque au commencement de l'alinéa de la p. 48 deux mots pour dire qu'on passe à Saint-Paul-Hors-les-Murs.

On trouvera dans *les Basiliques romanes* des exemples bien choisis pour chaque école. Le problème des origines qui n'est pas définitivement résolu, eût été peut-être un peu avancé si l'on se fût décidé à accorder plus d'importance à l'école lombarde. Un travail moins ancien sur la question que ceux de Dartein et de Cattaneo est celui de M. Rivoira, *Le origini della architettura lombarda e delle sue principali derivazioni nei paesi d'oltr'Alpe* (Roma, 1901); il n'est pas cité dans les bibliographies. Il est assez remarquable que telle église française, comme Saint-Vorles de Châtillon-sur-Seine, pourrait se rencontrer telle quelle outremont. Il serait d'autant plus logique de reconnaître l'influence de l'école lombarde dans la création du type architectural qu'on l'accorde volontiers dans l'ornementation.

C'est dans *Les Eglises byzantines* que le soin de parler de décoration et de mobilier en même temps que d'architecture se montre le plus utile : car qu'est-ce qu'une église byzantine sans sa parure de mosaïques ou de peinture, ses icônes et ses orfèvreries ? En tous cas, M. B. montre qu'il y a lieu d'étudier à part l'architecture byzantine. Peut-être est-il excessif de dire (p. 22) que « pas une seule église de Ravenne ne relève à proprement parler de l'architecture byzantine ». Car on peut rapprocher Saint-Vital de

Sainte-Sophie de Salonique aussi bien que de tel ancien édifice d'Asie-Mineure. Il ne faudrait pas pousser trop loin la distinction entre art byzantin et art oriental. De même il eût été plus simple de rapporter Aix-la-Chapelle et Germigny-des-Prés à Saint-Vital dont ils dérivent immédiatement qu'à des édifices syriens. A noter d'excellentes réflexions sur la réaction de Byzance contre l'ornementation géométrique et sur les formes animées qu'elle conserva à l'art (p. 5).

L'étude des *Eglises gothiques* est très brève au delà du XIIIe siècle. C'est naturel. Il fallait montrer surtout comment le style gothique conquiert peu à peu ses moyens ; son progrès est achevé au XIIIe siècle.

Louis BORDET.

BIBLIOGRAPHIE

I. — SCIENCES RELIGIEUSES.

Berlière (D.-U.). — Suppliques de Clément VI, 1342-1352, textes et analyses (XXXVIII-953 p.), in-8, 15 fr. — H. Champion.

Cantiniau (G.). — Les Nominations épiscopales en France des premiers siècles à nos jours (XXIV-306 p.), in-8, 4 fr. 50. — V. Lecoffre.

Chardon (H.). — Histoire religieuse de Marolles-les-Braux (223 p.), in-8, 7 fr. 50. — H. Champion.

Fillion (L.-C.). — Saint-Pierre (Coll. Les Saints) (IV-208 p.), in-12, 2 fr. — V. Lecoffre.

Gautier (J.). — La Séparation des Eglises et de l'Etat, loi et décrets (64 p.), in-8, 1 fr. 50. — Chevalier et Rivière.

II. — PHILOSOPHIE ET SCIENCES SOCIALES.

Bietry (P.). — Le Socialisme et les jaunes, in-16, 3 fr. 50. — Plon-Nourrit et Cie.

Boulenger (M.) et N. Ensch. — Hygiène scolaire. La lutte contre la dégénérescence en Angleterre (Inst. Solvay: Actualités sociales) (VII-97 p.), in-16, cart., 1 fr. 50. — V. Giard et E. Brière.

Brisson (P.). — Histoire du travail et des travailleurs (450 p.), in-18, 4 fr. — Ch Delagrave.

Delatour (A.). — Caisse des dépôts et consignations. Caisse nationale des retraites pour la vieillesse. Caisses nationales d'assurances en cas de décès et en cas d'accidents (206 p.), in-12, 3 fr. — Berger-Levrault et Cie.

Delcourt (R.). — De la condition des ouvriers dans les mines du Nord et du Pas-de-Calais (229.). in-8, 4 fr. — V. Giard et E. Brière.

Dubois (J.). — L'Empire de l'argent. Etude sur la Chine financière (200 p.), in-8, 5 fr. — E. Guilmoto.

Duchauffour. — Les Accidents de travail (365 p.), in-18, 4 fr. — J.-B. Baillière et fils.

France (la) et l'Allemagne en 1906. — La Guerre possible, par un diplomate (360 p.), in-18, 3 fr. 50. — J. Tallandier.

Godard (A.). — Le tocsin national, in-16, 3 fr. 50. — Perrin et Cie.

Grasset (Dr J.). — Le Psychisme inférieur (516 p.), in-8, 9 fr. — Chevalier et Rivière.

Latimer (Elizabeth Wormeley.). — France in the Nineteenth Century. 1830-90 (450. p.), in-8, 12 s. 6 d. — Hutchinson.

Réveille (J.). — Etude synthétique et analytique du déplacement d'un système qui reste semblable à lui-même, in-4, 10 fr. — A. Challamel.

Soubies (A.) et E. **Carette**. — Les Régimes politiques au xxe siècle. Les Républiques parlementaires (xii-222 p.), in-8, 6 fr. — E. Flammarion.

III. — HISTOIRE LITTÉRAIRE ET PHILOLOGIE.

Arbois de Jubainville (H. d'). — Mélanges. Recueil de mémoires concernant la littérature et l'histoire celtiques (402 p.), in-8, 8 fr. — A. Fontemoing.

Briand (Fr.). — Quatre histoires par personnages sur quatre évangiles de l'advent à jouer par les petits enfants les quatre dimenches dudit advent (xxxiv-50 p.), in-8, 7 fr. 50. — H. Champion.

Cagnat (R.) et M. **Besnier**. — L'Année épigraphique, 1905 (70 p.), in-8, 3 fr. — E. Leroux.

Carus (P.). — Frederick Schiller. Sketch of his Life, in-8, 3 s 6 d. — K. Paul.

Colin (A.). — Alfred de Musset intime, souvenirs de sa gouvernante (400 p.), in-8, 5 fr. — F. Juven.

Cordier (H.). — Bibliotheca sinica. Dictionnaire bibliographique des ouvrages relatifs à l'empire chinois, fasc. IV (1.15 1.575 p.), in-8, 25 fr. — E. Guilmoto.

Flacourt (E. de). — Dictionnaire de la langue de Madagascar, in-8, 12 fr. — E. Leroux.

Flaubert (G.). — Lettres à sa nièce Caronne (500 p.), in-8, 3 fr. 50. — E. Fasquelle.

Heine (H.). — Les plus belles pages (422 p.), in-18, 3 fr. 50. — Mercure de France.

Hémon (F.). — Cours de littérature. T. XVIII : L'éloquence (80 p.), in-12, cart., 1 fr. — Ch. Delagrave.

Hohlwein (N.). — La Papyrologie grecque. Bibliographie raisonnée (178 p.), in-8, 3 fr. — H. Champion.

Sonneck (C.). — Chants arabes du Maghreb. T. II, fasc. 2 (xxvii-122 p.), in-8, 20 fr. — E. Guilmoto.

Vigny (A. de). — Stello, édition définitive (368 p.), in-18, 3 fr. 50. — Ch. Delagrave.

IV. — HISTOIRE ET GÉOGRAPHIE.

Bernard (Fr.). — Culture et industrie du coton aux Etats-Unis, in-8, 5 fr. — A. Challamel.

Blaze (E.). — Souvenirs d'un officier de la grande armée (159 p.), in-18, 1 fr. 50. — A. Fayard.

Bultinhaire (L.). — Le Club des Jacobins de Metz (105 p.), in-8, 2 fr. 50. — H. Champion.

Clergeac (abbé.). — Cartulaire de l'abbaye de Gimont (xvii-503 p.) in-8, 15 fr. — H. Champion.

Dickinson (G. L.). — Le Développement du Parlement pendant le xviiie siècle. Trad. Deslandre (Bibl. internat. de droit public) (lxxiii-225 p.), in-8, br., 5 fr. ; rel. 5 fr. 50 — V. Giard et E. Brière.

Eudel (P.). — La Hollande et les Hollandais (456 p.), in-18, 4 fr. — H. Le Soudier.

Fourgous (J.). — L'Arbitrage dans le droit français au xiiie et xive siècles 322 p.). in-8, 6 fr. — A Fontemoing.

Hennet (L.). — Les Volontaires nationaux pendant la Révolution. T. III (756 p.), in-8, 7 fr. 50. — L. Cerf.

Lea (C. H.). — Historiry of the Inquisition of Spain. Vol. 1 (634 p.), in-8, 10 s. 6 d. — Macmillan.

Lebey (A.). — Les Trois coups d'Etat de Louis Bonaparte (516 p.), in-8, 5 fr. — Perrin et Cie.

Salone (E.). — La Colonisation de la Nouvelle France. Etude sur les origines de la nation canadienne française (xii-467 p.), in-8, 7 fr. 50. — E. Guilmoto.

V. — ART ET ARCHÉOLOGIE.

Bordes (C.). — Du sort de la musique religieuse en France devant les lois actuelles, (12 p.), in-8, 1 fr. — Schola cantorum.

Eudel (P.). — Dictionnaire des bijoux de l'Afrique du Nord (242 p.), in-8, 10 fr. — E. Leroux.

Horneffer (E.). u. Aug. **Horneffer**. — Das Klassische Ideal. Reden u. Bufsatze (vii-329 p.), in-8. — J. Zeitler, Leipzig.

Miltoun (F.). — Cathedrals of the Rhine (388 p.), in-8, 6, s. — Johnson a J.

CHRONIQUE

5. — **Notices sur les manuscrits de la Bibliothèque Vaticane concernant la Belgique. I. Fonds de la reine de Suède**, par Arnold FAYEN. — Bruxelles, Misch et Thron, 1905, in-8 de 26 pages.

L'Institut historique belge de Rome continue la publication d'inventaires méthodiques des Archives et Bibliothèques d'Italie. M. Fayen, membre de cet Institut, débute par une notice sur le fonds de la reine Christine de Suède, à la Bibliothèque Vaticane, dans lequel il a relevé plus de cinquante manuscrits concernant la Belgique. Les différentes pièces analysées vont du ixe au xviie siècle. Bon nombre d'entre elles étaient déjà connues des historiens, mais, à l'occasion de chacunes d'elles, M. Fayen a donné une bibliographie très soignée qui est appelée à rendre de grands services. A signaler les lettres inédites de Charles-Quint (p. 4) et de nombreux traités attribués à Pierre d'Ailly. G. M.

ACADÉMIE DES INSCRIPTIONS ET BELLES-LETTRES

Séance du 2 mars. — M. Auguste Coulon présente quelques spécimens des moulages de sceaux pris dans les archives de la Côte-d'Or pour les Archives nationales, de la période de 1269 à 1331. Certains d'entre eux représentent la ville de Vienne, le martyre de saint Léger, la légende de saint Andoche, et offrent tous une contribution à l'histoire de l'art, à l'archéologie et à la chronologie. — M. H. OMONT fait une communication sur un manuscrit nouvellement acquis par la Bibliothèque nationale et qui contient un traité inédit de Jean d'Argilly, chanoine de Saint-Etienne de Dijon. C'est la première fois que ce nom apparait dans l'histoire littéraire de la France au douzième siècle. — M. Paul VIOLLET achève la lecture de son Mémoire sur le rôle de Bérenger Frédol dans les différends entre Philippe le Bel et Boniface VIII. — M. HÉRON DE VILLEFOSSE communique au nom du P. Jalabert, professeur à l'Université de Beyrouth, le texte d'une nouvelle inscription latine renfermant les noms réunis des trois membres de la triade héliopolitaine. Elle a été trouvée dans un village voisin de Beyrouth. Les trois divinités sont dénommées Jupiter, Vénus et Mercure. Il présente ensuite une inscription trouvée à Carthage par le P. Delattre, dans laquelle il est probable qu'il s'agit d'une dédicace à Bacchus faite par les marchands de vin en gros de Carthage. — M. FOUCART lit une étude sur Didymos.

L'Éditeur-Propriétaire-Gérant: ALBERT FONTEMOING.

Imprimerie Générale de Châtillon-sur-Seine. — A. PICHAT.

BULLETIN CRITIQUE

---

60. — **La Hiérarchie épiscopale, Provinces, Métropolitains, Primates, en Gaule et Germanie**, depuis la réforme de Saint-Boniface jusqu'à la mort d'Hincmar, 742-882, par l'abbé E. LESNE. (*Mémoires et travaux publiés par les Professeurs des Facultés catholiques de Lille, fascicule* I). — Paris, Picard et fils, 1905, in-8 de xv-350 p. (Prix : 6 fr.)

Cette première étude fait augurer favorablement de la collection des travaux et mémoires que nous promettent MM. les Professeurs des Facultés catholiques de Lille. Le sujet est neuf ; il n'est pas dénué d'intérêt, loin de là, et il a été traité selon une méthode excellente. M. l'abbé L. a recueilli les textes patiemment et il les a commentés à l'aide des faits. Il nous fournit de cette question complexe de la hiérarchie épiscopale aux viiie et ixe siècles un exposé très clair, très précis. Je doute que l'ensemble de ses conclusions puisse être infirmé.

Dans l'Eglise des Gaules, l'organisation provinciale, contrairement à ce qui se passait en Orient, apparaît tardive. Les premiers groupements épiscopaux bien caractérisés coïncident avec les débuts du ve siècle. Alors aussi apparaissent les provinces ecclésiastiques, calquées, semble-t-il, sur le plan de la *Notitia provinciarum*. On commence à voir agir les métropolitains. Mais à cause des crises réitérées que traverse le pays, l'institution n'a pas le temps d'acquérir une base solide. Sous les Mérovingiens, l'union entre métropolitains et évêques achève de se relâcher, et pour cause. Le roi franc nomme aux sièges vacants, convoque les synodes. En outre les partages successifs de la monarchie rendent illusoires les liens de subordination en confondant à plaisir les limites des diocèses et des provinces. En fait, le métropolitain appose son nom le premier au bas des actes des conciles, il consacre les évêques de sa dépendance ; c'est à peu près tout ce qui lui reste de prérogatives et de droits. D'ailleurs, n'étant pas soutenu par ses collègues, il songe à peine à défendre ses privilèges.

Vers la moitié du viiie siècle, nous assistons à une réforme. Elle est patronnée par les successeurs et héritiers de Charles Martel, elle a pour artisan principal un anglo-saxon. Le missionnaire Boniface, homme d'initiative, s'ingénie à transplanter dans l'Eglise franque l'organisation qu'il a vu fleurir au sein de l'Eglise de sa patrie. Plus de métropolitains, plus de provinces, mais simplement des archevêques, lesquels ne sont eux-mêmes que les délégués du pape, de qui ils ont reçu le *pallium*. Après quelques succès, cette tentative se heurte un peu partout à des oppositions de tout genre : Pépin le Bref ne lui fournit qu'un appui insuffisant. Finalement elle échoue.

Une évolution lente, due en particulier à la diffusion en Gaule de la collection canonique de Denys le Petit, ramène graduellement les choses à leur état antérieur. Les souverains Pontifes n'y ont pas grandement contribué, Charlemagne non plus. Ce prince avait du reste des idées très arrêtées sur le rôle subordonné de l'épiscopat, on peut s'en convaincre par la lecture des *Capitulaires*. Les métropolitains reparaissent ; la *Notitia* elle-même bénéficie d'un regain de faveur. De nouvelles métropoles sont-elles érigées en Germanie ? On les taille sur cet antique patron. Une innovation pourtant est à noter : le roi nomme les archevêques pourvus d'une métropole — tous les archevêques en effet ne sont pas métropolitains — mais c'est le pape qui les institue en leur envoyant le *pallium*. Il y a là comme une survivance de l'un des principes chers à Saint-Boniface.

Autre remarque : — Sous le règne de Charlemagne l'épiscopat, je l'ai dit, est tenu en lisières étroites et les archevêques n'échappent pas à cette sujétion. Sous les successeurs du grand empereur, les rôles changent. A la cour de Louis le Pieux par exemple, nous voyons les prélats et les hauts dignitaires d'Eglise non seulement ressaisir toute leur indépendance, mais se lancer dans la politique et dans la lutte des partis. C'est durant cette période que l'organisation provinciale sous la juridiction d'un archevêque atteint son apogée. Un homme s'est rencontré, au reste, pour personnifier cette organisation, la réduire en théorie, se l'identifier pour ainsi dire : Hincmar de Reims.

Les écrits de ce personnage, sa conduite, ses procédés peuvent nous aider à apprécier le chemin parcouru. Dans sa province, Hincmar nous apparaît maître et docteur — j'allais dire potentat —, car il n'admet pas qu'en dehors de lui on puisse s'adresser à une autre juridiction, pas même celle du pape. C'est lui qui surveille l'élection de ses suffragants, qui leur accorde l'institution canonique, qui les consacre. Les évêques de la province lui demeurent subordonnés en tout ; leurs sentences sont réformables par lui ; ils ne peuvent se soustraire à son contrôle, pas plus qu'à ses corrections. C'est lui encore, toujours en qualité de métropolitain, qui fixera la date du concile provincial, en indiquera le lieu, déterminera les questions à examiner. La présidence lui revient naturellement de droit. Ainsi en est-il dans chaque province. Mais cela n'implique nullement l'idée de séparatisme, d'isolement les uns à l'égard des autres. Les faits prouvent, au contraire, que l'union et l'entente règnent entre métropolitains et que, derrière chacun d'eux, l'épiscopat, à peu d'exceptions près, se tient étroitement serré. Tout cela, comme l'a fait remarquer M. l'abbé L., fait songer par avance à la féodalité

A l'encontre de cette puissance surgissent les Fausses Décrétales, qui, à l'autorité grandie du métropolitain, opposent les « droits du Siège apostolique, la juridiction supérieure des primats, l'indépendance de chaque évêque en son Eglise. » On ignore la patrie d'origine de cette littérature canonique. M. l'abbé L. incline à penser qu'il faut la chercher du côté de Reims, toutefois il se refuse à en faire honneur aux clercs d'Ebbon, non plus qu'à Rothad de Soissons, ni à Hincmar de Laon. Ajoutons que, du vivant d'Hincmar de Reims, cette œuvre de faussaire ne réussit pas à entamer bien profondément les pouvoirs du métropolitain. L'idée même de primatie, née d'une confusion de termes, n'eut pas de succès. Les vrais ennemis de la puissance du métropolitain, ses plus sûrs destructeurs furent les archevêques eux-mêmes, redescendus dans l'arène politique et n'ayant plus souci des intérêts de l'Eglise.

Telles sont, dans l'ensemble, les grandes lignes de l'étude très dense de M. l'abbé L. Un court appendice et une bonne table analytique complètent heureusement ce volume plein d'intérêt.

D. Léon Guilloreau.

61. — Les idées socialistes en France de 1815 à 1848, par G. Isambert. — Paris, Alcan, 1905, in-8 de 426 p. (Prix : 7 fr. 50.)

L'auteur, après avoir donné dans son introduction une analyse générale du socialisme, étudie successivement, dans une série de chapitres, les conséquences sociales de la Révolution, Saint-Simon, le système industriel, la famille saint-simonienne avant 1830, Charles Fourier et l'harmonie phalanstérienne, un économiste social, Sismondi, le mouvement économique après 1830, l'école fouriériste, Victor Considérant, Godin, Pierre Leroux, la philosophie humanitaire, le socialisme chrétien, Buchez, Villeneuve-Bargemont, le socialisme d'État, Louis Blanc, Vidal, Pecqueur, le collectivisme à base morale, Cabet, le communisme icarien, Proudhon, le mutuellisme, le communisme révolutionnaire, babouvisme et blanquisme, le socialisme et la révolution de 1848. Enfin, il conclut en donnant son avis sur l'avenir réservé au socialisme.

Un livre tel que celui-là était difficile à faire, car il exigeait une profonde culture économique philosophique et historique. Or, à ces divers points de vue, on peut trouver que l'auteur ne nous donne pas satisfaction. Sa définition du socialisme (p. 7) « celui qui établit ou qui cherche à établir une équitable répartition des biens matériels entre les membres de la société » est beaucoup trop vague et pourrait s'appliquer à des régimes qui ne sont nullement socialistes. Le socialisme véritable paraît être celui qui considère l'Etat comme la source de tous les droits, n'admet pas que le droit individuel puisse s'opposer légitimement au droit de la collectivité, non seulement en matière de répartition mais en toute matière. Ainsi la doctrine collectiviste préconise l'appropriation par l'Etat des objets de production. Mais, quel sort réserve-t-elle aux femmes qui mettent au monde les êtres qui sauront se servir de ces objets de production? Sur ce point les docteurs collectivistes discuteront, mais il ne faut pas douter que l'Etat collectiviste ne resterait pas indifférent devant le problème de la population, et dès lors comment échapperait-il au communisme? Toute doctrine sociale qui reconnaît que l'Etat doit respecter les droits de l'individu ne peut être dite socialiste purement et simplement.

L'auteur (p. 19) écrit « La formule du communisme : — A chacun ses besoins — ne mènerait-elle pas à la formation d'une société morne, stationnaire, où l'ennui et la stagnation seraient la règle, et où aucune exception ne viendrait jeter sa note progressive »? Mais d'abord, sans nous attarder à relever une négligence de style (une exception qui jette une note progressive), comment ne pas signaler, tout de suite, l'impossibilité d'appliquer la formule « à chacun selon ses besoins », puisque nos besoins ou ceux que nous croyons tels ne peuvent être évalués exactement.

M. Isambert a sur la doctrine catholique des idées bien singulières. Ainsi il écrit, à propos de Villeneuve-Bargemont, cette phrase qui étonnera bien ceux qui savent ce que c'est que le catéchisme (p. 250) : « *Son catholicisme lui interdit toute discussion des questions métaphysiques et morales. Le catéchisme les a réglées une fois pour toutes.* » Il nous parle de socialisme catholique (p. 248), sans songer que les papes ont condamné le socialisme. Il affirme tranquillement que, bien que Sismondi appartînt au même monde que celui de Villeneuve-Bargemont, « il était protestant et *par conséquent* plus porté à étudier la possibilité de réformes sociales. » (p. 249). — Les analyses d'auteurs auraient pu être plus nettes. La discussion et la réfutation de leurs idées sont trop incomplètes et superficielles. De plus, la reconstitution historique du milieu dans lequel les auteurs ont vécu était absolument nécessaire, pour que le livre de M. Isambert fût vraiment le livre utile sur ce sujet et qui reste encore à faire. E. CAILLEUX.

---

62. — **Vergils Aeneide**, Textausgabe für den Schulgebrauch von OTTO GÜTHLING. — Leipzig und Berlin, 1905, Druck und Verlag von B. G. Teubner, in-8, VIII-330 p. [*Bibliotheca* * Schultexte * *Teubneriana*]. (Prix : 2 mk.)

Une introduction, condensant en une centaine de lignes ce qu'il paraît indispensable de connaître sur Virgile, sa vie et ses œuvres; puis un résumé très succinct de chacun des douze livres de l'Enéide, suivi du texte du poème; à la fin un Index des noms propres d'où sont exclus ceux que l'on doit supposer connus des élèves : tel est le contenu de cette édition purement scolaire, conçue sur un plan qui est commun à toutes les éditions de la même collection.

En France, à distance, il est difficile de juger les services qu'elle peut rendre. Présenter sous le meilleur aspect possible des textes bien établis, sans addition, ni suppression, ni notes, ni rien qui puisse empiéter sur les attributions du maître, c'est fort bien ! Mais il y a si longtemps qu'a disparu de chez nous l'usage des textes sans notes ! Nous voyons entre les mains de nos élèves, dont beaucoup, hélas ! savent si peu en tirer parti, des éditions où les maîtres les plus autorisés ont déposé une somme énorme de savoir et de talent ; voir par exemple l'*Horace* de Plessis-Lejay, les *Morceaux choisis des Métamorphoses d'Ovide* de Lejay, les *Extraits de comiques latins* de Fabia, le *Choix de Lettres de Cicéron* de Hild, cent autres qui font honneur aux grandes maisons d'édition de Paris et de la province, et rivalisent sans peine avec les meilleurs classiques de Teubner et Weidmann. Aussi la collection des « Schultexte » de Teubner, si différente de ce que nous avons l'habitude de considérer comme « éditions à l'usage des classes », présente pour nous un grand intérêt.

En ce qui concerne Virgile, il est bien évident que les explications du maître doivent suppléer à l'absence de notes et de commentaires ; ces explications mêmes seraient insuffisantes sans le maniement quotidien de ces excellents manuels de mythologie, d'archéologie, d'histoire et de géographie que possède l'Allemagne. N'empêche que cette absence totale des notes et la sécheresse voulue de l'introduction, quand il s'agit d'un poète comme Virgile, peuvent être une cause grave d'ennuis pour les élèves studieux. Il est bon pour ceux-ci d'avoir des renseignements moins sommaires sur le poète et sur ses œuvres ; des observations sur la langue, le style, la versification et autres sujets d'étude analogues ne seraient certes pas superflus. Où les prendre ? dans des éditions accompagnées de notices et de commentaires ? Ce serait déclarer inutile l'essai des éditions sans notes ; il y aurait double emploi. — Dans les travaux spéciaux ? Ils ne sont guère à la portée des élèves et ceux-ci se gardent bien, en général, de les consulter, à moins d'être doués d'une bonne volonté peu commune ou d'aptitudes extraordinaires. Une édition classique doit s'adresser à une moyenne, non à une élite. Or, il n'est pas une page de l'Enéide qui ne demande des éclaircissements, si l'on ne s'en tient pas à la traduction pure et simple du texte ; est-il bien sûr que le maître pensera toujours à les donner ? Mieux vaudrait les avoir sous les yeux, quelle que soit la forme sous laquelle ils se présentent.

L'exclusion, dans l'Index, des noms propres que l'élève est censé connaître, aboutit à certaines incohérences. On ne trouve pas *Aeneas*, ni *Achilles*, ni *Jupiter*, ni *Juno*, ni *Venus*, ni *Priamus*, ni *Hector*, ni *Dido* ni *Caesar*, etc. Soit; l'élève n'a pas le droit d'ignorer ces noms-là. Mais quels sont les noms qu'il aura le droit d'ignorer et qu'on le dispensera, s'il les ignore, de chercher dans les dictionnaires *ad hoc*, en les faisant figurer dans l'Index sous prétexte qu'on les rencontre dans l'Enéide? Sera-ce *Aetna*, « volcan de Sicile à l'intérieur duquel se trouvaient les ateliers de Vulcain et des Cyclopes »? Sera-ce *Aegeum*, « la mer Egée »? Sera-ce Cato, « 1° M. Porcius Cato surnommé Censorinus (sic!); 2° M. Porcius Cato surnommé Uticensis, arrière petit-fils du précédent »? Sera-ce ce Padus, « le Pô? » etc. Mais, ces noms sont bien connus et, en tous cas, la notice dont ils sont l'objet est par trop succincte. D'autre part, la présence des noms qui figurent à l'Index ne peut rendre service qu'avec un renvoi aux passages du poème qui les concernent. Or ces renvois n'existent pas. On lit par exemple : Achates, « Troyen, le plus fidèle compagnon d'Enée »; Iarbas, « fils de Jupiter Hammon, roi des Gétules »; Tisiphone, « une des trois Furies », etc. Si l'élève a lu les passages de Virgile où se trouvent ces noms avant de les chercher à l'Index, celui-ci ne lui apprend rien; dans le cas contraire, avec l'absence de renvois, il n'a que faire du renseignement trop sommaire qui lui est donné. Pourquoi d'ailleurs présenter, toujours sans renvoi, des indications comme celles-ci : Aconteus, « Latin; » Alcander, « Troyen »; — Anxur, « Rutule »; Barce « nourrice de Sychée »; Dis, « Pluton »; Sabellus « Sabin ou Samnite » (ici nous avons à peine affaire à un nom propre) etc. ! Il est vrai que, pour certains articles, la notice peut, à la rigueur, se suffire à elle-même : voir par exemple Androgeos, Amazones, Berecynthius, Avernus lacus, Caeneus, Diomedes etc. Il est regrettable qu'il n'en soit pas de même par tout, quitte à supprimer tous les noms propres qui n'offrent aucun intérêt, comme ceux des guerriers qui sont nommés une fois par hasard dans le poème.

Dans tout ce qui précède, il ne faut pas oublier que je me place au point de vue de ce que nous désirerions en France dans une édition scolaire, supposée réduite à ce qui doit être l'essentiel. Au reste, le Virgile de Güthling est très agréable à lire et à manier ; l'impression est très soignée ; le texte, revu avec une extrême attention, reproduit scrupuleusement, sauf quelques infimes différences d'orthographe et de ponctuation, celui qu'avait déjà donné Güthling en 1886 dans la *Bibl. Script. Graec. et Roman. Teubner.*; il est, par suite, établi avec une tendance conservatrice très accentuée, il tâche de ne pas troubler les habitudes des maîtres qui préfèrent en général la tradition des manuscrits aux remaniements introduits par Ribbeck dans le Virgile de la même collection comme dans sa grande édition, et laisse ignorer aux élèves tous les problèmes dont la solution est réservée à la critique savante. La disposition typographique est excellente ; les noms propres importants, les expressions d'allure sentencieuse ou proverbiale, les membres de phrase et les vers qui, à un titre quelconque, méritent d'attirer l'attention, sont imprimés en caractères espacés, choses que nous voudrions voir introduire dans les éditions françaises- autrement que par de timides essais. Ce sont là, dans des ouvrages scolaires, des qualités qui méritent d'être signalées et appréciées.   J. Vessereau

---

63. — **Michel Baron, acteur et auteur dramatique.** Thèse pour le doctorat d'université, par Bert-Edward Young. — Paris, Fontemoing, 1905, in-8, de 326 p. (Prix : 12 fr.)

Si l'on ne doit exiger d'une thèse qu'un travail consciencieux de documentation quelconque, l'étude de M. Young est certainement méritoire. Mais l'on peut se demander si Michel Baron méritait toute la peine que s'est donnée son biographe. Consacrer un long travail à la vie d'un acteur est toujours chose périlleuse : bien éphémère et fragile est ce genre de talent. Otez-lui le mouvement de la scène, la fièvre du théâtre, la vie des gestes et des attitudes, la variété des intonations, il ne reste qu'une chose morte et froide. Il faudrait une plume bien légère et souple pour faire revivre un peu de cette grâce insaisissable et nous faire apprécier le mérite théâtral: il est juste d'avouer que M. Y. n'y arrive guère. Et que nous importent alors les dates exactes des rôles que Baron a pu remplir en 1683 ou en 1684 ? (p. 80 sqq.) Recherches très consciencieuses, mais un peu vaines. Cette précision de détails nous intéresse dans la vie dramatique de Molière, parce que l'auteur dont il s'agit s'appelle Molière. Le seul point intéressant de l'étude serait de dégager ce que Baron a pu apporter de nouveau à la déclamation de son temps, quel pas il a fait faire à l'art théâtral. Mais, là encore, l'appréciation est délicate : M. Y. se tire trop souvent d'embarras par un luxe d'éloges vraiment exagérés. Il dépasse l'enthousiasme permis à un auteur de thèse pour le héros de son livre. « On ne saurait trop louer cet homme *unique* dans les fastes du théâtre, » p. 166. Voilà trop souvent le ton !

A noter pourtant, dans cette première partie, des pages curieuses sur la vie de théâtre au xviie siècle et des détails amusants sur la psychologie de cet acteur qui, après une retraite de 29 ans, éprouve à 67 ans le besoin de remonter sur la scène et trouve moyen d'y remporter encore de jolis succès.

Que dire de la seconde partie où M. Y. étudie l'œuvre dramatique de Baron ? Il y passe en revue toutes les pièces publiées ou inédites de Baron et s'efforce de lui découvrir un grand talent dramatique. Les analyses des pièces sont pénibles et confuses ; les appréciations parfois bien déconcertantes. La comparaison du système dramatique de Baron avec celui de Shakespeare est au moins imprévue ! (p. 225). On est assez surpris d'entendre mettre les comédies de Baron au-dessus du théâtre de Victor Hugo et même des pièces de Molière, ne fut-ce que pour la construction dramatique. Il est vrai qu'après ces comparaisons flatteuses, M. Y. conclut tout simplement, avec M. J. Lemaître, que Baron savait faire des « dialogues symétriques. » (p. 227.) Je remarque pourtant quelques passages d'une critique originale, quoiqu'un peu bizarre (p. 230) où l'auteur essaie de prouver — par des arguments bien américains — qu'un auteur comique peut simplifier son intrigue en travaillant à la rendre plus complexe.

Malgré tout le mal que M. Y. s'est donné pour arriver à prouver que Baron est au moins « un demi-Molière » — ce qui ne serait déjà pas si mal — il reste, comme devant, l'auteur d'une pièce unique, l'*Homme à bonnes fortunes*, qui surnage au milieu d'une dizaine de comédies illisibles et injouables. Cette pièce forme la transition entre Molière et Regnard; c'est surtout en cela qu'elle est intéressante. L'Homme à bonnes fortunes, c'est un Don Juan sans grandeur, sans force, sans poésie, devenu bourgeois, coquet, gentil et frêle, c'est un Célimène-homme, sans le grand charme d'esprit et de beauté de l'héroïne de Molière; c'est une pièce aimable, à succès peu durable, la pièce que pouvait faire un homme d'esprit, connaissant, surtout d'après lui-même, les travers frivoles de son temps et tirant habilement parti des procédés de Molière. Elle ne permet pas de classer son auteur même parmi les auteurs dramatiques de second ordre. Ce fut d'ailleurs l'opinion presque unanime des critiques contemporains, à l'exception du seul J.-B. Rousseau dont M. Y. fait vraiment trop de cas (cf. p. 149 : « Il est réconfortant de constater que J.-B. Rousseau fait exception à la règle ! »)

Cet acteur de talent, cet auteur heureux d'une pièce agréable, avait le plus vilain caractère qu'on puisse imaginer. Je ne parle pas de ses mœurs : comme le dit M. Y., en une page un peu plaisante, « depuis le siècle d'Horace jusqu'à notre époque, les comédiens ont toujours été les esclaves de leurs passions. » (p. 155.) Mais il était d'une fatuité, d'une sécheresse de cœur tout au moins déplaisantes. La preuve qui l'accable est cette *Vie de Molière* par Grimarest, à laquelle il avait collaboré : lui, que Molière avait traité comme un fils, il ne trouve à raconter à Grimarest que des sottises, des mensonges ou des anecdotes flattant sa vanité ! Voilà l'homme dont M. Y. ose dire « qu'il est un des plus caractéristiques de la nation française ! » (p. 304.) Toute la conclusion est d'ailleurs amusante par son exagération. Etonné de « l'immense diversité des talents de Baron, » M. Y. se demande « si le monde produit encore des hommes (comme Baron !) qui, tout en jouissant de tous les plaisirs, bons ou mauvais, de la vie, comme l'ont fait les anciens, soient capables de contribuer dans une telle mesure, au total de la perfection humaine ou du bonheur humain. » Heureusement que, quelques pages plus loin, il s'arrête à une note plus juste qui s'accorde d'ailleurs assez mal avec tout ce qui précède : « Baron ne porte pas ses aspirations plus loin qu'à satisfaire les exigences du public *qui achetait sa marchandise* : il suivit les caprices de la mode. En quelques courtes années, *il com-*

pila plutôt qu'il ne créa un nombre considérable (?) de pièces qui étaient probablement la production de ses moments de loisir. Heureusement doué, comme il l'était, et le travail lui coûtant si peu, il aurait bien fait de retrancher un peu du temps qu'il perdait à ses bonnes fortunes pour améliorer ses pièces. Mais après tout un homme ne peut pas être universel dans chaque genre (??). » Cela pourrait être mieux dit, mais c'est la vérité même [1].

.·.

Milton dans la littérature française. Thèse pour le doctorat d'université, par John Martin TELLEEN, Paris, Hachette, 1905, in-16 de 151 p. (Prix : 2 fr. 50.)

Etude, d'allures plus modestes, mais sérieuse et intéressante. M. Telleen s'est proposé « de montrer comment Milton fut apprécié en France durant le XVIIIe siècle et pendant la première partie du XIXe et d'observer, en même temps, quelle influence il exerça sur les esprits. » Ces recherches précises sur un sujet nettement délimité sont une contribution utile à l'étude des rapports de la littérature française avec les littératures étrangères, dont le regretté J. Texte a tracé les grandes lignes. Il y a là un modèle excellent de sujets de thèses pour les étudiants étrangers de nos Universités.

M. T. montre que, jusqu'en 1728, Milton fut connu en France presque uniquement comme écrivain politique : Bayle fut le premier à en parler. Voltaire ne fut donc pas le premier à le faire connaître aux Français, comme il s'en est vanté ; mais il fut le premier à l'étudier et à le juger en connaissance de cause. Sa critique miltonienne, est, comme toute sa critique, incertaine et étroite. Après l'avoir assez libéralement loué dans son *Essai sur*

[1]. La seule pièce intéressante de Baron lui a été contestée. La discussion de M. Y. permet de croire que la critique n'est pas fondée. Pourtant un petit détail est curieux : certains contemporains ont attribué l'*Homme à bonnes fortunes* à un M. d'Alègre. Or, ce même d'Alègre est l'auteur d'une sorte de roman mexicain, l'*Histoire de Moncade*. Moncade, c'est le nom de l'homme à bonnes fortunes et M. Y. qui montre que tous les noms de la pièce se retrouvent dans le répertoire contemporain, n'indique pas l'origine de celui-là, p. 216.

la poésie épique, il passa son temps ensuite à restreindre ses éloges pour arriver dans *Candide* à une satire amère. M. T. qui a justement remarqué qu'en cela comme en tout, Voltaire représentait l'opinion de son siècle, aurait pu citer cette phrase probante de madame du Deffand : « Je ne saurais vous dire le plaisir que j'ai eu de trouver dans *Candide* tout le mal que vous dites de Milton ; j'ai cru avoir pensé tout cela, car je l'ai toujours eu en horreur » (28 octobre 1759).

Après Voltaire, une foule d'écrivains se mettent à parler de Milton, à le traduire ou à l'imiter. Mais tout ce mouvement est superficiel et l'influence de Milton est, en somme, peu profonde au xviiie siècle, qui n'était guère fait pour comprendre et apprécier les beautés du *Paradis perdu*. Avec Chateaubriand, ses critiques enthousiastes et sa traduction du *Paradis perdu*, commence la grande vogue de Milton, en France. Lamartine, Vigny, Hugo professent pour lui la même admiration. A propos de Hugo, il serait intéressant de rechercher ce qu'il a pu emprunter à Milton, surtout dans *la Légende des siècles* ou dans la *Fin de Satan*. Cette étude particulière n'entrait d'ailleurs pas dans le cadre du travail de M. T; je la recommande à M. Paul Berret, l'ingénieux historien des sources de la *Légende*.   A. PRAT.

---

64. — **Christine de Suède et le conclave de Clément X** (1669-1670), par le Baron de BILDT de l'Académie Suédoise. — Paris, Plon, 1906, grand in-8, de 281 pp. avec 3 grav. (Prix : 8 fr.)

Quelques lecteurs du Bulletin Critique pourront peut-être se formaliser à la lecture de ce livre qui leur présente, si j'ose ainsi parler, l'envers d'un conclave. Or, quand un conclave dure quatre mois, il y a place pour une foule d'intrigues préparatoires qui n'ont rien d'évangélique. L'ambassadeur de France écrit à son monarque : « Des lions déchaînés ne sont pas pis que des cardinaux enfermés. » C'est abuser de la métaphore et de l'antithèse. Les cardinaux nous paraissent beaucoup plus près de l'humanité: trop souvent, au conclave de 1670, ils ont été des joueurs manœuvrant avec autant de science que d'égoïsme sur un échiquier encombré d'avance par les prétentions des cours chrétiennes et notamment par les exigences de l'ambassadeur français « pour la gloire de sa Majesté. » A quel point les dépositaires des intérêts de cette gloire furent importuns sous l'Ancien Régime, nous ne pourrions nous le figurer aujourd'hui, si l'Etat Moderne n'avait des défenseurs de sa laïcité. A Rome, au xvii⁰ siècle, on était excédé de l'impérieuse attitude du Roi Soleil, et si l'on déférait parfois — comme ce fut le cas lors de l'élection de Clément X — aux vœux modérés de la France, l'antagonisme entre l'Eglise et le roi son fils aîné reparaissait au lendemain du conclave. Aucun intermédiaire, non pas même le duc de Chaulnes avec toute sa politesse et son habileté, ne pouvait prévenir les conflits entre Louis XIV et le S' Siège. » Un pape qui a du courage et qui sait résister, sera nécessairement Espagnol, même fût-il né en France; car aujourd'hui la France est le fléau des Papes. » Ainsi jugeait un des cardinaux les plus modérés, doué d'expérience politique, le chef de *l'escadron indépendant*, Azzolino. Avoir partagé les espérances de ce séduisant homme d'Eglise et secondé ses vues relativement impartiales pendant le conclave de 1670, tel est le mérite que M. le baron de Bildt peut, à l'aide de documents intéressants, attribuer à la reine Christine.

Cet emploi des loisirs d'une retraite royale, ce rôle de diplomate et de « Mère de l'Eglise » ne nous disposaient pas très favorablement à l'égard de l'héroïne de M. de B. Mais le récit enjoué de l'historien pique la curiosité, il retient l'attention par un mélange agréable de badinage et de respect. Ces deux tons sont de mise successivement et presque simultanément dans un pareil sujet. M. B. passe de l'un à l'autre « avec la liberté d'un esprit de cour et de ruelle. » Cet éloge, que Christine adresse au duc de Chaulnes, galant homme et fin diplomate, ne s'applique-t-il pas au moderne historien du conclave de 1670? Le livre de M. de B. est attachant par la parfaite connaissance qu'il révèle des usages de la Cour Pontificale. Le lecteur admettra difficilement qu'on s'oriente avec une telle assurance dans le Vatican sans l'avoir beaucoup pratiqué. Grâce à de savantes comparaisons entre les conclaves fort éloignés par le temps et par les tendances, M. de B. introduit discrètement dans son livre les éléments d'un manuel des élections pontificales à l'usage des Hommes d'Etat. Inutile de dire que ce traité n'a rien de formel : le récit est écrit avec une sorte de laisser aller, qu'accentue l'absence de résumé ou de conclusion. C'est la conversation gracieuse d'un conteur mondain qui s'arrête juste où finit son anecdote. Il convient d'évoquer ainsi le souvenir des prélats spirituels et raffinés de la Cour romaine.

Des appendices en français, en italien, en espagnol, permettent d'apprécier l'étendue des recherches auxquelles s'est livré l'auteur, qui n'a pas borné ses lectures aux cent vingt-trois lettres de la reine Christine. Enfin, une table des noms, soigneusement compilée, permet de glaner sur chaque Romain distingué de la fin du XVIIe siècle des détails caractéristiques.   H. GAILLARD.

---

65. — **Le Capitole romain antique et moderne**, par E. RO DOCHANACHI. — Paris, Hachette, 1905, in-12 de XIV-263 pages. (Prix : 5 fr.)

Appuyé sur une documentation extrêmement abondante, le livre de M. R. est une histoire complète du Capitole, depuis les temps les plus reculés jusqu'à nos jours. La rédaction de la partie antique a été confiée à M. Homo, connu par ses travaux sur la topographie romaine. On sait que nul lieu n'a été à Rome plus modifié que la célèbre colline. A part quelques parties du *tabularium*, visibles surtout du forum, l'œil ne découvre pas un vestige des monuments qui couvraient jadis ses deux sommets et leur *intermontium*. Il ne pouvait donc y avoir ici une description proprement dite, rien qui rappelât ce que le P. Thédenat a réalisé avec tant de succès pour le forum. C'est, en effet, une reconstitution et une histoire, pour lesquelles M. Homo a mis à profit les témoignages antiques et les travaux modernes. Tout ce chapitre, écrit d'une plume alerte autant que sûre, est d'une lecture fort attachante.

Avec le Moyen-Age et les temps modernes, M. R. retrouvait les études qui lui sont familières et qui nous ont valu déjà tant d'ouvrages, aussi curieux par le choix des sujets qu'agréables par les mérites de la forme.

Siècle par siècle, l'auteur suit les transformations des palais capitolins jusqu'au jour où ils reçurent de Michel-Ange leur forme définitive. Mais il ne s'est pas proposé seulement de décrire les monuments. Toute la vie municipale est liée au Capitole. M. R. n'a garde de l'oublier. On ne pouvait raconter ce lieu célèbre sans rencontrer maint épisode de l'histoire intérieure de Rome. Une garde spéciale lui était attachée. Là étaient les prisons et se faisaient les exécutions capitales. De grandes fêtes s'y donnaient et, lors de leur couronnement, les papes y venaient en grande pompe recevoir les hommages de la municipalité. Là aussi fut le théâtre de ces couronnements poétiques, d'un caractère à la fois artistique et pédantesque, parmi lesquels il convient de citer le dernier, celui de la poétesse Corilla, qui, présent à toutes les mémoires quand madame de Staël vint à Rome, fournit certainement au célèbre écrivain, remarque ingénieusement M. R., les modèles de la scène fameuse décrite dans le roman de Corinne. Sur tous ces épisodes, sur bien d'autres encore, l'auteur, dont l'inlassable curiosité a fouillé avec une ardeur incroyable les documents de toute nature, nous donne les détails les plus circonstanciés et souvent les plus piquants. Les amateurs d'anecdotes en pourront sans peine glaner quelques-unes.

Enfin, sur l'origine, l'histoire, le classement des musées du Capitole et des Conservateurs, M. R. fournit d'utiles renseignements. Un appendice est consacré à l'église de l'Ara Cœli.

L'illustration, assez abondante, est soignée et l'ensemble du volume fort élégant. Ce livre fera désormais partie de la bibliothèque portative de tout voyageur dont la curiosité ne se contente pas des renseignements du guide Baedeker.

André BAUDRILLART.

---

66. — **Notes sur l'art japonais : La peinture et la gravure**, par TEI-SAN. — Paris, Mercure de France, 1906, in-18 de 331 p. (Prix : 3 fr. 50).

Sous un titre trop modeste, voici, en réalité, une histoire rapide mais complète de l'art graphique japonais.

L'introduction expose, en quelques pages de large et pénétrante analyse, « les raisons d'ordre ethnographique, religieux et intellectuel » du grand essor de l'art japonais. L'auteur insiste sur le don d'observation aiguë de la race et sur son amour passionné de la nature, aimée d'une façon toute désintéressée, pour elle, pour chacun de ses habitants, dans chacun de ses détails, et non pas uniquement, ainsi que l'aime l'Occident, comme cadre d'émotion humaine.

Puis, le chapitre capital de la « marche de l'art bouddhique à travers l'Asie » retrace l'histoire de l'art chinois s'imprégnant d'art indo-grec, vers le Ier siècle après J.-C., et se transmettant ensuite à la Corée et au Japon. La connaissance de cette genèse est essentielle en effet, car, si l'inspiration chinoise cessa de prédominer seule au Japon sous les Fujiwara (889), deux courants restèrent toujours parallèles : l'un bouddhique, tout pénétré d'hiératisme et d'aristocratie, l'autre éminemment national, de caractère réaliste et populaire.

Du milieu du VIe siècle à la fin du IXe, les influences continentales s'imposent exclusivement, d'abord coréennes, puis chinoises

A partir de la fin du IXe siècle, l'art devient franchement japonais. Sous les Fujiwara, la recherche excessive de l'élégance aboutit à l'école de Tosa (du XIIe au XIVe s.), éprise de délicatesse et de préciosité.

Au XVe siècle, les Ashikaga président à une renaissance dûe à l'école chinoise Sung-Yuen, attentive observatrice de la nature ; mais des troubles fréquents suspendent toute vie artistique dans la deuxième moitié du XVIe siècle.

La revanche est éclatante ; la brillante époque des Tokugawa (XVIIe s.) voit s'épanouir franchement les deux tendances précédentes : école de Tosa (yamatisante) et de Kano (chinoise Sung-Yuen). A la fin du XVIIe siècle, deux nouvelles branches japonaises naissent avec Sumiyoshi et Korin.

Au XVIIIe siècle, essayant de renouveler les sources d'inspiration, certains s'adressent de nouveau à la Chine, mais à celle des Ming (1368-1628) et des Tsin (après 1616).

Le public se lasse de la convention étrangère ou des sujets de l'école de Tosa, et, tandis que les hautes classes ne veulent admettre que ces genres, un courant populaire, tendant au réalisme, crée l'Oukiyo-yé qui trouve l'art de l'estampe et règne à Yédo, capitale de l'ouest, durant tout le XVIIIe siècle et la première moitié du XIXe. A Kyoto, capitale de l'est, germe une branche impressionniste à la fin du XVIIIe siècle.

L'auteur, en déroulant l'immense nomenclature des artistes nippons, a su éviter toute sécheresse, caractérisant brièvement le style et la manière de chaque maître. Souvent une poétique légende ou quelque trait de mœurs savoureux, amenés par la description de tel kakimeno ou de telle estampe, fleurissent, au long de cette route si peuplée. A cet égard, les études sur Outamaro et Hokusaï sont fort attachantes.

Ces derniers maîtres et leurs émules de l'Oukiyo-yé eurent presque seuls la faveur des premiers japonisants occidentaux, alors qu'aujourd'hui une rédaction, peut-être excessive, se dessine. Le goût des amateurs, éduqué par les merveilles du pavillon impérial de l'Exposition de 1900, des collections Hayashi, Gillot etc..., se porte avec une prédilection marquée vers les œuvres primitives. Il convient, conseille sagement notre critique, de tenir la balance égale et de ne pas accabler le raffinement et le charme précieux des XVIIe et XVIIIe siècles sous la grandeur et la sévérité de caractère des premiers âges.

Une utile liste chronologique et la bibliographie des ouvrages d'art concernant le Japon terminent le livre, que l'auteur s'excuse de n'avoir pu compléter par la reproduction des signatures et des cachets. Un second volume nous est promis. Le premier tome fermé, les fervents de cet art exquis du Nippon ne peuvent manquer de formuler des vœux impatients pour la prompte apparition de cette suite, qui doit traiter de la sculpture, de la ciselure et des arts industriels.

A. G.

BIBLIOGRAPHIE

I. — SCIENCES RELIGIEUSES.

Aubray (G.). — Le Problème de la loi de séparation. La solution libératrice (64 p.), in-16, 0 fr. 60. — Bloud et Cie.

Baron (A.). — Les Sociétés secrètes, leurs crimes depuis les initiés d'Isis jusqu'aux francs-maçons modernes (XI-384 p.), in-8, 5 fr. — H. Daragon.

Cavallera (F.). — Le Schisme d'Antioche, IVe siècle (XIX-342 p.), in-8, 7 fr. 50. — A. Picard et fils.

Cavallera (F.). Sancti Eusthatii episcopi Antiocheni in Lazarum Mariam et Martham (XIV-132 p.) in-8, 4 fr. — A. Picard et fils

Largent (A.). — Les Sources de la piété (210 p.), in-16, 1 fr. 50 — Bloud et Cie.

Ly (A.). — Journal d'André Ly, prêtre chinois, missionnaire et notaire apostolique, 1746-1763, texte latin (XXXIV-711 p.), in-8, 10 fr. — A. Picard et fils.

Moreau (abbé). — Chant grégorien. Manuel pratique à l'usage des fidèles (400 p.), in-8, 12 fr. 50. — Libaros, à Nantes.

Ryner (H.). — Les Chrétiens et les philosophes (200 p.), in-16, 2 fr. — Lib. française.

Sanvert (abbé). — Saint Augustin. Etude d'âme, in-8, 5 fr. — Chez l'auteur, à Châlon-sur-Saône.

Serbat. — Les Assemblées du clergé de France (410 p.), in-8, 12 fr. — H. Champion.

Walzting (J.-P.). — Studia Minuciana. Etudes sur Minucius Félix (37 p.), in-8, 1 fr. — H. Champion.

II. — PHILOSOPHIE ET SCIENCES SOCIALES.

Glasser (E.). — Sur la condition des ouvriers des mines en Australasie. Etude économique et sociale (348 p.), in-8, 6 fr. — H. Dunod et E. Pinat.

Lefort (J.). — Les Caisses de retraites ouvrières, 2 vol. (400-580 p.), in-8, 18 fr. — A. Fontemoing.

Libert (J). — L'impulsionnisme et l'esthétique (150 p.), in-8, 3 fr. 50. — H. Daragon.

Moreau (G.). — Etude sur l'état actuel des mines du Transvaal, av. 48 fig., in-8, rel., 7 fr. 50. — Ch. Béranger.

Nys (E.). — Le Droit international. T. III, 1re part. (290 p.), in-8, 5 fr. — A. Fontemoing.

Ollé-Laprune (L.). — La Raison et le rationalisme, in-16, 3 fr. 50. — Perrin et Cie.

Pillsbury (prof. W.-B.). — L'attention (Bibl. de psychologie expérimentale), 316 p., 4 fr. in-18. — O. Doin.

Prins (Ad.). — De l'esprit du Gouvernement démocratique. Essai de science politique (Inst. Solway : Etudes Sociales) (ix-294,) in-8, cart. 7 fr. 50 — V. Giard et E. Brière

Waldeck-Rousseau. — L'Etat et la liberté, 2e série (400 p.), in-18, 3 fr. 50. — E. Fasquelle.

Vibert (Ch.), — Les Accidents du Travail (716 p.), in-8 10 fr. — J.-B. Baillière et fils.

Worms (R.). — Etudes d'Economie et de législation rurales (Pet. Encycl. Soc. écon. et financ.) (304 p.), in-18, 4 fr. — V. Giard et E. Brière.

III. — HISTOIRE LITTÉRAIRE ET PHILOLOGIE.

Aubert (J.-R.). — Le Latin, langue internationale. Enquête universelle (122 p.), in-8, 3 fr. — Rev. littéraire, à Reims.

Aubry (P.), **Bedier** et **Meyer**. — La Chanson de Bele Aelis, par le trouvère Baude de la Quarière (23 p.), in-8, 2 fr. 50. — A. Picard et fils.

Boyer (P.) et N. **Spéransky**. — Manuel pour l'étude de la langue russe (390 p.), in-8, 10 fr. — Librairie A. Colin.

Clerget (F.). — Louis-Xavier de Ricard (36 p.), in-4, 1 fr. 50. — Rev. littéraire, à Reims.

Joret (Ch.). — L'Helleniste d'Ansse de Villoison et la Provence (50 p.), in-8, 2 fr. — A. Picard et fils.

Marsan (J.). — La Sylvie du sieur Mairet, tragi-comédie pastorale (LXIV-244 p.), in-8, 4 fr. 50. — E. Cornély et Cie.

Mémorial de la Librairie française, année 1905, avec tables (868 p.), in-8, 10 fr. — H. Le Soudier.

Paris (G.). — Mélanges linguistiques. Fasc. 1 : Latin vulgaire et langues romanes (149 p.), in-8, 6 fr. — H. Champion.

Rod (Ed.). — L'affaire J.-J. Rousseau, in-8, 5 fr. — Perrin et Cie.

CHRONIQUE

6. — Nous recevons le second numéro de l'*Austrasie*, revue (trimestrielle), historique, littéraire, artistique et illustrée du pays messin et de la Lorraine, (Metz, 50, place Saint-Louis ; prix de l'abonnement annuel, 10 marks = 12 fr. 50), qui reprend le nom et les traditions d'un ancien périodique fort estimé. Cette fondation nouvelle, dont le but patriotique est fort louable, mérite d'être encouragée, et la valeur de ce fascicule fait bien augurer pour l'avenir. On y trouve une bonne étude sur le peintre *Th. Devilly*, dans laquelle M. Louis Knœpfler montre bien l'évolution de son talent et son influence comme professeur, et apporte d'utiles indications sur l'activité intellectuelle et artistique qui règnait à Metz au début du second Empire. Des notices biographiques sont consacrées à l'humoriste Auricoste de Lazarque et au général Jacquinot. Deux publications, devenues fort rares, *Le Grand Atour de Metz*, et le *Voyage du Roy à Metz* par Abraham Fabert, sont réeditées d'après les manuscrits. Enfin des poésies de M. Alex. de Metz — Noblat, et des notes relatives à la chapelle de Mutterhouse et à des traditions locales complètent cet ensemble. Ajoutons que l'impression est très soignée et que 22 gravures, dont 16 hors texte, donnent beaucoup d'intérêt à ce recueil. A. L.

7. — **Soirées du Stendhal Club, documents inédits**, par Casimir STRYIENSKI, préface de L. BÉLUGON. — Paris, Mercure de France, 1904, in-18 de XX-352 p. (Prix : 3 fr. 50).

Il règne en ce moment, c'est M. Stryienski lui-même qui a inséré dans son livre cette grave nouvelle, une épidémie trop peu connue, quoique fort dangereuse, la fièvre stendhalienne, dont sont atteints une centaine environ d'individus, tant en France qu'à l'étranger; le Stendhal-Club en est le foyer. Ce mal consume en peu de temps ceux à qui il s'attaque; il les condamne à n'avoir plus qu'une occupation unique, celle d'épiloguer sur les textes de Stendhal, à n'avoir plus qu'une préoccupation unique, celle de retrouver des textes inédits de Stendhal, afin de pouvoir épiloguer encore. A quiconque s'intéresse aux victimes, il demeure toutefois une lueur d'espoir, c'est que ce feu dévorant s'éteindra bientôt faute d'aliments. Comme la fumée d'opium décuple la sensibilité, de même la fièvre stendhalienne accroît sans mesure l'activité, la puissance de travail; et, grâce à elle, l'on besogne tant et si bien, que dans peu de temps, la tâche sera achevée. Quelle tâche pourtant! ne rien laisser ignorer de ce que Beyle a pensé, répété, composé, copié, écrit, raturé, fait, omis, aimé et haï; montrer, spectacle édifiant, comment il travaillait; divulguer tous les secrets de sa plume, de son âme et de sa vie : tel était le champ qu'il s'agissait de défricher. On nous offre aujourd'hui la moisson, et il ne reste plus qu'à glaner. Il y a, parmi les gerbes, des épis chargés de grains, mais il y en a plus encore de stériles. La gloire littéraire de Stendhal n'en sera pas accrue; sa réputation morale, déjà peu enviable, y perdra encore. Et l'on se demande, en vérité, si les apôtres de ce petit cénacle, où l'on professe en apparence le beylisme, n'adressent pas tout simplement leurs hommages à la déesse de l'ironie.

J. Laurentie.

8. — **Le berceau de la France**, par Auguste Sageot. Préface de François Coppée. — Paris, Perrin et Cie, 1906, in-16 de 286 p. (Prix : 3 fr. 50.)

C'est un long poème sur Clovis et sa conversion; un souffle généreux le traverse. La langue est claire et traditionnelle; les vers sont... des vers, ce qui surprend par le temps qui court. M. Sageot sera trouvé « vieux jeu »; son livre, religieux et patriotique, est donc en même temps un acte de courage littéraire. Il eût gagné à être un peu resserré; tout n'y est pas également solide et frappant: mais il y a vraiment de belles pages qui rachètent les négligences et les longueurs.   F. P.

L'Éditeur-Propriétaire-Gérant: Albert Fontemoing.

Imprimerie Générale de Châtillon-sur-Seine. — A. Pichat.

BULLETIN CRITIQUE

67. — **De Soteriologiæ Christianæ primis fontibus**, par C. Van Crombrugghe. (Thèse pour le doctorat en théologie. Université catholique de Louvain). — Louvain, J. Van Linthout, 1905, in-8 de xiv-236 pp.

La double question de l'authenticité et de l'interprétation des paroles rédemptrices que les trois premiers évangiles mettent sur les lèvres du Seigneur fait l'objet de cette dissertation doctorale. Difficilement on eût trouvé un sujet qui fût à la fois plus actuel et d'un intérêt apologétique plus considérable. Il suffit de rappeler les controverses récemment agitées en France, en particulier sur le point de savoir si, parmi les idées spécifiquement chrétiennes, on doit compter celle de l'expiation du péché par la souffrance et la mort du juste. Au dire de plusieurs théologiens allemands, dont M. Loisy se fit l'écho, cette conception de la mort du Christ remonterait exclusivement à S. Paul; moins tranchant, M. Harnack l'attribue à la réflexion de la première communauté chrétienne. Mais, quoiqu'il en soit de cette divergence secondaire, si l'enseignement de Jésus ne repose, en son fond dernier, que sur la foi au Dieu Père ou sur l'espérance du royaume prochain, il devient dès lors évident que les affirmations sotériologiques des Synoptiques ne peuvent plus représenter qu'un élément rédactionnel, sans titre véritable à nous faire connaître la pensée même du Sauveur; tout au plus pourrra-t-on tenter de retrouver sous la déformation de la glose un sens originel assez différent. M. Van Crombrugghe s'insurge contre de pareilles théories et de pareilles méthodes, et c'est dans un excellent travail, parfaitement au courant de la plus moderne littérature, qu'il en fait justice. Pour lui, les oracles écartés par l'école radicale appartiennent en propre à Jésus, ils font partie de l'essence même de son enseignement et se doivent interpréter au sens traditionnel de la sotériologie juridique.

Dans une première partie (p. 3-24), l'auteur détermine brièvement l'étendue et la nature du rôle rédempteur qu'aux yeux de ses contemporains le Christ prétendait assumer : c'est la question du caractère personnel et messianique du Serviteur de Jahwêh décrit par le second Isaïe; d'après M. Van Crombrugghe on ne peut douter que Jésus ne se soit formellement identifié avec lui. L'examen des passages dans lesquels le Seigneur prédit sa passion et sa mort (p. 24-67) ouvre la deuxième partie du débat proprement dit sur la valeur des textes; suit une longue dissertation consacrée au fameux logion des deux premiers Synoptiques (Marc x, 45 = Matt. xx, 28) où le Christ manifeste l'intention d'offrir sa vie « en rançon pour beaucoup » (p. 67-112). Toute la seconde moitié du volume traite de l'institution de l'Eucharistie considérée comme anticipation et mémorial du sacrifice rédempteur de la croix (p. 113-232).

Ainsi qu'on peut le voir par ce rapide aperçu, rien de moins proportionné qu'un tel livre : M. Van Crombrugghe n'a souci que d'exposer au long et de réfuter par le menu les théories nouvelles, et tout, dans son plan, se subordonne à leur nombre et valeur; mais ce faisant, il met en œuvre de si remarquables qualités d'assimilation et de sens critique qu'on serait mal fondé à exagérer ce défaut tout extérieur. On peut donc tout aussi bien regarder sa thèse comme une suite de dissertations, dont chacune a l'avantage de faire ressortir, sur un point donné, ce que les procédés de l'exégèse indépendante, appliqués à la sotériologie des Évangiles, ont de forcé et d'arbitraire. Ici, sans entrer dans le détail d'une polémique qui au surplus dégage nettement et fortement les conclusions de l'auteur, on se bornera à relever quelques-unes des positions qu'il a cru devoir prendre aux cours de son enquête.

On lit seulement dans S. Mathieu que le Seigneur, envoyant pour la première fois les apôtres en mission, leur fit cette promesse : « En vérité je vous le dis, vous n'aurez pas achevé (de parcourir) les villes d'Israël, que viendra le Fils de l'homme. » (Matt. x, 23). M. Van. Crombrugghe estime avec raison qu'on ne saurait alléguer ce logion eschatologique en faveur de la théorie de M. J. Weiss, d'après laquelle Jésus, loin de prévoir sa mort durant la première partie de son ministère, n'aurait alors songé qu'à une parousie toute prochaine : il y a en effet de fortes probabilités pour que ce dit ait été cité par l'évangéliste hors de son véritable contexte et qu'il appartienne en réalité, ainsi que les vv. 17-22 qui le précèdent, au discours apocalyptique des derniers jours. Marc XIII, 30. — « Je vous le dis en vérité, cette génération ne passera pas que tout cela n'arrive » — en serait le plus exact pendant. Quoiqu'il en soit de la valeur réelle de ces paroles, convenons que l'idée est la même et qu'elle s'adapte beaucoup mieux aux prédictions de la fin, qu'à la perspective de la mission temporaire, suivie d'un retour auprès du Maître, que suggère le cadre du premier Evangile.

La réponse allégorique sur le jeûne des amis de l'epoux (Marc II, 18-20 ; Matt. IX, 14-15 ; Luc V, 33-35) a de même semblé aux critiques radicaux une allusion trop claire à la mort du Christ pour n'être pas interpolée ou détournée de son sens primitif. Mais il reste à savoir si cette réplique était aussi transparente pour les contemporains de Jésus, qu'on veut bien nous le dire, et si la forme énigmatique qu'elle revêt, telle que nous la lisons, enlève quelque chose à sa force prophétique. M. Van Crombrugghe ne le pense pas, et à bon droit. En affirmant en effet que ses disciples ne pouvaient jeûner tant qu'ils étaient avec lui, Jésus déclarait bien le caractère exceptionnel de leur situation et par là insinuait qu'il était lui-même l'époux qui serait enlevé. On ne saurait donc parler d'une parabole transformée postérieurement en allégorie.

La position prise vis à vis du signe de Jonas (Matt. XII, 38 s. ; XVI, 4 ; Luc XI, 29 s.) est plus personnelle. Ici les exégètes modernes sont à peu près unanimes : Matt. XII, 40. — « Car de même que Jonas fut trois jours et trois nuits dans le ventre du cétacé, de même le Fils de l'homme sera trois jours et trois nuits dans le sein de la terre » — est une glose tardive sans rapport direct avec le contexte ; le seul signe dont il soit question est celui de la prédication de Jonas. M. Van Crombrugghe se rattache lui aussi à cette opinion, mais avec cette différence capitale qu'il reconnaît dans le verset un dit authentique (ainsi que l'attestent Marc XIV, 58 ; XV, 29 = Matt. XXVI, 61 ; XXVII, 40 et Jean II, 19) inséré là de manière factice par le rédacteur de l'Evangile. L'explication est plausible, bien que de nuance apologétique trop accentuée. Maldonat était plus réservé lorsqu'après s'être refusé à admettre qu'il fût question dans la réponse du Christ d'un autre signe que celui qui condamnait les pharisiens, c'est-à-dire de la prédication de pénitence de Jonas, il voyait simplement dans le v. 40 une explication du Sauveur destinée à rendre sa comparaison plus frappante. Jésus, dit-il à cet endroit, est pour les Juifs ce que Jonas fut pour les Ninivites et même bien davantage, car la résurrection d'entre les morts l'emporte de beaucoup sur le cas du prophète rejeté vivant hors du monstre, et pourtant les Ninivites crurent à la prédication de Jonas, tandis que les Juifs ne croient pas à celle de Jésus.

Le sens sotériologique de S. Marc x, 45 (Matt. xx, 28) est fort brillamment défendu, et il n'existe peut-être pas d'étude plus approfondie sur le sujet. A propos de l'omission ou de la transformation de ce dit dans le discours parallèle de S. Luc. (xxii, 27), on s'étonnera seulement que l'auteur ait paru attacher quelque valeur à l'explication de Feine et de Resch. Du mot φιλονεικία de l'Evangile (ibib., 24) qu'ils rapprochent de l'adjectif φιλόνεικος de la première aux Corinthiens (xi, 16), où le contexte traite également de l'Eucharistie, ces auteurs concluent que S. Luc, à l'imitation de l'Apôtre, voulait proposer un enseignement contre l'amour des disputes et, qu'à cette fin, il a déplacé de son cadre historique le récit de la contestation des fils de Zébédée et remanié le dit. Mais, outre que dans S. Paul l'adjectif ne se rapporte pas directement à la célébration de l'Eucharistie et que les abus à réprimer y soient qualifiés de σχίσματα, on ne voit pas qu'il faille prêter à S. Luc d'aussi particulières intentions. Une contestation de préséance à la dernière cène, suivie d'un discours du Seigneur sur l'humilité, est attestée par le quatrième Evangile (Jean xiii, 4-17), et c'est raison de plus pour croire qu'une source d'information propre à S. Luc relatait un fait de cette nature combiné ensuite avec le récit de S. Marc. Avouons d'ailleurs que la seconde hypothèse proposée par l'auteur est encore plus simple : dans le cadre de la Cène, après les paroles formelles de l'Institution, la déclaration sotériologique ne convenait plus.

Le récit de la Cène dans le troisième évangile (Luc, xxii) est toujours un lieu *crucial*. Avec un nombre de critiques qui tend de plus en plus à former la majorité. M. Van Crombrugghe défend l'authenticité des vv. 19*b* 20 absents du texte occidental, et, du point de vue purement textuel, sa discussion (p. 132-147) est excellente. Mais aussitôt se pose la question bien connue de l'interprétation des deux coupes : l'auteur la résout avec la plupart des commentateurs catholiques et particulièrement avec MM. Bickell et Berning en attribuant la première coupe au festin pascal proprement dit et, par suite, en niant son caractère eucharistique; et, en ce cas, l'omission du *Codex Bezac*, notre meilleur représentant du texte occidental des Evangiles, ne s'explique bien que comme moyen à la fois radical et maladroit d'échapper à la difficulté. On peut admettre ce dernier point, mais en faisant remarquer aussitôt que le fait seul de cette modification, partiellement soutenue par plusieurs autres témoins, insinue la croyance très ancienne au caractère eucharistique de la première des deux coupes. Aussi bien il y a plus que cet argument extrinsèque : le contexte des récits parallèles ne favorise pas l'hypothèse proposée, pour cette seule raison que le dit eschatologique qui est joint à la présentation de cette prétendue coupe légale dans S. Luc, se trouve suivre, dans les deux autres Synoptèques, la présentation de la coupe de l'Eucharistie (Marc xiv, 25; Matt. xxvi, 29 = Luc xxii, 18). M. Van Crombrugghe suppose que S. Marc et S. Matthieu, qui ne racontaient pas la cène juive, ont tenu pourtant à conserver le dit et l'ont ajouté à leur récit par manière d'appendice. Si l'explication n'est pas tendancieuse, comme ont pensé certains, elle a du moins le tort d'être trop facile. La vérité est qu'avant de préférer ici le troisième Evangile aux deux premiers, il n'eût pas été inutile de montrer la possibilité d'un accord plus étroit, aussi bien dans la forme que dans le fond, des deux traductions. N'est-ce pas en effet après le récit de l'Institution de l'Eucharistie, que S. Luc rapporte une autre promesse du Seigneur (ibid. 29. 30), relative à ce même festin messianique du royaume où, de nouveau, les disciples boiront avec leur Maître, le fruit de la vigne? Et S. Paul, à la traduction duquel l'évangéliste se rattache, ne paraît-il pas ordonner l'Eucharistie, dont il vient lui aussi de raconter l'Institution, en fonction du second avènement, lorsqu'il écrit : « Car toutes les fois que vous mangez ce pain et que vous buvez cette coupe, vous annoncez la mort du Seigneur jusqu'à ce qu'il vienne (1 Cor.

XI, 26)? Or, à lire M. Van Crombrugghe, on ne soupçonne pas que le symbolisme eschatologique de la dernière Cène ait été mis par le Sauveur en relation directe avec le mystère central, puisque le cadre transitoire seul est censé en faire tous les frais. Nous croyons donc qu'il y avait lieu de noter à l'occassion quelles indications les Synoptiques peuvent nous fournir sur la valeur sotériologique inhérente au sacrement lui-même. Et aussi bien devait-on tenir plus grand compte de la théorie récente [1] qui maintient le caractère eucharistique des deux couples de S. Luc en signalant chez l'évangéliste un doublet ou plutôt la fusion de deux traditions indépendantes: l'explication a ses obscurités, mais, en matière aussi délicate, les solutions trop claires ne sont pas forcèment les meilleures.

Dans la suite de son travail, M. Van Crombrugghe admet justement, en s'en tenant à la chronologie du quatrième Evangile, que le Seigneur a anticipé la Pâque d'un jour, puis il marque avec beaucoup de force la relation historique voulue par le Sauveur entre cette solennité et la célébration de l'Eucharistie : commémoration anticipée de la Pâque véritable, immolée le lendemain, le dernier repas du Christ s'ordonnait à la mort rédemptrice scellant à jamais le testament nouveau, comme le festin pascal s'ordonnait à la délivrance d'Israël et à l'ancienne alliance conclue au Sinaï. La doctrine paulinienne ne sera que le développement de cette pensée du Maître, transmise à l'Apôtre par les premiers disciples.

Telle est la conclusion ultime du livre. S'il est vrai que les controverses d'hier ont pu jeter le désarroi dans quelques esprits, il faudra accueillir ce travail avec joie : par la critique solide et pénétrante, l'érudition étendue dont il témoigne, il paraît très apte à faire apprécier la fermeté historique de l'enseignement traditionnel. Beaucoup de traités d'un plan plus vaste, ne font qu'effleurer la question de la sotériologie des Evangiles, celui-ci l'épuise en détail. Et combien, après l'avoir lu, trouvera-t-on décevantes et irréelles les théories disparates qu'une certaine théologie radicale a prétendu construire sur ce sujet ! Félicitons M. Van Crombrugghe de l'avoir fait si bien ressortir: en vérité, c'est mieux qu'une

---

1. On en trouvera un bon exposé de détail dans le *Journal of Theological Studies*, vol. IV (1903). p 548-555 : *The Lucam Account of The Institution of The Lord's Supper* par le Rev. Herbert E. D. Blakiston.

excellente thèse de doctorat qu'il nous offre pour débuter, c'est une œuvre utile et saine, toute pleine de promesses d'avenir.

H. D.

---

68. — **La droit de propriété et le régime démocratique**, par E. MARGUERY. — Paris, Alcan, 1906, in-16 de 200 p. (Prix : 2 fr. 50).

L'auteur avoue que la démocratie n'est pas un dogme, parce qu'il n'admet pas plus le droit surnaturel des républiques que le droit divin des monarchies. Elle est seulement un fait et l'évolution des sociétés modernes vers elle lui semble fatale. N'y a-t-il aucun moyen de la concilier avec le droit de propriété ? Entre ce vieux droit égoïste et intangible, tel que l'a reconnu la Déclaration des droits de l'homme, et le collectivisme qui en poursuit l'abolition, est-il impossible de jeter les bases d'une transaction qui satisfasse la « justice sociale » ? M. Marguery ne le pense pas et, quoiqu'il ne lui donne pas ce nom, puisque la transaction suppose le libre consentement des parties intéressées, il s'est demandé si l'on ne rencontrerait pas dans certaines législations étrangères et même dans la nôtre quelques germes d'une solution intermédiaire qui démocratise la propriété sans révolution violente.

Inutile d'indiquer ici les sources auxquelles il a puisé ses exemples. Quant aux réformes principales qui lui paraissent les plus urgentes, on jugera de son système par l'exposé sommaire de la partie qui concerne la propriété agricole.

Considérer législativement les droits des possesseurs précaires, fermiers, tenanciers, etc. ;

Racheter et morceler les grands domaines ;

Rapprocher les parcelles isolées ;

Constituer des petits domaines ruraux ;

Protéger le bien de famille par l'institution du *homestead* ;

Frapper par l'impôt les plus values soudaines et excessives des terrains neufs ;

Exiger du propriétaire qu'il ne laisse pas sa terre en friche, et subordonner ses droits aux nécessités réelles des cultures ;

Réviser la loi du 3 mai 1841 sur l'expropriation, pour prévenir les enrichissements scandaleux qui en sont trop souvent la conséquence, et remplacer le jury par des arbitres-experts.

Enfin, en général, reconnaître à l'Etat « le droit et le devoir de briser les monopoles, de restreindre les situations acquises, d'établir pour tous et pour chacun l'égalité du point de départ (p. 197) ». Ceci s'applique en toute matière et à tout capital foncier ou mobilier, parce que c'est un principe social, et M. Marguery semble bien timide lorsqu'il hésite à proclamer que l'Etat, qui fabrique déjà le tabac et les allumettes, doit se faire raffineur et distillateur (p. 192). Mais, sauf cette réserve, en quoi son système diffère-t-il sur ce point du collectivisme proprement dit, dont il repousse pourtant la doctrine « idéale », quoique « généreuse » ?

Henri Beaune.

---

69. — **Sophocle** : Etude sur les ressorts dramatiques de son théâtre et la composition de ses tragédies, par F. Allègre. — Paris, Fontemoing, 1905, gr. in-8 de ix-476 pp. (Prix : 8 fr.)

Il faut savoir gré au savant auteur de cet ouvrage de n'avoir pas abusé de sa science et d'avoir parlé de Sophocle en lettré plus qu'en philologue. C'est bien l'art du poète qui se trouve ici étudié, avec sympathie, mais avec indépendance, dans ses intentions, ses moyens ou même ses lacunes, dans ce qu'il eut de grec et dans ce qu'il a d'éternel, disons : d'actuel, en ce temps qui a vu renaître Œdipe, Antigone, et qui va, dit-on, nous restituer Electre. Sans s'égarer dans les à-côté de l'érudition pure, M. Allègre s'est placé résolument au cœur de son sujet et dans la pensée de Sophocle : il nous fait pénétrer les secrets du dieu. Pourquoi en cet endroit telle péripétie et non telle autre ? Pourquoi ce dénouement ? Pourquoi, dans *Œdipe Roi*, l'altercation du héros avec Créon ? dans *Œdipe à Colone*, l'arrivée d'Ismène, et à cette place ? dans *Philoctète*, l'apparition d'Héraclès, qui rompt le cours naturel de l'intrigue ? dans *Electre*, la substitution finale d'Oreste à sa sœur au premier plan de la tragédie ? Ce sont là des problèmes de mécanique théâtrale que M. Allègre résout avec une sagacité et une sûreté remarquables. Tous, il les rattache à une question plus générale et plus pressante, qui est ce qu'on pourrait appeler « la question Sophocle, » et dont l'existence s'avère au soin même qu'on prend de l'éluder. Il est d'ordinaire entendu que Sophocle, sans abandonner complètement le concept eschyléen de la Destinée, a fait descendre la tragédie du ciel sur la terre et substitué aux arrêts d'une nécessité aveugle des mobiles purement humains. C'est ainsi que Clytemnestre succomberait chez lui non à la rage des Erinnyes et au verdict des oracles, mais à la rancune d'Electre ; qu'Œdipe serait la victime de son obstination et de son orgueil plus encore que celle du *Daimôn*. — Erreur, croit M. Allègre : Sophocle, tout en observant les hommes, a si peu renoncé au vieux dogme, qu'il y subordonne presque toujours l'action de ses tragédies. Or, de deux actions l'une : ou l'homme est libre, ou il ne l'est pas. S'il est libre, que signifie l'intervention du Destin dans sa conduite ? Et s'il ne l'est pas, à quoi bon cette comédie d'une volonté qui ne résout rien ? De sorte que nous voici en présence d'un théâtre à la fois religieux et humain, fondé sur l'antagonisme de deux ressorts contradictoires. Sophocle a senti cette contradiction, et il a fait appel à toutes les ressources de son art, qui fut aussi ingénieux que loyal, pour en sortir. Y a-t-il réussi ? Pas toujours. Dans plus de la moitié des pièces qui nous restent de lui, le duel subsiste : Electre a beau être une volonté, c'est une volonté qui ne produit rien. Philoctète, après toute l'énergie dépensée pour se décider dans un sens, finit par agir exactement dans le sens contraire. Si Œdipe, dans le bois de Colone, paraît le maître de sa destinée, ce n'est que par l'ardeur de son acceptation : vouloir ce qu'on ne peut éviter, c'est la seule façon qu'on ait d'être libre. Des sept tragédies de Sophocle, il en est deux, et deux seules, dont un ressort unique régirait l'action : *Antigone*, où tout s'exécute sans la participation des dieux, par le conflit d'Antigone et de Créon ; *Œdipe Roi*, où tout est l'œuvre du Destin. Rien de plus neuf et de plus significatif que l'analyse de cette dernière pièce par M. Allègre. Avant lui, on s'en tenait volontiers à l'illusion d'un Œdipe énergique et fort. En réalité, cette force n'est qu'un leurre, cette énergie n'est que la résistance vaine de l'instinct au guet-apens de la Fatalité. Œdipe s'appartient si peu qu'il se perd, ou du moins qu'il précipite sa perte, malgré tous ses efforts pour se sauver. Car l'enquête qu'il mène n'a point pour principe, comme on a coutume de l'admettre, le désir de savoir quand même, une sorte de fureur à résoudre l'énigme, mais bien la peur de se découvrir coupable et d'encourir sa propre malédiction. Si une tragédie de Sophocle est conçue à la gloire de l'homme, c'est peut-être *Antigone*, si Cornélienne, mais non celle-ci, dont la sombre donnée ne semble faite que pour illustrer notre proverbe : « L'homme s'agite et Dieu le mène, » ou pour donner raison aux deux vers de l'*Ajax* où M. Allègre croit saisir le dernier mot de la religion du poète : « Je le vois, nous ne sommes rien, nous tous vivants, que fantôme et qu'ombre légère. »

Il faudrait donc renoncer à voir dans le merveilleux de Sophocle une concession à des traditions respectables, un souvenir du caractère primitif de la tragédie. Les dieux n'interviennent pas dans son théâtre à titre d'utilité, comme chez Euripide, pour exposer ou pour dénouer des intrigues. Il mûrissait trop bien le plan de ses pièces, il était trop attentif à son art pour recourir à de pareils procédés. Au strict point de vue du métier, il lui était des plus faciles d'éviter le surnaturel. S'il l'a gardé, c'est qu'il l'a voulu. Au fond, il croit au Destin, comme Eschyle. Où il diffère d'Eschyle, c'est quand il omet de le justifier. Il l'accepte et ne le discute pas, ne l'interprète pas. Sa croyance n'est pas celle des théologiens, mais celle du peuple. Il ne voit point le principe caché, mais les conséquences lamentables. En ce sens, il est plus humain qu'Eschyle, et plus triste. Tout ce qu'il arrache à l'aveugle puissance, c'est l'intention de nos actes. Il la croit libre. Vit-il tout le parti à tirer de là, lui dont l'Œdipe décline si magnifiquement la responsabilité de ses crimes ? rien n'est moins certain, et l'étude de M. Allègre, abordée dans un esprit tout littéraire, s'arrête au seuil de la philosophie, après en avoir, d'une main discrète et sûre, ouvert la porte.   Auguste Dupouy.

---

70. — **Les martyrs de Lyon**, roman historique par A. T. Baumann. — Paris, Perrin et Cie, 1906, in-16 de vii-325 pages. (Prix : 3 fr. 50.)

Le roman historique est un genre que beaucoup de critiques n'hésitent pas à juger faux et qui, en tous les cas, est plein de dangers. Mais il faut bien aussi qu'il soit plein d'attraits puisqu'on y revient si souvent. L'immense succès de *Quo Vadis* est là pour témoigner de l'intérêt passionné que le public sait y prendre, quand le sujet est traité avec compétence et le livre écrit avec talent. L'époque où l'esprit du christianisme entre en lutte avec le vieux monde païen et triomphe de ses cruautés par son héroïsme et par sa patience, aura toujours le privilège de nous intéresser entre toutes, car ne symbolise-t-elle pas avec vérité le combat éternel qui se livre dans la société humaine, entre les plus hautes aspirations de l'idéalisme et les grossières tendances de la nature, entre l'idée nouvelle et féconde et la routine stérile et asservissante? Et puis, notre monde, en ce qu'il a de meilleur, est un produit du christianisme, et ce sont nos origines morales et religieuses, quand ce ne sont pas nos origines nationales elles-mêmes, que nous étudions, que nous revivons, en nous transportant à ces âges de renouvellement profond. — Mais — pour que le lecteur instruit puisse s'intéresser sans remords à ces évocations d'une époque lointaine et cependant connue, il faudra que le romancier ait pris soin d'étudier consciencieusement les mœurs et les usages, afin de ne présenter que des peintures fidèles, et que, là même où il invente, il soit encore par mille détails précis, en pleine réalité.

Ceux qui liront les Martyrs de Lyon de M. B. rendront hommage à sa documentation scrupuleuse. Il demeure aussi près de l'histoire que possible et il suffit de lire la lettre des Eglises de Lyon et de Vienne aux Eglises d'Asie, sur le drame de l'an 177, pour se convaincre qu'il n'ajoute aucun trait fantaisiste aux admirables et touchantes figures de Pothin, de Sanctus, d'Attale et de Blandine. Elles sont dessinées avec un soin pieux, sans exagération, sans affectation, sans aucune pointe de ce scepticisme élégant et transcendant mis à la mode par des maîtres célèbres. Je note ce dernier point, car l'auteur est un positiviste, mais il s'est si bien soumis à son sujet, il l'a traité avec tant de sympathie, que l'esprit de son livre est vraiment ce qu'il devait être, c'est-à-dire tout chrétien.

Les divers types de la jeune communauté chrétienne sont finement et sobrement caractérisés : c'est Pothin le vénérable vieillard qui a connu Polycarpe, lequel a connu Saint Jean et qui est pour le petit troupeau la tradition vivante, le dépositaire de la pure doctrine de bonté et d'amour ; c'est Irénée, l'homme de gouvernement, à l'esprit net, à la décision prompte, actif à réprimer toute tendance illuministe, toute idée hétérodoxe et soucieux de tenir la première Eglise des Gaules en communion étroite avec Rome, le centre de la catholicité : c'est Epagathus, le jeune noble romain dont l'âme ardente ne peut se satisfaire de la froide et raisonneuse sagesse du stoïcisme ; c'est, en regard d'Epagathus, la fière gauloise Epona, la fille du dernier druide, qui, convertie à son tour, épousera le jeune romain, son maître, la foi scellant à jamais l'alliance des deux races ; c'est surtout Blandine, la douce et héroïque Blandine, la jeune fille au corps frêle mais à l'âme revêtue de la force du Christ, qui lasse les bourreaux par sa constance et soutient jusqu'au bout le courage des martyrs.

Le monde païen nous est représenté par le pédagogue stoïcien Cœcina, discoureur plus bavard que convaincu ; par l'empereur philosophe, Marc-Aurèle, grave, triste et résigné, dialoguant avec un indulgent et heureux sceptique, sorte de Pétrone en miniature, qui répond au nom de Pausias.

Le livre de M. B. nous intéresse encore, et très vivement, par les peintures minutieusement exactes qu'il a tracées de la vie Lyonnaise, au IIe siècle. De gracieuses et sobres descriptions de paysages encadrent le récit, sans jamais l'encombrer.

On voudrait le style moins pastiche, mais il faut bien sans doute qu'il ait la couleur du temps, et il ne manque pas parfois de poésie et de charme, poésie un peu superficielle, charme un peu convenu, mais n'est-ce point la rançon du roman historique ? Un style personnel ne risquerait-il pas de paraître faux en pareil sujet ? C'est donc à peine une critique que nous formulons en terminant.

P. HERVELIN.

---

71. — **Etudes byzantines**, par Charles DIEHL. — Paris, Picard, 1905, in-8, de VIII-436 p. (Prix : 10 fr.)

Tandis que, depuis plusieurs années déjà, M. Schlumberger emploie ses loisirs à raconter avec autant de science que d'amour une des plus fécondes périodes de l'histoire byzantine, à peindre, si j'ose dire, de vastes ensembles où les grandes figures de Nicéphore Phocas et de Basile II rencontrent sur ces fresques aux vives et brillantes couleurs, comme aux jours de leur vie terrestre, les figures moins nobles des femmes qui les entourèrent : Théodora, Zoé etc., M. D., lui, sans négliger l'histoire générale de l'Empire — il l'a prouvé par son dernier volume sur Justinien — s'est spécialement attaché à faire connaître l'histoire des institutions et des idées qui furent la base de l'organisation byzantine comme elles en furent la vie. Tour à tour, en de multiples mémoires, écrits parfois au gré des circonstances, il a étudié les principales phases de l'histoire byzantine et les plus notables manifestations de son activité politique, religieuse, artistique. Ce sont ces mémoires, dispersés en de multiples revues, que l'auteur réunit en un seul volume d' « Etudes » pour la plus grande utilité de tous ceux qui s'occupent des choses byzantines. Si le grand public, en effet, saura faire, sans nul doute, bon accueil à certaitaines pages admirables de ce livre où l'auteur s'est montré, tour à tour, artiste, littérateur, historien et conteur charmant — tels les derniers chapitres sur l'art byzantin et les mosaïques de Saint Luc, de Karhié-Djami, de Nicée — le savant et le spécialiste ne pourront guère se passer désormais d'un ouvrage qui, par les premiers chapitres sur « les Etudes byzantines au XIXe siècle » et sur « les Etudes byzantines en France en 1905 », devient un sûr et heureux fil conducteur au milieu des innombrables dédales d'une littérature ancienne et moderne d'un abord parfois extrêmement difficile. Mais il y a plus. L'ouvrage de M. D. ne touche pas seulement à des questions d'érudition pure, comme le sont les articles sur « l'origine des thèmes » ou « sur la date de quelques passages du Livre des Cérémonies, » il esquisse aussi des études d'administration proprement dite, comme des études d'histoire politique qui s'échelonnent sur les neuf siècles d'existence de l'Empire. Mais il importe de le remarquer. Malgré les apparences, ce livre fait de mémoires divers, n'en a pas moins sa réelle unité. Sous une forme ou sous une autre, c'est la civilisation byzantine tout entière dont M. D. nous a retracé, comme par morceaux, l'histoire et c'est pourquoi le lecteur trouvera profit à lire, même les chapitres spéciaux où seule une austère critique pourrait paraître en jeu.

Albert Vogt.

72. — **Cambrai à la fin du Moyen-Age** (XIIIe-XVIe siècle) par H. Dubrulle. — Lille, Lefébure-Ducrocq, 1903, in-8° de XXIX-456 p.

Depuis quelque vingt ans la science allemande s'est beaucoup intéressée à l'histoire de la ville de Cambrai. M. Dubrulle a repris, à son tour, le sujet et l'a renouvelé par de fructueuses recherches dans les archives locales. Son livre est divisé en deux parties très distinctes : dans la première, il décrit l'organisation financière et administrative de la ville, son commerce, son industrie, les diverses juridictions qui s'y exercent et se prennent de querelle, l'aspect qu'elle présente à la fin du Moyen-Age ; dans la seconde partie, de beaucoup la plus intéressante, il traite des relations de la ville avec les puissances qui l'avoisinent.

Grand devait être l'embarras des Cambraisiens à discerner leur seigneur ; Cambrai étant ville d'empire, c'est l'empereur qui investit l'évêque de son temporel, mais c'est l'archevêque de Reims qui consacre l'élu et c'est de lui que relève spirituellement le diocèse. D'autre part, celui-ci comprend, outre le Cambrésis, des territoires soumis à la France, au Hainaut, à la Flandre, à l'Empire. Bien plus, dans Cambrai même, le comte de Flandre est *gavenier* [1], tandis que la châtellenie passe tour-à-tour au roi de France et au duc de Bourgogne et que le comte de Hainaut possède un fief, tient une cour de justice et, qu'à une courte distance des remparts, se dressent les tours de ses châteaux. Enfin, compris d'abord entre l'Artois, la Flandre et le Hainaut, le Cambrésis se trouvera ensuite resserré entre deux nations rivales, la Bourgogne et la France. Bref, il sera, selon un mot heureux, « le but exposé à toutes les flèches ».

A l'époque qui nous occupe les puissances qui veillent aux portes de Cambrai ne tentent pas de s'en emparer ; elles s'efforcent seulement d'y rendre leur influence prépondérante. Phénomène curieux, d'ailleurs fort compréhensible, cette influence subit les fluctuations de la situation politique qu'occupent ces puissances. La fortune favorise-t-elle les comtes de Flandre, nous les voyons aux XIIe et XIIIe siècles, retenir pour eux la châtellenie de Cambrai et imposer leurs créatures sur le siège épiscopal. A la fin du XIIIe siècle et au début du XIVe, les comtes de Hainaut sont gouverneurs, mais, bientôt, ils se retirent devant les rois de France. Philippe de Valois conclura un traité d'alliance avec les Cambraisiens, leur enverra des troupes, leur donnera pour gouverneur le duc de Normandie. Cambrai résistera même avec succès aux attaques des trou-

---

1. La *gavène* était un don en nature, payé à l'origine par les églises du Cambrésis aux comtés de Flandre.

pes anglaises et brabançonnes. Avec les désastres de la guerre de Cent Ans l'influence française diminue progressivement et est supplantée par l'influence bourguignonne qui sera beaucoup plus forte que toutes celles qui l'auront précédée.

A la mort de Charles le Téméraire, la puissance bourguignonne va s'effondrer. Louis XI occupe Cambrai, chasse évêque, abbés, magistrats bourguignons, et nomme des français à tous les emplois. Partout, les armes de France remplacent celles de l'Empire. Maraffin, nommé gouverneur de la ville, exerce la plus odieuse tyrannie et pille les églises. Mais cette usurpation est de peu de durée. Devant l'armée de Maximilien d'Autriche, le roi de France se retire et, peu après, ses gens sont chassés de la citadelle. Enfin, la neutralité de la ville est proclamée par Louis XI et Maximilien à la grande joie des habitants. Cette neutralité persistera jusque sous Charles-Quint, où, en dépit des formules des chartes, Cambrai deviendra espagnole à la suite de l'érection de la citadelle.

On a pu juger par le résumé succinct du travail de M. D. quel intérêt il offre. Tout au plus, peut-on reprocher à l'auteur d'avoir trop usé de la méthode analytique, ce qui enlève un peu d'attrait à son livre, d'ailleurs excellent. G. MOLLAT.

---

73 — **Le catholicisme au Japon**, par Albert VOGT, dans la *Collection Science et Religion*. — Paris, Bloud et Cie, 1905, in-12 de 64 p. (Prix : 0 fr. 60.)

C'est l'histoire de la communauté catholique japonaise, résumée en un fascicule de soixante pages. Saint François Xavier la fonde en 1550, et ses débuts sont prospères. Puis vient la persécution qui dure et la prive totalement de missionnaires pendant deux siècles (1640-1844).

Après les pénibles tentatives de trois apôtres dont l'abbé Forcade (mort archevêque d'Aix), des prêtres catholiques peuvent pénétrer au Japon, en 1859, et y reprendre la tradition chrétienne qu'une si longue interruption du culte régulier n'a pas suffi à faire disparaître complètement. La communauté se reforme lentement, paralysée encore par la persécution jusqu'en 1873. A cette date commence la paix religieuse, consolidée en 1884 par la proclamation de la liberté des cultes.

L'Eglise japonaise, dès lors, n'a cessé de croître. Léon XIII lui a donné une hiérarchie, le 15 juin 1891.

En terminant, M. Vogt envisage l'avenir du catholicisme au Japon, voici ses conclusions : sans doute, l'expansion catholique rencontre en ce pays de sérieux obstacles : la propagande active des sectes protestantes et de la religion orthodoxe, — la haine profonde du Japonais pour tout ce qui est étranger, — le scepticisme que les hautes classes sont venues puiser aux universités d'Europe et d'Amérique. Malgré tout, il y a lieu d'avoir bon espoir. Quand les collèges catholiques seront plus répandus, l'œuvre des conférences et de la presse mieux organisée et un clergé national sérieusement recruté et formé, bien des préjugés tomberont chez le Japonais. Intelligent et perspicace, il ira très vite à la vérité, et il fera tous ses efforts pour la répandre autour de lui.

Henri CARRU.

---

*74. — **Olympia** par C. GASPAR. — Paris, Hachette, 1905, in-8° de 92 pages. (Extrait du *Dictionnaire des antiquités grecques et romaines*).

On sait que certains articles du *Dictionnaire des antiquités grecques et romaines*, par Daremberg, Saglio et Pottier, constituent une complète monographie du sujet traité. De ce nombre est l'article *Olympia*, où M. Gaspar semble avoir épuisé la question des jeux olympiques. Toutes ses assertions ont leur justification au bas de chaque page par le renvoi à un auteur ancien ou à l'érudit le plus autorisé en la matière. M. G. part de l'origine mythique et prédorienne de ces jeux ; il en établit la démologie, s'arrête sur l'ère des Olympiades et sur les listes d'Olympimiques ou vainqueurs, sur la célébration des jeux ; il entre dans le détail de leur organisation. Il décrit le congrès olympique ; fait l'historique des concours et des modifications successives qu'ils ont subies. Il explique l'ἀγών, l'ordre et la distribution des cérémonies et des concours. Il énumère les récompenses et les honneurs décernés aux vainqueurs, les fêtes, les monuments commémoratifs et termine ce premier chapitre par des considérations sur le rôle des jeux olympiques dans la civilisation grecque, leur décadence et leur fin. Le deuxième chapitre est consacré au rite des Olympieia d'Athènes, le troisième et dernier à la nomenclature sommaire des Olympia célébrés dans diverses localités, au nombre de trente-quatre. Ceux d'Antioche, grâce aux indications fournies par Strabon et par le chronographe Jean Malalas, sont l'objet d'une description plus étendue. M. Gaspar, à qui l'on doit un savant essai de « chronologie pindarique, » a tiré le meilleur parti des innombrables passages de la littérature antique où sont mentionnés les Olympia et le culte de Jupiter sur les bords du Kladéos et de l'Alphée.

C. E. R.

BIBLIOGRAPHIE

I. — SCIENCES RELIGIEUSES.

Bonet-Maury (G.). — L'Islamisme et le christianisme en Afrique (vi-300 p.), in-16, 3 fr. 50. — Hachette et Cie.

Girard (G.). — Saint Hilaire (184 p.) in-8, 1 fr. — Siraudeau, à Angers.

Lamennais (F. de). — Essai d'un système de philosophie catholique, 1830-1831, ouvrage inédit publié par C. Mareschal (282 p.), in-16, 3 fr. 50. — Bloud et Cie.

Martin (abbé J.). — L'Apologétique traditionnelle. T. III : Le xviie siècle (244 p.), in-12, 2 fr. 50. — P. Lethielleux.

Monsabré (P.). — La Prière. Philosophie et théologie de la prière, in-8, 4 fr., in-12, 3 fr. 50. — P. Lethielleux.

II. — PHILOSOPHIE ET SCIENCES SOCIALES.

Adde (A.). — L'art nautique (viii-183 p.), in-12, rel., 2 fr. 75. — Ch. Delagrave.

Archelet (abbé). — Les Causes du malheur pendant la vie (296 p.), in-12, 3 fr. — P. Lethielleux.

Billes (cap.). — Questions indo-chinoises. Organisation de l'instruction publique. Création d'un corps d'officiers indigènes (46 p.). — H. Charles-Lavauzelle.

Léon (Fr. L. de). — L'épouse parfaite, première version française, introduction et notes par J. Dieulafoy (268 p.), in-16, 3 fr. — Bloud et Cie.

III. — HISTOIRE LITTÉRAIRE ET PHILOLOGIE.

Aubert (J.-R.). — Le Latin, langue internationale. Enquête universelle (122 p.), in-8, 3 fr. — Rev. littéraire, à Reims.

Aubry (P.), **Bedier** et **Meyer**. — La Chanson de Bele Aelis, par le trouvère Baude de la Quarière (23 p.), in-8, 2 fr. 50. — A. Picard et fils.

Balzac (H. de). — Lettres à l'étrangère. T. II, 1842-1844, in-8, 7 fr. 50. — Calmann-Lévy.

Boyer (P.) et N. **Spéranski** — Manuel pour l'étude de la langue russe (390 p.) in-8, 10 fr. — Librairie A. Colin.

Clerget (F.). — Louis-Xavier de Ricard (36 p.), in-4, 1 fr. 50. — Rev. littéraire, à Reims.

Huyche (G.). — Dictionnaire français-chaouia (VIII-755 p.), in-8, 7 fr. 50. — A. Jourdan, à Alger.

Joret (Ch.). — L'Helléniste d'Ansse de Villoison et la Provence (50 p.), in-8, 2 fr. — A. Picard et fils.

Marsan (J.). — La Sylvie du sieur Mairet, tragi-comédie pastorale (LXIV-244 p.), in-8, 4 fr. 50. — E. Cornély et Cie.

Mémorial de la Librairie française, année 1905, avec tables (868 p.), in-8, 10 fr. — H. Le Soudier.

Mony (A.). — Études dramatiques, T. III, in-16, 3 fr. 50. — Plon-Nourrit et Cie.

Paris (G.). — Mélanges linguistiques. Fasc. 1 : Latin vulgaire et langues romanes (149 p.), in-8, 6 fr. — H. Champion.

Rod (Ed.). — L'affaire J.-J. Rousseau, in-8, 5 fr. — Perrin et Cie.

Rey (A.). — La Vieillesse de Sedaine (114 p.), in-8, 6 fr. — H. Champion.

IV. — HISTOIRE ET GÉOGRAPHIE.

Ersky (F.-A. d'). — Louis XVII Naundorff, notes bio-bibliographiques (16 p.), in-8, 1 fr. — H. Daragon.

Filchner (W.). — Das Kloster Kumbun in Tibet (XIV-164 p.), in-8, 5 m. — E. S. Mittler u. Sohn, Berlin.

Herviz (J.). — Les Sociétés d'amour au XVIIIe siècle (362 p.), in-8, 20 fr. — H. Daragon.

Jacob (L.). — Le Royaume de Bourgogne sous les empereurs franconiens, 1038-1125 (189 p.), in-8, 5 fr. — H. Champion.

Jung (E.). — Les puissances devant la révolte arabe. La crise mondiale de demain (280 p.), in-16, 3 fr. 50. — Hachette et Cie.

Lasserre (B.). — Cent jours en Vendée. Le général Lamarque et l'insurrection royaliste, in-16, 4 fr. — Plon-Nourrit et Cie.

La Trémoille (L. de). — Madame des Ursins et la succession d'Espagne. Fragments de correspondance. T. V (249 p.), in-4, 20 fr. — H Champion.

Martinez (A.-B) et M. **Lewandowski**. — L'Argentine au XXe siècle, av. 2 cartes hors texte (432 p.), in-16, 5 fr. — Lib. A. Colin.

Normand (Ch.). — Les Amusettes de l'Histoire, in 8, br., 1 fr. 50; rel., 2 fr. 10. — Lib. A. Colin.

Oscar II, roi de Suède. — Charles XII, traduction de A. Savine (350 p.), in-8, 5 fr. — F. Juven.

Sahler (L.). — Notes sur Montbéliard (160 p.), in-8, 5 fr. — H. Champion.

ACADÉMIE DES INSCRIPTIONS ET BELLES-LETTRES

Séance du 9 mars. — Le secrétaire perpétuel donne lecture d'une lettre latine en caractères gothiques par laquelle l'Université d'Aberdeen (*Ecosse*) invite l'Institut à pendre part aux fêtes qu'elle donnera, en juillet prochain, à l'occasion du quatrième centenaire de sa fondation. — L'Académie désigne à la Société centrale des architectes M. Albertini, comme le plus digne de recevoir la grande médaille que cette Société décerne chaque année à l'érudit qui aura exécuté les fouilles les plus fructueuses en trouvailles archéologiques. — M. Ph. Berger communique une lettre de M. Merlin, directeur des antiquités et des arts en Tunisie, la photographie d'une inscription néo-punique, trouvée dans les ruines de Ziaxe, en Tunisie, par M. le lieutenant de Pontbriand. Une inscription latine dédiée à la *Cælestis*, trouvée au même endroit, semble prouver que l'on est sur l'emplacement d'un temple. Les fouilles se poursuivent avec ardeur. — M. Pottier commente très longuement la décoration artistique de deux vases antiques, dont les scènes représentent certains épisodes de la guerre de Troie.

Séance du 16 mars. — M. Philippe Berger présente de la part de M. le docteur Carton, un chaton de bague en or, acheté d'un arabe à Tunis par le capitaine Marty et représentant une *Athena*, vue de trois quarts et casquée. En haut, à droite et à gauche de la tête, se lisent deux lettres puniques *alef* et *lao*, sur l'interprétation desquelles M. Berger exerce son érudition. — M. Cagnat résume en seconde lecture le Mémoire qu'il a déjà communiqué à ses confrères sur les bibliothèques de l'antiquité. — M. Foucart lit une Note de M. Naville, correspondant, sur les principales découvertes que ce savant égyptologue a faites cette année à Deir-el-Bahari. Il continue ensuite la lecture de son Mémoire sur Didymos. — M. Derenbourg présente de la part du docteur Hirschberg, professeur d'oculistique à Berlin, plusieurs ouvrages réunis par lui sur l'oculistique chez les Grecs et les Egyptiens, et en général les peuples d'Orient. — Sur le rapport de M. Chavannes, le prix ordinaire (histoire ancienne du Japon) n'est pas décerné. La commission alloue une récompense de 500 fr. au seul Mémoire présenté au concours, intitulé : « Shotoku Taïski et son époque. » — Le secrétaire perpétuel dispose sur le bureau le tome XXXVII (deuxième partie) des *Mémoires de l'Académie des inscriptions et belles lettres* Ce volume contient les travaux suivants : « Le culte de Dyonisos en Attique », par M. Foucart ; — « Sur les attributs des Sabins », par M. Helbig ; — « La déviation de l'axe des églises est-elle symbolique ? » par M. de Lasteyrie ; — « Le Sénatus-Consulte de Thisbé (170) », par M. Foucart.

Séance du 23 mars. — M. SALOMON REINACH, en prenant place au fauteuil de la présidence, annonce que *M. Gagnat*, président, est retenu à la chambre par une indisposition sans gravité ; il sera certainement rétabli vendredi prochain. — M. PERROT, secrétaire perpétuel, donne lecture d'une lettre que lui transmet le ministre de l'instruction publique, sur le résultat des travaux archéologiques poursuivis en Perse pas M. de Morgan. Parmi les principales découvertes, il y a lieu de signaler une sépulture achéménide renfermée dans une urne de bronze analogue à celle qui existe au Louvre ; elle contenait à côté d'un squelette de jeune fille deux fragments de peignes d'ivoire incrusté d'or ; puis une énorme stèle de grès portant une inscription anzanite, une autre pierre portant un texte en caractères proto-anzanites d'une très haute antiquité, etc. — M. FOUCART continue la lecture de son Etude sur Didymos. — M. SAGLIO communique les conclusions de la commission du prix Fould (Histoire des arts du dessin). Le prix, de la valeur de 5,000 fr., est attribué à M. Henri Lechat, professeur à l'Université de Lyon, qui avait présenté au concours un ouvrage sur *la Sculpture attique avant Phidias* et un autre intitulé : *Au musée de l'Acropole d'Athènes*. — M. POTTIER lit une Note de M. Pierre Paris, correspondant de l'Académie, professeur à l'Université de Bordeaux, sur le Trésor de Javéa en Espagne. — M. CLERMONT-GANNEAU lit une étude sur diverses inscriptions grecques d'Azote. — Le secrétaire perpétuel présente à l'Académie le tome I des comptes rendus du Congrès international d'archéologie qui s'est tenu l'an dernier à Athènes.

L'Éditeur-Propriétaire-Gérant : ALBERT FONTEMOING.

Imprimerie Générale de Châtillon-sur-Seine. — A. PICHAT.

BULLETIN CRITIQUE

75. — **La divinité de Jésus-Christ.** Conférences prêchées à Saint-Jacques-du-Haut-Pas, de l'Avent 1903 à Pâques 1904, par D. VIEILLARD-LACHARME. — Paris, V. Lecoffre, 1904, in-12 de xv-287 pp. (Prix : 2 fr. 50).

L'œuvre messianique de Jésus-Christ. Conférences prêchées à Saint-Jacques-du-Haut-Pas, de l'Avent 1904 à Pâques 1905, par le même. — Paris, V. Lecoffre, 1905, in-12 de viii-322 pp. (Prix : 2 fr. 50).

On ne reprochera pas à M. l'abbé Vieillard-Lacharme de n'avoir pas tenté d'atteindre l'âme de ses contemporains. Sur un sujet vieux comme le christianisme, il s'est efforcé de satisfaire nos préoccupations actuelles. Ses deux volumes, le second surtout, répondent aux arguments et aux systèmes assez peu nouveaux de la néo-critique. L'évêque de Châlons trouve qu'il lui fait « peut-être trop d'honneur en discutant ses jongleries dans la chaire chrétienne ; » mais encore reconnaît-il l'utilité de ces conférences pour « débrouiller le chaos des idées allemandes et déjouer les finesses que nos quelques Français ont su y introduire » (p. v).

M. l'abbé Loisy ne s'attendait guère, sans doute, à voir sa subtile exégèse servir de thème à l'éloquence de nos conférenciers ; mais, puisqu'elle a troublé la foi de ceux qui n'entendent pas tant de finesses à leur croyance religieuse, il fallait bien rassurer ces âmes en même temps qu'éclairer celles qui, séduites par le prestige de la nouveauté, seraient portées à y voir le dernier mot de la science. Le prédicateur, en se donnant cette mission, l'a remplie avec une clarté qui jette du jour sur les circonlocutions les plus complexes et un savoir qui dénote, en ces matières ardues, une vraie compétence.

Ce n'est pas à dire que les adversaires qu'il s'est choisis lui reconnaîtraient toujours une parfaite intelligence de leur pensée. La destinée de cette école de rationalisme mystique est d'être incomprise, car elle poursuit la chimère de concilier les inconciliables et de faire du surnaturel une chose toute naturelle. Vous nous parlez théologie, quand nous voulons nous confiner dans l'histoire, vous admettez l'historicité de l'évangile du pseudo-Jean que nous nions, et vous vous servez (T. I, p. 175) de son témoignage historique. Vous assurez (T. II, p. 154 et passim) qu'en Jésus il ne pouvait y avoir inconscience de sa vocation messianique ; que faites-vous donc de sa nature humaine sujette à l'ignorance aussi bien que la nôtre? Lisez la dernière édition du livre de M. Lepin sur *Jésus-Christ Messie*, vous y trouverez un passage inédit de M. Olier, qui n'était pourtant pas un rationaliste, et qui reconnaît que si Jésus a dit : « Je ne sais quand viendra le Jugement », c'est qu'en réalité, comme homme, il l'ignorait.

Du reste, notre prédicateur n'en est pas à apprendre ces choses et il rend éloquemment les défaillances de la volonté humaine en N. Seigneur (T. II, p. 244 et seq.) Il n'ignore pas non plus que l'évangile de St. Jean a un caractère à part, (T. I, p. 181) dont le symbolisme tend à montrer que, sous les traits de Jésus, est présent le Verbe de Dieu. Mais il n'en combat pas moins, avec la plus entière bonne foi, les conclusions où l'on prétend atténuer dans l'Homme-Dieu la conscience de sa divinité. Il le fait avec une sincérité si clairvoyante qu'elle illumine les ténèbres des formes nouvelles de la négation et rend, par là même, ses propres affirmations communicatives.

Que s'il avait à continuer un tel sujet, il pourrait encore utilement faire une série de conférences sur l'humanité du Fils de Dieu. Non pas en considérant dans sa personne la nature humaine exclusivement, ce que l'on a trop fait, mais en rapprochant toujours la faiblesse pitoyable de l'homme de la puissance infinie de Dieu. Quand Jésus, par exemple, prend en compassion la foule de ses auditeurs et qu'il a, pour ainsi dire, faim à leurs entrailles, il est facile de distinguer, dans ses paroles et ses actes, les deux natures de l'Homme-Dieu. De même partout où il fait apparaître la bénignité et l'humanité annoncée déjà par le prophète. Cette bonne nouvelle a conquis le monde ; elle le conquerrait encore, si l'on savait la bien recevoir. A nous tous de l'annoncer en un temps où les malheureux ont tant besoin du Dieu qui s'est fait homme. N'a-t-il pas lui-même défini sa mission et la nôtre envers les pauvres de toute espèce : « Evangelizare pauperibus misit me ? »

A. Boué.

---

76. — **L'Etat moderne et son droit.** Première partie : *Doctrine générale de l'Etat.* Livre I. *Introduction à la doctrine de l'Etat.* par Georges JELLINCK, trad. et ann. par G. Fardis. — Paris, A. Fontemoing, 1904, in-8 de VII-223 pp. (Prix : 7 fr. 50).

Ce premier volume contient quatre chapitres intitulés : L'objet de la doctrine de l'Etat ; Méthode de la doctrine de l'Etat et l'Histoire de la doctrine de l'Etat. L'auteur remarque fort justement que « les problèmes fondamentaux de l'Etat n'apparaissent plus aujourd'hui qu'au second plan, derrière les questions sociales : l'intérêt qui s'y attache s'en trouve diminué d'autant : aussi ne lit-on guère, en fait de doctrine de l'Etat, que des ouvrages qui répondent au goût de l'époque et se présentent sous la rubrique à la mode : politique sociale ou sociologie. » Il a voulu cependant présenter sous la forme d'une synthèse systématique les résultats de ses recherches sur le sujet qui nous occupe et qu'il n'avait fait connaître jusqu'ici que dans des monographies. Que de théories autrefois célèbres, dont les recherches scientifiques modernes ont fait voir l'inanité. M. Jellinck le sait fort bien, mais il pense que la science « doit toujours recommencer la tâche difficile de fixer l'Etat de son époque, et d'en faire un exposé pour cette époque même. » Mais pourquoi dit-on ? Parce que, affirme M. Jellinck, « un peuple en plein essor ne saurait se passer d'une doctrine de l'Etat bien assise. » Est-ce bien sûr ? Je crois, au contraire, qu'il serait facile de trouver des peuples de l'Europe occidentale « en plein essor » qui se passent fort bien d'une doctrine de l'Etat « bien assise ». Le livre se lit facilement, et même avec quelque agrément parce que M. Jellinck, tout en restant clair, s'attache en faisant des réserves et des restrictions opportunes à éviter des erreurs commises fréquemment par ceux qui s'occupent de la question qu'il traite. Malgré tout, et en laissant de côté les objections de détail que je pourrais faire, je suis resté plus convaincu que jamais après avoir lu le livre dont je parle, qu'une théorie générale de l'Etat moderne ne saurait être fondée à l'heure actuelle que sur des généralisations sans fondement scientifique.

E. CAILLEUX.

---

77. — **Le nouveau régime des pompes funèbres**. — Commentaire de la loi du 28 décembre 1904; par H. RUBAT DU MÉRAC, docteur en droit. — Paris, Lethielleux, 1905, in-12 de 132 pag. (Prix : 1 fr. 25).

C'est un très bon commentaire de la loi du 28 décembre 1904 que nous a donné M. Rubat du Mérac. On sait que cette loi enlève aux fabriques le monopole du service extérieur des pompes funèbres et ne leur réserve que le monopole du service intérieur.

M. R. du M. étudie soigneusement le droit nouveau concédé aux communes et celui laissé aux fabriques ; puis il s'occupe rapidement de diverses questions soulevées ou réglées par le nouveau texte : participation du clergé aux convois funèbres, sanctions du monopole des pompes funèbres, service des indigents, paiement des frais funéraires, responsabilité des accidents du travail survenus au cours d'une inhumation, suppression de l'obligation des fabriques relative à l'entretien des cimetières, tribunaux compétents pour juger les contestations relatives aux pompes funèbres, etc... Sur tous ces points M. du M. se montre parfaitement informé des travaux de la doctrine et aussi des dernières décisions de la jurisprudence.

M. du M. ne nous dit pas cependant dans quelle mesure les dispositions des décrets des 23 prairial an XII, 18 mai 1806 et 18 août 1811 subsistent encore ou, du moins, il ne réunit pas sous une seule rubrique les observations éparses dans son livre et relatives au maintien d'une partie de la législation antérieure. Il est nécessaire, au lendemain de la séparation, d'être fixé sur ce point, de savoir notamment si l'article 18 du décret du 23 prairial an XII qui réservait la liberté des cérémonies religieuses à l'intérieur des cimetières aussi bien qu'à l'intérieur des églises, subsiste encore malgré l'article 5 de la loi du 28 décembre 1904 et surtout malgré l'article 44 de la loi du 9 décembre 1905. Il importera de connaître aussi quelle sera l'influence de cette dernière loi sur le monopole des fabriques? Passera-t-il aux associations cultuelles, si on les constitue? — Sur ces diverses questions, M. du M. ne pouvait rien dire, puisque son ouvrage est antérieur au vote de la loi de séparation, mais il nous donnera, sans doute, une nouvelle édition, qui sera de la plus grande utilité pour les municipalités, les familles et les administrations paroissiales.

.*.

Situation légale de l'Eglise catholique en France, par L. Jénouvrier, ancien bâtonnier de l'ordre des Avocats à Rennes. — Paris, Poussielgue, 1906, 2ᵉ édition, in-12 de xi-295 pp. (Prix 3 fr. 50).

Le livre de M. Jénouvrier nous offre une bonne et forte étude de la loi de séparation. M. J. n'a pas voulu faire un exposé de principes, ni de la critique historique ou philosophique, comme l'a fait, par exemple, M. Jean Guiraud, dans son très intéressant ouvrage sur la *Séparation et les élections*; il prend la loi telle qu'elle est, l'examine en juriste et reste, autant que possible, dans le commentaire objectif. Avec une netteté parfaite et une indiscutable compétence, il expose la loi nouvelle, l'explique, à l'aide des principes de droit et des déclarations faites aux Chambres et donne, après les discussions théoriques, des indications d'ordre tout pratique qui seront de la plus grande utilité pour les administrations paroissiales.

Le commentaire de M. Jénouvrier est divisé en trois parties : Titre I : *Des biens*; titre II, *du Clergé*; titre III, *de la police des cultes*. Il contient de plus un certain nombre d'annexes : projets de statuts d'associations cultuelles paroissiales et diocésaines, projets de statuts d'union des associations d'un même diocèse, etc...

En paraissant dès le lendemain de la loi, le livre de M. J. a pu déjà être fort utile, mais il n'a pu tenir compte de la seconde et de la troisième partie du règlement d'administration publique; de plus, il laisse de côté certaines questions qui sont cependant fort importantes. M. J. ne nous dit pas, par exemple, quels sont les établissements publics qui seront appelés à bénéficier de la jouissance prévue par l'article 14 et à en faire la dévolution : pour le presbytère, sera-ce d'abord la fabrique ou la mense curiale qui sera bénéficiaire ? pour les facultés de théologie protestante, quel est l'établissement public *du culte* qui sera chargé d'opérer la transmission ? — De même, dans son chapitre sur la police des cultes, M. J. ne nous dit pas quelles seront les voies de recours contre les arrêtés des maires et comment le jeu du recours pour excès de pouvoir remplacera, dans une large mesure, l'exercice du recours pour abus.

Par ces exemples, pris au hasard, l'on voit que le livre de M. J. n'est qu'un simple manuel et non un traité complet, mais un manuel fort bien fait, d'une solide doctrine juridique et qui peut, tel qu'il est, rendre de véritables services aux fidèles et aux administrateurs.

Lucien Crouzil.

---

78. — **Le Mensonge du Féminisme**, par Th. Joran. — Paris, H. Jouve, 1905, in-12 de 456 p. (Prix 3 fr. 50).

Enfin, voilà un monsieur qui ne craint pas de dire aux femmes leurs vérités ! Après tant de livres ou d'articles de revue où des gens de lettres semblaient avoir le souci de se montrer galants plutôt que sincères et caressaient imprudemment les prétentions du féminisme, sauf à lui décocher un trait plus ou moins spirituel, cela fera plaisir à une foule de gens de lire un volume qui, d'un bout à l'autre, est un réquisitoire contre les femmes savantes. Vous savez combien ce terme s'est élargi depuis Molière et que les femmes du xxe siècle n'en sont plus à s'occuper de beau langage et même de tourbillons, elles ont des visées beaucoup plus hautes : elles veulent s'affranchir du prétendu esclavage où l'homme les tient, depuis le commencement du monde ; elles veulent devenir ses rivales dans tous les domaines : elles sont déjà professeurs, elles ont des lycées, elles ont leur école de Sèvres, elles écrivent des livres, — et combien ! elles font du droit, elles fréquentent l'école des Beaux-Arts, elles disséquent avec ardeur dans les amphithéâtres, et le jeune Thomas Diafoirus n'aurait plus rien à montrer maintenant à sa fiancée... Mais ce n'est pas tout, elles veulent des droits civils et politiques égaux aux nôtres, elles veulent être électeurs, députés sans doute, elles conspuent le Code Napoléon qui ose rappeler que la femme doit obéissance à son mari, les plus hardies préconisent l'union libre, les autres veulent encore bien du mariage, mais à condition qu'il ne soit pas question d'obéir et que la porte de sortie du divorce soit toujours grande ouverte vis-à-vis de la porte d'entrée. En un mot, elles veulent devenir hommes et même *surhommes* et cette prétention contre nature a pour effet de leur faire perdre les grâces de leur sexe, sans leur donner pour cela les qualités du nôtre, de les rendre impropres à la vie de famille qui est leur véritable vie, de troubler profondément l'ordre social et finalement de rendre les hommes moins galants et les femmes plus malheureuses.

La femme veut-elle plaire à l'homme, qu'elle se garde de vouloir lui ressembler; veut-elle le gouverner, elle ne peut faire de plus grande maladresse que de se poser en rivale et d'affirmer bruyamment ses droits : qu'elle reste femme et elle exercera autour d'elle une influence bienfaisante et profonde et il ne lui faudra qu'un peu de finesse et beaucoup d'amour pour être reine dans la maison. A vouloir jouer un autre rôle, à vouloir s'affranchir, s'émanciper, comme si elle était esclave, surtout en France, elle s'avilit, elle se déclasse, elle perd sa pudeur et sa grâce... et elle n'a jamais l'orgueil de pouvoir accomplir une œuvre vraiment géniale. Physiquement et intellectuellement la femme restera toujours inférieure à l'homme. Il y a cependant eu quelques femmes célèbres ! Oui, mais c'étaient des hommes !... Telle est, sommairement résumée, l'impression que donne le livre de M. Joran. On voit qu'il n'est pas tendre pour nos intellectuelles. Le bonhomme Chrysale va tressaillir d'aise et se faire une pinte de bon sang, si jamais ce volume lui tombe entre les mains : il aura là tout un arsenal d'arguments pour mettre à la raison sa femme et sa sœur, sans parler de ses filles. Il pourra leur lire des statistiques effrayantes qui les confondront, et leur citer à tour de rôle Faguet, Brunetière, Coppée, Nietzche, Maupassant et les gloires du sexe elles-mêmes (celles qui sont des hommes) Madame de Staël et Georges Sand... pour leur prouver que les femmes ont tout à perdre à vouloir sortir de leur rôle traditionnel de ménagères et de mères de famille.

Le livre comprend deux parties. C'est d'abord l'histoire d'un homme marié à une intellectuelle et qui, malgré le meilleur caractère du monde, devient si malheureux qu'il en meurt.. mais, non pas sans avoir fait sur les femmes des réflexions sévères que son ami Th. Joran publie, avec un soin pieux, pour venger ses mânes. Il y en a vraiment de bien venues, parmi ces sentences, mais je ne sais pourtant si La Bruyère les eût signées toutes. Telle celle-ci : « La femme plus que l'homme est esclave de l'habitude. Routine ton sexe est femme, progrès ton nom est masculin ! » Voilà une pensée que monsieur Prudhomme a oublié d'avoir ! On peut trouver aussi que ces réflexions se répètent trop, mais ce malheureux Léon H. avait souffert pendant une dizaine d'années ; il est excusable de s'être plaint un peu longuement !

La 2e partie du livre est plus instructive, car elle ne donne plus seulement des impressions toujours discutables, elle cite des faits. C'est une histoire abrégée du féminisme et un exposé de ses revendications, au point de vue moral, politique, littéraire, artistique et social. L'affaire est instruite alertement et le prévenu condamné sans circonstances atténuantes. Mais l'auteur a eu soin de ne pas prendre tout en son nom, et, comme dans la 1re partie il avait tout mis sur le dos d'un mort, dans la seconde il fait prononcer le verdict par un nombreux jury, afin, sans doute, de n'être pas exposé seul aux représailles du sexe. Cela donne d'ailleurs à son livre plus de valeur et d'intérêt, car les citations sont copieuses et admirablement choisies.

C'est un réquisitoire sans doute et un réquisitoire passionné ; il ne faut donc pas y chercher ce qu'on pourrait dire en faveur du féminisme et des pauvres filles qui ne pouvant se faire épouser, ni pour leur dot, ni pour leurs beaux yeux, sont bien obligées d'exercer une profession pour vivre, mais, à le prendre tel qu'il est, c'est un livre intéressant, plein de fines observations, documenté avec soin et avec goût, et, ce qui ne gâte rien, très agréable à lire. Les hommes le liront donc pour voir le mal qu'on peut dire des femmes savantes, et celles-ci pour accuser, une fois de plus, l'injustice des hommes.

P. Hervelin.

---

79. — **Index verborum Propertianus** par J. S. Phillimore. — Oxford, Clarendon Press, s. d. in-8 cour. 111 p. (Prix : 4s. 6d.).

L'Index des mots de Properce que nous donne M. Phillimore comme complément de son édition, en un volume à part, va rendre les plus grands services. Rothstein, dans son édition de Properce, pourtant volumineuse et lourde, n'ayant pas jugé devoir mettre un index, on était réduit à celui de la collection Lemaire (1832) où les omissions sont nombreuses : *a* ou *ab* se trouve dans 3 vers du Ier livre, pas un seul n'était indiqué ; pas davantage : *calathis* II, 15, 52 ; *corticibus* I, 18, 22 ; *mane* III, 10, 1 ; *mirabar*, même vers ; *viae* IV, 11, 4 (à ajouter des erreurs, comme *saxum sicanum* mis sous I, 26, 24 pour I, 16, 29 ; *Ceraunum* sous II, 20, 3 pour II, 16, 3, etc.) — En outre, l'index de M. Phillimore est fait avec méthode : quand la flexion laisse un doute, l'éditeur nous avertit quel est le cas (exemple : *salvum* acc. masc.), ou le mode (*rettulerit* fut. parf.) Il a tenu compte des conjectures importantes, et c'est là une innovation dont on doit lui être reconnaissant ; il est vrai que, sur ce terrain, la mesure était difficile à trouver, et peut-être n'y avait-il pas lieu de noter des conjectures comme *olorigeri*, de Beroaldo, sous III, 22, 15, En revanche, je regrette l'omission de *avis*, datif, sous IV, 11, 102 ; je persiste à croire que c'est la vraie leçon ; qu'on le pense ou non, l'on n'est pas en droit de négliger une correction si sérieuse qui a pour elle, depuis Heinsius, nombre d'éditeurs et de philologues. A la conscience et à la méthode, ce livre joint un mérite très important pour un index : c'est qu'il est fort bien imprimé et rend les recherches aussi peu pénibles que possible. M. Phillimore mérite la gratitude des « Propertiens », et de tous les Latinistes.

Frédéric PLESSIS.

---

80. — **Poètes et Humoristes de l'Allemagne,** par J. BOURDEAU. Paris, Hachette et Cie, 1906, in-16 de 283 p. (Prix : 3 fr. 50).

Sous ce titre un peu factice, M. Bourdeau a réuni un certain nombre d'articles antérieurement publiés à différentes époques et qui sortent du cadre de ses études sur le Socialisme. Le volume s'ouvre par une courte étude sur Grimmelshausen et le roman du Simplicissimus, une intéressante analyse des mémoires du chevalier Lang, (personnage peu connu qui fut successivement au service de la Prusse et de la Bavière au commencement du xixe siècle), une rapide esquisse de la biographie du poète Lenau. D'après les travaux récents de M. Chuquet, M. B. montre ensuite l'évolution des sentiments des écrivains allemands à l'égard de la Révolution de 1789 : d'abord séduits et entraînés presque tous par les idées humanitaires et chimériquement généreuses qu'elle proclame hautement, ils se détournent dès qu'ils voient les excès commis au nom de la Justice et de la Liberté.

La partie la plus intéressante de ce recueil contient trois études consacrées à des littérateurs allemands récemment disparus : G. Freytag, T. Scheffel et G. Keller. M. B. a analysé avec beaucoup de soin « Les Ancêtres », cycle de romans historiques que Freytag a publiés comme un monument élevé à la gloire de l'unité allemande, et montre les défauts de cette œuvre, inférieure au célèbre « *Doit et Avoir* » du même auteur. On y retrouve d'agréables tableaux de genre, mais les personnages sont des abstractions, non des êtres vivants et agissants. — Bien qu'écrite depuis de longues années, l'étude sur V. Scheffel sera lue encore avec intérêt et profit, car cet excellent poète et romancier est fort peu connu en France. M. B. apprécie justement son œuvre et rend hommage au chantre des légendes du Rhin, au peintre de la vie alpestre. Mais son approbation ne va pas sans quelque réserve. Le goût de terroir si prononcé qu'exhalent les productions de Scheffel n'est pas sans choquer son goût de Français affiné. Aussi lui reproche-t-il le caractère bachique et l'étalage d'érudition qui déparent certaines de ses poésies. Impression qui peut à notre avis, s'atténuer quand on replace Scheffel dans le cadre où il a vécu.

A cause de « *Roméo et Juliette au Village* » G. Keller est peut-être un peu plus connu en France que Scheffel. Mais, en dehors d'un petit cercle de germanisants, combien de nos compatriotes ont lu les autres nouvelles qui composent « les *Gens de Seldwyla*, ou le roman de *Henri le Vert*. » L'analyse de ces œuvres principales du romancier allemand le fera sans doute mieux connaître, mais ne le fera pas aimer. Car si M. B. a quelque indulgence pour Scheffel, il est plus sévère pour Keller. Il lui reproche son réalisme, sa gaîté qui touche à la bouffonnerie, son goût du macabre, alors que la critique allemande contemporaine place très haut l'écrivain de Zurich, « le plus grand créateur d'âmes depuis Goethe, » dit M. R. M. Meyer. Ces divergences s'expliquent si l'on considère que G. Keller se rattache à la grande famille des humoristes anglo-saxons si peu goûtés en France, qui a produit Sterne, Swift,

Thackeray, Carlyle en Angleterre, Jean-Paul et Hoffmann en Allemagne.

L'essai intitulé : le Bonheur dans le Pessimisme, a pour but de montrer que la vie fut bonne pour Schopenhauer, et que le célèbre philosophe, tout en prêchant que tout est mal, sut profiter des biens et des avantages que le monde lui offrait.

Dans l'article qui clôt le volume et qui reste en dehors du titre du volume, M. B. résume les appréciations portées sur la France et les Français par un allemand (M. Hildebrand) un Anglais (M. Hamerton), un Américain (M. Brownell). Ce travail, paru il y a une quinzaine d'années d'après des ouvrages publiés en 1874 et en 1889, se réfère à une époque déjà éloignée. Il eut été intéressant de le compléter par l'analyse des livres plus récents de Miss Bethans-Edwards, de M. M. Bodley, Morton Fullerton, Nordau etc. et de rechercher si, depuis cette époque, des modifications se sont produites dans le jugement des étrangers.

Ce recueil d'agréables essais sera certainement bien accueilli du grand public auquel il est destiné. Il contribuera à faire connaître à nos compatriotes certaines œuvres de la littérature allemande, laquelle leur est moins familière que les productions des écrivains russes, italiens ou anglais.
L. GUÉRIN.

---

81. — **Georgii Monachi Chronicon**, t. II, ed. Carolus de Boor. — Leipzig, Teubner, 1904, [*Bibliotheca scriptorum græcorum et latinorum Teubneriana*], in-18 de LXXXIII-804 pp. (Prix : 10 mk.).

Procopii Caesariensis opera omnia, recog. Jacobus Haury, DE BELLIS, 2 vol. — Leipzig, Teubner, 1905, [*Bibliotheca scriptorum graecorum et romanorum Teubneriana*], in-18 de LXIII-552 pp. et 678 p. (Prix : 24 mk.).

J'ai déjà annoncé ici-même, l'année dernière, le premier volume de la chronique de George le Moine publiée par M. de Boor. L'iminent éditeur de Théophane termine avec ce volume son édition du chroniqueur byzantin George le Moine. C'est là un grand service qu'il rend aux historiens. Jusqu'ici nous n'avions qu'une édition assez défectueuse de cet écrivain — celle que Muralt a publiée en 1859 et que Migne a reproduite dans sa Patrologie grecque. Or, en vérité, George méritait mieux. Sa chronique qui commence avec l'histoire du monde pour s'achever avec le règne de l'Empereur Théophile (820-842) est pour nous du plus haut intérêt. Sans doute George est un moine ; il écrit dans sa cellule, au cours d'une lutte politique et religieuse qui bouleverse profondément la société byzantine — la lutte iconoclastique ; il est donc très partial et aussi très orthodoxe ; il s'intéresse surtout aux affaires religieuses ; et c'est déjà là, pour nous, chose de grand intérêt car les documents sur le VIII° et le commencement du IX° siècle n'abondent pas. Mais il y a plus. Malgré ses insuffisances ou ses prétentions, George est un esprit éveillé. Il connaît plusieurs auteurs qui ne nous sont point parvenus et il sait en tirer profit. Même pour les époques reculées, il n'est pas à négliger et si, parfois, sa critique n'est pas absolument impeccable, du moins sa sincérité paraît complète. Qu'on fasse la part des haines politiques et religieuses dont il est animé, qu'on lui laisse pour compte ses appréciations sur les événements et les personnages qui lui déplaisent, et, ceci fait, nous aurons un historien clair, précis et renseigné. Or de combien de chroniques byzantines pouvons-nous dire de telles choses ? Aussi, est-ce pour cela que nous devons remercier M. de Boor de sa nouvelle édition. Malheureusement, — et, pour ma part, je le regrette — l'éditeur s'est arrêté au règne de Théophile, avec la fin de la Chronique elle-même. Or chacun sait que plusieurs manuscrits donnent à cette chronique une suite qui va jusqu'à Romain Lecapène. Cette suite, en vérité, se trouve dans les manuscrits par un pur hasard et n'a rien autre à voir avec la Chronique de George si ce n'est que c'en est la suite. L'auteur anonyme n'a pas eu la pensée de continuer l'œuvre du moine et c'est, du reste, dans un tout autre esprit qu'il le fait. Néanmoins, il me semble que l'occasion était bonne de publier de nouveau cette chronique dite du « logothète » qui probablement ne sera jamais publiée pour elle-même. Nous aurions eu de la sorte l'édition complète telle que nous sommes habitués à la rencontrer dans les recueils anciens et en même temps un texte sûr et bien établi. Il faut espérer qu'un jour M. de Boor se décidera à publier cette suite et il en profitera certainement pour joindre à son édition une table alphabétique qui sera de la plus grande utilité.

II. — Quant à Procope que M. Haury commence à rééditer il n'était guère mieux partagé. De ses œuvres nous avions une édition quelconque dans la Byzantine de Bonne et pour les guerres une édition critique de Comparetti. Et encore M. Comparetti n'avait-il publié que la guerre gothique. Et c'était tout. Aussi M. H., après avoir étudié Procope et lui avoir consacré deux mémoires, a-t-il voulu commencer la publication intégrale de ses trois ouvrages. C'est par les « guerres » qu'il débute. Il faut espérer que l' « histoire secrète » et les « Edifices » viendront rapidement. L'édition nouvelle repose sur une étude attentive et scrupuleuse des manuscrits que M. H. publie dans sa préface en y ajoutant deux chapitres intéressants, l'un sur les sources de Procope, l'autre sur les citations de Procope qu'il a rencontrées dans les auteurs anciens. Désormais ce sera donc à cette édition seule qu'il faudra recourir.

A. V.

82. — **La frontière d'Argonne** (843-1659). **Procès de Claude de la Vallée** (1535-1561) par H. Stein et Léon Le Grand. — Paris A. Picard et fils, 1905, petit in-8 de viii-326 pp. (Prix : 4 fr. 50).

Un débat sur un point de la frontière de l'Est est toujours passionnant. Quand il se complique de procès, de mascarades et de tous les incidents qui signalent prolongent et égaient la cause si obscure de Claude de la Vallée, c'est un piquant régal pour la curiosité en même temps qu'une précieuse conquête pour l'érudition.

La révélation de cette grave affaire est due à la publication des titres de la maison de Rarécourt de la Vallée de Pimodan, mais MM. H. Stein et L. Le Grand en ont accru le récit de tout ce que d'habiles recherches à la Bibliothèque Nationale et aux Archives avaient pu leur révéler. Le procès de Claude de la Vallée, fait indûment, semble-t-il, par les juges du duc de Lorraine aux dépens des officiers de François Ier, a été révisé après sa mort et cette révision, poursuivie pendant trois règnes devant le Parlement de Paris, ne fut abandonnée qu'au début du règne de Charles IX, faute d'héritier intéressé à le pousser plus loin. Il n'y a pas de procès plus typique sous l'ancien régime.

MM. Stein et Le Grand, plus opiniâtres que les juges d'autrefois poursuivent leur enquête sur les vicissitudes de la frontière française en pays d'Argonne et ne s'arrêtent qu'à la conclusion sous Louis XIV. Pour rendre plus exactement compte de l'importance de leur travail, il faut reconnaître que les auteurs encadrent l'épisode judiciaire dont Claude de la Vallée est le héros, dans un historique succinct mais fort instructif de tous les débats politiques dont le territoire de Clermont en Argonne est l'objet. « Ce n'est qu'une courte page, disent modestement MM. Stein et Le Grand, de l'histoire générale des efforts que la royauté française a poursuivis pendant de longs siècles pour réformer une délimitation qui remontait à la dislocation de l'ancien empire de Charlemagne » et cette simple phrase suffit à faire ressortir l'importance des recherches si bien conduites autour des infortunes de Cl. de la Vallée, prévôt gruyer de Clermont en Argonne.

Le texte, si sobre d'ailleurs, laisse la plus grande place aux pièces justificatives qui remplissent 214 pages sur 326. Comme une excellente table des principaux noms de lieux et de personnes suit les transcriptions de textes, le procès de Claude de la Vallée a le double mérite d'offrir une lecture agréable et une mine d'information très riche. H. GAILLARD.

---

83. — Vicomte du BREIL DE PONTBRIAND. **Un chouan, le général du Boisguy.** — Paris, Champion, s. d. [1905], in-8 de x-476 pp. (Prix : 7 fr. 50).

Ce livre est écrit pour démontrer qu'André-Casimir-Marie Picquet du Boisguy, chef des Chouans de Fougères, beau-frère d'un ancêtre de l'auteur, a été calomnié par un historien local, M. Lemas, et qu'il ne jouit pas, même auprès des royalistes, de la réputation qu'il mérite. Du Boisguy, né en 1776, prit part à l'insurrection d'Ille-et-Vilaine en 1793, suivit un moment les Vendéens, puis revint dans son pays faire la guerre de Chouannerie. Il se soumit l'un des derniers, en juin 1796, s'évada de Saumur où on l'avait enfermé, reprit la campagne et ne déposa les armes qu'en 1800. Il refusa de servir sous l'Empire, fut confirmé en 1814 dans le grade de maréchal de camp, reçu du comte de Provence pendant la Révolution, et, après les Cent-Jours, commanda le département des Ardennes. Réformé en 1830, il mourut en 1839.

M. de P. a écrit son ouvrage principalement avec des mémoires (surtout Pontbriand et d'Andigné) et des ouvrages de seconde main (Lemas, Le Bouteiller, le Chanoine Ménard ; il cite quelquefois Savary, mais semble ignorer Chassin). Il renvoie aussi, mais rarement et sans assez de précision, aux archives locales et aux papiers de Puisaye. Enfin il a vu, aux archives de la guerre, le dossier de du Boisguy. Ce travail n'apporte de nouveau que quelques corrections à la chronologie et de menus détails de chronique locale. Tout ce qui est d'intérêt plus général est gâté par des discussions, d'allure personnelle, contre Lemas et quelques autres, et surtout par un excessif parti-pris d'apologie. Dès l'introduction, nous apprenons que du Boisguy était « d'un courage et d'une audace que nul n'a surpassés », que son autorité fut « incontestée », ses victoires « écrasantes », et ainsi de suite jusqu'à la fin du livre, où M. de P. affirme que les succès de son héros « portent la marque du véritable génie militaire », et que s'il avait pu « tromper les *aspera fata* du poète,... à coup sûr il fût resté Bayard, peut-être il eût été du Guesclin. » Ce panégyique d'un chef de Chouans est aussi une apologie de la Chouannerie, écrite, du reste, sur un ton et avec des procédés qui sont du domaine de la polémique pure, et que l'histoire ne saurait admettre.   R. Guyot.

---

84. — **Aùs Galens Praxis, ein Kùltùrbild aùs der römischen Kaiserzeit**, von J. Ilberg, [extrait des *Neue Jahrbücher für das Klassiche Altertùm, Geschichte ùnd deùtsche Literatùr*, Band xv]. — Leipzig, Teubner, 1905, in-8° de 41 p. (Prix : 1 mk 20).

C'est une collection d'anecdotes, vivantes, amusantes et instructives, que M. J. a rapportées de longues excursions à travers les œuvres de Galien, pour caractériser et illustrer en lui le praticien.

Lors de ses années d'école à Pergame, c'est un étudiant discuteur et têtu : il tenait cela, paraît-il, de l'hérédité maternelle ; fort dévot cependant à Esculape et crédule à ses miracles. Dès ce temps, il profite de toutes les circonstances qui peuvent accroître ses connaissances, comme d'une épidémie charbonneuse fertile en ulcères profonds ; il utilise même ses propres misères, — suites, par exemple, de son goût immodéré pour les fruits en automne. — Après des voyages d'étude à Smyrne et Alexandrie, il s'établit à Pergame ; nommé médecin des gladiateurs, il estime défectueux leur régime, comme plus tard à Rome celui des athlètes et gymnastes ; auprès d'eux il complète sa science chirurgicale.

En 162, l'ambition le mène à Rome ; il réussit vite à percer. Des compatriotes le mettent en rapport avec des gens importants, des personnages considérables ; mais bientôt, en 166, il s'enfuit à Pergame : les raisons qu'il donne de ce départ paraissent suspectes à M. I., qui conclut que Galien a tout simplement eu peur de la peste, à laquelle ses fonctions l'auraient trop exposé à Rome (p. 23-24). Rappelé bientôt par Marc Aurèle qui avait entendu parler de lui, il obéit, mais lentement ; à la fin de 168, il est à Aquilée, puis à Rome. Il a la charge de veiller sur la santé du jeune Commode, il est médecin de la famille impériale, il a désormais toute la haute société romaine.

Dans ce cadre biographique et chronologique où se dresse la figure en pied de Galien praticien, il y a place pour quelques autres détails, fonds ou accessoires. C'est d'abord la situation des médecins romains sous l'empire : sauf quelques exceptions éclatantes, elle est lamentable : « ...un vrai bouge de sorciers, où règnent l'ignorance, l'envie, la calomnie, l'assassinat... » (p. 14). Ils ne savent que flatter et faire les charlatans — « ils mettent l'argent au-dessus de tout... dès le matin comme d'humbles clients ils font visite à leur patron et le suivent partout... » De leur part les médecins sérieux sont en but aux pires traitements.

C'est ensuite l'intérêt que les gens cultivés prennent aux sciences médicales. Un vieux philosophe, Eudemos, atteint de fièvre quarte, s'observe avec précision, se soigne avec intelligence ; « quand l'affaire devient dangereuse » ; il consulte, cause avec Galien, et sur la bonne impression qu'il ressent de l'entretien, s'en remet à ses soins. D'autres personnages considérables, F. Boethius, Sergius Paulus, s'intéressent à des dissections, des vivisections ; ces séances sont accompagnées de conférences, que les nobles auditeurs font sténographier par des esclaves. Des femmes même, — malgré leur ordinaire répugnance à se livrer au médecin, — entament des conversations scientifiques : ainsi Annia Faustina, cousine de l'empereur ; et Galien rapporte les choses flatteuses quelle lui dit (p. 25). Marc Aurèle a aussi ses principes personnels, et n'accorde sa confiance qu'après que « le diagnostic de Galien eût provoqué sa louange. » Chez certains, cet intérêt devient de la manie : un riche original avait celle de se soigner lui et ses amis, et d'ordonner les remèdes les plus chers possible ; « Galien ne détestait pas d'avoir à faire à lui, car l'amateur n'était pas avare de louanges et payait bien. » (p. 30).

Là se marque déjà un des traits de sa physionomie : curieux mélange de véritable et grande science, de sincère et laborieuse application, d'une part, — d'une vanité enfantine et démesurée, et d'un invraisemblable charlatanisme, d'autre part.

Sa science théorique, qui est réelle, il la doit toute à ses devanciers ; il n'a été personnel, — mais il l'a vraiment été —, que dans la pratique. Il a tenu comme un journal de ses observations quotidiennes, pour enrichir et consolider ainsi son expérience, pour aiguiser son coup d'œil. Il met en pratique les si judicieux conseils d'Hippocrate, sur l'attitude du médecin auprès de ses clients ; il les commente quelque part, et conclut qu'en somme il faut arriver à ce que « le malade considère son médecin comme un dieu » (p. 39). Jusque dans sa vieillesse, il a gardé l'activité laborieuse d'un tout jeune débutant.

Mais son incroyable fatuité fait oublier ces qualités sérieuses. Les innombrables récits qu'il fait de ses cures, — et M. I. a recueilli les plus jolis, — il aurait pu les dire, à peu près comme César : « Je suis venu, j'ai diagnostiqué, soigné, guéri. » Car ses malades ne meurent jamais, — sinon de se confier, ou de s'être confié d'abord à d'autres médecins. Du haut en bas de l'échelle sociale, tout le monde, sauf naturellement ses confrères, n'a pour lui que les louanges les plus flatteuses ; c'est un succès étourdissant, qu'il raconte avec complaissance. Et il savait le soigner. Si d'autres ont été appelés avant lui, il se fait prier, et répond aigrement, même à l'empereur ; autour d'un lit de mort, il organise une comédie macabre pour confondre ses confrères ; ne comprend-il rien à la maladie, il se prononce quand même avec aplomb, — et il raconte cela lui-même ; au chevet d'une belle dame, malade du souci que lui donnait un jeune acteur, mis par hasard sur la piste, il invente un stratagème pour découvrir le secret, et passe pour sorcier. Il écrit des livres sur les soins de la chevelure, que compliquaient tellement les modes syriennes des princesses ; il donne des recettes de toilette...

Et l'impression définitive est bien celle qu'au début de son travail note M. I. : arrivé de sa province d'Asie mineure pour conquérir Rome, par sa réelle valeur sans doute, mais surtout par son aplomb et son savoir faire, Galien fait penser au Greculus du poète :

> Ingenium velox, audacia perdita, sermo
> Promptus et Isaeo torrentior.

Paul CAMUSET.

BIBLIOGRAPHIE

I. — SCIENCES RELIGIEUSES.

Brisset (J.-P.). — Les Prophéties accomplies. Daniel et l'Apocalypse (300 p.), in-8, 3 fr. 50. — E. Leroux.

Duine (abbé F.). — Bréviaires et missels des églises et abbayes bretonnes de France antérieurs au XVII° siècle (236 p.), in-8, 6 fr. — Plihon et Hommay, à Rennes.

Gibier (Mgr). — Objections contemporaines contre l'Eglise, 2° série (iv-560 p.) in-8, 4 fr. — P. Lethielleux.

La Faye (J.-de). — Nos martyres. Les Carmélites de Compiègne (160 p.), in-18, 1 fr. 50. — F. Paillart, à Abbeville.

Latty (Mgr). — Considérations sur l'état présent de l'Eglise de France (146 p.), in-8, 2 fr. — Vve Ch. Poussielgue.

II. — PHILOSOPHIE ET SCIENCES SOCIALES.

Charnacé (G. de). — Hommes et choses du temps présent, 4° série (xxii-532 p.), in 12, 5 fr. — Emile-Paul.

Deschanel (P.). — Politique intérieure et étrangère, in-18, 3 fr. 50. — Calmann-Lévy.

Energie (l') française, 1905. — Répertoire de la vie politique française et étrangère et du mouvement littéraire et social (704 p.), in-4, rel., 13 fr. Plon-Nourrit et Cie.

Jankelevitch (D^r·S.). — Nature et société. Essai d'une application du point de vue finaliste aux phénomènes sociaux (188 p.), in-16, 2 fr. 50. — F. Alcan

Klotz (L.-L.). — L'Armée en 1906. Considérations générales à propos du budget de la guerre (x-294 p.), in-8, 3 fr. — H. Charles-Lavauzelle.

Paul-Boncour (J.). — Les Syndicats de fonctionnaires, in-16, 1 fr. — E. Cornély et Cie.

Roques (D^r·F.). — Les Logements insalubres, causes et effets, leur législation en France et à l'étranger, le casier sanitaire des maisons (95 p), in-8, 3 fr. — Ch. Dirion, à Toulouse.

Trouillot (G.). — Pour l'idée laïque (320 p.), in-18, 3 fr. 50. — E. Fasquelle.

III. — HISTOIRE LITTÉRAIRE ET PHILOLOGIE.

Bacha (E.). — Le Génie de Tacite. La création des Annales (324 p.), in-16, 4 fr. — F. Alcan.

Hémon (F.). — Etudes sur les auteurs prescrits pour le brevet supérieur, 1907-1909. 2 vol. (470-360 p). in-18, 7 fr. 50. — Ch. Delagrave.

Muret (M.). — La Littérature italienne d'aujourd'hui, in-16, 3 fr. 50. — Perrin et Cie.

Nerthal. — Michelet, ses amours et ses haines, suivi d'une étude sur Beaumarchais et sur Perrault (III-204 p.), in-8, 3 fr. — Lib. des Saints-Pères.

Tourneu (V.). — Le Mystère breton de saint Crépin et de saint Crépinien (extr. de la Rev. celtique) (158 p.), in-8, 5 fr. — H. Champion.

IV. — HISTOIRE ET GÉOGRAPHIE.

Augouard (Mgr.). — Vingt-huit années au Congo. Lettres, 2 vol (XIV-533-652 p.), in-8, 7 fr. — Soc. fr. imp. et lib.

Barbey d'Aurevilly (J.). — A côté de la grande histoire (332 p.), in-18, 3 fr. 50. — A. Lemerre.

Bémont (Ch.). — Rôles gascons transcrits. T III, 1290-1307 (CC-792 p.), in-4, 30 fr. — E. Leroux.

Bonnal (gén. H.). — La Manœuvre de Saint-Privat ; 2º vol.: Bataille de Rezonville (476 p.), in-8, 12 fr. — R. Chapelot et Cie.

Bourguet (A.). — Le duc de Choiseul et l'alliance espagnole... 7 fr. 50. — Plon-Nourrit.

Bowditch (C.-P.). — Mexican and Central American Antiquities, Calendar Systems and History (682 p.), in-8, 8 s. — Wesley.

Brette (A.). — Journal de l'Estoile. Extraits, avec notice bibliographique (360 p.), in-16, 4 fr. — Librairie A. Colin.

Breasted (J.-H.). — History of Egypt (668 p.), in-8, 20 s. — Hodder a. S.

Brouard ((L.). — Un coin de Provence. Hyères et ses environs, av. 108 reprod. photogr., dont 11 hors texte (104 p.), in-4, 5 fr. — M. Marron, à Orléans.

Coyecque (E.). — Recueil d'actes notariés relatifs à l'histoire de Paris et de ses environs au XVIº siècle : 1º 1498-1545 Nos 1-3608 (XL-932 p.), in-4 cart., 20 fr. — Gauthier-Villars.

Dhanys (M.). — Le Rival du roi. Henriette d'Angleterre et le comte de Guiche, mars 1661-avril 1662 (311 p.), in-18, 3 fr. 50. — P. Ollendorff.

Diehl (Ch.). — Figures byzantines (344 p.), in-16, 3 fr. 50. — Librairie A. Colin.

Félix (G.). — Le Colonel de Villebois-Mareuil et la guerre sud-africaine (304 p.), in-8, 2 fr. 50. — A. Cattier, à Tours.

Gaulot (P.). — L'Expédition du Mexique, 1861-1867, d'après les documents et souvenirs d'Ernest Louet, payeur en chef du corps expéditionnaire. T. I (xviii-444 p.), in-8, 7 fr. 50. — P. Ollendorff.

Labbé. — Joséphine de Beauharnais et Louis XVII. Récit de différents événements auxquels ont été mêlés ces personnages, tableau 51×33, 1 fr. — Dujarric et Cie.

Lasteyrie (R. de) et **Vidier**. — Bibliographie des travaux historiques et archéologiques, publiés par les sociétés savantes de la France, T. V, liv. 1 (200 p.), in-4, 4 fr. — E. Leroux.

Le Barbier (L.). — Etude sur les populations Bambaras de la vallée du Niger (44 p.), in-8, 1 fr. — Dujarric et Cie.

Nussac (L. de). — Etudes historiques militaires (108 p.), in-8, 2 fr. — A. Picard et fils.

Tuetey (A.). — Répertoire général des sources manuscrites de l'histoire de Paris pendant la Révolution française. T. VII, in-8, 10 fr. — H. Champion.

V. — ART ET ARCHÉOLOGIE.

Arréat (L.). — Art et psychologie individuelle (209 p.), in-16, 2 fr. 50. — F. Alcan.

Bernheim (A.). — Trente ans de théâtre, 3e série, av. 22 dessins de Losques, in-16, 3 fr. 50. — J. Rueff.

Bissing (F.-W. v.). — Denkmaler agyptischer Sculptur. 1 Lgf., 20 m. — F. Bruckmann, München.

Chavagnac (X. de) et de **Grollier**. — Histoire des manufactures françaises de porcelaine (xxviii-967 p.), in-8, 40 fr. — A. Picard et fils.

Emile-Bayard. — Les arts et leur technique (276 p.), in-8, 3 fr. 50. — Ch. Delagrave.

Le Chatelier (G.). — Louis-Pierre Deseine, statuaire, 1749-1822, sa vie et ses œuvres (325 p.), in-8, 10 fr. — Lib. imp. réunies.

Marcel (P.). — Documents relatifs à l'histoire de l'architecture française : Inventaire des papiers manuscrits du cabinet de Robert de Cotte (xxx-268 p.), in-8, 10 fr. — H. Champion.

Marquet de Vasselot (J.-J.). — Catalogue raisonné de la collection Martin Le Roy, 150 pl., in-folio, en souscr., 350 fr. — Ch. Foulard.

L'Editeur-Propriétaire-Gérant : ALBERT FONTEMOING.

BULLETIN CRITIQUE

85. — **Histoire de l'Eglise Gauloise depuis les origines jusqu'à la conquête franque** (511), par Louis LAUNAY. — Paris, A. Picard et fils, Angers, Germain et Grassin 1905, 2 vol. in-12 de 506 et 539 pp. (Prix : 8 fr.)

Ecrire une histoire de l'Eglise Gauloise est une tâche malaisée, hasardeuse et pleine de dangers. La grande difficulté vient de ce qu'il faut nécessairement prendre parti dans le trop célèbre débat engagé au sujet de l'apostolicité des églises, car du sentiment que l'on adopte, celui de l'école traditionniste ou celui de l'école critique, dépend la chronologie des faits, en un mot toute la trame du récit. Après avoir résumé les principes sur lesquels sont étayés les systèmes prônés par les deux écoles et en avoir montré l'application relativement aux légendes des saints de Provence, à saint Martial de Limoges et à saint Denis de Paris, M. Launay semble oublier que presque chacun des autres saints ou martyrs, dont il raconte la vie ou la mort glorieuse, soulève une controverse. Ensuite, alors que l'auteur nous avait averti de son intention de rester neutre dans la question de l'apostolicité, on a la surprise de ne trouver exposée dans la suite de son livre que l'opinion traditionniste. Exemple : à la persécution de Maximien est rattaché le martyre de plusieurs chrétiens, et en particulier celui des saints Donatien et Rogatien. Or, j'ai montré ici-même [1] qu'il était difficile d'assigner une date certaine au supplice des deux martyrs nantais et qu'en tout cas les renseignements consignés dans leur passionnaire ne concordaient pas entre eux. De plus, l'existence du préfet du prétoire, Riccius Varus, a été et est encore très contestée. Autre

---

[1]. 25 octobre 1904, p. 582-583.

exemple : le massacre de la légion Thébaine est conté sans que l'on soupçonne qu'à ce sujet il y ait deux opinions.

Bien que l'auteur se soit dispensé de citer ses sources, il est facile de constater que, s'il est au courant des grands travaux historiques, il a négligé de consulter, sur un bon nombre de points, des travaux de moindre étendue et des articles de revue. Ainsi *La Religion des Gaulois* d'A. Bertrand est très sujette à caution, et il aurait fallu tenir compte des observations que ce livre a suscitées de la part de M. Salomon Reinach, dans la *Revue Critique*, surtout à propos de l'origine des feux de la Saint-Jean. D'autre part, depuis les *Fastes épiscopaux* de Mgr Duchesne, — et non Duchêne, comme je le trouve écrit plusieurs fois, — il a paru des études relatives à la découverte du tombeau d'un évêque Lazare, qui serait le Lazare des légendes provençales, ainsi qu'à un certain manuscrit du martyrologe d'Adifon, conservé à Einsieldeln, etc. Ailleurs, il est curieux que l'auteur n'ait consacré qu'une page à l'architecture chrétienne d'Occident, et encore cette page est-elle empruntée à Eusèbe qui décrit en l'espèce l'église de Tyr construite par l'évêque Paulin.

Malgré les défauts que j'ai dû signaler, l'œuvre de M. L. n'en reste pas moins méritoire. Elle est le fruit de très nombreuses lectures et témoigne d'une grande habileté à présenter les faits. Très soigneusement écrite, l'*histoire de l'Eglise gauloise* se lit agréablement et sera goûtée par le public auquel elle s'adresse.

G. M.

---

86. — **La contre-révolution. Essais sur les principes fondamentaux des gouvernements**, par Pierre Félix. — Paris, librairie des Saints-Pères, 1906, in-8° de 541 p. (Prix : 7 fr. 50).

Ce livre, dédié à la mémoire de Taine, est placé sous cette épigraphe empruntée à une lettre de l'historien à Guizot et qui en résume la pensée : « Ce qu'il y a de plus étonnant, à mon sens, c'est l'idée qu'on se faisait alors de l'homme et de la société, elle est d'une fausseté prodigieuse... Tout ce que je puis dire, c'est que la raison, même laïque et purement laïque, ne l'accepte pas. Du moins, la science, dès qu'elle est précise et solide, cesse d'être révolutionnaire et même devient antirévolutionnaire. »

M. P. F. annonce d'ailleurs qu'il complètera prochainement ses premiers *Essais* en d'autres volumes. Pour l'heure présente, demandons-nous s'il a atteint son but et répondu pertinemment à la question : quels sont les principes fondamentaux de la vie sociale? Sa *préface* expose avec netteté sa méthode et son point de départ. Si l'on admet scientifiquement l'existence de la morale, il faut aussi conclure qu'il n'y a pas de morale possible sans religion ou, pour mieux préciser, sans surnaturel. Si on la rejette, le progrès humain ne peut aboutir qu'à une effroyable barbarie. Ou le progrès ne sera pas, ou il sera religieux : on ne peut scientifiquement sortir de cette alternative. Dire que l'homme est indéfiniment perfectible, c'est supposer qu'il peut changer de nature. Son intelligence est finie comme ses organes. A moins d'une création nouvelle, il ne peut aller plus loin, tant qu'il restera seulement homme. Ses sciences spéculatives n'ont pas bougé depuis qu'il vit sur la terre. Ses sciences positives sont dans leur ensemble inamovibles. Celle des faits s'augmente seule, parce qu'il aura toujours des occasions d'observer, de voir, de comparer; mais il ne verra jamais tout. Il n'inventera pas à proprement parler parce que la création lui est interdite. On fera des combinaisons et des expériences, on rendra le travail humain plus facile, on enchérira sur les merveilles de l'industrie, des machines, de l'électricité, on asservira la force des éléments, mais on ne reculera jamais dans l'être mortel les limites de ses facultés mentales pas plus que celles de ses fonctions physiques. La science sincère ne confesse-t-elle pas elle-même son ignorance chaque jour? Et dix millions d'ignorances, selon le mot très juste de Taine, ne font pas un savoir.

De ce que l'homme naît esclave de sa nature, de ses infirmités, de ses qualités comme de ses défauts et surtout de son milieu social, c'est-à-dire qu'il ne peut s'en dégager complètement, il faut conclure qu'en proclamant sa bonté, sa liberté et sa perfectibilité indéfinie, J.-J. Rousseau a commis une grossière erreur. L'expérience seule suffirait à le démontrer. Aussi M. Pierre Félix part-il en guerre contre le *Contrat social*, ce petit livre de premier plan qui a fait la révolution et les doctrines qui y sont professées, la liberté et l'égalité naturelles, le gouvernement du peuple, sa souveraineté, le suffrage universel, etc.

Et il démontre que si le pouvoir est toujours confirmé par le peuple en fait, il ne vient jamais de lui en droit, parce que toutes choses sont hiérarchisées dans la nature (p. 62) et que la lumière part du haut, non du bas (p. 65). Le gouvernement doit être exercé par une élite, qui seule est susceptible de vues générales et capable de raisonner juste (p. 233.) En effet, non seulement la raison n'est pas naturelle à l'homme ni même universelle dans l'humanité, mais encore son influence est très problématique. Combien d'Homais dans le monde politique pour un Pascal, un Newton, un Pasteur! La fameuse formule du « gouvernement du peuple par le peuple » est antiscientifique et absurde; un chef ne vaut que parce qu'il s'impose à la masse et non parce qu'il est choisi par elle. C'est afin d'appuyer logiquement leur formule sur l'idée d'égalité que Rousseau, Condorcet, Montesquieu lui-même ont affirmé la bonté, la générosité, la liberté natives de l'homme, mais, en fait, il suffit de jeter un coup d'œil sur les sociétés humaines pour constater que ni l'individu ni les collectivités ne possèdent de naissance ces précieuses qualités. On les reçoit ou on les acquiert : elles procèdent d'un don ou d'un effort, mais elles ne sont pas inhérentes à l'être humain dès le jour où il respire pour la première fois.

Si l'inégalité est un fait, l'égalité est un droit, mais un droit en quelque sorte progressif et successif : en d'autres termes, il est permis à chacun d'aspirer et d'atteindre à toutes les situations supérieures occupées par d'autres, tandis que ceux-ci s'élèvent de leur côté. Mais « il ne saurait être question d'une *égalité sociale simultanée* conférant à tous, dans le même temps, des droits égaux, suivant la conception révolutionnaire (p. 302, note). »

Le suffrage universel, tel qu'il a été proclamé en 1848, est moins un droit qu'un expédient destiné à satisfaire un besoin, et il est en effet nécessaire que le citoyen puisse faire connaître ses besoins. A cet égard, le suffrage universel aurait toujours existé, car, d'une façon ou de l'autre, le gouvernant a toujours eu intérêt à consulter les gouvernés sur leurs besoins (p. 318), dans le but de les satisfaire. Mais cette consultation, sous quelque forme qu'elle se traduise, n'est qu'une institution accessoire et non fondamentale; elle ne détermine pas le véritable et unique siège de la souveraineté. Elle est seulement un instrument de gouvernement (p. 368), instrument d'autant plus utile qu'il sera appliqué à un plus grand nombre de questions par le souverain désireux de s'éclairer.

« Dieu est monarchiste, disait il n'y a pas lontemps une grande dame, dont M. P. F. rappelle le propos. On peut supposer légitimement, ajoute-t-il, que cette opinion ne lui était pas inspirée par une idée scientifique, mais, cette remarque faite, il semble assez probable qu'elle ait raison. Cependant il n'est pas sûr que bien qu'incontestablement monarchiste, Dieu soit tout à fait du parti de cette dame... Pour le surplus, on se doutait depuis longtemps qu'il n'est qu'un aristocrate et aussi le traite-t-on en conséquence. »

Il est impossible d'analyser page par page ce gros volume et moins encore d'en citer d'autres extraits. Celui qui précède, en trahissant les secrètes préférences de l'auteur, permettra du moins de connaître son style habituel. Il est aisé, facile, peut-être un peu trop abondant. Il eût gagné à être plus serré, pour être plus enchaîné. Joseph de Maistre et Bonald, invoqués çà et là, pouvaient lui en donner l'exemple. Mais chaque écrivain a son tempérament, et le lecteur ne saurait s'en plaindre, lorsque sous la plume apparaît l'originalité de la pensée. Attendons donc les futurs *Essais* que nous annonce M. P. F. et ne nous étonnons pas s'il s'y montre réfractaire au courant des opinions et des mœurs dites modernes.

Henri Beaune.

---

87. — **P. Papini Stati Silvae**. Recognovit brevique adnotatione critica instruxit Joannes S. Phillimore. (*Scriptorum classicorum Bibliotheca Oxoniensis*). — Oxonii, e typographeo Clarendoniano, s. d. (la Préface est datée de Déc. MCM.IV); volume non paginé, sauf la Préface : XXII pages. (Prix : 3 s. 6 d.).

Dans sa Préface, M. Phillimore aborde, avec une liberté de jugement absolue, la question bien controversée encore de l'établissement du texte des Silves de Stace. Je dis *controversée encore* avec intention; car les conclusions de A. Klotz sur la valeur respective des Mss des Silves n'ont pas paru convaincantes à certains des savants qui s'intéressent à ce difficile problème, bien qu'elles soient considérées comme définitives par la majorité d'entre eux.

A. Engelmann a déjà protesté (*De Statii Silvarum codicibus*, Leipzig, 1902, cf. *Hermes*, 1903, I et II) contre la théorie de Krohn-Klotz qui refusait toute valeur aux fameuses leçons de Politien (A* et A) et les faisait exclure de l'apparat critique de l'édition de Klotz (Leipzig, 1900, v. la Préface de Klotz, p. XLIX-LXXIV); depuis, le même Klotz, Vollmer, Postgate, Wachsmuth, d'autres encore ont dit et redit leur mot dans la question et, chose qui se produit souvent en pareil cas, les adversaires sont restés sur leurs positions.

M. Ph., dans une discussion sommaire, mais claire et serrée, jette un jour nouveau sur plusieurs points obscurs et prend nettement parti contre Klotz. Je lui reprocherais ici de trop facilement supposer que le lecteur connaît à fond les détails d'un problème qui se pose depuis dix ans au plus; il eût été bon de donner au début de la Préface quelques renseignements préliminaires et de résumer l'état actuel de la question. L'exposé n'en est pas moins très net et les raisonnements très concluants. On sait que la découverte du *Matritensis* (M) par G. Loewe en 1879 et les collations qui en furent faites en 1895 par M. Krohn et en 1898 par A. Souter ont modifié du tout au tout les bases sur lesquelles était établi le texte des Silves avant l'édition de Vollmer (1898). Klotz en particulier conclut de l'examen de M, que ce ms est la source ne tous les mss existant aujourd'hui (sauf L. = Laurentianus plut. 29, 32, XIe s., qui contient seulement la pièce II, VII), et cette conclusion est universellement admise; mais il prétend que de lui également dérivent les leçons A* et A, écrites par Politien en 1494 en marge d'un exemplaire de l'édition *princeps* (1470), conservé à la Bibliothèque Corsini, leçons qui, avant l'édition de Klotz, étaient jugées de la plus haute importance.

M. Ph. prend la défense de A* et A. Ces leçons sont tirées d'un « exemplar Sylvarum quod ex Gallia Poggius, Gallica scriptum manu, in Italiam attulerat »; c'était, au témoignage de Politien, un codex « vetus », « vetustissimus », « antiquus », « mendosus », « depravatus », « etiam dimidiatus »; il était déchiré en un endroit où les mss actuellement conservés présentent précisément une lacune; c'est de lui que « reliqui omnes codices, qui sunt in manibus, emanarunt. » Évidemment, conclut M. Ph., il ne s'agit pas ici de M, qui n'est qu'une copie du XVe s. Il est infiniment probable que le ms dont parle Politien n'est autre que le Codex découvert par le Pogge, (soit à Saint-Gall, soit dans un autre couvent de la région), à l'époque du concile de Constance et rapporté par lui plus tard en Italie (v. Praef., p. x-xv). A l'argumentation de M. Ph. j'ajouterai cette modeste remarque que l'expression de Politien : *Incidi in exemplar* etc., s'entendrait mal d'une simple copie ; une copie ne pouvait pas être chose rare ni étonnante ; pourquoi Politien croirait-il devoir signaler le fait que le hasard en a fait tomber une entre ses mains ? d'ailleurs le soin qu'il met à collationner son ms, 80 ans après la découverte du Pogge, 24 ans après l'édition *princeps*, prouve qu'il le tenait pour un ms de valeur ; or il n'y en eut pas d'autre que celui du Pogge, qui pût être considéré comme tel au xv siècle.

Sur l'origine immédiate de M, M. Ph. ne se prononce pas. M dérive sûrement du ms du Pogge. Il faut y voir, semble-t-il, la copie dont Le Pogge annonce de Constance l'envoi à son ami Francesco Barbaro, en 1416 ou 1417 (Praef. p. vi-vii) ; cette copie avait été faite par un scribe qui était « ignorantissimus omnium viventium », qualificatif qui convient bien au copiste de M. En tous cas, M n'est sûrement pas le ms qu'avait en mains Politien (v. Praef., p. xiii-xvii).

Il reste quelques objections que M. Ph. se déclare incapable de résoudre autrement que par des hypothèses. Comment, en particulier, expliquer que M présente un vers (I, iv, 86 a) qui, au témoignage formel de Politien, ne se lisait pas dans le Codex du Pogge. D'où vient ce vers ? Peut-être est-ce une glose marginale : *attollam cantu*, qui, introduite dans le texte, lui a donné naissance. En fait la seconde moitié de 86 a : *gaudet Thrasymennus et Alpes*, reproduit textuellement la seconde moitié de 86, ce qui est inepte. Un humaniste intelligent comme Politien pouvait bien négliger, dans son *vetus codex*, à supposer qu'elle s'y fût déjà trouvée, une glose dont un scribe inintelligent a tiré un vers lamentable. Quoiqu'il en soit, la discussion de M. Ph. est ici trop sommaire et bien incomplète ; elle ne nous dispense pas de chercher nombre de renseignements dans Klotz. M. Ph. en a lui-même conscience ; il signale plusieurs questions encore ouvertes à la critique : « liberum opinaturis relinquo... » ; « viderint doctiores... ». Espérons qu'un jour il apportera de très utiles compléments à son travail d'aujourd'hui.

On conçoit maintenant comment M. Ph. établit son texte. Il prend pour base l'accord de A* et A avec M, qui représente le ms du Pogge, P. En cas de désaccord, à qui se fier? A* et A ont pour eux l'autorité d'un humaniste de grande valeur, M est une copie d'un excellent ms, faite par un mercenaire ignorant. M. Ph. n'adopte aucun principe; il s'en tient à des décisions d'espèce où l'impression personnelle juge en dernier ressort, à défaut d'autres arguments. Le texte est donc constitué avec une grande indépendance; mais on n'y remarque ni hypercritique, ni tendance conservatrice exagérée. Dans les cas douteux, l'éditeur préfère, sans parti pris, tantôt A* et A, tantôt M, tantôt la vulgate, tantôt une correction ancienne ou une conjecture personnelle. Cependant on sent qu'en principe il met A au-dessus de M, et que, tout en blâmant les excès de Baehreus, il n'est pas ennemi d'une certaine audace; seulement il se borne à proposer dans l'apparat les corrections qu'il serait téméraire d'introduire dans le texte.

L'apparat critique est à la fois très sobre et très suffisant. Il renferme tout ce qui est essentiel et nous dispense de recourir aux autres. Outre P. d'une part, et d'autre part, en cas de divergence, A* ou A et M, il donne un certain nombre de corrections apportées postérieurement dans M (M² et *m*), puis les notes de Politien antérieures à 1494 ou différentes de A* et A (*a* et *Pol.*), diverses corrections ou conjectures d'érudits du xv° s., représentant généralement la vulgate (ς), quelques variantes de l'édition de Calderino, 1475 (*Dom.*), ainsi que de l'édition princeps (a), des notes, encore inédites, relevées en marge d'anciennes éditions de la Bodléienne (κ, λ, μ, ξ, ω), les conjectures les plus importantes des savants modernes, et enfin, pour la pièce II, vii, le Laurentianus (L).

M. Ph. laisse une *crux* dans plus de trente passages. On ne saurait l'en blâmer. Seulement quelques-uns de ces passages sont aussi faciles à corriger ou même à interpréter sans correction que d'autres qui ne présentent pas de croix. Ainsi I, *Praef.*, 35, † domomum † est à supprimer comme dittographie (il est rayé par M²); I, ii, 235, † juvenumquestus † objet de tant de conjectures (v. encore récemment Postgate, *Philologus*, LXIV, 1, p. 117) peut s'entendre sans changement; le bonheur de Stella fait *gémir* les jeunes gens qui sont jaloux de lui (cf. 236-237 : *plures Invidere viro*); iii, 70, † illis... Anienem † peut se lire... *Anien et* (*Pol.*) ou *Anien en*, genre d'allitération qui est bien dans la manière de Stace ; iv, 61, pourquoi ne pas se contenter de la vulgate *praegressus*, qui n'est pas inintelligible, à moins de préférer *morans* (*Bernart*), ou même d'adopter la conjecture proposée en note : *quo geris usque moras*, plutôt que de considérer le passage comme désespéré ? De même, il faut lire I, v, 52, *in summum fundo*... pour *in fundum summo*... (cf. I, ii, 131 ; ibid., 240 ; iv, 59 ; III, ii, 70 etc.) ; vi, 15, *et quod* ; 96, *tuoque* ; II, i, 128, *quas vestes* qui, en parallèle avec *quae gestamina*, se comprend de soi-même. Au vers V, ii, 55, pourquoi ne pas admettre que Crispinus *se fatigue* sur les flots d'Occident, vers les régions du soleil couchant où il est en mission ? v, 43, *sed summa*, entre deux virgules, n'est pas à modifier, etc. En somme, le scrupule de M. Ph. est exagéré. A ce compte, voici quelques autres passages où on eût tout aussi bien attendu une *crux* : II, i, 131, où *sinus* manque de clarté ; iii, 38, où M. Ph. écrit *irrita, membrorum*... pour *immitem Bromium* (M) ; vi, 6-7, *alter... alterius*, correction risquée, de sens obscur ; *ibid.* 48, (*unde novae mentis?*), qui ne se comprend guère, etc.

La défiance, non avouée, de M. Ph. pour M lui fait parfois préférer aux leçons de M des conjectures diverses qui ne sont pas plus plausibles. En voici quelques exemples : I, i, 28 ;... *gener et Cato Caesaris iret Scriverius* (... *iret gener et Cato castris* M), vers très discuté ; v. Cartault, qui défend la tradition, *Journal des Savants*, nov. 1903, p. 632 suiv. ; 38, *praetendens* ⸮ (*praetendit* M) ; ii, 105, *rogantis Lafaye* (*rogari* M ; il faudrait toutefois lire dans le même vers : *vultu* ⸮, non *vultum* P) ; iii, 103, *vibres Scriverius* (*turbes* M) ; iv, 4, *es caelo, dive, es, Germanice Pol.* (*dives* M) ; II, ii, 60, *intrantemque Rothstein* (*intrantesque* M) ; vii, 28, *Tritonidi Beutley* (*Tritonide* M) ; 117, *noscis Haupt* (*nescis* L M) ; V, i, 83, *subactis Avantius* (*jubatis* M) ; 92, *num Pol.* (*nam* M) ; ii, 58, *bibe Heinsius* (*tibi* M) ; v, 80, *genitum quem... implicui fixique Pol.* (*gemitum* [*genitum* dans l'apparat de Ph.] *qui... implicuit fixitque* M) etc. Malgré cela, je louerai fort M. Ph. de n'être pas l'homme d'un manuscrit, et de renoncer sans regret à P ou à A quand il trouve mieux ailleurs. Cependant il y a dans son procédé une certaine inconséquence. Quand il rétablit d'après P, ou A une leçon abandonnée, on ne peut que l'approuver. Mais parfois il rejette des leçons de A ou de P sans qu'il y ait nécessité absolue ; voir I. i, 1 ;

geminata *ma*, gemmata P (M *a*); ce dernier mot pourrait bien être une hyperbole pittoresque, *geminata* est une banalité; iv, 28-29 : seu... construis.., seu quom... frangitur... Pourquoi ne pas lire *quom struis* (A), en parallèle avec le second *quom*, au lieu de *construis* (*m*)? V, iii, 277 : Ennea Gronov. (ou Scriver.?) ne s'impose pas nécessairement pour *Aetnaea* (A) sc. *Juno*, etc. Parfois aussi, M. Ph, emprunte à A ou à P des leçons invraisemblables, comme IV, iii, 89, où il écrit le verbe à peu près inconnu *obluat* (*obruat* ϛ), alors qu'au vers précédent il emprunte à ϛ *caeno* qui est excellent (*caelo* M). En tous cas, le respect de M. Ph. pour P n'a rien de superstitieux et il en repousse sans discussion plus d'une mauvaise leçon; v. V, i, 45 : nuptumque ϛ (nuptuque P); iii, 180 : probator *Ellis* (probatur P; peut-être faudrait-il lire avec Vollmer *probatus*, à cause de la fréquente confusion de *r* et *s* à la fin des mots).

Les corrections personnelles de M. Ph., introduites dans le texte, sont assez nombreuses, une soixantaine environ. Quelques-unes sont judicieuses et méritent pleine approbation, par exemple I, 2, 240 : insignit gemina; II, v, 13 : intumuere; V, i, 230 : sic cautum, etc. D'autres ne paraissent ni nécessaires, ni même utiles; v. par exemple I, ii, 203 : viduae; iii, 74 : noctis ubi arcano; IV, iv, 73 : spernitque; vi, 34 : satiavi etc. Ailleurs un simple changement de ponctuation suffit à donner un jour tout nouveau à des passages obscurs, *e. g.* I, i, 96, ponct. après, non avant *juxta*; iii, 32-33, signes d'interrogation; II, *Praefat.*, 6, parenthèse (avec *gratissima infantia* M, pour *gratissimam infantiam* ϛ); III, i, 10, *ne sorderet iter*, rattaché à la proposition suivante; iv, 95, parenthèse; V, v, 57; interrogation; 83, parenthèse. V. aussi les vers II, i, 191-207, entre guillemets. Certaines corrections proposées dans l'apparat sont dignes d'éloges et n'ont rien de violent, v. par exemple II, vi, 77; Invidiam matrem complexa. On pourrait en faire entrer quelques-unes dans le texte.

Je me permets de signaler en terminant quelques lacunes ou erreurs, d'ailleurs peu importantes : I, *Praef.*, 5, *me* est une addition de Baehreus, non de Calderino; iii, 5, *ante*, conjecture de Otto (*Rhein. Mess.*, 1887, p. 369), non de Bursiau; 50, il faudrait signaler à l'apparat *Myronis* (**a**) qui n'a rien d'absurde; 62, *ignaro* est dans M; iv, 26, apparat, ajouter : piplea A [d'après Baehreus], piplea M [adopté par Klotz]; II, i, 123, haec *Baehreus*, et M; vi, 30,

caventem M canentem ϛ; V, ii, 150, *ultricia* est une correction de
Baehreus (*victricia* M); iii, 57, *te*, correction de Baehreus pour
ibi; 72, *in justa*, correction de Boxhorn; 69, d'où vient la leçon
pulsem ? v, 48, *versa*, corr. de Baehreus pour *serva*, etc. Dans le
texte il faudrait imprimer V, v, 26 : *modos et* ; I, i, 26, on voudrait
le signe de l'interrogation directe après l'indicatif *attulit* ; l'invocation à Isis, III, ii, 101-127, devrait être entre guillemets, au même
titre que l'invocation précédente à Neptune et aux autres dieux de
la mer, 5-50; I, ii, 131, comment scander : *Erraret secura Daphne-sin litore Naxi...?* Il faut lire, soit *Secura erraret Daphne*, soit, en
conservant *in* (M) : Erraret Daphne secura. in... Il y a une transposition de mots évidente, à laquelle ni Baehreus, ni Vollmer, ni
Klotz n'ont pris garde.

Je me hâte de conclure afin de n'être pas tenté de prolonger
outre mesure ce compte-rendu d'une édition qui m'a vivement intéressé pour deux raisons. La première est qu'elle tend à remettre au point la question de la valeur respective des leçons de Politien et du *Matritensis*; il semble bien que l'enthousiasme très explicable provoqué par la découverte de M n'aurait pas dû aboutir à
une condamnation si prompte et si injustifiée de A· et A. En second lieu, M. Ph. continue, avec autant d'indépendance que de
compétence l'œuvre entreprise depuis dix ans pour la constitution
du texte. Il se peut que son édition ne soit pas encore l'édition définitive des Silves que nous attendons; mais elle marque une étape
sérieuse dans la voie à suivre pour y aboutir. Il y aurait lieu maintenant de tirer au clair plusieurs problèmes indiqués dans la Préface, non encore résolus d'une façon sûre. Il serait utile aussi de
résumer dans un tableau pourvu des indications bibliographiques
nécessaires, les discussions engagées et les résultats acquis depuis
une quinzaine d'années sur la tradition des Silves. Il est fâcheux
que M. Ph. ne nous ait rien donné de tel dans sa Préface.

J. Vessereau.

88. — **Ecrivains et Style,** par A. Schopenhauer, première traduction française avec préface et notes par A. Dretrich. — Paris, Alcan 1904, in-16 de 189 p. (Prix : 2 fr. 50).

Schopenhauer, malgré sa robuste conviction d'être le penseur le plus original et le meilleur écrivain de son temps, faillit mourir sans connaître les douceurs de la gloire. Le premier volume du *Monde comme volonté et représentation*, publié en 1819, n'avait guère été apprécié que par Goethe qui en goûtait surtout la clarté d'exposition et le style ; le second volume, paru en 1844, n'avait pu vaincre non plus l'indifférence du public. Ce furent les *Parerga* et les *Paralipomena*, publiés en 1851, qui rendirent enfin célèbre le nom de Schopenhauer et appelèrent l'attention sur ses ouvrages antérieurs. Les *Parerga* et les *Paralipomena*, comme le nom l'indique, sont une sorte d'appendice où sont traitées des questions qui n'avaient pas trouvé place dans le *Monde comme volonté et comme représentation* : Fragments d'histoire de la philosophie ; pamphlet sur la philosophie universitaire ; dialogue sur la religion ; remarques sur la langue, le style, la lecture, les livres...

C'est cette dernière partie de l'ouvrage de Schopenhauer que M. A. Dietrich offre au public français dans une traduction dont l'aisance, la saveur et la clarté ne laissent rien à désirer aux plus difficiles. L'ouvrage est divisé en six chapitres : Ecrivains et style ; la langue et les mots ; la lecture et les livres ; les belles lettres et les lettres ; le jugement, la critique, les applaudissements et la gloire ; les penseurs personnels. La lecture en est des plus attachantes, car, à un don d'observation aigu qui pénètre à fond la vanité et la sottise humaines, Schopenhauer joint un talent d'écrivain de tout premier ordre. La pensée a chez lui une netteté d'expression qu'on ne rencontre guère chez les écrivains allemands. C'est peu de dire que son style est clair ; il y a dans ces pages un esprit pétillant, une verve sarcastique, un luxe de métaphores qui en font un véritable régal littéraire. Il poursuit impitoyablement les écrivassiers, les critiques étroits et envieux qui pervertissent les opinions littéraires d'un pays. On sent qu'il ne pardonne pas aux littérateurs de son temps d'avoir ignoré avec tant d'obstination le grand Schopenhauer et, en bon confrère, il en veut particulièrement aux philosophes qui détiennent la faveur de public, et il les insulte, surtout Hegel, avec une verve toute germanique.

A côté de ces pages qui ont une saveur de confession personnelle, il y a de très fines remarques sur les langues, en particulier sur la langue latine. Schopenhauer est un partisan convaincu des vieilles humanités et il fait en faveur du latin un plaidoyer que feraient bien de lire les remanieurs de programme. Il montre précisément en quoi consiste « cette gymnastique intellectuelle » dont on a peut être trop parlé en France sans bien la définir. La phrase latine étant synthétique, pour la traduire dans une langue moderne, il faut la décomposer en ses éléments constitutifs, il faut voir plus loin que les mots et que les propositions, il faut repenser la pensée de l'auteur. A ce métier, l'esprit s'assouplit, s'affine et s'enrichit. « Celui qui ne sait pas le latin fait partie du peuple, fût-il un grand virtuose sur la machine électrique... En vos écrivains qui ne savent pas le latin, vous n'aurez bientôt plus que des garçons perruquiers blagueurs. »

M. Dietrich nous fait espérer la publication d'autres extraits des *Parerga et des Paralipomena*. Nul doute que cette traduction si nette et si fidèle ne donne à Schopenhauer un regain de popularité et ne fasse entrer dans le domaine de notre littérature un peu de la sagesse amère du grand grand philosophe. P. Hervelin.

---

89. — **La famille celtique**, étude de droit comparé, par H. d'Arbois de Jubainville. — Paris, Bouillon, 1905; in-16 de xx-221. (Prix : 4 fr.)

Ce livre se divise en deux parties. Dans la première, M. H. d'A. de J. étudie la famille, la responsabilité pour crimes, la législation des successions; dans la seconde : le mariage, les épouses légitimes, les concubines, les prostituées. De la famille celtique dans l'antiquité, nous ne savons guère, hormis la mention par César (v, 14), Strabon (iv, 5, 4) et Dion Cassius (lxxvi, 12) de la communauté des femmes (dans les Iles britanniques), que ce que nous dit César dans un chapitre singulièrement concis (*De bello gallico*, vi, 15, 19). La femme apporte une dot, mais le mari y joint une valeur égale prise sur ses biens. Le survivant des deux époux reçoit les deux parts avec les fruits postérieurs au mariage. Le mari a sur sa femme le droit de vie et de mort. Quand un père de famille de haute naissance vient à mourir, ses proches s'assemblent et, si l'on a quelque soupçon au sujet de sa mort, ils mettent les femmes à la question comme des esclaves; si leur mauvaise conduite est démontrée, ils les font périr dans le feu et dans toute sorte de supplices. M. d'A. de J. a cherché dans le droit couturier de l'Irlande et du pays de Galles le commentaire et le complément de ce texte. On trouve chez les Irlandais et les Gallois la coutume de la dot et du douaire; mais, en Islande comme au pays de Galles, le mari paie au père de la femme un prix d'achat. Le concubinat, dont le texte de César semble attester l'existence chez les Gaulois (comparez toutefois VII, 66, où chaque Gaulois s'engage à ne pas aborder ses enfants, ses parents *sa* femme avant d'avoir traversé deux fois les rangs de l'ennemi) est connu dans l'ancienne Irlande. D'autre part, l'accord du droit irlandais et du droit gallois nous permet de regarder comme d'anciennes coutumes celtiques la formation de la famille, qui admet six degrés de parenté et l'admission dans certaines conditions, des filles à la succession paternelle. De nombreuses comparaisons avec le droit romain, le droit grec et même le droit assyrien ajoutent à l'intérêt de ce petit livre.

G. Bottin.

90. — **Extraits du Journal de Charles de Croix, chanoine de l'église collégiale de Saint-Quentin**, publiés par Henri Cardon. [Extrait des t. XII et XIII, 4ᵉ série, des *Mémoires de la Société académique de Saint-Quentin*]. — Saint-Quentin, Impr. Poette et Antoine, 1904, 2 vol. in-8°.

Le ms. retrouvé naguère par feu Félix Le Sérurier et offert par lui à la bibliothèque de Saint-Quentin porte pour véritable titre : « Mes remarques chronologiques », et son auteur Charles de Croix, chanoine de Saint-Quentin, était un enfant de cette ville, frère de deux chanoines de la même collégiale, allié à de nombreuses familles bourgeoises de la cité qui fournirent fréquemment des membres à l'échevinage; lui-même occupa des charges qui le mêlèrent intimement à la vie locale, puisqu'il fut chapelain de la compagnie des archers et receveur, puis maître du collège des Bons Enfants. En dehors de ce *Journal*, il a laissé un récit très circonstancié de l'incendie qui survint à la collégiale au mois d'octobre 1669, récit publié au t. XIV, 3ᵉ série, des *Mémoires de la Société académique*. Nous ne pouvons nous empêcher de regretter que M. Cardon n'ait pas cru devoir réunir, en tête de son édition, tous les détails biographiques que donne sur lui-même notre annaliste et ceux qu'auraient pû lui fournir les archives locales; le personnage le méritait bien. Il eût été bon également de faire remarquer avec quelle précision il notait les moindres faits, et comment, lorsqu'il n'avait pas été le témoin d'un fait dont il tenait à conserver la mémoire, il se faisait remettre une relation écrite par quelque personne bien informée (voy. notamment p. 337, 338, 353).

Ses *Remarques chronologiques* s'étendent sur une période de quarante années (3 février 1645 — 3 octobre 1685), fertiles en événements importants pour l'histoire de la ville de Saint-Quentin et du Vermandois : la guerre civile et la guère étrangère donnent lieu à des passages de troupes sans cesse renouvelés et le voisinage de la garnison espagnole de Cambrai est l'occasion d'escarmouches perpétuelles. Charles de Croix, en bon prêtre qu'il est, ne passe sous silence aucune solennité religieuse, aucune prédication ou mission, aucun pèlerinage, mais surtout, en bon chanoine, il ne laisse échapper aucune occasion de vanter la magnificence de son église et les privilèges de son chapitre, dont il défend l'indépendance contre les prétentions de l'évêque de Noyon. Esprit curieux des choses du passé et surtout du passé local, il s'intéresse aux trouvailles archéologiques amenées par les travaux des fortifications ou de la voirie, décrit le prétendu denier de Judas conservé au prieuré du Petit-Pont, et va même jusqu'à dessiner l'une des monnaies du moyen-âge trouvées en 1673 et à retracer à la plume l'aspect de la basilique avant l'incendie de 1669. Sur les incidents qui accompagnent le renouvellement de l'échevinage, sur les querelles de préséance dans les cérémonies publiques, sur les exercices et les succès de la compagnie des archers, notre chanoine nous renseigne avec abondance, sans craindre d'entrer dans les moindres détails, il nous donne même la date du jour où tel enfant de chœur joua du « serpent » pour la première fois.

L'impression du volume est soignée et le texte est illustré de neuf gravures judicieusement choisies; l'annotation, brève, comme il convenait, aurait cependant gagné à être développée quelque peu davantage [1]. Comme le titre l'indique, M. Cardon s'est borné

---

1. Relevons ici deux légères erreurs. Le cardinal Anthoine, dont il est question à la p. 167, n'est point un archevêque de Rennes, puisque ce

à extraire du manuscrit, — dont nous regrettons de ne trouver nulle part dans cette édition une description exacte et complète — ce qui lui avait paru le plus digne d'intérêt, laissant de côté un grand nombre de détails biographiques « qui n'intéressaient que de Croix, sa famille, ses confrères du Chapitre et beaucoup d'autres personnages disparus depuis longtemps et tombés dans un égal oubli »; c'est là une méthode qu'il nous sera permis de critiquer, car elle comporte une large part d'arbitraire et elle risque de laisser dans l'ombre maints renseignements capables d'éclairer des points obscurs de l'histoire locale; l'éditeur lui-même l'a bien compris, quand, pris de scrupules, il a du moins voulu étendre à l'ensemble des *Remarques chronologiques*, publiées ou non, sa table alphabétique, qui ne comprend pas moins de 204 pages et forme tout le second volume de cette publication [1].

Le *Journal* du chanoine Ch. de Croix est donc, à tout prendre, une source que ne peuvent négliger ni les historiens de Saint-Quentin, ni ceux qui s'occupent des événements politiques ou militaires du règne de Louis XIV; les érudits qui s'attachent à l'étude des conditions de la vie provinciale, des mœurs locales, de l'état des esprits, sont assurés d'y glaner maint détail piquant, et il serait à souhaiter que nos sociétés savantes offrissent plus souvent l'hospitalité de leurs recueils à des mémoires de ce genre.

André Lesort.

---

siège ne devint archevêché qu'en 1859, mais il n'est autre que le célèbre Antonio Barberini, pair et grand aumônier de France, élevé en 1657 sur le siège archiépiscopal de Reims. — Il ne peut y avoir de doute sur l'identification du nom de lieu cité p. 317; c'est incontestablement Vicoigne, dans l'arrondissement de Valenciennes.

1. Regrettons que, dans la table, les noms de personnes et les noms de lieux ne soient pas identifiés avec tout le soin désirable; il eût fallu indiquer, pour les premiers, le nom exact et complet ainsi que les prénoms, pour les seconds, le département et le canton. On regrette de ne pas trouver des rubriques telles que « garnison », « régiments », « reliques », « orages », etc., renvoyant aux détails de la table et facilitant les recherches. Pourquoi aussi avoir mis à la lettre L des mots comme « La Reine » (régiment de), Le Catelet, etc., qui feraient beaucoup mieux aux lettres R et C ?

BIBLIOGRAPHIE

I. — SCIENCES RELIGIEUSES.

Béranger (P. de), dit **Abailard**. — Œuvre spiritualiste. Les entretiens posthumes (260 p.), in-8, 3 fr. 50. — Chacornac.

Berry (abbé C.-M.). — Voyage au pays du Christ, 30ᵉ pèlerinage de pénitence (xii-352 p.), in-8, 2 fr. 50. — Imp. Frémont, à Troyes.

Cochin (H.). — Le Bienheureux Fra Giovanni Angelico de Fiesole (coll. Les saints), in-12, 2 fr. — V. Lecoffre.

France (la) ecclésiastique. Almanach annuaire du clergé pour l'an de grâce 1906, 56ᵉ année in-18, 4 fr. — Plon-Nourrit et Cie.

Gondal. — Religion (coll. Croyance et Science), in-12, 1 fr. 50. — Roger et Chernoviz.

Latreille (C.). — Joseph de Maistre et la papauté (xix-360 p.), in-16, 3 fr. 50. — Hachette et Cie.

Longhaye (R. P.). — Dix-neuvième siècle. Esquisses littéraires et morales, 4ᵉ série : auteurs catholiques (290 p.), in-18, 3 fr. 50. — V. Retaux.

Mothère (L.). — Jésus-Christ Dieu et roi. Divinité de Jésus-Christ (180 p.), in-12, 2 fr. — Vve Ch. Poussielgue.

Pavie (A.). — Mgr Freppel (xvi-164 p.), in-12, 2 fr. — Lib. des Saints-Pères.

Reville (M.) et L. **Armbruster**. — Le Régime des cultes, d'après la loi du 9 décembre 1905 et les règlements d'administration publique relatifs à la séparation de l'Eglise et de l'Etat (vii-317 p.), in-12, br., 3 fr. 50 ; rel., 4 fr. 50. — Berger-Levrault et Cie.

Smolka (S.). — A propos de Léon XIII (50 p.), in-8, 1 fr. — Ed. de la Femme contemp., à Besançon.

Sorel (G.). — Renan historien du christianisme (220 p.), in-8, 3 fr. — G. Jacques.

Tanguy (A.). — L'Ordre naturel et Dieu, étude critique sur la théorie moniste du Dʳ L. Buchner (330 p.), in-8, 4 fr. 75. — Bloud et Cie.

Turmel (J.). — Saint-Jérôme. La Pensée chrét. (250 p.), in-16, 3 fr. — Bloud et Cie.

Véronnet (A.). — Trois savants chrétiens au XIXᵉ siècle : Ampère, Cauchy, Pasteur (238 p.), in-8, 1 fr. 50. — A. Cattier, à Tours.

II. — PHILOSOPHIE ET SCIENCES SOCIALES.

Abeille (L.). — Marine française et marines étrangères (368 p.), in-16, 3 fr. 50. — Lib. A. Colin.

Alix (G.). — Essai sur la mentalité de l'homme aux temps quaternaires par la découverte du mythe. Les affrontés (16 p.), in-8, 2 fr. — Chez l'auteur.

Annuaire de l'agriculture et des associations agricoles, 1906 (3.000 p.), in-8, rel., 10 fr. — Ch. Amat.

Baudin (P.). — Points de vue français (326 p.), in-18, 3 fr. 50. — E. Flammarion.

Calippe (abbé Ch.). — Balzac, ses idées sociales (publ. de l'Action populaire) (116 p.), in-8, 2 fr. — V. Lecoffre.

Estournelles de Constant (d'), — Conciliation internationale (280 p.), in-18, 3 fr. 50. — Ch. Delagrave.

Ferrand (L.). — L'Habitation à bon marché, av. 15 pl., in-8, 8 fr. — A. Rousseau.

Gaultier (J. de). — Les Raisons de l'idéalisme (258 p.), in-18, 3 fr. 50. — Mercure de France.

Goyau (G.). — L'Ecole d'aujourd'hui, 2e série, in-16, 3 fr. 50. — Perrin et Cie.

Hartmann (E. v.). — Das Problem des Lebens (viii-440 p.), in-8, 14 m. 50 — H. Haacke, Bad Sachsa i. Harz.

Horneffer (Aug.). — Nietzsche als Moralist und Schriftsteller (106 p.), in-8, 2 m. 50. — Eug. Diederichs Jena.

Revel (P.-C.). — Le Hasard, sa loi et ses conséquences dans les sciences et en philosophie (400 p.), in-8, 3 fr. 50. — Chacornac.

Tarde (G.). — Fragment d'histoire future (140 p.), in-16, 5 fr. — F. Alcan.

Treille (Dr S.). — Organisation sanitaire des colonies. Progrès réalisés, progrès à faire, in-8, 3 fr. — A. Challamel.

III. — HISTOIRE LITTÉRAIRE ET PHILOLOGIE.

Bouchor (M.). — Chants pour la jeunesse, 2e série, in-4, 3 fr. 50. — Ch. Delagrave.

Brédif (L.). — Du caractère intellectuel et moral de J.-J. Rousseau, étudié dans sa vie et ses écrits, in-8, 7 fr. 50. — Hachette et Cie.

Brunetière (F.). — Honoré de Balzac, 1799-1850, in-18, 3 fr. 50. — Calmann-Lévy.

Chateaubriand. — Atala, avec une étude par V. Giraud et J. Girardin, in-16, 3 fr. — A. Fontemoing.

Counson (A.). — Dante en France, in-8, 12 fr. — A. Fontemoing.

Croiset (M.). — Aristophane et les parties à Athènes (Coll. Minerva) (290 p.), in-16, 3 fr. 50. — A Fontemoing.

Hugo (V.). — Le Rhin, lettres à un ami (œuvr compl., t. IV), in-8, 10 fr. — P. Ollendorff.

Nisard (D.). — Pensées choisies, publiées à l'occasion de son centenaire (226 p.), in-16, cart., 1 fr. 50. — Ch. Delagrave.

Sabatié (R.) **et J. David**. — Les Sujets de compositions donnés aux exa mens des brevets de capacité élémentaire et supérieur, sessions de 1905 (210 p.), in-12, 3 fr. — Delalain frères.

Tolstoï (L.). — Guerre et Révolution. La fin d'un monde, trad. Halpérine-Kaminsky, (250 p.), in-18, 3 fr. 50. — E. Fasquelle.

IV. — HISTOIRE ET GÉOGRAPHIE.

Aulard (A.). — Les Orateurs de la Révolution Législative et Convention. T. I (570 p.), in-8, 7 fr. 50. — E. Cornély et Cie.

Barbey d'Aurevilly. — Deuxième memorandum, 1838-1864, in-12, 3 fr. 50. — P.-V. Stock.

Barré, Clerc, Gaffarel, etc. — Voyageurs et explorateurs provençaux, in-8, 7 fr. — A Challamel.

Chauveron (E. de). — Les Grands procès de la Comédie-Française depuis les origines jusqu'à nos jours (IV-416 p.), in-8, 7 fr. 50. — A Rousseau.

Cléry. — La Famille royale au Temple. Journal de la captivité (142 p.), in-8, 1 fr. 50. — A Fayard.

Decorse (J.). — Du Congo au lac Tchad, mission Chari, 1902-1904, carnet de route (350 p.), in-18, 3 fr. — Asselin et Houzeau.

Digonnet (F.). — L'Invention de l'aérostation à Avignon en 1782 et les premières ascensions dans cette ville (48 p.), in-8, 2 fr. — Seguin à Avignon.

Dubois (M.) et J.-G. Kergomard. — Les Principales puissances du monde. Cl. de phil. et math. (400 p.), cart., 4 fr. 50. — Masson et Cie.

Dubois (M.) et E. Sieurin. — Les Cinq parties du monde, atlas à l'usage des écoles normales primaires, 415 cartons, 140 cartes, in-4, cart., 6 fr. 50. — Masson et Cie.

Durand-Auzias. — L'Epoque de la Terreur à Roquemaure (Gard), d'après des documents officiels, in-4, 4 fr. — Plon-Nourrit et Cie.

Ferrero (G.). — Grandeur et décadence de Rome. III. La fin d'une aristocratie, m-16, 3 fr. 50. — Plon-Nourrit et Cie.

Gaffarel (P.). — Histoire de l'expansion coloniale de la France depuis 1870 jusqu'en 1905, in-8, 8 fr. 50. — A. Challamel.

Gontaut-Biron (de). — Souvenirs. Mon ambassade en Allemagne, 1872-1873, in-8, 7 fr. 50. — Plon-Nourrit et Cie.

Grundriss der Geschichtswissenschaft I. Bd I Halbd. (319 p.), in-8, 6 m. — B. G. Teubner, Leipzig.

Guerre (la) de 1870-1871. (Publication de la sect. hist. de l'état-major). 9e série: L'armée de Châlons, fasc. I, 2 vol. (233-365 p.), in-8, 10 fr. — R. Chapelot et Cie.

Lbos (cap.). — Le chemin de fer du Fleuve Rouge et la pénétration française au Yunnan 68 p.), in-8, 1 fr. 25. — H. Charles-Lavauzelle.

Legendre (Dr A.-F.). — Le Far West chinois. Deux années au Setchouen, in-16. — 5 fr. — Plon-Nourrit et Cie.

Masson (P.). — Marseille et la colonisation française. Essai d'Histoire coloniale, in-8., 12 fr. — A. Challamel.

Salmon (J.). — La fondation et l'édit d'août 1749 (135 p.), in-8, 3 fr. 50. — Berger-Levrault et Cie.

ACADÉMIE DES INSCRIPTIONS ET BELLES-LETTRES

Séance du 30 mars. — M. Héron de Villefosse communique, de la part du docteur Carton, l'empreinte d'un plomb de bulle trouvé à Carthage et portant le nom d'un évêque de Carthage au septième siècle Fortunius. Il signale ensuite une curieuse inscription latine découverte par P. Delattre sur le bord du lac de Tunis et indiquant les tarifs de péage sur ce point. — M. Ph. Berger communique une inscription, également découverte par le P. Delattre. Tracée en caractères très fins sur le rebord d'une corniche en pierre, elle mentionne la dédicace d'un autel au dieu Sadrafa, dans lequel M. Clermont-Ganneau a reconnu le dieu Satrapès qui est figuré sur des monuments syriaques et grecs, mais dont le culte à Carthage était encore ignoré. La trouvaille est donc d'un haut intérêt. — M. Senart met sous les yeux de ses confrères un certain nombre de plans, de photographies et d'esquisses très remarquablement exécutés que M. Dufour a rapportés de son voyage d'exploration du Bayon à Angkor (Cambodge) et des travaux qu'il y a effectués en 1904 grâce à des subventions de l'Académie et de l'Ecole française d'Extrême Orient. Il fait valoir le labeur énorme que représente cette expédition et insiste sur l'intérêt capital que présente pour l'archéologie orientale la connaissance exacte et complète du monument reconnu pour le plus important et le plus beau spécimen de l'art Khmer, sur les indications inestimables que fournit à l'histoire l'étude de ces longues séries de bas-reliefs qui présentent sous ses aspects les plus variés la vie du Cambodge au neuvième siècle. Il est à l'honneur de la science française que toutes facilités soient données à M. Dufour pour lui permettre de mettre au point ses vastes et admirables recherches. — M. l'abbé Chabot, lit une note sur une mosaïque découverte à Edesse en 1901. Elle décorait un tombeau daté de la fin du troisième siècle et représente le propriétaire de ce tombeau et cinq personnages de sa famille. Elle est accompagnée d'inscriptions syriaques intéressantes pour l'onomastique araméenne et pour l'histoire de l'écriture syriaque.

L'Éditeur-Propriétaire-Gérant: Albert Fontemoing.

Imprimerie Générale de Châtillon-sur-Seine. — A. Pichat.

BULLETIN CRITIQUE

91. — **The religions Houses of Surrey**. [Extrait de la « Victoria History of the County of Surrey ».] Vol. II. — London, Constable and Cie, 1905, in-8 royal de 130 p. avec une planche de sceaux.

Le travail que je présente aux lecteurs du *Bulletin Critique* a pour auteur le Rév. J. Charles Cox. C'est une subdivision de la grande Histoire du Comté de Surrey, qui se publie actuellement sous la direction de M. H. E. Malden.

Le Surrey, malgré son étendue, est l'un des comtés d'Angleterre qui jadis ont compté le moins d'établissements religieux. Les Cisterciens n'y possédaient qu'une abbaye, celle de Waverley, dont le nom et le site ont été immortalisés par la plume de Walter Scott. Les Bénédictins étaient fixés à Chertsey, à Bermondsey et à Tooting. Les Augustins avaient des couvents à Merton, à Southwark, à Reigate, à Tandridge et à Newark. Enfin se rencontrait à Guilford une importante conventualité de Dominicains. C'est tout.

De ces quelques noms de monastères ou de couvents, je n'en veux retenir qu'un seul, celui de Bermondsey, à cause des relations que cette maison entretint longtemps avec la France. Bermondsey en effet était un prieuré clunisien dépendant de la Charité-sur-Loire. Il avait été fondé en 1082 par un bourgeois de Londres, Alwin Child et, parmi ses bienfaiteurs, il compta maint haut baron normand. Les successeurs du « Conquérant » lui octroyèrent eux-mêmes de nombreux privilèges. Aussi, aux époques de sa prospérité, cette maison avait-elle des biens dans six diocèses d'Angleterre : ceux de Londres, de Lincoln, de Norwich, de Salisbury, de Bath, de Winchester et de Worcester.

Par malheur la décadence fut précoce, et elle provint de ce système de concentration excessive qui, dans l'Ordre de Cuny, supprimait à peu près totalement la vitalité des membres pour les tenir plus étroitement assujettis au chef. Chaque année le prieur de la Charité désignait le prieur de Bermondsey et régulièrement son choix se portait sur un moine de son entourage. De là des froissements qu'expliquent les susceptibilités nationales. Outre cela les nouveaux venus avaient à peine le loisir de se renseigner sur l'exacte situation matérielle et morale de la maison qu'ils venaient gouverner. Leur inexpérience contribue à la plonger dans des dettes parfois criardes, sources d'interminables procès. En 1262, Bermondsey comptait trente-deux moines ; en 1275, ce nombre était tombé à vingt. Il baissa encore. Ajoutez à cela des procédés de mauvais voisinage de la part des riverains, des rivalités intestines ; la mortalité, l'inondation ravageant tour-à-tour les terres des moines.

Edouard II tenta bien d'apporter quelque remède à ces maux : il ne réussit qu'à moitié. Son successeur usa d'un moyen plus radical. En 1337, il confisqua le prieuré comme bien étranger — l'Angleterre et la France étaient alors en guerre. Les moines eux-mêmes n'avaient pas attendu cette date pour solliciter du Parlement la reconnaissance de leur autonomie et la rupture complète avec Cluny. (1331) Leurs griefs par malheur n'étaient que trop fondés. A partir de cette époque Bermondsey reprit une existence nouvelle. En 1390, la situation y était même assez prospère pour que Boniface IX élevât le prieur John Attilburgh à la dignité abbatiale. En 1541, un arrêt de Henri VIII supprima cette maison comme tant d'autres.

Le Rév. Cox a rédigé chacune de ses notices d'après le plan adopté par les continuateurs de Dugdale. Mais, plus heureux que ses devanciers, mieux servi qu'eux par l'abondance des renseignements que fournissent les Rolls, les Calendars journellement publiés, il complète et corrige sur nombre de points le *Monasticon Anglicanum*. Ce n'est pas l'un des moindres mérites des *Religious Houses of Surrey*.

D. Léon GUILLOREAU.

92. — **Le caractère empirique et la Personne. Du rôle de la volonté en psychologie et en morale**, par Louis PRAT, docteur ès-lettres. — Paris, Alcan, 1905, in-8° de 452 p. (Prix 7 fr. 50).

Cette étude sur le rôle de la volonté en psychologie et en morale, c'est, en réalité, de la métaphysique, et de la plus hardie, de la plus platonicienne.

La formule de Lequier : *Faire, non pas devenir, mais faire, et en faisant se faire*, peut résumer la thèse de M. Prat. Nous sommes, la plupart, un produit des choses ; mais nous pouvons, grâce à la volonté, devenir les créateurs de nous-mêmes, et nous le devons. L'ouvrage se divise naturellement en deux parties : Comment se constitue le caractère empirique. — Comment se constitue la personne.

Dans la première partie, M. Prat essaie de montrer comment se forme le caractère empirique. Il passe en revue les forces psychologiques qui nous façonnent et nous mènent, quand elles ne sont pas contenues par la volonté : la mémoire, qui découvre dans le même individu des individus successifs, différents et parfois ennemis ; l'imagination qui, livrée à elle-même, produit les synthèses incohérentes du rêve, de l'hallucination, du somnambulisme, ou cette synthèse relativement cohérente qui constitue le caractère empirique ; la rêverie et le génie qui sont de l'imagination déjà disciplinée par la volonté ; le désir, les passions, l'amour, puissances contraignantes, puissances décevantes. Mais cet esclavage est-il nécessaire, ou bien l'homme peut-il lutter contre son caractère empirique et devenir son propre créateur? Ici se pose le « terrible problème » de la liberté, comme s'exprime Lequier. M. Prat reprend l'argument célèbre de Lequier et l'expose avec vigueur. Ni le déterminisme ne peut être affirmé librement, ni la liberté affirmée nécessairement : c'est chose contradictoire. Reste donc que le déterminisme soit affirmé nécessairement, que la liberté soit affirmée librement. Or ces deux affirmations, quoiqu'il paraisse à première vue, ont la même valeur, je veux dire la même insuffisance logique. Toutes deux sont des croyances, des choix, on opte pour le déterminisme comme on opte pour la liberté. L'homme a donc le droit de croire à la liberté, et la liberté se révèle bien mieux dans la non volonté que dans la volonté, dans l'abstention que dans l'action.

Dans la deuxième partie de sa thèse, M. Prat recherche comment se constitue la personne. La personne est l'œuvre de l'énergie propre de l'esprit ou *noergie*. L'esprit est intelligence, passion et volonté; de plus, il est une activité libre. Grâce à lui, nous pouvons donc résister aux choses et nous faire selon notre idéal. Mais, parce que la noergie est libre, il n'est pas nécessaire ni que nous concevions cet idéal, ni que nous le réalisions, ni qu'il soit identique pour tous. C'est pour sa vérité que l'on combat, c'est un beau risque que l'on court.

Mais quel est l'idéal pour lequel nous parions? On ne peut le concevoir que sous deux formes différentes : le bonheur ou l'idéal moral. Or le bonheur est un idéal indéfinissable et irréalisable : les conséquences affectives de nos actes nous échappent. L'idéal vers lequel l'homme doit tendre, c'est donc la Justice. Elle s'oppose au monde réel comme l'harmonie au désordre, comme l'état de paix à l'état de guerre. Le monde ne peut-il donc être pénétré de justice? Il n'est pour cela qu'un moyen efficace : Ne pas commettre d'injustice, car l'injustice produit la douleur qui est intolérable à l'homme. Le seul impératif pratique est donc celui-ci : *Neminem laede*.

Si le monde réel est le monde du mal, d'où vient le mal? Il est l'œuvre de l'homme qui s'est révolté contre la loi divine et a détruit le *premier monde créé*. Et nous comprenons maintenant pourquoi la liberté est surtout une volonté. Dans le monde de Dieu, monde de la justice, la liberté ne pouvait se manifester qu'en ne voulant pas la justice; dans le monde actuel, monde de l'injustice, elle ne peut se manifester qu'en ne voulant pas l'injustice.

On retrouvera dans cet ouvrage les thèses principales du néocriticisme. Il est donc inutile de les discuter ici. Ce qui est propre à l'auteur, c'est sa conception du rôle de la volonté dans la vie psychologique et morale. Ce rôle est considérable, sans doute : la volonté est la condition de la vie réfléchie. Mais on peut estimer que M. Prat en a exagéré l'importance; c'est le choix, c'est l'invention qui, après tout, est l'essentiel. Je sais bien que M. Prat m'objectera que les faits doivent être interprétés à la lumière de son hypothèse du premier monde créé. Mais cette hypothèse ne diminue pas l'importance du choix, de l'invention. De plus, est-il donc si évident que les hommes « ne pouvaient se démontrer à eux-mêmes leur liberté qu'en désobéissant »? (p. 445). La liberté ne pouvait-elle trouver son emploi dans l'acceptation de la loi divine? L'obéissance consentie n'est pas un esclavage. Il n'est donc pas démontré que la liberté humaine, même dans le premier monde, ait été surtout une volonté.

M. Prat écrit mieux que Renouvier, son maître. Sa langue est toujours claire, souvent éloquente. Pourquoi, mon Dieu! N'est-elle pas plus concise ? H. VILLASSÈRE.

93. — **Bibliotheca scriptorum graecorum et romanorum Teubneriana**, I, **Polybe**. II, **Denys d'Halicarnasse**, III, **Libanius**.

La librairie Teubner a envoyé au *Bulletin Critique* les trois publications indiquées ci-dessus. Avant de nous arrêter sur chacune de ces éditions, il y a lieu de signaler à l'attention de nos lecteurs le service considérable rendu par cette librairie aux hellénisants, comme aux latinistes. Sous un volume commode, à des prix modérés, toute la littérature grecque et latine est entrée ou entrera dans cette collection unique, traitée par les philosophes les plus qualifiés. Les meilleurs manuscrits de chaque auteur ont été consultés — la plupart pour la première fois, les variantes importantes indiquées, le stemma dressé, les éditions antérieures complétées par les textes découverts depuis leur apparition, les dissertations (programmes universitaires et articles de revues) utilisées pour l'amélioration des textes. On peut affirmer que, sur chaque auteur de cette collection, le dernier mot est dit eu égard aux ressources dont la philologie disposait.

.[.].

I. ΠΟΛΥΒΙΌΥ ΙΣΤΟΡΙΆΙ. **Polybii historiae**. Editionem a Ludovico Dindorfio curatam retractavit Theodorus BUETTNER-WOBST. (Editio altera). — Leipzig, Teubner, vol. I (1905), II (1889), III (1893), IV et V (1904). (Prix : 4 mk 40; 3.60, 2.70).

Le tome Ier débute (Praefatio) par la nomenclature descriptive des 27 manuscrits employés, les éditions complètes ou partielles et des principales dissertations visées dans celle-ci. Suit l'annotatio critica, où l'éditeur rapporte les leçons proposées par ses devanciers et justifie les siennes propres; puis les arguments de chaque livre du premier volume. Le tome II commence avec une nouvelle préface où B.-W. discute diverses leçons des manuscrits contenant les livres IV et V, en revenant à l'occasion sur ce qu'il a dit des livres I à III, en vue de rectifier ses erreurs ou d'éclaircir des passages que lui-même ou d'autres éditeurs considéraient comme altérés. Dans le tome III, nouvelle préface destinée à mettre en relief la collation par J. Tschiedel, du Codex Urbinas 102, manuscrit du xie ou xiie siècle et sa valeur capitale au point de vue des excerpta antiqua qu'il contient. La préface du tome IV nous renseigne en premier lieu sur les extraits insérés dans le livre XXII du traité de Polybe περὶ πρεσβείον (ambassades des Romains dans les nations étrangères; ambassades de celles-ci à Rome). Le chapitre II concerne les fragments du traité περὶ ἀρετῆς καὶ κακίας, le IIIe, ceux du περὶ γνωμῶν. Dans le chapitre IVe et dernier, B.-W. insiste sur les noms qu'apportent les inscriptions pour l'établissement du texte, l'orthographe des noms propres, etc. Puis il donne quelques détails sur la méthode qu'il a suivie dans l'édition de cette partie et fait connaître les règles des manuscrits employés et des éditeurs ou commentateurs cités dans l'annatatio critica. Ce IVe volume, qui contient les fragments des livres XX à XXXIX (rien ne reste du livre XL) se termine par les « Fragmenta ex incertis libris », au nombre de 237 et par les concordances de cette édition avec celles de Hultich, Schweigäuser, Sekker et Dindorf. Enfin le tome V est consacré à l'index nominum et rerum et à un tableau chronologique par Olympiades des évènements relatés dans les *Histoires*. M. Büttner-Worbst, comme on voit, n'a rien laissé à faire à quiconque voudrait donner une édition plus complète de Polybe.

***

II. **Dionysii Halicarnasei opuscula**. Ediderunt Hermannus Usener et Ludovicus Radermacher. — Leipzig, Teubner, volumen prius (1899) et vol. II janiculus prior (1904). (Prix : 3 mk 60 et 3 mk).

Ces deux volumes font suite à l'édition de Denys d'Halicarnasse donnée par Jacoby, dont ils forment les tomes V et VI. L'éditeur Teubner annonce qu'il publiera prochainement, dans le complément de ce dernier tome (VI, 2), la préface qui s'y rapporte ainsi que les index. La préface du tome V (Ier des *Opuscula*) porte la signature de H. Usener, dont le monde philologique déplore la perte récente. Cette préface, qui est la notice des manuscrits et des éditions des textes édités ici, nous rend, mise au point et complétée, la dissertation que le savant helléniste de Bonn avait publiée sous la forme d'un programme d'Université en 1878. Le plus ancien manuscrit est le Parisinus 1741, du xie siècle, renfermant outre les traités de Denys, le prototype de la Poétique d'Aristote, reproduit en phototypie par M. Clédat, avec préface de M. H. Omont. Vient ensuite le Laurentianus LIX, 15 de Florence, du xiie siècle, puis un exemplaire perdu qui a servi à l'exécution de l'Ambrosien D 119 sup. du Vaticanus Palatinus gr. 58 (xve siècle), du Parisiensis 1742, et du Marcianus Venctus X, 34 de l'Appendix. Après cet exposé paléographique vient la nomenclature détaillée des éditions partielles ou totales depuis 1493 jusqu'en 1826-27. Le premier volume de l'édition actuelle comprend les opuscula critica, le second, les traités techniques, savoir : d'une part les anciens orateurs, Lysias, Isocrate, Isée, — le style de Démosthène, (1re lettre à Ammée) — sous le titre Dionysii Halicarnasei Tabulae criticae orationum atticarum, Usener publie « Reliquiae librorum perditorum » et Radomacher, « Libellus de Dinarcho » texte conservé uniquement dans le Laurentianus LIX, 15, — vient ensuite le περὶ Θουκοδίδου puis περὶ τῶν Θουκοδίδου ἰδιωμάτων (2e lettre à Ammée).

Le second volume des Opuscula débute par le traité de l'*Arrangement des mots* (un opuscule de 143 pages!) suivi de l'Epitoma (40 pages); les fragments du περὶ μιμήσεως, la lettre à Cn. Pompeius Geminus et enfin une série de « textes d'argument oratoire, attribués sous réserve à Denys d'Halicarnasse. Quant à la valeur de cette édition, j'estime que les deux noms qui s'y attachent sont une garantie amplement suffisante [1].

---

[1]. Voir, sur les écrits de Denys d'Halicarnasse, le chapitre consacré à cet écrivain par M. Maurice Croiset, dans l'*Histoire de la littérature grecque*, t. V, p. 356-374.

III. **Libanii opera**. Recensuit Richardus Foerster. — Leipzig, Teubner. Vol. I (1903), vol. II (1904). (Prix 9 mk et 12 mk).

Depuis plus de 35 ans, M. R. Foerster prépare cette édition de Libanius dont les deux premiers tomes ont enfin paru. Le lecteur de sa préface ne s'en étonnera pas; près de 500 manuscrits contiennent telle ou telle partie des œuvres de ce fécond écrivain qui a lui-même divisé son œuvre en trois classes : λόγοι, μελέται, ἐπιστολαί. M. F. a suivi cette classification. La partie qu'il a publiée jusqu'ici comprend les discours I à XXV. Il évalue le nombre des textes portant le nom de son auteur à plus de deux mille. En tête de son édition figure la vie de Libanius par Eunape. Au lieu de disposer les notices des manuscrits dans sa préface, ainsi que procèdent la plupart des éditeurs dans la Bibliotheca Teubneriana, il décrit tour à tour ceux qui lui ont servi à établir le texte de chaque morceau, lorsqu'ils y apparaissent pour la première fois, et renvoie à cette notice, lorsqu'il les emploie pour publier un autre morceau. Il a renoncé à publier les discours dans l'ordre chronologique, et a jugé préférable de les ranger comme dans l'ordre suivi par les plus anciens manuscrits. L'autobiographie de Libanius ouvre la marche. Puisse la persévérance de M. Foerster à nous donner une édition complète de Libanius trouver sa récompense dans l'achèvement de cet immense travail. Il ne faut pas exiger de ce philologue ce qu'il n'a pas eu la prétention de nous offrir : « Editionem non mere criticam esse volui sed quae simul, quantum liceret, commodo consuleret lectorum et studiis Libanii fatisque operum ejus nec non memoriis veterum auctorum cognoscendis inserviret. » N'est-ce pas déjà beaucoup pour prouver qu'il a bien mérité du sophiste d'Antioche ? C. E. Ruelle.

---

94. — **L'Ame et l'évolution de la littérature** des origines à nos jours, par Georges Dumesnil, professeur à l'Université de Grenoble. — Paris. Société française d'imprimerie et de librairie, 1903, 2 vol. in-12. Ouvrage couronné par l'Académie française. (Prix : 7 fr.)

Il en est des livres comme des héros : dans la mêlée, tel chef, non pas le plus officiel ni le plus célèbre se révèle ; il porte dans son cœur la flamme de l'amour guerrier et, la déployant en drapeau, il ranime les courages. De nos jours, dans l'ardeur ou la déroute des luttes intellectuelles, les bons esprits cherchent une doctrine qu'ils puissent rallier, avec l'espoir de vaincre. Tous ceux qui veulent vivre d'abord et ne point rester indifférents, tous ceux qui, aimant la vérité pour elle-même, attendent d'elle leur plus grande force morale, ouvriront le livre que leur offre M. Dumesnil et le liront sans peur : ils y trouveront une saine nourriture pour se refaire l'âme.

Car c'est expressément cette idée d'âme, exténuée, abolie chez nos contemporains, que M. D. prétend dégager du fatras philosophique moderne et rétablir dans sa haute valeur. Le premier, il a su nous donner une histoire générale de la littérature où l'âme des hommes soit considérée comme une *cause* ayant sa destinée et ses modes d'action, non comme un effet *déterminé* ou un *accident* curieux. Sa méthode critique est dès lors pleinement spiritualiste et, dans une importante préface, il l'oppose avec la dernière rigueur aux deux méthodes qui, à la fin du xixe siècle, ont séduit tant d'esprits par leur appareil scientifique, celle de Taine et celle de M. Brunetière. Taine naturaliste, mécaniste, reste impuissant à expliquer l'originalité des individus et la valeur propre de chaque artiste, indépendantes en fait du milieu physique et des influences empiriques. M. Brunetière, avec sa méthode darwiniste, n'a pas réussi à prouver le transformisme « aberrant » des genres ; mais, s'il a montré qu'à l'intérieur d'un même genre il y avait une suite de changements remarquables, nous sommes amenés à conclure que ces changements découlent de cette « nouveauté irréductible » que tout homme de génie apporte et fait triompher avec lui. M. D. tient grand compte du temps, ce milieu tout spirituel qui semble être directement celui de l'âme, qui nous enveloppe et nous pénètre. Les grands hommes doivent quelque chose à leurs contemporains et par ce côté leur ressemblent, mais aussi ils modifient leur temps. « En somme, c'est le temps qui d'âge en âge date d'eux et il n'y aurait rien d'original et de neuf dans le temps s'ils n'y avaient apporté à un haut degré la liberté de l'esprit. » *Par liberté*, nous n'entendons pas seulement « ce capricieux pouvoir d'agir par fantaisie, forme très voisine du déterminisme », mais encore « le pouvoir de se donner des lois » et surtout celui « d'aimer ardemment le bien pour lui-même ». « En son plus haut degré, la liberté se confond avec la raison même... et c'est justement parce que les hommes sont libres qu'on peut découvrir dans leur travail commun un dessin d'où la logique n'est pas absente et qui se laisse comprendre. » Il faut donc aller jusqu'à ce sommet métaphysique de l'esprit humain pour saisir la source vive des pensées, la création des images et des modes.

Dégager l'âme est la plus sure méthode pour apprécier la valeur de l'artiste, de l'ouvrier. Souvenons-nous en effet de la destinée de l'homme : « Dieu lui insuffla une âme... il le mit sur la terre pour l'ouvrer. » dit la Bible. Il est raisonnable et il a pour mission d'agir en maître sur la nature. Par le travail, la science, l'art, il montre sa noblesse ; mais il se connaît d'autant mieux qu'il n'oublie pas ses origines et il manifeste sa force en échappant au péril et à la tentation de « tout rapporter à ce corps où aboutit pour lui le monde matériel et de mettre les hautes parties de son esprit au service de ce qui est en lui inférieur et alourdit sa liberté... Il est légitime que l'humanité porte sa prise sur la nature, mais il est essentiel qu'elle ne s'abandonne pas à son propre poids et se souvienne qu'elle est une plante du ciel. »

Ces vérités sont marquées d'une éternelle et féconde Jeunesse M. D. a su en dégager une loi simple, originale, grandiose. Déjà dans sa thèse sur le *Rôle des Concepts*, il avait montré que la loi de la pensée était d'aller de l'absolu rigide au divers et au relatif. Il reprend ici cette conception et, l'appliquant à l'histoire littéraire, il la présente d'une façon plus tangible, en même temps qu'il l'affirme avec plus de puissance encore. « A certains moments de l'histoire, les âmes des hommes ont pris ou recouvré un vif sentiment de leur essence supérieure, puis les esprits ont marché ou un mouvement les a emportés vers les régimes de la nature qu'il restait à explorer, à ranger sous notre domination ou nos lois. » Il lui apparaît ainsi que le commencement des périodes historiques est plus spiritualiste, la fin plus naturaliste. « Au commencement l'âme se régénère dans plus de liberté, et à la fin l'homme irait jusqu'à ne se considérer que comme un accident, un sujet et un esclave dans ce grand empire des choses, à se laisser ainsi absorber et dévorer par sa propre conquête. »

Ce qu'il faut bien voir, c'est que durant les siècles qui ont précédé l'avènement du Christianisme, le décours d'un tel phénomène se présente à rebours, selon la vue de notre esprit. Toute l'antiquité aspirant au Christianisme évolue dans le sens d'une majoration d'âme. Car, s'il est vrai que l'âme soit née avec l'espèce humaine et qu'on doive la retrouver à chaque époque, tout au moins en puissance comme source permanente du lyrisme c'est-à-dire de toute littérature, cependant, on peut considérer que, durant l'anti quité entière, elle se cherche et se révèle peu à peu. « L'homme fait effort pour se découvrir lui-même et chemine péniblement jusqu'à l'intériorité de son âme. » Néanmoins la loi du passage de l'absolu au relatif a joué dans son vrai sens, si nous considérons le pur entendement : chaque fois que l'esprit humain s'était élevé vers un principe absolu, en vertu du noble élan qui l'anime, il avait dû redescendre vers les dérisoires spéculations des sophistes, des sceptiques, des empiristes. Mais il suffit de remarquer que ces principes absolus ont été de moins en moins pris dans la nature, de plus en plus dans le monde spirituel. De même, par un nécessaire travail critique, et cela à mesure qu'augmentait le degré de crédulité publique, l'homme avait peu à peu dissous la religion polythéiste qu'il s'était tout d'abord donnée, mais il agissait ainsi dans l'espoir d'une plus intime effusion du cœur. En littérature, avec l'apparition et le développement des genres, on sent l'élément subjectif, d'abord enveloppé dans la nature des choses, se dégager et prendre de plus en plus d'ampleur. Le poëte s'est d'abord placé spontanément en face d'un sentiment simple ou d'un objet déterminé : l'objet l'absorbe encore. Puis il vient un moment où l'homme s'établissant en lui-même, l'objet et le sujet sont en équilibre et c'est l'âge magnifique de l'eurythmie, quand Socrate a prouvé l'âme en mourant. Enfin l'homme pénétrant davantage son essence, arrive une période où la balance penche tout à fait du côté du sujet. Alors l'âme dégagée des choses se retourne vers elles pour les ressaisir d'une prise personnelle. Mais, à leur contact, elle souffre ; « elle est sombre et orgueilleuse, âpre ou mélancolique, comme si quelque chose lui manquait. » Devant le spectacle de son isolement et de son impuissance, en face de la douleur et de la mort, les premiers germes du pessimisme se font jour.

On comprend comment le christianisme est venu rendre la vie

à l'âme et à la pensée ; car cette religion qui « conquérait les cœurs, portait en elle une raison supérieure. Elle releva l'esprit des hommes et cette fois de tous les hommes, vers un principe absolu et souverain, grâce auquel l'humanité oublia peu à peu l'anarchie philosophique et morale des derniers siècles antiques et reconstruisit patiemment toute une conception et toute une organisation du monde. » S. Augustin : voilà bien une âme toute entière, revivifiée, *renée*, active, « en qui sort tout d'un coup la littérature moderne comme par une fontaine d'eau toujours vive. » Qu'est-ce donc qui a formé l'âme dans le Christianisme ? En voici la suprême raison philosophique : l'Eucharistie. « L'âme qui au cours de la civilisation antique avait toute respiré dans la nature, quelque idée qu'elle s'en fît d'ailleurs et même quand elle la jugeait de haut, ne s'y meut plus maintenant que par en bas ; par en haut, elle vit de Dieu et d'une manière surnaturelle se suspend à Dieu, l'aspirant à soi et aspirant à lui. » Cette page marque le point culminant du livre. Car « toute la littérature moderne a gardé invinciblement et souvent malgré elle une marque indélébile, fondamentale ; toute œuvre littéraire vient désormais d'une âme qui sait quelle est une âme et elle l'a su par le Christianisme ; elle et lui sont nés ensemble l'un par l'autre, d'une naissance nouvelle ; l'âme ne peut se défaire de cette origine, quoi qu'elle en ait ; elle et lui vont s'accompagnant jusqu'à la fin. »

Au moyen-âge, l'âme « ingénue, vigoureuse, forte de la jeune immortalité reçue, » s'épanche en un lyrisme épique, où l'idée d'infini s'accuse toujours. Mais son œuvre est de rejoindre et de pénétrer la nature qui lui est offerte, et c'est où elle descend peu à peu, non sans donner d'abord des chefs d'œuvres de pure pensée, impossibles à l'antiquité (Imitation de J.-C., hymnes religieuses latines) et sans imprimer une marque toute vive de haute spiritualité et d'idéalisme à chacun des genres qu'elle féconde. De bonne heure, elle se met en marche vers la description de la nature humaine et du spectacle du monde, de sorte que la *Renaissance*, achèvement légitime de cette évolution, la trouve disposée à renier ses origines. — Cela n'est pas. L'âme reprend alors une vive conscience de sa valeur, et si le grand homme ou le chef d'œuvre manquent au début de cette période moderne pour la caractériser, elle se retrouve encore entière chez Descartes ou Corneille, à l'âge de la volonté. Puis, avec un Racine, revient l'âge de l'eurythmie, de la connaissance morale de l'homme, et l'étude exclusive des lois, l'âme encore une fois décline, pour se perdre tout à fait dans la haine de tout surnaturel et l'apologie de la nature, comme on voit chez Rousseau. — Chateaubriand renoue la chaîne et l'âme renaît au début de l'ère contemporaine et du romantisme, toutefois avec le signe d'un pessimisme qui ne la quittera pas durant tout le XIXe siècle, mais s'accusera au contraire, à mesure que le seul naturalisme s'imposera dans l'art et le monde. L'âme se corrompt, se perd, ébranlée, désorganisée, diffuse. Des hommes ont cherché à raffermir leur personnalité, mais leurs principes présentés comme absolus ne valent que par le degré de spiritualité qu'ils peuvent contenir, et l'on ne doit attendre une résurrection de la vie de l'âme que d'un nouveau retour aux vérités essentielles du christianisme.

Cette loi de l'âme, nous en saisissons le rythme à travers les nombreuses études particulières qui composent le livre de M. Dumesnil. La même idée y circule sous une forme sans cesse renouvelée, toujours limpide. Trois de ces études embrassent une longue suite de siècles : l'*Antiquité*, le *Moyen-Age*, l'*époque classique*, chacune avec des différences de plan et d'étendue. Mais d'autres analysent expressément telle œuvre ou tel homme, choisis comme type ou commencement de période. *S. Augustin* domine le monde chrétien et moderne ; la *Chanson de Roland* représente une époque ; *J.-J. Rousseau*, par sa vie et ses œuvres longuement décrites, personnifie un état d'esprit qui dépasse son temps. Tout le second volume est formé d'études séparées sur les plus marquants et les plus nouveaux dans leur genre des littérateurs du XIXe siècle, de Chateaubriand à Mistral. On remarquera enfin, annexées à cet immense sujet mais faisant corps avec lui, des considérations curieuses sur la versification française et la manière de traduire les chansons de geste ; une étude spéciale sur l'auteur du *Roland*, où l'énigme paraît définitivement débrouillée et la gloire acquise à Touroude ; dans le deuxième volume, un aperçu historique et une analyse singulièrement émue et neuve du pessimisme. — Il est difficile de donner un résumé un peu complet de cet ouvrage si riche en vues originales et profondes, embrassant tous les modes de la pensée et du sentiment, et qui, au passage de chaque article, augmente et purifie toutes nos conceptions. Ce livre n'est pas seulement une thèse historique bien conduite; sous cette épopée magistrale de l'âme humaine, il faut sentir une âme très personnelle qui a su remonter à tous les états qu'elle décrit jusqu'aux sources. Pour tout dire, un livre si plein d'enseignements vaut d'abord parce qu'il a été vécu et qu'il demeure vivant.

Léon SILVY.

---

95. — **Das europaische Russland**, par A. HETTNER. — Leipzig, Teubner, 1905, in-8° de 221 p. avec 21 cartes dans le texte. (Prix : 4 mk.)

Le mérite de ce livre important est la sobriété; son défaut est peut-être le manque d'originalité.

Il a été composé à la suite d'une excursion en Russie, l'auteur ayant pris part au congrès international de Géologie, qui eut lieu à Saint-Pétersbourg en 1897. Son voyage fut trop rapide pour lui permettre de prendre une connaissance directe et personnelle des hommes et des choses, suffisant néanmoins pour lui laisser des impressions, un sens des choses russes qui lui a servi de criterium dans le choix de ses lectures.

Sa manière de traiter la géographie est indépendante, bien qu'elle n'apporte pas de nouveaux moyens d'investigation. Elle n'est, à ce point de vue, ni celle de Ratzel, ni celle de Richthofen, ni formellement politique, ni formellement morphologique. Elle est large et modérée, empruntant à toutes les méthodes et faisant à chacune sa mesure. On ne s'attendait à rien autre de la part du savant directeur de la *Geographische Zeitschrift*, la revue de géographie la plus estimée en Allemagne avec les *Petermanns' Mitteilungen*; ceux qui la lisent savent que son directeur s'applique précisément à tenir toujours la balance égale entre toutes les écoles et toutes les tendances.

L'objet de l'étude est de dégager le caractère ou le tempérament des Russes à la lumière des conditions géographiques.

Le but est nettement marqué, et l'on n'a pas à craindre une compilation indigeste des faits que fournissent l'ethnographie, la statistique, le reportage, etc. Non; si l'on emprunte à toutes les sources d'information, on n'utilise que ce qui va au but ; on ne présente les faits que dans leurs rapports avec les conditions de situation, de climat, de production, de contacts politiques, etc.

C'est ainsi qu'on nous présente d'abord les deux fondements de l'étude : le liens et le moment historique. Le peuple russe vu au milieu de conditions naturelles ; nous l'observons à un moment donné de son évolution. Donc deux chapitres. — Trois liens peuvent faire de lui un peuple : la nationalité, la religion, l'état. On étudie en trois chapitres dans quelle proportion ces facteurs, considérés géographiquement, contribuent à l'unité. Le peuple grandit par l'accroissement et le mouvement de sa population, par sa mobilité et la multiplicité des modes de circulation, par l'intensité de sa production, par l'affinement progressif de sa vie matérielle et morale. Ces quatre points de vue sont envisagés successivement dans les derniers chapitres.

Le résultat de cette recherche est de faire plus nettement apparaître le trait fondamental du caractère russe. C'est un Janus à double visage, a-t-on dit. D'un côté il regarde l'Occident et de l'autre l'Orient. Il ne se décide pas à ne regarder que d'un côté. Une partie de la société russe y est bien résolue ; mais c'est un état-major sans armée. Le peuple marche bien du côté où on le mène ; mais c'est de force, à coups de bâton, sans rien comprendre au mouvement. Il y a un abîme entre la société qui pense et dirige, et celle qui peine et produit. Dans la première se placent aussi bien les « intellectuels », libéraux ou radicaux, que les « fonctionnaires », noblesse traditionaliste mais dont les origines ne remontent pas au-delà de Pierre le Grand. Ce sont deux frères ennemis ; mais ce sont des frères. Ils sont également des enfants de l'Occident : il sont tous « européanisés », alors même qu'ils ont ouvert leur esprit à des tendances divergentes de l'Europe. Ils sont entre eux plus étroitement apparentés qu'avec la masse des paysans russes, nobles et manants, boïards et moujites. Ceux-ci ne sont guère « européens » que de nom. En politique, en religion, en économie, en morale, en culture, ils pensent comme des Orientaux. C'est le Tartare, c'est le Mongol, c'est le Finnois, c'est l'ancien Slave, c'est le byzantin dégénéré qui survit en eux.

Si l'on recherche quelle grande division sépare entre eux les Russes, tandis qu'ailleurs elle est politique, ou nationale, ou religieuse ou géographique, ici, elle est proprement dans l'ordre de la civilisation. La Russie, au point de vue social, n'est qu'une juxtaposition de civilisés européens et de barbares asiatiques.

Cette idée n'est pas neuve. Mais elle est exposée avec logique, dans une langue très claire, en phrases courtes et incisives, en un livre peut-être rapide et peu profond, mais d'une lecture très attachante.
L. DE LACGER.

VARIÉTÉS

I

Les sources de la piété conférences oratoriennes par A. LARGENT. — Paris, Bloud, 1905, in-18 de 174 p. (Prix : 0 fr. 60.).

Ce précieux petit livre est un ouvrage de famille. Dédié par le P. Largent au doyen de ses confrères de l'Oratoire, tout imprégné de l'esprit et des souvenirs de son fondateur au xixe siècle, le vénéré P. Vetitot, il rappelle le temps fabuleux où cela ne paraissait pas encore un danger pour la République de laisser à des gens religieux la liberté de prier et de travailler ensemble sans rien demander ni rien imposer à personne.

Ces conférences, au nombre de huit, traitent les sujets suivants : *L'esprit de foi, la Tiédeur, la Douceur de l'humilité, la Vie commune, l'Education, l'Oraison, l'Eglise, l'Amour de Notre-Seigneur.*

Les écrits du P. Largent nous ont habitués dès longtemps à louer en eux l'exquise élégance, l'impeccable correction de la forme sans oublier une aimable érudition, et tout cela au service d'une doctrine irréprochable et d'une piété éminente. Aussi ne craignons-nous point de paraître céder à une faiblesse dictée par l'amitié en recommandant non seulement la lecture, mais la méditation de ces discours familiers à nos confrères du sacerdoce, aux aspirants à la vie de communauté et, en général, à toute âme chrétienne tendant à la vie parfaite et justement désireuse de trouver un aliment de plus à un amour de Dieu, de l'Eglise et des âmes.

Je signalerai particulièrement dans ces huit conférences, trop peu nombreuses et trop courtes à mon gré, — c'est ma seule critique — la troisième intitulée : *Les douceurs de l'humilité*, la huitième sur l'*Amour de Notre-Seigneur*, et, à ceux qui aspirent à la piété en famille plus spécialement la quatrième, tout à fait piquante et vraiment vécue, qui a pour titre : *la Vie commune*.

L. Lescoeur.

II

Science et Apologétique, par A. de Lapparent. Conférences faites à l'Institut catholique de Paris, mai-juin 1905. — Paris, Bloud, s. d., in-16 de 304 p. (Prix : 0 fr. 60).

M. de Lapparent fait faire à ses lecteurs une excursion à travers toutes les sciences : la géométrie, la science des nombres et la mécanique, les sciences d'observation. Pour qui connaît le talent de vulgarisation de M. de Lapparent, fait de précision et de clarté, il n'y a pas de doute que cette excursion ne doive lui promettre de grandes jouissances. C'est un exemple assez rare d'un grand savant qui sait enseigner, en assouplissant ses connaissances les plus techniques, en les adaptant à un auditoire cultivé mais non scientifique.

M. de Lapparent a bien résumé son dessein, en même temps que les résultats de son enquête, dans ces lignes de conclusion : « Ce qu'on doit demander à l'apologétique, ce n'est pas de rendre la foi inutile ; c'est de fournir les motifs du *rationabile obsequium*, sur lequel la vertu de foi doit être fondée. C'est ce que nous nous sommes efforcés de faire ici, en cherchant à établir l'esprit de la vraie science, pour la montrer partout imprégnée des notions d'ordre, de perfection, d'idéal et d'infini. Nous avons essayé de prouver que, précieuse par les armes qu'elle nous fournit pour mettre à notre service les puissances de la nature ; plus belle encore quand elle s'attache à nous faire comprendre l'ordre et l'harmonie de la création ; enfin profondément bienfaisante quand elle nous assouplit aux disciplines intellectuelles, en revanche, elle échoue toujours à pénétrer l'essence même des choses, qui semble lui échapper de plus en plus à mesure qu'elle croit s'en rapprocher » p. 239.

Ainsi la science a une valeur objective, mais non une valeur métaphysique, cela contre le symbolisme scientifique, ou contre le matérialisme scientifique. Basée entièrement sur l'expérience, elle nous découvre l'ordre et la finalité qui sont dans la nature, mais, n'étudiant que la surface phénoménale des choses, les solutions strictement philosophiques lui sont interdites.

D. S.

III

C'est une étude d'actualité que M. Joseph Aubès vient, dans la collection *Science et Religion* (n° 378. — Paris, Bloud et Cie, in-12 de 64 p. 0 fr. 60), de consacrer au *Protectorat religieux en Orient*. Après avoir montré la nécessité de garanties spéciales pour les étrangers habitant l'Empire Ottoman et brièvement esquissé les relations de l'Europe et de la France en particulier avec le Levant, l'auteur examine avec grand soin le régime des capitulations dans son état actuel, puis étudie successivement : l'histoire du protectorat religieux de la France, (ch. II), son étendue (ch. III), les conditions de son maintien (ch. IV), enfin la situation des puissances étrangères à l'égard du protectorat religieux (ch. V) ; « pratiquement, dit-il en manière de conclusion (p. 61), les droits de la France ne seront sauvegardés que par notre accord avec le Vatican ». Tel est, dans ses grandes lignes, cet opuscule, plein d'idées et plein de faits, dont une bonne bibliographie (pourquoi cependant y avoir rangé le journal *le Temps* parmi les périodiques pourvus de tables ?) complète la documentation. Ceux mêmes qui auront lu l' « étude historico-juridique d'un prélat romain » sur *Le protectorat religieux de la France en Orient et en Extrême Orient*, parue dans la série des *Questions Actuelles*, y trouveront des informations nouvelles et des renseignements complémentaires intéressants.

H. F.

BIBLIOGRAPHIE

I. — SCIENCES RELIGIEUSES.

Lamarzelle (G. de) et H. **Taudière**. — La Séparation de l'Eglise et de l'Etat. Commentaire théorique et pratique de la loi du 9 décembre 1905, in-8, 3 fr. 50. — Plon-Nourrit et Cie.

Leclére (A). — Les livres sacrés du Cambodge, première partie (Ann. du musée Guimet) (342 p.), in-8, 7 fr. 50. — E. Leroux.

Lhermitte (G.) et M. **Vérone**. — La Séparation et ses conséquences, in-18, 3 fr. 50. — Ed. de La Clairière.

Marin (abbé) Saint-Théodore, 759-826 (iv-198 p.), in-12, 2 fr. — V. Lecoffre.

Rambuteau (comtesse de). — La bienheureuse Varani, princesse de Camerino et religieuse franciscaine, 1458-1525, in-12, 2 fr. — V. Lecoffre.

Régnon (Th. de). — La Méthaphysique des causes d'après saint-Thomas et Albert-Le-Grand, av. une préface de M. Gaston Sortais (xx-864 p.), in-8, 7 fr. 50. — V. Retaux.

Schneller (L.). — Les Chemins de l'évangile, trad. J. Gindraux (vi-871p.), in-8, 9 fr. — Fischbacher.

Thomas (F.). — En route vers la foi. Les obstacles, l'essence et les fruits de la foi (viii-321 p.), in-16, 3 fr. 50. — Fischbacher.

II. — PHILOSOPHIE ET SCIENCES SOCIALES.

Bonn (Dr M. J.). — Die englische Kolonisation Irland. 2 Bde (ix-397-iii-321 p.), in-8, 18 m. — J. G. Cotta, Stuttgart.

Gautier (E.). — L'année scientifique et industrielle, 49e année, 1905, (viii-384 p.), in-18 3 fr. 50. — Hachette et Cie.

Hübner (A. Graf.) Erlebnisse zweier Br während der Balagerung v. Paris u. des Aufs des der Kommune 1870-71 (viii-216 p.), in-8. — Berlin.

Lecarpentier (G.). — La Question agraire d'Ecosse et les Crofters (84 p.), in-8, 2 fr. 50. — A. Rousseau.

Mage-Sencier (G.). — Amélioration du sort des travailleurs (360 p.), in-18, 3 fr. — Roger et Chermovicz.

Roue (P.). — Le Livre des commerçants (1. 180 p.), in-18, 4 fr. — Lib. publ. pop.

Stapfer (P.). — Sermons laïques ou propos de morale et de philosohie (280 p.), in-16, 3 fr. 50. — Fischbacher.

III. — HISTOIRE LITTÉRAIRE ET PHILOLOGIE.

Bamgarten (O.). — Carlyle u. Goethe (xii-177 p.) in-8, 3 m. 4. — J. C. C. Mohr, Tübingen.

Larroumet (G.). — Chroniques dramatiques, feuilletons du Temps, 1898-1902, 2 vol., in-16, 7 fr. — Hachette et Cie.

Tschui (A.). — Prolégomènes à tout essai de littérature française, in-16, 1 fr. 50. — P. Godefroy.

IV. — HISTOIRE ET GÉOGRAPHIE.

Girbal (P.), **Rolland**, **Barré**, etc. — Les Colonies françaises au début du XXe siècle. Cinq ans de progrès. 1900-1905, in-8, 9 fr. — A. Challamel.

Glotz (G.). — Etudes sociales et juridiques sur l'antiquité grecque (ii-304 p.), in-16, 3 fr. 50. — Hachette et Cie.

Hartung (Fritz). — Hardenberg u. die preussische Verwaltung in Ansbach Bayreuth von 1692 bis, 1806 (v-295 p.), in-8, 5 m. — J. C. B. Mohr. Tübingen.

Lambeau (L.). — La Place royale (368 p.), in-8, 12 fr. — H. Daragon.

Lancrenon (P.). — Impressions d'hiver dans les Alpes. De la mer Bleue au mont Blanc, in-8, 10 fr. — Plon-Nourrit et Cie.

Langlois (C.). — Questions d'histoire et d'enseignement, nouvelle série, in-16, 3 fr. 50. — Hachette et Cie.

Lescov (N.). — Gens de Russie, trad. D. Roche, in-16, 3 fr. 50. — Perrin et Cie.

Neymarck (A.). — Turgot. Le ministre, l'économiste, l'homme, in-8, 1 fr. 50. — F. Alcan.

Villard (F.). — Le Collège de Guéret, 1699-1880, notice historique (145 p.), in-8, 2 fr. — Betoulle, à Guéret.

Villeneuve-Guibert (comte de). — Correspondance entre Mademoiselle de Lespinasse et le comte de Guibert, in-8, 7 fr. 50. — Calmann-Lévy.

V. — ART ET ARCHÉOLOGIE.

Beaunier (A.). — L'Art de regarder les tableaux av. 69 gr. (280 p.), in-8, 10 fr. — E. Lévy.

Delteil (L.). — Le Peintre-graveur illustré T. I, av. 80 fac-similés, in-4, 10 fr. — Chez l'auteur.

Maurel (A.). — Petites villes d'Italie. Toscane, Vénétie (308 p.), in-16, 3 fr. 50. — Hachette et Cie.

Metman (L.) et G. **Brière**. — Le Musée des arts décoratifs. Le Bois, 2e partie : XVIIe et XVIIIe siècles, 60 pl. et 370 documents, in-4, cart., 40 fr. — D.-A. Longuet.

L'Éditeur-Propriétaire-Gérant : ALBERT FONTEMOING.

BULLETIN CRITIQUE

96. — **Histoire de la charité**, par Léon Lallemand, t. IIIᵉ, le moyen-âge (du xᵉ au xviᵉ siècle). — Paris, A. Picard et fils, 1906, in-8 de 375 p. (Prix : 7 fr. 50).

Si jamais la charité eut occasion de s'exercer, ce fut, certes, durant cette période de l'histoire qui embrasse les invasions des Normands et des Sarrasins, d'une part, la guerre de Cent Ans de l'autre, où les guerres féodales et les brigandages sont incessants, où la nature enfin, par la peste et la famine, ajoute son contingent aux maux innombrables dont l'homme n'est redevable qu'à lui-même. De ces maux M. L. nous retrace l'effrayant tableau. C'était une préface nécessaire. A bien connaître le mal on apprécie mieux l'efficacité du remède.

Nous ne suivrons pas l'auteur dans l'étude si attachante des diverses fondations charitables, Maisons-Dieu, hospices pour les voyageurs, les étrangers, les malades, asiles, léproseries, corporations et pieuses confréries.

Nous noterons seulement avec l'auteur la prépondérance des fondations ecclésiastiques aux xᵉ et xiᵉ siècles, puis une fois la féodalité établie, les efforts des possesseurs de fiefs pour améliorer la situation de leur vassaux, d'où l'ouverture d'asiles et d'hôpitaux, enfin après les croisades, en raison de la richesse croissante et du développement des communes, la multiplication aux xivᵉ et xvᵉ siècles, des fondations bourgeoises.

Sauf exception, bien entendu, il y a donc trois couches superposées. Il n'y a pas lieu d'en être surpris puisque en somme la charité doit s'accommoder aux conditions générales du temps. On peut observer là à peu près la même marche que dans les arts, qui des mains des moines passe à celles des laïques, en même temps que l'architecture civile et municipale reprend une importance nouvelle. D'ailleurs, tout comme en ce qui concerne les arts, laïcité ne signifie nullement ici laïcisation. Si les laïques se multiplient parmi les fondateurs et les administrateurs d'œuvres charitables, c'est presque toujours aux ordres religieux qu'ils demandent le personnel hospitalier. Les obligations religieuses occupent la place d'honneur dans les règlements, généralement si sages, des maisons de toutes sortes. Que ce personnel religieux soit, pris dans son ensemble, digne de toute confiance et de tout éloge, M. L. en fournit les preuves les plus éloquentes.

Indépendamment des données si complètes sur la vie et l'organisation des établissements hospitaliers, l'administration des œuvres, le recrutement et la formation du personnel, le livre de M. L. abonde en détails curieux et précis. Nous citerons en particulier les traits qui se rapportent à la médecine, à l'hygiène et à la propreté au Moyen-Age. Et sur les deux derniers points, il est fort intéressant de voir vérifier par les règlements ce que nous avait révélé déjà, du moins en partie, l'étude de l'architecture monastique, à savoir que le Moyen-Age a été bien moins qu'on ne le dit ignorant des exigences de l'une et de l'autre. A côté de pratiques fâcheuses, comme de mettre deux ou trois malades dans le même lit, on voit par exemple un louable souci d'entretenir toujours ceux-ci de linge blanc, renouvelé aussi souvent que besoin est, et chaque jour s'il le faut. De même l'usage des bains semble avoir été bien plus habituel, je ne dirai pas que deux ou trois cents ans plus tard, ce qui est évident, mais que de nos jours dans une grande partie de la population. Plus près de l'antiquité quelque trace de ses habitudes subsistaient. Ainsi l'usage des latrines est alors général. On sait qu'un peu plus tard il n'en sera plus de même. En somme ce n'est pas le Moyen-Age qui était sale, ce fut le Grand Siècle !

Nous nous reprocherions de finir sur cette note et sans redire encore une fois combien l'auteur, à l'érudition la plus exacte, sait allier la plus noble élévation de pensée. On apprend une foule de choses en lisant ce livre, mais surtout à ne point désespérer de l'humanité. En ces tristes temps ce n'est pas un petit avantage !

André Baudrillart.

97. — **Le Rêve, études et observations,** par Marcel Foucault. — Paris, Alcan, 1906, in-8 de iii-304 pp. (Prix : 5 fr.)

M. Foucault ne s'est pas proposé de faire une étude complète du rêve. Cependant, son livre nous donne bien du rêve une idée d'ensemble. Il néglige, à la vérité, certains aspects du problème, comme la profondeur du sommeil, le rôle ou l'absence de la surprise. Mais il explique, en somme, le phénomène par l'évolution et le groupement des images subconscientes, sous l'influence de divers facteurs, dont les lois vulgaires d'association constituent les moins importants. — Deux questions sont distinguées par lui : la formation logique du rêve pendant et après le réveil ; la formation automatique du rêve pendant le sommeil. Discerner nettement ces deux phrases est difficile. Pour y parvenir, l'auteur met surtout en œuvre ses observations personnelles, qu'il vérifie par les observations d'autrui (surtout de ses élèves, des membres de sa famille) parmi lesquelles figurent quelques notations de psychologues (comme Maury, Delbœuf, etc.) Il explique les diverses méthodes d'observation dont il fait usage : la notation répétée, (qui permet de saisir le travail inconscient d'altération logique des souvenirs de rêves), la notation immédiate et la notation différée (surtout instructives, lorsqu'elles se contrôlent l'une l'autre). — Les rêves analysés sont très nombreux (114). Au point de vue théorique, les chapitres les plus intéressants me semblent être le chap. iii (*L'état de la conscience pendant le sommeil*) où se trouve, non précisément affirmée, mais envisagée comme probable (d'un point de vue empirique) l'idée cartésienne du rêve continu ; l'auteur y discute également la question fameuse de la simultanéité des élémente du rêve (solution qu'il adopte en grande partie) ; — le chap. v (*Les sentiments dans le rêve*), où la nature de l'invention du rêveur se trouve expliquée clairement sous la double action du désir et de la crainte ; — le chap. vi (*Le développement spontané des images*), où l'évolution automatique du rêve est éclaircie par les forces inhérentes aux images elles-mêmes, telles que leur caractère récent, leur force exceptionnelle, etc.., l'auteur montre fort bien que les éléments qui prédominent dans le rêve sont les moins familiers à la ville, plus exactement ceux qui ont été le moins objets d'attention. — M. Foucault rattache son étude à la psychologie générale, en indiquant dans l'analyse des rêves une méthode de pénétration du psychique subconscient (complémentaire des analyses pathologiques de Pierre Janet et des recherches de Flournoy sur le spiritisme). J. Segond.

---

98. — **La Coopération**. Conférences de propagande par Charles Gide. — Paris, Larose, 1906, in-12 de xii-396 pp. (Prix : 5 fr.)

Un livre de M. Gide est toujours une bonne fortune pour le public : l'admirable talent de l'auteur, l'originalité du style, la pointe d'humeur qui accompagne les développements les plus délicats, la conviction profonde du chef de l'école de Nîmes, tout concourt à captiver le lecteur et à retenir son attention.

Le présent ouvrage est pour une part la seconde édition d'un volume déjà paru sous le même titre en 1900 : La Coopération, Conférences de propagande. Mais la deuxième édition d'aujourd'hui contient trois nouvelles conférences, qui, à elles seules suffiraient à faire du livre une nouveauté. L'abolition du profit, « la mise en pratique de la solidarité dans les coopérations, » Coopérations Jaunes ou coopérations Rouges, telles sont, avec la délicieuse adresse aux Pionniers de Rochdale, les nouvelles parties du volume.

En une courte préface, l'auteur met au point le développement actuel de la coopération en France, dont les diverses conférences du volume marquent en quelque sorte les étapes. Il oppose le rapide développement de la mutualité à la marche lente de la Coopération dans notre pays. « De ces deux sœurs, l'une est Marie, l'autre est Marthe. » La première rencontre devant elle les difficultés d'une opposition acharnée de la part des intérêts qu'elle lèse et suppose une éducation économique beaucoup plus avancée. La seconde qui a un trait philanthropique et désintéressé a su trouver de plus nombreux concours.

Ce n'est cependant pas la foi qui manque aux coopérateurs, si l'on en juge par celle que possède M. Gide et qu'il travaille sans cesse à communiquer autour de lui. Il faut lire par exemple, sa conférence : Coopérations Jaunes et Coopérations Rouges, pour juger combien l'auteur supporte vaillamment les misères et les vilennies de l'apostolat quotidien pour la cause qu'il défend.

Le succès du livre continuera le succès des conférences qui, comme le dit l'auteur, n'ont eu d'autre but que « de convertir à la Coopération ceux qui ne la connaissent pas. » C'est par la lutte et par l'effort que triomphent les causes justes et saintes : heureuse la coopération d'avoir pour elle un chef et un guide aussi sûr ; de lui, sans doute, on pourra dire, ce qu'il écrit des pionniers de Rochdale. Il aurait été bien étonné si on lui eût dit qu'un jour — quand les systèmes sociaux contemporains n'auront plus de disciples — ni les livres modernes guère de lecteurs — l'auteur de la « Coopération » — conférences de propagande — comptera lui des millions de fidèles ! B. R.

---

99. — **Die Gesetze Hammurabis in Umschrift und Übersetzung**, par H. Winckler. — Leipzig, Hinnichs, 1904, in-8 de xxxii-116 pp. (Prix : 5 mk 60).

Le Code d'Hammurabi continue à faire l'objet de nombreux travaux dans les universités d'Angleterre, d'Allemagne et des États-Unis. M. Winckler l'avait déjà fait connaître au grand public dans une brochure qui a eu plusieurs éditions. Son nouveau travail s'adresse aux spécialistes. Il comprend la transcription et la traduction de la célèbre loi, avec notes (en assez petit nombre) et lexique.

L'introduction contient des aperçus intéressants sur la composition du Code et sa transmission à travers les âges. Les variantes de copies dont l'une remonte à Assurbanipal, l'autre à une époque qu'il est difficile de préciser (peut-être du VII° au V° siècle av. J-C. ou plus tard encore), copies dont les fragments se trouvent au British Museum et au Musée de Berlin, permettent à l'auteur de conjecturer l'existence d'une autre rédaction de la loi d'Hammurabi. Les vues de M. Winckler sur le développement politique de Babylone et de la Babylonie sont également fort suggestives. Elles gagneraient pourtant quelquefois à tenir un peu plus compte des faits. Hammurabi apprendrait avec quelque surprise que lui et sa loi « sont en opposition avec l'ancienne religion du pays et son dogme hiérarchique » (p. xxxi).

La traduction n'est pas sensiblement différente de celle du premier traducteur du Code. Comme M. Winckler le reconnaît, le

P. Scheil en a poussé si loin l'interprétation qu'il ne reste plus qu'à glaner quelques détails. La solution des difficultés auxquelles il s'est heurté n'a pas fait encore de pas décisif. Ainsi les deux traductions du § 5 sur le juge prévaricateur que propose M. Winckler, l'une dans le texte, l'autre en correction, p. xxxii, ne sont pas plus satisfaisantes que celle du P. Scheil. Le texte reste obscur. Sur d'autres points, ses corrections ne sont pas plus heureuses : colonne iv, 10, il traduit *shu ikshudu nagab urshim*, « qui pénétra dans les repaires des bandits. » La traduction « qui atteint tous les réfractaires » (Scheil) ou les « bandits » est certainement la bonne; cf. dans Delitzsch, *Assyrisches Handwörterbuch* p. 446, de nombreuses locutions analogues dont le sens ne fait aucun doute. — Le mot *akhu* revient plusieurs fois dans la locution *akhu nadû* et là seulement, v. g. col. xiii, 22; xv, 10, 34 etc. M. Winckler lui donne dans son lexique les deux sens de « côté » et de « bras; » ces deux sens s'excluent, il faut choisir. Le sens de « bras » est le seul bon ici.

Par contre, il a mieux compris d'autres passages qu'on ne l'avait fait avant lui : col. xxi, 44-45, dans *shumma alpu zugam ina alâkishu*, *zugam* est bien « la voie publique, » *sûqam*, écrit à la babylonienne, et non une éphithète du bœuf.

M. Winckler donne en appendice les « lois de la famille » et un fragment d'une collection de lois aujourd'hui au Bristish Museum.

Les « lois de la famille » ainsi appelées à cause de leur objet, les droits du père, de la mère, etc. présentent un grand intérêt. Nous n'en possédons malheureusement qu'un extrait, copié pour la bibliothèque d'Assurbanipal. Ce document est bilingue, rédigé en « sumérien » et en assyrien. La copie d'Assurbanipal avait été faite non pour une collection judirique mais comme tablette d'exercices, à l'usage des écoliers qui avaient à apprendre le sumérien. Elle porte la souscription habituelle « conforme à l'original. »

Se basant sur des raisons d'ordre graphique ou philologique et surtout sur l'extension excessive des droits qu'elles attribuent au père de famille, M. Winckler les croit antérieures au Code d'Hammurabi, qui limite ou adoucit l'exercice de la puissance paternelle, et qui améliore la condition de la femme et de l'enfant.

François MARTIN.

100. — **Le Succès. Auteurs et public. Essai de critique sociologique,** par Gaston RAGEOT. — Paris, Alcan, 1904, in-8 de 227 p. (Prix : 3 fr. 75).

M. G. Rageot tente « d'ouvrir une voie nouvelle à la critique, celle de la critique sociologique, par la constatation et l'analyse du succès, » — « dans le domaine de l'art. » (pages 2 et 3).

La première difficulté est de déterminer où commence le domaine de l'art. — Quel critérium permet à M. Rageot de négliger dans son étude tels mélodrames (Les Deux Gosses, Electra) ou tel roman historique (Quo Vadis?) qui ont eu d'incontestables succès, — partant sont des « faits sociaux? » (page 3) — En attendant que soit constituée l'esthétique, « qui prononcerait sur la beauté d'une œuvre et sur l'estime qu'il en faut faire, » (page 11) il estime que le succès « est à peu près le seul principe sérieux de différenciation artistique, » parce qu'il suppose dans une œuvre « des éléments durables et généraux, qui correspondent à des traits profonds de la nature humaine et de la vie sociale. » C'est précisément ce fonds de la nature humaine, amour, amour maternel, etc, qui constitue les ressorts et la matière des mélodrames à succès. Si M. Rageot avait rigoureusement suivi son principe, il n'aurait pas eu le droit de les négliger. Mais l'artiste l'a emporté sur le sociologue.

Et celui-ci a de nouveau manqué à sa méthode, en ne se bornant point à étudier parmi les œuvres artistiques celles-là seules qui sont des succès. « Nous serons sûrs de ne pas nous tromper en compulsant les comptes des libraires et les recettes des théâtres et l'on mesurera le succès à son rendement commercial. » (page 10) Dès lors, pourquoi consacrer dix pages à « La Lueur sur la cime » de Jacques Vontade, « livre étrange, qui a failli tomber dans la publicité et finalement fera le plaisir de quelques rares esprits?... (page 112). Pourquoi même ce chapitre sur l'éducation bourgeoise de la démocratie, sur M. Séailles et M. Bouglé, dont le mérite ne se signale pas par des succès de librairie. Le développement des Universités populaires est, sans doute, un « fait social », mais d'un autre ordre.

L'ouvrage de M. Rageot est par définition une étude du public autant que des auteurs. Les jugements sur les auteurs sont déterminés par l'estime que M. Rageot fait de leur public. Il n'a pas de sympathie pour R. Bazin, P. Bourget, M. Prévost dont la clientèle est la « bourgeoisie bien pensante. » Cette « classe sociale proche de la mort, » (p. 23) lui inspire tant de mépris qu'il se découvre, malgré lui, indulgent à l'un de ses plus fâcheux parasites. M. de Courpière, pour cette raison, déconcertante chez un contempteur de la bourgeoisie, « que le luxe est cher et qu'il faut vivre » (p. 162).

Les conclusions de l'ouvrage, si modestes soient-elles, restent contestables en tant qu'elles confondent la valeur artistique des œuvres et leur succès, « mesuré commercialement. » — Le succès, dit M. Rageot, industrialise la littérature et impose l'actualité. Mais la littérature industrielle ou improvisée est-elle encore du domaine de l'art ?... De plus, est-il vrai que le succès ait donné ce caractère de commercialisme ou d'improvisation aux œuvres de G. de Porto-Riche, par exemple, ou d'André Rivoire ?

« Le succès exclut la gloire !.. » Qu'est-ce que la gloire pour un auteur vivant ! Implique-t-elle la « crédulité » du public ? Si elle ne comporte que la notoriété et l'admiration, Rostand, de l'aveu même de M. Rageot, connaît la gloire.

Ainsi, incertain dans sa méthode, l'essai sociologique de M. Rageot est peu fécond en résultats... Il reste qu'il a servi de cadre à quelques chapitres de critique, judicieux, suggestifs d'idées artistiques — et presque vides de préoccupations sociologiques. Cf. L'Humour : Tristan Bernard. — La Tragédie sentimenlale : Georges de Porto-Riche. — La Tragédie sociale : Paul Hervieu.

J. Plattard.

---

101. — **Analecta Vaticano Belgica. I. Suppliques de Clément VI**. (1342-1352). Texte d'analyses publiés par D. Ursmer Berlière, O. S. B. — Paris, Champion, 1906, gr. in-8 de xxxviii-952 pp. (Prix : 15 fr.)

Comme l'on sait, la Belgique a fondé à Rome, il y a quelques années, à l'instar de l'Ecole française, un Institut historique qui, à peine organisé, nous donne aujourd'hui déjà un second volume des grandes publications qu'il a entreprises. Les deux ont pour auteurs Don Berlière, bénédictin de Maredsous, le directeur de cet Institut. Le premier contient un *Inventaire analytique des libri obligationum de solutionum* des Archives vaticanes. Le second est celui dont on vient de lire le titre et dont nous allons donné un rapide aperçu.

Comme on le devine, Don Berlière n'a extrait des vingt deux régistres de suppliques de Clément VI que ce qui concerne les anciens diocèses de Belgique : Cambrai, Liège, Thérouanne et Tournai, et, dans le présent volume, il nous donne le texte ou l'analyse de 2511 pièces.

L'importance de ces documents a été mise en lumière par les travaux du regretté P. Denifle. Ces suppliques ont l'avantage sur les bulles, de faire connaître les personnages qui intercédaient auprès des souverains pontifes en faveur des intéressés, et renferment ainsi bien des détails dont l'histoire locale profitera.

Avant de nous donner les documents, D. Berlière, dans une magistrale introduction, renseigne le lecteur sur le formulaire de ces suppliques, leur forme, leur présentation, leur enregistrement, leur description. Il nous dit enfin comment il a compris et exécuté la publication de ces 2511 documents. Ceux-ci occupent 650 pages de ce volume, dont on ne s'attend pas que nous donnions l'analyse. Il suffira, pour se rendre compte de son importance et de l'énorme quantité de renseignements qu'y trouveront les historiens, de mentionner les deux tables qui le terminent, l'une des noms de personnes l'autre des noms de lieux, tables qui n'ont pas moins de 300 pages à deux colonnes !

Une table de *rerum notabilium*, forcément assez courte celle-ci, suffit cependant pour montrer tout l'intérêt de la publication relativement à l'histoire générale de l'Eglise à cette époque.

Ajoutons que le volume est publié avec le soin et la compétence voulus. On ne pouvait s'attendre à moins de la part du savant auteur, si connu par ses beaux travaux sur l'histoire religieuse de son pays et de son ordre, — travaux interrompus par suite de son séjour à Rome, mais auxquels nous le souhaitons vivement, il va revenir, maintenant que l'Institut belge est organisé : grâce au vigoureux élan qu'il a su leur donner, les élèves que D. Berlière a formés sauront bien continuer seules les *Analecta vaticano-belgica*.

A. INGOLD.

102. — **Le conventionnel Prieur de la Marne, en mission dans l'Ouest.** (1793-1794), d'après des documents inédits, par P. Bliard. — Paris, Emile Paul, 1906, in-8 de viii-450 pp. (Prix : 5 fr.)

L'histoire de la Révolution française est une mine inépuisable. L'œuvre magistrale de Taine si touffue, si complète qu'elle soit, est de beaucoup dépassée, au point de vue des volumes, si on la rapproche des travaux innombrables, et de toutes nuances, qu'elle a provoqués. Chaque personnage de la Révolution a trouvé son historien. Les recherches, dans les archives de province et les bibliothèques particulières, fournissent, presque chaque jour, de nouvelles et précieuses découvertes.

A l'œuvre, si richement documentée, de M. Madelin sur Fouché, nous pouvons joindre aujourd'hui celle de M. Pierre Bliard sur un autre conventionnel, moins connu, Prieur de la Marne.

M. Bliard ne nous donne pas une biographie de Prieur, semblable à celle de M. Madelin sur Fouché. Il se borne à un tableau, tristement intéressant, souvent dramatique, d'après des documents inédits, de la mission de Prieur dans l'Ouest, à l'occasion de la guerre de Vendée.

Ce Prieur est par lui-même, comme à peu près tous les autres membres du Comité de salut public, un être fort médiocre. En un temps régulier, il aurait sans bruit et bourgeoisement, en sa qualité de petit avocat de mur mitoyen, gagné sa vie au barreau de Châlons, où il était inscrit. La Révolution fit de lui un personnage. D'abord vice-président du tribunal criminel de Paris, il mérite, par son fanatisme jacobin, d'être envoyé par la Convention, avec des pouvoirs dictatoriaux, en mission dans les départements de l'Ouest, et c'est en cette qualité qu'il préside, pour sa large part, aux répressions sanguinaires, soi disant légales, qui, dans cette héroïque contrée, firent pendant aux exterminations des champs de bataille.

La mentalité jacobine nous a été peinte, de main de maître, par Taine et, en la voyant renaître chez nombre de politiciens de nos jours, nous avons la satisfaction, peu enviable, de constater l'exactitude du portrait. Prieur est un de ses types les mieux réussis.

Que va-t-il faire dans l'Ouest ? Il vient, comme c'est la prétention de tout bon sans-culotte, établir le règne de la liberté, de l'égalité, de la fraternité républicaine sur les ruines du fanatisme, de l'aristocratie, du royalisme et du fédéralisme. C'est pour en délivrer la ville de Vannes et y faire régner « la loi » que, dès son arrivée, il décrète : Article I. La terreur est mise à l'ordre du jour contre les ennemis du peuple... art. V. Il sera fait dans toutes les maisons de la ville de Vannes... des visites domiciliaires, p. 32.

C'est toujours par les inventaires que l'on commence.

Si les aristocrates doivent trembler, en attendant la prison, la fusillade ou la guillotine, les bons patriotes doivent se réjouir. Les fêtes civiques sont à l'ordre du jour. Les Eglises sont fermées. Mais l'Etre suprême n'y perdra rien ! Le citoyen Prieur n'aura rien à envier à son patron Robespierre. Nous avons, dressé de la main de l'instituteur républicain, le procès-verbal, émaillé de réjouissantes fautes d'orthographe, de la grande fête donnée à Languildic, à l'instar de ce qui s'était fait à Paris sur la place de la Concorde. Arbre de la liberté, montagne de verdure, arcs de triomphe, en l'honneur de la Vérité, chants populaires de jeunes citoyens sur l'air d'un cantique breton, à la gloire du Père éternel ; groupes d'hommes, de femmes d'enfants attendris, des bouquets de roses à la main, et se jetant dans les bras les uns des autres, en signe d'union et de fraternité, rien n'y manque, pas même l'auto-da-fé de l'effigie d'un monstre représentant l'athéisme : « exemple terrible aux aristocrates » s'écrie le maire présidant à la joie universelle et assurant « que l'amitié, la sincérité, la joie et la fraternité sous les seules vertus nécessaires pour arriver à la vie éternelle pour laquelle nous sommes créés » (p. 41).

Est-ce à Prieur qu'il faut faire honneur de l'invention des « bataillons scolaires ? » Quoi qu'il en soit, il crée, dans la ville de Vannes une armée d'enfants, de neuf à seize ans, munis de fusils et de piques qui seront formés aux manœuvres par la garde nationale. Extasié de son œuvre, il s'écrie : « O génération future que ne promets-tu pas à la patrie ! » D'une façon intarissable il ne laisse échapper aucune occasion de signaler au public la scélératesse, les fripponneries du clergé « ennemi de la liberté, des mœurs, de l'humanité, de toute société, à commencer par le Pape, qui se fait un revenus annuel de 12 millions par la vente des reliques et autres escroqueries. »

C'est là le côté presque risible, mais il ne saurait masquer le côté sanglant !

« Le vrai caractère du républicain, dit Prieur, en pleine fête, est d'être actif à se défier, à veiller, à regarder sans cesse autour de lui, pour qu'il ne soit pas surpris par les lions, les tigres, les monstrueux tyrans toujours prêts à dévorer sa liberté. » On voit ici le moyen de gouverner chez un révolutionnaire d'hier comme d'aujourd'hui : la délation) la dénonciation et le perpétuel mensonge qui lui fait confondre *la* liberté avec *sa* liberté.

L'état des prisons, dressés d'après des pièces authentiques, nous fait toucher du doigt quel est à cette époque, dans le Morbihan et la Vendée, la distance qui sépare ces deux libertés. M. Bliard reproduit textuellement le rapport d'un médecin sur la maison d'arrêt « ci-devant château de Josselin. » Elle renferme 251 détenus sur lesquels quarante prêtres, la plupart infirmes. Le reste se compose de prisonniers des deux sexes et de tout âge. Le rapporteur nous fait un tableau minutieux, d'une exactitude presque répugnante, de cette multitude si malheureuse, empilée dans de chambres trop étroites, des greniers, des cuisines, des corridors. Beaucoup n'ont pas de lit et couchent par terre ; l'eau qu'on boit est infecte, mais ce qu'il y a de plus affreux, c'est la puanteur insupportable, suffocante, produite par les odeurs de vidanges... Prieur, par un sentiment d'humanité, consent à quelques mesures d'assainissement. Mais ses instructions aux geoliers se terminent par ces paroles : « Vous êtes dans un pays difficile, environnés de toute sorte de scélérats et de contre-révolutionnaires. (De nos jours on dit : réactionnaires) Continuer à les déjouer par la surveillance la plus active et employer tous les moyens possibles pour faire percer dans nos campagnes les lumières et la raison qui doivent les ramener au gouvernement républicain, le seul qui puisse faire le bonheur des Français » (p. 213). En dix mois le nombre des arrestations dans le Morbihan seul, s'élevait à 3000. C'est pour le bonheur des Français !

Une bonne partie du volume de M. Bliard est consacrée à l'histoire de la guerre Vendéenne. On ne s'étonnera pas de voir Prieur donner toute son attention à stimuler l'ardeur des colonnes infernales. Lui-même était pressé par les dépêches du comité de salut public, qui se désespérait de voir durer si longtemps cette guerre de paysans : « Est-il possible, écrivait-on de Paris, que lorsque nous battons les diverses troupes de l'Europe, nous nous voyions sans cesse tourmentés par des brigands et des rebelles sans moyens? Et pourtant c'est ce qu'on voit depuis de longs mois? La raison en est sans doute qu'il y a des généraux qui ne veulent pas laisser terminer cette guerre. » (p. 371).

Dénoncer les généraux, Prieur ne s'en fait pas faute et nous voyons, entre autres, Kléber lui-même dénoncé « comme Allemand suspect » (p. 278).

Il serait trop long et presque monotone d'énumérer, avec M. Bliard, toutes les mesures sinistres, toutes les cruautés de tout ordre et de tout genre auxquelles Prieur a prêté son concours. C'est ainsi que, malgré Marceau, il fait massacrer sans pitié toute une troupe de Vendéens à qui celui-ci, sauvé par elle, avait promis la vie sauve! (p. 317). Toute son administration est remplie de traits pareils : délations, perquisitions, massacres, le tout justifié par les prétextes ordinaires : la défense de la liberté, la destruction du fanatisme et la liberté du peuple! Pour comble, il proclame partout le respect dû à « la loi »! Il fait un crime aux prêtres insermentés de ne pas se « conformer à la loi qui ordonne leur déportation »! (p. 165).

Ingrat comme la plupart de ses complices, Prieur ne manqua pas de lâcher son patron Robespierre, dès que Thermidor l'eut abattu. Il se proclama très satisfait de sa chûte! Or Robespierre était son ami! Cela ne l'empêcha pas, aussitôt qu'il eut reçu l'avis officiel de son exécution, de rassembler, écrit-il lui-même, les autorités constituées, civiles et militaires, de terre et de mer, pour leur faire part « du triomphe de la Convention nationale sur les Catilinas modernes! »

Pourtant lui-même, l'année d'après, n'échappa qu'en se cachant (1er prairial an III) à la déportation à laquelle il avait été condamné par ses anciens collègues. A partir de cette date, on perd sa trace. Exilé en 1816 avec les autres régicides il mourut à Bruxelles en 1827.

Ainsi, plus heureux que la plupart de ses complices, il échappait à la guillotine, mais tout le monde conviendra que s'il y échappa, ce ne fut pas faute de l'avoir méritée.

L. LESCOEUR.

103. — **Guides Joanne. Grèce. I. Athènes et ses environs,** par Gustave Fougères. — Paris, Hachette et Cie, 1906, in-8 de xv-227 pp. (Prix : 6 fr.)

L'excellent guide d'Athènes rédigé il y a dix ans, pour la collection des guides Joanne, par M. B. Haussoullier a dû à son succès même d'être dès aujourd'hui épuisé ; mais dix ans en tous pays ne vont pas sans de notables changements. Il a donc paru utile à la librairie Hachette, plutôt que de procéder à une simple réimpression, d'éditer un guide nouveau et, ce parti pris, elle en a confié la rédaction à l'un des anciens membres les plus distingués de notre École d'Athènes, M. F., chez qui l'érudition, aussi variée que sûre, se double de qualités d'ordre pratique que n'oublient pas les compagnons de certaine croisière qu'il a dirigée.

Sans rien sacrifier de ce qu'il importe d'y trouver, le volume reste léger et maniable : XV et 227 pages seulement au lieu de CVIII et 241 de l'édition précédente, soit une économie non négligeable obtenue par la suppression de tout le chapitre préliminaire intitulé « généralités » et, dans le guide proprement dit, de la première section « routes de Paris à Athènes », d'une utilité certes très secondaire.

Le nombre des cartes et plans, en revanche, et c'est là encore une amélioration, a été notablement augmenté. S'agit-il d'Athènes même, en dehors des plans du Céramique et du quartier des Agoras, à l'Athènes moderne a été ajoutée une Athènes comparée, très instructive, et un troisième plan « Athènes et le Pirée, fortifications et longs murs » ; l'Acropole, sans parler d'un plan de l'Erechtheion, a été subdivisé en Acropole, Acropole avant Périclès, entrée de l'Acropole ; sont ajoutés les plans de la scène du Théâtre de Dionysos et des fouilles du versant sud-ouest de l'Acropole. Mêmes additions en ce qui concerne l'Attique : non seulement on retrouve les cartes des environs d'Athènes, du Pirée, de Salamine — seule la carte de la bataille de Marathon a disparu —, le plan d'Eleusis (excellent), mais deux plans supplémentaires sont consacrés à l'église de Daphni et à l'Amphiareion d'Oropos. Six illustrations enfin, insérées dans le texte, éclaircissent des points de détail.

Dans la disposition des matières sont à noter — outre une courte mais très précise histoire monumentale de l'Athènes antique, qu'accompagne précisément le plan d'Athènes comparée mentionné plus haut — : le rejet à la fin de ce qui a trait à l'Athènes moderne, sans distinction des édifices civils et des édifices religieux, et une division plus logique de la partie réservée à l'Attique, comprenant d'abord la banlieue d'Athènes proprement dite, avec le Lycabette, Colone, l'Académie et le Céphise, puis les excursions en Attique, l'Attique maritime, l'Aegaléos et le Parnès, le Pentélique et la Diacrie, le Mont Hymette, la Mésogée et le Laurion.

Le texte est partout au courant des dernières découvertes et des travaux les plus récents. Un compte-rendu ne peut évidemment que le constater sans entrer dans le détail. Signalons toutefois d'un mot la discussion relative à l'entrée de l'Acropole et à la fameuse porte de Beulé : ici les indications sont non seulement particulièrement judicieuses, mais vraiment personnelles à M. F., qui, vu l'importance du sujet et pour y donner les développements qu'il comporte légitimement, sera sans doute amené à en faire l'objet d'une étude spéciale. Le mérite n'est pas banal pour l'auteur d'un guide, d'où les discussions étaient forcément exclues, de s'être presque partout tenu, comme a su le faire M. F., à égale distance d'un traditionnalisme exagéré et de l'engouement pour les théories nouvelles que le temps n'a pas encore mises suffisamment à l'épreuve (voy. entre autres ses réflexions sur l'emplacement de la fontaine Ennéakrounos). Il serait injuste, après cela, de lui chercher chicane pour quelques affirmations peut-être un peu trop tranchantes [1] ou de relever çà et là des fautes d'impres-

---

1. Malgré tout le soin, par exemple, avec lequel sont rédigées la description du Musée de l'Acropole ou celle du Musée national, n'y a-t-il pas un caractère un peu trop affirmatif, ici dans le résumé de l'histoire de l'Hécatompédon, maintenu réduit à sa cella même après la construction de l'Erechtheion jusqu'en 406 (p. 64) et dans l'indication des frontons (fronton de Typhon, fronton des deux serpents) qui le décoraient, — là dans certaines indications, comme celle relative à l'appartenance de la base de Mikkiadès et d'Archermos à la Niké de Délos (p. 123), ou celle-ci sur les loutrophores funéraires, qui, malgré la loutrophore d'Agathonikos (n° 930 du Musée national), le seul exemple qu'on a prétendu fournir, me paraît erronée : « on a parfois retouché le vase, en lui supprimant une anse, ce qui le transforme en lécythe et lui enlève une signification trop spéciale qui n'était plus justifiée. » (p. 129).

sion [1]. Son guide, on peut l'affirmer, mérite pleinement le bon accueil que lui réservent à coup sûr tous les amis d'Athènes et ils formeront le vœu de ne pas attendre longtemps le complément du guide de Grèce dont ce volume est indiqué comme un extrait.

Etienne MICHON.

BIBLIOGRAPHIE

I. — SCIENCES RELIGIEUSES.

Auriault (J.). — Conférences du vendredi à Notre-Dame. Carême de 1906. La Sainteté du IXe au XIIe siècle, (5 livr.), in-8, 1 fr. 25. — E. Vitte.

Besse (R. P. de). — Marie révélée à ses enfants (188 p.), in-12, 2 fr. 50. — H. Oudin.

Calas (T.). — Dimanche après dimanche. Courtes méditations (369 p.), in-16, 3 fr. 50. — Fischbacher.

Debidour (A.). — L'Eglise catholique et l'Etat sous la troisième République, t. 1, 1870-1889. (450 p.), in-8, 7 fr. — F. Alcan.

Decoppet (A.). — Les Grands problèmes de l'Au-delà, conférences, in-16, 3 fr. — Fischbacher.

Gosselin (abbé L.). — Une Arme nouvelle, son excellence, son maniement. Traité de l'apostolat par la polycopie (86 p.), in-18, 2 fr. — Lib. de Montligeon.

Jundt (A.) — Le Développement de la pensée religieuse de Luther jusqu'en 1517, d'après des documents inédits (VII-257 p.), in-8, 6 fr. — Fischbacher.

Lescœur (L.). — La Mentalité laïque et l'école, appel au pères de famille (XIV-264 p.), in-12, 3 fr. 50. — P. Téqui.

Mater (A.). — L'Eglise catholique (484 p.), in-18, 5 fr. — Librairie A. Colin.

Meurisset (D^r). — Saint-Eloi, évêque de Noyon. Considérations sur sa vie et son temps (238 p.), in-8, 2 fr. — Imp. Ronat, à Chauny.

Newman (J.-H.). — Le Chrétien, 1re série : la profession de foi, le royaume choix de discours (XXXII-267 p.), P. Lethielleux.

Rastoul (A.). — Le Père Ventura, (296 p.), in-12, 2 fr. — Lib. des Saints-Pères.

---

1. P. 64, dans la discussion relative à l'Hécatompédon, forcément un peu ardue : à la fin du Ve siècle, les Pisistratides .., p. 149, dans la même page : le Musée nationale..., M. Holeaux.

Sales (F. de). — Œuvres complètes. T. XIV. Lettres, 4° vol. (xxiii-479 p.), in-8, 8 fr. — E. Vitte.

Thureau-Dangin (P.). — La Renaissance catholique en Angleterre au xix° siècle; 3ᵉ partie 1865-1892, in-8, 7 fr. 50. — Plon-Nourrit et Cie.

Vergnes (A.). — La condition internationale de la Papauté (236 p.), in-8, 4 fr. — E. Privat, à Toulouse.

II. — PHILOSOPHIE ET SCIENCES SOCIALES.

Barthélemy (J.). — Du cumul par les ouvriers de l'État des pensions de retraite et des rentes accordées par la loi de 1898 en cas accidents de travail (28 p.), in-8, 1 fr. 50. — V. Giard et E. Brière.

Bompard (R.). — Le Veto du Président de la République et la sanction royale, in-8, 5 fr. — A. Rousseau.

Bosc (H.). — Les Droits législatifs du Président des États-Unis d'Amérique (286 p.), in-8. — A. Rousseau.

Bournand (F.). — Histoire de la Franc-maçonnerie des origines à la fin de la Révolution française (304 p.), in-8, 8 fr. — H. Daragon.

Brettes (chan.). — L'Homme et l'univers. T. I : L'univers et la vie, in-8, 8 fr. — Roger et Chernoviz.

Brunel (C.). — La question indigène en Algérie. L'affaire de Margueritte devant la Cour d'assises (vi-297 p.), in-18, 3 fr. 50. — A. Challamel.

Fourgous (J.). — L'Arbitrage dans le droit français aux xiii° et xiv° siècles (213 p.), in-8, 6 fr. — E. Privat, à Toulouse.

Herzeele (cap.). — Le problème des milices, étude sociale et militaire (324 p.), in-18, 3 fr. 50. — F. R. de Rudeval.

Hœffding. — Histoire de la philosophie moderne. T. I (iv-556 p.), in-8, 10 fr. — F. Alcan.

Houzé (Dr E.). — L'Aryen et l'Anthroposociologie. Etude critique (Institut Solvay : Notes et Mémoires, fasc. 5), (117 p.), in-8, cart., 6 fr. — V. Giard et E. Brière.

Japy (G.). — Réalités et utopies. Les idées jaunes, in-16, 3 fr. 50. — Plon-Nourrit et Cie.

La Crasserie (R. de). — Les Principes sociologiques du Droit Civil (Bibliothèque sociologique internationale), (434 p.), in-8, br. 10 fr. ; rel. 11 fr. — V. Giard et E. Brière.

Langlois (gén). — Questions de défense nationale (vi-330 p.), in-12, 3 fr. 50. — Berger-Levrault et Cie.

Luquet (G.-H.). — Idées générales de psychologie, in-8, 5 fr. — F. Alcan.

Morel (A.). — Les Dépassements de crédits en matière de finances nationales (398 p.), in-8, 10 fr. — V. Giard et E. Brière.

Petrucci (R.). — Les origines naturelles de la Propriété. Essai de Sociologie comparée (Institut Solvay : Notes et Mémoires, fasc. 3), (246 p.), in-8, 12 fr. — V. Giard et E. Brière.

Rocques (X). — Les Industries de la conservation des aliments, avec 114 fig., (xi-506 p., in-8, 15 fr. — Gauthier-Villars.

Solvay (E.). — Notes sur les formules d'introduction à l'Energique. Physio et Psycho-Sociologique (Institut Solvay : Notes et Mémoires, fasc. 1, (20 p.), in-8, 2 fr. — V. Giard et E. Brière.

Waxweiler (E.). — Esquisse d'une Sociologie (Institut Solvay : Notes et Mémoires, fasc. 2) (306 p.), in-8, cart., 12 fr. — V. Giard et E. Brière.

Verdène (G.). — La Torture, les supplices et les peines corporelles, infâmantes et afflictives dans la justice allemande, étude historique, (380 p.), in-18, 10 fr. — R. Dorn.

Vidal (E.). — Les Clearing-Houses, chambres de compensation (ext. de la Rev. du comm., de l'ind. et de la banque), (94 p.), in-8, 2 fr. 50. — F. Alcan.

Wodon (L.). — Sur quelques erreurs de méthode. — Etude de l'homme primitif. (Institut Solvay : Notes et Mémoires, in-8, cart. 2 fr. 50. —

III. — HISTOIRE LITTÉRAIRE ET PHILOLOGIE.

Dalibray (sieur de). — Œuvres poétiques publiées sur les éditions originales de 1647 et 1651 (210 p), in-12, 3 fr. 50. — E. Sansot et Cie.

Hanriot (E.) et E. **Huleux**. — Cours régulier de langue française. Cours intermédiaire, livre du maître (416 p.), in-16, 2 fr. 50. — A. Picard et Kaan.

Hoceyne-Azad. — La Roseraie du savoir, choix de quatrains mystiques tirés des meilleurs auteurs persans, texte persan, av. trad. et notes, 2 vol. in-8, 10 fr. — Guilmoto.

La Grasserie (R. de). — Etudes de linguistique et de psychologie. De la catégorie du genre (261 p.), in-12, 6 fr. — E. Leroux.

Rageot (G.). — Le Succès. Auteurs et public (232 p.), in-8, 3 fr. 75. — F. Alcan.

Vidal (P.) et J. **Calmette**. — Bibliographie roussillonnaise (558 p.), in-8, 20 fr. — E. Lechevallier.

IV. — HISTOIRE ET GÉOGRAPHIE.

Blanchet (D.) et J. **Toutain**. — Cours d'histoire, brev. sup. 1re année : Histoire de France et histoire générale depuis les origines jusqu'à la Révolution, in-12, cart., 4 fr. — Belin frères.

Boutry (M.). — Autour de Marie-Antoinette. (352 p.), in-8, 5 fr. — Emile-Paul.

Brucelle (E.) et J. **Lefèvre**. — Un village de la vallée de la Serre ou histoire de Chalandry (Aisne) et de ses environs. av. 12 grav. (xvi-336 p.), in-8, 5 fr. — C. Clavreuil et R. Rieffel.

Coigny (A. de). — Mémoires (299 p.), in-18, 3 fr. 50. — Calmann-Lévy.

Deniau (abbé). — Histoire de la guerre de la Vendée. T. I. (785 p.), in-8, 7 fr. 50. — Siraudeau, à Angers.

Deloume (A.). — Histoire sommaire de la Faculté de droit de Toulouse. fondée en 1229 (extr. du Bull. de l'Univ. de Toulouse (205 p.), in-8, 5 fr. — E. Privat, à Toulouse.

Ferry (G.). — La famille de Jehanne Darc, (239 p.), in-8, 1 fr. 50. — Mame et fils.

Gassier (E.). — Les cinq cents immortels. Histoire de l'Académie française, 1634-190, (1900 p.), in-8, 7 fr. 50. — H. Jouve.

Lasserre (A.). — La Participation collective des femmes à la Révolution Française. Les antécédents du féminisme (350 p.), in-8, 5 fr. — E. Privat, à Toulouse.

Larroudé (J.). — De Tripoli au Maroc (259 p.), in-16, 3 fr. 50. — H. Jouve.

Le Joindre (lieut.-col.). — Notice sur le général de Bollemont, 1739-1815, av. 2 portr. (viii-144 p.), in-8, 3 fr. 50. — Berger-Levrault et Cie.

Montheuil (A.). — Héros et martyrs de la liberté, in-8, 3 fr. 20. — A. Picard et Kaan.

Rocquain (F.). — Notes et fragments d'histoire, in-8, 7 fr. 50. — Plon-Nourrit et Cie.

Scelle (G.). — Histoire politique de la traite négrière aux Indes de Castille (thèse), 2 vol., (xxii-847-xxvii-656 p.), in-8, 30 fr. — L. Larose et L. Tenin.

ACADÉMIE DES INSCRIPTIONS ET BELLES-LETTRES

Séance du 6 avril. — M. CAGNAT annonce que M. le commandant Donau vient de découvrir dans le sol tunisien de nouveaux documents relatifs à l'arpentage exécuté aux environs des Chotts, sous Tibère. L'Académie en sera saisie ultérieurement. — M. HÉRON DE VILLEFOSSE annonce que le musée du Louvre va prochainement recevoir du P. Delattre deux sarcophages découverts par lui récemment à Carthage et qui complèteront heureusement la collection de sarcophages anthropoïdes provenant de la Phénicie, que notre grand musée possède déjà. Sidon, dit M. de Villefosse y sera voisine de Carthage. — M. Besnier, professeur adjoint à la faculté des lettres de Caen, lit un Mémoire sur la géographie économique du Maroc dans l'antiquité. Il énumère les productions naturelles de la Mauritanie Tinjitane en indiquant leur répartition territoriale. Le blé, la vigne, l'olivier en étaient les principales. Puis, il signale les pays étrangers avec lesquels cette contrée était en relations d'échanges, et quels établissements les Carthaginois et les Romains y avaient fondés. — Sur le rapport de M. Chavanne, le prix Stanislas Julien, de la valeur de 1,500 francs (publications sur la Chine), est attribué à M. E. Raguet, de la Société des missions étrangères de Paris, et Ono, conférencier du lycée supérieur à Tokio, pour leur *Dictionnaire français japonais*, précédé d'un abrégé de grammaire. — M. Haussoullier signale une importante découverte épigraphique faite à Milet par M. Th. Wiegand dans les fouilles entreprises par les musées royaux de Berlin : il s'agit de sept listes sur lesquelles sont portés les noms de 434 stéphanephores ou fonctionnaires éponymes de Milet de la fin du sixième siècle av. J.-C. jusqu'à la fin du premier siècle de l'ère chrétienne. Ces documents ont été communiqués à M. Haussoullier par MM. Wiegand et A. Rehm.

Séance du 20 avril. — M. Chavannes commente un passage d'une Encyclopédie chinoise, publiée en 1609, où se trouve l'histoire de la source miraculeuse qui jaillit dans l'endroit appelé plus tard La Mecque (Mo k'ia) pour secourir le petit Ismaël (Sseu-ma-yen), fils du patriarche d'Abraham (P'ou-lo-heou). Cette tradition a pu être apportée en Chine par les pèlerins qui, dès le quinzième siècle de notre ère, visitèrent les lieux saints de l'Arabie. — M. Monceaux lit un Mémoire sur les inscriptions chrétiennes d'Afrique relatives à des martyrs. — M. Cagnat, quittant le fauteuil de la présidence, fait une communication sur les trouvailles archéologiques de M. le général de Torcy dans la province de Constantine.

L'Éditeur-Propriétaire-Gérant : Albert Fontemoing.

Imprimerie Générale de Châtillon-sur-Seine. — A. Pichat.

BULLETIN CRITIQUE

104. — **The Valerian persecution. A study of the relations between Church and Stade in the third Century**. A D. by the Reverend Patrick J. Healy. — London, Archibald Constable and C°, 1905, in-12 de xv-285 pp. (Prix : 6 sh. net).

Cette courte mais substantielle étude a été écrite pour le public de la langue anglaise, lequel, remarque le Rév. Healy, est loin de posséder encore l'équivalent du monumental ouvrage de M. Paul Allard sur l'ensemble des Persécutions. On ne rencontrera pas de théories nouvelles, ni d'aperçus auto-suggestionnés dans cet exposé très clair et fort bien présenté de la persécution de Valérien. L'auteur s'en tient aux résultats acquis. En revanche, il a tiré le meilleur parti de l'abondante littérature du sujet, sur laquelle il paraît renseigné à jour, pour ainsi dire. La connaissance des sources directes ne lui est pas moins familière.

Avec beaucoup d'exactitude le Rév. Healy retrace la situation respective de l'Empire et de l'Eglise aux débuts du règne du rude soldat auquel échut la succession de Dèce. En exposant le changement d'attitude du nouveau César à l'égard des chrétiens, il repousse avec raison la théorie de M. Aubé, dont la critique, on le sait, fut si souvent aveuglée par de déplorables préjugés. Deux chapitres (les v⁰ et vi⁰) nous font connaître le caractère spécial des deux édits de Valérien contre les chrétiens, les conséquences qu'ils eurent dans les diverses parties de l'empire. L'auteur, comme de juste, s'étend sur le martyre de Saint Cyprien et sur celui des autres confesseurs africains, dont les actes si curieux nous ont été conservés. En résumé, ce travail consciencieux peut être indiqué comme modèle à quiconque voudra exposer sous forme de mono-

105. — **Socialisme et Monarchie**, par Emile Sigogne, chargé du cours d'éloquence à l'Université de Liège. — Paris, F. Alcan, 1905, in-12, de viii-125 pp. (Prix : 3 fr.)

L'auteur de ce volume qui a pour sous-titre *essai de synthèse sociale* ne se propose pas, quoiqu'il l'ait dédié au prince Albert de Belgique, héritier présomptif du trône belge, de renouveler sur le mode antique l'éloge de la Monarchie, mais de déclarer possible son union avec les institutions républicaines, notamment avec le suffrage universel. Il reconnaît que ce dernier est illogique, parce qu'il attribue la même valeur au vote d'un idiot et à celui d'un Pasteur, mais qu'il est un expédient nécessaire, afin de « prévenir l'oppression mutuelle des classes et d'établir entre elles cet équilibre instable qu'on nomme liberté (p. 23). » Si la Monarchie a déjà pu, sous la forme constitutionnelle, s'adapter au suffrage universel et n'en est pas morte, c'est, dit-il, « qu'elle ne peut guère mourir », et qu'elle est douée « d'une étonnante plasticité. » Mais la civilisation moderne a brisé les anciennes, ce qui est douloureux, et doit s'en créer d'autres, ce qui est hasardeux et pourtant inévitable. Or, ajoute M. Sigogne (p. 26), le suffrage de tous « correspond au sens primitif qui, par des modifications, produit tous les autres, le toucher. » La Belgique est trop voisine de la France pour échapper à la tentation de faire l'expérience républicaine, et, d'autre part, son peuple, une fraction de son groupe socialiste lui-même, ont « d'instinctives attaches à la royauté qui est née avec sa nationalité et dont le chef l'a rendu si prospère. » Donc, rien ne s'oppose à ce que la monarchie évolue vers un système qui la rajeunira tout en la maintenant, et favorisera l'ascension des classes populaires, encore trop écartées des jouissances du pouvoir par la bourgeoisie. Celle-ci n'a dû son influence et sa fortune qu'à des causes économiques, nullement à des formes politiques (p. 8). Le socialisme n'est pas lui-même incompatible avec le gouvernement d'un roi, du moins le socialisme qui n'est pas révolutionnaire, car l'autre perd chaque jour du terrain en Europe au sein de son propre parti (p. 96). M. Millerand n'hésite pas à écrire : « Sans propriété privée, il n'y a pas de liberté individuelle, et celle-ci est sacrée. »

Nous avons exposé sans réflexions la thèse originale de M. Sigogne afin de la faire mieux connaître et d'éviter de l'obscurcir. En terminant l'auteur adresse un pressant appel à la patience, vertu dont nous avons « un supérieur besoin en face du Devenir. Cette invocation ne semble-t-elle pas à sa place ?

Henri BEAUNE.

---

106. — **Histoire de la philosophie moderne**, par HARALD HÖFFDING, traduit de l'allemand par P. BORDIER, tome I. — Paris, Alcan, 1905, in-8° de IV-549 pp. (Prix : 10 fr.)

M. Harald Höffding, professeur à l'université de Copenhague, n'est pas un inconnu pour le public français. Nous avons déjà dans notre langue sa *Psychologie* et son *Éthique*. L'ouvrage qu'on nous présente aujourd'hui est moins une histoire de la philosophie qu'une histoire des idées. Les penseurs y occupent une place non pas tant suivant leur rigueur systématique que suivant la fécondité de leurs conceptions. On peut en faire la constatation matérielle : 35 pages sur Descartes, 36 sur Hobbes, 41 sur Giordano Bruno, 17 sur Hume, 16 sur Rousseau.

M. H. Höffding n'a pas conduit son œuvre à l'aventure. Pour lui appliquer une de ses expressions, il a le sens des *valeurs* ; ses développements ne noient pas tout, les hommes et les idées, dans une terne abondance. Il choisit, il groupe, il classe, il juge. Pour lui la recherche philosophique se meut autour de quatre grands problèmes. Quelles sont les formes et les principes généraux de la pensée ? Ces formes et ces principes nous permettent-ils d'avoir barre sur les choses ? C'est *le problème de la connaissance* ou problème logique. En présence de l'univers dont nous sommes une partie, de quelle manière coordonner les résultats de l'expérience et les faire entrer dans une conception générale du monde ? C'est *le problème de l'existence* ou *problème cosmologique*. Quelle valeur ont nos actions, quelle valeur ont les institutions humaines, quelle valeur ont l'existence et la vie ? C'est *le problème de l'estima-*

tion des valeurs ou *problème éthico-religieux*. Enfin dernier refuge de la philosophie, si par hasard on déclarait insolubles les questions précédentes, quelle est la vie, quelles sont les lois de la conscience humaine? En toute hypothèse ce *problème de la conscience* ou *problème psychologique* a une importance évidente car la valeur soit de la pensée, soit du monde, soit de la vie ne peut bien s'estimer que si on l'a d'abord résolu. Les grands systèmes du xviiie siècle ont appuyé surtout sur le problème cosmologique, la philosophie anglaise sur le problème de la connaissance et les penseurs français du xviiie siècle sur le problème ethico-religieux. De là vient l'importance de Rousseau puisque c'est lui surtout qui a posé ce dernier problème. « En lui se fit jour un nouvel élément vital, un aspect nouveau de la vie intellectuelle qui s'oppose à la fois à la sagesse critique et à l'ancien ordre de choses. Il montra que le sentiment vivant de l'homme va plus loin qu'aucun rapport d'autorité ou qu'aucune réflexion critique, — que son adhésion ne peut être rendue superflue par aucune tradition et aucune pensée, et qu'il est le fondement de toute valeur de la vie. Jamais l'importance du sentiment n'avait été présentée avec autant de simplicité et de pureté, bien que des tendances mystiques aient souvent pris fait et cause pour lui. Moins par ses idées et ses théories, que par sa personnalité (malgré toutes ses faiblesses), Rousseau marque un grand tournant en matière de philosophie : avec lui le problème de l'estimation des valeurs fut posé d'une façon définitive, tandis que jusqu'alors c'étaient le problème de l'existence et le problème de la connaissance qui avaient presque tout dominé. Et en se tournant à la fois contre l'ancien régime et contre la critique nouvelle, il montre qu'il y a quelque chose dont ces deux adversaires ne veulent pas reconnaître les arrêts » p. 481. De là vient ce jugement que Rousseau occupe dans l'histoire de la philosophie une position qui offre quelque analogie avec celle de Leibniz. Seulement Rousseau défendit les droits de l'irrationnel.

M. H. H. pensent que trois facteurs influent sur la façon de résoudre les problèmes philosophiques. Il y a d'abord l'équation personnelle, la personnalité de l'observateur. Aussi chaque exposition de système est-elle précédée d'une biographie très soignée et de la détermination de ce que H. H. appelle la caractéristique du philosophe. — Il y a ensuite l'état des connaissances expérimentales. « Comme on le verra, les problèmes décisifs de la philosophie moderne ont été déterminés par le fait que la science moderne de la nature est née. Mais il faut y ajouter (surtout en ce qui concerne le problème d'estimation) des faits historiques, des mouvements de l'esprit dans d'autres domaines » c'est pour cela que d'une part Copernic, Képler, Galilée, Newton sont traités avec ampleur et que d'autre part on insiste sur des écrivains qui sans grande envergure ont cependant contribué à former la mentalité de l'époque. — Il y a enfin le degré de rigueur dans l'esprit, la tendance systématique, « la conséquence avec laquelle on maintient et on développe les données saisies au point de départ. »

M. H. H. qui est d'éducation protestante et qui paraît être d'opinions plutôt libre-penseuses, garde cependant dans les jugements qu'il porte sur les hommes et les idées, une assez grande impartialité. Le moyen-âge n'a pas été que ténèbres ; « il a contribué considérablement au développement intellectuel. Il a approfondi la vie de l'esprit dont il a aiguisé et exercé les facultés d'une façon considérable ; dans tous les cas il ne le cède à aucune autre période pour l'énergie avec laquelle il tire parti des moyens de culture qui étaient à sa disposition » p. 8. M. H. H. admire l'œuvre de Luther, mais il en montre les imperfections, en ce que surtout le réformateur ne sait pas définir d'une façon précise les relations du religieux et de l'humain. « Le religieux et l'humain n'étaient posés côte à côte que comme un dimanche et un jour ouvrable sans lien intime essentiel. Et ainsi en fut-il notamment du rapport de la foi avec la science » p. 43. De même si Giordano Bruno est pour H. H. le plus grand philosophe de la Renaissance, il ne se fait pas illusion sur la nature de la crise qui le jeta hors du couvent. « Beaucoup de choses portent à croire que le côté intellectuel de sa nature n'était pas seul à se révolter contre la discipline claustrale. C'était une nature fortement sensuelle... » p. 117.

Les monographies de philosophes sont très soignées et si l'appareil d'érudition ne s'accuse pas au bas des pages en références nombreuses, on s'aperçoit vite que rien d'important dans la littérature philosophique n'est ignoré. Je ne chercherai chicane à l'auteur que sur un point. Pascal est donné comme un cartésien même dans l'organisation de son Apologie. « Une certaine parenté ne cesse de se révéler entre la pensée religieuse de Pascal et l'idée philosophique de Descartes... » p. 263. Oui, cela est vrai ; mais il est encore plus vrai qu'il y a opposition. M. Brunetière l'a bien montré dans son étude sur *Jansénistes et Cartésiens* (Etudes critiques 4ᵉ série) en insistant sur la place première que Pascal donne aux préoccupations morales, sur la faiblesse de la raison et l'impossibilité où la tient Pascal de démontrer Dieu, sur l'importance qu'il donne au sentiment, sur son pessimisme.

Mais cela n'enlève rien à la valeur de ce premier volume de l'histoire de la philosophie moderne et on ne peut qu'attendre avec impatience l'apparition du second qui nous donnera le xixᵉ siècle.

D. SABATIER.

---

107. — **Manuel de philologie classique**, par Salomon REINACH, 2ᵉ édition, nouveau tirage, augmenté d'une bibliographie méthodique de la philologie classique de 1884 à 1904. — Paris, Hachette, 1904, in-8 de xxxiii-414 pp. (Prix : 7 fr. 50).

Parmi les élèves des lycées ou des collèges et les aspirants à la licence ès lettres, bon nombre se forment des cahiers de notes, un aide-mémoire d'après les cours suivis ou les lectures entreprises. Quelques-uns même opèrent avec une certaine méthode, tout en faisant une place prépondérante aux sujets qui répondent le mieux à leurs goûts, j'allais dire à leur vocation. Puis, les études terminées, les grades conquis, on laisse de côté ces compilations formées patiemment au jour le jour, sans le moindre souci du profit qu'en pourrait tirer autrui. Combien y a-t-il de ces liseurs la plume à la main qui pensent à faire bénéficier de leur spicilège les étudiants dépourvus des ressources livresques dont ils disposaient? De cette variété de la « caritas humani generis » dont parle Cicéron, je ne connais qu'un exemple en France, c'est l'ouvrage que M. Reinach fit paraître en 1880 et dont il donna une nouvelle édition en 1884, complétée l'an dernier par un appareil bibliographique mis à jour. Cette bonne action eut un succès mérité. J'ai entendu, vers 1880, un des maîtres les plus autorisés du jeune normalien déclarer qu'il le voyait avec inquiétude se plonger ainsi dans le travail si ingrat de la bibliographie, craignant qu'il ne s'y noyât, et il en augurait mal pour son avenir; mais l'Académie des inscriptions et belles-lettres, loin de lui en faire un grief, attesta un jour, en l'admettant dans son sein, que l'archéologie classique, préhistorique et gallo-romaine n'avait rien perdu à être traitée par un savant qui avait commencé en bibliographe. Ce même désir, disons mieux, ce besoin d'être utile lui a fait couper des études originales et personnelles par la publication de « répertoires » qui sont dans les mains de tous ceux qu'intéresse l'histoire de la sculpture antique.

Ce « nouveau tirage » de la seconde édition du *Manuel* s'ouvre par une « Liste méthodique d'ouvrages publiés de 1884 à 1904 et nécessaires à une bibliothèque philologique. » Les divisions de cette liste correspondent à celles du *Manuel* lui-même. La première (1er livre) concerne l'objet et l'histoire de la philologie. M. R., comme on va le voir, donne à ce terme, philologie, toute l'extension que lui ont donnée Aug. Bœckh et son école. Le 2e livre a pour titre : bibliographie de la bibliographie ; le 3e, épigraphie, paléographie, critique des textes ; le 4e, art antique et son histoire ; le 5e, numismatique ; le 6e, grammaire comparée du sanscrit, du grec et du latin ; la 7e, histoire politique et littéraire, philosophie et sciences de l'antiquité ; géographie et topographie ; le 8e, musique et orchestique ; le 9e, métrique ; le 10e, les antiquités grecques ; le 11e, les antiquités romaines ; le 12e et le dernier, mythologie. Dans la préface de la première édition et surtout dans celle de la seconde, M. R. a dit ce qu'il devait au *Triennium philologium* de Freund et ce qu'il y avait ajouté par ses propres recherches. Les parties du *Manuel* qui m'ont paru les plus suggestives, se rapportent à la critique des textes, à la préparation d'une édition, à la grammaire comparée, où le développement du sujet a pris les proportions d'un juste livre, à la mythologie et à la genèse du christianisme [1]. — Grâce au récent complément du *Manuel*, poussé jusqu'à ces derniers temps, cet ouvrage est devenu indispensable pour les générations actuelles, mais quel service leur rendrait M. S. Reinach s'il voulait bien en faire exécuter, sous sa direction

---

1. On peut trouver M. Reinach bien indulgent pour la politique impériale persécutant les chrétiens, mais il est impossible de méconnaître l'impartialité avec laquelle il signale dans sa bibliographie les ouvrages qui soutiennent la thèse contraire à la sienne.

immédiate, un remaniement où figureraient les découvertes et les notions qui ont apparu depuis ces vingt dernières années !

C. E. R.

---

108. — **Scarron et son milieu,** par Emile Magne. — Paris, Mercure de France, 1905, in-18 de 381 pages. (Prix : 3 fr. 50).

Ce livre contient une biographie de Scarron et une peinture des diverses sociétés au milieu desquelles il vécut.

Dans son étude biographique, M. E. Magne n'ajoute rien aux travaux de H. Chardon et P. Morillot, qu'il suit généralement. — On n'aperçoit pas d'efforts pour arriver à éclaircir certaines obscurités de la vie de Scarron. — Il conserve « dans ses grandes lignes » le « conte » de la baignade dans l'Huisne, origine de la paralysie de Scarron, parce que « rien de ce qui nous est connu de la mentalité du petit chanoine ne vient l'infirmer. » — Il fait place en son récit à l'anecdote de la mixture de La Mesnardière, qui aurait achevé de paralyser Scarron, — quitte à confesser dans une note que ce n'est qu'une légende. Par une inconséquence non moins inquiétante, il lui arrive (page 284) de renvoyer le lecteur à des descriptions du logement de Scarron, qu'il reconnaît erronées et abolies par les découvertes postérieures de documents authenthiques.

Une chaleureuse sympathie pour le pauvre « cul de jatte » anime toute cette biographie. Peut-être rend-elle M. E. Magne injuste pour un autre personnage que le lecteur recherche immédiatement dans son livre : madame de Maintenon... « Ah ! pourquoi jamais ses paroles ou ses écrits ne nous assurent-ils qu'au fond de son âme subsistait un souvenir pour l'être tendre, spirituel et charitable qui la recueillit lorsque les cupides Neuillan la rejetèrent de leur sein ! » s'écrie M. E. Magne (page 374). Sans doute parce que sept années de gêne et de discordes domestiques effacèrent le souvenir de la générosité première. — On voudrait savoir quelle fut exactement la vie de madame Scarron dans cet « hôtel de l'impécuniosité » de la Rue Neuve Saint-Louis : on en est réduit, avec M. E. Magne à des conjectures. « Madame Scarron *évidemment* assistait à ces déblatérations, (contre l'Académie) s'y mêlait, un peu, pas trop » (page 323). « Madame Scarron quittait *sans doute* la partie, indignée » (page 324). Et plus loin, (p. 348). M. E. Magne, sur la foi de madame de Caylus et de La Beaumelle nous montre madame Scarron « mangeant un hareng au bout de la table en temps de Carême, tandis que festoyaient son mari et ses invités. » Etait-ce donc manquer « de pitié et d'amour » que de laisser à l'oubli sept années passées dans cet hôtel dont Scarron avait fait « un lieu de galanterie et de débauche » (page 320).

L'intérêt de ce livre est surtout dans la description du milieu de Scarron. « Archéologue patient, » M. Magne a tenté de restituer à ces fresques du xviie siècle « les couleurs que le temps ensevelit sous son opiniâtre poussière » (page 292). Il y a réussi : ce sont des scènes vivantes que les ripailles du Mans, l'expédition des Indes équinoxiales, les réceptions de Scarron et surtout la Foire Saint-Germain, de couleurs si truculentes. » Malheureusement le lecteur est souvent rebuté par d'étranges impropriétés de termes, des licences de syntaxe et quelque abus de la « verbocination latiale. »

J. Plattard.

---

109. — **Rome et la Grèce de 200 à 146 av. J.-C.**, par G. Colin. — Paris, A. Fontemoing, 1905, in-8 de 683 p. (Prix : 20 fr.)

Le respect que la Grèce inspirait aux Romains lui a-t-elle valu de la part des conquérants du monde un traitement de faveur? Telle est en somme la question la plus intéressante qui se pose à propos des relations entre la Grèce et Rome au cours de cette période critique. Elle n'est pas absolument nouvelle, les historiens ont même pris parti très nettement dans un sens et dans l'autre, mais M. Colin se limitant à cette période de cinquante-six ans a pu l'étudier à loisir, avec un luxe de détails qui n'est point donné à tous, d'autant que l'auteur, et c'est en quoi peut-être il a péché, ne s'est nullement préoccupé de condenser les faits, de resserrer son argumentation. Tout entier au désir de prouver ce qu'il avance, il n'a pas eu l'art d'être bref, ni d'éviter les redites. Plus d'un lecteur, à tort peut-être, car presque tout est intéressant dans le très gros livre de M. Colin, s'effraiera du temps considérable qu'en exige la lecture.

Quoi qu'il en soit, il est piquant de relever tout d'abord les divergences, sur ce sujet, des maîtres de l'histoire ancienne. Selon M. Mommsen, Rome aurait fait montre vis-à-vis de la Grèce d'une faiblesse ridicule et dangereuse. Partant, rien de plus sincère et de plus réel que la liberté accordée à la Grèce en 196 par la célèbre proclamation de Flamininus. « Soutenir, ajoutait-il, soutenir que Rome a perfidement attisé les dissensions intestines de la Grèce, c'est bien là une des plus absurdes inventions des philologues s'érigeant en politiques. » Mais vains furent les efforts de Rome. La Grèce n'était plus capable que d'anarchie et d'ingratitude. Si les Romains ont commis une faute, ce fut de se laisser entraîner à une politique de sentiment funeste aux deux peuples.

Cette naïveté sentimentale, si peu dans la manière romaine, n'apparaît pas précisément à un autre historien, qui pourtant n'est pas suspect de rigueur envers les Romains. « Flamininus, écrit M. Duruy, fut le véritable fondateur de cette politique machiavélique qui livra la Grèce sans défense aux légions. » Inutile de citer davantage. On devine la suite. Ce philhellénisme n'eut aucune part dans les rapports politiques entre la Grèce et Rome. Je remarque entre parenthèses, et sans en tirer aucune conclusion, qu'entre Duruy et Mommsen le philologue en mal de politique ne serait pas le premier, mais bien plutôt le second qui ne toucha guère à la politique active qu'en passant, et non pas en homme d'état, mais en polémiste.

M. Peter, dans son *Histoire de Rome*, est beaucoup plus dur encore que M. Duruy.

Entre les deux, une opinion moyenne s'est fait jour, qu'a développée entre autres M. Hertzberg.

Entre tant d'opinions opposées, il n'y avait qu'une ressource : relever avec soin tous les faits, gros ou petits, qui à Rome et en Grèce, peuvent renseigner sur les sentiments des Romains vis-à-vis des Grecs pendant la période en question, puis soumettre ces faits à une analyse minutieuse. C'est ce qu'à fait M. Colin avec autant de conscience que de pénétration. Il a même su tirer de l'épigraphie une contribution des plus intéressantes qui n'avait été tout entière à la disposition de ses prédécesseurs. On voit par contre qu'il ne faut aucunement s'attendre à trouver ici une histoire de la conquête proprement dite.

Il n'était pas inutile de se rendre compte avant tout de ce qu'avaient été antérieurement les relations entre la Grèce et Rome, et c'est ce que M. Colin ne manque point de faire.

Après la guerre de Pyrrhus, après les guerres Puniques, on peut en somme distinguer à Rome trois éléments qui influeront sur la manière dont elle se comportera vis-à-vis de la Grèce : les financiers, toujours avides de marchés nouveaux, les phillelènes, remplis d'un enthousiasme de néophites, les vieux Romains qui redoutent les nouveautés. Mais ceux-ci n'ont pas d'abord grande influence. Si l'intervention dans les affaires de la Grèce est due en partie aux financiers, Flamininus sut cependant faire prévaloir sa politique auprès du Sénat; cela ne peut s'expliquer que par la puissance du mouvement philellénique en ce moment. L'auteur analyse ce mouvement sous tous ses aspects : Théâtre, enseignement, influence des esclaves grecs, invasion de l'art grec, etc. Le peuple lui-même est entraîné par l'hellénisme. Comment expliquer le succès des pièces de Plaute si le gros public eût été tout à fait étranger aux choses de la Grèce? Aux environs de 196, le philellénisme, joint à la volonté de limiter la puissance de la Macédoine et celle de la Syrie, suffit à expliquer l'attitude des Romains.

Mais il n'est si bon ménage dans lequel, à l'user, les époux ne se découvrent quelque défaut. Ce fut ce qui arriva aux Romains. Inutile d'analyser après M. Colin le caractère des Hellènes, de montrer comment leur *versatilité*, leur légèreté, leur esprit obséquieux, leur incapacité politique, l'inconstance dans les sentiments, étaient précisément ce qui pouvait le plus déplaire aux Romains. C'est pourquoi l'admiration de ceux-ci pour la civilisation grecque s'ombra de quelque dédain pour la race. Le peu de fond que Rome pouvait faire sur la sympathie grecque apparut en outre au commencement de la guerre contre Antiochus. Bref, il y eut réaction. Rome intervint rudement dans la lutte des partis, soutint partout une aristocratie peu patriote, peu populaire, souvent peu recommandable, mais moins remuante que les démocraties. Il faut noter cependant qu'elle en vint là seulement après avoir épuisé toutes les ressources d'une condescendance mal récompensée.

Le succès d'ailleurs avait gâté l'esprit des Romains. De plus en plus ils se considéraient comme les futurs maîtres du monde. Ils commençaient à ne tolérer aucune résistance. Les financiers, par avidité, étaient le plus actif ferment de cet esprit impérialiste. Le vieux parti romain rendait les Grecs responsables d'une décadence morale dont les effets commençaient à se faire fâcheusement sentir. Caton trouvait des approbateurs dans toutes les classes. Cependant après la troisième guerre de Macédoine son parti même s'opposa à l'annexion. Mais ce n'est point par philhellénisme : il en craint pour Rome elle-même les conséquences.

Cette attitude se prolonge et après Pydna le Sénat se montre très dur. Peu à peu seulement Rome se relâche de sa sévérité et en revient à un philhellénisme modéré qu'explique assez un contact de plus en plus intime avec la civilisation grecque. Tandis que la Macédoine est réduite en province dès 148, la Grèce propre ne le fut que beaucoup plus tard, et il faut rejeter sur les financiers intéressés à la destruction d'une rivale redoutable le sac de Corinthe. Notons en passant un subtil plaidoyer de M. Colin en faveur de Mummius. D'après lui il faut accorder au moins à ce bouc émissaire de la barbarie les circonstances atténuantes. On a beaucoup prêté à Mummius. Il est vrai que, dit un proverbe...

Donc, Rome n'a pas eu dans ses relations avec la Grèce une attitude unique. Une période de philhellénisme intense fut suivie, pour des causes diverses, d'une réaction, laquelle fit place enfin à un sentiment plus réfléchi lorsque les conditions politiques se furent modifiées. Mais il paraît acquis que le sentiment ne fut pas étranger à ces fluctuations de la politique elle-même.

Remarquons qu'Athènes bénéficia toujours d'une faveur particulière. Et par ce trait, et par ce qui précède, se trouve doublement justifiée l'épigraphe empruntée par l'auteur au discours de César aux Athéniens, rapporté par Appien : « Combien de fois la gloire de vos ancêtres vous sauvera-t-elle de vos propres fautes ? »

On voit comment la thèse de M. Colin se rapproche à la fois et s'éloigne de celles que soutinrent la plupart de ses devanciers. Il a distingué entre les époques. Il a aussi expliqué, en faisant au sentiment sa juste part, les circonstances politiques qui ont tour à tour expliqué et justifié l'attitude romaine, et aussi fait apercevoir comment des intérêts particuliers mais considérables l'ont influencée.

M. Colin par cet ouvrage considérable se classe non parmi les philologues dont parlait Mommsen, mais bien, si éloignés que soient les événements dont il nous entretient, parmi les historiens politiques les plus avisés. Diminuons-nous par cet éloge le mérite du philologue et de l'érudit? Loin de là! M. Colin ne nous a rien épargné, et peut-être j'y insiste trop, mais il ne s'est épargné à lui-même aucune peine, aucune recherche. Il s'est fait une opinion sur un point important et controversé de l'histoire ancienne, et il a donné à ses conclusions cette fermeté qui s'impose et n'est pas le moindre mérite d'un livre d'histoire.

André BAUDRILLART.

110. — **Le Clergé Picard et la Révolution**, par l'abbé LE SUEUR, curé d'Erondelle, membre non résidant de la Société des Antiquaires de Picardie. — Amiens, Gerti et Tellier, 1905, 2 vol. in-8.

« Le résumé historique et psychologique des faits et gestes du Clergé Picard pendant la période révolutionnaire, au point de vue social et sacerdotal » a été pour M. Le Sueur « une étude attrayante entre toutes ». — « Il espère, dit-il dans sa préface, l'avoir rendue intéressante pour le public ». Quand on arrive péniblement au bout de ses 1037 pages, on est bien obligé d'avouer qu'il a manqué son but. Le premier défaut de cet ouvrage est justement de n'être pas intéressant. Loin de résumer, l'auteur s'étend sur des questions de détail, cite de longs documents, et ailleurs entasse les faits pour tout dire en deux volumes.

Le style est correct et terne. Rien de dramatique; aucun art d'exposition. Tantôt c'est une série d'actes officiels alignés par ordre de lieu et de date, et séparés par de solennelles réflexions. Tantôt ce sont de monotones tableaux d'histoire aux tons gris, où rien ne vît, où à peine émerge quelque vague personnage. Pas une scène remarquable, rien qui donne l'impression de la lutte violente engagée alors dans les âmes.

La composition elle-même prête plus encore à la critique. M. Le Sueur pratique peu les notes, pas du tout le système des pièces justificatives rejetées à la fin du volume. C'était pourtant le moyen d'alléger son récit, en le débarrassant de listes sans intérêt, de documents interminables qui en brisent la suite. Rien de fatigant comme ces pages compactes, où l'œil n'est reposé par aucun hors texte, aucune variété typographique. Plusieurs listes sont imprimées en colonnes. Pourquoi ne pas les y mettre toutes? Ce qui n'est pas littéraire n'a pas à figurer dans le texte. Entr'autres citations encombrantes, on trouve au tome Ier un cahier de 1789, inédit, il est vrai, mais fort long, qui occupe 30 pages. Il était tout simple d'en extraire les passages importants, et de renvoyer le texte complet en appendice à la fin du volume.

La division de l'ouvrage est très défectueuse. Pas de table des matières. La table onomastique est utile sans doute, mais insuffisante. — Chose très bizarre, il n'y a qu'un titre pour tout l'ouvrage. D'incroyables chapitres de 150 pages en moyenne, certains approchent de 200 pages, sont divisés artificiellement en paragraphes numérotés, et tout cela sans titres. A peine trouve-t-on à l'en-tête des chapitres quelques lignes d'indications détaillées, qui d'ailleurs ne répondent pas nettement à la distinction des paragraphes. — Il fallait donner à chaque volume un titre distinct, faire de ces gros chapitres des parties, bien limitées et subdivisées. Il fallait, pour ainsi dire, porter la hache dans cette épaisse forêt, et y percer des routes jalonnées de poteaux indicateurs, qui, à défaut de variété naturelle dans le paysage, nous permissent du moins de nous y reconnaître et de l'explorer sans trop d'ennui.

Quant à la valeur historique de l'œuvre, c'est encore le métier qui fait défaut à M. Le Sueur. Il cite ses sources, mais sans les apprécier. Qu'est-ce que M. Roze, M. Darcy, les manuscrits Machart et Siffait, les Mémoires de l'abbé Tiron, etc.? Autant de choses supposées connues. Il est permis de croire que l'auteur a contrôlé ce qu'il emprunte, mais rien n'y force. Peut-être a-t-il voulu écrire seulement pour ses compatriotes? C'est bien à tort. Un travail de cette importance méritait mieux. Il eut été si facile de placer en tête du premier volume une étude préliminaire des sources!

Dans l'appréciation des hommes et des événements, M. Le Sueur fait de louables efforts pour être juste. Mais trop souvent il se laisse aller à des conclusions qui ne sont pas appelées par les faits, et paraissent le résultat de lectures étrangères au sujet. A signaler notamment tome I, p. 7, 37, 243, tome II, p. 125, des jugements, des insinuations malveillantes que l'auteur oublie de justifier. Cette ingérence des opinions personnelles dans l'impartiale justice historique n'est pas admissible ; tout jugement doit porter sur des faits, non sur des analogies ou des vraisemblances.

Sans pouvoir prétendre à la littérature ni même à l'érudition, ce livre est pourtant une œuvre utile, qui suppose de longues lectures et un travail considérable dans le fouillis des Archives. — De plus il réunit pour la première fois en un ensemble complet mille détails épars. Ce sera un bon instrument de travail pour les historiens à venir, surtout si l'auteur a soin dans le troisième volume qu'il prépare, de combler les lacunes signalées dans les deux précédents. — M. le curé d'Erondelle mérite donc plus de félicitations que de critiques. Son labeur est un utile apport à la science.

Ernest AUDARD.

---

111. — **Au temps passé**, par A. MÉZIÈRES, de l'Académie française. — Paris, Hachette, 1906, in-16 de 300 p. (Prix 3 fr. 50).

Qu'il est doux de revivre « au temps passé », et, quand on a une plume et de nombreux souvenirs, de les écrire de manière à enchanter les lecteurs ! Il y a bien à craindre d'embellir un peu les choses vues à travers le prisme de la mémoire et M. Mézières sans doute n'échappe pas entièrement au faible des vieillards caractérisé d'un mot par Horace : « Laudator temporis acti. »

Il y échappe du moins dans la seconde moitié du volume qui reproduit des lettres de sa jeunesse, écrites à ses parents — de l'école d'Athènes. Les récits de ses voyages en Grèce et en Italie excitent nos sympathies pour cette jeunesse toute pénétrée de l'amour de l'antiquité et du culte des lettres. Mais, chose curieuse, la première partie du volume ne semble pas écrite d'un style moins jeune et moins alerte et, si l'homme a pris des années, l'écrivain n'a vraiment pas vieilli. La famille, le collège, l'école normale et les prouesses de 1848, où il apparaît comme le sauveur de l'Hôtel de ville, tout cela est conté avec bonne humeur et une modestie qui n'exclut pas certaine pointe de gloriole. L'aimable académicien, en effet, malgré le nom roturier préféré depuis 89 par sa famille, a la coquetterie de nous apprendre qu'il est de bonne noblesse, aussi bien du côté paternel que du côté maternel. Toutefois cela est dit de si bonne grâce que l'on croirait volontiers à une distinction native et à cette origine aristocratique, qui est parfois une parure pour l'aristocratie de l'esprit. Il faut bien tout de même que la vieillesse se fasse sentir. Peut-être en trouvera-t-on une trace dans certaine contradiction apparente sur la duchesse de Constance qui, malgré de multiples aventures, « rougissait comme une jeune fille au moindre propos léger, » (p. 147) et pourtant « professait qu'une femme de son âge pouvait tout dire et disait tout » (p. 150.) Après tout, ce n'est peut être là qu'une des mille contradictions du cœur humain dont l'auteur ne saurait être responsable et, si leur ombre m'abuse, il verra du moins à ce détail que je l'ai lu avec soin.

Il y a plus de plaisir que de mérite à le faire et il fait bon, en telle compagnie, revivre au temps passé. Quand on retrouve les paysages ou les hauts faits de la Grèce, nos amours d'autrefois, rappelés à notre souvenir de ce style sobre, avec un goût qui sait garder la mesure en toutes choses, c'est proprement un charme.

A. Boué.

BIBLIOGRAPHIE

I. — SCIENCES RELIGIEUSES

Ageorges (J.). — Le Clergé rural sous l'ancien régime (coll. science et religion) (62 p.), in-12, 0 fr. 60. — Bloud et Cie.

Bossuet. — Pensées chrétiennes et morales (coll. Science et Religion) (72 p.), in-12, 0 fr. 60. — Bloud et Cie.

Bouchage (F.). — Formation de l'orateur sacré, méthode (xvi-364 p.), in-16, 3 fr. 50. — E. Vitte.

Bousquet (J.). — La Vie au catéchisme (18 p.), in-8, 0 fr. 50. — G. Beauchesne et Cie.

Bouvier (abbé H.). — Histoire de l'Eglise et de l'ancien archidiocèse de Sens. T. I: des origines à l'an 1122, in-8, 6 fr. — A. Picard et fils.

Bremond (H.). — La Littérature religieuse d'avant-hier et d'aujourd'hui (64 p.), in-12, 0 fr. 60. — Bloud et Cie.

Brochet (J.). — La Correspondance de saint Paulin de Nole et de Sulpice Sévère (48 p.), in-8, 3 fr. — A. Fontemoing.

Brochet (J.). — Saint Jérôme et ses ennemis. Etude sur la querelle de saint Jérôme avec Rufin d'Aquilée (120 p.), in-8, 7 fr. 50. — A. Fontemoing.

Couget (H.). — L'Enseignement de saint Paul (coll. Science et Religion) (64 p.), in-12, 0 fr. 60. — Bloud et Cie.

Couget (H.). — La Catéchèse apostolique (coll. Science et Religion) (60 p.), in-12, 0 fr. 60. — Bloud et Cie.

David (dom L.). — Les Seize carmélites de Compiègne, leur martyre, leur béatification (xxvi-161 p.), in-18 1 fr. 50. — H. Oudin.

Décrouille (R.). — Les Sacrements expliqués aux chrétiens de nos jours, (xix-405-37 p.), 2 vol. in-18, 6 fr. — R. Haton.

Deslandres (P.). — Le Concile de Trente au xvie siècle (coll. Science et Religion) (64 p.), in-12, 0 fr. 60. — Bloud et Cie.

Fraikin (abbé J.). — Archives de l'histoire religieuse de la France. III : Nonciatures, 1525-1527 (lxxxvii-452 p.), in-8, 10 fr. — A. Picard et fils.

Frémont (abbé G.). — Les Principes ou essai sur le problème des destinées de l'homme. T. VII : De la divinité du Christ (suite), de l'institution de l'Eglise par lui-même (446 p.), in-8, 5 fr. — Bloud et Cie.

Frohnmeyer (L.) et **J. Benzinger**. — Vues et documents bibliques, trad. J. Breitenstein album 500 gr. et cartes, in-4, cart., 8 fr. — Fischbacher.

Gendron (Abbé). — Œuvres oratoires. T. I : Retraites de séminaires (iii-493 p.), in-8, 4 fr. — G. Beauchesne et Cie.

Germain (A.). — Comment rénover l'art chrétien (coll. Science et Religion) (64 p), in-12, 0 fr. 60. — Bloud et Cie.

Giraud (V.). — Anticléricalisme et catholicisme (102 p.), in-16, 1 fr. — Bloud et Cie.

Le Floch (H.). — Une vocation et une fondation au siècle de Louis XIV. Claude-François Poullart des Places, fondateur du séminaire et de la congrégation du Saint-Esprit, 1679-1709 (xxiii-571 p.), in-8, 7 fr. 50. — P. Lethielleux.

II. — PHILOSOPHIE ET SCIENCES SOCIALES.

Brees (E.). — Les Régies et les concessions communales (xii-556 p.), in-8, cart., 12 fr. — V. Giard et E. Brière.

Brévans. — Les Conserves alimentaires (Conn. utiles), in-18, cart., 4 fr. — J.-B. Baillère et fils.

Bidet (Fr.). — Frédéric Bastiat. L'homme, l'économiste (283 p.), in-8, 8 fr. — V. Giard et E. Brière.

Conseil supérieur du travail, 15e session, novembre 1905 : Délai-congé, compte rendu. Publ. du min. du commerce (xviii-169 p.), in-4, 2 fr. 25. — Berger-Levrault et Cie.

Daniel (A). — L'année politique 1905, 32e année (700 p.), in-16, 3 fr. 50. — Perrin et Cie.

Doumic (M.). — La Franc-maçonnerie est-elle juive ou anglaise ? (118 p.), in-16, 1 fr. — Perrin et Cie

Favre (J.). — Les Changes dépréciés, études sur la situation monétaire de l'Espagne, du Mexique, de l'Argentine, etc. (xvi-144 p.), in-16, 3 fr. 50. — Chevalier et Rivière.

Forestier (J.-C.-N.). — Grandes villes et systèmes de parcs, in-4, 2 fr. — Hachette et Cie

Schmoller (G.) — Principes d'Economie politique. 2ᵉ partie. T. III, trad. L. Polack. (Bibl. intern d'Economie politique) (616 p.), in-8, br., 10 fr.; rel., 11 fr. — V. Giard et E. Brière.

III. — HISTOIRE LITTÉRAIRE ET PHILOLOGIE.

Bloy (L.). — Pages choisies, 1884-1905 (420 p.), in-18, 3 fr. 50. — Mercure de France.

Bouchaud (P. de). — La Poétique française, le présent et l'avenir (160 p.), in-12, 2 fr. — E. Sansot et Cie.

Bonnefon (P.) — Portraits et récits extraits des Prosateurs français du xvıᵉ siècle (viii-294 p.), in-18, 2 fr. 50. — Lib. Armand Colin.

Cestre (Ch.). — La Révolution française et les poètes anglais, 1789-1809, in-8, 7 fr. 50. — Hachette et Cie.

Daniélon (Cl.). — Heures lyriques et chrétiennes, poésies (110 p.), in-16, 2 fr. — A. Fontemoing.

IV. — HISTOIRE ET GÉOGRAPHIE.

André (L.). — Michel Le Tellier, l'organisateur de l'armée monarchique (714 p.), in-8, 14 fr. — F. Alcan.

André (L.). — Deux mémoires historiques de Claude Le Pelletier (176 p.), 3 fr. 50. — F. Alcan.

Craponne (H. de). — Journal de bord d'une croisière en Adriatique et dans la région des Balkans (200 p.), in-16, 5 fr. — Rey et Cie, à Lyon.

Doigneau (A.). — Nos ancêtres primitifs. Notes d'archéologie préhistorique, av. 103 fig. et 2 pl. (284 p.), in-8, 5 fr. — C. Clavreuil et R. Rieffel.

Driault (J.-L.). — Napoléon en Italie, 1800-1812 (iv-688 p.), in-8, 10 fr. — F. Alcan.

Dry (A.). — Soldats ambassadeurs sous le Directoire, an IV-an VIII, 2 vol., in-8, 10 fr. — Plon-Nourrit et Cie.

Fallex (M.) et A. **Mairey**. — L'Europe, moins la France, cl. de 4ᵉ, in-12, 4 fr. 25. — Ch. Delagrave.

Gabarit (R.). — Questions de neutralité maritime soulevées par la guerre russo-japonaise (373 p.), in-8, 8 fr. — A. Pedone.

Graziani (P.). — Boniface VIII et le premier conflit entre la France et le

Saint-Siège (coll. Science et Religion) (64 p), in-12, 0 fr. 60. — Bloud et Cie.

Parisot (R.). — De la cession faite à Louis d'Outremer par Otton Ier de quelques « pagi » de la Lotharingie (Lorraine) occidentale, 940-942 (22 p.), in-8. — Berger-Levrault et Cie.

Rourd de Gard (E.). — Traités de la France avec les pays de l'Afrique du Nord (194 p.). in-8, 12 fr. — A. Pedone.

Salvioli (G.). — Le Capitalisme dans le Monde antique. Etudes sur l'histoire de l'Economie romaine, trad. A. Bonnet (Bibliothèque internationale d'Economie politique), (322 p.), in-8, br. 7 fr. ; rel. 8 fr. — V. Giard et E. Brière.

Sarzec (E. de). — Découvertes en Chaldée, livr. 5, 1er fasc. (289-352 p.), in-folio, 20 fr. — E. Leroux.

Sédir. — Le Fakirisme hindou (48 p.), in-8, 1 fr. 50. — Chacornac.

Siegfried (A.). — Le Canada, les deux races, (416 p), in-16, 4 fr. — Lib. A. Colin.

Tchernoff (J.). — Le Parti républicain au coup d'état et sous le second Empire, d'après des documents et des souvenirs inédits (672 p.), in-8, 8 fr. — A. Pedone.

Trois mois au Kouang-Si. Souvenirs d'un officier en mission (iv-248 p.), in-8, 3 fr. 50. — Ch. Delagrave.

Zevort (E.). et A. **Varangot**. — Notions sommaires d'histoire de France, des origines à 1610, (192 p), in-16, 1 fr. 50. — A. Picard et Kaan.

V. — ART ET ARCHÉOLOGIE.

Exposition d'œuvres d'art du xviiie siècle à la Bibliothèque nationale. Catalogue av. 32 pl. (206 p.), in-8, 2 fr. — E. Lévy.

Barranx (S.). — Vieilles murailles de France (12 p.), in-4, 5 fr. — Soc. fr. imp. et Lib.

Cain (G.). — Anciens théâtres de Paris. Le boulevard du crime, les théâtres du boulevard, av. ill. (420 p.), in-18, 5 fr. — E. Fasquelle.

Chautard (E.). — Au Pays des Pyramides (224 p.), in-4, 3 fr. — Mame et fils.

Chassinat (E.), H. **Gauthier** et H. **Piéron**. — Fouilles de Qattah (Mém. inst. arch. ori. du Caire, t. XIV), av. 18 pl , in-4, 40 fr. — A. Picard et fils.

Dreyfous (M.). — Les Arts et les artistes pendant la période révolutionnaire 1789-1795, d'après les documents de l'époque (viii-472 p.), in-8, 5 fr. — P. Paclot et Cie.

Fontainas (A.). — Histoire de la peinture française au xixe siècle, 1801-1900 (442 p.), in-18, 3 fr. 50. — Mercure de France.

Rachou (H.). — Le Musée de Toulouse. Les statues de la chapelle de Rieux et de la Basilique Saint-Sernin (32 p.), in-4, 3 fr. — E. Privat, à Toulouse.

Soubies (A.). — Les Membres de l'Académie des Beaux-Arts, depuis la fondation de l'Institut, 2ᵉ série, 1816-1852 (323 p.), in-8, 6 fr. — E. Flammarion.

ACADÉMIE DES INSCRIPTIONS ET BELLES-LETTRES

Séance du 27 avril. — Le Président annonce qu'à partir du 1ᵉʳ mai, la publication du compte rendu officiel des séances de l'Académie aura lieu tous les mois alors qu'elle se fait actuellement tous les deux mois. — L'auteur du Mémoire qui a obtenu récemment une récompense de 500 fr. dans le concours pour le prix du budget, dont le sujet était l'étude d'une période de l'histoire ancienne du Japon est le P. Léon Balet, missionnaire à Tokio. Son travail a pour titre « Shôto Ku Taishis et son époque ». — Sur le rapport de M. Picot, le prix de La Grange, dont la valeur est de mille francs, est attribué à M. Bédier, professeur au Collège de France, pour sa publication du *Roman de Tristan*, 2 vol. in-8. — Sur le rapport de M. Lair, le prix Prost, dont la valeur est de douze cents francs et qui est destiné à récompenser les meilleurs travaux sur la région messine, est réparti ainsi qu'il suit : deux tiers du prix à MM. H. Stein et Léon Le Grand, archivistes aux Archives nationales pour leur ouvrage *La Frontière d'Argonne* (893-1654) ; un tiers du prix à M. Edmond Pionnier pour son *Essai sur l'Histoire de la Révolution à Verdun* (1789-1795). En outre, une mention est accordée à M. G. Ducrocq pour la publication de sa revue l'*Austrasie*, consacrée au pays messin et à la Lorraine, et une autre mention à M. Pierrot pour son ouvrage : *L'Arrondissement de Montmédy sous la Révolution*. — M. Clermont-Ganneau communique au nom du Père Lagrange une inscription constituant un fragment d'édit bizantin fort intéressant pour la géographie de la Palestine. — M. Collignon donne lecture d'une Note de M. Gustave Mendel sur des fouilles exécutées l'an dernier à Aphrodisias par M. Gaudin. Elles ont porté principalement sur l'emplacement des Thermes qui, avec le temple d'Aphrodite et le stade, constituent les ruines les plus importantes de la cité. Outre les éléments décoratifs qui ont été mis au jour, on a retrouvé l'inscription de dédicace datant du temps d'Hadrien, la construction du portique oriental ; dégagé l'*Aleipterion* et un certain nombre de statues de l'époque romaine. Enfin, des sondages ont été exécutés dans le temple d'Aphrodite par MM. Mendel et Replat, architecte de l'École française de Rome. — M. Vidier, bibliothécaire à la Bibliothèque nationale, communique un Mémoire sur quelques ermitages de la région orléanaise au douzième siècle.

L'Éditeur-Propriétaire-Gérant : Albert Fontemoing.

BULLETIN CRITIQUE

112. — **Mutter Erde. Ein Versuch über Volks-religion.** (La Terre Mère. Un Essai de religion populaire), par Albert Dietrich. — Leipzig, Teubner, 1905, in-8 de 123 p.

Ce remarquable ouvrage est une étude d'histoire des religions. On se propose de décrire l'évolution, depuis les temps les plus lointains du paganisme jusqu'au plein christianisme, de la croyance générale et populaire à la désse Terre, considérée comme mère des humains.

Un mot de la méthode. Elle consiste, dans la masse des documents livrés par l'antiquité relatifs à notre sujet, à écarter systématiquement les récits mythologiques des poètes et aussi bien les explications ultérieurement fournies par les théologiens et les philosophes au sujet des pratiques et des rites, — à dégager ces pratiques et ces rites de tout ce qui les enveloppe, à les étudier en eux-mêmes tels qu'ils se présentent dans l'usage de la vie privée, de la famille, à en pénétrer le sens en les comparant à des usages actuellement en vigueur chez les non-civilisés, et à leur donner précisément la signification qu'ils prennent chez ces derniers. En d'autres termes, c'est expliquer l'histoire ancienne par l'ethnographie contemporaine, le *folklore* antique par le *folklore* des temps présents. La recette populaire et la croyance antique une fois précisées, on les suit à travers le labyrinthe du Panthéon grec et romain, et l'on détermine à chaque étape de la civilisation antique ce qui leur revient, jusqu'à ce qu'on arrive au christianisme où des traces pourront encore s'y reconnaître.

Ainsi, observation de la coutume populaire à son point de départ; comparaison avec des rites similaires; conclusion par voie d'analogie touchant sa signification religieuse; histoire de son dévéloppement de ses transformations, parallèlement à la marche de la civilisation : telle est la méthode rigoureusement suivie par ce livre de pure science.

Entrons dans le détail de cette minutieuse enquête.

Trois rites ou mieux trois pratiques populaires se présentent à nous chez les anciens Romains attestant une croyance à la maternité divine de la Terre. 1. Les enfants aussitôt nés sont déposés à terre, à même le sol. 2. Les enfants morts en très bas âge, avant la première dentition, sont inhumés, non incinérés. 3. Les moribonds, avant de rendre le dernier souffle, sont enlevés à leur couche et meurent étendus sur le sol. Ce sont là des pratiques relatées incidemment par l'ancienne littérature romaine et à propos desquelles il convient de se ressouvenir de l'unique divinité féminine de la Revue primitive, la *Tellus mater*.

Or ces pratiques on les trouve quasi-identiques, à l'heure actuelle, chez les Italiens du Sud, chez les Allemands, chez les Irlandais, chez les Parsis, les Veddas, les Japonais, etc. Leur signification véritable ? La littérature ancienne ne put la fournir. Il faut interroger à ce sujet les non-civilisés de l'Amérique de l'Australie, de la Nouvelle-Zélande, de l'Inde chez qui le culte de la Terre Mère est très répandu. On se rendra compte que poser un enfant sur le sol dès qu'il voit le jour c'est le consacrer à sa vraie mère d'où il est censé provenir, c'est le mettre sous sa protection. Inhumer un petit enfant, c'est rendre à la Terre mère une vie qui lui appartient et qu'elle est censée devoir bientôt ramener à l'existence terrestre. Déposer un moribond sur la terre nue, c'est le rapprocher de sa mère éternelle qui l'enfantera à nouveau et lui rendra une seconde vie.

On voit tout de suite combien cette conception est féconde, combien profondément religieuse, puisqu'elle répond au plus grave problème que pose la conscience du croyant, celui de la fin dernière. La Terre est le sein maternel qui a tout conçu, tout enfanté, tout mis au monde, même la race des hommes. C'est dans ce sein que tout doit rentrer, et l'on espère qu'il donnera une seconde existence, une sorte d'immortalité, à ceux qui l'ont invoqué et servi. Par là même que la croyance à la Terre mère se relie intimement à la foi en une seconde vie, elle devait s'ancrer au cœur des fidèles avec une extraordinaire ténacité et n'en pas être chassée par les grands cultes officiels de Zeus, d'Apollon et de Dionysos. Elle devait s'exprimer et se « spiritualiser » en quelque mesure dans les fameux *mystères* qui tinrent bon si longtemps après le triomphe du christianisme. Le mystère n'avait au fond d'autre but que de faire entrer en relation personnelle le fidèle avec la divinité, de l'unir à elle par des liens de filiation adoptive, afin qu'elle lui garantît une régénérescence et une nouvelle vie par delà le tombeau. Or les divinités de ces mystères étaient précisément, à Eleusis, *Demeter*, autrement *Ge meter*, la Terre mère de l'Attique ; à Rome et dans tout l'Empire, *Isis*, la Terre féconde d'Egypte. Les mystères orphiques auxquels présidait Dionysos attestent un triomphe des divinités paternelles sur les divinités maternelles avec pénétration des Conceptions nées à Eleusis. La même réflexion s'impose au sujet de Sabazios en Phrygie.

Mais en même temps que la croyance à la Terre Mère exaltait le sentiment religieux et lui donnait son véritable objet, à savoir l'espérance d'une vie future, elle matérialisait son culte et le conduisait aux dernières limites de l'immoralité, c'est pure logique. Puisque la Terre est conçue comme un principe féminin elle doit être fécondée avant de produire. Les principes mâles sont multiples, tel le rayon de soleil, telle la pluie. Ils sont représentés par le grossier phallus. Or la Terre engendre à toute heure des forêts, des moissons. Son action génératrice est là visible, tangible. Les solennités agraires auront pour objet d'exciter, d'exalter sa fécondité. Or, d'après la conception enfantine de magie sympathique suivant laquelle le semblable attire le semblable, c'est par des paroles, par des gestes obscènes, par des scènes de la plus brutale licence, que ce but sera atteint. D'où le caractère orgiaque des cultes de Cybèle, de Cérès, de Dionysos. Ce rituel des cultes agraires devait aussitôt pénétrer dans le culte secret des mystères. Car l'assimilation s'imposait entre la renaissance de la nature au printemps et la régénération de l'individu après la mort. Le corps du défunt n'est-il pas le grain de froment, débris inerte d'une existence périmée, que la Terre peut rendre à une nouvelle vie ? S. Paul n'a pas reculé devant ce rapprochement. I. Cor. XV. 35 ss. On peut donc en inférer que la renaissance du défunt sera assurée par les mêmes procédés qui réussissent à réveiller la fécondité de la nature. Le phallus fait dès lors son apparition dans les initiations avec son cortège d'obscénités. On le plante même sur les tombes; on le couche à côté du mort dans les cercueils. On le représente dans des statuettes côte à côte avec le symbole de la maternité terrestre (dans un tombeau de Crète). Alors que les lois policières ont supprimé les exhibitions scandaleuses des orgies dionysiaques ou sabaziennes, les pratiques immorales se maintiennent dans les rites nocturnes des mystères d'Eleusis, abritées par la croyance indéracinable à la divinité et à la maternité universelle de la Terre.

Le christianisme, faisant suite au rigide Judaïsme, l'affirme comme un triomphe de la divinité paternelle. Mais le gnosticisme s'empare du Saint-Esprit et tente en interprétant sa notion d'introduire une hypostase maternelle dans la Sainte Trinité. La maternité divine n'est plus entendue que dans un sens métaphorique par la théologie orthodoxe. D'après Clément, Tertullien, S. Cyprien, S. Zénon, c'est l'Eglise qui est la Mère des fidèles. Cependant l'initiation chrétienne est une seconde naissance. Le dogme ici confine à celui d'Eleusis. Mais l'eau vivifiée par l'Esprit Saint remplace la Terre. M. Dieterich voudrait voir dans le Cierge pascal, plongé par trois fois dans l'eau baptismale au Samedi Saint, comme un vestige de l'ancienne phallus, symbolisant l'action fécondatrice du Saint-Esprit. Il croit d'ailleurs à une influence inconsciente, « car, dit-il, le christianisme ne déploya jamais plus furieuse énergie que dans la complète damnation du phallus. »

Ce pâle résumé ne donnera pas une idée de la richesse d'information que M. Dieterich a mis au service de sa thèse. Puisqu'il sollicite la collaboration de ses critiques, je me permettrai de lui signaler la coutume des Israélites attestée par Exode I 16. Le Pharaon dit aux sages-femmes : « Quand vous accoucherez les femmes des Hébreux et que *vous verrez l'enfant sur les deux pierres*, si c'est un fils, faites le mourir. » Le nouveau-né des Hébreux est aussitôt posé sur deux pierres sises sans doute sur le sol. Ce trait est emprunté à l'Orient classique qui demeure hors du champ d'investigation de notre auteur. Nous osons en exprimer notre regret, car les cultes phalliques étaient bien chez eux en Canaan et le mythe d'Adonis et d'Astarté n'est pas sans rapport avec celui d'Attis et de Cybèle. L'étude manque ici d'un important complément.

A l'exemple, rapporté p. 26 note 2, de S. François d'Assise, de Bruno d'Osnabrück se faisant poser sur la terre nue pour y rendre le dernier soupir, on peut joindre aussi celui de S. Louis, qui voulut mourir sur la cendre, à Tunis. Joinville. § 146.

Au sujet de la fécondation des eaux baptismales par l'action mystérieuse du Saint-Esprit, invoquée par le texte liturgique : « de Spiritu Sancto qui hanc aquam regenerandis hominibus praeparatam arcana sui luminis admiratione fecundet, ut sanctificatione concepta ab immaculato divini fontis utero in novam renatu creaturam progenies caelestis emerget, etc... », où M. D. voit un écho des conceptions mystiques d'Eleusis, on aurait pu remarquer que ce symbolisme se rattache à l'Evangile selon S. Jean. Notes entre autres textes. Jean III, 5. « Nisi quis *renatus* fuerit et *aqua* et *Spiritu Sancto...* »

M. D. ne semble pas être un croyant, encore moins un homme d'Eglise. A l'occasion il décoche ses traits indifféremment sur l'évêque catholique de Metz qui jette l'interdit sur un cimetière où l'on a inhumé un protestant — ce fanatisme étant un reste de la vieille superstition qui garantit automatiquement la renaissance aux indigènes inhumés dans leur terre natale et à ceux-là seuls, et excluant par suite de ce privilège les traîtres, les grands malfaiteurs — ; et sur le consistoire évangélique luthérien de Saxe qui condamne en 1905 une épitaphe mortuaire rédigée en ces termes : « Hier ruht im *Mutterschoss der Erde* Christiane... » Ces messieurs du Consistoire paraissent trop ou trop peu savants au professeur d'Heidelberg. Il se montre moins effrayé qu'eux de cette survivance du vieux « sein maternel de la terre ».

Ces allusions à des événements contemporains sont rares. L'étude reste grave, objective, indépendante, extrêmement attachante et suggestive. L'auteur juge nécessaire de faire un acte de foi sur les dogmes fondamentaux de la sociologie évolutionniste (promiscuité primitive, mariage par groupe, droit maternel). Mais grâce à Dieu ! il n'a pas à les invoquer. Les faits qu'il étudie se placent immédiatement après le triomphe de la pratique monogamique ou monogynique et du droit paternel. Cela veut dire que M. D. se place exclusivement sur le terrain des faits et des documents. On ne saurait trop l'en féliciter.

L. DE LACGER.

113. — **Essai d'une psychologie de l'Angleterre contemporaine : les crises belliqueuses**, par J. Bardoux. — Paris, Alcan, 1906, in-8 de vi-564 pages. (Prix : 7 fr. 50).

M. Bardoux entreprend dans ce livre — le premier d'une série — de faire la synthèse des études auxquelles il se livre depuis dix années déjà. Fournir à l'observateur une sorte de canevas élémentaire sur lequel puissent s'agréger les multiples informations que la presse nous envoie tous les jours; chercher les lignes essentielles de ce canevas dans une analyse à la fois minutieuse et large de la vie anglaise contemporaine; faire de ce cadre comme un schema fidèle de cette complexe psychologie d'outre-Manche, — tel est le but de l'auteur. L'utilité d'une telle entreprise est évidente : les livres de M. Boutmy et de M. Cazamian en avaient déjà posé les jalons, l'un dans une esquisse générale, l'autre dans un chapitre, ou même quelques chapitres, très « poussés. » Il y avait place entre ces deux ouvrages pour celui de M. Bardoux. Et c'est merveille de voir la richesse de documentation de l'économiste et du statisticien s'accommoder de toute la rigueur et de toute la simplicité des principes d'un philosophe historien ou littéraire.

A vrai dire, cette simplicité n'est pas atteinte sans une certaine intransigeance de point de vue : et ce livre, élaboré sans doute pendant les années de la guerre sud-africaine, est tout entier orienté vers une recherche des éléments belliqueux du milieu social anglais. A cet égard, il porte date déjà, et les Anglais — qui moins que tout autre peuple, croyons-nous, ont la combativité permanente — pourront reprocher à l'auteur d'avoir été photographiés par lui dans une attitude un peu exceptionnelle.

Le tempérament britannique (chap. 1) son énergie tenace, mais inégale, sujette à des variations d'intensité, son amour exclusif des faits concrets, M. Bardoux, après M. Boutmy, note tout cela. Mais c'est pour en faire des « facteurs belliqueux. » Une analyse très précise et très bien éclairée de la vie commerciale et industrielle, et partant éminemment urbaine, de l'Angleterre moderne, avec de bons suppléments sur le rôle de l'oligarchie terrienne et de la religion (chap. 2) sont également sollicités dans ce sens. Cette dernière partie notamment (la religion belliqueuse) insistant comme elle le fait sur des publications et des déclarations motivées par le différend anglo-boer, paraîtra un peu caricaturale à ceux qui cherchent avant tout la réalité, fût-ce aux dépens des synthèses possibles. Le chapitre 3 se demande « à quelles conditions les facteurs belliqueux *pouvaient* ne pas exercer leur action. » Et l'on touche ici du doigt la part d'hypothèse qui entre dans la thèse de M. Bardoux. Trop souvent il donne l'impression d'une *quasi-réalité*, où l'idéalisme, l'individualisme, le libéralisme, et maintes abstractions dont le sens coutumier en français ne laisse pas d'être assez modifié en passant le détroit, semblent jouer, ou *pouvoir* jouer, leurs rôles respectifs, et mimer la réalité des choses dans un grand drame qui s'appellerait « vers la guerre ! » Mais n'exagérons point notre reproche : le système est plutôt dans la présentation des résultats que dans les résultats mêmes de l'enquête de M. Bardoux. Ce chapitre troisième est même, à notre sens, au moins dans sa dernière partie (comment l'évolution des idées philosophiques et du « remords social » a une base économique) l'un des plus neufs et des plus sûrs de l'ouvage. Mais aussi se termine-t-il modestement sur un aveu de « la diversité de la vie » — que certes nous n'attendions plus après l'anathème de la page 88 (chap. 2). « La diversité fondamentale des choses n'est qu'un subterfuge de l'ignorance humaine. »

La deuxième partie reprend d'abord (chap. 4 et 5) quelques cas individuels, représentatifs de cette « accalmie pacifique » du milieu du xix° siècle anglais. Carlyle, Ruskin et Dickens, symbolisant l'idéalisme littéraire (combien ce titre aurait appelé de réserves de la part de ceux auxquels on l'applique !) — Cobden, J. S. Mill et Gladstone représentant le libéralisme politique sont tour à tour étudiés avec une pénétration toute sympathique et qui sait à l'occasion donner à ces riches pensées anglaises l'allure un peu flottante — qui est la vraie : le cas est frappant pour Carlyle qu'on peut tour à tour placer parmi les influences pacifiques (comme en ce chap. 4) et parmi les pionniers du réveil belliqueux (chap. 8, parag. 2). Le sixième chapitre esquisse une histoire du sentiment national en Angleterre, et montre très clairement que des crises économiques, de nature diverse d'ailleurs, ont souvent accompagné les accès d'inquiétude et de combativité du peuple anglais. Peut-être, ici encore, l'exposé de faits récents — postérieurs à

1875 — a-t-il en réalité suggéré une hypothèse qui paraît s'offrir comme valable pour toute l'histoire moderne de l'Angleterre : « L'arrêt des industries semble laisser sans emploi une certaine quantité d'énergie nationale. Elle cherche alors à se dépenser dans des luttes sanglantes, et revient enfin à l'usine et au comptoir, accrue par cette tension physique et morale. » (p. 340). Or, M. Bardoux lui-même signale que les paniques belliqueuses de 1851 et de 1859 suivirent au contraire une hausse ou tout au moins un mouvement normal d'activité économique. L'explication proposée n'aurait donc qu'une valeur de schème provisoire, auquel s'adaptent assez bien les faits tout contemporains : commode, mais éphémère, c'est une excellente explication de journal — peut-être est-elle trop mécanique et simpliste pour une explication psychologique permanente.

La troisième partie expose successivement, en trois chapitres, 1° le rôle social des conservateurs anglais, si différent de celui de nos réactionnaires — révolutionnaires à rebours, comme le remarque M. Bardoux — 2° le rôle de l'impérialisme, et comment les tendances disruptives ont été arrêtées, refoulées par les réalités économiques, et par le sentiment ravivé de la valeur suréminente de la race (de très fines pages ici, sur la fortune, en Angleterre, de la doctrine évolutive à forme biologique) — 3° enfin, le rôle de la concurrence internationale grandissante, et de la stagnation relative des affaires anglaises en ce dernier quart de siècle. Et l'ouvrage se termine, comme on pouvait le pressentir dès le début, par une courte histoire du mouvement d'opinion qui amena et entretint le conflit sud-africain — résumé remarquablement impartial en son exposé, un peu magnifié dans sa conclusion : « Le petit peuple qui agonisait là-bas était un holocauste offert à la paix du monde. »

En somme, l'auteur nous a donné un excellent instrument de travail et qui nous faisait absolument défaut, un livre utile, commode (il le serait bien plus encore avec un bon index), une synthèse agréable, maniable, à laquelle on aura maintes fois l'occasion de recourir — livre un peu dangereux cependant, synthèse un peu trompeuse, pour quiconque ne se souviendrait pas 1° que l'auteur écrivit aux jours un peu exceptionnels de la guerre anglo-boer, et de tout le *Mafficking*, matériel, intellectuel et religieux, dont elle fut l'occasion; et qu'en conséquence, les deux ordonnées (pacifiques accalmies et réveils belliqueux) le long desquelles s'étagent les masses de faits dont le livre est bourré, sont un peu arbitrairement choisies — 2° que la plupart des généralisations plus lointaines dont nous nous servons si volontiers en France (idéalisme, individualisme — v. surtout p. 123; esprit militaire, aristocratique, p. 190) sont trop chargées de « connotations » françaises pour se bien accommoder à une vie nationale si différente de la nôtre — et si ennemie des généralisations.

Nous ne pouvons nous empêcher de croire que de profondes raisons légitiment les soupçons dont on accueille à l'étranger nos reconstructions brillantes et harmonieuses (on sait quel étonnement, quel scandale même, certaines parties au moins du livre de M. Boutmy ont causé en Angleterre). Peut-être l'heure est-elle venue enfin, où des études moins ambitieuses, mais plus passionnément attachées à traduire les réalités étrangères, plus fidèlement soumises à des points de vue inaccoutumés mais caractéristiques, plus méfiantes à l'égard de nos cadres de pensée habituels et de nos étiquettes philosophiques de Français de la troisième République, seraient à la fois plus sûres et plus éclairantes [1].

A. KOSZUL.

---

114. — **Aristophane et les Partis à Athènes**, par Maurice CROISET. — Paris, Fontemoing, 1906, in-16. (Prix : 3 fr. 50).

Quelle a été la politique d'Aristophane ? A-t-il voulu faire sur la scène le jeu des nobles, comme on l'a généralement admis ? La célébrité tapageuse des *Cavaliers*, le bruit de ses démêlés avec Cléon ont accrédité cette thèse. Il est de fait qu'au début de sa carrière Aristophane fréquenta la jeunesse dorée d'Athènes, et que par elle il dut s'initier aux opinions qui avaient cours dans le monde des grands. Faut-il aller plus loin et découvrir dans ses irrévérences à l'égard de Démos l'esprit de parti qui anime, à la même époque

---

[1]. Beaucoup d'errata, notamment dans les pages consacrées à Dickens ; mais ils sont plus irritants que trompeurs. Lire cependant, p. 27, « les caractères des lois » plutôt que « des toits » et p. 93, en note, « articles de *Minerva* (février 1903) » non « janvier. » La rédaction du livre témoigne en maint endroit d'une certaine hâte.

et dans un autre ton, le traité anonyme de *la République des Athéniens* ? A ce compte, comment expliquer que, dans *Lysistrate*, il s'en prenne aux hétairies d'oligarques, aux *probouloi*, à Pisandre, que, dans les *Nuées* il malmène Socrate, le philosophe adopté par l'aristocratie, et, dans les *Oiseaux*, Nicias, l'un des ses principaux chefs ? En présence de ces contradictions, on serait tenté de conclure que le poëte n'a jamais songé à conseiller son public, mais à le faire rire, qu'il s'est abandonné, sans souci des incohérences, à sa fantaisie et à sa verve, que ses bouffonneries et ses audaces ont juste la portée de nos caricatures politiques, qu'il a bafoué les hommes du jour au hasard de la rencontre, et que c'est une erreur de voir dans les *Acharniens*, les *Cavaliers*, les *Guêpes* une satire de la démocratie, comme c'en était une de voir dans l'*Assemblée des Femmes* une satire de la *République* de Platon, parue plus tard.

L'une et l'autre de ces solutions ont paru à M. Maurice Croiset trop absolues. L'accent de certaines parabases et de certains chœurs suffirait à établir qu'Aristophane ne plaisante pas toujours. Oui, il a une politique, mais toute d'opposition aux politiciens. Dans la bataille des partis, il s'en tient au parti d'Athènes, d'une Athènes selon son cœur et ses goûts. Il était naturel qu'il s'en prît de préférence à ceux dont le joug pesait alors sur la cité. Mais, en d'autres circonstances, il eût été l'ennemi des nobles; il le fut quelquefois, à n'en pas douter. Entre les haines qui se répondent et se perpétuent, les abus du pouvoir et les coups d'État, il reste essentiellement un traditionniste et un modéré. De cela on se doutait bien un peu. Le grand mérite de M. Croiset est d'avoir apporté à cette thèse une précision et une cohésion toutes nouvelles. Pourquoi Aristophane prit-il cette attitude? Parce qu'il était un *rural*, parce que son enfance s'était écoulée dans cette campagne de l'Attique où la comédie était née, parmi ces paysans qui formaient une bonne part de son public, aux Lénéennes et aux Dionysies. Resté de cœur avec eux, il vengeait au théâtre la foules des petits propriétaires terriens de la politique urbaine qu'ils subissaient, celle des démagogues, des hommes d'affaires, des oisifs, des pauvres hères vivant du triobole et de la cohue bruyante du Pirée. C'est parmi eux que le plus volontiers il choisissait ses héros, Dicéopolis, Strepsiade, Trygée, Chrémyle, tous représentants ingénus de l'ancienne Attique, de la vie agricole, laborieuse, confortable et gaie, et de cette « philanthropie » héréditaire à laquelle les politiciens faisaient succéder un régime d'intolérance, d'arbitraire, de discorde et de suspicion. — Les mêmes origines et les mêmes attaches expliquent ce qu'on pourrait appeler la politique extérieure d'Aristophane. En l'arrachant à ses cultures et en l'entassant dans Athènes, la guerre du Péloponnèse fut un désastre pour la démocratie rurale. De là les appels incessants — et assez inopportuns parfois — du poète à une paix qui se dérobe, ses conseils de mansuétude à l'égard des alliés, sa bonhomie envers Lacédémone, et le vif sentiment hellénique qui ne l'abandonne jamais.

Dans sa guerre aux violents, il fut lui-même de la dernière violence. Ses premières pièces sont d'une audace qui nous confond. Puis il se calme. La satire se généralise. A quoi attribuer ce changement de tactique? On a beaucoup invoqué, sur la foi d'un fragment de Phrynichos et d'une vague scholie, un prétendu décret de Syracosios contre les libertés de la scène. M. Croiset a de bonnes raisons pour n'en tenir aucun compte. Mais les années sans doute avaient mûri le poète. Cléon mort, il lui avait vu succéder un Cléophon, un Pamphilos, un Agyrrhios. Il s'était rendu compte que le mal dont souffrait Athènes n'était point l'œuvre de quelques ambitieux, qu'il fallait frapper plus loin et plus profondément. Voilà pourquoi, au delà des hommes de gouvernement, il s'attaque à un poète comme Euripide, et, à travers lui, à la sophistique et au nihilisme, à « l'intellectualisme inquiet, épris d'analyse, incapable au fond de se satisfaire lui-même, mais affaiblissant la discipline morale, faute de pouvoir lui assigner une raison d'être incontestable ; et, par suite, donnant l'essor aux instincts égoïstes que gênent les exigences sociales. » (p. 251).

Est-ce d'Athènes ou de nous qu'il est ici question? Cette démocratie si lointaine, et si proche à certains égards, eut comme le nôtre ses « intellectuels, » ses « radicaux, » ses « sectaires, » comme nous avons des démagogues, des sycophantes et des oligarques. Elle connut des apathies et des langueurs que nous connaissons, et des sursauts d'énergie comparables à ce qu'un écrivain contemporain appelait nos « fièvres françaises. » On surprend à chaque page, dans l'étude de M. Croiset, de ces contacts, je ne dis pas : de ces rapprochements. L'éminent helléniste n'a eu garde de les indiquer. Son œuvre — historique autant que littéraire — est composée dans un esprit hautement scientifique, écrite avec une sobriété tout universitaire : malgré l'impassibilité du ton et à travers les discussions de textes, elle n'en apporte pas moins au temps présent un écho pathétique du drame qui se jouait alors dans Athènes, et qui mêla parfois ses angoisses aux facéties les plus décidées de la Comédie aristophanesque.

Auguste Dupouy.

---

115. — **Lettres de Charles VIII roi de France,** publ. par P. Pélicier et B. de Mandrot dans la *Coll. de la Soc. de l'Histoire de France*, tome V (1496-1498). — Paris, Renouard, 1905, in-8. (Prix : 9 fr.)

M. P. Pélicier avait préparé la matière des quatre premiers volumes de lettres de Charles VIII ; M. B. de Mandrot, continuateur de cette œuvre laborieuse, produit aujourd'hui le cinquième et dernier volume s'arrêtant à la lettre 1145e. En même temps que la compilation s'achève paraît la préface destinée à figurer en tête du 1er volume. Cette préface contient surtout l'expression de doutes et de restrictions. Toutes les lettres de Charles VIII sont-elles contenues dans le recueil approuvé par la Société de l'Histoire de France ? Les Compilateurs les plus diligents ne sauraient garantir aucune de leurs œuvres à cet égard. M. B. de M. a les meilleures raisons de ne pas considérer le travail qu'il termine comme absolument complet. Une lettre de Charle VIII indiquée par M. Pélicier (p. 14) comme figurant dans un registre des archives de la Lozère n'a pu être retrouvée par M. de Mandrot. Mais il y a lieu de croire que d'autres archives ont des réserves encore imparfaitement explorées, les archives italiennes surtout dans lesquelles M. P. a puisé parfois par intermédiaires. Ce procédé fait ressortir l'obligeance de correspondants comme M. Delaborde, qui, ayant largement moissonné dans un champ déterminé, s'est démuni de sa précieuse récolte en faveur de l'Editeur des Lettres de Charles VIII. Ce dernier n'en est pas moins exposé à la surprise de découvertes que produiront des recherches ultérieures autrement dirigées. La prévision de pareilles surprises n'est pas de nature à attrister ni M. B. de M., ni P. Pélicier s'il vivait encore.

Peut être le premier et principal éditeur des Lettres ferait-il moins bon marché que son sucesseur de la valeur historique et psychologique des documents recueillis. La personnalité de Charles VIII est-elle vraiment effacée autant que dans la préface on s'offorce de l'établir à grand renfort d'expertises d'écritures ? Nous n'adoptons pas pour notre part la manière de voir de M. B. de M. Nous n'attachons pas autant d'importance à la qualité d'autographes que l'on voudrait exiger de toutes les lettres. Le manque de culture intellectuelle de Charles VIII, son défaut d'application et d'étude ne nous semblent pas lui enlever toute responsabilité et tout mérite dans la rédaction de certaines missives, des bulletins militaires par exemple, dont nous admirions dans notre précédent compte-rendu la sobriété et la modestie. Assurément le style ici révèle le caractère du roi, car on aurait facilement trouvé dans l'entourage de Charles VIII des secrétaires courtisans et grandiloquents pour amplifier les faits de guerre, si le souverain avait recherché ce genre de flatterie. L'argumentation de l'éditeur érudit n'atténuera que dans une faible mesure, croyons-nous, l'impression produite par quelques lettres importantes et cette impression est favorable à la personne de Charles VIII. Sans nous édifier sur les talents politiques, sans doute assez minces de ce roi de France, sa correspondance rendra bon témoignagne de sa simplicité et de sa droiture. Probablement aussi pourrait-on faire ressortir de ces lettres des indications générales sur les tendances du gouvernement de Charles VIII; nous attendions que la préface donnât aux chercheurs tout au moins une direction à cet égard ; l'éditeur a préféré n'empiéter en rien sur la tâche des historiens proprement dits.

La publication, très soignée à l'ordinaire, se recommande par des notes abondantes et explicites sur beaucoup de noms propres. Les publications antérieures des documents, lorsqu'il s'en rencontre, sont mentionnées en général à la suite des cotes d'archives. L'éditeur, bien entendu, ne se borne pas à reproduire le texte établi par les premières publications ; la lettre MXLV en est la preuve. M. Stein l'avait déjà publiée, ainsi que plusieurs autres, dans l'annuaire bulletin de la Société de l'Histoire de France (1888). Entre les deux textes on relève une ou deux variantes.

Deux bonnes pages d'additions et corrections très soignées, en rectifiant les cinq volumes, montrent combien la publication des lettres de Charles VIII avait donné lieu à peu d'erreurs sous l'habile direction de P. Pélicier. Une table alphabétique très complète permettra de glaner jusqu'aux plus menus faits intéressant Charles VIII.   H. Gaillard.

---

116. — **Benjamin Constant sous l'œil du guet**, par Victor Glachant, [d'après de nombreux documents inédits de la Bibliothèque de l'Institut et des Archives nationales]. — Paris, Plon-Nourrit et Cie, 1906, in-8 de xxxix-600 pp.

Sous ce titre, — incomplet peut-être en ce sens qu'il annonce plutôt la seconde partie de l'ouvrage que l'ouvrage tout entier, — M. Victor Glachant apporte une excellente contribution à l'histoire morale et politique de Benjamin Constant.

D'après des documents inédits trouvés, les uns à la Bibliothèque de l'Institut, les autres aux Archives nationales, il nous présente l'illustre *libéral* à deux époques différentes de sa carrière : — 1° Pendant son exil, de 1802 à 1814 ; — B. C. correspond avec Fauriel et date ses lettres (au nombre de trente deux) de Genève, Coppet, Hardenberg, ou, par exception, de Paris. A cette période, se rattache une lettre à madame de Condorcet du 5 juillet 1804. — 2° Pendant la Restauration, de 1814 à 1823 (quatre lettres ou billets à Fauriel) et de 1827 à 1830 (rapports de police, correspondance des préfets, instructions du ministre, etc... le tout relatif aux voyages électoraux de B. C. en Alsace). Les lettres à Fauriel avaient été déjà consultées et mises à profit par Sainte-Beuve ; mais M. V. G. nous en donne pour la première fois le texte intégral. Quant aux pièces administratives, elles étaient absolument inédites.

Dans son Introduction, M. V. G. dégage lui-même avec sûreté et finesse, sans en surfaire l'importance, le sens et la valeur de ces documents. Il accompagne, page par page, le texte des Lettres et des Rapports d'un commentaire très complet, qui nous fait toucher à une foule de questions aux alentours du sujet. Et dans un chapitre intermédiaire, intitulé *Benjamin Constant peint par lui-même*, il donne de son personnage un portrait minutieux et synthétique à la fois. « Tout ce portrait, dit-il, (p. 154), est bâti exclusivement à l'aide des données que nous ont fournies les confidences autobiographiques du *Journal intime*, la *Correspondance* imprimée, les collections d'autographes que nous avons pu consulter, et les extraits ou citations de lettres inédites donnés par les principaux catalogues d'experts... » — Enfin un *appendice* (p. 513 à 589) contient des *Notes et Textes justificatifs*, une *Bibliographie* et une *Iconographie*.

Tel est le contenu de ce gros volume qui, on le voit, dépasse de beaucoup les promesses de son titre, et qui renferme à peu près, sous forme de documents, d'analyses, de jugements ou de renvois, tout ce que la critique actuelle sait de Benjamin Constant. Nous verrons prochainement ce que la thèse, annoncée depuis quelques années, de M. Rudler, y ajoutera. Pour le moment, il faudra tenir compte du travail de M. V. G. à trois points de vue : — la personne morale de B. C., — sa politique et celle du parti *libéral*, — la littérature.

Ai-je besoin d'ajouter que, entre tous, M. V. G. est expert en vieux papiers, et qu'il a déchiffré, daté (sauf erreur), et publié ces textes de manière à satisfaire les juges les plus difficiles ? Mais qu'il me permette de lui signaler quelques détails à compléter ou à corriger. — P. 31, la note sur les rapports de Fauriel et de Manzini me paraît insuffisante. — P. 187, M. V. G. cite « un certain Jullien (de Paris) directeur de la *Revue encyclopédique*. » Puisque, dans une *note*, il rappelle que le Bulletin Charavay signale plusieurs lettres de B. C. à Jullien, M. G. devait ajouter que la *Revue encyclopédique* (1819-1833) fut un des plus importants périodiques de cette époque, et que Jullien est une physionomie très curieuse, à laquelle M. E. Biré a consacré une étude (*Histoire et littérature*, 1895, p. 151.) — P. 231, Etienne est, je crois, traité avec une sympathie exagérée. M. V. G. oublie que ce *libéral* si mordant, cette *victime des Bourbons*, s'était fait le très docile et très raide exécuteur de la censure napoléonienne ? Ils furent quelques-uns qui donnèrent l'exemple de cette *inconséquence*, entre autres Jay et Jouy. A propos d'Etienne, M. V. G. nomme la *Minerve française*, « où, dit-il, écrira bientôt B. C. » Il est fâcheux que la *Minerve* se trouve aussi rapidement escamotée ; c'est un des organes le plus remarquable de l'opposition libérale, en 1818-1820, et B. C. y a publié ses plus beaux articles.

Rétablissons aussi l'ordre de quelques-uns des *Lettres* à Fauriel, lettre relatives à « l'adaption française » du *Wallenstein* de Schiller, publiée par B. C. en 1808, avec une *Préface* de beaucoup supérieure à l'ouvrage lui-même. M. V. G. a adopté l'ordre établi par *la cote provisoire de classement de quelques-unes de ces lettres à la Bibliothèque de l'Institut* ; mais cette *cote provisoire* ne l'enchaînait nullement, et l'a induit en erreur sur ce point particulier. Voici quel est son classement : — *Lettre XXIV* (8 sept. 1807) : Première mention du *Wallenstein*. B. C. annonce que l'ouvrage paraîtra dans quelques mois. — *Lettre XXV* (M. V. G. la date du 27 janvier 1808)... « Wallenstein vient de paraître... » — *Lettre XXVI*. (13 mai [1808]) « ... J'ai trouvé ici mon libraire désireux de faire une nouvelle édition de W. » — *Lettre XXVII* (22 juillet 1808). « ... Je vais faire imprimer une imitation très libre en vers du W. de Schiller... » (détails sur l'ouvrage en projet...) « ... dès que l'impression de W. sera terminée. » — *Lettre XXVIII* (rien sur W.). — *Lettre XXVIX* (4 juillet 1809). « Je vous ai écrit il y a environ deux mois pour vous dire que, me préparant à faire une nouvelle édition de W... » — *Lettre XXX* (30 août 1809) « Ma deuxième édition de W. ne paraîtra pas au mois de septembre, mais au mois de janvier prochain... » — *Lettre XXXI* (15 sept. (rajouté au crayon : 1810). « Si j'avais prévu les difficultés... je n'aurais certainement pas entrepris le travail que je viens d'achever... Je suis actuellement occupé à faire un petit discours préliminaire... Mais je suis mal disposé, pressé de publier... » — Tels sont l'ordre et la date adoptés par M. V. G. Or il est impossible de dater du 15 sept. 1810 une lettre où B. C dit qu'*il vient d'achever W.*, alors qu'on date du 27 janv. 1808 une lettre où il annonce que W. *vient de paraître* ; à plus forte raison, du 13 mai 1808 une lettre où il annonce que son libraire veut faire une *nouvelle édition* de W., et du 22 juillet de la même année une lettre où il parle de W. comme d'un *projet* ? je propose donc à M. V. G. d'établir ainsi l'ordre de ces lettres : — XXVII (22 juillet 1807, et non 1808). — XXXI (15 septembre 1807, et non 1810). — XXV. (27 janvier 1808). — XXVI (13 mai 1808). — XXIX (4 juillet 1809). — XXX (30 août 1809).

Je n'insiste sur ce détail que pour bien prouver à M. V. G. que son ouvrage mérite d'être examiné et étudié de très près. Dans une seconde édition, il lui sera facile de faire disparaître une légère erreur dont il n'est pas responsable.

Ces lettres sur *Wallenstein* et quelques mots, çà et là, sur *Adolphe*, sont d'ailleurs tout ce que ce volume renferme sur B. C. écrivain. Evidemment, M. V. G. était surtout préoccupé de nous faire mieux connaître l'homme politique, le *libéral* aux prises avec la police de la Restauration. Je regrette cependant que l'occasion ne lui ait pas été fournie de juger B. C. comme *romancier, journaliste* et *critique* ; par là, en effet, cette figure essentiellement mobile et changeante, prend un peu plus de fixité ; et si le « commis-voyageur en libéralisme » peut légitimement déplaire à quelques-uns, je crois qu'on fera la place de plus en plus honorable et large à l'auteur d'*Adolphe*, des articles de la *Minerve*, et de la *Préface de Wallenstein*.

Ch. M. des Granges.

---

117. — **Fouilles de Moussian**, par J. E. Gautier et G. Lampre. — Chartres, Durand, 1905, in-4 de 90 p.

M. J. E. Gautier est attaché à la délégation française en Perse. Il a dirigé les fouilles de Suse pendant l'hiver en 1904-1905, en l'absence de M. de Morgan. Deux ans auparavant assisté de M. G. Lampre, l'excellent secrétaire de la Délégation, il avait entrepris à ses frais l'exploration des tells antiques de la plaine de Moussian, au pied du Pouchté-Kouh, à trois journées au nord-ouest de Suse. La campagne commencée le 3 janvier 1903 prit fin le 3 mars de la même année. Pendant ces deux mois, M. Gautier avait employé journellement 140 hommes

Leurs fouilles n'ont amené aucun document épigraphique malgré la présence de nombreuses briques cuites. Mais elles ont mis à jour toute une série de tombes, de silex, de bronzes et de poteries d'un grand intérêt pour l'histoire de l'humanité primitive. De plus, elles ont permis de « suivre pas à pas l'évolution de la civilisation naissante » dans cette vallée de la Susiane : « au ras de la plaine, les premiers âges de l'humanité se manifestent par la présence du silex taillé : bientôt sans transition, surgit l'époque de la poterie décorée à pâte fine, la plus ancienne et la plus belle... Puis apparaît en même temps que le bronze, une céramique également décorée mais de pâte plus grossière » (p. 11).

Les tombes sont situées sur des élévations, à l'abri des crues. Elles offrent des dispositions assez variées. Dans le tumulus de Tépé Aly Abad, les deux explorateurs ont relevé les quatre types suivants : 1° tombe rectangulaire en briques crues, simplement comblée de terre ; 2° cuve rectangulaire en briques crues, fermée par un cintre très surbaissé; 3° tombe à voûte ogivale, en briques crues, fort étroite de fond et figurant une sorte de boyau ; 4° une tombe rectangulaire et voûtée, ayant servi de sépulture collective : deux squelettes y gisaient côte à côte.

Dans une des ces sépultures, le corps reposait sur le côté droit, les jambes allongées, les bras infléchis, les mains remontées à la mâchoire, dans l'attitude de l'adoration. Une autre, la plus considérable de toutes, contenait quelques ossements qui n'avaient dû être ensevelis qu'après avoir été dépouillés de leur chair : la natte qui les contenait ne portait aucun résidu de décomposition des chairs et tous les grands os, crâne, bassin, fémur, manquaient. En outre, les ossements ensevelis avaient subi une incinération incomplète dans la fosse même, car la natte était à demi consumée.

Le mort était accompagné dans ces tombes de tout un mobilier : vases d'un argile jaune clair tantôt sans ornements, tantôt couverts de dessins géométriques et de figures animales ou végétales peintes en rouge ou en noir; bronzes sous forme de haches, de pointes de lances et de javelines, de lames de poignard, d'épingles et d'anneaux; perles de colliers et de bracelets en cornaline et lapis-lazuli, etc. Il y a peu d'objets en argent et l'or fait absosolument défaut. Parfois, les armes et les ornements étaient déposés sur la tombe en guise d'offrandes.

Le silex taillé est extrêmement abondant à tous les étages de Moussian. Il est façonné en percuteurs, masses, lames, racloirs, scies et haches. Les fouilleurs n'ont recueilli ni têtes de lances ni flèches. Les haches ont été trouvées dans les couches profondes, à 10 mètres, avec les fragments de poterie peinte, fine ou épaisse. Elles sont le plus souvent la transition entre les coups de poing de l'âge paléolitique et les armes de l'époque de la pierre polie. Quelques haches de cette dernière époque sont finement achevées.

Les échantillons de céramique recueillis dans les tranchées ordinaires sont très différents de ceux des nécropoles. La pâte en est plus fine, d'un grain plus serré et plus dur, la couleur a subi une cuisson. Les motifs de décorations sont des dessins géométriques, des figurations végétales, des figurations animales, des représentations humaines. Dans les dessins géométriques de ces temps reculés nous relevons la croix de Malte, la croix ansée et le motif du svstika. Ni le blé, originaire de Mésopotamie, ni les végétaux employés dans l'alimentation ne figurent sur ces poteries qui ne portent en fait de plante cultivée que le palmier. Par contre, on y voit des béliers et beaucoup de gazelles et de chèvres sauvages. On peut en conclure qu'elles sont l'œuvre de tribus pastorales vivant du produit des troupeaux et de la chasse plutôt que de populations agricoles. Cette indication a son prix pour établir la haute antiquité de cette céramique.

Les figurations humaines sont les plus curieuses, soit par l'exactitude et l'habileté avec lesquelles elles ont été rendues d'abord, soit par les déformations que les négligences des artistes leur ont fait subir ensuite pour aboutir à un schéma purement conventionnel. MM. Gautier et Lampre décrivent fort bien cette singulière évolution régressive; ils rapprochent ces dessins de ceux des vases peints du préhistorique égyptien (p. 73 et suiv.)

Les vases des nécropoles sont d'une facture moins soignée; la décoration a été appliquée après la cuisson des pièces. Les deux explorateurs les croient plus récents que la poterie découverte dans les tranchées ordinaires, mais bien antérieurs cependant aux œuvres les plus anciennes des potiers hellènes. La plupart sont peints; la pl. vii reproduit en couleurs un des plus beaux spécimens de cette céramique. Ils portent comme motifs des représentations solaires, des dessins géométriques, des représentations d'animaux, gazelles et oiseaux, aigles ou vautours éployés, d'allure très héraldique. Ces découvertes prouvent une fois de plus « que l'aigle héraldique à deux têtes, qui orne le drapeau de certaines nations modernes, est un emblème transmis à l'Europe par l'Orient et venu jusqu'à nous de la très vieille Chaldée [1]. »

---

1. E. Pottier, *Catalogues des vases antiques. Les origines*, p. 254; Cf. Heuzey, *Mon. et Mém. Piot*, p. 19-20.

La plupart de ces vases, patiemment reconstitués, et des autres objets découverts à Moussian sont déposés aujourd'hui dans une des vitrines de la salle de Suse au Louvre. En s'aidant des descriptions détaillées et des renseignements très précis du mémoire que je viens d'analyser, mémoire, que ses auteurs appellent trop modestement une notice, les archéologues et les historiens y trouveront des matériaux précieux pour l'étude de l'évolution de la céramique, la comparaison de l'art oriental et de celui de la Troade, des Iles et de la Grèce, et par là même pour l'histoire de l'influence de ces civilisations primitives de l'Orient sur la civilisation de la Grèce et indirectement sur la nôtre.

François MARTIN.

ERRATA DU N° DU 15 MAI 1906

Page 265, au milieu, lire : traitée par les philologues les plus qualifiés.

Page 266, au milieu : πρεσβειῶν; fait connaître les sigles. En bas, Hultsch, Bekker ; fasciculus prior.

Page 267, en bas, : il continue avec les fragments du περὶ μιμήσεως.

Page 268, ligne 8 : ἐπιστολαί.

L'Éditeur-Propriétaire-Gérant : ALBERT FONTEMOING.

Imprimerie Générale de Châtillon-sur-Seine. — A. PICHAT.

BULLETIN CRITIQUE

---

118. — Principes de Morale Rationnelle, par A. LANDRY. — Paris, Alcan, 1906, in-8 de x-278 pp. (Prix : 5 fr.)

Selon M. L. le problème moral est réel : il se pose à tout homme qui réfléchit. Ce problème est rationnel : la raison est capable de le résoudre. Ce problème est humain : c'est la raison, envisagée comme force naturelle et non comme faculté transcendante, qui est capable de le résoudre. L'amoralisme sociologique, le moralisme sous ses différentes formes, la métaphysique de la morale sont trois conceptions vicieuses du problème moral.

Tout homme qui use de sa raison dans la vie, s'efforce de réaliser une manière d'agir qui soit justifiée, unifiée, et, qu'il y consente ou non, universelle. Or les sociologues de l'école de MM. Durkheim, Lévy-Brühl et Simmel, n'ont pas démontré qu'il fût absurde de répondre à cette question : quelle est la fin qui satisfera aux exigences de la raison pratique? Ils l'ont si peu démontré qu'ils ont eux-mêmes une morale théorique, une « métamorale. » Pour M. Lévy-Brühl, par exemple, ce sera l'utilitarisme. Et il le faut bien : l'art rationnel, issu de la science des mœurs, doit se mettre au service d'une fin préconçue. Seulement cette fin, pour nos sociologues, c'est, souvent, la pensée de derrière la tête.

Il y a donc un problème moral. Est-ce la foi qui le résoudra? Une croyance morale, dit-on, ne se prouve pas, elle s'éprouve. Est-elle capable d'organiser une vie? elle est valide ; sa vérité a pour mesure son efficacité. — Mais ce divorce entre la croyance et la science est, en définitive la mort de la morale. Quoiqu'on fasse, la réflexion finit par dissoudre l'irrationnel.

La solution du problème moral doit donc être rationnelle. Mais justement, il ne faut pas aller la chercher dans le domaine mouvant de la théologie et de la métaphysique; domaine très lointain aussi, car « l'adoption de telle ou telle thèse métaphysique ne saurait exercer aucune influence sur le choix du principe moral suprême » (Liv. I, chap. 2, p. 56). Quant à la morale théologique ou elle est arbitraire ou elle est subordonnée à la morale rationnelle.

Qu'est-ce donc que ce besoin rationnel, d'où le devoir résulte? C'est « un besoin comme les autres » (chap. III. p. 84) en ce sens qu'il ne renferme rien de mystérieux, rien d'absolu; le devoir, traduction de ce besoin, de cette force naturelle, n'a donc rien non plus d'absolu; c'est un impératif hypothétique qui doit se formuler ainsi : si tu veux vivre en homme raisonnable, tu dois agir ainsi. Mais ce besoin présente des caractères particuliers; il est universel, permanent, et souverain, en ce sens que tous les besoins doivent se justifier devant lui, « tandis que lui-même ne comporte aucune justification, (p. 85). Quant au devoir conçu comme obligatoire, il est injustifié, et absurde (p. 111 et suiv.)

Or quelle est la fin qui contentera le besoin rationnel, c'est-à-dire qui opérera la justification et l'unification de la conduite? Considérons d'abord la conduite individuelle. « Une fin sera rationnellement justifiée que notre moi, tout-à-fait conscient de lui-même, ne pourra pas se refuser à vouloir (Livre II, chap. I, p. 125). C'est donc « sur une vérité d'observation qu'il faudra asseoir la morale » (p. 126). Or « l'observation la plus familière » démontre que le moi conscient, réfléchi « est invinciblement déterminé à rechercher le plaisir et à éviter la douleur » (ibid.) Le principe hédonistique est donc justifié. Il permet aussi d'unifier la conduite, car toutes les actions ont un caractère affectif et l'on peut mesurer l'intensité des plaisirs et des peines, soit à la place qu'ils occupent dans le champ de la conscience, soit à leur force attractive ou répulsive sur le moi conscient — Replaçons maintenant l'individu dans son milieu naturel : la société. Ç'a été l'ambition des philosophes anglais de tirer de l'égoïsme une doctrine de l'utilité générale. Ils n'y ont pas réussi, et, en définitive, ont dû appeler la législation au secours de la morale. Mais si l'on remarque que l'*égoïsme calculateur est rationnel*, qu'il a besoin d'être justifié par la raison, il apparaîtra qu'il lui faut, de toute nécessité, « subir dans leur intégralité les exigences de la raison » (chap. II, p. 166.) Or pour la raison, faculté de l'universel et de l'impersonnel, ce qui a de la valeur, c'est le bonheur en général ; donc, ce que l'agent moral doit rechercher c'est, non pas son bonheur, mais « la plus grande somme possible de bonheur pour l'ensemble des êtres capables de plaisir et de peine » (p. 156). Le principe moral c'est donc, en définitive, l'utilité générale. — La valeur morale des actes sera donc déterminée par la quantité de plaisir qu'ils créeront. Mais est-il possible de comparer les états affectifs, actuels ou futurs, de deux individus ? M. L. le croit. Il suffit, dit-il, de se mettre par l'imagination à la place d'autrui ; j'éprouve alors son plaisir après avoir éprouvé le mien ; il est ensuite facile d'établir une comparaison unique : les autres états se mesureront en fonction de ce rapport primitif. — On voit tout de suite que ces calculs seront très compliqués. En effet, nos actions ont pour termes des êtres très complexes, des individus ; leurs conséquences, dont il faut tenir compte, vont à l'infini ; enfin, elles sont mélangées de bien et de mal. De tout cela, il résulte qu'il n'y a en morale que des cas et pas de règles spéciales universelles (Liv. III, chap. unique). Cependant, il sera très utile de déterminer des règles spéciales, ne fût-ce que pour simplifier la conduite : on ne peut passer son temps à calculer comment il faut agir.

Enfin, selon M. L. l'utilitarisme est la seule conception rationnelle et dans le chap. IV du Liv. II, il prononce, sur les conceptions opposées à la sienne, une condamnation hâtive et sans appel.

La doctrine de M. L. est un compromis entre la morale rationaliste et la morale utilitaire. Avec les rationalistes, il affirme que la conduite morale, c'est la conduite rationnelle ; avec les utilitaristes, il affirme que la conduite rationnelle, c'est la conduite dirigée par l'idée du bonheur. Mais M. L. n'a pas démontré que le plaisir fût la fin rationnelle de la conduite individuelle. Cela n'est pas si évident qu'il l'affirme ! et c'est même faux. C'est ainsi qu'agit le moi affectif ; ce n'est pas nécessairement ainsi qu'agit le moi rationnel. — M. L. n'a pas davantage démontré que le plaisir pût unifier la conduite soit individuelle, soit surtout sociale. La comparaison entre deux états affectifs appartenant à deux personnes différentes, par substitution imaginaire d'une personne à une autre, puis la comparaison de tous leurs états affectifs par le moyen de cette comparaison initiale, me paraît une conception chimérique, contraire à toutes les données de la psychologie. Fût-il possible, un tel calcul serait pratiquement irréalisable, et l'auteur le sait bien puisqu'il demande qu'on établisse des règles spéciales universelles, qui ne seront vraies qu'en gros. Ce qui revient à dire que cette doctrine pratique est impraticable. — De plus, ce principe : la plus grande somme de bonheur possible, pourra justifier des actions que la conscience commune qualifie d'immorales. En immoralité, quand il s'agit d'une doctrine morale, est mauvaise marque de vérité. — Enfin l'auteur, s'il ne prouve pas sa thèse, ne démontre pas toujours la fausseté des théories contraires. On ne réfute pas, par exemple, la théorie de l'obligation par ce dilemme : « ou bien la réalité extérieure à laquelle on suspend la morale ne nous détermine pas nécessairement à suivre celle-ci, et alors le caractère absolu de l'obligation est détruit; ou bien son influence est nécessitante, et alors, aucune latitude, aucune liberté ne nous étant plus laissée, l'obligation perd son sens propre, et cesse d'être (p. 113). Faut-il faire remarquer que l'obligation n'est pas une loi physique, mais une loi idéale ?

H. VILLASSÈRE.

---

119. — **Principes d'Economie politique**, par G. SCHMOLLER. Première partie, tome II, traduit de l'allemand par G. PLATON. — Paris, Giard et Brière, 1905, in-8 de 601 p. (Prix : 10 fr.)

La traduction du Grand ouvrage de Schmoller se poursuit et le tome II vient de paraître. — Il contient « la constitution sociale de l'économie nationale, les organes les plus importants et leurs causes premières ». Sous ce titre, quelque peu vague, l'auteur étudie la famille, la commune et l'État, l'entreprise, envisagés comme organes de l'Economie nationale.

Le lecteur français est sans doute un peu dérouté par ce plan quelque peu artificiel : le lien est en effet assez lâche entre ces diverses matières; l'opposition classique entre l'individu et l'État y disparaît complètement; de plus, l'entreprise est rarement ainsi présentée du point de vue social comme englobant tous les contrats privés, qui laissent relativement libre carrière à l'instinct d'acquisition.

Malgré ce changement d'habitudes, le lecteur retrouvera dans ces pages et ces développements, qui ne sont pas sans quelque longueur, les principales questions économiques : les rapports entre les villes et les campagnes, la division du travail, la propriété, les diverses formes d'entreprise.

Signalons au hasard quelques-unes des opinions les plus intéressantes de l'Economiste allemand : en premier lieu, sa position fort curieuse comme socialiste d'État : « La constitution économique qui paraît aujourd'hui la plus normale est celle qui partage le soin de satisfaire aux besoins qui dépassent l'économie familiale, entre la corporation territoriale et l'entreprise, de manière que les deux systèmes se complètent l'un l'autre. Les avantages d'un système serviront toujours de modèle à l'autre ; et les défauts seront autant de moyens de détourner de suivre la même voie.

Ensuite son attitude très favorable à l'égard des Kartells et autres modes d'organisation industrielle contemporaine : ici encore le contrôle de l'État s'augmentera ; mais les inconvénients et les abus dans le sens du monopole, attachés aux Kartells, disparaissent quand on observe dans leur constitution en justes règles.

Tout l'ouvrage enfin est dominé par la préoccupation de faire des institutions étudiées non une revue théorique et abstraite, mais une observation concrète et historique. D'ailleurs, vu le petit nombre de documents anciens à consulter avec certitude, on aboutit le plus souvent à des hypothèses ou à des systèmes non démontrés. Peu importe d'ailleurs les difficultés, cette méthode donne aux questions un aspect scientifique indéniable.

Le traducteur a allégé de son mieux la lourdeur du style allemand : il n'en reste pas moins que pareille science fait songer à tel manuel français, clair, concis et élégant par contraste. Mais l'esprit national ne se change pas.   B. R.

---

120. — **Albii Tibulli carmina** — accedunt Sulpiciae elegidia, edidit, adnotationibus exegiticis et criticis intruxit Geyza Némethy. — Budapest, Académie des lettres de Hongrie, 1905, in-8 de de 346 p. (Prix : 6 cor.)

Cette édition, où le texte est suivi d'un commentaire explicatif en latin, de notes critiques et de onze Excursus, ne donne du *Cor-*

pus Tibullianum que ce qui est de Tibulle (livres I et II, avec les pièces 2 à 6, 13 à 14 du livre IV) et les élégies de Sulpicie, ces dernières parce que les pièces 2 à 6 du livre IV ne peuvent se comprendre sans elles. M. Némethy nous promet la publication prochaine, dans un volume à part, des Elégies de Lygdamus et du panégyrique de Messalla.

Les pièces ne sont pas présentés dans l'ordre où les donnent les manuscrits. Voici comme elles se suivent : I, 4, 8, 9, 10 ; — Elégies à Délie : 3, 1, 5, 2, 6 ; 7 ; — II, 1 ; (Elégies de Sulpicie : IV, 8, 9, 10, 11, 12, 7 ;) — 2, 3, 4, 5, 6 ; — II, 2, 4, 6, 5 ; — IV, 13, 14.

Ce serait l'ordre chronologique ; mais M. Némethy fait une première critique de son propre système, quand il dit modestement (p. 6) : « temperum ordinem quo eae scriptae esse *mihi videntur.* » Une opinion personnelle, surtout si l'on reconnaît soi-même qu'elle ne repose pas sur des preuves fermes, ne donne pas le droit de bouleverser l'ordre dans lequel un poète, ou l'exécuteur de sa volonté, a entendu que l'on lise ses poèmes. Ajoutons l'inconvénient pratique de cette sorte de remaniement : une édition qui l'a subi ne peut prétendre à devenir d'un usage courant ; elle est trop compliquée à consulter.

L'ordre des élégies Déliennes est le même que proposait Dissen, sauf que l'élégie 3 passe avant l'élégie 1 ; M. Némethy donne la raison qui l'a déterminée p. 127 (commentaire) et pp. 323 et 326 (Exc. III et IV) : l'élégie 1 aurait été écrite après le retour de Corcyre, et le vers 51 ferait allusion au v. 14 de l'élégie 3. Tout cela est du domaine de l'hypothèse, intéressante sans doute, vraisemblable même si l'on veut ; mais, dans une édition qui se présente sous un aspect si nouveau, on voudrait une discussion plus approfondie et une réfutation des opinions différentes, entre autres de celle de Baehrens et de Doncieux qui croient les élégies Déliennes publiées dans l'ordre de leur composition.

M. Némethy se trompe lorsqu'il écrit, p. 5, que depuis Dissen il ne s'est trouvé personne pour illustrer d'un commentaire explicatif l'œuvre entière de Tibulle ; il ignore l'édition de Ph. Martinon (d'où n'est pas retranché le III⁰ livre, Elégies de Lygdamus), Paris, Thorin et fils, 1895. Le commentaire joint à l'édition Martinon est trop souvent cursif et superficiel ; il peut cependant rendre des services, et la notice de 62 pages, qui précède les Elégies, n'est pas à négliger.

M. Némethy prend, pour l'établissement du texte, l'Ambrosianus d'abord, en deuxième ligne le Vaticanus ; il rejette à la fin le Guelperbytanus, et je crains bien pour la mémoire de Baehrens qu'il n'ait raison ; Fr. Widder a vainement essayé en 1884 (*De Tibulli codicum fide atque auctoritate*, Lahr, chez Geiger) de relever un peu ce manuscrit, décidément mauvais. Mais je crains aussi pour M. Némethy qu'il ait tort de rejeter l'Eboracensis de Lachmann parmi les *codices deteriores*.

Le commentaire explicatif, sans affectation d'érudition, est sérieux et bien que trop souvent il ne soit qu'un abrégé de celui de Didden, il donne de la valeur à cette édition. On aimerait mieux le trouver au bas des pages, sous le texte, et il n'est ni si long, ni si exempt de quelques inutilités, qu'il n'eût été facile de l'y faire figurer, surtout avec les Excursus qui laissent à l'éditeur la faculté de s'étendre autant qu'il veut sur des points spéciaux. Tel qu'il est, ce livre mérite l'attention, et dans l'ensemble, sous la réserve de l'ordre des pièces, l'estime et l'approbation.

Frédéric Plessis.

---

121. — **Textes élamites-sémitiques**, par V. Scheil, troisième série, accompagnée de 24 planches hors texte. — Paris, Leroux, 1905, in-4 de 130 p. (Prix : 50 fr.)

C'est en 1900 que le P. Scheil a publié les premiers documents exhumés par les fouilles de Suse. Depuis, il a poursuivi son énorme tâche avec une ardeur que n'ont lassée ni la difficulté ni l'injustice. Presque tous les ans il a donné au monde savant un volume qui aurait demandé à la plupart des assyriologues des années de travail. Celui que je présente aujourd'hui aux lecteurs du *Bulletin Critique* a paru en 1905. Il comprend deux sortes de documents : des textes sémitiques, rédigés en « sumérien » ou en babylonien et des tablettes de comptabilités en écriture proto-élamite.

Quelques-uns des textes babyloniens remontent à une époque fort ancienne; et les signes y présentent des formes graphiques assez curieuses. Ainsi, sur un pivot de porte, p. 7, le nom de Suse est représenté par une cage à claire-voie, surmontée à l'avant d'une guérite bâtie sur le toit de la cage, d'où le gardien levait la trappe pour lâcher les fauves. Les inscriptions du vase d'Ur Ilim et celle de la masse d'armes en albâtre jaune de Ur Sagga sont également suggestives à ce point de vue.

L'écriture de la légende de Narâm-Sin est d'une facture beaucoup plus artistique, comme tous les monuments de ce prince. Cette légende était gravée sur une statue volée sans doute en Babylonie par l'Elamite Choûtrouk Nakhkhunté (xii⁰ siècle av. J.-C.). De la statue, il ne reste que les pieds, mais l'inscription a échappé en grande partie au marteau des démolisseurs. Elle donne la clef du bas-relief de la fameuse stèle de Narâm-Sin : les guerriers qui sont représentés dans ce bas-relief, debout au-dessous du vainqueur, sont probablement les neuf vassaux qui, d'après l'inscription de la statue, semblent l'avoir accompagné dans ses expéditions.

Le plus considérable des textes élamites-simitiques est un *Kudurru* ou titre de propriété, qui appartient, comme tous les *Kudurrus* connus à l'époque Kassite. Il a été rédigé dans des circonstances toutes particulières, à la suite d'un procès. Le roi Kassite de Babylone, Melichikhu (xii⁰ siècle), avait donné à un de ses serviteurs, Munnabitta, une propriété sise dans le district de Bagdad. Mais il était mort sans avoir régularisé la donation, sans avoir apposé sur la tablette le sceau nécessaire pour l'authentiquer. Un des voisins du donataire, Akhuniea, profita de cet incident pour revendiquer une partie de l'apanage. Plainte de Munnabittu : le roi Marduk-apal-iddin, successeur de Melichikhu, fait comparaître des témoins qui attestent les droits de Munnabitta; puis il délègue des experts qui mesurent le terrain contesté et, l'adjugent au plaignant, en lui remettant cette fois un titre en règle, dûment scellé et authentiqué. Après avoir énuméré ces phases du procès, le *Kudurru* se termine par les malédictions habituelles contre celui qui contesterait les droits du légitime propriétaire, détruirait ou ferait détruire par un fou, un sourd ou un aveugle le titre de propriété : que les dieux le maudissent, qu'il soit chassé de sa ville, que son corps ne soit pas enseveli, etc.

Les documents archaïques qui terminent le volume sont des pièces de comptabilité. Ils n'offriraient qu'un intérêt secondaire, s'ils ne révélaient un système d'écriture inconnu auparavant. Les textes livrés jusqu'à ce jour par les fouilles proviennent sans doute de peuples de races et de langues différentes, mais quelle que soit la langue dans laquelle ils sont rédigés, ils sont toujours écrits en caractères cunéiformes babyloniens. Ces documents archaïques représentent au contraire un rameau tout différent de la famille des écritures cunéiformes. Trois d'entre eux sont gravés sur pierre, à côté d'une inscription babylonienne de Karibu-cha-Chouchinak, qui gouvernait l'Elam vers 3000 avant J.-C. Comme leur écriture n'est employée dans aucune autre inscription datée, postérieure à ce prince, on peut en conclure que tous ces textes sont de son époque, s'il ne lui sont pas antérieurs.

Nous serions donc en présence d'une écriture qu'on peut appeler avec le P. Scheil proto-élamite, de même origine que l'écriture babylonienne. Ces deux écritures se seraient séparées à une époque sans doute fort ancienne, pour évoluer chacune de leur côté, d'une manière indépendante et avec un succès inégal. Dans le principe, elles avaient l'une et l'autre l'idéographie pour base. Mais tandis que celle de Babylone joignait bientôt l'emploi des valeurs syllabiques à celui des idiogrammes, et finissait même par remplacer l'idéographisme par le syllabisme, l'écriture d'Elam restait figée dans le système idéographique. Elle devait être par la même très imprécise et d'un usage fort peu courant. Lors de la conquête de l'Elam par les princes de la Babylonie, après avoir subsisté quelque temps à côté de l'écriture du vainqueur, elle ne tarda pas à être supplantée par ces cunéiformes plus perfectionnés.

M. de Morgan a dessiné avec beaucoup de soin les 989 signes qu'on relève dans ces textes proto-élamites. Grâce à cette liste, les assyriologues pourront les comparer facilement à ceux des autres systèmes cunéiformes. Ils regretteront, je crois, que le volume ne contienne pas aussi la liste des noms propres et des formes nouvelles, nominales et verbales, qui se présentent dans les textes babyloniens. La moisson aurait été plus facile, peut-être aussi moins fructueuse, et c'est pour cela sans doute que le P. Scheil a voulu nous laisser le plaisir de faire le compte détaillé des trésors qu'il nous a livrés.

François MARTIN.

122. — **Choix d'œuvres en prose**, (dialogues et pensées), par Giacomo Leopardi, traduction de l'italien, avec introduction et commentaire, par Mario Turiello. — Paris, Perrin et Cie, 1905, in-16 de 259 p. (Prix : 3 fr. 50).

Singulier caprice de la destinée ! tout le monde, en France, a lu ou feint de lire Schopenhauer, tout le monde se vante d'être pessimiste, se sait bon gré de l'être et cherche des motifs de le devenir encore davantage, et personne ne connaît Leopardi — Leopardi, qui, en prose et en vers, a accumulé sans trêve ni relâche arguments et descriptions les plus propres à démontrer, à peindre, à inspirer l'horreur de la vie ; Leopardi, qui a revêtu d'une poésie enchanteresse les réquisitoires les plus serrés, les plus violents, les plus implacables contre l'existence ; Leopardi, en un mot, le théoricien, le chantre parfois sublime, le répertoire du pessimisme !

Quelles peuvent être les causes de cette indifférence ? se demande M. Turiello, au début de l'étude savante, mais trop longue et un peu confuse, qui sert de préface à son excellente traduction. Les critiques de Leopardi, continue-t-il, n'ont pas manqué de relever l'aigreur, la colère que cet italien mêlait le plus souvent à son langage, lorsqu'il parlait de la France. Nous voulons bien admettre que quelques-uns de nos compatriotes aient gardé rancune à Leopardi de sa malveillance à l'égard de notre pays ; comme M. Turiello, nous sommes cependant porté à croire que l'extrême difficulté qu'offre à la traduction le texte de Leopardi a la plus grande part dans l'ignorance à peu près complète où nous sommes restés jusqu'ici de ses ouvrages.

Ce n'est pas que des écrivains de mérite ne se fussent déjà escrimés à rendre en français le plus grand auteur italien du xixe siècle ; mais il faut reconnaître que, dans ce duel périlleux, ils n'avaient pu venir à bout de leur redoutable adversaire. Mieux préparé par un plus long exercice, M. Turiello est sorti vainqueur de la lutte : dans sa traduction, l'élégance le dispute à la fidélité ; grâce à lui, désormais, nous pourrons goûter toute la saveur amère des incomparables *Dialogues* où Leopardi a répandu toute son âme. Et cette âme, il n'en est guère dont l'étude puisse offrir un intérêt plus vif, car c'est celle d'un païen égaré au xixe siècle; elle a toute la superbe du paganisme; elle repousse toute lumière qu'elle ne tire pas d'elle-même, tout sentiment qui lui est étranger; elle ignore Dieu et aime le néant[1]. La sincérité de ses accents déchire les entrailles, et son commerce fait néanmoins souhaiter ou chérir la vertu de foi. J. LAURENTIE.

---

123. — **Histoire de la formation particulariste. L'origine des grands peuples actuels**, par Henri de TOURVILLE. — Paris, Firmin-Didot, 1906, gr. in-8 de 547 p. (Prix : 10 fr.)

Les initiés de l'école de la *Science sociale* comprendront seuls le premier de ces titres. Cependant c'est le seul qui réponde bien à la matière du livre. C'est le seul aussi auquel le défunt auteur n'eut pas voulu renoncer; car l'ouvrage est posthume. Les divers chapitres parurent dans la *Science sociale*, en s'échelonnant sur dix années. Quand le dernier fut rédigé, l'écrivain put chanter son *Nunc dimittis*. L'ouvrage qu'il avait rêvé d'écrire depuis son âge mûr était enfin sur pied.

Les disciples de l'école de la *Science sociale* savent que la théorie et l'histoire de la formation particulariste forment le noyau de leur doctrine. Il était réservé à leur maître vénéré de l'exposer, de la prouver, de la présenter au public. C'était sa besogne. Ce fut presque la seule si l'on excepte quelques articles de circonstance et une description succinte de la « Nomenclature sociale. »

M. Demolins a vulgarisé les notions fondamentales de la « Science. » Depuis la rapide diffusion de ses écrits, le public sait ce qu'on doit entendre par la formation communautaire et la formation particulariste, par la famille patriarcale et la famille instable. L'*Histoire de la formation particulariste* procède de la même inspiration que : *A quoi tient la supériorité des Anglo-Saxons?* On se souvient même que l'auteur de ce livre si souvent lu et discuté faisait modestement remonter à son vénérable ami la paternité de ses conceptions et la direction de ses études.

Rappelons pour mémoire que la *Science sociale* est fille de Le

---

1. Le nom de Dieu ne se trouve pas une seule fois dans les écrits traduits par M. T.

Play, qu'elle s'occupe de rechercher les facteurs de la prospérité des peuples, qu'elle les réduit tous à un seul : un facteur psychologique, l'initiative individuelle. Les peuples qui possèdent à l'extrême cette précieuse qualité organisent leur foyer sous une forme qui est définie par le terme de « famille particulariste ». Or ce qui les a conduit là, c'est moins un effort de volonté propre qu'une fatalité du lieu. Il s'agit donc, et c'est tout le sujet du livre, de montrer comment des influences géographiques, économiques, s'exerçant sur un groupe de familles, ont fait naître chez les individus une aptitude spéciale et infiniment précieuse à l'effort volontaire et à l'initiative réfléchie. Le type particulariste ainsi créé se maintiendra à travers les siècles au milieu de circonstances favorables et sera le créateur de la grande civilisation anglosaxonne.

Le type a pris son origine dans les fiords de la Norvège. L'observation directe l'y retrouve encore sous les traits du pêcheur-côtier qui est en même temps un petit cultivateur. C'est ici qu'il faut regarder si l'on veut s'expliquer tout le développement à venir. Ce point est si important que pour l'éclaircir on ne s'est pas contenté des monographies de Le Play. M. Paul Bureau vient encore une fois de l'observer avec la rigueur de méthode qu'on lui connaît. Les légendes odiniques permettent aux esprits de bonne volonté de suivre la migration du type dans la plaine saxonne. Grâce à la *Germania* de Tacite on l'y voit grandir en un cultivateur indépendant, entreprenant et ne comptant que sur lui pour édifier sa fortune. Avec les bandes franques il passe en Gaule, avec Hengist et Horsa il franchit la mer du Nord et s'installe en Grande Bretagne. Dans les milieux différents les deux groupes de particularistes subissent des évolutions divergentes. En Gaule, un heureux choix des textes empruntés à Augustin Thierry et à Fustel de Coulanges, montre le type particulariste en lutte contre l'esprit communautaire d'origine latine et celte, le subjuguer et le mater sous les Mérovingiens et les Carolingiens, et faire triompher le servage et le système féodal que l'on nous présente comme des institutions germaniques et particularistes. Mais au xii° siècle se constitue la grande monarchie, la « caisse centrale » et l'armée de mercenaires. Elle triomphe au xvii° siècle. C'en est fait de l'initiative privée. La grande Révolution ne saurait lui rendre vie, car elle ne mérite pas son nom ; elle n'est qu'une « révolte. » L'esprit communautaire romain envahit sous la forme de l'étatisme tout l'organisme social et tarit toutes les sources de vie autonome, féconde, prospère, heureuse.

En Angleterre, l'évolution aboutit au contraire au triomphe de l'esprit d'initiative sur l'esprit fonctionnariste. Le type saxon lutte avec succès contre les Bretons communautaires, contre les Danois de formation analogue, contre les Normands d'esprit centralisateur, contre les Tudors absolutistes. Il triomphe avec la « gentry » du protecteur Cromwell, tient en respect la « nobility » normande, la transforme par pénétration, impose aux Orange et aux Hannovre une constitution libérale et le régime parlementaire, trouve enfin un débouché dans les colonies américaines où s'épanouit le type le plus achevé de la formation particulariste.

On le voit, ce livre n'est rien moins qu'une philosophie de l'histoire. Il se rattache à la grande tradition des Montesquieu, des Tocqueville, des Fustel, si souvent cités. En un temps où seuls, dit-on, les orateurs et les philosophes ont le courage de se faire des idées générales, il faut peut-être savoir gré à un historien de profession, ayant subi la forte discipline de l'Ecole des Chartes, de s'être appliqué sa vie durant à chercher le ressort du progrès humain à travers les siècles, et de l'avoir montré agissant dans le même sens à toutes les époques.

Quelle que soit la noblesse et la hardiesse de l'idée, les esprits resteront toujours partagés de sentiments en face de l'œuvre. C'est au fond toute la tâche de la *Science sociale* depuis vingt ans qui est en question. Car, l'abbé de Tourville fut par excellence le doctrinaire de l'Ecole, comme il en était le fondateur et le commenditaire.

Pour les uns — et c'étaient les maîtres et les disciples fidèles, — la doctrine de la Science sociale était une parole de salut. Hors de l'Eglise catholique point de salut individuel, disait-on. On ajoutait : hors de la formation particulariste, point de salut social. On avait hérité de la foi de Le Play, bien qu'on eût changé quelques articles importants à son Credo. On se tenait groupé autour du nouveau patriarche. On venait le trouver dans sa retraite du Pays d'Auge. Il jouissait d'un immense prestige de directeur intellectuel, de penseur profond, de promoteur d'entreprises. On n'oubliera jamais que ce maître eut pour disciples, outre M. Demolins, M. Paul des Rousiers, M. Paul Bureau, moins directement M. l'abbé Klein, et bien d'autres. Sa part d'initiative dans la fondation de l'Ecole des Roches et de ses filiales fut probablement la principale, bien qu'il n'y parût point.

Pour les autres, — et c'étaient les gens du dehors ou les amis infidèles ou désenchantés, — Henri de Tourville était un moraliste plus encore qu'un savant, un théoricien plus encore qu'un observateur, un esprit vigoureux mais systématique, arrivé à une doctrine à la fois théorique et pratique qui se justifiait dans l'observation du présent, mais prétendait à tort procéder de l'étude du passé, peu soucieux de se mettre en règle avec la science du moment qu'il qualifiait avec quelque hauteur d'officielle et d'académique, jaloux de maintenir ses positions, préférant l'isolement et la retraite dans sa tente d'Achille à la bataille sur les grands théâtres, méprisant les discussions doctrinales et ne souffrant la contradiction que si elle préparait directement une conquête. Ils s'accommodaient mal de sa tendance à faire de l'enseignement un apostolat, de la science un symbole de foi, de l'école une église. Ceux que sa gravité autant que son désintéressement attiraient dans son hospitalière demeure, souffraient bientôt du manque d'air et de lumière. Ils aspiraient à la liberté.

Ai-je besoin de signaler quelques traits d'exclusivisme et de système qui font assurément l'originalité mais pour beaucoup, hélas ! le mérite de ce livre ? N'est-ce pas un défi au bon sens que de vouloir expliquer le tempérament de l'Anglo-Saxon dans les Deux-Mondes au XX° siècle, par le norvégien de la préhistoire, et comme celui-ci reste pour nous un mystère, de déduire ce que fut alors l'habitant des fiords de ce qu'il est aujourd'hui ? A qui ose-t-on proposer pour de l'histoire authentique l'odyssée romantique de cet *odinique*, devenu le *Chauque* de Tacite, puis le franc de Clovis et enfin le saxon, le messie de la rénovation européenne au XIX° siècle ? Quelle invincible défiance nous inspirent ces définitions lumineuses, trop simplifiées, imitées de Taine : le proconsul romain « un chef de clan », le servage « l'esclavage saxon », Clovis « un chef de bande franque », Charlemagne « un grand propriétaire », l'essor artistique du XI° siècle « un produit de la liberté féodale », la révolution anglaise de 1648

« le triomphe de la gentry » etc. etc. Ce sont là les « clefs » que la Science sociale se flatte d'avoir trouvées pour ouvrir aux portes de l'histoire.

J'ose penser que c'est un livre dangereux parce que, émaillé de paradoxes, ouvrant de séduisantes perspectives, révélant des lumières qui sont trop souvent des feux follets, il peut entraîner les jeunes intelligences, avides de solutions simples, loin des vraies méthodes d'investigation. Cependant il est éminemment suggestif, et les historiens de profession ne peuvent ignorer cette philosophie de l'évolution humaine. Les hommes d'action, amoureux d'une direction ferme et claire, en peuvent faire leur livre de chevet. C'est l'évangile de la vie autonome, personnelle, consciente, libre et entreprenante, dite vie anglo-saxonne.

L. DE LACGER.

124. — **Le garde des Sceaux Lamoignon et la Réforme judiciaire de 1788,** par Marcel MARION. — Paris, Hachette, 1905, in-8 de 271 pages. (Prix : 6 fr. 20).

« En 1788, écrit M. Marion, le gouvernement royal déjà aux prises avec les pires embarras, entreprit néanmoins la révolution la plus considérable qu'ait vue la France avant la chute définitive de l'Ancien Régime. Il ne prétendit à rien de moins qu'à bouleverser entièrement les institutions judiciaires et le régime politique du royaume, en arrachant aux Parlements leur omnipotence judiciaire et le pouvoir politique qu'ils avaient peu à peu, surtout depuis l'avènement de Louis XV, usurpé. Il compta certainement sur l'incontestable utilité de la réforme judiciaire pour obtenir du pays qu'il se résignât plus facilement à se passer de l'enregistrement des lois, des impôts et des emprunts par les cours souveraines, enregistrement auquel, faute de mieux, il était fort attaché. Ce fut le contraire qui arriva. Au lieu de servir au triomphe des combinaisons politiques de Brienne, la réforme judiciaire de Lamoignon fut par elle compromise, puis ruinée. La défiance générale contre les intentions du pouvoir, l'extrême répugnance du pays pour tout ce qui pouvait fortifier ou maintenir l'absolutisme, l'empêchèrent de faire aux grands bailliages, à la suppression des tribunaux d'exception, à l'adoucissement de la jurisprudence criminelle, l'accueil que ces immenses bienfaits auraient mérité. Les contemporains ont été sévères pour une œuvre dont la nécessité ne semblait pouvoir être contestée que par les hommes qui profitaient des abus et dont elle lésait les intérêts peu recommandables. L'histoire a généralement été écrite sous l'empire de la même impression; elle a condamné en bloc, avec rigueur, les édits de mai 1788, et n'y a vu que l'effort maladroit d'un ministère sans force et sans consistance, et despotique par instinct, pour se venger, pour durer, et pour se passer des Etats-généraux. »

M. Marion s'est proposé de montrer que cette sévérité est loin d'être entièrement justifiée : selon lui, la réforme judiciaire de 1788 n'est pas un expédient; elle n'était pas liée au système de la cour plénière imaginée par Brienne et elle aurait pu lui survivre. Elle aurait pu être la préface heureuse de la réunion des États-généraux et montrer que le gouvernement royal était encore capable d'accomplir et de faire triompher des réformes. Le recul du gouvernement sur ce point capital fut le signal de la défaite définitive.

Mais cette faiblesse même du pouvoir royal n'est-elle pas un argument décisif contre la tentative trop hardie de Lamoignon en mai 1788? Comment eût-il vaincu là où auraient échoué des ministres plus capables et plus populaires que lui, tels que Turgot et Necker? Et s'il était condamné à la défaite, pourquoi s'engager, surtout à un moment où la nation s'imaginait que les cours souveraines seules la garantiraient d'impôts nouveaux et formidables? C'est ce que dit avec force Lebrun, l'ancien secrétaire de Maupeou, dans la *Voix du citoyen*, en 1789 : « Les projets pour abattre ces corps antiques, au moment où ces corps ont lié leur existence à l'intérêt des peuples, quand une foule de victimes attestent encore leur indestructibilité et l'impuissance du souverain à protéger ceux qui oseraient s'asseoir sur leur débris; ces projets ramassés dans la boue des anciennes opérations, mal conçus, mal développés, et, pour comble d'imprudence, attachés aux pieds d'un colosse effrayant qui, créé pour l'oppression des peuples, devait finir par opprimer le souverain; l'appareil de la force déployé sans nécessité, la résistance appelée, la fidélité des peuples alarmée et calomniée, la justice, le seul lien des États, condamnée à un silence indéfini, et tous ces efforts de l'autorité abandonnés au ridicule et aux chansons?... Si les ennemis de l'autorité royale avaient été les maîtres d'en régler la marche, ils n'auraient pas pu lui en dicter une plus sinistre. »

Assurément M. Marion ne conteste pas que bien des fautes antérieures, bien des faiblesses de l'autorité royale, n'aient été de déplorables précédents pour l'entreprise de Lamoignon. Toutefois, ajoute-t-il, l'histoire vraie de la crise de 1788 n'autorise pas à dire que la partie fût irrémédiablement perdue d'avance. Il n'est pas vrai surtout, — et c'est là une des parties les plus neuves de l'ouvrage de M. Marion, que l'opinion publique ait été dans son ensemble aussi hostile à la réforme qu'on l'a prétendu. Le monde des Parlements, et on sait s'il s'étendait loin, a crié très fort, il a occupé la scène presqu'à lui seul; mais on ne saurait dire que le peuple, ni même la masse de la bourgeoisie fût avec lui. En quelques provinces, Béarn, Dauphiné, Provence, et Bretagne, où, pour des causes diverses, le parti particulariste était très pressant, les parlementaires trouvèrent de nombreux appuis. Mais ailleurs le pays fut tranquille. M. Marion le prouve par l'étude minutieuse qu'il fait de l'application des édits de 1788 dans les ressorts des Parlements de Paris, de Rouen, de Metz, de Nancy, de Besançon, de Dijon, de Bordeaux et de Toulouse. Comme il arrive presque toujours, quelques incidents bruyants ou dramatiques ont rejeté tout le reste dans l'ombre. Une étude intéressante aussi, des brochures et des pamphlets, si nombreux en 1788, sert encore à montrer que l'opinion fut moins unanime qu'on ne l'a cru et surtout que le ministère sut plaider ou faire plaider sa cause. Au surplus, si les Parlements succombèrent, ensevelis dans l'impopularité, au lendemain de leur triomphe, n'est-ce pas, en grande partie, parce que Lamoignon et ses défenseurs avaient attiré l'attention sur les vices de l'organisation judiciaire, sur les torts des Parlements et sur le despotisme très réel qu'exerçaient ces prétendus ennemis du despotisme? A vrai dire, en cette heure de crise, amis et adversaires semblaient conspirer à détruire le régime.

Telle est la thèse que M. Marion vient d'établir avec cette exacte connaissance des textes et des faits, cette sage mesure et cette modération de jugements, qui donnent une valeur si solide à ses travaux sur l'histoire intérieure de notre pays au XVIIIe siècle.

Alfred BAUDRILLART.

125. — **Guerre des Vendéens (1792-1800)**, par Désiré Lacroix. — Paris, Garnier (sans date), in-12 de viii-512 pp. (Prix : 3 fr. 50).

Ce volume fait partie de la Bibliothèque de Mémoires historiques et militaires sur la Révolution, le Consulat et l'Empire. L'auteur l'a composé avec de visibles efforts d'impartialité. A-t-il toujours réussi ? Je n'oserais le dire. Et d'abord, cette assertion de la préface, empruntée à un écrivain qu'il cite souvent sans jamais le nommer et qu'il fait sienne, savoir que les insermentés fomentèrent la guerre civile et fanatisèrent les populations, assertion cent fois réfutée, je la retrouve ici, non sans quelque étonnement. Faut-il donc rappeler, une fois de plus, que ce qui détermina le soulèvement de la Vendée, ce fut, après des vexations de tout genre supportées avec une patience voisine de la veulerie, le décret du 24 février 1793, ordonnant la levée de 300,000 hommes. Lorsque plus loin l'auteur nous dit que « la Vendée n'était point encore anglaise, » comme si elle l'était jamais devenue, c'est l'une de ces erreurs graves qui ne peuvent que discréditer ceux qui les commettent. Les chrétiennes populations de la Vendée et de la Bretagne entendaient bien rester françaises, et certes elle n'avaient pas à demander des leçons de patriotisme aux Conventionnels qui ne songeaient qu'à propager leurs doctrines, dût la France périr, comme l'avouait Robespierre, leur chef.

Cette guerre de la Vendée, tant de fois et si diversement racontée, ne trouvera-t-elle donc jamais un historien vraiment impartial, uniquement soucieux de la vérité ? On serait tenté de le croire, en voyant les passions que suscite encore son souvenir. Peut-être l'explication de ce phénomène étrange est-elle dans l'importance de la question qu'elle était appelée à résoudre : la France cesserait-elle d'être non seulement monarchique, mais chrétienne, pour devenir à la fois républicaine et athée ? Le problème angoissant plus que jamais est à l'ordre du jour : on peut même dire qu'en ce qui concerne le gouvernement actuel, il a reçu sa solution : République et Athéisme.

Je n'ai pas, dans ce rapide compte-rendu, à résumer un livre qui n'est que le récit abrégé des nombreux évènements survenus en Bretagne et en Vendée à cette époque sanglante. Parmi les « mémoires de l'époque, » l'auteur cite principalement les « souvenirs de Quiberon » de Rouget de l'Isle et aussi les « Mémoires de Napoléon. » Les « documents officiels » sont surtout empruntés au Moniteur. De plus il est fait de nombreux emprunts aux « Bibliographies bretonnes, à la Bibliographie générale (sic) à la Biographie universelle et portraits des contemporains, etc. » autant de sources plus ou moins troubles auxquelles l'auteur puise en toute confiance, sans user le moins du monde du filtre de la critique. Aussi les assertions risquées et les inexactitudes ne manquent-elles pas dans cette brochure qui se lit d'ailleurs avec intérêt, et qu'*illustrent* un grand nombre de portraits plus ou moins fantaisistes dont quelques-uns assez bien venus, ainsi que deux ou trois cartes rudimentaires et vraiment insuffisantes.

En résumé, nous avons ici un ouvrage de seconde main destiné au gros public à qui il apprendra, s'il est encore à l'ignorer, que les *Brigands* de la Vendée ne furent pas tous des scélérats, et que les *Brutus* de la République, la première s'entend, ne furent pas tous des saints. Cela suffit, peut-être, pour légitimer sa publication.

A. Roussel.

ACADÉMIE DES INSCRIPTIONS ET BELLES-LETTRES

Séance du 4 mai. — M. Haussoullier communique une inscription grecque archaïque de Cumes, récemment publiée dans les *Notizie degli scavi* et qu'il interprète autrement que l'éditeur M. Sogliano. Ce texte est gravé sur une pierre qui était placée dans la partie de la nécropole réservée aux initiés des mystères de Dionysos. — M. H. Omont lit une Notice de M. Fécamp, bibliothécaire de l'Université de Montpellier, sur une ancienne édition gothique, non datée, des *Chroniques de Gargantua.* C'est l'unique exemplaire actuellement connu sans doute de la première édition parisienne de ces Chroniques, imprimée vers 1533. — M. S. Reinach établit sous ce titre : Une prédiction accomplie, que l'épisode des douze vautours aperçus par Romulus sur le Palatin fut interprétée à l'époque de la République comme limitant à douze siècles la durée de la puissance romaine. Or, cette prédiction s'accomplit presque exactement au cinquième siècle de notre ère. M. Reinach croit trouver une allusion à cette prophétie dans *la Germanie* de Tacite. Peut-être aussi faut-il en retrouver trace dans les livres sibyllins, ce qui expliquerait la destruction de ces documents par Stilicon entre 404 et 408. — Diverses observations sont présentées par MM. — Havet, Boissier, Bouché-Lclercq. L'Académie procède à l'élection d'une commission de quatre membres, chargée de publier des mosaïques de Gaule et d'Afrique. — MM. Babelon, Villefosse, de Saglio et Pottier sont nommés membres de cette commission. — M. de Mély présente la photographie d'une tête de marbre de Paros de l'éxécution la plus remarquable. C'est une des répliques, la plus belle probablement, du *Cupidon* de Lysippe. Elle appartient aujourd'hui à M. le comte de Bioncourt. — M. Adrien Blanchet, bibliothécaire honoraire à la Bibliothèque nationale, lit un Mémoire sur les villes romaines de la Gaule aux premier et quatrième siècles de notre ère. Ayant relevé le périmètre de quarante d'entre elles, il est arrivé à conclure que Poitiers et Sens étaient les plus étendues ; Paris avait moins d'importance territoriale que Nantes, Bourges et Bordeaux.

Séance du 11 mai. — M. Michel Bréal étudie les diverses étymologies qui ont été proposées du mot grec *héros*. Le savant philologue voit dans la désinence *os*, un sens familial et dans la première syllabe l'idée de matin, printemps, aurore et aussi matin des temps passés. Conséquemment, héros signifierait à l'origine homme d'autrefois, aïeul, ancêtre. — M. Pottier lit un Mémoire dans lequel il traite de l'influence du théâtre sur la céramique grecque au cinquième siècle. Il montre que cette influence dans les vases antérieurs à l'époque des guerres médiques, se manifeste déjà par une composition plus serrée, qui devient une véritable trilogie, et par des attitudes plus pathétiques. Après les guerres médiques, elle se précise mieux encore et introduit des changements importants dans la disposition des personnages, dans leur costume notamment. L'examen de certains vases suffit même à donner une idée exacte du costume tragique du sixième siècle et à montrer combien il différait de l'ajustement scénique que révèle l'art hellénistique. — M. Eugène Lefèvre-Pontalis, directeur de la Société française d'archéologie, communique les résultats de l'étude qu'il a faite des châteaux espagnols de Loarre, de Medina del Campo et de Coca. Le premier lui paraît appartenir non au onzième siècle, mais au douzième. Le second a été remanié, au seizième siècle, par un habile architecte qui a su l'adapter à l'usage de l'artillerie par la construction d'un chemin de ronde couvert. Ce château paraît être le prototype de celui de Coca, près de Ségovie, qui présente le même plan et un donjon d'angle de même style, ainsi que le chemin de ronde, mais avec des créneaux d'un caractère décoratif très personnel.

L'Éditeur-Propriétaire-Gérant : Albert Fontemoing.

Imprimerie Générale de Châtillon-sur-Seine. — A. Pichat.

BULLETIN CRITIQUE

126. — **L'Eglise catholique et l'État sous la troisième République (1870-1906)**, par A. DEBIDOUR. Tome Ier 1870-1889. — Paris, Alcan, 1906, in-8 de xi-468 pp. (Prix : 7 fr.)

M. Debidour a déjà fait paraître en 1898 une volumineuse histoire des *Rapports de l'Eglise et de l'État en France* de 1789 à 1870 ; assez riche en faits, — ce qui lui a valu d'être pillée par beaucoup de ceux qui, écrivains ou politiques, se sont occupés de la question dans ces dernières années, — elle affectait déjà trop souvent des allures et un style de pamphlet très déplaisants sous la plume d'un historien. Ce défaut est singulièrement plus marqué dans le nouveau volume que nous donne M. Debidour. Inintelligence absolue des idées de ses adversaires, de l'idéal qu'ils peuvent poursuivre ; préoccupation constante, non seulement de rejeter sur eux tous les torts, mais de tout abaisser, de tout avilir chez eux, de tout ramener à des préoccupations mesquines et peu honorables ; expressions et manières d'écrire plus dignes d'un journaliste ou d'un politicien de petite ville que d'un inspecteur général de l'Université ; apologie en près de cinq cents pages, — et il y aura un second volume, — du fameux « mensonge historique » qui rejette sur le Saint-Siège et sur l'Eglise la responsabilité de la séparation ; tel est, avec une certaine somme de renseignements utiles, le bilan de l'auteur et du livre.

Dès la préface on peut juger des tendances, de l'esprit et du ton qui présideront à l'ouvrage. S'agit-il de la constitution civile du clergé, ce n'est pas la Révolution qui a provoqué l'Eglise et qui l'a mise en face d'un *non possumus* ; c'est le clergé qui pousse à bout la Révolution en fomentant la guerre civile et la guerre étrangère. S'agit-il du Concordat ? La France le subit facilement, « bien que l'Eglise ne l'observe pas quand elle le gêne et qu'elle soit seule à en tirer profit » (p. vi). S'agit-il de la rupture du Concordat, « la France ne le rompt qu'à son corps défendant et parce qu'elle n'a pas pu faire autrement » (p. vii.)

Après l'échec du Boulangisme, la République « va-t-elle enfin se venger ou du moins prendre des garanties ? Pas du tout. Il suffit que deux roués politiques (*sic*) Lavigerie et Léon XIII viennent après vingt ans de guerre au couteau (*sic*) faire un simple sourire à la République... pour que de vieux républicains se laissent prendre à ces avances (p. viii). »

Si l'Eglise est avec les partis de réaction elle commet un « contre-sens énorme, irréparable » (p. vii); si elle promet des réformes sociales elle ne les veut que, moyennant « la soumission à ses lois, tandis que la République les donne pour rien » (p. ix). Et cependant l'Etat, toujours bonasse, lui pardonne tout. Il faut que l'Eglise se déclare contre les Panamistes et contre Dreyfus, « pour que les opportunistes eux-mêmes (comme Waldeck-Rousseau) perdent patience et organisent définitivement la défense républicaine » (p. ix).

Encore ni Waldeck, ni Combes, ne veulent la séparation, ce qui enhardit l'Eglise à tout se permettre : « De là les témérités de Pie X et de Merry del Val et tout ce qui s'en est suivi (p. ix.) »

Les deux parties du livre — L'*Ordre moral* — Les *Lois scélérates*, sont à l'avenant de la préface. Pendant la guerre, « trop de prélats, par l'inconsciente habitude d'attribuer les calamités publiques au penchant inique, absurde et féroce, qu'aurait la divinité à punir des millions de fidèles pour l'incrédulité de quelques-uns, contribuèrent dans une certaine mesure à démoraliser la nation (p. 14.) »

C'est l'Assemblée nationale et le pouvoir exécutif pour lui complaire qui, par leurs mesures, rendent la Commune inévitable (p. 32.) Les vrais responsables de l'assassinat des otages sont M. Thiers et les hommes de l'Assemblée (pages 36, 37, 40, 43, 44) ; « sourds à tout appel, inaccessibles à toute pitié, ils laissent venir la semaine sanglante (p. 44). » Le massacre des otages n'a été que *représailles* de la part des vaincus; ils n'ont pas précédé, mais suivi, les égorgements ordonnés par les Versaillais (p. 45) : « Un grand nombre de malheureux furent exécutés ou plutôt assassinés par les vainqueurs, alors que pas un seul otage n'avait encore péri (p. 45). »

M. Debidour qui, évidemment, serait impitoyable pour des catholiques résistant aux inventaires, ne distingue pas ici entre les représentants de la loi et les révoltés; il ne voit que vainqueurs et vaincus. Et puis quoi? Il n'y a eu que vingt-quatre prêtres et religieux morts du fait des insurgés, en tout soixante-seize otages, tandis que le gouvernement a massacré vingt mille prisonniers (p. 49).

Mais, dira-t-on, c'est de la politique et que vient faire la répression de la Commune dans l'histoire des rapports de l'Eglise et de l'État? Pardon ! vous répondra M. Debidour : une telle férocité ne s'expliquerait pas si les passions religieuses n'y avaient contribué pour une bonne part (p. 49). « Parmi les vainqueurs, beaucoup regardaient l'exécution des vaincus comme une expiation nécessaire et un sacrifice agréable à Dieu (*sic*) (p. 49). » La preuve que les passions cléricales étaient en jeu, c'est qu'on forçait Millière à « s'agenouiller » devant le peloton d'exécution (p. 49)!

Pour M. Debidour, la renaissance religieuse qui suivit la guerre et la Commune n'est faite que de passions haineuses, de mensonges et de superstitions. Il nous assure (p. 53) « qu'on distribua et qu'on vendit des brins de la paille sur laquelle on disait que Pie IX couchait » dans sa prison du Vatican. A plusieurs reprises aussi, M. Debidour nous dépeint la distribution de vieux *bérets* du pape (je pense que c'est calottes qu'il veut dire (p. 54, p. 131); puis sa verve se donne carrière sur les miracles des « savates du crasseux Labre ou du cuir du tabouret où il s'était assis », « miracles de toutes façons profitables à l'Eglise » (p. 131)... « Une thaumaturgie chaque jour plus grossière, plus tapageuse et plus provocante envahissait la religion... Le catholicisme tendait à se transformer en un polythéisme anthropomorphique fort peu respectable, faisant appel aux passions les moins nobles et aux plus bas instincts de la nature humaine... La fabuleuse sainte Philomène voyait tous les jours grossir le nombre de ses *adorateurs* (*sic*). Mais la clientèle de tous ces demi-dieux n'était rien à côté de celle de la Vierge Marie, qui, grâce à d'incessantes réclames, attirait de plus en plus la foule. Il serait plus juste de dire *des* Vierges Marie; car les statues, blanches ou noires, qu'on *adorait* sous ce nom dans de nombreux sanctuaires représentaient, aux yeux des humbles et des crédules, autant de divinités différentes, dont les attributions n'étaient pas les mêmes (p. 63) »... « On ne se bornait pas à matérialiser des abstractions pour en rendre l'adoration plus facile et plus lucrative... On détachait de Jésus un de ses organes, son cœur... pour en faire l'objet d'une véritable idolâtrie » (p. 64.) « Les pèlerinages sillonnaient *impunément* la France » (p. 132.) *Impunément*, en vérité! Voilà pour la dévotion; et la bêtise des catholiques est suffisamment établie pour justifier les colères de la République. Mais, si, parmi les catholiques, il en est qui se permettent d'avoir des idées, M. Debidour n'en sera pas plus indulgent; il faut voir de quelle façon il présente la conquête de la liberté de l'enseignement supérieur. Les chefs les plus éclairés du parti catholique voulaient, — le croirait-on? — « que le catholicisme disputât au positivisme l'âme de la France (p. 145). » Cet excès d'audace passe en effet l'imagination.

Sur le terrain politique, l'éminent historien poursuivra avec le même sang-froid et la même largeur de vues les cléricaux de la droite qui se permettent, dans un pays qui a connu quatorze siècles de monarchie, de désirer « une monarchie forte et bien pensante qui garantit les trois principes chers à Trochu; la propriété, la famille et surtout la religion (p. 72). » Trop d'audace, encore une fois! Et les purs de la droite allaient jusqu'à vouloir « le roy, par un y »! (p. 73).

La propagande chrétienne et française de nos courageux missionnaires est présentée sous le jour le plus odieux. Musulmans et Chinois ont infailliblement raison contre eux; car, à l'égard des premiers, « l'ambitieux et remuant Lavigerie réorganisait, sous l'œil bienveillant de l'autorité, la *Société des missionnaires d'Afrique*,.. réveillant les susceptibilités et les passions du monde islamique (p. 86) »; et à l'égard des seconds, les missionnaires « abusaient outrageusement » des traités de 1858 et de 1860, « au risque de provoquer de nouveaux massacres »; et « commettaient toutes sortes de fraudes » (p. 86 et 87). Il n'est pas jusqu'à Bismarck dont les plaintes ne trouvent un écho sympathique dans l'âme de M. Debidour; les Français lui donnaient « de graves sujets de mécontentement » et les cléricaux achevaient de « l'exaspérer » (p. 124). Bien entendu, l'auteur insiste sur cette page, peu glorieuse pourtant, de l'histoire du parti républicain et de Gambetta, — l'appui qu'ils cherchèrent auprès de nos arrogants vainqueurs contre les conservateurs et les catholiques et qui leur valut, après le 16 mai, la douloureuse et superbe apostrophe du duc de Broglie, évoquant le souvenir de la Pologne ; — comme si, au surplus, la préférence même de Bismarck pour le parti républicain ne suffisait pas à prouver qu'il le tenait pour incapable de procurer la revanche de la France. L'événement n'a que trop démontré à quel point Bismarck avait raison.

Même à l'égard des personnages qui ont mérité le respect universel par leur caractère, ou l'admiration par leurs talents, M. Debidour ne sait généralement pas garder les convenances même du langage. Quand Pie IX proteste contre le *Kulturkampf* allemand, son encyclique est un « *factum* » (p. 118) ; par ailleurs, il parle « avec fureur » (p. 82). Mais le conciliant Léon XIII ne vaut pas mieux ; il est « le madré Léon XIII » (p. 291), ou le « pieux sophiste » (p. 398). S'il est favorable aux gouvernements, c'est pour « exploiter » les terreurs de ceux qui sont menacés par les anarchistes ou les nihilistes (p. 230) ; si sa voix s'élève en faveur du peuple, il écrit « une encyclique flagorneuse pour les prolétaires » (p. 415). Si, après avoir été sollicité d'établir une nonciature en Chine, Léon XIII s'y refuse pour être agréable à la France, cela s'appelle, sous la plume de M. Debidour, « la sournoise intervention du pape (p. 350). »

Qu'en juin 1874 l'archevêque de Paris réclame l'indépendance temporelle du souverain Pontife, c'est que « Guibert, devenu cardinal, n'a plus à ménager le gouvernement » (p. 122). Qu'après l'échec du 16 mai, Mgr Pie reconnaisse qu'il faut se soumettre à la République, c'est parce qu'il aspire au chapeau (p. 163). Et ainsi de tous. Mais c'est surtout Mgr Lavigerie qui a le don de faire voir rouge à M. Debidour. Il est tantôt « l'ambitieux et remuant Lavigerie » (p. 86), tantôt « l'intrigant » (p. 232), tantôt « l'aigrefin » (p. 254), tantôt « passé maître dans l'art de la mouche du coche » (p. 292), tantôt « non content de se procurer de l'argent pour ses multiples entreprises par des procédés d'une délicatesse douteuse (p. 275) »etc... Brisson, le pur, est morigéné pour « l'extrême mansuétude avec laquelle il laisse l'archevêque d'Alger mener une campagne mélodramatique de mendicité (p. 350). »

On jugera peut-être qu'avec qui le prend sur ce ton il est inutile de discuter et qu'autant vaudrait entreprendre de réfuter les articles polémiques des journaux quotidiens. Le grand grief que M. Debidour met sans cesse en avant contre le clergé, c'est de ne s'être pas jeté dès 1871 dans les bras de la République, d'avoir été, au cours de la période de « gestation » de ce Régime, « l'âme de tous les complots ourdis pour l'étouffer dans l'œuf, ou pour l'étrangler après sa naissance (p. 200). » On croirait voir le dragon de l'Apocalypse : « Et *draco stetit ante mulierem, quæ erat paritura, ut, cum peperisset, filium ejus devoraret.* » Mais l'auteur laisse suffisamment entendre que, si le clergé eût adopté avec attitude contraire, on ne lui en aurait su aucun gré, et il montre la vraie pensée du parti républicain lorsqu'il dit, par exemple : « le parti républicain réconforté, encouragé par les premiers symptômes d'une politique anticléricale, à laquelle jusque là (c'est-à-dire jusqu'à Jules Ferry), on ne l'avait guère habitué etc... » (p. 215); ou, lorsque, parlant de Paul Bert, il écrit : « Paul Bert prévoyait le *ralliement*, et, en défenseur avisé de la place républicaine, aimait mieux voir l'ennemi dehors que dedans (p. 223). » Voilà le vrai : le parti qui se qualifie de seul républicain a toujours voulu que les catholiques fussent dehors et il s'est toujours arrangé pour leur rendre la place inhabitable.

« Qu'au début du régime actuel, ai-je dit dans mon volume *Quatre cents ans de Concordat* (p. 333), le clergé ne se soit pas montré favorable à la République, qu'il y ait eu, dans les premières années, quelques excès de langage, quelques manifestations trop bruyantes et passablement intempestives, je n'y contredis pas. Mais, en vérité, à cette date, le régime républicain n'était pas et ne prétendait pas être un régime définitif; on vivait en pleine crise constitutionnelle et chacun avait le droit de manifester ses préférences. Aussitôt qu'après l'échec des tentatives de restauration monarchique la République a été légalement constituée, les prêtres et les évêques s'y sont soumis. Voici ce qu'écrivait l'un des plus ardents légitimistes, l'un des plus intransigeants, le plus ultramontain des évêques français, Mgr Pie, évêque de Poitiers : « Ce que nous avons été au lendemain de 1830 et de 1848 nous le serons encore. Sans abdiquer nos convictions personnelles sur ce qui serait le mieux adapté aux besoins, à l'esprit, aux mœurs, au tempérament de la France, et surtout ce qui serait le plus propre au recouvrement de son prestige à l'étranger, nous reconnaissons que, les faits étant ce qu'ils sont, l'état de république s'impose à nous et nous impose des devoirs envers lui. Nous les accomplirons loyalement. » Et si de vieux évêques monarchistes s'exprimaient ainsi, qu'en eût-il été du jeune clergé? Il n'eût pas fallu cinq ans d'un gouvernement, je ne dis pas bienveillant, mais simplement juste, pour qu'il fût tout entier sincèrement et peut-être passionnément rallié à la République. Est-ce que le clergé de France ne sort pas des entrailles mêmes du peuple? Au lieu de cela, dès que les républicains ont été les maîtres, jamais un acte favorable, jamais une parole de sympathie; toujours la défiance, le sarcasme ou l'injure; l'Église considérée comme une pestiférée dont il fallait à tout prix se détourner; même les plus modérés, les plus honnêtes, les meilleurs, craignant par-dessus tout de passer pour les amis du clergé. Et on s'étonne que les prêtres se soient sentis blessés, atteints jusque dans leur honneur et dans leurs sentiments de citoyens français, aussi fiers que d'autres après tout!

Et, malgré cela, j'ose affirmer que, depuis que la République a été solidement établie en France, les évêques, s'ils ont protesté comme c'était leur devoir contre toutes les mesures antireligieuses qui se sont succédé sans relâche, n'ont cependant jamais protesté que sur le terrain religieux. »

Cette assertion, je crois l'avoir démontrée et M. l'abbé Sévestre l'a fait avec plus d'abondance encore dans la deuxième édition de son excellent ouvrage : *L'histoire, le texte et la destinée du concordat de 1801* [1].

M. Debidour nous assure qu'il a eu la préoccupation d'être impartial; nous devons l'en croire puisqu'il l'affirme. Mais alors que conclure de la lecture de son livre? Que la passion aveugle l'auteur au point de ne plus lui permettre de discerner le pamphlet de l'histoire. L'histoire des rapports de l'Église et de l'État sous la troisième République reste à écrire; le présent volume de M. Debidour ne demeurera guère que comme un témoin des haines irréconciliables qui mettent aux prises les Français d'aujourd'hui et les empêchent même de se comprendre.

Alfred BAUDRILLART.

1. Paris, Lethielleux, 1905.

Cas de conscience. Les catholiques français et la République, par Emmanuel BARBIER. — Paris, Lethielleux, 1906, in-18 de 492 pages. (Prix : 3 fr. 50).

Malgré les témoignages contraires dont s'autorise l'abbé Emmanuel Barbier, nous ne saurions admettre qu'il ait été fort heureusement inspiré en publiant ce livre et en le publiant à la veille des élections. Bien loin de contribuer à faire l'union des catholiques, il ne pouvait que renouveler leurs querelles et raviver les ressentiments des uns contre les autres. Ce n'est pas dans une revue de ce genre qu'il convient de discuter les mérites et les inconvénients du *ralliement*; ce serait tomber fatalement dans la politique; et d'autre part il est encore trop tôt pour établir *historiquement* les diverses responsabilités dans l'échec de la politique de Léon XIII. Laissons à l'avenir le soin de prononcer. Vaincus comme nous le sommes, et vaincus non pas en raison de telles ou telles attitudes, mais de la haine sectaire et si fortement organisée pour l'action que nous portent les partis au pouvoir, ne nous jetons pas la pierre entre catholiques.

C'est donc seulement à titre de document que je signalerai le livre de M. l'abbé Barbier. Il tiendra une place importante dans l'histoire des polémiques religieuses et politiques de ce temps; et, avec un bien autre esprit que celui de M. Debidour, demeurera, lui aussi, comme un attristant témoin de nos funestes divisions.

Alfred BAUDRILLART.

---

127. — **Stuart Mill,** par Emile THOUVEREZ. (Collection des grands philosophes). — Paris, Bloud, 1906, in-12 de 63 p. (Prix : 0 fr. 60).

L'opuscule de M. Thouverez est, à coup sûr, l'essai le plus original que l'on ait écrit en France sur Stuart Mill, le seul qui permette de comprendre, d'après un principe, l'ensemble de sa philosophie. L'auteur voit dans l'affirmation constante de la libre activité de l'esprit le secret de l'évolution de Mill, des divers aspects de sa philosophie spéculative, des diverses formes de sa philosophie sociale. Et, s'il insiste sur le caractère ondoyant de cette pensée, c'est pour nous la montrer toujours ouverte, éprise de la vie, craignant les formules toutes faites et les règles fixes ; si bien que, par une sorte de paradoxe qui n'en est pas un en vérité, le positiviste Mill rejoint presque les transcendalistes Fichte et Schelling, le philosophe de l'association se libère presque de l'associationnisme, le psychologue devient presque un métaphysicien. Par cette aversion de Mill pour les règles *a priori* et la pure analyse, M. Thouverez explique la théorie de la définition, celle du syllogisme, celle de l'induction ; par là encore il rend compte de la polémique contre le relativisme de Hamilton, contre les thèses hamiltoniennes de l'infini et de la perception ; par là aussi il montre le pourquoi de l'idéalisme immatérialiste de Mill. Les progrès de la morale individuelle et de la morale sociale sur celles de Bentham sont expliqués de même façon, par la haine de cette catégorie fixe : la quantité ; les thèses libérales et socialistes se ramènent au même principe, surtout si l'on aperçoit en elles l'idée du progrès de la vie morale et de l'autonomie personnelle. Par là, de même, on peut comprendre les vues de Mill sur la religion, son théisme manichéen, ses ouvertures sur l'immortalité possible. Et l'on conçoit très bien l'*empirisme* de cette doctrine, son rejet de la raison, c'est-à-dire d'un ensemble de principes qui enchaîneraient l'activité spirituelle. En somme, l'étude de M. Thouverez nous rend très sensible la parenté, que signalent certains critiques de langue anglaise, entre l'empirisme de Mill et l'empirisme *radical* des pragmatistes actuels ; et la différence entre les deux attitudes réside, en partie, en un point que l'auteur indique nettement : l'inconséquence relative des conceptions de Mill au sujet de la liberté. Ajoutons que la partie biographique renferme des détails peu connus sur le séjour de Mill à Avignon, sur la sépulture de madame Taylor et sur celle de Mill lui-même.

M. Thouverez juge brièvement la philosophie de Stuart Mill. Il adopte entièrement le relativisme de cette pensée ; mais il le complète en rétablissant, afin de mesurer le progrès spirituel, l'absolu, sous la forme d'une raison vivante et sous la forme d'un Dieu éternel. Nous serions tentés de nous rallier plutôt à la thèse de l'empirisme le plus radical, que nous suggère si bien l'étude même de M. Thouverez.

J. Segond.

128. — **T. Macci Plauti comoediae.** Recognovit brevique adnotatione critica instruxit W. M. Lindsay, in Universitate Andreana litterarum humaniorum professor. Tomus II : Miles Gloriosus Mostellaria Persa Poenulus Pseudolus Rudens Stichus Trinummus Truculentus Vidularia Fragmenta. — Oxonii, e typographeo Clarendoniano [Scriptorum classicorum Bibliotheca Oxoniensis] s. d. [1905], non paginé, [36 f. 1/2, in-8]. (Prix : 6 s.)

T. Macci Plauti comoediae, ex recensione Georgii Goetz et Friderici Schoell. Fasciculus II, Bacchides Captivos Casinam complectens; editio altera emendatior. — Lipsiae, mcmiv, in aedibus B. G. Teubneri [Bibliotheca Teubneriana], in-8 de xviii-162 pp. (Prix : 1 mk 50).

M. Lindsay a fait paraître le deuxième et dernier tome de son édition de Plaute un an et demi au plus après la publication du tome I. Il convient de rendre un juste hommage à son infatigable activité non moins qu'à sa compétence exceptionnelle dans tout ce qui concerne le grand comique latin. Depuis quelques années, M. L. s'occupe très particulièrement de Plaute et les résultats de ses recherches enrichissent aujourd'hui la Collection des *Oxford classical Texts* d'une édition qui tiendra son rang, même après la grande édition de Ritschl, et l'*editio minor* de Goetz-Schoell. Elle répond d'ailleurs à un autre besoin et se propose un autre but. Sans revenir ici sur la méthode et les intentions exposées par l'auteur dans son tome I, il n'est pas inutile de rappeler que M. L. applique dans l'établissement de son texte les principes qu'il a développés dans son *Introduction to latin textual emendation, based on the text of Plautus* (Londres, 1896 ; trad. franç. de J. P. Waltzing, Paris, Klincksieck, 1898). Il est au fond très conservateur; quand il s'agit de restituer une leçon altérée, il tâche de retrouver quelle est la façon qui, modifiée par l'une ou l'autre des causes d'erreurs formulées dans le précédent ouvrage, a pu recevoir des copistes la forme qu'elle présente aujourd'hui. Si ce procédé de correction est très louable en soi, il a le grave inconvénient de ne pouvoir être invoquée contre un argument contraire tiré du sens ou de la forme ; mais, dans la plupart des cas, il aboutit à des conclusions sûres et nous met à l'abri du danger de recourir à des corrections arbitraires ou fantaisistes.

M. L. a donc cherché à nous fournir un texte aussi authentique que possible. Son édition est agréable à la vue comme à la lecture et bien appropriée aux besoins des étudiants que rebuterait un texte trop rébarbatif suivi d'un apparat critique trop complet. La recension est claire et donne dans l'essentiel ce qui nous est transmis par la tradition. Les abréviations sont réduites au minimum, ainsi que les signes spéciaux, crochets, croix, astérisques, etc.; l'apparat critique est également des plus restreints. Peut-être M. L. a-t-il légèrement exagéré dans ce sens ; il s'est montré encore plus sobre d'indications que Goetz-Schoell, dont le Plaute semble cependant représenter le minimum de ce qu'on attend d'une édition critique. En fait nous avons souvent à accepter les corrections introduites dans le texte par M. L., sans pouvoir nous rendre compte de l'état des Mss ou des progrès de la critique dans les passages en question. Mais il faut bien se dire que dans n'importe quelle *editio minor* de Plaute, il est impossible d'introduire, si sommairement que ce soit, un apparat et un ensemble de renseignements qui dispensent les spécialistes et les amateurs de recourir à la grande édition de Ritschl. Les autres lecteurs trouvent largement leur compte dans M. L.

Il y a cependant, dans le texte comme dans l'apparat, certaines lacunes ou incohérences dont je crois devoir donner des exemples. Tantôt les corrections acceptées par M. L. sont signalées dans le texte par un signe typographique en même temps qu'elles sont indiquées dans les notes ; tantôt elles ne sont connues que par l'apparat. On a par ex., *Mil. glor.*, 121 : deduxit, et, en note : deduxit *Camerarius* ; duxit *cod.* ; 248 : ⟨ex⟩quiret, et, en note : exquiret *Ritschl* : quiret *cod.* ; les deux cas sont cependant analogues ; cf. *ibid.*, 754 : ⟨sumpto⟩, 919 : ⟨adsunt⟩ (additions de Lindsay), 913 : ⟨porro⟩ (addit. de Reiz et Brix), et d'autre part 728 : mers, pretium ei statuit (rétabli d'après les mss de Nonius), 1386 expetit (en note : expetit *Parens* : petit *cod.*) sans signes spéciaux dans le texte ; cf. *Most.*, 816 a et 816 b (ce dernier vers répété après 845), placés entre crochets, d'après Seyffert, et, par contre, maintien sans crochets de 410 (mis entre crochets par Ritschl) et suppression de 411 b (mis entre crochets par Ritschl, d'après Acidalius), qui se trouve répété après 424 ; ce sont encore deux cas semblables et on ne saisit pas les raisons qui justifient la manière de voir de M. L. De même on lit *Mil. glor.*, 1274, en note : melius delevit *Guietus* ; il faudrait également au v. 1272 : *viden delevit Hermann*. En outre, dans bien des passages M. L. a préféré laisser une *crux* plutôt que d'adopter une correction plausible : ex. *Trin.*, 103, † dicis † excrucior (dici, is exer. *Valhen* ; dici discrucior *Ritschl*), 704, † profugiens † (profugus *Camerarius*) ; Stich., 701 † cenat † (cessat *Goetz-Schoell*) etc. ; ailleurs il a corrigé, sans qu'il y eût nécessité évidente, ex. *Pers.*, 190 :... volo te : curre[re] ut domi sis (volo te currere, ut d. s. *Goetz-Schoell*) etc.

Sans donner à ces minuties plus d'importance qu'elles n'en méritent, on doit reconnaître que M. L. s'est montré tour à tour très indépendant et très scrupuleux, deux qualités qui, après tout, ne s'excluent pas l'une l'autre. Mais nous aurions voulu un emploi moins rare des signes typographiques spéciaux et quelques indications supplémentaires dans l'apparat ; il eût été ainsi plus facile de faire partout le départ entre les corrections nécessaires, les conjectures acceptables, et les altérations irrémédiables. Toutefois le plan de l'édition eût peut-être été par trop modifié ; il se peut que les avantages aient été inférieurs aux inconvénients, du moment où il s'agit d'une *editio minor*.

Le tome II présente pour la constitution du texte une importance particulière dont je n'ai encore rien dit. On sait que M. L. a découvert à Oxford il y a une dizaine d'années, en marge d'un Plaute de l'édition de Gryphius, une longue série de variantes extraites du fameux manuscrit de Turnèbe dont Lambin et Turnèbe nous avaient déjà conservé quelques leçons. Il a publié depuis le résultat de sa découverte (*the Codex Turnebi of Plautus*, Oxford, 1898), et nous a communiqué le relevé complet des variantes en question dans le *Philologus* (Supplemtbd VII, p. 119-131). Ces variantes ont pour nous d'autant plus d'intérêt que le ms d'où elles sont tirées (T = codex Turnebi, ou plutôt Fragmenta Senonensia, du monastère de Sainte-Colombe de Sens, auquel il avait appartenu) est considéré comme le plus ancien représentant de la recension palatine et que sa haute valeur a été il y a déjà longtemps reconnue par Ritschl. Dans le tome I, T. ne fournissait guère de leçons que pour certaines parties des *Bacchides*. Il n'en est pas de même pour le tome II, où on peut recourir à T dans le *Persa*, la deuxième moitié du *Pseudolus*, le *Poenulus* et la première moitié du *Rudens*. M. L. a usé de T très sobrement, trop sobrement peut-être, surtout dans les cas où le Gryphius d'Oxford lui donnait des leçons inédites; mais, là encore, il a cédé à des considérations d'extrême prudence et n'a pas voulu surcharger son apparat. Il lui doit cependant en plusieurs endroits soit une correction nouvelle, soit la confirmation d'une correction ou conjecture ancienne ; v. *Pers.*, 35 : emere amicum, qui comble une lacune (<facere ami>cum *Camerarius*); 39 : argenti; 48, changement de personnages (lacune dans les mss); To. obsecro te — Sag. resecroque. To. operam da etc.; 95, cremore crassost jus ; 239, mora. Pa. dic ergo. So. at votita sum ; 264, hominibus; 849, mi, i intro ; 923, quanta clades; *Pseud.* 951, ubi sit os lenonis aedium; *Rud.*, 11, moresque; 186, quam in (usu) ; 189, me memorabo; 295, cottidie ; 312, speque falsa; 313, expedite; 316, tris semihomines; 686, diem (qui confirme une conjecture de Schoell); 700, ne indignum id habeas. T confirme aussi certaines particularités orthographiques, comme *Pseud.*, 814, alium (= l'ail, *allium* dans le texte de Gryphius), 975, legerupam (= legirupam ; cf. *Pers.* 68); *Rud.* 709, legerupio etc. M. L. aurait pu maintenir avec T, *Poen.* 30, peritent (au lieu de *pereant*); *Rud.* 927, ut liberet extemplo praetor te (proposé seulement en note pour *ut liberes ex populo praeter te*, qui n'a pas de sens) ; *ibid.* 263, unde vos (pour *und' vos*); *Poen.*, 923, advenit (pour *adventat*). Pourquoi, par contre maintenir avec T coctiores *Poen.* 586, au lieu de la correction si plausible des Itali : doctiores ? Le scrupule de M. L. est parfois excessif, sans jamais cesser d'être une qualité ; il a raison de signaler fréquemment par *vix* les conjectures qui lui paraissent mal fondées. En revanche, son désir de ne présenter que des corrections justifiées à ses yeux augmente le nombre des passages où il n'est pas possible de présenter un texte lisible, sinon autentique; ce ne peut guère être un défaut, même dans une *editio minor*.

L'orthographe est parfois bien hardie, et ne paraît pas toujours sûre. On lit qum ; l'apocope de s devant des consonnes est parfois fausse; on croirait que M. L., écrit presque systématiquement, sati', priu', tribu', nimi', poti', etc.; il en est de même de l'apocope de e devant une consonne, und', ill', in' (= isne) etc. Je ne sais si cette orthographe est partout justifiée par la mesure, quand on la rencontre.

L'emploi des *apices*, si en honneur dans les éditions savantes d'outre-Rhin, est extrêmement restreint dans M. L.; il n'y a recours que dans les passages où il craint pour le lecteur de l'hésitation sur la nature du mètre ou sur la quantité du mot (par ex. dans les synizèses et les diérèses). Ce procédé n'est pas très logique; il eut mieux valu maintenir les *apices* partout, ou au moins dans les *cantica*; nous y sommes habitués depuis longtemps, et les avantages compensaient l'inconvénient qu'a peut-être voulu éviter M. L., je veux dire celui de défigurer un peu le texte.

Le volume se termine par un *schema metrorum* où sont donnés vers par vers, pour chaque pièce, les mètres employés par Plaute. Cette liste permet de moins regretter l'absence des *apices*. Il n'y a ni table des matières, ni pagination; mais les renvois sont facilités par la page du titre où les pièces sont rangées suivant l'ordre où on les trouve dans le volume.

Nous ne pouvons que féliciter l'Angleterre de posséder une édition judicieusement établie par un spécialiste aussi autorisé que l'est M. L. Quand il s'agit d'un texte maltraité comme l'a été celui de Plaute, c'est une dure tâche, même après les travaux allemands des trente dernières années, de mener à bien une édition qui réponde aux exigences de la critique moderne, et sache présenter aux lecteurs dans un volume d'un maniement agréable, sous une forme claire et concise, une pareille somme de résultats acquis. De cette tâche, M. L. s'est acquitté à merveille.

Je serai plus bref en ce qui concerne la deuxième édition du Fascicule II du Plaute de Goetz-Schoell. Ce n'est pas que je considère leur travail comme inférieur à celui de M. Lindsay, tant s'en faut; mais comme il s'agit d'une seconde édition, il suffit de voir en quoi elle est réellement *emendatior*. Entre le Fasc. II, qui parut avant tous les autres en 1892 et le Fasc. VII, par lequel s'acheva l'édition en 1896, les auteurs s'étaient peu à peu décidés à donner plus d'extension à l'apparat critique qui, au début, était par trop maigre; il en résultait une disproportion choquante dont on peut se rendre compte en comparant l'apparat des *Bacchides*, par ex., qui se borne à trois ou quatre lignes par page en moyenne, et celui du *Trinummus* ou du *Truculentus*, qui est au moins d'une étendue triple. Cette disproportion commence à disparaître avec la nouvelle édition du Fasc. II, sans exiger de remaniement typographique dans le texte; les pages des deux éditions correspondent exactement entre elles et il a suffi d'élargir pour l'appareil l'espace imprimé au bas des pages.

De plus les éditeurs se sont tenus au courant de la littérature spéciale; ils ont tiré le plus grand parti tant de la précieuse collaboration de O. Seyffert que des études particulières de Lindskog sur les corrections de deuxième main dans le *Vetus Codex* (Lund, 1903) et de Lindsay (v. plus haut) sur le *Codex Turnebi*, dont l'origine avait été découverte par Le Breton (*Rev. de phil.*, XIX, pages 255-256, 1895). Malheureusement les leçons conservées de ce dernier Cod. n'intéressent guère, dans le présent fascicule, que 76 vers des *Bacchides*, 7 des *Captivi*, et 8 de la *Casina*. La preuve du souci apporté par MM. G.-S. à dépouiller les travaux récents relatifs à Plaute se rencontre partout, dans l'appareil comme dans les corrections apportées au texte, mais aussi et surtout dans les notes supplémentaires de la Préface qui occupent 10 pages (IX-XVIII) au lieu de 2 seulement que contenait la première édition; v. parmi les travaux et articles de revue mis à contribution, ceux de Th. R. Kane (1895), Redslob (1902), Legrand (*Rev. des ét. grecques*, 1902), Havel (*Mél. Boissier*, 1903), Heckmann (1905), etc. Il est regrettable que MM. G.-S. n'aient pas cru devoir donner à part, suivant l'ordre alphabétique ou sous toute autre forme plus claire, la liste de ces travaux qui sont cités pêle-mêle, ici comme dans les autres fascicules, à mesure que le cas le comporte. Les lecteurs leur en sauraient gré.

Pour le reste, le présent fascicule reproduit en substance l'ancien. Il donne de nouveau (p. III-IX) le plan de l'édition qui, logiquement, devrait être placé en tête du Fasc. I, ainsi que la liste très variée des caractères typographiques employés; là encore il eût mieux valu donner cette liste sous forme de tableau, comme elle l'est d'ailleurs dans les Fasc. I et III-VII. L'édition est restée nettement conservatrice, ce qui ne veut pas dire qu'elle repousse *a priori* les nouvelles corrections proposées depuis dix ans; mais elle ne les accepte qu'à bon escient et ne fait qu'une place très minime à tout ce qui est visiblement du domaine de l'hypothèse. Elle n'en renferme pas moins un grand nombre de changements et d'améliorations diverses. En voici quelques exemples (je cite entre parenthèses la leçon ancienne) : *Bacch.* 4, qui ilico (V — qui ilico); 57; si quid, avec T (⟨si⟩ quid) ; 64, destimulant, avec T (distimulant); 65 a et 65 b (65 a non indiqué en marge, 65 b noté 65); 66, penetr[ar]e⟨m⟩ (penetrem); 77, opust T (opus est); 110 ⟨ex⟩spectans (exspectans) ; 220, philippeo (philippo); 577, illac T (illac⟨c⟩); 616, esse ([esse]), avec division différente de 615-616 ; 618, me⟨d⟩ (med); 620, improb[r]is (improbis) ; 622, aurum amans (aurum amens V —) ; 736, fraudaverim (⟨de⟩ fraudaverim); 867 nive T (neve); 870, pacisce[re] (pacisce), si potest T (potes); *Capt.*, 172, de ⟨ae⟩que (deaeque) ; 179 em⟨p⟩tum (emptum) ; *Cas.*, 267, egon⟨e⟩ (ego⟨ne⟩); 570, remarque que le vers ne se lit que dans A (manque dans la première édit.) ; 578, res [est] (re[se]st) ; 955, salus nullast ⟨s⟩capulis (nullast salus scapulis), avec nouvelle division des vers 952-956, etc.

Ce choix d'exemples, dont la plupart n'intéressent aucunement les sens, prouve deux choses ; d'abord le soin minutieux avec lequel a été préparé cette seconde édition ; ensuite la ferme résolution de nous présenter, sous la forme la plus concise et en évitant toute correction purement subjective, l'image la plus fidèle possible de la tradition. A ce double point de vue, MM. G.-S. ont réussi à merveille, et le nouveau fascicule tient le lecteur au courant des progrès de la critique. Si l'édition, hérissée de signes typographiques désagréables à l'œil, ne fournit pas toujours un texte intelligible, la faute en est à la tradition, non aux éditeurs qui n'admettent en principe que les leçons dont l'authenticité est reconnue et, à côté de cela, fournissent au lecteur les moyens de juger par eux-mêmes les corrections et améliorations proposées. Dans la plupart des cas, elle peut se suffire à elle-même et ce n'est pas un mince mérite quand il s'agit d'une édition critique *minor* d'un texte semblable à celui de Plaute. — J. Vessereau.

---

129. — **Law and Opinion in England,** by A. V. Dicey. — Londres, Macmillan, 1905, in-8 de xx-503 pp. (Prix : 10 s. 6 d.)

Nous avons eu récemment l'occasion d'exprimer quelque méfiance à l'égard des systèmes auxquels on est toujours tenté, en

France, soit par l'éloignement, soit par notre légendaire amour de la clarté, du ramener la diversité des choses étrangères. Voici un livre qui, mieux qu'aucun autre pourra nous corriger de cet attrayant défaut. Ces conférences de M. Dicey sont d'un bout à l'autre une admirable leçon de respect, et de probité — d'une probité scrupuleuse — vis-à-vis des faits. — Cet ouvrage, déjà salué partout comme un chef d'œuvre de pénétration et de science, nous paraît aussi un chef d'œuvre de méthode, de cette méthode anglaise dont la souplesse et l'humilité mêmes font qu'elle ne paraît pas toujours assez aux yeux du lecteur étranger.

M. Dicey est d'accord avec nos « psychologues », et notamment avec M. Cazamian, pour déclarer la faillite de l'Individualisme révolutionnaire à la Bentham, et l'avènement progressif de l'idée de solidarité, sous sa forme la plus évidente : l'Interventionnisme d'Etat. Le gros de l'ouvrage (ch. 4 à 9) expose l'histoire de cette longue réaction avec une puissance et une richesse d'information qui ne souffrent pas plus le résumé que la contradiction. Il y aura décidément quelque chose à changer, dans l'opinion française courante qui, depuis Le Play surtout, insiste sur les qualités d'initiative, le *self-help*, avec leurs conséquences (prévalence de la vie privée sur la vie publique, de l'autonomie locale sur l'uniformité nationale) comme étant caractéristiques du peuple anglais. Il y aura en tout cas à expliquer comment ces qualités indéniables se sont accommodées du grand mouvement qui, sans bruit, « sans doctrines » (le titre de M. Métin, cité par M. Dicey, est en effet à retenir) a amené l'Angleterre à accepter maintes mesures que nos « socialismes » continentaux ne connaissent pas encore. Certes l'antinomie n'a pas échappé à l'analyse de M. Dicey : il est de ceux qui croient fermement que « l'aide de l'Etat tue l'aide soi-même — *State help kills self-help*, » (p. 256) et qui s'inquiètent de voir cette notion s'obscurcir; cependant il ne souscrirait point, sans de graves réserves, au chapitre où Le Play soutient que « quand la prospérité [sociale] diminue, le gouvernement se développe aux dépens de la vie privée » (Réforme Sociale, ch. 52). Si quelque chose manque à son beau livre, c'est un éclaircissement sur ce point; il ne laisse pas de troubler les meilleurs esprits de notre temps — témoin le *Libéralisme* de M. Faguet...

Mais pour avoir dégagé ces deux grandes composantes de toute la législation anglaise au xix⁰ siècle, M. Dicey n'a pas été aveugle à l'entrecroisement infini des tendances et des actions d'où elles émanent. « Optimisme, individualisme, Benthamisme, collectivisme et autres termes abtraits, ne sont qu'un sommaire et donc, nécessairement, un imparfait exposé des réalités » (p 412). Aussi le corps de l'ouvrage est-il encadré, de corrections et d'atténuations.

Les trois premiers chapitres sont déjà de fines mises en garde contre les thèses faciles et claires : ni le droit n'est toujours le reflet de l'opinion publique (ch. 1., V. surtout, p. 8, ce que M. Dicey dit de la rigidité de notre droit jusque 1871), ni l'opinion n'est toujours aisément analysable, et modelée par des *idées*, simples, peu nombreuses, et immédiatement triomphantes — mais bien plutôt par la lente action des circonstances, des écoles de penseurs, voire même des lois introduites par un courant très particulier d'intérêts (ch. 2), ni enfin le « progrès de la démocratie » n'explique à lui seul l'évolution du droit anglais pendant le dernier siècle : et M. Dicey, dans un court parrallèle, oppose l'œuvre de la démocratie anglaise, restreinte comme elle l'est, « héritière des traditions d'un gouvernement aristocratique » à l'œuvre de la démocratie française, plus absolue, elle, mais « héritière des traditions de la monarchie, et plus encore de l'empire napoléonien. » (ch. 3) Il y a là deux des plus fortes pages de ce livre.

Et les trois derniers chapitres insistent encore sur l'importance souvent inaperçue des influences secondaires et adverses, des « contre-courants » dont ils nous donnent quelques exemples approfondis : ici, c'est le conservatisme spécial à la sphère religieuse venant subtilement s'opposer aux mesures que le libéralisme individualiste et égalitaire y voudrait introduire (ch. 10); là, c'est l'opinion judiciaire venant guider, orienter le cours de la législation parlementaire (ch. 11). Enfin l'auteur nous montre le jeu d'influences qu'il a défini jusque là se manifestant dans le mouvement ecclésiastique qui a vu l'Evangélisme reculer devant la Haute-Eglise, — dans le succès d'une nouvelle école d'économie politique et de jurisprudence, — dans la popularité de certaines individualités puissantes, dont M. Dicey fait, en raccourcis saisissants, de merveilleux portraits.

Nous ne saurions terminer ce compte-rendu sans exprimer le souhait que le livre de M. Dicey soit prochainement traduit, ou, mieux encore, qu'il adapte lui-même son œuvre aux besoins de cet esprit français qu'il connait si bien. Quelques notes explicatives sur quelques points propres à la législation anglaise, quelques rapprochements avec la nôtre (dans le genre de cet admirable appendice sur l'attitude des deux droits en présence des associations ouvrières), feraient de ces conférences un enseignement parfaitement approprié à notre pays — et pût-il être fécond! [1]

A. KOSZUL.

---

130. — **Sénatusconsulte de Thisbé (170)**, par Paul FOUCART, membre de l'Institut. (Extrait des Mémoires de l'Académie des Inscriptions et Belles-Lettres, tome XXXVII, 2ᵉ partie.) — Paris, Imprimerie Nationale, 1905, in-4. (Prix : 2 fr.)

Thisbé, petite ville de Béotie, dont le territoire comprenait le Sud-Est de l'Hélicon, depuis les limites de Coronée jusqu'à la mer, ne semblait avoir joué dans l'histoire qu'un rôle bien obscur. Cependant, à l'époque de Persée, elle attira l'attention de la politique romaine, elle fit l'objet de délibérations du sénat romain. Il est vrai que les fragments de Polybe et le récit de Tite-Live qui mentionnent les événements auxquels Thisbé fut alors intéressée ne rappelaient même pas le nom de cette ville. Mais ces récits présentaient des incohérences dues précisément à l'absence du nom de Thisbé, et dont Mommsen a su reconnaître la cause ; il a montré que les manuscrits donnaient à tort Θήβας, *Thebas*, où il fallait Θίσβας, *Thisbas*. C'est ainsi que la mention de la marche du préteur Lucrétius contre Thèbes ne s'expliquait pas, puisque Thèbes était l'alliée fidèle des Romains ; mais on comprend très bien que le préteur ait marché contre Thisbé, d'où la faction de Persée avait chassé momentanément les partisans de Rome. En 171, Lucrétius occupa la ville et y rétablit ces derniers ; et, en 170, le sénat romain délibéra sur les conditions à faire aux habitants de Thisbé, tant aux alliés qu'aux adversaires.

---

1. Nous avons noté quelque *errata* p. 125, 144 et 158 lire *Halévy*. — P. 179, ligne 7, lire *any* (et non *and*). — P. 221, lire M. *Cousin*. — P. 262, note 1, ligne 16, effacer un *that*. — P. 466, ligne 21, lire A pour X.

Le sénatusconsulte de Thisbé, comme tous les sénatusconsultes relatifs aux Hellènes, fut gravé en latin et en grec; c'est le plus ancien dont on possède le texte (le texte grec seulement) en entier. La version grecque était, comme l'observe M. Foucart, une traduction littérale faite à Rome d'après le latin « sans aucun souci du génie de la langue grecque ».

Avant 1872, la stèle qui porte ce texte précieux servait de marche intérieure pour descendre dans la petite église de Hakosi. C'est là que M. Foucart en reconnut l'importance. Sa copie, exécutée dans les conditions les plus incommodes, et son premier mémoire sur la question, publié dans les Archives des Missions scientifiques (1872, p. 321), attirèrent l'attention sur ce monument, que le gouvernement grec fit transporter à Athènes et placer dans la cour du Musée de Patissia. Des lettres, qu'on n'aurait pu déchiffrer sur la marche de l'église de Hakosi, devinrent visibles en pleine lumière, et ce texte de soixante lignes fut peu à peu rétabli complètement, sauf un passage de la ligne 48, dont M. Foucart donne enfin, dans son nouveau travail, une lecture satisfaisante. Il donne aussi la traduction de tout le document, et l'explication des nombreuses difficultés qu'il présente. L'habileté et la science qu'il emploie à la discussion de ces difficultés, et l'intérêt des solutions qu'il propose, rendent la lecture de son mémoire attrayante, malgré la sévérité de ce genre d'études. On connaît la prudence et la sûreté de sa méthode, et l'on ne peut qu'approuver ses conclusions.

Philippe VIREY.

L'Éditeur-Propriétaire-Gérant : ALBERT FONTEMOING.

Imprimerie Générale de Châtillon-sur-Seine. — A. PICHAT.

131. — **Analecta Vaticano-Belgica.** Recueil de documents concernant les anciens diocèses de Cambrai, Liège, Thérouanne et Tournai, publiés par l'Institut historique belge de Rome. Tome I. **Suppliques de Clément VI (1342-1352).** Textes et analyses, publiés par D. Ursmer Berlière O. S. B. — Paris, H. Champion, 1906, in-8 de xxxviii-952 p. (Prix : 15 fr.)

Les suppliques adressées au Saint-Siège constituent un des fonds les plus importants des Archives Vaticanes. Pour s'en convaincre il suffit de parcourir le livre du P. Berlière qui pour le seul pontificat de Clément VI ne réunit pas moins de 2511 documents concernant les diocèses de Cambrai, Liège, Thérouanne et Tournai.

L'introduction du savant directeur de l'Ecole belge de Rome soulève un bon nombre de problèmes de diplomatique qui sont encore loin d'être éclaircis. A qui doit-on faire remonter l'origine des registres de suppliques ? Deux des vies de Benoît XII, éditées par Baluze, attribuent l'invocation à ce pape, et le P. Berlière adopte ce sentiment. Si on objecte qu'au Vatican il n'existe aucun registre de suppliques antérieurement à Clément VI, on nous répond que « l'on pourrait peut-être supposer que l'enregistrement fut décidé vers la fin de son pontificat [Benoît XII] et ne fut mis à exécution que sous Clément VIII (p. xi). Il semble que pour décider la question il faille soigneusement distinguer deux choses : l'enregistrement même des suppliques, la systématisation de cet enregistrement tel qu'il se présente dans les registres que nous possédons encore. Que Benoît XII ait introduit l'enregistrement même des suppliques il est difficile de le soutenir. Tout porte à croire, au contraire, qu'il se pratiquait avant son pontificat. Il suffit de consulter aux Archives Vaticanes la *Collectorie* **280**, qui contient la liste des bénéfices vacants ou conférés en cour d'Avignon de 1329 à 1336, pour se persuader que le manuscrit a été établi d'après un registre de suppliques. La seule innovation que l'on puisse imputer à Benoît XII serait peut-être l'enregistrement intégral des suppliques, ainsi que l'insinue la cinquième vie de ce pape : « Ordinavit idem dominus Benedictus quod petitiones hujusmodi signatae per eum *integraliter* in palatio apostolico regestrarentur [1]. » D'après ce texte, il est permis de supposer qu'avant la réforme de Benoît XII les suppliques étaient enregistrées sous forme d'abrégés peu différents, sans doute, de ceux que présente la *Collection* **280**.

Je n'insisterai pas sur les paragraphes où le P. B. traite excellemment des formulaires à l'aide desquels le texte des suppliques était établi, de la forme que celles-ci recevaient avant d'être portées au pape, de leur mode d'enregistrement. L'intérêt des suppliques de Clément VI réside entièrement dans des collations de bénéfices, dispenses de toutes sortes, concessions d'indulgences, multiples faveurs d'ordre secondaire qui peuvent être sollicitées d'un pouvoir toujours empressé à les accorder. A ce propos se pose une question très délicate à trancher, à laquelle le P. B. ne fait pas suffisamment allusion et qui pourtant prime toutes les autres : c'est celle de la valeur historique des suppliques ; autrement dit, quel parti l'historien peut-il tirer du texte des suppliques ?

Si, d'ordinaire, l'exposé de la bulle répète fidèlement celui de la supplique, il n'en est pas toujours ainsi. Souvent l'énoncé des motifs qui militent en faveur du suppliant n'est pas reproduit intégralement dans la bulle d'expédition. Le P. B. parle lui-même de « l'exagération qui est d'usage dans les motifs invoqués par les suppliants » (p. xii) et plus loin (p. xxii) il ajoute que « le *fiat* ne s'étend pas à toutes les particularités de la requête ».

D'autre part, par suite de complications particulières, la bulle, quoique expédiée, n'était pas toujours délivrée (*tradita*) à l'ayant

---

1. Baluze, *Vitae Paparum Avenionensium*, t. II, p. 232. — Encore convient-il de remarquer qu'il ne s'agit pas ici de l'enregistrement des suppliques originales, mais uniquement de celui des rôles présentés à la signature du pape.

cause. Que de fois dans les registres des lettres pontificales ne trouve-t-on pas la mention « *cancellata, cassata* ou *correcta fuit de mandato domini vicecancellarii* », sans que celle-ci soit reversée dans le registre de suppliques. Dès lors, avant d'utiliser les détails que lui fournit une supplique, tout historien consciencieux devra rechercher la bulle correspondante.

Est-ce à dire qu'il faille, par suite, rejeter comme erroné tout détail qui, porté dans la supplique, est omis dans la bulle d'expédition? Evidemment non, car le rejet de tel détail est parfois le fait seul du scribe, de *l'abréviateur*, qui craint de surcharger le texte de la bulle déjà encombré de formules. Mais ce détail, pour être admis comme historique, devra être corroboré par d'autres documents ou du moins ne pas être contredit par eux :

Ainsi averti, le lecteur fera bon usage du précieux instrument de travail qui lui est offert par l'infatigable bénédictin et dont l'usage est facilité par une excellente table des matières.

G. Mollat.

---

132. — **L'organisation du travail,** par Charles Benoist. T. I. — Paris, Plon-Nourrit et Cie, 1905, in-8 de 500 p. (Prix 10 fr.)

Sous ce titre vient de paraître le premier volume d'un ouvrage consacré à une enquête sur le travail dans la grande industrie.

Ce volume est divisé en deux parties d'inégale longueur. La première — la plus courte — sert d'introduction : l'auteur y examine en son histoire et en ses causes la crise de l'Etat moderne. La seconde, qui constitue l'enquête proprement dite, est composée d'une série de monographies d'usines appartenant aux diverses branches de la grande industrie.

Selon M. Charles Benoist nous sommes les fils d'une *double* révolution, économique et politique, qui n'est pas encore complètement achevée. L'Etat moderne *devient* démocratique, aussi bien économiquement que politiquement ; il faut l'organiser à ces deux points de vue : au point de vue politique en organisant le suffrage universel (ce que l'auteur, à la Chambre, demande avec beaucoup d'insistance), au point de vue économique en organisant le travail.

Pour organiser le travail, il faut d'abord savoir comment, jusqu'à notre époque, s'est opérée la révolution économique. C'est ce que l'auteur examine. Il étudie successivement l'action qu'ont eue depuis plus d'un siècle sur la révolution économique les faits, les idées et les lois.

Parmi les faits, le plus important est la découverte de la vapeur. Elle eut pour effet de concentrer le travail et, en réunissant ensemble un grand nombre d'ouvriers, de changer leur mentalité : groupés, ils se sentirent une âme commune et devinrent la classe ouvrière. La création des écoles primaires, la diffusion des journaux et des brochures à bon marché, enfin et surtout l'institution du suffrage universel, eurent aussi une grande influence. L'ouvrier plus instruit, prit conscience de la force que venait de lui donner la loi, en instituant l'Etat du Nombre, et il se sentit solidaire, vis-à-vis des patrons, de tous les autres ouvriers.

M. Charles Benoist cherche ensuite ce que la Révolution sociale doit au mouvement des idées. Il nous montre les questions sociales ayant déjà leur place dans les préoccupations des philosophes du xviiie siècle. Montesquieu, dans l'Esprit des Lois, parle du droit au travail et même du droit à l'assistance. Rousseau, s'il ne parle pas d'organiser le travail, en chante partout les louanges et voudrait l'imposer obligatoirement à tous les hommes.

Après la Révolution, destructrices de toutes les entraves mises par l'ancien régime au libre exercice du travail, les philosophes et les sociologues s'occupent de réédifier. Saint-Simon, Fourier, etc., veulent construire la société sur de nouvelles bases et dans toutes leurs constructions sociales, ils mettent le travail à la place d'honneur. C'est entre 1830 et 1840 que la littérature sociale et la plus abondante. On sonde toutes les profondeurs, tous les coins de la société. Chacun, quel que soit le parti auquel il appartient, s'intéresse aux questions sociales. On étudie les faits sociaux non seulement en France, mais en Europe, en Amérique même. L'étude des faits ne fait pas négliger la théorie. Jamais on ne vit pareille floraison de doctrines. Arago, Ledru-Rollin, Louis Blanc réclament l'organisation du travail et, pour la réaliser, l'Etat du nombre fondé sur le suffrage universel. Leurs idées, répandues par la presse républicaine démocrate, pénètrent dans les masses, y germent et donnent naissance à la révolution de 1848, sociale et non politique.

Dès lors les idées valent moins en elles-mêmes : ce qui reste à faire, sera fait par les lois.

Les lois suivent la même marche que les faits et les idées, mais leur action est postérieure. Destructives sous la Révolution, qui supprime maîtrises, corporations, etc.; elles ne commencent à reconstruire qu'à partir de 1848. De cette époque jusqu'à nos jours le mouvement des lois ne s'est pas arrêté. Depuis 1848, la France vit sous le régime économique de la grande industrie et du suffrage universel et la législation sociale ne cesse de s'accroître.

Suivant M. Charles Benoist, on peut diviser en quatre titres l'ensemble des lois sociales : 1° travail en soi ; 2° circonstances du travail ; 3° maladies du travail ; 4° thérapeutique du travail. Suivant les époques, la législation sociale s'est occupée de préférence, de l'un de ces quatre sujets. C'est en 1848, et de nos jours, de 1890 à 1895, que la législation sociale a été la plus abondante. L'auteur montre l'influence qu'eut sur ce développement de la législation, la conférence internationale réunie en 1890, sur l'initiative de l'empereur allemand pour essayer d'établir un droit international ouvrier. Ce dernier résultat ne fut pas atteint, mais la question ouvrière fut posée devant les nations et chacune d'elles eut ensuite à cœur de ne pas se laisser distancer par ses voisines dans la protection des ouvriers.

Cette conférence a marqué en Europe l'événement d'une nouvelle politique : politique de conciliation et de concessions. La classe bourgeoise, la classe moyenne a ses devoirs : elle doit faire pour la classe ouvrière tout ce qui est juste et possible de faire.

C'est afin de savoir exactement ce qui est juste et possible, que l'auteur s'est livré à une enquête approfondie sur le travail dans la grande industrie.

La deuxième partie de son volume contient cette enquête. Elle se présente, avons-nous dit, sous la forme de monographies d'usines appartenant aux diverses branches de la grande industrie : mines, métallurgie, verrerie, filature et tissage de lin, coton, laine et soie. L'auteur n'étudie dans ces monographies que le *travail en soi*, c'est-à dire la division du travail entre les diverses catégories d'ouvriers, les salaires, l'âge des ouvriers, les rapports entre les salaires et l'âge, la durée du travail, etc.

Nous ne pouvons que renvoyer le lecteur à cette étude fort remarquable, mais qu'il est impossible de résumer en quelques lignes. Bien que l'auteur évite, à ce qu'il dit, de citer beaucoup de chiffres, ils y sont cependant fort abondants et difficiles à condenser.

Nous nous contenterons de citer les conclusions que l'auteur a tirées de son minutieux examen : elles ne manquent pas d'intérêt :

1° Le temps du travail est plutôt moins long, la peine du travail est plutôt moins dure, le prix du travail est plutôt meilleur dans la grande industrie que dans la moyenne, dans la moyenne que dans la petite, et dans les plus grands établissements de la grande industrie que dans les moyens ou dans les plus petits :

2° La durée du travail a constamment diminué et tend à diminuer encore soit par suite de nouvelles prescriptions légales, soit en vertu de nouveau usages industriels que rendent possibles ou plus faciles les progrès de la mécanique ;

3° La peine du travail se réduit chaque jour davantage. L'ouvrier tend à devenir un conducteur plutôt qu'un producteur de force.

4° Il n'y a pas dans toute la grande industrie de contrat de travail, ni individuel, ni collectif; à peine quelques coutumes et réglements d'ateliers.

5° L'application de l'énergie électrique, son emploi industriel n'ont pas déconcentré le travail, comme on aurait pu le supposer. Nombre d'usines de 500 et même de plus de 500 ouvriers ont remplacé dans leurs ateliers, la vapeur par l'électricité :

M. Charles Benoist termine en disant qu'il ne suffit pas de connaître le travail en soi, pour bien connaître le travail. Il y a encore à étudier les *circonstances du travail*, les *maladies de la thérapeutique du travail*. Ces sujets seront traités dans les autres volumes que M. Benoist publiera sur l'organisation du travail.

On ne saurait trop recommander la lecture de l'ouvrage de M. Charles Benoist à tous ceux qui s'intéressent aux questions sociales et ouvrières. Cette lecture leur permettra de connaître, mieux que par des statistiques officielles ou par des ouvrages uniquement fondés sur ces statistiques, la situation des ouvriers dans la grande industrie.

Henri SOULÈS.

133. — **Aeli Donati quod fertur Commentum Terenti**; accedunt Eugraphi Commentum et scholia Bembina; recensuit Paulus Wessner. Volumen II. — Lipsiae, Teubner, 1905, in-8 de viii-550 pp. (Prix : 12 mk).

Ce volume renferme, outre une préface de six pages, le Commentaire des Adelphes, celui de l'Hécyre, celui du Phormion et, à la fin (pages 485-550), un très riche appendice. Comme le premier volume contenait les Commentaires de l'Andrienne et de l'Eunuque, et que, d'autre part, nous ne possédons plus celui de l'Heautontimorumenos, nous avons dès maintenant, avec le travail de P. Wessner, la meilleure, je dirai même la première édition vraiment critique de la compilation de Donat sur Térence. Le mérite de l'éditeur nous apparaît d'autant plus grand qu'il s'est imposé une tâche plus particulièrement pénible et minutieuse, sans pouvoir compter sur le secours des éditions antérieures. Le Commentaire de Donat n'a guère été publié jusqu'ici qu'à la suite de Térence ; sans doute de nombreux érudits, Bentley, Richter, Hahn, Beeker, Rabbow, Smutny, Sabbadini, etc., lui ont consacré de remarquables dissertations ; quelques-uns même ont eu la pensée de l'éditer (L. Schopeu, A. Reifferscheid, C. Dziatzko, G. Wissowa) ; mais en fait nous n'avions en mains que des textes vieux au moins de 65 à 75 ans et d'une autorité souvent discutable. Le moins ancien est celui de Rh. Klotz (avec Térence, 1838-1840, Leipzig), qui dans l'ensemble reproduit le texte des éditions du xvie siècle et par suite transmet nombre de leçons douteuses empruntées à des manuscrits de la Renaissance ; J. A. Giles (Londres, 1837) s'était borné à reprendre le texte et les scholies du Térence de Lindenbrog (Paris, 1602 et Francfort, 1623) ; quant à l'édition de G. Stallbaum (également avec Térence, Leipzig, 1830-1831), elle n'est qu'une réimpression de celle de A. Westerhov (La Haye, 1726), qui lui-même avait simplement réédité Lindenbrog. Celui-ci s'était servi d'une édition de Robert Estienne qui sans nul doute avait dû émailler de conjectures personnelles le texte du manuscrit excellent, perdu aujourd'hui, dont il disposait, ces conjectures sont à peu près impossibles à reconnaître (V. la Préface du premier volume de Wessner).

On conçoit combien était nécessaire, combien difficile aussi, la tâche entreprise par Wessner. Il s'agissait de substituer à la vulgate un texte établi le plus possible sur les données des meilleurs manuscrits avec la méthode critique la plus rigoureuse. Le deuxième volume, qui nous intéresse ici spécialement, a imposé au patient éditeur un travail plus lourd et plus ingrat que le premier; car il n'avait plus à compter qu'en de rares passages sur les deux seuls manuscrits dont la valeur est hors de discussion : A, du xie siècle (Paris. lat. 7920) et B, du xiiie (Vatic. Regin. lat. 1595). Sur les trois pièces du présent volume, A ne contient qu'un fragment des Adelphes (jusqu'à I, 1, 40), et B ne donne que les scènes III, 4, 16 à V, 2, 8 de l'Hécyre; pour le reste, il faut recourir à des manuscrits de la Renaissance dont la plupart sont fortement altérés ou interpolés. Il en est cinq toutefois que W. juge dignes d'être pris en considération : V (Vatic. Regin. lat. 1496), R (Riccard. 669), T (Vatic. lat. 2905), C (Oxon. Bodleian. Canon. lat. 95) et F (Florent. Marucell. C. 224), tous du xve siècle. Mais T ne renferme de commentaires que sur l'Andrienne et une partie de l'Eunuque; R ne donne que ceux du Phormion, avec une lacune (II, 1, 4 à 19); V a été tellement altéré par le copiste lui-même à partir des Adelphes II, 3, qu'on peut, qu'on doit même le négliger dans tout ce qui suit; enfin F ressemble à C et fait double emploi avec lui, sauf au début, où il manque un feuillet à C, ce qui importe peu dans ce second volume. Il est évident que tout ceci complique singulièrement la tâche de l'éditeur; pour les Adelphes, l'Hécyre et le Phormion, il ne peut compter le plus souvent que sur le témoignage bien insuffisant de C. Il se permet par suite, en cas de nécessité, de recourir aux moins mauvais d'entre les mss *deteriores*, savoir : D (Dresdensis DC. 132) et L (Leid. Voss. lat. Q. 24), puis, pour les Adelphes, P (Paris. lat. 7921), et, pour le Phormion, O (Oxon. Lincoln. 45), tous du xve siècle; il emprunte également diverses leçons à Lindenbrog, qui les avait sans doute tirées d'un manuscrit de Cujas que nous n'avons plus, ainsi qu'à divers autres éditeurs, en particulier à l'édition *princeps* de Venise et à l'édition de Rob. Estienne (1536, Paris); enfin il consulte les scholies marginales de deux manuscrits de Térence, le fameux Bembinus et le Riccardianus.

Dans ces conditions, il n'est pas surprenant que W. se soit cru autorisé à introduire également dans son texte un certain nombre de conjectures personnelles, là où la vulgate lui paraissait inacceptable; il a ainsi évité la présence perpétuelle de ces *cruces*, qui font le désespoir du lecteur et donnent à certaines éditions critiques l'aspect d'un cimetière. Il a agi d'ailleurs avec la plus grande circonspection; peut-être cependant aurait-il conservé plus souvent les leçons de la vulgate, s'il lui avait été permis de savoir, avant l'impression du présent volume, que beaucoup de ces leçons se lisent dans un manuscrit de haute valeur découvert tout dernièrement par Minton Warren, professeur à l'Université d'Harvard, dans la bibliothèque du prince Chigi (H, VII, 20), et examiné par R. Kauer. En attendant les renseignements promis par Minton Warren et R. Kauer (v. *Berlin. philol. Wochenschr.*, 1906, n° 1), je crois devoir citer ici quelques corrections de W., qui ne me paraissent à priori ni nécessaires ni toujours heureuses : *Ad.* III, 2, 48, 3 ⟨*an*⟩ *nec virgo nec pro virgine potest nubere ?* L'addition de *an* donne à la proposition un ton interrogatif, mais n'ajoute rien à la clarté; *ibid.*, 49, 1 ⟨*nova*⟩ *locutio...*, 3 ⟨*an « testis est*⟩ *mecum » hoc est : testes sumus ?* Je trouve *nova* inutile, et la remarque 3 s'entend suffisamment comme une explication de *mecum = testes sumus*, sans interrogation ni addition de *an « testis est; ibid.* IV, 3, 10, 2. *Et sane hi versus desunt* s'entend aussi bien que *E. s. h. v. de* ⟨*esse pos*⟩*sunt*; « sane » = « il est raisonnable, logique (de supprimer ces vers, puisqu'ils manquent dans un grand nombre d'exemplaires) »; *Hec.* II, 1, 34, 2 CUM PUELLA ⟨*ut illam*⟩ « *puellam* » *blande dixit, ita hanc cum amaritudine* « *anum* », j'estime qu'il vaudrait mieux rétablir *anum*, qui est nécessaire, dans la citation de Térence : CUM PUELLA ⟨ANUM⟩ et supprimer *ut illam* en mettant un point-virgule après *dixit*; *ibid.* III, 1, 10, l'explication qui suit immédiatement AMBAS; *ne accusare alteram videretur* se comprend aisément sans l'addition ⟨*Parmeno, adjecit « ambas*⟩ » si l'on admet, chose qui est nécessaire d'un bout à l'autre du commentaire de Donat, que le lecteur a sous les yeux le texte de Térence; les mots suivants : *Pamphile, s. r.* font suite à *ambas* dans Térence et terminent le vers; on peut les remettre à leur place et le commentaire se rattachera aussi bien à *r*[*everituras*] qu'à *ambas*; *Phorm.* I, 2, 42, 1, au lieu de NOS MIRARIER *recte « mirarier »* : ⟨*mirae*⟩ *enim* etc., je proposerais, en suivant à la lettre la leçon de tous les mss, sauf R : *recte : mirum* (attribut neutre) *enim* etc., *ibid.* V, 1, 19, 1, l'addition

⟨« *effutire* » *dicitur*⟩ n'ajoute rien à la clarté; *ibid.*, 8, 74, 2 ⟨*sed*⟩ n'a guère d'utilité. Je pourrais signaler un plus grand nombre de cas analogues et citer bien d'autres corrections, aussi peu nécessaires que les précédentes, empruntées par W. à des éditions ou dissertations antérieures. Mes observations n'impliquent d'ailleurs en aucune manière une condamnation de la méthode suivie par le savant éditeur; j'estime tout au plus qu'il aurait pu se montrer encore plus conservateur qu'il ne l'a été, quand il ne s'est pas trouvé en face d'une altération irrémédiable ou d'une erreur évidente; c'est d'ailleurs affaire d'appréciation personnelle. Quoi qu'il en soit, il a su nous présenter un texte toujours très lisible, judicieusement établi, aussi éloigné des conjectures de pure fantaisie que de ce respect superstitieux pour la tradition qui tient parfois du fétichisme. Son apparat critique, très abondant, souvent même trop abondant, est dressé et rédigé avec le soin le plus minutieux et peut satisfaire aux exigences des lecteurs les plus méticuleux.

Je signale en passant l'intérêt qu'offre la disposition adoptée pour les scholies du Phormion, II, 3-93. Nous avons affaire ici à deux séries de scholies qui dans les meilleurs manuscrits sont placées l'une à la suite de l'autre; W., pour éviter au lecteur la peine de chercher en des endroits très différents des commentaires se rapportant aux mêmes vers, a juxtaposé ces scolies sur les deux moitiés de chaque page, les unes sous le sigle A, les autres sous le sigle B. C'est une très heureuse innovation (v. pages 436-457 et Préface, pages VI-VII).

Le riche et très précieux appendice qui termine le volume renvoie à un nombre considérable de passages parallèles d'écrivains et grammairiens anciens, et aux travaux modernes — les plus remarquables. La science de W. est tout à fait au courant et ses recherches témoignent d'une rare activité.

Bref, l'ensemble du volume répond absolument à ce que nous attendions du critique perspicace que ses études antérieures sur Fulgence Plauciade, Porphyrion et les autres grammairiens et scholiastes latins avaient préparé à la tâche particulièrement pénible qu'il s'est imposée. Nous espérons voir bientôt publier le troisième volume, qui contiendra le Commentaire d'Eugraphius, les Scholies du Bembinus, différents index bien nécessaires dans des travaux de ce genre, ainsi que la liste complète des travaux spéciaux mis à profit par l'auteur et déjà signalés çà et là dans l'apparat critique et dans les appendices.   J. Vessereau.

---

134. — **Mélanges d'histoire littéraire,** publiés sous la direction de G. Lanson. *Bibliothèque de la Faculté des lettres de l'Université de Paris,* xxie fascicule. — I. **Les sources grecques des Trois Cents,** par E. Fréminet. — II. **Étude sur la chronologie des Contemplations,** par H. Dupin. — III. **Étude sur les manuscrits de Lamartine conservés à la Bibliothèque nationale,** par J. des Cognets. — Paris, Alcan, 1906, in-8 de vi-200 pp. (Prix : 8 fr. 50).

Il est temps d'étudier les grands écrivains du xixe siècle comme des classiques, disait récemment je ne sais plus quelle circulaire. Sous la direction de M. Lanson, les élèves de la Faculté des Lettres n'ont eu garde de négliger ce programme. Si le savant professeur a pris soin de faire publier leurs mémoires, c'est qu'il a voulu indiquer dans quel sens il conduit, pour sa part, l'étude de la littérature française. « Donner aux jeunes gens l'habitude de regarder les textes de près, de faire des examens approfondis, des constatations exactes, des dépouillements complets pour ne construire ni conclure témérairement sur des faits mal choisis ou trop peu nombreux, sur des impressions hâtives ou des préférences personnelles » (p. vi).

Fort intéressants à ce point de vue, les travaux des jeunes auteurs le sont aussi en eux-mêmes, par les faits qu'ils ont rassemblés. En recourant aux sources qui avaient été mises abondamment à leur disposition, ils en ont tiré le meilleur parti. Par la confrontation minutieuse des éditions officielles avec les manuscrits ou avec les textes qui les ont inspirés, ils ont fourni, sur la manière de composer de Victor Hugo et de Lamartine, une base solide aux futurs historiens de la littérature.

Pour eux, ils ne font qu'indiquer avec réserve des conclusions techniques. On ne sera pas étonné d'apprendre de M. Fréminet que Victor Hugo agrandit tout ce qu'il touche, qu'il emprunte parfois des vers tout faits à une traduction d'Hérodote et qu'il transpose sur le mode épique, avec un beau dédain des anachronismes, les récits les plus naturels de ses auteurs, pour en faire des épisodes titanesques. M. Dupin, dans sa chronologie détaillée des Contemplations, ne fait que confirmer, mais avec quelle précision, ce que l'on devinait déjà, à savoir la fausseté des dates de la plupart des pièces dans l'édition officielle, *ne varietur*. Il est curieux que M. Edm. Biré ait justement assigné à deux de ces pièces la date de 1854, précisément donnée par le manuscrit. Cette manière de mettre d'accord, après coup, ses idées et sentiments d'autrefois avec le texte d'œuvres plus récentes, M. Dupin s'abstient de la qualifier, mais il la constate d'une manière positive. Quant à Lamartine, il nous apparaît, dans l'étude de M. des Cognets, moins obstiné au labeur que son rival; mais sa facilité ne va pas sans un travail soutenu, dont les traces sont visibles dans ses carnets, écrits et raturés, non pas au cours d'une promenade, mais au retour et à tête reposée. Il se dégage de ces feuillets une impression de spontanéité et de puissance poétique, mais aussi d'incohérence dans la composition, l'auteur jetant parfois ses strophes au hasard et négligeant de relever même les mieux venues. (V. dans *le Passé* la strophe de la p. 124 et, dans la précédente page corriger la note 3 qui attribue à M. de Narbonne l'ambassade de Rio de Janeiro. Il faut lire : M. de Luxembourg.)

On a des trésors d'indulgence pour le génie et ses commentateurs auraient sans doute mauvaise grâce à l'accuser. Aussi nos jeunes critiques se gardent-ils de condamner, tout en les exposant, certains procédés de leurs auteurs. Mais la sincérité n'est pas toujours le don du génie et nos modernes, à cet égard, sont loin de la candeur de certains parmi nos vieux classiques. Il ne sera donc pas défendu aux historiens de l'avenir, devancés par M. Edm. Biré, de réprouver l'improbité littéraire qui a poussé un Victor Hugo, par exemple, à truquer ses propres œuvres, pour se donner devant la postérité une pose que la vraie critique ne saurait lui souffrir et que des travaux, comme celui, de M. Dupin, finiront bien par lui enlever.

A. Boué.

135. — Histoire du Moyen-Age depuis la chute de l'Empire romain jusqu'à la fin de l'époque franque (476-950 après J.-C.), par Charles Moeller ; II° Partie, Louvain, C. Peeters. — Paris, A. Fontemoing, 1898-1902, in-8 de xiii-369-830 pp. (Prix : 12 fr. 50).

Le second volume de M. Moeller, consacré à l'histoire de l'époque carolingienne, se recommande par les mêmes qualités que le premier, dont j'ai rendu compte dans cette revue (*Bulletin crit.*, 1903, p. 543). On y trouvera également un exposé clair et précis, et le souci constant de renvoyer aux sources, permettant à l'étudiant de comprendre ce que peut être un travail fait de première main, et de juger par lui-même de la manière souvent incomplète dont nous connaissons les événements de cette période. Cette partie me parait même avoir un caractère plus personnel que la précédente. On voit que l'ouvrage ne présente pas une simple compilation, mais que l'auteur a directement étudié les textes auxquels il renvoie. Je signalerai comme particulièrement intéressantes les pages consacrées au règne de Louis le Pieux. M. Moeller me parait avoir bien apprécié le caractère des divers fils de ce prince, sans se laisser influencer par les théories impérialistes dont les partisans de Luthaire ont cherché à couvrir les ambitions de ce personnage. En ce qui concerne le démembrement de l'empire de Charles le Gros (p. 721), je crois que l'auteur a vu juste en ne considérant pas le souverain de chaque état alors formé comme un roi de race nationale, mais comme un chef s'identifiant avec les intérêts du petit groupe qui le met à sa tête. On trouvera également un bon chapitre sur le développement des institutions carolingiennes, et tout en croyant que ce serait trop restreindre le sens du mot *comitatus* que de le considérer comme désignant surtout les garnisons franques établies dans les cités du Midi de la Gaule, il était bon de faire ressortir la signification de ce terme dans des phrases comme « hunc quæ olim ab episcopatu ablata fuerat et comitatui sociata. » En revanche, je ne suis pas convaincu que Liutprand ait beaucoup calomnié les papes de son temps. C'étaient certainement d'assez tristes personnages, et d'ailleurs, si M. M. reconnait lui-même, à la suite de l'abbé Duchesne, que Serge III était un polisson féroce, il n'est guère renseigné à ce sujet que par l'*Antapodosis*.

Le *Bulletin* étant *critique* j'ajoute quelques observations de détail. Le *Codex Carolinus* ont dû être cité non pas d'après l'édition de Jaffé (1867), mais d'après celle de Gundlach, dans la série in-4° des *Mon. germ. hist.* — P. 500 : pour le Polyptique d'Irminon, le nom de Longnon aurait du être joint à celui de Guérard. — P. 647 : aux ouvrages cités dans la bibliographie, joindre Calmette, *De Bernardo s. Guillelmi filio* (Toulouse, 1902, in-8). — P. 659 : on place généralement à Fontenoy-en-Puisaye le lieu de la bataille livrée entre les fils de Louis le Pieux ; la forme Fontanet n'existe pas dans la toponymie de cette région.

Mais ce sont là des *lapsus* sans grande importance, qu'il sera facile de faire disparaitre dans une nouvelle édition. Le Manuel de M. M. n'en reste pas moins un volume comme on voudrait en voir plusieurs entre les mains des étudiants de l'enseignement supérieur.

R. P.

---

136. — **Vie d'Al-Ḥadjdjâdj Ibn Yousof**, d'après les sources arabes, par Jean PÉRIER, élève diplômé de l'Ecole pratique des Hautes Études. — Paris, Bouillon, 1904, in-8 de xxi-364 pp. [*Bibliothèque de l'Ecole des Hautes Etudes*, fasc. 151](Prix : 13 fr.)

Le grand mouvement religieux et guerrier qui asservit en peu de temps à la race arabe l'ancien empire perse et la moitié de l'empire byzantin, ainsi que de lointaines régions qui avaient échappé au joug des Romains et des Sassanides constitue un des faits les plus importants et les plus intéressants de l'histoire du monde. Depuis cent ans les meilleurs orientalistes se sont attachés à le décrire et à l'expliquer, et il est peut être permis de constater avec quelque orgueil que notre école française ne s'est laissée distancer par aucune autre. Toutefois, il reste fort à faire, et l'on est encore loin d'avoir exploré tout le premier siècle de l'hégire. M. l'abbé Jean Périer, a entrepris une laborieuse et fructueuse incursion dans ce riche domaine. Sa thèse sur Al-Ḥadjdjâdj, qui lui a valu le diplôme de l'école pratique des Hautes Etudes, projettera de nouvelles lumières sur les origines de l'empire islamique. A ce titre, malgré son aspect technique et un peu aride, elle ne saurait être négligée des historiens, de ceux-là même qui ne sont pas spécialistes en matière de philologie arabe.

Al-Ḥadjdjâdj naquit en 661, d'une obscure famille de l'obscure tribu de Thaqîf originaire d'Aṭ-Ṭaîf, cité voisine et longtemps rivale de la Mecque. Au sortir de l'enfance, il remplit dans sa ville natale, avec son père, les fonctions d'instituteur. Mais il trouva bientôt mieux à faire que d'apprendre aux enfants à épeler et copier le Coran. Une carrière plus noble s'offrait alors aux Arabes libres : « avant tout il fallait à coups de sabre, imposer aux Barbares la vérité claire jusqu'à l'évidence » et « amasser du butin [1]. »

Il fallait aussi prendre parti parmi les factions anarchiques qui divisaient l'Islam et retardaient son élan impétueux. Guerres civiles et guerres extérieures, luttes contre les hérétiques et luttes contre les païens, c'est presque toute la vie d'Al-Ḥadjdjâdj. Organiser la distribution du butin, et pressurer avec méthode à son profit et au profit de ses compagnons d'armes, ce furent les mobiles de son administration. Une grande pensée relève toutefois jusqu'à l'anoblir cette carrière de soudard et d'usurier, c'est son dévouement à l'idée du Khalifat unique. De cette idée maîtresse procèdent les quelques entreprises grandioses et les quelques vues politiques ou économiques profondes, telles que la fondation de Wasiṭ, émule et rivale de Koufa et de Basra.

On sait qu'après l'assassinat d'Omar, les électeurs choisis par lui pour désigner son successeur se divisèrent. Othman fut élu grâce à la voix prépondérante du président du collège électoral. Ali, cousin du prophète, qui avait obtenu le même nombre de suffrages, s'associa des mécontents, assassina Othman et se fit proclamer à sa place (656). Mais le gouverneur de Syrie, Moawyâh, parent d'Othman et issu comme lui de la famille des Bânou Omayya, refusa de reconnaître la souveraineté d'Ali qui ne régna que sur l'Arabie et sur l'Irâq. A la suite de complications ultérieures, il y eut bientôt dans l'Islam quatre partis en présence : 1° les « Syriens », dévoués aux Ommiades ; 2° les partisans d'Ali ou Chiites, légitimistes attachés à la famille de Mahomet même après la mort d'Ali et de ses fils ; 3° le parti médinois des « défenseurs du Prophète », groupé autour de la veuve de Mahomet, Aïscha ; 4° des indépendants ou Khâoidjites, sorte de puritains qui refusaient d'adhérer à Ali ou à Moawia, et parmi lesquels les Schorât se distinguaient

---

1. Page 7.

pas leur fanatisme intransigeant. Ces trois derniers partis détestaient cordialement les Omayyades, mais ils se haïssaient férocement et ne purent jamais concerter une attaque décisive contre l'adversaire commun.

Cette division procura le triomphe définitif des Omayyades, mais ils le durent aussi en grande partie au zèle inlassable, à l'intrépide courage, à l'inébranlable fidélité de Al-Hadjdjàdj. Le premier exploit de ce général fut de conquérir les villes saintes à l'Omayyade Abd el Malik qui ne possédait que la Syrie, où sa domination était bien assise, et l'Irâq, où elle était assez précaire. En 692, après un long siège, la Mecque se rendit, et le Khalife « sacrilège » Ibn az-Zobaïr fut massacré. En récompense, Abd el Malik nomma Al-Hadjdjàdj gouverneur de toute l'Arabie. Mais il utilisa bientôt ses services dans l'Irâq, où les Khâridjites devenaient menaçants. Après plusieurs années d'une lutte continuelle et sans merci, Al-Hadjdjàdj remporta une victoire définitive près de Koufa (697). Mais, à peine en sûreté depuis l'extermination des Karidjites, il dut combattre un général arabe révolté Abd-ar Rahman, et le vainquit avec beaucoup de peine. Les représailles furent horribles. Mais la domination du proconsul de l'Irâq ne fut plus contestée. Il put alors se préoccuper d'agrandir l'empire musulman. A la fin du règne d'Abd-al Malik, et sous son successeur Walîd Ier, la Transoxiane, l'Oman, et l'Inde furent annexées au domaine des Omayyades. Al-Hadjâdj ne fut pas directement l'artisan de ces belles conquêtes ; il les retarda même un peu par les manifestations de sa jalousie contre des généraux trop heureux dont il redoutait l'ambition ou le crédit ; mais son habile politique, en pacifiant les territoires d'où les Arabes tiraient leurs ressources en hommes et en argent, rendit seule possible la création et l'entretien des armées d'invasion. Al-Hadjdjàdj mourut en 714, redouté de tous, haï de ses administrés pour ses cruautés et ses exactions. Avec lui disparaissait une des grandes figures de l'Islam primitif.

Rassembler dans les chroniqueurs, poètes et conteurs arabes les éléments épars de la biographie de son héros a dû paraître plus d'une fois à M. Périer une tâche ingrate et rebutante. Que de centaines de pages, et combien fastidieuses, il faut souvent explorer pour en retirer trois lignes de matière historique ! Il faut féliciter M. Périer de sa patience et de son courage, de l'exactitude et de l'abondance de son information. Il eût été bien inspiré de se cantonner moins exclusivement dans la consultation des sources arabes ; quelques notes historiques et géographiques, pour lesquelles il eût pu utiliser les travaux de Hoffmann et de Marquardt sur l'ancien empire perse, n'auraient pas été superflues. On eût aimé par exemple à trouver au bas d'une page l'indication que Madaïn est Séleucie-Ctésiphon, ancienne capitale des Séleucides, des Arsacides et des Sassanides. Ce souci de l'identification des localités aurait conduit M. Périer à des corrections de textes. Nous lui en suggérons une seule, Bahvrasîr (p. 130) = Beh-Ardaschîr, le nom persan de Séleucie. Ces quelques remarques ne sauraient diminuer en rien le mérite de cette savante thèse.   J. LABOURT.

---

137. — **Les Insurrections urbaines au début du règne de Charles VI (1380-1383), leurs causes, leurs conséquences,** par Léon MIROT. — Paris, A. Fontemoing, 1906, in-4 de xiii-242 pp., avec tables des noms propres et table des matières. (Prix : 8 fr.)

Deux études en quelque sorte distinctes composent ce livre : l'auteur s'attache d'abord à élucider une très obscure question d'histoire parlementaire, celle des Etats de 1380-1381 ; puis il établit avec une grande sûreté d'information les annales, on pourrait presque dire les éphémérides, des soulèvements populaires entre 1380 et 1382.

M. L. M. a le plus grand souci de la précision ; peut-être dépasse-t-il le but en voulant appliquer aux Institutions du Moyen-Age toute la netteté de conceptions dont l'esprit moderne est capable. Etat généraux de langue d'oïl, assemblées proviciales, assemblées de notables se confondent un peu à la distance où nous nous trouvons du XIVe siècle. M. L. M. a déterminé aussi bien que possible le rôle de ces diverses assemblées ; quant à leurs opérations il en présente un tableau très complet dont certains traits paraissent dépasser un peu la portée des documents. Il y a d'ailleurs un de ces documents dont M. L. M. démontre l'insuffisance avec une critique impitoyable et décisive, c'est la *Chronique du Religieux de Saint-Denis*. Sincère dans la relation des faits généraux, le religieux historiographe parait peu instruit des institutions de son temps ; cependant il semble que pour contrôler cette source et amplifier son témoignage en matière d'assemblées délibérantes, il n'existe guère de données en dehors de celles que fournit la *Chronique des premiers Valois*. Sur ce texte trop laconique est-il légitime d'échafauder de véritables conjectures?

Bien incontestablement authentiques sont au contraire les détails originaux qui abondent dans le récit des séditions et mouvements populaires. Ils sont empruntés surtout aux lettres de rémission dont M. L. M. s'est très habilement servi. Un choix de ces lettres figurant dans des notes abondantes, si abondantes qu'elles étouffent un peu le texte. Nous préférerions pour notre part voir la plus grande partie des références groupées en un appendice et les pièces justificatives publiées dans leur intégrité.

Abrégeons d'ailleurs ces remarques trop menues et louons sans réserve le plan, les conclusions de l'ouvrage de M. L. M. C'est vraiment une enquête sociale que l'auteur a entreprise sur l'une des crises les plus douloureuses d'un siècle très tourmenté : il ne s'est pas laissé éblouir, ainsi que cela est arrivé trop souvent aux historiens de l'école d'Augustin Thierry, par quelques revendications sonores, par quelques beaux gestes révolutionnaires. Il a sondé le dénûment matériel de la prétendue *démocratie* du xive siècle ainsi que l'indigence de ses idées politiques. Des pages comme celle qu'il consacre au développement de la classe des artisans, prouvent, que le progrès de la vie urbaine n'est pas toujours le signe ni la cause de la prospérité publique. Nul historien n'a mieux analysé d'autre part les prétentions des partis en lutte sous Charles VI, ni mieux fait ressortir l'inanité de leurs efforts. Car la noblesse ne songe qu'à ramener le pays d'un siècle en arrière; la foule, démoralisée par ses souffrances, aspire seulement à ne payer aucun impôt. La bourgeoisie libérale exploite les soulèvements populaires comme un moyen d'établir entre le caprice du roi et les libertés des sujets un équilibre purement empirique, par suite instable. Le roi, guidé par ses conseillers légistes, ne cherche à remédier au désordre que par une plus grande centralisation. Aussi et c'est la lumineuse, l'irréfutable conclusion de M. L. M., la révolte, menée irrégulièrement, par accès, mal concertée et incohérente, aboutit partout, à Rouen comme à Paris, au même résultat, à la main mise du roi sur les pouvoirs électifs populaires. La répression dirigée par Charles VI et par le duc de

Bourgogne nous est montrée fort justement comme un des assauts les plus acharnés livrés par le pouvoir royal aux libertés municipales. Telle est la fatale destinée de notre pays; toute crise y détermine un étiolement de la vie provinciale, un affaiblissement de l'initiative locale. A compter le nombre des révoltes ou des révolutions qui ont eu ce résultat déplorable, on considère comme naturel l'alanguissement qui se manifeste aujourd'hui dans tant de provinces françaises. M. L. M. a établi qu'en 1382 la crise révolutionnaire ruinait surtout les libertés municipales des villes.

H. Gaillard.

CHRONIQUE

9. — La collection *Science et Religion*, qui a déjà publié naguère un travail sur *le Christianisme au pays de Ménélik* (n° 161), a consacré quelques-uns de ses plus récents fascicules à l'étude de l'histoire du catholicisme en Extrême-Orient. Non content de montrer ce qu'est actuellement le catholicisme au Japon, et de faire comprendre pourquoi il est permis d'espérer en un avenir meilleur encore, M. Albert Vogt a, dans un intéressant opuscule (*Le Catholicisme au Japon*, n° 357), retracé les origines chrétiennes de l'empire des Tennos, expliqué comment le catholicisme s'y est perpétué en dépit de tous les obstacles, et indiqué de quelle manière a été définitivement fondée, au milieu du xixe siècle, l'église japonaise. Son exposé amène M. Vogt à énoncer une idée que saint Vincent de Paul avait déjà exprimée avec une grande force, à savoir que des peuples nouveaux sont peut-être destinés à « recevoir le flambeau de la foi que les peuples chrétiens laissent aujourd'hui tomber de leurs mains vacillantes, et qui ne s'éteint sur un point que pour briller sur un autre ». — L'opuscule consacré par MM. J. B. Piolet et Ch. Vadot à *la Religion catholique en Chine* (Paris librairie Bloud et Cie, n° 363) est presque exclusivement une énumération des résultats vraiment bien maigres obtenus à l'heure présente par les différents ordres religieux qui ont entrepris d'évangéliser l'immense empire chinois. Sans doute, au cours du xixe siècle, le nombre des catholiques y a passé de 200.000 à 800.000; mais 800.000 catholiques contre 400 à 500 millions de païens, c'est bien peu! Nous nous plaisons à espérer que ce petit fascicule, plein de statistiques intéressantes, sera complété par d'autres études sur les origines du catholicisme en Chine, le catholicisme au Thibet, etc; ce serait une regrettable erreur, en effet, de ne pas raconter avec quelques détails des épisodes aussi remarquables de l'histoire de l'Eglise.

H. F.

10. — **Eléments de Statistique**, par Fernand Faure. — Paris, Larose, 1906, in-16 de viii-135 pp. (Prix : 2 fr. 50).

Ce petit volume est le résumé d'un cours professé à la Faculté de Droit de Paris (1904-1905). L'auteur, dans une courte préface, s'adresse plus particulièrement aux étudiants, chez lesquels il voudrait développer la connaissance si utile de la statistique Le format léger du volume doit les aider à acquérir sans trop de peine une connaissance de la statistique qu'ils ne jugeront point sans utilité.

Comme manuel élémentaire, l'ouvrage est appelé à rendre de grands services à tous ceux qui, par nécessité ou par intérêt, ont besoin de s'initier à la statistique. Sa clarté et sa concision en feront un instrument de vulgarisation remarquable.

M. Faure définit la statistique : « le dénombrement méthodique des faits, des individus et des choses qui peuvent être comptés et la coordination des chiffres obtenus ». L'auteur passe en revue tous les rouages de l'organisation de la statistique administrative en France et adresse à cette organisation quelques critiques des plus fondées. De récentes améliorations viennent sans doute de remédier en partie au mal, mais il reste encore à faire.

Désormais est parfaitement vrai ce propos de M. de Foville, rapporté par M. Fernand Faure, à propos de la statistique : « Qui veut la bien apprendre, le peut ! »

B. R.

11. — **Iphigenie im Taurierland**, für den Schulgebrauch erklärt, durch N. Wecklein. — Leipzig, Teubner, (3ᵉ édition, 1905).

Cette nouvelle édition diffère des précédentes par le texte qui est celui de l'édition critique publiée en 1898 chez Teubner, après les travaux de Hinck et R. Prinz. M. Wecklein avait déjà fait ressortir dans son étude : « Beitraege zur Kritik des Euripides » (Sitzungs berichte der Münchener Akademie. — philo. hiss. Klasse, 1899 II pag. 297 et s.) l'importance du Codex Laurentianus ; il avait montré que le Palatinus est une copie directe du Laurentianus et n'a par conséquent qu'une importance secondaire. Ce fait lui a permis d'omettre dans l'appareil critique une foule de conjectures.

L'auteur a également mis à profit les éditions annotées parues depuis 1888, de sorte que l'excellent commentaire se trouve encore amélioré.

E. R.

BULLETIN CRITIQUE

---

138. — **Newman. Essai de Biographie psychologique**, par Henri Bremond. — Paris, Bloud, 1906, in-16. (Prix : 3 fr. 50).

Newmann. Pages choisies, par Henri Bremond : I. Le développement du dogme chrétien. — Paris : Bloud, 1906, (4ᵉ éd.) in-16. — II. La psychologie de la Foi, 1905, (2ᵉ éd.) in-16. — III. La vie chrétienne, 1906, (2ᵉ éd.) in-16.

Newmann. Choix de discours; traduction et préfaces par R. Saleilles : **La Foi et la Raison**, six discours empruntés aux discours universitaires d'Oxford. — Paris, Lethielleux, 1906, in-16. (Prix : 3 fr.) — **Le Chrétien**. Première série. *Choix de discours extraits des Sermons.* (Prix : 3 fr.) — **Le Chrétien**. Deuxième série. (Prix : 3 fr.)

Les admirateurs de Newman peuvent se réjouir. Les années 1905-1906 auront bien mérité de la mémoire du grand cardinal; elles ont été extraordinairement fécondes pour faire connaître au public français la vie, la physionomie et les idées du célèbre converti d'Oxford : un jeune protestant, M. R. Gout, y consacrait une thèse de doctorat en théologie; M. l'abbé Dimnet, dans un volume sur *La pensée catholique dans l'Angleterre contemporaine*, publiait une très belle étude sur le *Voyant* que fut Newman; M. l'abbé Clément traduisait la biographie de Newman du docteur Barry; M. Thureau-Dangin, continuant son histoire de *la Renaissance du catholicisme en Angleterre*, faisait paraître son troisième volume *De la mort de Wiseman à la mort de Manning*. Enfin M. Bremond et M. R. Saleilles, travaillant parallèlement sans se connaître, traduisaient trois volumes d'extraits de Newman sous les rubriques ci-dessus rapportées.

Au milieu de cette abondante littérature une attention spéciale doit être donnée à l'essai de biographie psychologique de M. Brémond. L'auteur était déjà connu par plusieurs beaux volumes dont le *Bulletin critique* a rendu compte en leur temps. Tous le préparaient à écrire celui qu'il nous donne aujourd'hui. Après une introduction sur le secret de Newman, l'ouvrage se divise en quatre parties : la Vie affective, la Vie de l'esprit, l'Ecrivain et le Prédicateur, la Vie intérieure. M. B. a renvoyé dans un Epilogue l'étude de la philosophie religieuse de Newman.

A celui qui désirerait enfermer la physionomie intellectuelle et morale de Newman dans une formule et qui désirerait ne retenir d'elle que quelques traits généraux qui la résument, il ne faudrait pas conseiller la lecture de ce livre. M. B. n'a pas écrit pour simplifier. « Taine aurait vu, je crois, dans cette « imagination forte, » la qualité maîtresse de Newman. Forte, étroite, résistante, profonde, plutôt que vaste, mobile, curieuse, l'imagination est la seule de ses facultés qui, si on la compare aux autres, semble manquer un peu de souplesse. Chez lui, les puissances de sentir et de comprendre, agiles, inquiètes, ondoyantes, se meuvent, s'adaptent, se nuancent avec une flexibilité surprenante et c'est pour cela que nous avons tant de peine à le saisir. » p. 80. Oui, lorsqu'on ferme le livre, on a l'impression que l'âme de Newman vient de passer devant vos yeux, mais tellement impalpable que notre faculté de synthèse ne peut s'exercer. « L'on s'épargnera bien des faux pas dans l'étude de Newmann, si dès l'abord on se résigne à marcher dans une athmosphère de contradiction et de mystère. » p. 1. Il a allié et fondu en lui les caractères si différents et opposés de ses ancêtres anglais, français, hollandais, juifs : clarté française, imagination anglaise, positivisme sémite ainsi que cette extraordinaire facilité avec laquelle il s'assimile la pensée et l'âme d'autrui; mais malgré tout très personnel et très original. Une des choses qui le rendent presque impénétrable, c'est « l'économie » avec laquelle il dose sa pensée lorsqu'il l'expose. « Longtemps *leader* d'un parti religieux dont l'ennemi guettait les moindres écarts, conducteur d'âmes très conscient des responsabilités de sa mission, éducateur d'instinct et de goût, j'ajoute, artiste sensible au plaisir de manier les sous-entendus et les allusions, ces raisons et d'autres encore ont fait de Newman, si loyal d'ailleurs, si direct et même parfois si entier, un *économe* de premier ordre. » Si bien qu'il est prudent de se demander « si Newman ne réserve rien, si le jeu des adverbes ou des adjectifs ne dissimule pas quelque réticence ou quelque insinuation, si rien n'est écrit entre les lignes, si le texte imprimé, remanié, vingt fois repoli est autre chose qu'une page d'exploration ou qu'une pierre d'attente. » De plus l'habitude qu'il a de traiter toutes les questions à un point de vue autobiographique embarrasse plus qu'elle ne sert le psychologue car Newman ne se décrit pas seulement tel qu'il est, mais aussi tel qu'il veut être ou tel qu'il est en train de devenir.

Si M. Brémond s'en était tenu à la vie extérieure de Newman, s'il n'avait pas tenté de faire pour son héros ce que M. Séailles, dit-il, a fait pour Renan — quoiqu'à notre avis il n'y ait pour les deux œuvres que le sous-titre qui se ressemble, — il n'aurait pas abouti à cette espèce de découragement de ne pouvoir le fixer. « D'un côté, une tendresse de femme, un vraie soif d'affection; de l'autre, la dureté sèche et coupante de l'homme qui peut, qui veut rester seul. Ici la froide raideur d'un timide, l'amertume d'une susceptibilité à fleur d'épiderme, là toutes les caresses du style, tout l'abandon d'une phrase enchanteresse. — Libéral, au plus noble sens de ce mot, il est notre chef à nous tous qui rêvons d'une Eglise aux bras grands ouverts; personne néanmoins parmi les Anglais contemporains n'a prodigué plus de sarcasmes à l'anglicanisme, n'a montré plus de dédain pour les *non-conformistes*, cette moitié de l'Angleterre. Il est raffiné comme Joubert ou comme Doudan et il prend plaisir à dénoncer le *danger of accomplishments*; il envie presque l'âme simple des superstitieux et il a des accès de fanatisme. Historien de race, il n'en a pas moins signé de son nom l'*Essai sur les miracles*, cette gageure contre l'histoire. Intelligence lucide, ingénieuse, subtile, il a pris plaisir à humilier la raison. S'il n'était le plus robuste des croyants, il serait le plus redoutable des professeurs du scepticisme. Enfin pour tout résumer d'un mot, des trois partis qui se disputent aujourd'hui la direction de la pensée chrétienne, des intransigeants, des avancés et des hommes qui cherchent un compromis entre les tendances extrêmes, je n'en sache pas qui ne puisse, et logiquement, si réclamer de Newman. »

On comprendra après cela que nous ne nous aventurions pas à suivre M. Bremond dans le détail de chacun des chapitres. Ce sont autant de portraits qui ne peuvent se réduire et auxquels il faut laisser leur dimension. Au lecteur à admirer successivement l'Isolé volontaire, le suspect, le poète, l'historien, le théologien, l'écrivain et le prédicateur. Si j'osais sortir des bornes d'un compte rendu, que de pages à citer, soit du biographe soit du héros.

Heureusement, M. Bremond a pour ce qui est de Newman largement satisfait au désir que nous avons de connaître directement son œuvre. En trois volumes il a donné au public français la substance de sa doctrine sur le développement du dogme chrétien, sur la Psychologie de la foi, sur la Vie chrétienne. Il est à peine besoin de rappeler le succès de la pensée newmanienne sur le premier point. D'autre avant lui, du temps même de Bossuet, avaient montré que le *quod semper, quod ubique, quod ab omnibus* de Vincent de Lérins ne manifeste qu'un côté de la vérité. Mais Newman est le premier à avoir construit une théorie de l'évolution du dogme. Sans doute, comme le dit Mgr Mignot dans l'intéressante lettre qui ouvre le volume, « N. ne s'occupe guère dans son *Essai* que de la croyance religieuse, et pourtant la religion qui s'adresse à l'âme toute entière implique aussi des sentiments et des pratiques. De plus il n'étudie le développement du dogme que dans des circonstances déterminées, dans des limites assez précises, et en partant des Pères apostoliques, sans se demander si l'on n'en trouverait pas des manifestations antérieures dans la Bible. » Dans ces limites toutefois l'œuvre de N. aura été précieuse, féconde et suggestive. On pourrait résumer ainsi les vues du grand converti sur le progrès du dogme : l'expérience religieuse est première mais subconsciente, les formules l'explicitent; explicitée l'expérience s'enrichit pour donner naissance à de nouvelles formules plus riches et ainsi indéfiniment. Ce n'est donc pas tant une évolution logique qu'une évolution psychologique ou vitale. Cependant, dans son *Essai sur le développement* (1845), les vues du discours d'Oxford (1843) s'amplifient, se concrétisent et, empruntent aux faits cette complicité que la *Théorie des développements* avait ignorée.

Qu'on mesure l'importance qu'a eu un pareil Essai dans la conversion de N. et l'utilité qu'il peut avoir pour l'apologétique catholique par les lignes suivantes : « J'ai voulu montrer que la doctrine révélée, donnée par Dieu au christianisme doit nécessairement croître, se développer avec le temps en un vaste système théologique. C'est la conséquence du caractère intellectuel de cette doctrine, du chemin qu'elle doit se frayer à travers l'esprit de tant de générations d'hommes, des sondages qu'elle a du faire, des curiosités qu'elle a éveillées, des circonstances pratiques auxquelles il a fallu l'adapter. — En second lieu, puisqu'il doit y avoir développement et que d'ailleurs la révélation est un don céleste, celui qui l'a donnée n'a pas pu ne pas empêcher ce développement de dégénérer en perversion ou corruption. En d'autres termes, l'action intellectuelle, organe de ce développement à travers les siècles, sera, et comme telle, démontrée infaillible, dans la mesure où elle pourra prouver qu'elle a reçu la charge de cette révélation », p. 173, 174.

Dans un second volume d'extraits, M. Bremond nous donne les documents qui nous permettront de connaître la philosophie de la foi de Newman. Déjà, dans son essai de biographie psychologique, puis dans une importante introduction au présent volume, il nous avait mis en main les fils conducteurs qui doivent empêcher le lecteur de s'égarer à travers les pages de la *Grammar of Assent*, des sermons dogmatiques et autres ouvrages de construction ou de discussion. Hunley se faisait fort de tirer des œuvres du Cardinal un « manuel d'incrédulité ». M. B. nous montre en N. un dogmatiste réfractaire au libéralisme. Conciliant par l'hypothèse de sa théorie des développements les deux principes absolus de l'Infaillibilité de l'Eglise et du *depositum fidei*, il n'admettait pas la soustraction ou l'abandon du moindre dogme. Mais d'autre part il s'opposait aux dogmatiseurs intempestifs au nom du *minimism*. « Le *minimism* est l'attitude d'un esprit qui répugne à imposer à la foi des autres plus que l'Eglise ne leur demande formellement de croire. » C'est en partie ce qui donna naissance à la légende du N. sceptique. D'autant que sa justification intellectuelle de la foi n'avait rien de scolastique. M. B voit la pensée maîtresse de N., quant à cet ordre de choses, dans le principe du primat de la conscience. L'expérience religieuse guidée, enrichie par la révélation est le juge souverain de notre foi et c'est elle-même qui nous conduit au pape infaillible. « Voilà pourquoi dans la partie la plus sereine et la plus définitive de son œuvre, loin d'édifier des systèmes universels, il se contente d'expliciter, de développer et de défendre son expérience personnelle des choses religieuses, c'est-à-dire, encore et toujours, la voix de sa conscience. Voilà pourquoi son apologétique proprement dite revient à montrer que d'une certaine façon la religion naturelle demande, appelle une religion révélée. Voilà enfin la raison dernière de son *anti-intellectualisme* décidée, l'idée maîtresse de sa psychologie de la foi. » (Essai de biogr. psych. p. 396). Oui, psychologie de la foi, c'est une heureuse correction de ce que d'autres appelleraient la philosophie de la foi. On peut lire maintenant les pages originales elles-mêmes ; après cette courte explication rien en elles n'étonnera, ni que la propagation de la vérité doit beaucoup à l'influence personnelle de l'apôtre, ni que la raison raisonnante a pour rôle non d'engendrer la foi mais de la définir, ni qu'il y a une logique personnelle, ni qu'il y a des dispositions subjectives à la foi.

Un côté important de l'âme de Newman nous échapperait, si M. B. ne nous avait donné un troisième volume d'extraits sur *la Vie Chrétienne*. Déjà les prenant comme textes d'autobiographie, il avait dans son Essai donné une place considérable à la Vie intérieure de Newman. Comme textes d'étude ils avaient fourni un chapitre important sur le prédicateur. Car ce que ce dernier volume contient, ce sont exclusivement des sermons et des sermons d'un genre si différent de nos sermonaires classiques ! Non des lieux-communs, mais des aspects originaux, des coins d'idée : le Christ caché aux yeux du monde, le danger des talents, l'usage religieux des émotions vives. N. a. horreur de ce qui est abstrait, général, il veut par dessus tout, pour employer un mot qui exprime et qui résume son œuvre, il veut faire réaliser les idées. *Faire réaliser les idées*, il n'a pas d'autre but et c'est pour l'atteindre plus sûrement qu'il s'est fait une loi de *particulariser* sa matière. Son éloquence est paisible, mais non exempte de pathétique. Il y a de l'émotion, beaucoup d'émotion dans le développement de pensées qui ne sont après tout que la manifestation de la vie intime de N. M. B. a pu s'en servir pour reconstruire son personnage et il les groupe sous ces différents titres : La peur de l'enfer, les réalités invisibles, la prière, le silence de Dieu, les présages, *Visio pacis*.

Nous demandons pardon à la mémoire de N. et à celui qui mérite d'être appelé l'âme de son âme, si nous n'avons pas mis assez en relief ce qu'il y a de passionnant et de merveilleusement fécond dans les ouvrages que nous venons de présenter au public.

Nous ne regrettons pas toutefois que M. R. Saleilles ait ignoré l'entreprise de traduction de M. B. D'abord ses trois volumes ne renferment pas que du connu. Puis là où M. B. donne des extraits reliés par des résumés, M. S. publie la totalité du discours ou du sermon. Enfin les magistrales introductions qu'il a mises en tête de *La foi et la Raison* et de la première série *Le Chrétien* vaudraient seule le prix de l'acquisition. Nous ne recommencerons pas à présenter la philosophie de N. et cependant l'exposition de M. S. en est originale est puissante. Il y a grand profit à les lire et à les méditer.

D. SABATIER.

---

139. — **Conciliation internationale. Les délégués des parlements scandinaves en France.** Préface de M. d'ESTOURNELLES DE CONSTANT. — Paris, Ch. Delagrave, 1906, in-12, de XL-310 p. (Prix : 3 fr. 50).

Le volume dont le titre précède est publié par le groupe parlementaire français de l'arbitrage international ou du moins il fait partie d'une collection, commencée sous la dernière législature sous les auspices de M. le sénateur d'Estournelles de Constant, président de ce groupe, qui le présente aux lecteurs dans une préface abondante. Est-il besoin d'ajouter que le baron d'Estournelles, dont la moitié de l'existence s'est écoulée à l'étranger, est un partisan déclaré de la conciliation internationale par la voie de l'arbitrage, c'est-à-dire du règlement pacifique du conflit entre nations par la cour permante établie à La Haye, qu'il a puissamment aidé au rapprochement franco-anglais et noué d'étroites relations avec les pays scandinaves, qui, sous son impulsion, signèrent, le 9 juillet 1904, avec la France une Convention d'arbitrage obligatoire afin de mieux préparer les œuvres fécondes de la paix au Nord et à l'Ouest de l'Europe? Nul n'était donc plus autorisé que lui à réunir les adhésions obtenues par ce grand mouvement d'idées et à revendiquer la part d'initiative qui lui appartient. Quoique la France ait, dit-il lui-même dès 1901, « cessé d'être souriante et que ses enfants s'entredéchirent » il faut lui démontrer « la nécessité de notre réveil national, la nécessité de la concorde » et l'avantage de devenir le foyer d'attraction du monde civilisé (p. xxii), en attirant'à elle les peuples les plus libres, les plus cultivés. Cette preuve, il la fournit en reproduisant, y compris les siens, les discours prononcés par les délégués des trois parlements de Danemarck, de Suède et de Norvège, dans le voyage qu'ils accomplirent chez nous du 24 novembre au 5 décembre 1904 pour fêter cette union morale des peuples désireux de garder une paix honorable, *peace with honour*, selon l'expression de lord Beaconsfield, rappelée alors par lord Brassey au nom du parlement britannique.

Aussi quelle étrange, quelle curieuse suite d'allocutions échangées au cours de ces douze journées sur le sol gaulois! Ministres législateurs, diplomates, professeurs, simples savants ou hommes de lettres célèbrent à l'envi la belle France et sa généreuse hospitalité, qu'ils exaltent même en vers français, comme le baron Bonde, président de la délégation suédoise à Paris. La province n'est pas oubliée, ni le Midi bien entendu, la terre brûlante, Nîmes, Marseille, Toulon, Nice, Monaco. Les télégrammes royaux se mêlent aux manifestations enthousiastes des députés : une voix féminine s'y glisse même, celle de madame Séverine, et aurait pu éveiller de semblables échos, car plusieurs de nos hôtes avaient amené leurs femmes, non moins empressées qu'eux-mêmes aux réceptions solennelles. Sans doute, ce lyrisme ne trompait personne et ne saurait résoudre dans l'avenir toutes les craintes de guerre ; mais les louanges sincères sont toujours accueillies avec joie et l'on comprend le plaisir un peu personnel qu'à éprouvé M. d'Estournelles de Constant à conserver ces marques touchantes de sympathie. Il est si rare d'ouïr maintenant l'étranger faire notre éloge sans y joindre un correctif désagréable, au moins une discrète réserve !

Henri BEAUNE.

140. — **Nécessité philosophique de l'existence de Dieu**, par le Chanoine H. APPELMANT. — Paris, Bloud, 1905, in-16 de 63 p. (Prix : 0 fr. 60).

Exposé de trois preuves *classiques* et scolastiques de l'existence de Dieu : preuve par le *mouvement*, preuve par la *contingence*, preuve par *l'ordre*. L'auteur avertit, dès l'*Introduction*, que ces preuves sont antiques. Il croit à la *substance*, d'ailleurs peut-être inconnaissable ; il recourt à cette échappatoire facile pour se dispenser de répondre, lorsqu'on est en droit de lui demander pourquoi Dieu est ; il affirme pourtant la personnalité de Dieu ; il traite de haut la thèse du hasard et des combinaisons indéfinies, et il l'écarte assez sophistiquement ; il prouve la finalité comique par l'existence des leucocytes et réfute, comme *sophisme du cœur*, l'objection tirée de la souffrance. Il dédaigne la finalité inconsciente ; et, pour achever d'établir sa thèse, il ruine le criticisme Kantien par cette judicieuse remarque : toute connaissance procède des sens ; Kant n'y contredit point.

Somme toute, étude très *scolastique* ; l'auteur pense à tort convertir les incrédules par cette argumentation : « Tout cela », dit-il lui-même (p. 6) paraîtra bien vieux. » Il ajoute : « Parfaitement. »

.*.

Les notions d'essence et d'existence dans la philosophie de Spinoza, par Albert RIVAUD. — Paris, Alcan, 1905, in-8 de VIII-216 pp. (Prix : 3 fr. 75).

Les notions d'essence et d'existence et leur rapport ont semblé à M. Rivaud être au centre même de la philosophie spinoziste. Et, sans insister sur les origines, récentes ou lointaines, de cette philosophie, il a poursuivi l'étude de ces deux notions dans le *Court Traité*, dans les *Cogitata Metaphysica*, dans le *de emendatione* et dans l'*Ethique*. Chacune d'elles lui a paru susceptible de plusieurs sens ; et leur rapport même lui a semblé ambigu, si leur opposition est celle de l'un éternel et du devenir multiple, si (d'ailleurs) l'essence appelle l'acte et l'acte se traduit en existence. D'où la possibilité de deux interprétations du spinozisme : panthéisme moniste et irrationnel en son fond, ou créationnisme transformant les essences des choses singulières en simples possibilités. Ni l'une ni l'autre de ces deux interprétations n'est adoptée par Spinoza ; et de sa pensée flottante M. Rivaud trouve l'explication dans la doctrine du *salut* : si le philosophe distingue en l'homme l'essence et l'existence (alors qu'il les unissait en Dieu) c'est pour permettre à l'homme de s'élever à la vie éternelle. Du reste, l'auteur aperçoit dans l'idée de la *loi* (que développe le chap. IV du *Traité théologico-politique*) un principe de conciliation entre les deux idées opposées. Enfin, l'impression d'unité que l'on éprouve à la lecture de l'*Ethique* provient, selon M. Rivaud, de la conscience intense de la *vie* éprouvée par Spinoza, conscience que le jeu logique des deux notions ambiguës devait traduire en termes intellectuels, mais qu'il a (au contraire) éliminée du système.

.·.

La Morale selon Guyau et ses rapports avec les conceptions actuelles de la morale scientifique, par G. ASLAN. — Paris, Alcan, 1906, in-16 de 136 p. (Prix : 2 fr.)

L'ouvrage de M. Aslan comprend deux questions : un *exposé* de la doctrine de Guyau, une *critique* de cette doctrine. Guyau a voulu faire de la *morale* une science de *faits*. L'auteur essaie d'établir que les faits observés par Guyau sont trop restreints, que chez lui le concept de la *vie* est superficiel. Mais surtout il dénonce chez Guyau cette contradiction foncière : vouloir *fonder* la morale (tâche métaphysique), tout en faisant de la morale une science *positive*. Quant à lui, il se place au point de vue *sociologique* de Durkheim et de Lévy-Bruhl ; et il nous livre à cet égard un aveu naïf : « Précisément à cause de ce point de vue (sociologique) nous serions obligés d'entrer dans une étude de détails pour laquelle, nous devons l'avouer, les éléments nous manqueraient. *Il nous suffit d'avoir élevé contre la méthode de Guyau une question préjudicielle.* » (P. 123.) Le mot est très juste : l'idée sociologique est, chez M. Aslan, un véritable *préjugé*. Il ne peut voir dans l'impératif qu'une donnée irrationnelle, une pression sociale. Il fait de la moralité « une discipline collective créée par la vie en société » (p. 107). Il déclame sur « les idoles mystiques qui interdisent le progrès de la conscience humaine » (p. 133). Il ne sait voir chez Fouillée que le recours à l'inconnaissable pour sauver la morale, chez Renouvier qu'une reprise du pari de Pascal. Eclectique, d'ailleurs, il concilie l'amoralisme radical de Lévy-Bruhl avec la thèse de Rauch sur l'*expérience morale*. Lui-même définit très bien (p. 7) l'esprit de son essai : « Il n'est pas suffisant de juger une doctrine d'après la philosophie actuelle. Le critique est trop exposé à glisser sur la pente des appréciations personnelles. »   J. Second.

---

141. — **La Paix**, par Aristophane. **Texte grec, publié avec une introduction, des notes critiques et explicatives**, par Paul Mazon. — Paris, Hachette, 1904, in-8 de 119 p.

La collection des « Editions savantes », partie grecque, vient de s'enrichir d'un nouveau fascicule, faisant suite au Démosthène et à l'Euripide de M. H. Weil, à l'Homère d'Alexis Pierron, au Sophocle de Tournier et au Thucydide (l. I-II) de M. Alfred Croiset. M. P. Mazon a su profiter des remarques dont ses principaux devanciers ont accompagné leurs éditions et des dissertations auxquelles a donné lieu l'étude d'Aristophane, (et il ne manque pas de citer les noms de ses auxiliaires) — mais son travail n'en a pas moins gardé un caractère personnel, original, que fait ressortir une savante introduction et que révèlent bon nombre de ses annotations. La section des « notes critiques » concerne surtout la métrique du poète, telle que l'interprète l'éditeur. Les précieux manuscrits de Ravenne (R) et de Venise (V), sans parler des autres, ont été mis largement à contribution. Cette édition fait le plus grand honneur à la philologie française et nous profitons avec empressement d'une occasion qui nous est donnée rarement pour signaler une œuvre où les qualités de l'érudition germanique sont alliées à celles qui distinguent les savants de notre pays. Il est à souhaiter que M. P. Mazon poursuive une tâche si bien commencée et nous donne les autres comédies d'Aristophane.

.*.

Xenophontis respublica Lacedaemoniorum, Recensuit Ginus Pierleoni. — Berolini, Weidmann, 1905, in-16 de v-63 pp. (Prix : 1 mk. 80).

M. G. Pierleoni, philologue romain, à qui l'on doit une édition critique du *Cynegeticus* de Xénophon, publie aujourd'hui le petit traité du même auteur sur la République lacédémonienne, avec les variantes principales de trente manuscrits et les corrections, les unes tirées des fragments de Stobée, les autres proposés par divers savants. Les corrections sont placées au bas des pages et ainsi que les variantes des principaux manuscrits sous forme d'appendice, sont rejetées à la suite du texte. L'éditeur ne prétend pas donner une rédaction absolument pure, mais simplement plus complète que celle des éditions antérieures. Il a produit tous les rapprochements qu'ont pu lui fournir Pollux, le Pseudo-Longin, Harpocration, et surtout Plutarque dans sa vie de Lycurgue, puis la citation de Stobée (XLIV, 24). Quant à la notice des manuscrits consultés, M. P. renvoie au *Bullelin di filologia classica*, X, 11-12. Il se contente, ici, de distinguer deux familles de manuscrits et d'en présenter le stemma, assignant le premier rang au Vaticanus graecus 1335, du XIIe siècle, continué au XVe. Il a établi son texte sur les manuscrits de la première famille. Edition agréable à lire, grâce à la disposition du texte et de l'annotation. Nous la recommandons aux hellénisants français qui peuvent y trouver en outre une riche matière pour l'étude de la langue grecque en son plus beau temps. Un index verborum qui termine ce petit volume réjouira nos grammairiens.

C. E. R.

142. — **L'Helléniste d'Ansse de Villoison et la Provence**, par Charles Joret, membre de l'Institut. — Paris, A. Picard et fils, 1905, in-16. (Prix : 2 fr.)

Ce mémoire n'intéresse pas à vrai dire les lettres grecques, mais l'épigraphie, l'archéologie — et le régionalisme provençal. Les rapides séjours de Villoison en Provence, la correspondance qu'il entretint avec des érudits provençaux y sont relatés par le menu, et sans commentaire. Visiblement M. Joret n'a eu d'autre ambition, en écrivant ces pages, que d'être exact. On peut le regretter. Quelle que soit la valeur du document pur, on aime assez qu'il explique ou qu'il prouve, et Fénelon a écrit là-dessus des choses qui restent excellentes. Etait-il impossible de rattacher les documents ici présentés à des faits d'un ordre plus général ? d'animer un peu la figure de ces lettrés et de ces savants de province, Sainte-Croix, Guys, les deux Saint-Vincens? de situer leur rôle dans l'évolution de l'hellénisme en France? de présenter leur cas et celui de leur illustre ami comme un épisode de la vie scientifique sous la Révolution? Il est savoureux d'observer comme les événements du jour paraissent peu compter pour ces bons érudits ; tout au plus les trouvent-ils encombrants : Villoison quitte Paris pour travailler en paix à Orléans; Sainte-Croix, mal à l'aise dans le Comtat, transporte à Paris son cabinet d'étude. — Est-ce que les systèmes et les convulsions politiques ne modifieraient que des apparences? — M. Joret n'aborde aucune de ces questions. Et sans doute aurait-il beau jeu de répondre : « Ce n'était point mon sujet. » Je crains qu'on ne le lui accorde, et qu'on ne passe.

A. Dupouy.

VARIÉTÉS

IV

Appel aux pères de famille. La mentalité laïque et l'école, par L. Lescoeur avec une préface de M. Keller, président de la Société d'éducation et d'enseignement. — Paris, Téqui, 1906, in-12, de xiv-264 pp.

Ce livre, œuvre d'une vigoureuse et infatigable vieillesse, est l'enquête la plus consciencieuse. L'auteur a recherché, il nous dit ce qu'est cette mentalité laïque qui prétend dominer dans l'école, et, par l'enseignement oral, par les livres, par les revues qu'elle inspire, marquer de son empreinte les générations nouvelles. Et, à propos de ces deux mots : *mentalité laïque*, je ferai une réflexion. Acceptons le mot *mentalité*. C'est un néologisme, mais il est bien fait, il est clair, il dispense de tout périphrase. Mais l'étrange épithète ! Et les étranges laïques que MM. Chauvelon, Payot, Séailles! Les laïques d'autrefois priaient; on imprimait même pour eux des bréviaires; ils avaient leur place dans l'Eglise, et, sans avoir le droit d'enseigner et de juger, ils pouvaient cependant rendre à l'enseignement qu'ils avaient reçu un témoignage dont les Papes tenaient compte. Dans la bulle *Ineffabilis*, Pie IX n'allègue-t-il pas, en faveur de la doctrine de l'Immaculée-Conception la *singularis catholicorum Antistitum ac fidelium conspiratio*? Les laïques dont le P. Lescœur décrit la mentalité, n'ont aucun droit au nom qu'il s'arrogent ; ce sont des profanes.

Quels sont donc les caractères de cette mentalité? C'est d'abord l'horreur de toute idée religieuse, et même de toute métaphysique. On est loin, bien loin de ce spiritualisme de Jules Simon auquel on reproche, non pas comme nous faisions autrefois, ses contradictions et ses insuffisances, mais les vérités qu'il conserve. On plaint même le fondateur de la ligue maçonnique de l'enseignement, Jules Macé, d'être resté l'adepte du déisme. Le recteur de Chambéry, M. Payot, paraît sans doute admettre la légitimité de la prière ; mais la prière est pour lui ce qu'était la messe pour *le vicaire savoyard* qui la disait sans y croire. Pour M. Payot, la prière, « c'est, au milieu du tourbillon de la vie extérieure qui dissipe, au milieu de ce galop de l'automatisme intérieur, le calme et le silence imposé par la volonté... A qui d'ailleurs s'adresserait cette prière ? Les plus grands esprits ne déraisonnent-ils pas lorsqu'ils prétendent parler de l'inconnaissable divin ? M. le recteur Payot en fait l'aveu ! la *Théodicée* de Leibniz est *le plus sot livre qu'il ait jamais lu*.

Si toute idée, si toute doctrine religieuse doit être bannie de l'école, combien plus la doctrine dont l'Eglise catholique garde le dépôt ! Le P. Lescœur a eu le méritoire courage de relever toutes les calomnies, où l'ignorance le dispute à la haine, qui s'étalent dans des ouvrages et des journaux destinés aux instituteurs, et qui visent l'Eglise catholique. On veut (c'est le conseil que donnait jadis Edgard Quinet) la traiter comme la loi germaine traitait la femme adultère : l'étouffer dans la boue. Si les nouveaux docteurs prévalent tout à fait, nulle liberté ne lui sera laissé ; pour l'ennemie du genre humain, il n'y aura pas de droit commun.

La mentalité nouvelle, réfractaire à toute religion, l'est aussi à la morale, du moins à celle qui jusqu'à présent avait formulé des principes incontestés. « La catégorie du devoir est passé à son tour à l'analyse du psychologue, » écrit M. Dufrenne, devenu récemment inspecteur primaire. « La voix de la conscience s'est tue,

et la notion du devoir s'est obscurcie... Si l'impératif catégorique était bon, il n'est plus nécessaire. Nous ne regrettons pas qu'on l'ait relégué dans le panthéon des entités (on a fâcheusement imprimé *entêtés*), et qu'on ait classé dans le musée des bouddhas con-
» templant leur nombril l'honnête homme interrogeant la cons-
» cience. » D'après M. Dufrenne, « la justice n'est donc pas cette loi immanente, sorte d'identité métaphysique de la conscience morale, mais seulement le terrain d'entente des individus associés; elle ne s'oppose pas à l'égoïsme; celui-ci est une impulsion fatale, et la justice est le rapport des égoïsmes dans leur état d'équilibre.

Pourquoi, lorsque tout *impératif catégorique* est ainsi écarté, et que des certitudes qui paraissaient immuables sont emportées dans un incessant devenir, pourquoi l'idée de patrie n'evoluerait-elle pas aussi? Mais elle n'évolue que pour disparaître fatalement; c'est M. Havet qui l'affirme. L'école qui aujourd'hui se dit maîtresse et qui compte bien l'être demain sans conteste, ne fera point des patriotes; c'est dire qu'elle ne fera pas non plus des soldats. Quelle France donc nous prépare-t-elle? Une France où régnera le socialisme, terme suprême d'aspirations affolées qui attendent de ce rêve enfin réalisé les félicités terrestres; une France où les droits individuels, constamment battus en brèche, auront fait place à l'intolérable despotisme d'ambitieux hardis et rusés qui se déclareront l'état; une France enfin qui fera pour sa ruine cette grande expérience qu'attend avec un optimisme quelque peu timide M. Vessiot, inspecteur général de l'Université, et qu'il formule sous forme interrogative : Une société peut-elle vivre sans religion ? Un tel avenir n'est pas inévitable; la France peut et doit se ressaisir. Que ses fils chrétiens, — et ils sont nombreux encore, — secouent le joug de l'irréligion officielle, qu'ils usent des dernières libertés qui leur restent, et s'efforcent de reconquérir celle qu'on leur a enlevées, pour opposer partout l'école chrétienne à l'école d'Etat ; que, par une surveillance infatigable, ils contraignent celle-ci à la neutralité, où qu'ils la signalent aux familles, soucieuses de la foi. Ce sont les conclusions qui sortent du livre du P. Lescœur ; ce sont les virils conseils que M. Keller donne à tous les chrétiens de France dans une préface éloquente.

A. LARGENT.

V

Die Lieder des Heidelberger Handschrift Pal, 343, par Arthur Kopp. — Berlin. 1905, in-8 de 254 p.

Ces chants du xvie siècle contenus dans le Codex Palatinus de Heidelberg 343, publiés aux frais de l'Académie prussienne des Sciences, inaugurent une collection intitulée : *Volks* — und *Gesellschafslieder des XV und XVI Iahrhundertes*. Ce sont 204 chansons ou cantiques de tout mètre, de toute longueur, la plupart religieux, attestant une littérature populaire très riche à la fin du Moyen-Age. Ces poésies ont un caractère naïf, accusé par les titres qu'elles portent dans le manuscrit : Ein annder liedt (une autre chanson). Quand le morceau a paru plus remarquable au collectionneur, la formule varie un peu : Ein annder schön liedt, ein annder hibsch liedt, (une autre belle chanson, un autre joli cantique).

M. Kopp s'est borné à une publication de texte avec notes de critique purement textuelle et philologique. Le manuscrit avait déjà été exploité par Görres en 1817, et lui a fourni la moitié au moins des éléments de son ouvrage sur les « chants populaires de la Bibliothèque de Heidelberg. » Mais son travail est, paraît-il, très imparfait. Le grand maître péchait par manque de formation scientifique, de sens poétique, de critique philologique, de goût esthétique. M. Kopp s'applique à nous le montrer dans la préface.

Sa publication intéresse peu l'histoire générale, du moins telle qu'elle se présente, sans référence aux mœurs de l'époque. Elle se rattache au grand souci des Allemands de réveiller tous les vieux échos de la vie nationale et de ne rien laisser perdre de ce qui fut la pension, le sentiment, la prière, la joie ou la tristesse de leur patrie idolâtrée.

L. L.

VI

Collection des plus belles pages, par Rétif de la Bretonne, avec une notice et un portrait. — Paris, Société du Mercure de France, 1905, in-18. (Prix : 3 fr. 50).

Il paraît que la nécessité s'imposait de publier un choix des plus *belles* pages écrites jadis par Rétif de la Bretonne : ce besoin fait infiniment d'honneur à notre temps. Nous félicitons de tout cœur les jeunes *compositeurs* qui ont eu l'agréable tâche de réimprimer ces doctes leçons du plus fécond de leurs devanciers : grâce à un travail si instructif, ils n'auront jamais rien à envier, aux futurs lauréats de la coéducation des sexes. Nous louons de même l'heureuse, la patriotique inspiration qui a dicté cette réédition : jusqu'à présent nous laissions sottement nos bons voisins les Belges ou les Juifs de Hambourg reproduire seuls les chefs-d'œuvre de la pornographie française ; il était temps que le sentiment national, d'accord avec l'appât d'un gain si honorable, se réveillât. Surtout ne négligeons rien : la littérature, le mot est-il assez noble ? de la fin du XVIIIe siècle est une mine épuisable ; il convient que la jeunesse l'exploite ; la *Guerre des Dieux* de Parny remplacera avantageusement les *mythologies épurées* dont on berna notre enfance.

Pourquoi faire un choix ? Servez-nous jusqu'au moindre relief : nous sommes insatiables ; nous ne nous apercevrons seulement pas que c'est toujours le même plat, tant il est épicé. Rétif de la Bretonne a laissé quelque cinquante volumes : n'en oubliez aucun ; que nous importe le style ? celui d'aujourd'hui n'est pas meilleur.

Dans cette riche collection, il y a pour le moins une demi-douzaine de passages qui offrent de l'intérêt : cela ne vaut-il pas le temps que nous consacrerons à l'étudier tout entière ? La paternité précoce de Monsieur Nicolas nous émerveillera, nous nous extasierons avec lui sur les perfections de madame Parangon, nos yeux se mouilleront de larmes au récit émouvant des circonstances dans lesquelles il découvre cette fille dont il ignorait la naissance et qui est pourtant son enfant ; nous recueillerons quelques détails curieux sur ce qu'était la vie de plaisir à Paris, dans les basses classes, au cours du XVIIIe siècle. Ample moisson, en vérité, mais dont un médecin aliéniste tirerait sans doute un meilleur parti que nous.

J. LAURENTIE.

BIBLIOGRAPHIE

I. — SCIENCES RELIGIEUSES.

Dyonisii. — Bar Salibi commentarii in évangelia, texte syriaque et version latine, 2 vol. (184-136 p.), in-8, 16 fr. 50. — Vve Ch. Poussielgue.

Fesch (P.) et **Lay.** (R.) — Bibliographie de la franc-maçonnerie et des Sociétés secrètes (600 p.), in-8, 50 fr. (31/X) — L. Bodin.

Giraud (V.). — Anticléricalisme et catholicisme (86 p.), in-16, 1 fr. — Bloud et Cie.

Pascal (abbé G. de). — Le christianisme, exposé apologétique, 2 vol. in-8, 10 fr. — P. Lethielleux.

Paux. — La science de Dieu, sonnets, 2 vol. (268-244 p.), in-12, 7 fr. — A. Messein.

Rochemonteix (C. de). — Les Jésuites et la Nouvelle France au xviiie siècle, 2 vol. — A Picard et fils.

Sertillanges (A.-D.). — Les sources de la croyance en Dieu, in-16, 3 fr. 50. — Perrin et Cie.

II. — SCIENCES SOCIALES.

Carnegie (A.). — Pour l'arbitrage, conciliation internationale (136 p.), in-16, 1 fr. 25. — Ch. Delagrave.

Durkheim (E). — L'Année sociologique, 9e année, 1904-1905 (436 p.), in-8, 12 fr. 50. — F. Alcan.

Moreau (F.) et **Delpech**. (J.). — Les Règlements des Assemblées législatives, av. préface de Ch. Benoist. T. I. : Allemagne, Angleterre, Autriche-Hongrie, Belgique (Bib. int. de droit public), in-8, 2 vol., br., 30 fr. ; rel., 32 fr. — V. Giard et E. Brière.

Turmann (M.). — Activités sociales (viii-393 p.), in-12, 3. fr. 50. — V. Lecoffre.

III. — HISTOIRE LITTÉRAIRE ET PHILOLOGIE.

Baillet (A.). — Œuvres diverses. T. I (Bibl. égyptol., t. XV) (312 p), in-8, 15 fr. — E. Leroux.

Boitel (J.) et **Brossolette**. — Les Grands poètes français modernes, xixe et xxe siècles, textes choisis, in-16, cart., 4 fr. — Hachette et Cie.

Chabas (F.). — Œuvres diverses. T. IV (Bibl. égyptol., t. XII) (308 p.), in-8, 15 fr. — E. Leroux.

Delphin (G.). — Recueil de textes pour l'étude de l'arabe parlé, trad. du hén. Faure-Biguet (116 p.), in-12, 3 fr. — E. Leroux.

Gorsse (H. de) et J. **Jacquin**. — La Jeunesse de Cyrano de Bergerac (Bib. des éc. et des fam. (192 p.), in-8, 3 fr. — Hachette et Cie.

Guillaume (A.). — Les Auteurs anglais du programme du brevet supérieur, 1907-1909, in-12, cart., 1 fr. 25. — Ch. Delagrave.

Picot (E.). — Les Français italianisants au xvie siècle. T. I, (xi-381 p.) in-8, 7 fr. 50. — H. Champion.

Pilon (E.). — Portraits français, xviie, xviiie et xixe siècles (268 p.), in-18, 3 fr. 50. — E. Sansot et Cie.

Reinhold (J.). — Floire et Blanchefor, étude de littérature comparée (178 p.), in-8, 6 fr. — E. Larose.

Sigwalt (C.). — De l'enseignement des langues vivantes. Idée d'un vieux professeur, dédiées aux jeunes, in-16, 3 fr. 50. — Hachette et Cie.

IV. — HISTOIRE ET GÉOGRAPHIE.

Avenel (G. d'). — Lettres du cardinal Mazarin, pendant son ministère. T. IX, août 1658-mars 1661 (250 p), in-4, 21 fr. — E. Leroux.

Bittard des Portes (R.). — Contre la Terreur. L'insurrection de Lyon en 1793 (317 p.), in-8, 7 fr. 50. — Emile-Paul.

Bloch (C.). — Documents inédits sur l'histoire économique de la Révolution française, département du Loiret. T. I (286 p.), in-8, 10 fr. — E. Leroux.

Bretagne (P.). — Le Testament en Lorraine, des origines au xviiie siècle. Ses formes, son contenu et son exécution (Bibl. de la Confér. Rogéville, XVI) (112 p), in-8, 3 fr. — Berger-Levrault et Cie.

Chantavoine (H.). — Les Principes de 1783, la déclaration des droits, la déclaration des devoirs (284 p.), in-18, 3 fr. 50. — Soc. fr. imp. et lib.

Charléty (S.). — Documents inédits sur l'histoire économique de la Révolution française, département du Rhône (318 p.), in-8, 10 fr. — E. Leroux.

Charreau (lieut. P). — Le Cercle de Kundé, in-8, 5 fr. — A. Challamel.

Clapéréde (R). — La Norvège indépendante (107 p.), in-16, 3 fr. — Fischbacher.

Fournière (E.). — Le Règne de Louis-Philippe), 1830-1848 (Hist. soc. J. Jaurès, t. VIII], in-8, 7 fr. 50. — J. Rouff et Cie.

Gobat (A.). Croquis et impressions d'Amérique, av. 110 gr. (301 p.), in-8, rel., 10 fr. — Fischbacher.

Hirmenech (G.). — Les Celtes et les monuments celtiques, leur origine certaine. L'Atlantide et les Atlantes, les Basques (42 p.), in-8, 2 fr. 50. — E. Leroux.

Luchaire (A.). — Innocent III, la papauté et l'empire (320 p), in-16, 3 fr. 50. — Hachette et Cie.

Reuss (R.). — Les Eglises protestantes d'Alsace pendant la Révolution (x-328 p.), in-16, 3 fr. 50. — Fischbacher.

Rouget (F). — L'Expansion coloniale au Congo français, av. 88 reproductions et 12 cartes (viii-942 p.), in-8, 10 fr. — E. Larose.

Sers (H.) et **Guyot**. (R.). — Mémoires du baron Sers, souvenirs d'un préfet de la monarchie, 1786-1862 (260 p), in-8, 7 fr. 50. — A. Fontemoing.

Suyematzu (baron). — L'Empire du Soleil levant, trad. de Faucigny Lucinge, in-8, 5 fr. — Hachette et Cie.

Terlinden (Ch.). Guillaume 1er, roi des Pays-Bas, et l'église catholique en Belgique, 1814-1830. T. I: La lutte entre l'Eglise et l'Etat, in-8, 6 fr. — Plon-Nourrit et Cie.

Vogüé (marquis de). — Inventaire des archives du château de Vogüé fait en 1712 (15p p.), in-4, 20 fr. — H. Champion.

V. — ART ET ARCHÉOLOGIE.

Aubry (P.). — La Musique et les musiciens d'église en Normandie au xiiie siècle (40 p.), in-8, 3 fr. 50. — H. Champion.

Grandes (les) collections de dentelles anciennes et modernes, album 48 pl., in-4, 60 fr. (15/VII). — Ch. Schmid.

Hallays (A.). — Nancy (les villes d'art célèbres), av. 118 gr., in-4, 4 fr. — H. Laurens.

Riotor (L.). — Carpeaux (les grands artistes), av. 24 grav. 128 p.), in-8, 2 fr. 50. — H. Laurens.

Thédenat (H.). — Pompéi. Histoire, vie privée, vie publique (villes d'art célèbres) av. 200 gr. et 2 plans, in-4, 8 fr. — H. Laurens.

Tei San. — Notes sur l'art japonais. La sculpture et la ciselure (332 p.), in-18, 3 fr. 50. — Mercure de France.

Uzanne (O.). — Les Deux Canaletto (les grands artistes), av. 24 grav. 128 p.), in-8, 5 fr. 50. — H. Laurens.

CHRONIQUE

12. — Bien curieuse la plaquette de notre collaborateur, M. l'abbé Roussel, où il publie la *Correspondance de Lamennais et de l'abbé Guéranger* [1] (1826-1832). L'illustre restaurateur de Solesmes n'était alors qu'à ses débuts et cherchait encore sa voie, dans l'ardeur un peu naïve et avec la belle audace de ses 25 ans. Il voulait écrire une histoire de la Papauté et Lamennais encourageait ses travaux qui devaient plus tard lui servir à donner en si peu de jours *la Monarchie pontificale*. Comme nous ignorons nos destinées! Qui eût dit alors au chef d'école de la Chênaie, mort si tristement solitaire, que son correspondant qui le traitait de « maître » aurait fait refleurir le vieil ordre bénédictin et assuré le rétablissement de la liturgie romaine en France? Mais, ici encore comme en beaucoup d'autres points, Lamennais fut l'initiateur. N'est-ce pas lui qui se plaignait au comte de Senft de ne pouvoir trouver en France un bon bréviaire romain et qui le remerciait de lui en avoir envoyé un exemplaire *avec l'office de Grégoire VII*, qu'il tenait particulièrement à réciter. Le savant professeur de Fribourg a encore en portefeuille environ 800 lettres écrites à toutes les époques de sa vie; qu'il le vide pour le public, si elles sont aussi intéressantes que celles-ci par leur texte même et par le commentaire qu'il en fait.

A. B.

1. Lyon, éditions de « Demain. » in-12 de 27 p.

L'Éditeur-Propriétaire-Gérant : ALBERT FONTEMOING.

Imprimerie Générale de Châtillon-sur-Seine. — A. PICHAT.

BULLETIN CRITIQUE

---

143. — **La Renaissance catholique en Angleterre au XIX⁰ siècle. 3ᵉ partie : De la mort de Wiseman à la mort de Manning (1865-1892)**, par Paul Thureau-Dangin, de l'Académie française. — Paris, Plon, 1906, in-8 de III-543 pp. (Prix : 7 fr. 50).

Nul n'ignore, — surtout depuis les deux précédents volumes de M. Thureau-Dangin, — que, de ce que l'on appelle le *Mouvement d'Oxford*, né en 1833, deux courants sont issus, d'une part le courant proprement catholique, de l'autre le courant *anglo-catholique* qui tendrait à catholiciser plus ou moins l'anglicanisme. Plus on s'éloigne de la source commune, plus cette séparation devient manifeste, et plus par suite elle s'impose à l'historien. M. Thureau-Dangin s'est donc vu dans la nécessité de diviser en deux parties le troisième et dernier volume de son grand ouvrage sur la Renaissance catholique en Angleterre.

La seconde partie, qui nous transporte au sein même de l'Eglise anglicane et nous y fait étudier le mouvement ritualiste, a un véritable intérêt pour l'histoire religieuse, mais ne saisira peut-être pas au même degré que la première, consacrée à Manning et à Newman, la masse des lecteurs français. Confession auriculaire, croix d'autel et de processions, bannières, cierges, surplis, vêtements sacerdotaux, autel en pierre, mélange du vin et de l'eau dans le calice, hostie à la façon romaine, élévation des saintes espèces, génuflexions devant le saint sacrement, position du prêtre à l'autel, onctions sur les malades, messes pour les morts, couvents de femmes, tels sont les objets d'innombrables litiges, de controverses, de procès, de condamnations, où interviennent juges, ministres et Parlement. Pour comprendre ces interventions, il faut remonter aux origines de la Réforme anglaise et se bien pénétrer de ces paroles que prononçait en 1874, à la chambre des Communes sir William Harcourt : « Non ce n'est point par le droit divin que l'autorité des évêques a été établie dans ce pays, mais par la loi commune et par les statuts... La juridiction n'est jamais divine ; elle est essentiellement humaine. Que les évêques en pensent ce qu'ils voudront, le Parlement les regarde comme les inspecteurs d'une Eglise qui, établie par l'Etat, doit être soumise à l'Etat. Henri VIII s'est déclaré son chef ; les *Articles* ont été rédigés non seulement en dehors de la *Convocation* du clergé, mais contre son avis. Pratiquement, la solution des conflits a toujours été réservée à des cours laïques. » L'Eglise d'Angleterre est la chose du peuple anglais et il entend la traiter comme telle.

Pour relever cette histoire plutôt pénible il faut tourner les yeux vers ceux qui, victimes du fanatisme protestant, soit des gouvernants, soit du peuple, ont souffert de si rudes persécutions, comme cet admirable Mackonochie, *vicar* de Saint Alban, ascète et apôtre, ennemi des compromis, de volonté indomptable, qui, seize années durant, su tenir tête à ses adversaires conjurés. Il faut se dire aussi qu'en semblant ne batailler que pour des questions de cierges et de chasubles, ces persécutés faisaient rentrer un peu de vie spirituelle dans ce culte anglican dont Gladstone signalait le scandaleux état au début du xixe siècle ; qu'ils y ranimaient la vie sacramentelle qui y était à peu près entièrement éteinte ; enfin qu'ils rapprochaient peu à peu le clergyman anglican d'un type sacerdotal plus parfait ; et que « ces merveilleuses transformations », — j'emprunte encore le langage de Gladstone, — étaient bien le résultat de ce mouvement contre lequel on usait de rigueur. Comme au temps d'Edouard et d'Elisabeth, il y a deux religions au sein de l'anglicanisme et elles tendent de plus en plus à se dissocier.

La partie du volume la plus intéressante pour tous, avons-nous dit, est la première ; elle met en présence les deux grands représentants du catholicisme anglais après Wiseman, c'est-à-dire Manning et Newman. Le contraste entre les deux personnages, l'homme de gouvernement et le penseur, s'y accuse fortement. On nous montre d'abord l'œuvre accomplie par Manning comme archevêque de Westminster, son zèle, son activité, sa sollicitude à l'égard des besoins spirituels et matériels des pauvres ; mais aussi son intransigeance, l'accueil peu sympathique qu'il fait aux avances pacifiques de certains partisans de l'union des Eglises, en particulier à l'*Eirenicon* de Pusey, et ceci nous amène aux grandes divergences de vues qui le séparent de Newman et le porte à contrecarrer son action ; il y est d'ailleurs poussé par Ward et Mgr. Talbot. Grâce à l'influence dont il jouit à Rome, Manning empêche Newman d'établir une maison de l'Oratoire à Oxford et fait maintenir la prohibition aux jeunes catholiques de fréquenter les universités nationales. Newman souffre des suspicions dont il se sent enveloppé et des entraves apportées à son initiative. Mais il ne porte point envie au rôle extérieur joué par Newman ; il s'enferme assez volontiers dans la retraite, le silence, la méditation ; d'autant plus qu'alors il compose le second des grands ouvrages destinés à immortaliser sa mémoire, cet *Essai d'une grammaire de l'assentiment* qui, avec l'*Essai sur le développement de la doctrine chrétienne*, fait de lui le fondateur de l'apologétique moderne.

Le concile du Vatican met de nouveau en opposition les tendances de Manning et de Newman ; Manning est, à Rome, l'un des *leaders* les plus actifs du parti de l'infaillibilité ; Newman, tout en acceptant sans réserve la définition et en la défendant, rejette en partie sur les catholiques intransigeants la responsabilité du mouvement anti-vaticaniste déchaîné en Angleterre comme sur le continent et dont Gladstone est le porte-parole le plus en vue. *La lettre* de Newman *au duc de Norfolk*, accueillie avec la plus grande faveur en Angleterre, n'est même pas mentionnée par Manning au nombre des réponses opposées à Gladstone en cette circonstance. Jusqu'à la fin du pontificat de Pie IX, Newman s'efface ; il se borne à réimprimer ses anciens écrits ; mais son action discrète et toute personnelle, d'âme à âme, s'étend au loin. Manning, devenu cardinal, s'applique de plus en plus aux œuvres sociales et philanthropiques et prend une place chaque jour plus importante dans la société anglaise. Le jour vient pourtant où les deux grands serviteurs de l'Eglise se trouveront unis dans le même honneur par le Pontife suprême. A la demande des catholiques anglais les plus éminents, demande que Manning lui-même a transmise quoiqu'avec un médiocre empressement, Léon XIII accorde à Newman le chapeau de cardinal ; cette fois, tous les catholiques s'unissent dans la même joie, joie que partagent les Anglais non catholiques eux-mêmes.

Le dernier chapitre de cette première partie du livre de M. Thureau-Dangin : *Les dernières années de Newman et de Manning* est un des plus beaux. Une analyse très exacte et très fine nous fait assister à la transformation de quelques-unes des idées de Manning ; l'archevêque de Westminster est moins complètement ultramontain ; il est plus vivement frappé que jadis de certains défauts du gouvernement central de l'Eglise et aussi des lacunes du clergé catholique anglais ; une très curieuse note de Manning sur les « *Obstacles à l'expansion de l'Eglise catholique en Angleterre* » est à ce point de vue un document remarquable. En revanche, Manning est devenu décidément le porte-drapeau du catholicisme social ; il y est poussé par une raison de tactique, mais encore plus par un besoin ingénieux de son cœur qui souffre de toutes les misères du peuple anglais ; pour les soulager, l'intransigeant de jadis ne recule plus devant aucune alliance ; son intervention dans la grève des dockers montre le degré d'autorité et de popularité qu'il a conquis sur la classe ouvrière. Les protestants eux-mêmes s'associent aux démonstrations que provoque son jubilé épiscopal. Ses obsèques, en 1892, seront un véritable triomphe populaire.

Les dernières années de Newman sont bien belles. M. Thureau-Dangin les décrit en termes pénétrants. « On dirait d'un soir admirablement lumineux et calme, succédant à une longue journée obscurcie par les nuages et traversée par la tempête. » Manning, en prononçant son oraison funèbre, lui rendit le plus admirable témoignage : « Il est trop tôt pour mesurer l'œuvre qui a été silencieusement accomplie par la vie du cardinal Newman. Aucun homme vivant n'a à ce point modifié la pensée religieuse de l'Angleterre. Sa disparition clôt un chapitre unique dans la vie religieuse de ce siècle... L'histoire de notre pays évoquera, dans l'avenir, le nom de John-Henry Newman, parmi les plus grands de notre peuple, comme un grand instructeur des hommes, comme un confesseur de la foi, comme un prêcheur de justice, de piété et de compassion. »

A son tour, l'orateur chargé de prononcer l'oraison funèbre du cardinal Manning, mort dix-huit mois après Newman, disait au début de son discours : « Une époque vient de finir ; une autre va commencer. » La mort de ces deux grands hommes marque en effet une date dans l'histoire de l'Eglise d'Angleterre. Il est naturel que M. Thureau-Dangin arrête là cette œuvre à laquelle il a consacré plusieurs années de sa vie. Il y a montré toutes les qualités d'une intelligence ouverte aux divers aspects de la pensée religieuse, d'une érudition sûre d'elle-même, et d'un talent littéraire assez souple pour donner un constant intérêt à des questions dont le fond toujours le même aurait pu engendrer une certaine monotonie. Ce livre est un beau modèle d'histoire religieuse.

Alfred BAUDRILLART.

---

144. — **Le problème du devenir et la notion de la matière dans la philosophie grecque depuis les origines jusqu'à Théophraste,** par Albert RIVAUD, docteur ès lettres. — Paris, Alcan, 1906, in-8 de 488 p. (Prix : 10 fr.)

Quelle notion les premiers penseurs grecs s'étaient-ils faite de l'univers? de la nature? de l'âme? de la matière? Autant de sujets que l'érudition moderne s'est plu maintes fois à aborder. M. Rivaud a préféré s'attaquer au « problème du devenir ». D'abord parce que, selon une opinion de plus en plus répandue, ces anciennes philosophies ne sont au fond qu'une interprétation « rationnelle » des mythes primitifs, où la généalogie des dieux et leurs métamorphoses tenaient une place considérable : ensuite, parce que la spéculation morale était venue s'ajouter à la fantaisie poétique pour donner aux Grecs « une vision intense de l'universelle mobilité » (p. 54), de telle sorte qu'à leurs yeux « être est changer, sans que rien n'oblige à imaginer derrière le changement, une réalité qui demeure ». Dès lors, « ce n'est point sur l'élément permanent et qui survit que se porte l'attention, c'est sur les formes mêmes qui se succèdent » (p 70). Bref, « les Ioniens, les Pythagoriciens sont moins les auteurs de théories sur la nature des choses, que des physiciens, des astronomes, des mathématiciens occupés à traiter des problèmes nouveaux, à créer ou à importer des sciences inconnues de leur race » (p. 84).

On retrouverait sans peine un point de vue identique ou très voisin soit chez P. Tannvery, soit chez M. G. Milhand son disciple, soit même dans ma *Philosophie de la nature chez les anciens* : mais il convient de le compléter par un autre, dont je trouve l'expression très nette dans les lignes suivantes de M. Caird (*Une évolution of the Theology in the greck philosophors* (1904), tome I, p. 61) : « La conception d'un principe absolu d'unité dans l'univers, d'une unité plus profonde que toutes les formes spéciales d'existence, fut la plus ancienne de la philosophie grecque ». Flottante auparavant, elle s'affirme avec une entière netteté chez le fondateur de l'école d'Élée ainsi apprécié par M. Rivaud : « Autant et plus qu'un théologien Xénophon fut l'initiateur de cette sophistique qui va renouveler le problème du devenir. Pour la première fois nous voyons se dessiner le conflit qui va opposer si longtemps la logique et l'expérience... Jusqu'à ce moment les Grecs n'avaient jamais imaginé qu'une réalité pût être immobile. Le changement continuel était pour eux la fin de toutes choses. » (p. 103) Et à ses yeux les trois doctrines de Leucippe, d'Empédocle et d'Anaxagore n'auront d'autre but que de restituer à la science du devenir la valeur que lui refuse l'éléatisme.

Une autre idée capitale appartient en propre à Héraclite. Puisque le changement (ou pour parler la langue de ce philosophe, la lutte) est le fait universel, une tâche inéluctable s'imposait : déterminer les conditions dans lesquelles il se produit, les lois qui en régissent l'ordre, en compter les phases, et en mesurer les périodes. M. Rivaud n'en blâme pas moins certains critiques modernes d'avoir donné du λόγος d'Héraclite des explications beaucoup trop compliquées et trop savantes.

Mais de nouveaux obstacles vont surgir, œuvre des sophistes qui sont jugés ici avec une sévérité assez inattendue. « Aux procédés mathématiques du pythagorisme, aux constructions pittoresques de la poésie ancienne ils substituent l'analyse dialectique et logique... Expliquer la nature revient à enchaîner des concepts... Les sophistes sont les véritables créateurs de cette métaphysique de la nature qui chez Platon et chez Aristote, et de nos jours encore, porte le stigmate de ses origines » (p. 236). Si cette dernière expression veut-être méprisante, il va de soi que je ne saurais l'approuver : mais j'ignorais et d'autres avec moi sans doute, que les sophistes eussent « écrit *a priori* toute l'histoire de la nature » et que sur ce terrain Platon et Aristote n'ont été que leurs dociles continuateurs.

Si Antisthène est « l'auteur véritable de la notion de la matière corporelle » (p. 241), de son côté la doctrine de Démocrite « contient mieux qu'en germe cette conception du corps à matière, promise à de si longues destinées » (p. 176). C'est qu'en effet l'atome « est à la fois réalité corporelle et unité logique, être intelligible et riche pourtant des résidus de la sensation ». Pour les atomistes, les qualités secondes sont réelles, au même titre que les qualités premières, quoique leur réalité soit d'un ordre inférieur et subalterne ». Bref et pour conclure, « dans son esprit la théorie de Démocrite n'est pas relativiste » (p. 159). Voilà qui s'écarte notablement des opinions reçues.

Mais hâtons-nous d'arriver à Platon et à Aristote, dont la cosmologie (sans doute cette fois à cause de la multiplicité des textes plutôt que de leur rareté) est à cette heure encore si vivement controversée.

Tout d'abord M. Rivaud fait remarquer (p. 261) que « le mot γένεσις résume confusément une foule d'images diverses, que l'analyse de Platon va pour la première fois dissoner et dégager nettement ». Il se plaint tout ensemble des interprètes qui exagèrent l'importance de la métaphysique platonicienne et de ceux à qui « la distinction des écrits exotériques et ésotériques permet, en pratiquant dans l'œuvre de Platon de larges coupes, d'y ouvrir de belles avenues symétriques » (p. 283). Mais pourquoi ériger en principe (p. 281) que le mythe est exclu du domaine des formes immobiles? car alors quel nom donner à la description célèbre du τόπος ὑπερουράνιος dans le *Phèdre*? Malgré son insistance à accentuer l'opposition entre l'être et le devenir (Voir notamment en ce qui touche le plaisir *Philèbe* 53 c), Platon est loin de dédaigner le monde sensible, auquel une note de la page 327 a tort cependant d'appliquer l'expression τὸ παντελῶς ζῷον du *Timée* (31 B). A propos de physique il parle presque toujours de probabilités, de vraisemblances : ce n'est pas qu'à ses yeux la connaissance de la nature fût destituée de toute valeur scientifique : c'est qu'il avait conscience tout le premier de la difficulté de semblables recherches à une époque où la méthode qu'elles supposent était à peine ébauchée : les redites et les circonlocutions de tout genre qui se rencontrent dans cette partie de son exposition attestent à quel point ce sujet lui paraissait « délicat et épineux ». — Tout cela est exact, et la seule condition de ne pas perdre de vue ce fait capital que Platon est l'idéaliste par excellence.

Et voici précisément qu'en tête d'une série de chapitres remarquables consacrés à approfondir l'essence de la matière chez Platon M. Rivaud est sur le point de déclarer chimérique pareille étude, « le platonisme étant proprement incompréhensible, si l'on y veut à tout prix introduire une doctrine de la matière qui ne s'y rencontre pas » (p. 276). A la vérité, à côté de l'être et du devenir le *Timée* nous présente une troisième sorte de réalité, « mystérieuse, indéfinissable, pour laquelle les mots font défaut : suite étrange d'apparitions, et de disparitions, fantasmagorie continuelle d'images changeantes. » C'est ce que Platon essaiera de préciser sur le nom d'*espace* (χώρα) ou de *réceptacle* (ὑποδοχή). Mais, si nous en croyons M. Rivaud, c'est là une addition étrangère au système et dont la physique platonicienne peut totalement se désintéresser. Solution originale, mais aussi aventureuse qu'originale.

Le changement remplit l'espace, soit : mais est-il exact qu'il n'en puisse être distingué que par un effort singulier d'abstraction (p. 315) ? Zeller et Brochard qui par voies très différentes aboutissent à confondre la χώρα avec le devenir, ont tous deux également tort : il s'agit (chose à laquelle ne fait guère songer le verbe dériver (χωρεῖν) de « l'intervalle logique qui sépare les contraires » (p. 311). Vous cherchez cette définition dans le *Timée* : elle n'y est pas. C'est que ce dialogue « implique et suppose tout une philosophie du devenir dont il ne retient que les résultats essentiels. Il ne suffit pas ». Et M. Rivaud appelle successivement à son secours le *Politique*, le *Philèbe*, le *Sophiste*, le *Parménide* et le *Théétète*, faisant justice en passant de l'erreur de M. Lutoslawski, lequel assigne comme tout exprès à ces dialogues « logiques » la réfutation de la théorie des « idées séparées ». Partout « la nature du changement apparaît dans l'opposition des contraires, dans l'intervalle que remplissent leurs variations et leurs dégradations innombrables » (p. 328). Malgré toute l'érudition de l'auteur, je n'arrive pas à être convaincu, même lorsque quelques pages plus loin (p. 333) il revient sur cette explication des plus obscures : « Les textes de *Phédon*, du *Philèbe* et du *Timée* impliquent en fait que partout où une qualité se manifeste, il y a un certain support dans lequel elle se réalise. Ce support, c'est l'intervalle même qui sépare les deux qualités contraires et que remplissent les objets où ces qualités se fixent ». Sans peut-être s'en apercevoir, M. Rivaud aboutit à obscurcir ce qu'il se proposait d'éclairer. Que penser, par exemple, d'une phrase comme la suivante : « Le problème du passage de l'ordre au désordre est celui que d'ordinaire les interprètes, empruntant une expression de *Parminida,* nomment le problème de la *participation* » (p. 330)?

Une dernière remarque avant de quitter Platon. On reconnaît ici que ce philosophe a séparé plus complètement qu'on ne l'avait jamais fait le corps et l'âme (p. 458) : mais alors que signifient les lignes que voici (p. 335) : « Cette distinction n'est à aucun degré *substantielle*. Les éléments qui composent l'âme et le corps sont identiques. » Différence non de nature, nous dit-on, mais de perfection et de dignité. Je doute pour ma part que l'auteur du *Phédon* se fût contenté de cette interprétation...

Placé à son tour en face du grave problème des rapports entre l'être et le devenir, Aristote en a demandé d'un concept nouveau, la δύναμις une solution, que M. Rivaud qualifie de « paradoxale » (p. 392). Dans sa physique si étroitement apparentée à sa métaphysique « étudier la matière, c'est analyser les conditions générales du changement » (p. 384). Aussi est-elle définie « l'idée abstraite d'une variation possible qui ne s'accomplit en aucun sens défini, l'intermédiaire qui sépare les qualités opposées, l'espace métaphorique ou l'intervalle où elles évoluent sans repos » p. 431). Tous les péripatéticiens en tomberont-ils d'accord? Je n'oserais l'affirmer ». Au surplus, qu'il s'agisse de la ὕλη ou de l'ὑποκείμενον, l'hésitation subsiste entre deux conceptions solidaires et pourtant opposées. « D'un côté le devenir, s'il existe, enferme en lui sa règle et sa forme : d'un autre côté, il semble échapper à toute détermination et à toute règle » (p. 399). Qu'on passe à la contingence sa part. « La nature est l'ensemble des changements orientés vers des fins... Avec cette notion l'idée d'un devenir ordonné prend une apparence visible et saisissable ; elle quitte les subtilités de la logique pour se traduire en images concrètes ». On dirait qu'Aristote s'interdit, sauf en ce qui concerne la connaissance intuitive, de considérer les formes seules : de là le rôle considérable qu'il assigne à l'expérience, « la continuité du devenir étant la condition de l'éternité des formes » (p. 415). Quelque jugement que l'on porte sur cette façon d'entendre le péripatétisme, on accordera sans trop de peine à l'auteur que « sauf la conception téléologique qui l'anime, la physique d'Aristote, en obligeant à rechercher toujours les matières spéciales, à ne jamais séparer les qualités du substrat où elles se fixent, n'est pas loin du matérialisme qui, au surplus, inspirera tous les disciples du maître » (p. 459).

A côté de ces remarques générales, le très savant ouvrage de M. Rivaud se prête à toutes sortes d'observations de détail : j'en note ici quelques-unes presque au hasard : Phérécyde est-il postérieur à Pindare (p. 75)? — Doit-on rattacher plus étroitement Xénophon à Pythagore qui l'a précédé ou aux Eléates qui l'ont suivi? — Faut-il attribuer à Leucippe le premier emploi philosophique du mot κόσμος, et aux Pythagoriciens la création de la doctrine des quatres éléments? — J'approuve d'ailleurs la place chronologique assignée ici (contrairement à l'usage traditionnel) au pythagorisme après Démocrite, Empédocle et Anaxagore, et cette thèse que les systèmes philosophiques du vi⁰ et du v⁰ siècle ont agi sur les destinées de l'orphisme plus qu'elles n'ont subi son influence. — Dans les textes homériques cités page 88 se rencontre l'adjectif ἀπείρων et non ἄπειρος. — A la page 76, il eût été intéressant de rappeler un vers célèbre du *Prométhée* d'Eschyle (460). — Note 163 : lire Platon, *Lois*, XII, 943 E.

Malgré les dissidences soulignées dans ce compte-rendu, je me ferais un reproche de le terminer sans avoir loué l'auteur du travail considérable dont témoigne son œuvre. Parmi les textes innombrables qu'il avait à invoquer, il n'en est pas d'essentiel qui ait été omis : et s'il n'a mentionné ni les thèses très nombreuses soutenues avant la sienne devant nos diverses Facultés, ni des ouvrages français de l'importance de ceux de Fouillée, de Chaignet, de Binard, alors qu'il était si parfaitement au courant des moindres publications germaniques, voici la raison qui peut lui servir d'excuse, son livre a été élaboré en majeure partie durant le récent séjour qu'il a fait en Allemagne comme délégué de notre Institut de France pour recueillir et collationner tous les manuscrits de Leibniz. Il a donné d'ailleurs un double exemple de haute probité scientifique : le premier, en s'efforçant d'expliquer les anciens philosophes par eux-mêmes, et non, à l'exemple de MM. Halévy et Renault, à la lumière de principes et de systèmes modernes nés dans un tout autre milieu et inspirés d'un esprit tout différent : le second, en constatant sans détours tout ce qu'il y a de flottant et de contradictoire dans ce que la tradition nous a conservé touchant les créations philosophiques de l'antiquité. Que de points, et d'une souveraine importance, où l'on doit se borner à la vraisemblance, sans pouvoir se flatter d'être jamais en possession de la certitude ! D'ailleurs, M. Rivaud, autant qu'il est en lui, rachète cette imperfection inévitable par l'art et la pénétration qu'il apporte le plus généralement dans la mise en œuvre et le commentaire des documents à interpréter. M. Gomparz excelle à nous initier à la personnalité de chacun de ces vieux penseurs : M. Rivaud, chose plus méritoire encore, réussit à nous intéresser au conflit même de leurs théories et à la lente ou rapide évolution des doctrines.

C. Huit.

---

145. — **Les Navigations de Pantagruel**. *Etude sur la géographie Rabelaisienne*, par Abel Lefranc, professeur au Collège de France. — Paris, H. Leclerc, 1905, in-8 avec 6 cartes. (Prix : 12 fr.)

Les IVe et V^e livres du roman de Rabelais ont pour objet principal les navigations de Pantagruel et de ses compagnons, à la recherche du pays de la Dive Bouteille. D'autre part, au IIe livre, Pantagruel, rappelé en Utopie par l'invasion des Dipsocdes, accomplit un premier voyage maritime dont l'itinéraire est détaillé avec précision. « Est-il possible de ramener ces deux voyages à une direction rationnelle, à un dessein logique, ou faut-il n'y voir que le résultat d'une fantaisie... Ces itinéraires offrent-ils un caractère de continuité et de vraisemblance ?... Se rattachent-ils à des conceptions géographiques précises, à des faits contemporains, ou ne révèlent-ils qu'une série d'inventions faites de toutes pièces ? » Telle est la question d'exégèse rabelaisienne étudiée par M. Lefranc.

Il constate d'abord que, dans le *Gargantua*, tous les éléments topographiques de la guerre Picrochaline sont rigoureusement conformes à la géographie du Chinonais ; les nomenclatures de lieuxdits ne renferment que des noms réels ; la géographie est la réalité que respecte toujours la fantaisie de Rabelais, qu'il conduise son héros en Touraine ou à Paris. — Il en est de même dans les autres livres. La première navigation de Pantagruel, de France en Utopie, n'est point un voyage en pays imaginaires : par Madère, le Sénégal, le Cap de Bonne Espérance, le royaume de Mélinde, Aden, Pantagruel gagne Utopie. Mais Thomas Morus, à qui Rabelais a emprunté l'idée et le nom du royaume d'Utopie, le plaçait au nord de la Chine, près de la région que les cartes de l'époque nomment le Cathay. Ainsi, bien loin de se placer en dehors de toute réalité pour s'abandonner à sa fantaisie, Rabelais a utilisé dans ce premier récit de voyage des données géographiques précises... Il devenait dès lors vraisemblable qu'il avait dû suivre la même méthode dans la composition du second récit qui remplit les IVe et V^e livres. Donc, à l'aide des cartes, portalens et récits de voyages du XVIe siècle, M. Lefranc a recherché de quels éléments géographiques réels étaient composées les grandes navigations de Pantagruel.

Le texte même du IVe livre (chap. I,) permettait d'établir aisément l'itinéraire. Le pays de la dive Bacbuc, but du voyage, est « près le Cathay, en Indie supérieure. » La flotte appareille au Tallard de Saint-Malo, « à Thalasse, près Sammalo », sous la direction de l'hydrographe Xénomanes (Jean Fonteneau, dit Alphonse le Saintongeois) et du pilote Jamet Brahier, en qui le témoignage du Malouin Doremet autorise à reconnaître Jacques Cartier. Mais, au lieu de suivre la route des Portugais qui se rendaient aux Indes par le cap de Bonne Espérance, Pantagruel ira « gyrer » sous le pôle, aux confins de la mer glaciale, c'est-à-dire qu'il tiendra la route qu'avait prise Jacques Cartier, dans ses trois voyages de 1534 à 1542, lorsque, cherchant à atteindre le Cathay par le passage du Nord-Ouest, il découvrit le Canada.

Quant aux épisodes du voyage, rencontre du Physetère, escales à Médamothi, à l'Ile des Alliances, aux Sporades de l'Océan, etc., ils ne sont point de pure fantaisie. De même qu'ils présentent certains traits empruntés à des ouvrages antiques, ils contiennent aussi des souvenirs de relations de voyages contemporaines, des allusions historiques, peut-être des échos de conversations récentes. Mais l'investigation de ces éléments d'actualité est fort laborieuse ; elle exige une connaissance minutieuse de l'époque de Rabelais et des cercles qu'il a fréquentés. En outre, elle est délicate. Comment distinguer avec certitude ces souvenirs, ces allusions, ces données réelles, des créations d'une imagination qui semble avoir choisi le cadre du roman fabuleux pour s'y jouer plus à son aise? — Quelque prudent qu'ait été M. Lefranc, peut-être certaines de ses identifications paraîtront-elles contestables.

Mais son livre a le mérite d'instaurer pour le commentaire de Rabelais une méthode sûre et féconde. Il fait justice définitivement des tentatives d'interprétations symboliques du *Gargantua* et du *Pantagruel*. Les exemples mêmes qu'il cite de cette méthode d'hier paraissent singulièrement surannées : on a peine à concevoir comment un des plus consciencieux Rabelaisants du xixe siècle pouvait voir dans l'épisode du Physetère défait par Pantagruel une « personnification de l'ichtyophagie, de l'abstinence de viande, lardée de flèches, rendue ridicule et tuée au profit des habitants de l'île farouche, des mangeurs de gras, des ennemis de l'abstinence. » Désormais, il ne sera plus question de considérer le *Pantagruel* comme un ensemble d'allégories où Maître François aurait si bien réussi à voiler sa pensée que des efforts séculaires d'ingéniosité arriveraient à peine à la dégager. On renoncera également à prendre ce roman pour un tableau satirique de l'histoire contemporaine, composé d'allusions laborieusement calculées et déguisées. On le tiendra pour un roman, c'est-à-dire pour une œuvre d'imagination. Or, l'imagination ne fait qu'élaborer les éléments fournis par la mémoire. Interpréter les obscurités de Rabelais consistera donc à déterminer les éléments historiques, scientifiques, géographiques, etc., qui se fondent dans son œuvre. — Il était facile de voir par les citations des anciens qui abondent dans le IVe livre, quelle place y tient l'érudition; on ne soupçonnait pas qu'il renfermât tant d'allusions et de réminiscences géographiques ou historiques. C'est le grand intérêt du livre de M. Lefranc que de nous montrer à chaque chapitre cet élément inattendu dans un récit de voyage imaginaire : l'actualité.   J. PLATTARD.

---

146. — **La Deffence et illustration de la langue françoyse**, par Joachim DU BELLAY, édition critique par Henri CHAMARD. — Paris, Fontemoing, 1904, in-8 de xxi-381 pp. (Prix : 7 fr. 50).

Je ne sais s'il existe d'aucun texte français une édition aussi conscieucieuse, aussi parfaite que celle-là. M. Chamard a collationné, je ne dirai pas avec scrupule, mais avec religion, les différentes éditions anciennes de la *Deffence* et il en a reproduit dans son appareil critique les plus petites variantes, fussent-elles purement orthographiques. A vrai dire, je ne sais pas si le résultat valait la peine qu'il s'est donnée là. On y apprend, nous dit-il, l'orthographe du temps; mais l'orthographe de qui? pas de du Bellay, à coup sûr, car M. Chamard signale lui-même l'indifférence de l'auteur pour la correction de son ouvrage et la désinvolture avec laquelle il en excuse cavalièrement les fautes. C'est donc l'orthographe des protes d'Arnoul l'Angelier : a-t-elle vraiment tant d'importance? Et puis, M. Chamard est bien obligé de corriger les erreurs, de supprimer les majuscules fantaisistes (pas plus que les y ou les inutiles lettres doubles), de résoudre les abréviations paléographiques, de modifier la ponctuation — ce qui est plus grave. Dès lors, n'aurait-il pas mieux valu rejeter toutes les variantes purement orthographiques à l'index, où les curieux les auraient cherchées, et conserver, dans un appareil critique abrégé et plus clair, les seules variantes d'idées, de termes, de formes grammaticales? J'irai même plus loin : je me demande s'il n'y aurait pas intérêt à publier simplement nos anciens textes français en ortographe moderne, au lieu de les laisser cachés pour ainsi dire sous ces formes archaïques. Un Rablais, un Montaigne ne seraient-ils pas en quelque sorte rapprochés de nous, plus intelligibles à tous, plus vivants, si nous les lisions aussi couramment que Bossuet ou Voltaire? Cela n'empêcherait nullement d'établir le texte de leurs ouvrages avec la même exactitude.

M. Chamard a joint à son livre toutes les sources nécessaires à la complète intelligence de la *Deffence*. On sait comment il connait son Du Bellay, et toutes les recherches qu'il avait faites pour sa thèse lui ont permis de donner ici l'édition classique et définitive du manifeste littéraire de la Pléiade. Il a, entre autres documents, reproduit in-entenso le *Quintil Horatian*, en en disposant chaque morceau au bas de la page ou de la phrase de du Bellay auxquelles Barthelemy Aneau répondait. N'est-ce pas un peu trop condescendre à la paresse du lecteur? Et n'est-ce pas en même temps lui imposer un trop grand effort, si par hasard il voulait lire d'un trait le *Quintil Horatian*? Il me semble qu'il eût été possible de ne mettre dans le commentaire que des renvois et de donner à part, en appendice, l'opuscule en son entier.

On a signalé — je ne sais plus où — à M. Chamard une petite contradiction dans sa préface : page vii, « l'édition publiée alors (1649) est la seule que du Bellay ait donnée et revue lui-même » et page viii, « Il y aurait lieu de tirer de pair celle de 1557... si l'on était certain qu'elle a passé sous ses yeux. Rien n'est moins sûr : il se pourrait que, etc » — On a cherché aussi avec raison à atténuer un reproche qu'il adresse à son auteur « de ne pas se gêner pour traduire, lui l'ennemi des traductions » : en effet, l'usage que du Bellay fait des traductions fragmentaires, enchâssées dans ses développements personnels est tout à fait conforme aux principes qu'il émet et au désir d'enrichir et d'illustrer notre langue, dont il est animé. — Je ne vois guère d'autre critique (si ce sont bien là de vraies critiques) à lui adresser ; et pour ceux qui savent ce qu'exige de travail, de recherches, de science, une édition pareille, ce n'est pas là un mince éloge.[1]

G. Michaut.

---

147. — **Correspondance d'Espagne,** par Ch. Graux. [Extr. de la *Revue hispanique*, t. XIII]. — New-York, Paris, 1905, in-8 de 310 p.

Il arrive bien rarement qu'on puisse entrer dans la vie intime d'un érudit. De ces intelligences vouées aux recherches philologiques, à l'élucidation des textes anciens, on ne connaît que les résultats de leurs efforts, leurs productions, leurs découvertes, leurs hypothèses. Nous ne connaissons pas plus leur âme, leur cœur, leur méthode, que leur cabinet de travail et la masse des livres, des notes des ébauches qui s'y accumulent. Aussi bien, les lecteurs habituels de leurs livres ou articles mis au point et publiés ne s'en préoccupent-ils guères ; ils ne leur demandent pas le secret de leurs élucubrations, et il faut une circonstance parti-

---

1. M. Chamard explique *trop mieux*, *trop plus* en donnant à *trop* le sens de *beaucoup*. Mais dans trois au moins des cas où du Bellay emploie cette expression (il y en a quatre) et dans l'exemple que M. Chamard cite de Saint-Simon, le contexte n'exige-t-il pas une nuance d'interprétation un peu différente, où *trop* aurait un peu de son sens actuel ?

culière pour que l'on soit mis à même d'en pénétrer le mystère et de suivre de près l'emploi de leurs veilles. Et alors c'est une vraie révélation. — Ces réflexions nous sont suggérées par la lecture de la « Correspondance d'Espagne », où Charles Graux, ce jeune helléniste, né à Vervins en 1852, et mort à Paris, à l'âge de vingt-neuf ans, a pensé tout haut, dans des épanchements de famille, et a donné, avec l'esprit vif, la bonne humeur et les délicats sentiments qui faisaient le fond de sa belle nature, les détails les plus complets et les plus intéressants sur sa vie de missionnaire scientifique en Espagne, pays à peine exploré au point de vue de ses richesses en paléographie grecque. Ces lettres sont adressées à M. Henri Graux, (qui en a autorisée et surveillé la publication, faite par les soins de M. L. Barrau — Dihigo), à Madame Henri Graux, aux grands-parents, à M. l'abbé Magnier, savant hélléniste, premier maître pour le grec, de notre épistolier, à M. Paul Garbec, son condisciple et ami, aujourd'hui doyen de la faculté des lettres d'Alger, à d'autres parents en petit nombre. Ch. Graux a défini lui-même le caractère de sa correspondance. « Mes lettres, vous le savez, Monsieur le Curé, sont l'image rapidement tracée de toute ma vie dans ces jours-ci. C'est un tableau complet du travail, des moyens de distraction, de mes pensées, de mes jugements. » (Lettre n° 20, à M. l'abbé Magnier.) Dans la remarquable et complète notice que M. Ernest Lavisse, son maître et bienveillant ami, lui a consacrée, on relève ces notes données par un directeur d'école libre sur son jeune élève âgé de 10 ans : Réponses nettes,... claires et précises, candeur, naïveté charmante, sincérité, grande lucidité d'esprit, ardeur au travail et travail bien ordonné. » Et toutes ces qualités se retrouvent dans la « Correspondance » avec l'acquis d'une maturité précoce. « Sa langue, dit M. Lavisse, on en peut juger par ses lettres [1], sonne clair et franc ». On sent, à leur lecture, que le savant ne cesse pas d'être un homme, s'intéressant à tout ce qui constitue la vie d'un ami sûr, d'un bon fils, d'un esprit apte à goûter, à cultiver les arts, surtout la musique, qu'il pratiquait en amateur. Il n'est que juste de

---

1. M. Lavisse, dans sa Notice, a donné de nombreux extraits des lettres écrites par Ch. Graux dans ses missions en Espagne et dans celles qu'il accomplit en pays scandinave, en Hollande, en Italie. On souhaiterait que cette partie de sa correspondance fût publiée *in extenso*.

rappeler que sa vive intelligence fut singulièrement développée et ses études sagement dirigées par son digne père. — On ne lira pas sans un intérêt particulier et un réel agrément la lettre du 1er octobre 1875 (n° 11), où il narre les négociations qu'il a poursuivies pour obtenir l'accès dans une bibliothèque religieuse ; — celles qui se rapportent à l'acquisition tentée des bronzes d'Osuna (n° 35 et suivantes); le récit de l'audience accordée par le roi d'Espagne (n° 59), et celui des opérations photographiques d'où sortirent les précieuses reproductions de manuscrits grecs publiées avec un texte explicatif par M. Albert Martin. Enfin, dans la lettre 75 et quelques autres, on assiste pour ainsi dire à la germination de son travail le plus étendu, la thèse sur l'origine du fond grec de l'Escurial. En résumé, ce recueil ne s'adresse pas moins au psychologue qu'à tout esprit curieux de suivre point par point les phases d'une campagne philologique menée avec une rare maîtrise à travers mille difficultés. Nous nous approprierons, en terminant, cette juste réflexion de M. Lavisse sur la perte de notre ami commun : « On doit à ceux qui meurent jeunes de réparer l'injustice du sort en cherchant jusque dans les détails de leur vie ce qui peut honorer leur mémoire, afin que le regret qu'ils laissent soit égal à l'espérance qu'ils donnaient ».   C. E. RUELLE.

148. — **Études d'âmes. Le vrai féminisme**, par Em. TERRADE. — Paris, Ch. Poussielgue, 1904, in-12 de v-337 pp. (Prix : 3 fr. 50).

La pensée inspiratrice des *Études d'âmes* de M. Em. Terrade est celle que Ballanche exprimait d'une façon naïve et gracieuse, en parlant de la comtesse Amélie de Vitrolles : « Ce serait un vrai » malheur qu'une si excellente créature ne passât que comme » une ombre charmante. A quoi servent les souvenirs, si ce n'est » pour perpétuer ce qui est beau et bon ? »

M. Terrade a raison d'immortaliser la mémoire de ces âmes féminines qui surent réaliser un idéal, par leur vaillance, par leur fidélité dans l'amitié, par l'utilisation pour le bien des dons littéraires ou artistiques que la Providence leur avait départis. Il est bon de montrer à notre génération, frivole dans ses goûts, instable dans ses affections, oublieuse des saines traditions féminines.

il est bon, dis-je, de lui montrer ce que doit être la femme chrétienne, la femme forte de tous les temps, de toutes les sphères sociales.

Les exemples, cités avec beaucoup de talent et de force de persuasion dans « *Études d'âmes* » eussent peut-être gagné encore en efficacité, si l'auteur avait pris soin de les choisir dans les classes plus diverses de la société. Les milieux aristocratiques fournissent presque exlusivement ses héroïnes à M. Terrade, qui met une complaisance — à mon sens trop marquée — à relever la brillante naissance et les illustres relations de celles dont il fait l'objet de ses études. L'auteur ne serait-il pas tenté d'assimiler à des mérites ces simples privilèges de situation sociale ?

Il me paraît aussi que M. Terrade, s'étant proposé de nous montrer — le sous-titre du livre l'indique — le *vrai féminisme*, c'est-à-dire la femme possédant dans leur plénitude et leur perfection les attributs constitutifs du caractère féminin, aurait dû établir une sélection parmi ses héroïnes. Nous aimons à ce qu'il nous présente l'idéal de la jeune fille dans la comtesse Amélie de Vitrolles ; les vertus vaillantes, chez Louise de Condé ; les grands renoncements, chez Louise de France ; les dons de l'intelligence et du cœur mettant à même d'apprécier les œuvres de génie, de les encourager, de les inspirer même, dans la comtesse Pauline de Beaumont ; le courage poussé jusqu'à l'héroïsme dans les femmes vendéennes du temps de la Révolution française, enfin, le talent littéraire et l'inspiration artistique chez Zénaïde Fleuriot, Julie Lavergne, Caroline de Wittgenstein, Héléna Nyblom et Maria Gjertz. Mais M. Terrade a-t-il eu raison de rapprocher de ces grandes âmes certaines figures féminines que seuls ont immortalisées quelques hautes relations ou quelque enthousiasme passionné ? Le chapitre intitulé. « Le roman d'une admiratrice » donne peut-être, à ce point de vue, une note discordante.

S'il a pu ébaucher quelques traits qui ne se rapprochent pas assez du type du vrai féminisme, au sens le meilleur du mot, M. Terrade est, par contre, fort judicieux dans les principes qu'il émet : « Le féminisme, dit-il, dont on parle beaucoup aujourd'hui, » qui rêve l'égalité des droits pour l'homme et la femme et tend à » introduire celle-ci dans la vie publique, est à la fois une erreur » et une profanation. Sous prétexte de grandir la femme, il la dé-

» tourne de sa vraie destinée et lui enlève ce charme voilé qui
» constitue sa vraie beauté. L'idéal de la femme est d'être l'inspi-
» ratrice discrète des nobles pensées, d'exercer une influence
» mystérieuse et cachée, de fuir tout ce qui pourrait troubler la
» sérénité de son front, de craindre tout éclat trop vif et de ne
» chercher d'autre lumière que celle qui rayonne au foyer et au
» salon. »

Vouloir la femme au foyer, regretter le mouvement qui l'entraîne dans les universités, dans les bureaux, dans la vie politique, c'est faire profession de saine logique. Prêcher le vrai féminisme, en montrer, par des exemples vivants, le charme et le mérite, comme l'a fait M. Terrade dans ses « *Études d'âmes* », c'est faire œuvre moralisatrice, œuvre sociale, œuvre souverainement bienfaisante et méritoire.

A. C.

---

149. — **Mélanges H. d'Arbois de Jubainville ; recueil de mémoires concernant la littérature et l'histoire celtiques.** — Paris, A. Fontemoing, 1905, in-8, de vii-287 pp. (Prix : 8 fr.)

En 1889, dans une préface écrite avec un délicat et mélancolique abandon, M. d'Arbois de Jubainville, disait : « La bibliothèque d'un érudit est toujours une sorte de nécropole ; les livres des morts y sont bien plus nombreux que ceux des vivants, et la plupart des titres ressemblent à des épitaphes ; mais ce qui, dans ma bibliothèque, est surtout émouvant pour moi, c'est que presque sur chaque rayon il y a un livre écrit par un défunt que j'ai personnellement connu, qui a été pour moi soit un maître, soit un ami, quelquefois tous les deux... »[1] A côté de ces « livres des morts », un livre d'une science neuve et bien vivante est venu prendre place dans la bibliothèque, et sûrement aussi dans l'estime et l'affection du Maître. C'est un recueil de travaux que viennent de lui offrir, à l'occasion du 78e anniversaire de sa naissance, les celtistes français, élèves, collaborateurs ou amis, comme un témoignage de leur admiration pour son œuvre et de respectueuse affection pour sa personne.

Nous sommes obligé de nous borner à indiquer rapidement l'objet de ces quatorze mémoires de linguistique et d'histoire :

1° Paul Collinet. — *Les éléments d'importation étrangère dans les lois du pays de Galles* (p. 1-13). Ces éléments sont romains, canoniques et peut-être anglo-saxons.

2° G. Dottin. — *Les diptongues toniques en gaélique d'Irlande*. L'auteur étudie d'abord les diphtongues anciennes (p. 18-26), puis la diphtongaison des voyelles longues et des voyelles brèves (p. 26-46.)

3° E. Ernault. — *Le mot* Dieu *en breton* (p. 47-81).

4° Maurice Grammont. — *La Métatèse en breton armoricain* (p. 83-96). M. Grammont est un novateur en orthographe ; il écrit *fénomène, fonétique, lexicografe, il i en a*, etc.

5° Camille Jullian. — *Les Salyens celto-ligures* (97-109).

6° Anatole Le Braz. — *L'origine d'une Gwerz bretonne* (p. 111-128). Il s'agit d'une complainte qui n'est que la mise en œuvre d'un fait divers languedocien introduit en Bretagne, au XVIII° siècle, par le colportage. Durant son odyssée, la *gwerz* du *Barzaz-Breiz* s'est de plus compliquée d'un apport slave important.

7° P. Le Nestour. — *Le mystère, en moyen-breton, de la Destruction de Jérusalem* (p. 129-154).

8° P. Le Roux. — *Une chanson bretonne :* La mort de Duguay-Trouin (p. 153-167). Cette chanson fut sans doute composée par quelque matelot breton peu de temps après la mort de Duguay-Trouin. Elle fait partie de la collection Penguen, récemment acquise par la Bibliothèque nationale. M. Le Roux amende le texte de Penguen et en donne finalement une traduction littérale.

9° Ferdinand Lot. — *Recherches de toponomastique* (p. 169-193). Elles portent sur les dérivés de *uxellos, oscellus, oxima, oxisama, uccio, ucciacus*. Il y a, pages 181 et 182, une note fort intéressante sur la conception de *l'île* au moyen-âge.

10° J. Loth. — *Contribution à la lexicographie et l'étymologie celtiques* (p. 195-227).

11° A. Meillet. — *Le génitif singulier irlandais du type* túaithe (p. 229-236).

12° E. Philipon. — *La déclinaison dans l'Onomastique de l'Ibérie* (p. 237-269).

13° Salomon Reinach. — *Un tabou guerrier chez les Gaulois du temps de César* (p. 271-277). La méthode comparative peut seule nous éclairer sur le caractère primitif des *tabous*. C'est à l'étude des Polynésiens qu'il faut recourir pour bien comprendre le passage des *Commentaires* de César sur un *tabou guerrier* (vi, 18).

14° J. Vendryes. — *L'évolution de l'adverbe eid en vieil irlandais* (p. 279-287).

Tous ces savants mémoires sont les meilleurs indices des remarquables progrès réalisés en France dans le domaine des études celtiques depuis quelque trente ans, progrès dont l'éminent directeur de la *Revue celtique* a bien certes été le principal agent, comme s'est plu à le constater M. J. Loth dans la belle préface de ces *Mélanges*.

F. L. G.

---

150. — **Atken und Briefe zur Kirchenpolitik Herzog Georgs von Sachsen**, par Félician Gess. T. I. (1517-1524). — Leipzig, Teubner, 1905, grand in-8 de LXXXVII-848 pp. (Prix : 29 mk.)

Il s'est fondé dans le royaume de Saxe une *Commission royale et d'Histoire*, sous la présidence d'honneur du roi de Saxe. Cette commission a déjà publié d'importants travaux, qui, pour la plupart, roulent sur la première moitié du xvie siècle, époque si importante de l'histoire d'Allemagne.

La présente publication dépassera en étendue toutes celles qui l'ont précédée : outre le présent volume, de 848 pages, elle en comprendra probablement deux autres. Pour ne pas l'étendre davantage encore, l'auteur n'a publié que les documents à partir de 1517, alors que c'est en 1500 que Georges de Saxe succéda à son père.

La période de 1500 à 1517 est résumée dans une longue et substantielle introduction. Cette introduction traite de quatre objets principaux :

La Réforme et la visite des monastères.

Le Clergé séculier et les tribunaux ecclésiastiques.

Les Indulgences.

Une discussion entre la Cour de Rome, l'archevêque de Mayence et le Clergé des Etats de Georges, au sujet de subsides à payer par ce clergé.

Les trois premières questions sont comme on le voit particulièrement importantes.

A propos de la Réforme des monastères, l'auteur rappelle d'abord l'important projet de réformes ecclésiastiques édicté par Guillaume III, le grand oncle de Georges, en 1446 ; — partout du reste, dans cette introduction, c'est à peu près à cette époque et non à l'an 1500 seulement que nous remontons. Guillaume et toute la maison de Wettin eurent toujours plus de respect et d'attachement pour les religieux de la stricte observance que pour les conventuels. Georges eut donc sur ce point le sentiment de son grand oncle, et il travailla énergiquement à le faire prévaloir. D'une manière générale, du reste, il s'occupa beaucoup des affaires du couvent, et il n'hésitait pas à destituer des abbés qu'il ne jugeait pas aptes à remplir leur emploi (P. XXXVIII et suiv.)

Certes Georges était un prince excellent catholique, certains couvents étaient fort peu édifiants, et les résultats de sa conduite à leur égard furent heureux. Mais le principe posé était dangereux : les princes temporels avaient à peu près tous droits sur les couvents. Bientôt d'autres princes passeront à la Réforme : poussés par un grand zèle pour la nouvelle Religion, ils détruiront les couvents et s'empareront de leurs biens. Il eût été préférable, même dans les Etats d'un Georges de Saxe que les couvents se réformassent eux-mêmes, ou que l'autorité ecclésiastique les forçat de le faire. Mais il est écrit dans la nature humaine qu'un grand corps est à peu près incapable de se reformer par lui-même : c'est du dehors que doit venir l'impulsion.

La juridiction des tribunaux ecclésiastiques avait donné lieu à de nombreux abus. Le duc Guillaume III en 1446, les Etats de Saxe, réunis à Naumburg en 1500, avaient pris des dispositions à ce sujet. « Le Clergé scandalisait les fidèles ; les prêtres vivaient avec des personnes malfamées, étaient des piliers de brasserie, avaient des caves pleines de vin et de bière et tenaient eux-mêmes des débits. » Enfin, reproche le plus grave de tous, il fallait les payer pour recevoir les sacrements, le sacrement de baptême, par exemple et celui de l'Extrême-Onction. Aussitôt il est vrai, le clergé répondait à ces récriminations pour en montrer le mal fondé ; mais elles devaient avoir leur part de vérité. Georges se montrait plus énergique encore ; et, en 1503, il envoyait à ce sujet un rapport à Alexandre VI.

Dans son troisième chapitre, M. Gess nous parle des nombreuses indulgences prêchées en Saxe, jusqu'à l'indulgence pour la construction de Saint-Pierre que, chose curieuse, Georges de Saxe, s'empressant d'obéir à un ordre de Maximilien, ne permit pas de prêcher dans les Etats.

Cette introduction comprend 68 pages. Elle est éminemment dans le goût moderne : les pages ont souvent deux ou trois lignes de texte et le reste est occupé par des notes.

Ensuite viennent les documents eux-mêmes. Ils ont trait à la prédication des Indulgences et à la Réforme. Un assez grand nombre avaient déjà été publiés ; mais ils se trouvaient dans des recueils devenus tellement rares que M. Gess a jugé convenable de les donner ici à nouveau. Des documents peu importants, il se borne à donner un résumé. Le tout est publié avec beaucoup de soin. Un Index très complet termine le volume.

Nous avons donc là une importante publication. Elle est faite sur le modèle des *Reichstagsakten* que les professeurs KlueBhohn et Wrede ont publiés avec tant de science. Naturellement, les documents édités par M. Gess ont un intérêt moins général; toutefois, il peignent sur le vif l'état des esprits dans une province de l'Allemagne; par là même, ils nous aident à présumer ce qui se passait et ce que l'on pensait ailleurs. En outre, la province dont il s'agit ici était toute voisine de Wittenberg, et devait l'une des premières subir l'influence de ce qui s'y passait.

J. Paquier.

---

151. — **L'Islamisme et le Christianisme en Afrique**, par Gaston Bonet-Maury. — Paris, Hachette, 1906, in-16 de 299 p. (Prix : 3 fr. 50).

Conçu dans un remarquable (parce que rare) esprit d'impartialité, cet ouvrage se recommande par le nombre et la sûreté de ses informations. Après avoir établi en principe qu' « il y a un rapport étroit entre la croyance et la civilisation d'un pays », l'auteur recherche l'appoint de culture intellectuelle et morale fourni par les trois religions monothéistes qui se sont succédé au nord de l'Afrique : le Judaïsme, le Christianisme et l'Islamisme. Il n'a pas de peine à démontrer que l'Afrique juive et surtout l'Afrique chrétienne marquèrent un haut degré de civilisation, tandis que la conquête musulmane fut un retour vers la barbarie. Toutes ces chrétientés, si florissantes durant les premiers siècles de l'Eglise, disparurent noyées dans le sang de leurs fidèles. L'Evangile fut remplacé par le Coran, au grand préjudice de la civilisation ; le fanatisme musulman, là comme ailleurs, étendit son niveau fatal et courba les têtes sous son joug abrutissant. Seule de toutes ces chrétientés l'Abyssinie échappa à l'esclavage et à la destruction, mais son isolement, sa séparation de Rome par l'hérésie, arrêta son développement et la maintint dans un état de stagnation qui devait se perpétuer. Du moins, ces populations, restées chrétiennes et indépendantes, ne tombèrent-elles jamais dans la dégradation des pays soumis au Croissant. C'est là de l'histoire ; ce sont des faits incontestables.

L'auteur consacre plusieurs chapitres aux diverses missions chrétiennes, et je crois qu'il rend assez à chacune la justice qui lui est due. Il consacre des lignes émues à la mémoire du cardinal Lavigerie qui fit de si nobles efforts pour arracher l'Afrique à l'esclavage en l'évangélisant, et rappelle le mot qu'il dit à Mac-Mahon, alors gouverneur de l'Algérie. « Assimiler, civiliser vaut mieux que dominer. » Cette belle parole demeura incomprise.

M. Bonet-Maury sort un instant de sa louable impartialité : c'est lorsqu'il traite des missions de Madagascar et de la prétendue *terreur blanche* qu'y auraient exercée les Jésuites. Il ne peut ignorer ce que tout le monde sait, que le premier gouverneur de cette nouvelle colonie française, en favorisant les missions anglaises au préjudice des missions catholiques françaises (il ne s'agissait pas plus de Jésuites que de Lazaristes), faisait admirablement le jeu de l'Angleterre et que sa destitution, qui ne tarda que trop, fut le résultat de sa déplorable administration. Il fallut toute l'habileté, toute l'énergie de son successeur, le général Galliéni, pour nous conserver cette récente conquête. La déchéance de Ranavalo et de son premier ministre, l'exécution de conspirateurs de haute marque, et l'expulsion des espions anglais sous couleur de missionnaires, furent des mesures d'apaisement et d'assainissement moral qui s'imposaient : les Jésuites n'y étaient pour rien, et s'ils s'en étaient mêlés, il faudrait les en féliciter au nom de la France, pour le moins autant qu'au nom du Christianisme intégral. Ce mot de *Jésuite* inspire mal l'auteur ; chaque fois qu'il se rencontre au bout de sa plume, il lui fait écrire une énormité : témoin encore la page consacrée aux *Chadelyia*, cette secte musulmane qui introduisit le Çoufisme (on écrit ordinairement le mot sans cédille) au Mâgreb, dans la première moitié du XIIIᵉ siècle, et dont actuellement le siège principal est à Bou-Berith au Maroc. La comparaison qui termine cette page (241) est plutôt malheureuse.

Présentement, les deux civilisations : la Chrétienne et la Musulmane se retrouvent aux prises sur le sol africain, dont elles se disputent avec acharnement les populations. Les progrès du Coran sont beaucoup plus sensibles que ceux de l'Evangile, l'auteur s'explique ce phénomène de par cette considération qu'il emprunte à M. Alfred Le Châtelier et qu'il fait sienne : « L'apôtre de l'Islamisme ne demande au nègre qu'un petit progrès intellectuel et social et lui promet un avenir de félicité sensuelle ; tandis que le missionnaire chrétien lui propose d'emblée un idéal religieux et un progrès moral qui exigent de sa part des efforts et des sacrifices considérables pour sa nature voluptueuse et ses tendances utilitaires. »

L'Islamisme, tout en combattant l'alcoolisme autorise la polygamie et l'esclavage : triple fléau que l'Evangile travaille à extirper radicalement. Toutes les passions humaines se liguent dès lors contre celui-ci, tandis que, le plus souvent, elles s'accommodent assez avec le Coran, son rival.

Le nouveau travail de M. Bonet-Maury fait honneur à son érudition et à sa sagacité. On ne saurait trop le recommander à ceux qui s'intéressent au vaste continent noir et à son avenir.

A. ROUSSEL.

---

152. — **Dictionnaire des bijoux de l'Afrique du Nord,** par Paul EUDEL. — Paris, E. Leroux, 1906, in-8 de 242 p. (Prix : 10 fr.)

Ce dictionnaire n'est pas seulement, par son caractère précis et méthodique, par l'exactitude et la clarté des figures qui illustrent chaque article et par la conscience scrupuleuse des descriptions détaillées, une excellente contribution à l'histoire de l'art arabe ; il intéresse aussi l'histoire de la langue, des mœurs et de la civilisation dans les pays de l'Afrique du Nord, Maroc, Algérie, Tunisie et Tripolitaine.

Presque autant que les bijoux décrits, les noms qu'ils portent sont curieux à plusieurs titres : empruntés à la langue arabe, ces mots ont été défigurés par l'usage, et les altérations qu'ils ont subies sous l'influence juive, berbère, turque, espagnole ou italienne, dans le vocabulaire spécial des orfèvres, offrent matière à de curieuses observations linguistiques. De plus, le nom du bijou est presque toujours dû à une particularité pittoresque de sa forme extérieure qui a frappé l'esprit des indigènes, et l'on peut faire, en rapprochant du terme consacré par l'usage l'image fidèle de la parure, d'intéressantes observations. Ainsi, un bracelet semblable à du linge mouillé et tordu est appelé littéralement en arabe « mousse de savon; » d'autres portent le nom de « cornes de gazelle » ou d'« aiguilles, » à cause d'un ornement caractéristique; on nomme « trembleuse » une sorte de broche formée d'un épi fragile en pierres précieuses; certaines épingles à cheveux conservent le nom de l'œillet, de la rose ou du papillon dont elles ont la forme. Et voici un exemple plus curieux encore : on appelle *dendena* une variété de boucles d'oreilles, en usage à Tripoli, formées par un fil où sont suspendus des perles et des coraux; à la partie inférieure se balancent des sequins et des breloques dont le bruit produit un cliquetis tout contre l'oreille; or *dendena* signifie précisément cliquetis; — n'y a-t-il pas dans ce bijou et dans le nom qui lui est attribué quelque chose d'analogue aux « cigales » grecques et les boucles arabes ne font-elles pas songer aux longues épingles d'or que les Athéniens piquaient dans leurs cheveux et dont le frémissement métallique, au rythme cadencé de la marche, rappelait le crissement de leurs insectes familiers?

Il y aurait aussi à relever dans le dictionnaire de M. E. maint détail pour l'histoire des institutions et des mœurs. Beaucoup de bijoux arabes ne sont pas de simples parures ; mais ils ont une destination précise, en rapport avec les diverses circonstances de la vie journalière et surtout avec les multiples superstitions locales. Une foule de bijoux sont en réalité des talismans : je citerai en particulier la patte gauche du porc-épic, séchée avec ses griffes, et dont se servent les femmes qui nourrissent pour se frotter le sein; la bague surmontée d'une agate rouge, qui a la propriété de purifier le sang, et qui se porte comme remède, etc.

La variété des parures arabes est infinie et la richesse des décorations justement célèbre. Il est bon cependant de faire remarquer, — et l'auteur lui-même a pris soin de l'indiquer, — que beaucoup de bijoux pseudo-arabes, fabriqués en grande quantité depuis quelques années à Gênes ou à Malte, ont pris droit de cité dans l'Afrique du Nord, à côté des bijoux indigènes. A vrai dire, ces bijoux sont surtout destinés à la clientèle des Européens et des touristes ; mais les femmes arabes elles-mêmes, cédant à l'attrait de la mode nouvelle, les ont souvent adoptés. Aussi il ne paraît pas que M. E. ait eu tort de faire entrer quelques-unes de ces parures dans son dictionnaire.   E. MAYNIAL.

153. — **Kyriale seu Ordinarium missae cum cantu Gregoriano.** Editio Vaticana. — Paris, Desclée, Lefebvre et Cie, 1906, [formats et prix divers].

On sait qu'en septembre dernier a paru, à Rome, le premier fascicule de l'édition vaticane du chant grégorien, contenant le *Kyriale* ou *Ordinarium missae*. Parmi les multiples éditions qui l'ont reproduit, en vertu d'une autorisation spéciale de la Congrégation des Rites, il faut placer en première ligne celles de la maison Desclée. De l'avis de tout le monde, en effet, elles se recommandent, non seulement par leur perfection typographique, mais (et c'est évidemment le point important dans un travail de ce genre) par une fidélité et une correction irréprochables. Rien de suprenant, étant donné la longue expérience de la maison Desclée en fait d'impression de musique grégorienne. Il va sans dire que ces éditeurs se sont empressés de publier du même *Kyriale* une quantité d'éditions, de caractères et de formats différents, transcrites dans la double notation grégorienne et musicale moderne, avec, ou sans signes rythmiques, et, bien entendu, rigoureusement conformes, l'édition rythmée comme les autres, à la version typique.

Une pourtant, l'édition rythmée, a été et est encore l'objet de violentes critiques. Quelle tempête de polémiques ! Et pourquoi ? — Souhaitons que cette peu édifiante campagne n'ait pas eu d'autre origine qu'une simple jalousie, une trop naturelle rivalité d'éditeurs... et aussi qu'elle cesse bientôt.

En tout cas, il est juste d'observer qu'un décret de la Congrégation des Rites (lui aussi à son tour, discuté), loin d'empêcher les éditions rythmées, réserve aux Ordinaires la faculté de les autoriser sous certaines conditions.

Très appréciée partout où elle est en usage, l'édition dont il s'agit vient, en outre, d'être franchement adoptée, pour être suivie dans son diocèse, par Mgr l'évêque de Verdun, lequel, dans une importante communication à son clergé, en a fait clairement et justement ressortir les avantages précieux.

Quant à la valeur de l'œuvre en elle-même, les spécialistes sachant ce qu'il faut en penser, je me dispenserai de longues observations.

Il suffira de remarquer que le *Kyriale vatican* n'offre pas ce chant soi-disant *archéologique*, tant redouté (en apparence !), qu'on s'est plu avec une âpreté voulue à traiter si dédaigneusement *d'archaïque*, et contre lequel, dans un but facile à deviner, on a élevé et fait élever tant de récriminations. Mais en est-il meilleur ? — On eût désiré, en général, une leçon plus conforme aux anciens manuscrits et partant plus « scientifique ».

Celle-ci était du reste parfaitement réalisable, sans qu'il fût pour cela nécessaire de laisser de côté, en aucune façon, les données d'une tradition légitime. Est-ce à dire qu'on y reviendra pas dans la suite ? Qui oserait l'affirmer ? — Déjà, un passage de la lettre du Cardinal-vicaire au cardinal Fischer permet de l'espérer : « Cela n'empêchera pas le Saint-Siège, s'il le juge un jour opportun, d'y faire quelques changements, mais ce ne sera pas de si tôt ».

Il n'est pas, en effet, dans les habitudes de l'Eglise de procéder avec rapidité dans ses réformes, quelles qu'elles soient. Toujours au contraire, elle agit avec une sage lenteur. D'Elle on peut dire, aussi et c'est le cas ; *Natura non facit saltus*. Une preuve entre autres que, dans l'Eglise, on sait attendre : Est-ce que, par exemple, on ne continue pas, depuis plusieurs siècles, à réciter chaque jour, à l'office, des hymnes qu'on sait pourtant et très positivement avoir été mutilées ? Elles aussi appellent une nouvelle réforme, laquelle sera excessivement simple et facile. On n'aura pour cela qu'à restituer à nos hymnes défigurées leur forme primitive et... *archaïque*.

Mais, tout de même, qui eût cru, il y a dix ans par exemple, que les mélodies grégoriennes restaurées par D. Pothier et l'Ecole de Solesmes seraient si vite redevenues le chant officiel de l'Eglise ? L'œuvre, il est vrai, reste inachevée sous plus d'un rapport ; elle n'a pas atteint, peu importe pour quelle raison, toute la perfection possible et désirable, soit ; il y a lieu, toutefois, de se réjouir sincèrement des résultats acquis. Ils sont merveilleux.

Aussi, pendant que, d'une part, avec le concours du temps et des hommes, continuera de s'élaborer la restauration grégorienne, chacun, dans sphère, voudra redoubler de zèle pour rendre aux mélodies liturgiques leur place d'honneur dans la pratique de la liturgie. De la sorte s'affermira le retour à la tradition, inauguré par les actes du pontife glorieusement régnant.

H. VILLETARD.

VARIÉTÉS

VII

Grammaire hébraïque abrégée, précédée de premiers éléments accompagnés d'exercices à l'usage des commençants, par J. TOUZARD. — Paris, Lecoffre, 1905, in-8 de XVII-435 pp. (Prix : 5 fr.)

Dans une courte introduction (p. XIX-XXIV), M. Touzard commence par signaler les principales caractéristiques qui différencient les langues sémitiques d'avec les idiomes indo-européens, puis il donne un aperçu très rapide de l'histoire de l'hébreu biblique et des principaux travaux dont il a été l'objet. Il aborde ensuite la grammaire proprement dite. Comme l'indique le titre, son travail se compose de deux parties : une grammaire élémentaire et une grammaire plus développée.

Les « Premiers éléments », p. 1-68, contiennent les notions indispensables pour s'essayer à la traduction de la Bible : principes de lecture, étude du nom et de l'état construit, énumération des pronoms, conjugaison du verbe régulier dans sa forme simple et dans ses formes dérivées, liste et mode d'emploi des particules les plus usuelles. Ils se complètent par trois appendices qui comprennent un tableau des suffixes du nom, des modèles pour l'analyse des textes et quelques textes annotés à l'usage des commençants.

Cette première partie ne sera pas la moins appréciée dans l'œuvre de M. Touzard. L'exposition en est claire, les règles sont réduites à leur plus simple expression, débarrassées des détails qui ne pourraient que rebuter ou surcharger la mémoire des débutants. Les nombreux exercices qui les accompagnent sont très bien compris et très pratiques : chaque version est suivie d'un petit lexique où l'étudiant trouve l'indication des racines ou même la traduction des formes les plus difficiles ; à chaque thème est jointe la liste des racines hébraïques à traduire, il suffit de donner la vocalisation et la forme voulue. Les modèles d'analyse et d'annotation des appendices achèvent de familiariser l'hébraïsant en herbe avec les difficultés des formes verbales, de la dérivation, de l'agglutination des préfixes et des suffixes ; par là même ils lui apprennent l'usage du dictionnaire. C'est une véritable *manuductio* qui fait franchir graduellement et comme sans effort les obstacles du début d'ordinaire si pénibles. A l'aide de ce manuel et avec un peu d'application, les esprits moyens pourront goûter en peu de jours le plaisir de lire dans leur langue originale les passages les plus faciles des textes sacrés.

La seconde partie, p. 69-395, est naturellement beaucoup plus développée, si développée que son titre de grammaire « abrégée » paraîtra bien modeste a nombre de nos jeunes hébraïsants. Elle se divise en trois sections : 1° l'écriture et la phonétique ; 2° la morphologie ; 3° la syntaxe. Plus de 80 pages sont consacrées à l'étude du système si compliqué des massorètes et à la phonétique des consonnes et des voyelles. Dans la morphologie, qui n'est guère que l'application de cette première partie, M. Touzard traite en détail de la racine en général, des pronoms, du nom, de ses diverses formes et de ses modes de flexion, des particules et surtout du verbe. Le verbe est en effet, comme la clef de voûte des langues sémitiques. C'est aussi l'élément dont la connaissance présente le plus de difficultés. Après avoir donné une idée générale de ses temps, de ses modes et de ses formes, M. Touzard étudie successivement les verbes à consonnes fortes avec ou sans suffixes, les verbes gutturaux et les autres verbes irréguliers ou faibles. La syntaxe est sensiblement plus abrégée : elle est d'ailleurs assez simple en hébreu pour que l'auteur d'un manuel ait le droit de glisser plus rapidement. Des paradigmes très complets, précédés du tableau des alphabets et des écritures, terminent le volume.

Si les « premiers éléments » font surtout grand honneur à l'expérience pédagogique du professeur, la grammaire témoigne, en outre de la compétence scientifique du sémitisant. Sans être obligatoire dans nos séminaires, comme dans ceux de l'Allemagne catholique, l'étude de l'hébreu y est depuis quelque temps très en faveur auprès d'une élite, soucieuse de donner un minimum de base scientifique à ses travaux d'éxégèse. Mais jusqu'ici cette élite était tributaire des manuels d'outre-Rhin, au grand détriment de la diffusion des études hébraïques. L'œuvre de M. Touzard l'affranchit dans une large mesure. Les étudiants qui arriveront à se pénétrer de tous les principes qui y sont exposés n'auront plus que peu de chose à apprendre dans les ouvrages des maîtres allemands, en particulier au point de vue de la morphologie. Je n'ose pas affirmer que, même dans un livre français, beaucoup auront le courage de mener avec suite jusqu'au bout une étude aussi aride. L'horreur des étudiants pour la grammaire est un fait que tous les professeurs de langues sémitiques constatent avec autant d'unanimité que d'insuccès. Maisi ils auront du moins sous la main la solution des principales difficultés du texte biblique, et, s'ils ont assez de méthode et de persévérance pour y recourir dans tous les cas, ils ne tarderont pas à posséder la grammaire hébraïque. Ils trouveront même chez M. Touzard ce qui manque à beaucoup d'hébraïsants, la connaissance de toutes les langues sémitiques, et une sérieuse contribution à la grammaire comparée. Ce leur sera une préparation excellente à des études ultérieures plus complètes.

Est-ce à dire que la nouvelle grammaire soit parfaite ? Non sans doute; elle n'échappe pas à la loi commune et sur plusieurs points elle pourra être améliorée.

Pour attirer l'attention du lecteur sur les passages les plus importants, l'auteur a voulu employer plusieurs sortes de caractères ; il en a employé trop : certaines pages, v. g. la page 78, en contiennent jusqu'à six. Il a dépassé le but. Sollicité de tous côtés, l'œil ne sait où se fixer et il finit par ne tenir aucun compte de ces **variétés**.

Les tables comprennent un index des passages bibliques cités dans la grammaire. C'est très bien. Mais elles auraient dû contenir aussi un index des mots hébreux, particules, formes insolites ou anormales, etc. qui y sont expliqués. Ces sortes d'index sont indispensables aux hommes d'étude et ils ne sont jamais assez développés. J'apprends au dernier moment que cette lacune sera bientôt comblée ; peut-être même M. Touzard publiera-t-il l'index sous forme de supplément avant une nouvelle édition.

Dans quelques endroits, la rédaction gagnerait à prendre une forme plus claire et plus précise, par exemple au début de la phonétique des consonnes, particulièrement sur leur assimilation ; de même dans quelques notes, p. 181, n. 1 ; p. 199, n. 2 ; p. 241, n. 1 ; p. 295, n. 1 ; p. 350, n. 1

L'écriture assyro-babylonienne et l'écriture éthiopienne ne font pas exception en réalité à la loi générale des écritures sémitiques, p. xix. A l'origine l'éthiopien s'écrivait, en effet, comme l'hébreu, le syriaque et l'arabe, de droite à gauche ; les signes des inscriptions assyriennes ou plutôt babyloniennes étaient disposés en colonnes verticales, les uns au-dessus des autres, mais les colonnes étaient rangées de droite à gauche.

Ce n'est pas une caractéristique commune à toutes les langues sémitiques que les pronoms compléments n'y existent qu'à l'état d'enclitiques, p. xx ; l'assyrien et dans une certaine mesure l'éthiopien ont des pronoms régimes isolés.

Enfin M. Touzard ne met peut-être pas assez en relief à propos des racines primitives, p. 152 et 153 ; des pluriels masculins primitifs, p. 160 et 161 ; et des noms de nombre, p. 336, le caractère provisoire d'explications assez communément admises, mais qui ne sont après tout que des hypothèses.

Ce sont de légères imperfections dans un très beau et très consciencieux travail ; il sera facile de les faire disparaître dans les prochaines éditions, et le succès qui a accueilli la première permet d'en espérer de nombreuses.

Par son enseignement, à Saint-Sulpice d'abord, puis à l'Institut catholique, M. Touzard a déjà beaucoup fait et pour le progrès des études bibliques et pour l'initiation du jeune clergé aux méthodes scientifiques modernes. En propageant ses méthodes bien au-delà d'un cercle restreint d'auditeurs, son livre donnera encore une nouvelle impulsion au renouvellement des études ecclésiastiques. D'autres publications pourront avoir plus de retentissement ; elles ne porteront pas plus de fruits. C'est de ces travaux de fond, qui apprennent à travailler ou qui mettent les sources en main, c'est de ces travaux, dis-je, que jaillira un jour la lumière et que sortira l'accord rêvé. Prouver aux hommes qu'ils se trompent est relativement facile et souvent infructueux. Leur donner les moyens d'étudier et les amener à découvrir eux-mêmes la vérité est plus long et plus laborieux sans doute, mais infiniment plus fécond.

François Martin.

VIII

Contribution à l'histoire de l'église de Louhans (878-1789), par Maurice Gaudillière. — Louhans, Imprimerie Moderne, 1906, in-8 de viii-214 pp. (Prix : 2 fr. 50).

Intéressante et consciencieuse monographie due à la plume d'un jeune auteur Louhannais qui aime avec passion son pays d'origine et emploie ses loisirs à en faire revivre le passé, cet ouvrage a été apprécié à sa valeur par l'Académie de Mâcon qui l'a couronné lors du concours de son centenaire, au mois de septembre dernier.

M. Gaudillière a tiré bon parti des nombreux documents découverts par lui, tant dans les archives communales que dans les archives notariales de Louhans. Il est arrivé à écrire, en quelque sorte, les annales de l'église de Louhans, et son travail complètera l'excellent ouvrage de M. Lucien Guillemant, *Histoire de la Bresse louhannaise*, et le beau volume de M. Henri Curé sur *Saint-Philibert de Tournus*, dont dépendait la collégiale de Louhans. On peut regretter que l'absence de documents n'ait point permis à l'auteur de se prononcer sur la question des origines du monument. Mais si, au point de vue archéologique, l'on a peut-être quelques réserves à faire sur certaines des hypothèses émises dans ce travail, il faut louer M. Gaudillière de la sagacité et de l'esprit critique dont il fait preuve dans son exposé.

Il admet l'authenticité de la charte de Louis le Bègue de 878, et la manière dont il combat ceux qui l'ont niée, en retournant contre eux leur principal argument, est pour le moins ingénieuse. —

L'historique des diverses chapelles est tracé avec soin. L'auteur s'est appliqué à montrer dans les plus grands détails les diverses réparations qui furent exécutées ou seulement projetées à l'église de Louhans.

Ces travaux à effectuer étaient une source continuelle de conflits entre les paroissiens de Louhans et leurs pasteurs. « Il n'est pas de curés de Louhans qui n'ait fait son procès à ses paroissiens pour cet objet, mais toujours inutilement ». Vaincu, le curé ne se tenait point pour satisfait. Il prétendait que les réparations ne devaient pas lui incomber puisque, comme l'a très bien vu M. Gaudillière, il n'était que le vicaire perpétuel de l'abbaye de Tournus, curé primitif. Mais cet argument n'eut plus aucun poids, lorsque les « vénérables » chanoines de Tournus, afin de n'avoir plus à subir ces importunes demandes, eurent, en 1676, abandonné au curé les dîmes que l'abbaye levait à Louhans.

L'auteur étudie ensuite les diverses contestations qui surgirent, entre le prieur et les familiers, au sujet de la nomination du curé, entre les familiers, les bourgeois et les habitants, à propos des conditions exigées pour entrer dans la familiarité.

Le volume ne s'achève point sur le récit de ces procès successifs, qui tendraient à faire croire que les Louhannais, quoique Bressans, auraient été gens de chicane, tout au moins autant que les Normands. M. Gaudillière consacre à l'histoire du mobilier de l'église de Louhans un chapitre très documenté, malheureusement trop court, moins par la faute de l'auteur que par suite de la disparition des œuvres d'art qu'il aurait pu décrire.

Les trente deux pièces justificatives proviennent pour la plupart des Archives de la ville de Louhans. Elles sont du plus grand intérêt, aussi bien pour l'histoire des familles Louhannaises que pour l'histoire de l'église et de la ville de Louhans. Une table soigneusement dressée, indispensable aux ouvrages du genre de celui ci, termine l'intéressant travail de M. Gaudillière et y rend les recherches aussi rapides que faciles.

H. P.

IX

Mission scientifique du Bourg de Bozas. De la Mer Rouge à l'Atlantique à travers l'Afrique tropicale (octobre 1900, mai 1903). — Paris, F. R. de Rudeval, 1906, gr. in-8 de viii-442 p., cartes et grav. (Prix : 30 fr.)

Des expéditions françaises qui ont, au début du xxe siècle, visité et étudié l'Afrique tropicale, une des plus fructueuses a certainement été celle que dirigea pendant 27 mois, de la Mer Rouge au Congo, par la Somalie, l'Ethiopie et les plateaux du Haut-Nil, le vicomte Robert du Bourg de Bozas. Les rapports adressés en cours de route par l'explorateur à la Société de Géographie, — rapports succesivement publiés dans la *Géographie*, — permettaient déjà de s'en rendre compte ; le volume qu'a rédigé avec grand soin, à l'aide des notes des membres de la mission, M. Fernand Maurette le permettra bien mieux encore. On y trouvera un récit très fidèle du voyage et des marches et contre-marches du vicomte du Bourg et de ses collaborateurs, depuis le départ de Djibouti jusqu'au moment où le jeune chef de mission, sa tâche accomplie, succomba sur l'Ouellé, au poste belge des Amadis, à quelques journées en amont de cet Mbomou, à partir du confluent duquel la rive droite de l'Oubangui devient terre française.

Non content de relater l'histoire même du voyage, M. Maurette s'est efforcé de donner à ses lecteurs une idée exacte de l'aspect physique des pays traversés par la mission Du Bourg, de leurs ressources et des mœurs de leurs habitants. Mettant très habilement en œuvre, indépendamment des relations déjà publiées sur les mêmes contrées, les notes copieuses prises au jour le jour, par les membres de l'expédition, il a pleinement atteint son but et est arrivé à tracer, de la partie de l'Afrique orientale qu'a consciencieusement explorée la mission Du Bourg de Bozas, un tableau très vivant et aussi exact que l'état actuel de nos connaissances permet de le faire. Pour l'étude des pays somalis et gallas, situés au Sud de Harar et d'Addis-Abbeba (Ogaden, territoires arrosés par le Ouabi Chibéli, Gouragué, Sidamo, etc.), pour celle des abords du lac Rodolphe et de la contrée située entre le lac Rodolphe et le

Haut-Nil, le présent volume est un des meilleurs documents qu'il soit possible de consulter aujourd'hui. C'est en même temps une excellente introduction à l'examen minutieux des quatre fascicules scientifiques (consacrés à la géologie, à la botanique, à la zoologie, à l'ethnographie, à la pathologie et à la parasitologie des pays explorés par la Mission) dont M. de Saint-Arromar, dans sa préface, annonce la prochaine publication.

De nombreux illustrations, dont certaines sont très intéressantes au point de vue de la géograpgie physique, dont d'autres constituent de véritables documents anthropologiques, et trois cartes dont l'orthographe n'est pas toujours d'accord avec celle du texte même (le *Biokobaba* de la p. 12 du texte = le *Biacaboba* de la carte 1; les grottes de *Loug* de la même carte sont appelées « grottes de *Logh* » sur la gravure de la p. 127) accompagnent le texte de M. Maurette, qui s'est montré à la fois, dans son recit, excellent géographe et non moins excellent historien.   H. F.

X

Le Socialisme moderne, par J.-B. Séverac. [*Bibliothèque et étude sociales*]. — Paris, Cornély et Cie, 1905, in-16 de 83 p.

Les Etudes sur le Socialisme se multiplient chaque jour: celle de M. Séverac a l'avantage de présenter de ce système une étude synthétique. Qu'il s'agisse de la théorie ou de la pratique, l'auteur est très au courant des plus récentes discussions et il nous présente à ce double point de vue un tableau d'ensemble qui ne laissera pas d'être des plus utiles.

M. Séverac d'ailleurs se garde de développer l'idéal socialiste et de donner des détails sur la Cité future. Pour lui, le socialisme moderne « a trop bien fait la critique des doctrines utopiques pour ne pas savoir résister à la tentation de décrire à son tour le fonctionnement d'un phalanstère ou les institutions d'une Icarie ». La théorie, c'est donc pour lui exclusivement le résumé de la doctrine catastrophique de Karl Marx : le déterminisme historique s'oppose à de plus amples développements sur un régime que l'on ne saurait prévoir.

Par contre, l'action économique, les grèves, l'action politique et la propagande retiennent plus longuement son attention, et, sur tous ces points, M. Séverac se rattache au Néo Marxisme, tel que l'entendent Bernstein en Allemagne ou M. Jaurès en France. C'est surtout la propagande qui doit faire le plus pour amener le triomphe de la cause socialiste.

La Bibliothèque d'études sociales s'enrichit ainsi d'un petit volume que consulteront utilement tous ceux qui s'occupent de l'histoire des Doctrines Economiques. B. R.

BIBLIOGRAPHIE

I. — SCIENCES RELIGIEUSES.

Alès (A. d'). — La Théologie de saint Hippolyte (LIV-242 p.), in-8, 6 fr. — G. Beauchesne.

Bainvel (J.-V.). — La Dévotion au Sacré-Cœur. Doctrine, histoire (372 p.), in-16, 3 fr. 50. — G. Beauchesne.

Brou (A.). — Les Jésuites de la légende. 1re partie : Les Origines jusqu'à Pascal (xx-486 p.), in-18, 4 fr. — Y. Retaux.

Catéchisme de Rome ou abrégé de la doctrine chrétienne prescrit par S. S. le pape Pie X aux diocèses de la province de Rome (448 p.), in-8, 1 fr. — P. Lethielleux.

Faber (H.). — Le Christianisme de l'avenir, (228 p.), in-12, 3 fr. 50. — Fischbacher.

Fel (R. P.). — De Evangeliorum inspiratione ; de Dogmatis evolutione ; de Arcani disciplina, in-8, 2 fr. 50. — G. Beauchesne.

Flourens (E). — Les Associations cultuelles, l'application pratique (32 p.), in-4, 1 fr. — P. Dupont.

Gay (Mgr). — Lettres de direction spirituelle, 3e série, in-8, 6 fr. — H. Oudin.

Gayraud (abbé). — La Loi de séparation et le pape Pie X (112 p.), in-16, 1 fr. — Bloud et Cie.

Giran (E.). — Jésus de Nazareth, notes historiques et critiques (168 p.), in-16, 2 fr. — Fischbacher.

Guyot (H.). — L'Infinité divine, depuis Philon le Juif jusqu'à Plotin (XII-60 p.), in-8, 5 fr. — F. Alcan.

Houtin (A.). — La Question biblique au xxe siècle (294 p.), in-8, 4 fr. — E. Nourry.

Knabenbauer (R. J. P.). — Commentarius in librum Macchabæorum (script. sacræ cursus), in-8, 8 fr. 50. — P. Lethielleux.

Lacouture (Ch.). — Paraboles évangéliques expliquées et méditées, 2 vol. (428-328 p.), in-32, rel., 3 fr. — V. Retaux.

Lanessan (J.-L. de). — L'Etat et les Eglises de France des origines jusqu'à la loi de séparation (vii-304 p.), in-16, 3 fr. 50. — F. Alcan.

Lépicier (A.-M.). — Tractatus de Incarnatione (inst. theol. dogm.), 2 vol. in-8, 12 fr. — P. Lethielleux.

Schopenhauer (A.). — Parerga et paralipomena sur la religion (196 p.), 2 fr. 50. — F. Alcan.

Touraiev (B). — Acta S. Eustathii versio latina, in-8, 3 fr. 50. — Veuve Ch. Poussielgue.

Thery (G). — Commentaire et examen critique de la loi du 9 décembre 1905 sur la Séparation des Eglises et de l'Etat (200 p.), in-16, 2 fr. — Maison de la bonne Presse.

Tissot (J.). — Le Catholicisme et l'instruction publique (428 p.), in-12, 4 fr. 50. — Fischbacher.

II. — PHILOSOPHIE ET SCIENCES SOCIALES.

Amitaï (L.-K.). — La Sociologie selon la législation juive appliquée à l'époque moderne (268 p.), in-8, 5 fr. — Fischbacher.

Bauer (C.). — Pensées féminines sur la vie dans la famille, la vie dans la Société et la vie intérieure (252 p.), in-32, 2 fr. — Fischbacher.

Bazin (R). — Questions littéraires et sociales, in-18, 3 fr. 50. — Calmann-Lévy.

Crouzet (P.). — Maîtres et parents, in-18, br., 3 fr. 50. — Librairie A. Colin.

Dubois (P.). — La Représentation proportionnelle soumise à l'expérience belge, in-8, 3 fr. — L. Larose et L. Tenin.

Gailhard-Bancel (H. de). — Les Retraites ouvrières, l'assistance aux vieillards et aux infirmes (324 p.), in-18, 3 fr. 50. — Chevalier et Rivière.

Lombroso (C.). — Problèmes du jour (304 p.), in-16, 3 fr. 50. — Lib. universelle.

Matagrin (A.). — Histoire de la tolérance religieuse, évolution d'un principe social (247 p.), in-8, 7 fr. 50. — Fischbacher.

Paris (E.). — Libres-penseurs religieux (160 p.), in-16, 2 fr. — Fischbacher.

Reclus (O.). — Le Partage du monde (308 p.), in-16, 3 fr. 50. — Lib. universelle.

Séverac (J.-B.). La Secte russe des hommes de Dieu, in-8, 5 fr. — E. Cornély et Cie.

Séverac (J.-B.). — Nietzche et Socrate, in-8, 1 fr. — E. Cornély et Cie.

Sortais (G.). — Etudes Philosophiques et Sociales, in-12, 3 fr. 50. — P. Lethielleux.

Théodore Vibert (P.). — La Philosophie de la colonisation. Les questions brûlantes, exemples d'hier et d'aujourd'hui. T. II. (500 p.), in-8, 8 fr. — E. Cornély et Cie.

CHRONIQUE

13 — **Le berceau de la France**, par Auguste SAGEOT, préface de François Coppée. — Paris, Perrin et Cie, 1906, in 16 de 286 p. (Prix : 3 fr. 50).

C'est un long poème sur Clovis et sa conversion ; un souffle généreux le traverse. La langue est claire et traditionnelle ; les vers sont... des vers, ce qui surprend par le temps qui court. M. Sageot sera trouvé « vieux jeu » ; son livre, religieux et patriotique, est donc en même temps un acte de courage littéraire. Il eût gagné à être un peu resserré ; tout n'y est pas également solide et frappant : mais il y a vraiment de belles pages qui rachètent les négligences et les longueurs.

F. P.

14. — Nous avons reçu la seconde livraison (avril 1906) d'une nouvelle revue irlandaise : *The Irish Theological Quaterly*, organe de la Faculté de Théologie du collège de Maynooth. En voici le sommaire : V. Ermoni, *Auguste Sabatier's religions system*. — James Mac Caffrey, *The Vatican and France*. — Joseph Mac Rory, D.D., *Father Pesch on inspiration*. — J. M. Harty, *The Church and the unborn child*. — P. J. Toner, *The modern Kenotic theory*. — W. Mc. Donald, *The revival of mysticism*.

A la suite de ces articles, on trouve des comptes rendus de livres nouveaux, puis quelques pages de « notes », et finalement les sommaires de toutes les grandes revues ecclésiastiques allemandes, américaines, anglaises, françaises et italiennes.

F. L. G.

15. — **La Crise Russe**, par Maxime KOVALEWSKY. Notes et impressions d'un témoin. — Paris, Giard et Brière, 1906, 304 p. (Prix : 3 fr. 50).

Les événements qui se déroulent actuellement en Russie viennent donner une véritable actualité au volume publié par M. Maxime Kovalewsky sur la Crise russe.

L'auteur, avec une compétence toute particulière, y étudie la plupart des problèmes politiques et économiques qui se posent actuellement pour son pays. C'est pour lui le problème politique, la formation du parti, qui prend, à l'heure où il écrit, la place principale. Un remarquable chapitre sur la question Agraire nous montre combien la question économique est intimement liée à la question politique. Dans l'ensemble, le petit volume de M. Kovalewsky, d'une lecture fort attachante, met parfaitement au point pour le lecteur Français le mouvement actuel et les événements récents. Il établit une sorte de contact direct avec les choses de là-bas, contact bien nécessaire en présence des informations, parfois défectueuses, de la presse quotidienne.

B. R.

L'Éditeur-Propriétaire-Gérant : ALBERT FONTEMOING.

Imprimerie Générale de Châtillon-sur-Seine. — A. PICHAT.

BULLETIN CRITIQUE

154. — **La loi Falloux**, 4 janvier 1849-15 mars 1850, par Henry Michel. — Paris, Hachette, 1906, in-8 de 524 p. (Prix : 10 fr.)

Au moment où la loi Falloux, depuis si longtemps ébrèchée, démantelée, est l'objet de discussions où elle va vraisemblablement achever de sombrer, il n'était pas sans intérêt de rappeler ses origines. Il était bon aussi de montrer aux législateurs d'aujourd'hui avec quel soin, quelle conscience, quelles minutieuses études avait été préparée cette charte de la liberté d'enseignement. Enfin il y avait lieu de faire passer sous les yeux de nos contemporains les raisons que l'on a fait valoir de part et d'autre avec tant d'élévation et d'éloquence au nom des principes et de la politique, dans cette mémorable délibération de 1849-1850. Un tel sujet devait tenter Henry Michel. J'ajoute qu'il était autant qu'homme du monde désigné pour le traiter. Une connaissance approfondie de l'époque de Louis-Philippe et de 1848, l'habitude de discuter les questions d'enseignement, le contact quotidien avec la politique, formaient pour lui une préparation générale de premier ordre. Philosophe et moraliste, il avait dans les dernières années évolué de plus en plus vers l'histoire, et il y faisait preuve d'une grande sûreté de méthode, d'un souci scrupuleux d'examiner les textes et de les replacer dans leur milieu. Enfin il avait le souci d'être juste, car c'était dans toute la force du terme une âme élevée et sincère. Nous n'avons qu'un regret ; c'est que les évènements de ces dernières années eussent incliné son esprit vers une conception de la liberté d'enseignement et du rôle de l'Etat bien éloignée de la nôtre et de celle qui jadis avait été la sienne. Assurément, Henry Michel n'a jamais de parti pris faussé la vérité ; mais il parle en adversaire constant et déterminé de la loi Falloux; son langage, parfois un peu âpre et ironique, est souvent douloureux pour les catholiques et pour les partisans de ce que nous appelons la vraie liberté d'enseignement, celle qui n'est pas l'apanage exclusif des hommes qui se qualifient de libéraux. Je tenais à faire cette réserve en présentant ce livre dont j'ai suivi la lente et consciencieuse élaboration. Peut-être Henry Michel aurait-il adouci quelques traits, atténué certains jugements, si la mort lui avait permis de mettre lui-même la dernière main à son ouvrage. Hélas! elle l'a enlevé à l'heure même où il se réjouissait d'entrevoir le terme de ce travail, et où il pouvait espérer tirer des notes qu'il avait accumulées sur la révolution de 1848 et ses causes une nouvelle série d'études qui eussent été d'un grand prix.

L'éditeur du livre posthume d'Henry Michel, M. Sébastien Charléty, ne pouvait que respecter scrupuleusement le texte de l'auteur; il l'a fait, mettant même entre crochets les phrases par lesquelles il a dû compléter quelques passages inachevés. A l'éditeur également est revenu le soin de rapprocher du récit les notes qui lui servent de références. C'était là encore une tâche assez difficile.

Henry Michel a consulté un assez grand nombre de documents inédits : le *Procès-Verbal de la Commission parlementaire* nommée le 5 juillet 1848 pour étudier le projet Carnot, le *Procès-verbal du comité d'Instruction publique de la Constituante*, le *Procès-verbal du Comité de Constitution*, le *Procès-verbal des séances consacrées par le Conseil d'Etat à l'examen du projet Falloux*, documents empruntés aux Archives de la Chambre des Députés ; les *Projets de loi sur l'enseignement primaire et sur l'instruction secondaire*, rédigés par la Commission extraparlementaire, nommée par M. de Falloux, les *lettres des évêques et des consistoires* adressées aux ministres de l'Instruction publique Falloux et Parieu, les *Vœux des conseils généraux*, documents conservés aux Archives nationales; enfin les *notes inédites de M. Dubois* sur les débats de la commission extra-parlementaire.

L'auteur s'est en outre livré à une exploration fort ample des brochures de combat et des journaux de 1848-1850. Il a enfin tiré parti des biographies récentes des grands acteurs catholiques de cette lutte, et des extraits de mémoires et de journaux intimes qu'elles contiennent.

Tout cela a permis à Henry Michel de renouveler sur bien des points l'histoire de la loi Falloux et de mettre tout à fait en lumière le rôle de certains personnages, de M. Thiers, par exemple, qui est autant que M. de Falloux, *le père* de la loi.

L'ouvrage se divise en quatre livres : la liberté d'enseignement devant l'Assemblée constituante ; — la préparation de la loi Falloux ; — la loi Falloux devant les bureaux de la Législative et devant le Conseil d'Etat ; — le débat public sur la loi Falloux, le vote et la promulgation de la loi.

Dans le premier livre, nous signalerons particulièrement le chapitre très malveillant consacré à la personne de M. de Falloux et l'étude très bienveillante du projet Carnot, qui a toutes les sympathies de l'auteur. Dans le second livre, les pages relatives au rôle de M. Thiers et celles qui rendent compte des diverses manifestations de l'opinion publique au sujet du projet de loi sont au nombre des plus intéressantes. Dans le troisième, le rôle du comte Beugnot est très bien élucidé, l'analyse de son rapport remarquablement conduite ; la démission de M. de Falloux, le débat du 7 novembre 1849 et le renvoi du projet de loi au Conseil d'Etat sont présentés avec la plus minutieuse précision ; dans l'histoire du débat public, c'est-à-dire de l'épisode jusqu'à présent le plus connu, qui remplit le quatrième livre, Henry Michel rectifie plusieurs erreurs et relève plusieurs traits importants et ignorés. Il donne dans leur ensemble tous les arguments essentiels d'une part des partisans et de l'autre des adversaires de la loi. C'est là que l'auteur insiste sur l'idée aujourd'hui chère à beaucoup de gens que la loi de 1850 a coupé la France en deux, comme si le vote même de cette loi ne prouvait pas que la scission était déjà faite. En réalité, la France est coupée en deux depuis la Révolution. M. Michel montre en finissant, et grâce à des textes probants, qu'au début la loi votée le 15 mars 1850 n'a été bien comprise ni par la droite, ni par la gauche.

Il ne lui a pas été accordé d'écrire la conclusion dernière de son œuvre qui s'achève hélas ! sur une ligne de points de suspension. Mais bien qu'inachevée cette œuvre demeure un monument important et nul ne pourra désormais parler avec compétence de la loi Falloux sans avoir étudié avec soin le livre posthume d'Henry Michel.

Alfred BAUDRILLART.

155. — **Maine de Biran**, par Marius Couailhac. (Collection *Les Grands Philosophes*). — Paris, Alcan, 1905, in-8. (Prix : 7 fr. 50).

Maine de Biran, par G. Michelet. (Collection *La Pensée Chrétienne*, textes et études). — Paris, Bloud, 1906, in-16. (Prix : 3 fr.)

Notre génération qui fait à la psychologie religieuse une si grande place, — celle qu'elle mérite —, devait être attirée par la figure de Maine de Biran. C'est en s'appuyant sur ses expériences personnelles, sur sa vie intérieure que ce philosophe a parcouru toutes les étapes qui séparent la philosophie de Condillac de la religion du Christ Deux volumes paraissaient à peu près en même temps sur celui que Cousin appelait le grand métaphysicien de son siècle.

M. Marius Couailhac n'aura pas vu l'apparition de son ouvrage. Il est mort à quarante-huit ans après une carrière philosophique pleine de promesses. Grâce à M. Piat qui a mis la dernière main au manuscrit qu'il laissait presque achevé, nous avons là plus qu'une promesse ; c'est une œuvre remarquable.

Le premier livre nous donne les sources de la doctrine, laquelle s'explique premièrement par le milieu et secondement par l'homme. On trouvera un tableau très vivant, très synthétique et très pénétrant de l'évolution des systèmes depuis Descartes. A partir de ce dernier la préoccupation dominante des philosophes est la recherche du « fait primitif » : Descartes le place dans la pensée ; Locke, dans la sensation doublée de réflexion ; Condillac dans la sensation seulement. L'échec de ces théories mises en évidence par les conséquences logiques qu'en tiraient les encyclopédistes et les idéologues provoque une réaction. Thomas Reid ne peut sacrifier la vie réelle et concrète à une théorie abstraite, et il ressaisit, au nom du sens commun, toutes les vérités qu'il était sur le point de perdre. C'est à la science que Kant ne peut renoncer ; et, pour la tirer du naufrage où elle va disparaître, il essaie de lui trouver un abri à égale distance du dogmatisme qu'il a dépassé et du scepticisme qui l'effraie. Cabanis et Destutt de Tracy eux-mêmes, sous les phénomènes, retrouvent et reconnaissent la volonté. Le chapitre sur l'*homme* débute par une page qui est d'un bel accent biranien. Au risque d'écourter l'analyse du livre, nous ne résistons pas à la tentation de la citer. « La pensée est une lumière, la volonté est une force ; entre les deux s'insère le désir. La pensée éveille habituellement le désir et le désir suscite et dirige la volonté. Mais il n'en est pas toujours ainsi : il y a des tendances aveugles qui s'émeuvent spontanément et se dirigent comme à tâtons vers un but qu'elles ignorent. Elles ne procèdent pas de l'idée ; elles lui sont antérieures, elles le font éclore. Sans doute, une tendance sans but, comme un désir sans objet, paraît inintelligible ou du moins illogique. Mais la réalité échappe souvent à la direction de notre logique abstraite, qui ne doit sa rigidité qu'à la simplicité ou mieux à la pauvreté des concepts qu'elle met en œuvre. Ces aspirations mal définies, cette poussée intérieure, sourde et puissante, il n'est pas nécessaire d'être un psychologue très attentif pour les découvrir ; et qui les ignore ne peut souvent donner de ses actes et de la direction de sa vie qu'une explication insuffisante et tronquée. Souvent, pas plus que ses actes, il ne peut expliquer sa doctrine. Les philosophes ont le regard fixé sur les idées et c'est leur pure lumière qui éclaire les démarches de leur pensée et semble la guider. Apparence trompeuse. Eux aussi, ils obéissent à des pressions intérieures mal définies : ils en subissent la servitude. Les doctrines auxquelles ils se croient conduits par les nécessités logiques ne sont souvent qu'une satisfaction donnée aux exigences d'une nature inquiète : *Fata viam invenient*, disaient les anciens. Et, en parlant ainsi, ils songeaient sans doute à une loi fatale, mais aussi à ces énergies latentes que le monde porte en son sein, dont rien ne saurait entraver la marche et qui se traduisent par des événements aussi nécessaires qu'imprévus. Il en est ainsi des forces qui gisent au fond de nos âmes : elles cherchent une issue, et cette recherche, qui, chez les âmes vulgaires et les esprits sans vigueur, se termine à une inquiétude toujours inapaisée, aboutit chez d'autres plus puissantes à une doctrine ferme. C'est de ces profondeurs qu'émerge le système conçu, de cette obscurité que jaillit la lumière. » p. 18, 19.

L'exposition de la doctrine de Maine de Biran porte sur trois problèmes : le Moi, la Connaissance, la Vie de l'esprit. M. Couaillac montre d'abord la gradation qui a conduit Maine de B. à sa théorie de l'effort : le moi n'est pas dans la sensation, le moi n'est pas donné *a priori*, le moi naît dans l'effort, nous avons conscience de l'effort. La théorie de la connaissance commence par reconnaître l'inconscient. « Comme il est allé au-delà de la pensée jusqu'à l'effort, au-delà de la sensation jusqu'à l'activité spontanée, il veut chercher d'où surgissent et les affections qui paraissent naître sans cause, et cet état général heureux ou malheureux qui se perpétue pendant notre vie et qui en est comme la caractéristique. Il était prédisposé et comme contraint à cette enquête par son caractère. Il a cherché, sans doute, et trouvé une force pour dominer sa nature inquiète ; mais il était trop curieux de lui-même pour ne pas s'enquérir d'abord des causes de cette inquiétude, puis de la paix sentie qui lui succédait parfois et où la volonté n'avait aucune part. Il a exploré les sous-sols de la concience, y a fait des découvertes dont il a pressenti les développements et les succès futurs ; et la science contemporaine, celle même qui le combat, relève de lui. » p. 152. Si on ne peut connaître l'inconscient en lui-même, on peut le connaître dans ses effets : étant donné le contenu actuel de notre conscience et les impressions qu'elle subit, que doit être l'inconscient pour que cet état ait sa raison suffisante ? L'inconscient agit sur la volonté elle-même et si la volonté peut résister aux entraînements de l'inconscient et se raidir en s'appuyant sur une force plus haute, elle subit pourtant son influence et s'en trouve affermie ou affaiblie. Par là s'expliquent la suggestion et l'hypnotisme.

Nous ne pouvons que glisser sur les chapitres qui traitent : du moi comme forme de la connaissance, de l'union de la matière et de la forme dans la connaissance, de la croyance.

Mais Maine de Biran ne peut se contenter d'un domaine purement intellectuel et abstrait. Sans doute les lois de la raison s'imposent aveuglément parce qu'elles ont leur source dans l'inconscient. Cet inconscient Maine de Biran veut le pénétrer, en prendre le contact, car, pour lui, toute vérité vient de l'expérience, contact de l'objet et du sujet. Les lois de la raison ne gardent leur valeur que si nous arrivons à entrer en contact immédiat avec le Législateur, ce qui est possible d'une manière confuse. « La réalité absolue de l'être peut se manifester immédiatement à notre âme, autrement que par des idées qui, nous donnant une ressemblance supposée de l'être réel ou vrai, et non point cet être, ne sauraient porter avec elle le *criterium* de la vérité même, de la ressemblance à l'objet. » Pensées p. 395-396. Le raisonnement pourra venir ensuite, il éclairera ce qu'il pouvait y avoir de confus dans l'expérience divine.

Il est intéressant de voir l'évolution de Maine de Biran dans sa conception de la liberté. Pour lui tout d'abord la volonté est libre, non dans la décision, mais dans la comparaison des motifs. Mais il s'aperçut que ce n'était que reculer le problème et que les comparaisons étaient des actes, tout comme les décisions, qui supposaient peut-être des préférences antérieures et nécessitantes. Il sentit de plus que la liberté est instable et la volonté faible. Il crut trouver le salut dans le stoïcisme et le point d'appui dans l'idée du devoir. Mais il expérimenta que cette idée est inerte et inefficace. C'est alors qu'il chercha du côté de Dieu. Dieu lui parut avoir une telle influence sur la volonté de l'homme par la grâce qu'on pouvait croire désormais la liberté disparue. Mais pourvu que sous la pression des attraits et des répugnances qu'elle éprouve, elle puisse en face d'un acte à accomplir, donner ou refuser son assentiment, il la tient pour réelle. Et c'est ainsi que dans la vie divine, en Dieu comme en l'homme, la liberté s'absorbe dans l'amour.

Maine de B. a-t-il été catholique? On ne peut nier qu'il ait reçu les derniers sacrements des mains de son pasteur, le curé de Saint Thomas d'Aquin. Mais l'évolution de ses pensées le conduisait-elle à la foi positive et particulièrement à la foi catholique? c'est le dernier problème qu'étudie M. Couailhac et auquel il donne une solution affirmative.

L'influence de M. de Biran fut très grande sur la philosophie française de son siècle. Par sa théorie de l'effort voulu, il a donné à la métaphysique un fondement nouveau. De plus, on peut affirmer qu'il est « le père de la psychologie future, celle vers laquelle on semble déjà s'acheminer, et de plus en plus. »

Ce qui précède nous dispensera d'être long sur les pages choisies que publie M. G. Michelet. Elles sont le complément de l'ouvrage précédent. Les extraits sont répartis sous trois grandes divisions : le psychologue, le moraliste, le chrétien. Un appendice donne des *Notes* de Maine de B. *sur l'Évangile de Saint-Jean*. Ceux qui s'intéresseraient à Maine de Biran trouveront sous un petit volume les textes originaux qui permettent de suivre le philosophe dans son évolution.

Dans une intéressante Introduction, M. G. Michelet, arrivant à parler de la méthode psychologique qu'a employée M. de B. au point de vue de son utilisation apologétique, relève à son passif la lenteur de sa marche et le danger où elle peut conduire de s'arrêter à un christianisme purement moral.   D. SABATIER.

---

156. — **Cours de morale théorique et pratique**, par L. DUGAS. — Paris, Paulin, 1906, in-8 de iv-462 pp. (Prix : 5 fr.)

M. Dugas explique, dans sa *Préface*, quel a été son dessein en écrivant ce *cours*. Il a voulu *enseigner* la morale, en évitant tout ensemble la *prédication* morale pompeuse et vide, et la *dissertation* morale trop subtile. Cette méthode *didactique* est nécessaire pour répondre aux exigences logiques d'esprits qui n'adoptent les théories brutales qu'en raison de leur logique même ; on parera ainsi au *scepticisme* moral. Elle est nécessaire encore pour laisser une trace dans les esprits, trop ignorants des *principes* élémentaires.

Le *cours* lui-même se divise en deux parties : morale *théorique* et morale *pratique*. Mais de cette distinction classique, M. Dugas fait très justement le procès dans l'*Introduction* à la deuxième partie. Il y montre que toute morale est forcément *pratique*, sous peine d'être une « parade » ; il y critique le faux idéalisme, assimilant l'*état de paix* dont parle Renouvier à un *noumène* inconcevable. La distinction signifie donc, tout au plus, qu'il y a une morale *générale* et une morale *particulière*.

L'auteur admet l'évolution de la *conscience* ; mais, aprioriste et *formaliste* en un sens, il voit en elle essentiellement la volonté du bien et le juge souverain et *absolu* selon l'*évidence* changeante. Il critique la morale du *bonheur*, non pour la rejeter, mais pour montrer, avec Stuart Mill, que toute la question roule sur la nature du *véritable* bonheur. Il fait au *sentiment* sa place, voyant en lui la *conscience exaltée*, montrant en particulier dans le sentiment de l'honneur l'*objectivation de la conscience*. Il critique la théorie Kantienne du *devoir*, refusant de réduire à l'impératif la morale entière, faisant du devoir un simple intermédiaire entre la moralité *instinctive* et la *vertu*, moralité *autonome* mais *habituelle*. Il dégage de la *responsabilité* l'élément *personnel* (toujours l'idée de la conscience juge *souverain*) ; et il critique la morale de la *solidarité*, se refusant à admettre la *réversibilité* des mérites et des fautes, estimant que la responsabilité exige souvent que l'on se *désolidarise* vis-à-vis de ceux qui pratiquent l'injustice. Et il unit ces deux termes que Nietzche opposait l'un à l'autre : la perfection *individuelle* et le progrès *social*.

Citons, dans la morale *particulière*, les chapitres sur la *tempérance*, (où l'auteur, combattant l'*ascétisme*, fait de larges emprunts à son livre sur *l'absolu*), sur le *droit* (où, insistant sur le caractère hypothétique et virtuel de cette notion, il montre l'*inégalité* des droits), sur le *respect de la vie* (où, prenant contre Kant le parti de Schopenhauer, il fait voir que la vie doit nous être sacrée en tout être vivant, en raison de son « mystère » et de « l'infini qu'elle enveloppe »), sur la *tolérance* (où, combattant la thèse relativiste et sceptique de Renouvier, il demande le respect des idées en raison seulement de leur aspect subjectif, sur le *mariage*, (où il combat l'*union libre* et voit dans le divorce « un cas anormal, exceptionnel), sur *parents et enfants* (où il défend, contre Renan, l'*obéissance*), sur la *domesticité* (où il explique en partie le discrédit croissant de l'institution par le déclin de certaines vertus), sur la *démocratie* qu'il définit par la *justice*, en insistant avant tout sur les *mœurs démocratiques*.)

J. Segond.

---

157. — **De bello civili Libri decem.**, Annaei Lucani. G. Steinharti aliorumque copiis usus iterum edidit Carolus Hosius. — Lipsiae, MCMV, in aedibus B. G. Teubneri [*Bibliotheca Teubneriana*], in-8 de LX-374 pp. (Prix : 3 mk. 60).

Je n'irai pas jusqu'à traiter de casse-tête l'étude des manuscrits de Lucain et l'examen de leur valeur respective comme des rapports qu'ils ont entre eux. Mais je crois, — et je serais bien surpris d'être contredit, — que les spécialistes seuls, après de longues et patientes comparaisons basées au besoin sur un examen très personnel, peuvent se former une opinion motivée sur les questions que soulève l'établissement du texte de la Pharsale. Quand il s'agit de manuscrits aussi nombreux, aussi variés et aussi disséminés que le sont ceux de Lucain, c'est une bonne fortune pour un érudit de posséder des recensions des principaux d'entre eux dues à un Usener ou à un Steinhart, ou d'obtenir des renseignements complémentaires de savants autorisés comme M. Max Bonnet, qui a revu pour M. Hosius le fameux Ms de Montpellier et lui a fourni des collations partielles de trois autres, en vue de sa seconde édition. Heureux aussi ceux qui peuvent avoir les originaux entre les mains, comme Steinhart, M. C. Francken et M. P. Lejay à qui le Montepessulanus même fut obligeamment communiqué en Allemagne, à Utrecht et à Paris. Les simples mortels, ballottés entre des opinions contradictoires, sont obligés souvent d'adopter sans contrôle personnel les décisions qui leur semblent les mieux fondées. Il peut même leur arriver d'avoir à se documenter dans certaines bibliothèques où la bonne volonté des conservateurs est tenue en échec par des raisons très peu scientifiques qui condamnent les travaux philologiques *récents* à moisir, dans des caisses intangibles, au fond des caves où les déposa jadis un camionneur; à se croiser les bras pendant huit ou dix ans devant des ballots de livres inviolables, on finit par ignorer que la terre continue à tourner. A Münster, M. H. n'a évidemment pas eu d'ennuis de ce genre; aussi est-il un guide des plus compétents. Peu de savants modernes connaissent mieux et ont étudié plus à fond les principaux Mss de Lucain. Il s'est d'ailleurs tenu au courant de tout ce qui s'est publié sur la Pharsale et sur son auteur depuis une quinzaine d'années; la preuve en est dans les indications de sa Préface (v. en particulier p. LIV-LVIII) et dans de nombreux articles qu'il a fournis aux revues philologiques d'Outre-Rhin.

La présente édition se présente sous le même aspect que la première. La Préface seule s'est accrue d'une trentaine de pages (XXX-LX) destinées à faire connaître les progrès accomplis dans la critique du texte de Lucain depuis 1892, et les nouveaux principes suivis aujourd'hui par M. Hosius. Le reste correspond, page pour page, à l'édition de 1892. Mais cette ressemblance et surtout apparente et l'édition est vraiment revue et corrigée, quoique le titre n'en dise rien.

D'abord M. H. reconnaît sans fausse honte qu'il s'était trompé en plusieurs points, que sa première base d'établissement du texte était trop étroite et que tels des manuscrits négligés par lui méritent d'être pris en considération. Il a surtout tiré parti, sans cependant partager toujours leur manière de voir, des études de M. C. Francken (*Pharsalia*, Leyde, 1896-1897), de M. P. Lejay (Edit. du L. I, Paris, 1894) et de M. Fr. Beck (*Untersuchungen zu den Hands-*

chriften Lukans, München, 1900). Il a introduit dans son texte un certain nombre de leçons nouvelles et modifié son apparat de manière à supprimer des variantes de Mss considérés maintenant comme inférieurs, et à en introduire d'autres qu'il avait exclues à tort dans sa première édition.

L'édition de 1892 était fondée essentiellement sur le Montepessulanus H 113 (M), deux Vossiani (V et U), deux Bernenses (B et C; ce dernier, *Commentum Bernense*, ne renferme que des scholies), le Bruxellensis (G, ancien Gemblacensis) et des fragments d'un Bobiensis (N, en partie à Naples, en partie à Vienne) et d'un Palatinus (P; II dans la nouvelle édition); accessoirement étaient données diverses variantes de Mss considérés comme secondaires ou dérivés des précédents: un Berolinensis (D), un Vaticanus (F) un Palatino-Vaticanus (H), un Cassellanus (K), un Laurentianus (L) et un Vossianus (Y); je ne parle pas des simples conjectures d'érudits citées de temps à autre. Aujourd'hui M. H. nous donne en première ligne après M et V, les leçons du Parisinus 7502 (P), du Parisinus 10314 (Z), d'un fragment du Parisinus 10403 (Q), puis, en seconde ligne, un choix de variantes de l'Ashburnhamensis (A, Parisinus bibl. publ. lat. nouv. acq. 1626) et de l'Erlangensis 304 (E); il remet B au deuxième plan.

On voit tout ce qu'offre de nouveau cette classification, qui d'ailleurs n'est pas conforme en tout point aux vues, différentes entre elles, de Lejay Francken et Beck, bien qu'elles soient inspirées par leurs travaux. M. H. persiste à rattacher M à la fameuse recension de Paul de Constantinople (674 ap. J.-C), malgré l'argumentation contraire de M. Lejay (v. en particulier *Revue de philologie* XVIII, 1894, p. 58 et Préface de son édition, p. XCV), pour qui P est le meilleur représentant de cette recension. Z, négligé à tort dans la première édition, signalé à l'attention par Lejay et Beck, est un jumeau de M et appartient incontestablement à la recension Pauline. Quant à A, connu depuis l'article de M. Francken (*Die älteste vollständige Handschrift des Lucans*, Berl. philol. Wochenschr. 1890, n° 11, p, 381), collationné pour lui par Kreling, et grandement estimé par M. Lejay qui le mettait avec P au premier rang, il a perdu de son importance depuis que Beck a montré qu'il dérivait de Z ainsi que B et E (sur ce dernier v. aussi A. Genthe, *De Lucani codice Erlangensi*, Jéna, 1894).

Dans sa Préface, très documentée et aussi claire que le permet l'étude d'une question aussi complexe, M. H. nous expose ses nouvelles vues. Nous avons affaire au moins à deux recensions anciennes de Lucain. L'une, antérieure probablement au ve siècle et représentée par V ; l'autre est celle qui nous est parvenue sous le nom de Paul. De celle-ci dérivent, par deux intermédiaires supposés (χ et ψ), d'une part P et U. d'autre part M Z Q. Beaucoup de variantes de la première recension se sont infiltrées, peut-être dès l'époque mérovingienne, dans la seconde, surtout dans χ, et c'est là une des causes qui rendent si complexe l'étude des rapports des Mss entre eux. Les autres Mss (on en connaît plus de 150) sont dérivés, à des degrés divers, des précédents, sauf F et N que M. H. écarte de son stemma (v. p. XLIX) et qu'il cite rarement dans l'apparat ; ils fournissent peu de leçons intéressantes et représentent peut-être une troisième recension, que l'on pourrait appeler *italienne* (v. *Praef.* p. LI-LII). Sur H, v. *Praef.* p. LIII.

Je ne sais si on arrivera jamais à repartir rigoureusement en familles les Mss de Lucain sans s'exposer aux objections inévitables que soulève la contamination des diverses branches entre elles. Il est sûr que la critique de la Pharsale ne repose pas encore sur des fondements indiscutables ; mais les vues de M. H. paraissent avoir atteint, dans l'état de choses actuel, le plus haut degré de probabilité qu'on puisse désirer.

Le texte a été revu avec soin, quelquefois corrigé, mais toujours dans le sens conservateur qui était celui de la première édition ; v. par ex. I, 101, *mare* pour *male* ; 295, *pronusque* pour *pedibusque* ; 326, *scelerum* pour *sceleris* ; II, 26, *minaces* pour *micantes* ; VII ; 641, *vincitur* pour *vincimur* etc.

L'apparat critique correspond à ce qu'on attend du nouveau stemma de Mss adopté par l'éditeur. Il donne toutes les variantes utiles de P Z, auxquelles sont ajoutées quelques nouvelles conjectures d'érudits ; il supprime par contre la plupart des leçons de B qui figuraient dans la première édition.

Les *testimonia* ont été remaniés et parfois augmentés ; les *fragmenta* ; les *vitae* et l'*Index* sont restés sans changement.

Cette seconde édition est telle que désormais il n'y aura plus lieu d'avoir recours à la première. Elle en diffère assez pour qu'on puisse y voir un travail nouveau, original et tenu au courant de tous les progrès accomplis depuis quinze ans.

J. Vessereau.

---

158. — **Vocabulaire français du XVIe siècle,** par H. Vaganay. — Lyon, 1904-1905, in-8.

Voici un grand régal pour tous les amateurs de notre ancien langage. C'est même un régal à plusieurs services, qui peuvent seuls justifier le titre assez insolite qu'on vient de lire.

M. Hugues Vaganay, bibliothécaire des Facultés catholiques de Lyon, a d'abord extrait de la « Revue des Études rabelaisiennes ». *Deux mille adverbes en* ment, *de Rabelais à Montaigne* ; ce qui n'est, dit-il lui-même qu'un prélude du vocabulaire du xvie siècle. Près de huit cents de ces formes sont postérieures à 1550, et imprimées en italiques ; neuf cents sont encore en usage, et distinguées par l'emploi des petites capitales. Chaque jour encore se créent des adverbes en *ment*, dont plusieurs semblent inspirés par la langue de la Renaissance.

A ce premier recueil de 95 pages un second se rattache étroitement par sa pagination continue, bien que ses feuillets aient neuf millimètres de plus en largeur, et cinq en hauteur : anomalie qui résulte de ce qu'ils sont extraits de la *Kritschrift füs Romaniche philologie*, et imprimés à Halle a S. 1905 [1]. Il y a dans ces 122 pages *Deux mille mots peu connus* qui ne figurent ni dans Cotgrave (1611) ni dans le *supplément* au dictionnaire de Godefroy

« Où trouver, se demande M. Vaganay, les mots créés « de 1501 à 1600 », le vocabulaire complet de ces milliers d'auteurs qui ont laissé quelque trace écrite de leur existence? Il y a déjà près de vingt ans que M. Delboulle proposait à Godefroy environ trente mille mots du xvie siècle, avec leur historique; et cette importante

---

1. Un modeste travailleur des environs de Rouen, M. l'abbé Lévêque, ne voit pas de meilleur emploi à ses mémoires entomologiques que de les adresser à un correspondant allemand, qui les traduit pour les insérer dans une Revue locale. L'érudition française serait-elle donc communément réduite à mendier la publication des presses étrangères ?

contribution doit être aujourd'hui à la bibliothèque de la Sorbonne [1]. Mais notre philologue lyonnais n'en a pas moins raison de convier « les chercheurs à lire *tous* les livres français du xvi⁰ siècle. » Cet effrayant programme tient en dix mots, mais a une toute petite question préalable : qui a su dresser une bibliographie *complète* du xvi⁰ siècle ?

Quelques mots peu connus portent à 234 pages ce premier recueil. Les dix pages qu'ils occupent sont un tirage à part des « Mélanges Chabaneau. » La majeure partie en est empruntée aux *Propriétés des choses* du moine Corbichon imprimées en 1510, et dont on connaît quatorze éditions de 1482 à 1556. M. Delboulle a déploré l'incurie avec laquelle Godefroy a consulté ce très curieux répertoire, traduit d'un auteur anglais par ordre de notre roi Charles V.

Enfin, au « Congrès pour l'extension et la culture de la Langue française », tenue à Liège du 10 au 13 septembre 1905 (nos excellents voisins se sont honorés par cet hommage à notre langue), M. Vaganay a pu encore présenter *Deux mille mots inconnus à Cotgrave*, qu'il a puisés dans deux lexicographes flamands (46 pp. in-8, à deux colonnes) [2].

Il est fort honorable d'avoir à présenter au lecteur de telles publications. Mais prétendre à en faire un compte-rendu critique serait vraiment perdre son temps. Que reprendre (sinon peut-être quelque misérable erreur de chiffre) dans ces citations d'une précision mathématique, où chaque auteur est accompagné du livre et du chapitre de l'œuvre, parfois même de la date de l'édition, et au besoin du folio du volume ? Ce serait presque à faire mentir l'adage : « Rien n'est parfait en ce monde. »

Pourtant, la bonne Providence (n'y a-t-il pas une Providence pour les plus modestes études comme pour le gouvernement des empires ?) me permet de ne pas mettre ici le point final. Une courte enquête historique m'a fait lire, il y a quelques semaines les quinze

---

1. *M. Delboulle quelques souvenirs*, pp. 9 et 26. (Paris, Champion et Dumont, 1906.)

2. Parfois la philologie est pratiquement cultivée avec bonheur par des gens qui ignorent les premiers mots de sa théorie. D'un brave terrassier, qui ne faisait que « commencer à se réveillotter » on peut rapprocher ce mot d'un marchand qui parlait naguère de sa santé : « Je mange !... euh ! Je mangeotte. »

mille lignes d'un pauvre lexique élémentaire d'une grande rareté ; ce qu'il doit sans doute à son extrême incorrection qui l'aura fait jeter au panier, dès qu'on aura pu se procurer un livre plus soigné.

Ce *vocabularius breviloquus*, imprimé à Rouen en 1519 [1], a fourni, outre les renseignements cherchés, de quatorze à quinze cents notes prises à tout hasard en vue de contrôler Godefroy et le *Dictionnaire général*. Or, il se trouve aujourd'hui que leur principale utilité est tout entière dans leur rapprochement avec les quatre recueils Vaganay.

Pour apprécier le véritable état de la langue usuelle au jour de leur publication, ces manuels bilingues, à en juger par nos dictionnaires classiques actuels, ont une importance particulière. Les mots français donnés comme équivalents des vocables étrangers paraissent être les termes de l'emploi familier et le plus général. Au contraire, dans la nomenclature tirée des écrivains proprement dits, outre les ἅπαξ εἰρημένα qui ne doivent pas être fort rares, se rencontrent des hardiesses de plume réfléchies, ou seulement des dictions, qu'une seconde mise au net eût supprimées. Enfin à quels excès de néologisme la contrainte du vers et de la rime n'a-t-elle pas poussés les poètes ?

Il s'en suivrait donc que la grande généralité des mots de notre *vocabularius* sont entrés dans la langue vers la fin du xve siècle.

Les adverbes recueillis sont au nombre d'environ cent quarante (et encore l'incorrection du texte n'a pas laissé tout prendre). Il ne s'en est trouvé qu'une trentaine qui fissent absolument double emploi, appartenant pour la plupart au moyen-âge. On en rejette en note la liste, avec le mot latin quand il a paru intéressant de

---

1. L'ouvrage, comme nous l'apprend le titre, était souvent appelé *Minus catholicon*, c'était, nous dit-on encore, une compilation de la *summa Januensis*, de Papias, d'Hugucio et de bien d'autres. Nicolas Cadier y a mis, en forme de lettre, une exhortation aux jeunes gens. Le *vocabularius* de 1487, cité par Godefroy a des articles qui sont passés dans la publication rouennaise.

Les latinistes de l'époque n'étaient guère scrupuleux dans l'usage des mots. Un trop grand nombre d'entre eux ne remontaient pas aux âges classiques ; et le plus pauvre thème du xxe siècle qui se respecte, en interdirait sûrement l'emploi.

l'indiquer, et aussi soit la date soit l'auteur où M. Vaganay avait pu le rencontrer [1].

Voici maintenant les mots que notre vocabulaire fait soupçonner plus récents que lui dans l'usage général, encore que quelques-uns aient été aperçus dans des textes plus anciens : *Carde*

---

[1]. Accoutumément, angoisseusement (après 1550), autorisablement, happément, gloutement (1538), batailleusement (*bellaciter*), flattément, brigueusement, prenablement, (*capaciter*), resplendissamment, nombrément, causellement, (*causaliter*), cavilleusement, clément, (1544), célestiellement, clèrement (1540), divisément (1538), tenacement (*rixosé*), contraintement (Cotgrave), conformément, (vers 1530), convoiteusement (Le Maire), superfluement (1551), confortablement (*consolabiliter*), contemplativement (1523), contrarieusement (1544), contumacement, consumélieusement (1546), coupablement, (Baïf), espessement (1544), *spissè*), ensemblement (1538), mariablement (*connubiliter*), curialement (1584), mauvaisement (1527) *et* malvaisement (faire) *maligner*, erraimment (Cotgrave), certaintement ? bieneureusement (1565), orgueillement ? (*extollenter*), ordement (1538) (*sordidé*), decevement (*fallaciter*), faintement (1538), souflement (*flatiliter*), pleurement (*flebiliter*), florement (*floraliter*), paoureusement (1538, *formidosè*), profitablement (1545), furialement (*furialiter*), larcineusement (*furtim*), genouillément (*geniculatim*), assemblément (1537, *glomeratim*), grammairement, (*grammaticè*), ennemyablement (*hostiliter*), ententivement (1527, *impendiosè*), instablement (Cotgrave, *impéragie?*), puniablement (non) (*impunité*), entendiblement (1531), *intelligenter*), vitupérément, détractivement, ? laboureusement, (*laboriosè*), jaingnablement, plorablement, (*lachrymabiliter*), laiment ou laïquement (*laicaliter*), chassieusement (*lippè*), assisement *et* establement (*localiter*), moyennement au sens de *mediocriter*, remembrément (*memoriter*), mensurément (*mensuratim*), mordamment (*mordaciter*) ; junglément, musément, (*musim*), félonnement (1546, *nequiter*), nommément (1547, *nominatim*), puantement (Du Bartas, *olidé*), bienaisément (*opiposè*), désiramment (*optato*), démontrément (*ostensim*), soufframmeut (*patienter*), ensuivément (*pedetentim*), perversement, (1565, *perperam*), perdurablement (1588), entendiblement (1538, *perspicue*), coulourément (*pictim*), pluriément (*pluraliter*), convoiteusement (*procaciter*), extendément (*propensius*), enfantément (*pueriliter*), déboutément (*pulsim*), rhétoriquement (1538, *rethoricè*), sonablement (*sonorè*), decevablement (*sophisticè*), endormablement (*soporaliter*), spécieusement (en bonne part, *specissè*), positivement (*præmissivè*), somméement (*summatim*), vaincablement (*superabiliter*), videment (*supervacuè*), cousément (*satim*), trempément (? temprément, *temperatim*), tendablement (*tensim*), accompaignément (*turmatim*), oiseusement (1554), tournablement (*volubiliter*), uniformément (1530), (*uniformiter*) vitupérablement (1584), concordément, (*unanimiter*).

restreint à la pourriture du bois ; — *catéchisme* (la forme latine = « instruction en foi catholique » ; — *compatriote* (« celui qui est de même pays » rend le latin) ; — *consubstantiel*, rendu par périphrase ; — *chronographie, cosmographie, diaconat*, item ; — *davier* (la *dentana* = instrument à traire dents ; ») — *effréné* (« sans frein » rend *effrenatus*) ; — *élégiaque* (« misérable » donné pour équivalent à *elegiacus*) ; — *géographie* et *géométrie* avec leurs dérivés sont paraphrasés ; — *harmonie* (« concordance de son rend *armonia*) ; — *impudicité* (le latin correspondant est traduit par « non chasteté » ; — *inceste* (la racine latine interprétée par « fornication », des périphrases supposent qu'on attend encore) *hyperdulie, ineffable, interligne, insouple, orthographe, transaction* ; — *irréfragable* exprimé par « non vaincable; » — *métropole* (« maîtresse cité ») ; — *mitre*, simple « chapeau de feutre », n'a pas le sens liturgique ; — *moderne* (= « de maintenant ») ; *nubile* (c'est « mariable » qui rend *nubilis*) ; — *fuyard* (car « fuyant » — *pesfuga*) ; — *poème* (chose à peine croyable, *poema* n'est qu' « œuvre de poète » ; — de même *poetissa* = « femme de poète ; et non *poétesse* ; — *plebiscite* (« citatu » = *plebiscitum*), — *prodigalité* (la racine latine rendue par « folle largesse ») ; *pusillanime* et dérivés (= de petit courage ») ; — *résine* (« une manière de gomme » voilà la résine) ; — le *rudiment* n'était pas encore un livre classique : car *rudimentum* = enseignement ; — *seigle* (on nous présente *sigallum* comme « une manière de blé » ; — *sommeil* (c'est « dormir » qui répond à *sommus*) ; — « salvateur » traduisant *salvator* rend douteuse la forme *sauveur* ; — enfin *visite* n'est encore que *visitation*, maintenant relégué au calendrier.

Cette langue du règne de Louis XII abondait en adjectifs en *resse* dont nous ne soupçonnons guère l'existence. Voici ce que nous révèle le Vocabularius : Ayderesse (*auxiliatrix*), porteresse (porteuse), baronesse, penseresse (*cogitatrix*), garderesse (*custos*), doiennesse (*decana*), meneresse (*ductrix*), mangeresse (*estrix*), débouteresse (*expultrix*), commenderesse (*imperatrix*), trouveresse (*inventrix*), alleresse (*itrix*), sonneresse (*largitrix*), loueresse (*laudatrix*), licheresse (*leccatrix*), délivresse (*liberatrix*), harperesse (*lyricina*), natresse (*natrix*), nammeresse (*nuncupatrix*), paitrisseresse (*piatrix*), trespasseresse (*prævaricatrix*), questeresse (*quæstrix*), trouveresse (*repertrix*), saulteresse (*saltrix*), couvreresse (*tectrix*), tromperesse (Joueuse de trompe, *tubicina*), vainqueresse (*victrix*) [1], corromperesse (*violatrix*), oingueresse (*unctrix*), brûleresse *ustrix*).

Ajoutons ces curieux féminins apparentés par la finale : grandesse (de courage = magnanimiter), hautesse (hauteur), huissière (portière, *ostiaria*), leonesse (lionne), rondesse (*orbis* = rondeur), longuesse (longueur), enfanteresse (qui n'a plus d'équivalent), saoulesse (*satietas*), sobresse (*sobrietas*), — on disait encore *cerve*, au lieu de biche.

Les classiques les plus dédaignés peuvent parfois servir à commenter nos plus grands écrivains. Par exemple, lorsqu'entrant en scène, M. Bobinet donne « le bon vêpre » à toute la compagnie, il saute aux yeux que Molière veut ridiculiser le pauvre pédagogue, en le faisant parler comme personne. L'archaïsme ne remonte pourtant pas aussi haut qu'on le supposerait, et pouvait être encore le langage ordinaire de la génération précédente : « Bon vêpre » sont en effet les deux premiers mots des *Ph. Garnerii Gemmulae* (dialogues latin, français, italien, allemand; 3ᵉ éd. Strasbourg, 1620; in-8.)

Voici, pour conclure, un petit fait bien propre à fortifier le zèle lexicographique de tous les amis de l'antique français.

Un ancien professeur d'histoire lisait ces jours-ci, avec un vif intérêt, les *Actes et Mandements de Charles V*, publiés depuis plus de trente ans. Or, il constata, et non sans surprise, qu'il n'y a guère de pages (j'adoucis plutôt sa récrimination) qui ne puissent fournir quelque addition notable au *Dictionnaire* de Godefroy. Dans un certain nombre de cas, celui de La Curne lui rendait de meilleurs services, et il n'est pas jusqu'au vieux Du Cange qui n'ait parfois parfois suppléé avec avantage cette énorme compilation contemporaine.

A. Tougard.

---

[1]. Rencontrant « vainqueresse » en 1660 dans l'*Abregé du Trésor chronologique*, je me persuadai que c'était une fantaisie malheureuse du bon chroniqueur P. de Saint Ramuald. On voit comme j'avais raisonné juste : *Victorieuse* n'était point encore en plein usage et vainqueresse avait droit de cité depuis environ deux siècles.

159. — **Œuvres poétiques du Sieur de Dalibray**, publiées par Ad. Van Bever. — Paris, Sansot et Cie, 1906, in-18 de xii-208 pp. (Prix : 3 fr. 50).

Les poètes secondaires du xviie siècle sont en général trop peu connus, et c'est une bonne fortune pour l'histoire littéraire toutes les fois que leur nom sort de l'oubli et que leurs œuvres nous sont rendues accessibles par une réédition correcte et précise, accompagnée des éclaircissements biographiques et des notes critiques que l'injuste oubli où on les avait laissé tomber à rendu nécessaire. L'histoire de notre littérature classique au xviie siècle ne sera pas complète tant que l'on n'aura pas accordé leur place légitime dans le mouvement des idées et dans l'évolution de la société à ces faits qualifiés d'indépendants qui ont vécu en marge des principaux milieux littéraires de l'époque, en contradiction avec leur siècle et quelquefois en révolte contre lui.

M. Ad. Van Bever, à qui nous devons déjà la restitution attentive et méthodique de quelques curiosités notables de notre littérature, du xvie au xviiie siècle, fait revivre aujourd'hui la physionomie et l'œuvre de l'un de ces poètes de cabaret, « bons biberons » et goinfres notoires, Charles Vion, sieur de Dalibray.

Certes la *Musette*, qui parut en 1647, ne prétend pas à la gloire des écrits pompeux que le siècle avait déjà vu éclore ; mais on y trouve, à défaut d'envolée lyrique et de préciosité déclamatoire, la grâce, le sentiment souvent délicat des réalités les plus communes de la vie, et même l'émotion teintée d'ironie par quoi se décèle surtout l'âme d'un poète. Les soucis et les peines les plus ordinaires de l'amour ne sont pas étrangers à ce joyeux buveur qui « a cherché le vray, » et peut-être aussi l'oubli, « au fond d'une tasse. » Quelques-unes de ses *Chansons*, presque tous ses *Airs*, tous ses *Vers Amoureux* contiennent des accents personnels, dont l'expression n'est jamais banale, et le ton s'y hausse volontiers jusqu'au mode élégiaque d'un Tibulle ou d'un Properce, le rythme en est très pur et l'inspiration très originale pour l'époque.

Il est juste de dire que le souvenir ou le regret de ses Phyllis, de ses Amaranthe, de ses Aminthe, de ses Lise plus ou moins imaginaires, n'est pas ce qui préoccupe le plus le poète. Telle de ces femmes, ingénieusement parée de toutes les séductions conventionnelles de la poésie, n'est sans doute qu'une servante de cabaret ; et c'est au cabaret que se rattachent les impressions les plus sincères, les plus abondantes, disons aussi les plus personnelles et les plus heureuses de Dalibray. Dans un sonnet bachique, il s'écrie avec un accent de conviction qui ne dément pas les soucis les plus habituels de sa vie :

> Je me rendray du moins fameux au cabaret ;
> On parlera de moi comme on fait de Faret :
> Qu'importe-t-il, Amy, d'où nous vienne la gloire ?

Dans une étude préliminaire, fort bien informée et très vivante, M. V. B. s'est attaché à nous peindre ce curieux type du « poète de cabaret » au XVIIe siècle. En l'absence de documents personnels absolument décisifs, il est arrivé néanmoins à reconstituer l'histoire vraisemblable et l'humble carrière poétique de son auteur, d'après la vie et les témoignages des écrivains qui fréquentaient Dalibray, et surtout d'après l'œuvre même du poète, ce qui est encore, en pareil cas, la méthode la plus sûre. Avec une patience, un esprit critique et une discrétion dignes d'éloges, il fait revivre ce milieu si intéressant et si peu connu qu'étaient les *cabarets littéraires* de l'époque ; il nous promène, pour notre plus grand divertissement, de la *Croix de Lorraine* à l'*Escu d'Argent*, de la *Fosse au Lion* au *Petit Maure*, du *Mouton blanc* au *Riche Laboureur*. Le choc des pots, le bourdonnement des joyeux propos, le rythme des chansons licencieuses emplissent d'un bruit assourdissant ces lieux tumultueux où Dalibray, selon son propre aveu, méditait ou écrivait ses sonnets. Il en est resté à ses vers un fumet des plus savoureux, pour lequel on aimera à relire l'œuvre de ce poète, dont le nom, bien injustement, ne figure pas toujours dans les manuels de littérature les mieux informés.   E. MAYNIAL.

---

160. — **Isabelle de France, reine d'Angleterre (1389-1409)**, par L. MIROT. — Paris, Fontemoing, 1905, plaq. in-8 ; — **Les Insurrections urbaines au début du règne de Charles VI (1380-1383)**. — (Paris, Fontemoing, 1906, in-8.)

M. Mirot a fait sienne l'époque de Charles V et de Charles VI. En 1899, il publiait *La Politique Pontificale, et le retour du Saint-*

Siège à Rome en 1376 ; à la même époque, *les Ambassades anglaises pendant la guerre de Cent Ans*. Aujourd'hui, à quelques mois d'intervalle, voici de lui deux nouveaux ouvrages sur la même période.

Isabelle de France est une élégie, qui nous retrace l'histoire d'une pauvre petite princesse morte à 19 ans et qui n'eut pas besoin de plus longues années pour connaître toutes les caresses et plus encore toutes les brutalités de la fortune. Après un gracieux tableau de la jeune cour de Charles VI en 1390, l'auteur nous montre Isabelle fiancée dès l'âge de trois ans à Jean, Comte d'Alençon, qui en avait sept, puis en 1496, fiancée à Richard II roi d'Angleterre, de vingt ans plus âgé qu'elle, mais qui eut pour elle une véritable inclination. A la fin de 1496, Isabelle part pour l'Angleterre ; mais bientôt, tout s'assombrit : les Anglais accusent Richard de trahison, parce qu'il est l'allié de la France ; on isole Isabelle ; la vie de la petite reine se remplit de souffrances et d'amertumes. En 1400, Richard est assassiné : à l'âge de onze ans, Isabelle était veuve ; les deux années suivantes, la cour de France était obligée de marchander péniblement sa liberté.

En 1406, Isabelle se mariait à Charles d'Orléans, qui l'aima d'un amour vrai et lui adressa ses ballades de jeunesse. Car en 1409, elle mourait, attristée par l'assassinat de son beau-père le duc d'Orléans, et la folie de son père Charles VI.

Dans les *Insurrections urbaines*, l'auteur nous peint les débuts pénibles du règne de Charles VI. Charles V avait dû soutenir contre l'Anglais une guerre longue et coûteuse, et pour cela pressurer le peuple d'impôts. Sous la minorité d'un successeur âgé de onze ans, une réaction devait se produire. Quelques heures avant sa mort, il est vrai, Charles V avait rendu une ordonnance diminuant les charges de ses sujets (16 septembre 1380) ; mais cette ordonnance sembla plutôt fortifier le sentiment de mécontentement, en leur donnant une sorte de justification légale.

Dans les premières pages de l'ouvrage, nous sentons sourdre peu à peu ce mécontentement. Puis c'est une réunion des États-Généraux et nombre d'assemblées provinciales : sur ces assemblées, plus d'un point reste encore assez obscur : chaque chroniqueur est trop porté à croire que les choses se sont passées partout comme elles ont eu lieu autour de lui, et il les décrit en conséquence.

Puis, après force abolition d'impôts, force changements et gaspillages, le tout faute d'un maître pour tout diriger et contrôler, l'on s'aperçut au bout d'un an (1381) que le trésor était vide. De là, rétablissement des anciens impôts, et en 1382, des insurrections dans plusieurs villes. La plus connue est l'insurrection des Maillets, à Paris, que, beaucoup plus tard, l'on devait appeler l'insurrection aux Maillotins.

Partout les premières victimes furent les Juifs. Le gouvernement les protégeait ; mais c'est vers eux que se dirigeait surtout la fureur du peuple.

Ce fut ensuite une répression terrible. En mars 1382 « deux émeutiers furent exécutés en présence du sire de Coucy, cinq furent mis à mort vers la porte Saint-Denis cinq autres à Montfaucon » (P. 139). Quelques mois après, Charles VI, revenu victorieux des Flandres, sévit avec plus de vigueur encore.

Les opposants, avaient pourtant de justes revendications à produire ; mais ils n'avaient aucun lien entre eux, aucune idée commune pour les ressembler sur un même terrain de protestation ; ils furent écrasés.
J. PAQUIER.

---

161. — **Œuvres**, par Saint **François de** SALES, édition complète, publiée par les religieuses de la visitation d'Annecy. Tome XIVe. IVe des lettres. — Lyon, Paris, Vitte, 1906, in-8 de XXIII-477 pp. (Prix : 8 fr.)

Ce quatrième volume des lettres de Saint François de Sales, va d'Avril 1608 à Décembre 1610 : Il donne certaines pièces nouvelles, assigne aux autres dont le texte est épuré, leur place chronologique au mieux qu'il est possible et fournit au lecteur d'intéressants détails sur les personnes et les choses. Le Père Navatel s. j. qui l'édite, signale justement l'intérêt particulier qu'il présente. Pour le comprendre il suffit de songer que c'est entre 1608 et 1610 que Saint François de Sales, alors dans le plein épanouissement de son heureux génie, fonde le premier monastère de la visitation, publie l'Introduction à la vie dévote et prépare activement le traité de l'amour de Dieu. Nombre de lettres du présent recueil roulent sur ces trois grands faits : c'est plaisir d'entendre M. de Genève y raconter lui-même avec sa grâce coutumière, et comment l'Introduction à la vie dévote se trouve composée sans qu'il y songe et comment à la prière de madame de Charmoisy sa fille spirituelle et du Père Forier, il se décide à la donner au public auquel il ne l'avait pas destinée d'abord, et comment, mis en goût par l'accueil enthousiaste que reçoit le livret, il entreprend de guider les âmes qu'il vient d'introduire au seuil de la dévotion jusqu'aux sommets du divin amour; c'est plaisir enfin de le voir, après bien des vicissitudes trouver « le hâvre de grâce », où madame de Chantal et ses premières filles, prennent terre pour former le nouvel ordre de la visitation, et de l'entendre s'écrier: « Me voici le plus content du monde, je viens de trouver un nid pour mes petits poussins ».

Faire aimer Dieu dans le monde et dans le cloître, dans tous les états et toutes les conditions, n'est-ce pas aussi bien, ce qui fait l'emploi de toute sa vie et le fond de toute sa correspondance? Certes, les épîtres de ce quatrième volume, s'adressent à des personnages bien différents et traitent de bien des sujets divers, mais le sentiment qui les inspire toutes et qu'elles veulent toutes inspirer, encore que le chemin suivi soit plus ou moins direct, n'est-ce pas l'amour de Dieu? Bien peu d'hommes ont été plus profondément saisis que l'évêque de Genève, de cette vérité capitale: que la religion est le tout de l'homme et que le tout de la religion, c'est l'amour, l'amour de Dieu qui comprend tous les autres, comme il se plaît à le dire: « Aimons Dieu, nous aimerons tout autre chose. » Faut-il s'étonner après cela que l'amour de Dieu soit le centre d'où tout rayonne et vers lequel tout converge dans cette partie de sa correspondance: et la lettre fameuse sur la mort d'Henri IV, digne de soutenir la comparaison avec telle page d'un Bossuet ou d'un Pascal, et la lettre écrite à ce jeune gentilhomme à la veille de faire son entrée à la cour, où le portrait du courtisan chrétien, se termine par des pensées d'une si haute éloquence sur la nécessité d'être toujours prêt à bien franchir le suprême passage, tout, jusqu'aux lettres de recommandation ou de pure courtoisie. C'est que la bouche parle de l'abondance du cœur. Et c'est bien ce qui fait aussi que rien n'est plus naturel et plus aisé que ces lettres d'amour, écrites, la plupart « à course de plume ». La plus ravissante de tout le recueil est une élévation, sur la vie de Saint Jean-Baptiste et les plus attachantes après ce bijou de poésie mystique, sont encore celles où ce grand amant de la beauté souveraine, peut s'épancher avec des âmes touchées comme lui du divin amour : Madame de Chantal, cette autre sainte Claire de cet autre François, mademoiselle de Bréchard, une des premières filles de la visitation, qu'il appelle « ma chère nièce » pour l'affection maternelle que lui porte madame de Chantal, sa propre sœur, madame de Cornillon, madame de la Fléchère qui vit toute à Dieu dans le monde, madame de Charmoisy, la présidente Brûlard ; pour n'en pas citer d'autres. Il aime ces nobles âmes, comme seuls savent aimer, ceux qui sont parfaitement détachés d'eux-mêmes, « avec une pureté de dilection, comme disait la baronne de Chantal, dont le monde n'est pas capable » ; il les comprend avec une admirable pénétration, il les veut toujours plus pures, toujours plus belles, toujours plus unies à Dieu, chacune dans sa sphère et met tout en œuvre pour que leur volonté, « la maîtresse pièce », victorieuse de tout obstacle, en vienne à se suspendre tout entière au seul bon plaisir divin.

Rien peut-être ne fait mieux comprendre que ces lettres charmantes, le mot du bon monsieur Vincent qui se prétendait redevable à saint François de Sales de n'être pas resté toute sa vie un fagot d'épines : « Si monsieur de Genève est si bon, que doit donc être le bon Dieu ! »
R. de Sainte-Croix.

---

162. — **Un prince Jacobin, Charles de Hesse ou le Général Marat**, par Arthur Chuquet. — Paris, Fontemoing, 1906, in-8 de 423 p. (Prix : 7 fr. 50).

Rien n'est pire qu'un sot malfaisant : Charles de Hesse, né prince allemand, et devenu général de la Révolution sans avoir jamais affronté le feu de l'ennemi fut un sot malfaisant. Sous couleur « d'attachement aux principes » et de haine des « complots liberticides », ce cadet d'une famille régnante se fit, de 1792 à 1799, le délateur le plus méprisable d'une époque où hélas ! les pourvoyeurs du bourreau se firent légion. « Je dénoncerais Dieu le Père, s'il n'était pas Jacobin », écrivait-il le 31 Août au ministre de la guerre Servan. En attendant qu'il « dénonçat le ciel et la terre sans distinction », suivant une autre de ses formules, il dénonça nos meilleurs généraux, ses chefs, et les contraignit par ses calomnies, d'abord mal accueillies, mais finalement écoutées, à l'émigration — ce fut le cas de Montesquiou à l'armée des Alpes — ou les conduisit à l'échafaud — tel Custine, son ancien chef à l'armée du Rhin. « Dénonciateur banal » disait de lui Montesquiou. Banal, je ne sais, car il parut pousser jusqu'à la folie furieuse cette odieuse manie. Il a dénoncé Victinghoff à Nancy, Malvoisin à Toul, Narbonne à Perpignan, Luckner, Broglie, Valence, Custine à Strasbourg, d'Harambure à Lauterbourg, Montesquiou à Lyon, Wimpfen à Besançon, Dietrich, excellent citoyen que Strasbourg avait élu et réélu maire, généraux en chefs, ingénieurs, capitaines, municipaux, commissaires, militaires et civils, soldats de toutes les armes et de tous les grades, tout le monde et partout. Et après 1795, le pli étant pris, et ce « butor » s'étant d'ailleurs fait journaliste, on le vit dénoncer encore, dénoncer toujours, Carnot, Barthélemy, Pichegru, Mathieu Dumas, M. de Stael, Madame de Stael. Avec cela courtisan des plus plats : ayant flagorné Louis XVI et ses ministres avant 1789 dans le but de se faire agréer dans l'armée, puis promouvoir dans les grades supérieurs avec des suppléments de pension et de solde, il ne voua à Narbonne une haine féroce que pour s'être vu éconduire par le ministre feuillant, essaya de plaire par mille flatteries au ministre girondin Servan, au ministre jacobin Pache, au ministre hébertiste Bouchotte, puis à Bonaparte, puis, lorsqu'il fallut pour vivre, rentrer en Allemagne, au landgrave de Hesse, son cousin.

Il ne vit point le feu de l'ennemi ; à Lyon comme à Besançon, à Perpignan comme à Orléans, il se tint prudemment sur les derrières de l'armée, celle des Pyrénées, des Alpes, de Sambre et Meuse et de Vendée, n'affrontant ni Kaiserlicks, ni Chouans, mais organisant de savantes campagnes de délation contre ceux qui se battaient et conquéraient Pyrénées, Alpes, Rhin. Lorsque Carnot, abusé sur un homme qui l'avait dénoncé ou trop généreux pour ne pas l'oublier, demanda à Bonaparte l'autorisation d'accorder à ce dangereux maniaque un traitement de réforme : « A quelles batailles s'est-il trouvé ? » demanda le premier consul. Le délateur répondit sans rire qu'il avait « fait cinq campagnes de liberté ». Cinq campagnes d'infamie, eût-il pu dire. En réalité, il n'aimait point, suivant l'expression de son spirituel biographe, regarder l'ennemie dans le blanc des yeux : il préférait tirer des coups de fusil mortels dans le dos des chefs. Cet allemand enrôlé dans l'armée jacobine nous fit ainsi plus de tort que s'il était demeuré dans les rangs germains. Ayant à Lyon provoqué des massacres, il en tirait quelque orgueil : il a, écrivait-il, obtenu dans le Midi l'honorable titre de *Général Marat*. Un brave officier le traitait avec raison de « méchante bête ».

Il y avait, de fait, en lui de la bête féroce. Cet allemand mit au service des passions révolutionnaires un tempérament de despote prussien : souverain, il eût été une sorte de Paul I. Revenu en Allemagne, cet ex-jacobin ne se contentait point de prélever sur ses nobles cousins un fort tribut, il exigeait les égards dus à son rang princier. Ce général Marat eût été facilement une manière de Caligula.

Son existence est fort intéressante ; le cosmopolitisme de l'armée d'ancien régime où Hesse coudoyait Estherhazy, celui de la Révolution, qui enrôla sous sa bannière tant de bizarres déclassés, apparaissent de piquante façon : l'aventurier intéresse en dégoûtant, et cette passion de dénoncer est un cas psychologique et peut-être pathologique qui hélas! est de tous les temps. Une époque où un Hesse put, en satisfaisant sa manie, supprimer de nos armées un Montesquiou et un Custine inspire peu d'estime. Heureusement que M. Chuquet nous a raconté d'autres épisodes : l'historien de Valmy, Jemmapes et Fleurus nous a fait — on sait avec quel talent — connaître mieux l'héroïsme de nos braves : il était autorisé à nous montrer le revers de la médaille et ce triste chacal aboyant derrière ces lions.

Son livre est charmant : la simplicité du style n'exclut pas une douce ironie et le calme que garde le biographe ne va pas sans laisser deviner une indignation d'honnête homme devant cette triste existence. L'ouvrage, composé avec la conscience que met M. Chuquet à toutes ses entreprises et avec l'expérience qu'il possède des choses et des gens de cette époque mouvementée, est ainsi une contribution précieuse que notes et appendices enrichissent encore. C'est tout dire que de constater que ce chapitre d'histoire est digne de ceux dont M. Chuquet nous a précédemment gratifiés.

Louis MADELIN.

163. — **Le Tocsin national**, par M. André Godard. — Paris, Perrin et Cie, 1906, in-16 de 334 p. (Prix : 3 fr. 50).

De graves problèmes religieux, sociaux et patriotiques se posent actuellement. M. Godard en recherche la solution dans une enquête sur le passé moral de la France. D'une plume vibrante, il a tracé une suite de tableaux et portraits. Son ouvrage est aussi un cri d'alarme.

Tout d'abord, trois dates se présentent comme *causes déterminantes* de la crise du moment : le 14 juillet 1789, le 9 termidor an II et le 29 juillet 1830.

Le 14 juillet a renversé l'ancien régime, qui avait eu sa grandeur et qui, malgré ses fautes et ses erreurs, pouvait encore être régénéré. Le 29 juillet a abattu, une seconde fois, la monarchie traditionnelle de la France, au profit d'un expédient empirique : la royauté constitutionnelle.

Au 9 thermidor, on s'arrête comme devant une *énigme*. M. Godard a essayé de déchiffrer cette énigme — le mot est de lui — et d'apporter quelques témoignages nouveaux dans « ce procès jugé mais non plaidé », selon les paroles de Cambacérès à Napoléon. Ce n'est point là la partie la moins originale de son livre. Le règne de la Terreur cesse. Les portes des prisons s'ouvrent et laissent sortir de nombreuses victimes promises à l'échafaud. Devant les effets de cette réaction, il n'est pas permis de considérer exclusivement l'avénement du matérialisme qui a suivi. Cependant on peut dire que la chute de Robespierre a entraîné le régime de démocratie spiritualiste qu'il avait tenté d'implanter et qui commençait à progresser.

Robespierre ne fut pas seulement déiste. Il proclama la liberté des cultes. Il donna sa protection aux catholiques et arracha des églises aux profanations de la déesse Raison. Quand Klootz à la tribune de la Convention nia l'existence de Dieu et insulta le Christ, il se leva seul pour défendre les droits de l'Eternel. Le 9 thermidor a été une victoire de la franc-maçonnerie et de l'athéisme.

En évoquant un passé plus lointain, on voit les hommes du Moyen-Age se livrer, tour à tour, au plus grossier matérialisme, comme aux actes de foi les plus ardents. Le doux mysticisme et la tendre philosophie de Saint-Bernard n'ont pas empêché bien des erreurs et bien des crimes. Mais, les élans de cette âme prédestinée à l'amour n'ont-ils pas exercé leur influence salutaire ? En Italie, au milieu des faiblesses et des plaisirs dissolvants, Catherine de Sienne se lève, ramène la papauté dans Rome et la rétablit vigoureuse et triomphante sur le siège de Saint-Pierre. En France, au xv° siècle, tandis que Gilles de Retz s'adonne à un monstrueux et sanguinaire sadisme, Jeanne d'Arc, divinement inspirée et conduite, restaure la vieille monarchie nationale et sauve la France par une suite de miracles. Sous la Régence, le libertinage et le scandale s'étend. Le specticisme philosophique est à la mode. Le peuple se fait une gloire d'être incrédule comme les grands. Et plus tard, la Vendée s'arme en masse pour défendre les traditions anciennes et les croyances religieuses. Elle livre son dernier effort dans le chemin creux de Torfou.

Aujourd'hui s'épanouit l'*imbroglio politique*. Le tort est de donner une trop grande importance aux formules d'opinions. Les divers partis n'ont jamais voulu admettre que les opposés pussent réaliser les réformes sociales nécessaires ou maintenir la paix religieuse. La royauté a sombré dans les abus réactionnaires et le régime actuel est devenu le patrimoine de sectaires anti-chrétiens. Et, il faut bien le dire, la force de ceux-ci ne vient que de l'indifférence des catholiques. Tous ceux qui représentent la vertu et la charité selon l'Evangile sont persécutés et chassés ; la religion est menacée et combien peu, parmi ceux qui se disent croyants, ont distrait une heure de leurs plaisirs pour songer sérieusement à cet avenir sans Dieu qu'on prépare. L'Eglise a traversé d'autres crises redoutables, dont elle est sortie triomphante. Mais la Providence ne suscite des sauveurs qu'à ceux qui les méritent par leurs efforts. Le *Gesta Dei per Francos* est-il devenu une formule surannée qui doit perdre toute sa signification au seuil du xx° siècle ? Les plus grandes victoires de la France sont celles qu'elle a remportées sur elle-même. Mais ces victoires ne viennent pas sans combats. Une nation n'est pas en vain une nation prédestinée. Elle peut toujours se régénérer dans la Foi, dans la Foi qui agit. Les étiquettes politiques importent peu; des combinaisons humaines, savamment étayées, se sont écroulées ; des révolutions ont passé entraînant des empires. Les emblèmes des partis ont varié ; seul l'étendard de la croix demeure immuable. Il faut oublier toutes les discordes, tous les conflits d'intérêts ; il faut se presser et s'unir, sacrifier son égoïsme et faire un acte de charité au pied de ce drapeau, qu'on verra — si les catholiques le veulent sincèrement — toujours flotter sur les clochers de France. André Le Glay

---

164. — **Notes sur l'Art Japonais (La Sculpture et la Ciselure)**, par Teï-San. — Paris, Mercure de France, 1906, in-18 de 328 p. (Prix : 3 fr. 50).

A l'occasion d'un premier volume consacré à la Peinture et à la Gravure, nous avons dit ici-même la valeur de cet ouvrage.

L'auteur traite aujourd'hui de la sculpture et de la ciselure Japonaises.

Quatre époques principales se peuvent distinguer dans l'évolution de la sculpture.

1. Une époque primitive antérieure à l'importation du bouddhisme, dont il ne reste que quelques statues de pierre et d'assez nombreuses statuettes en terre cuite dites « Haniwa », en général grossièrement exécutées.

2. Une période sino-coréenne avec prédominance de la seconde influence (572-628).

3. La Chine unifiée inspire la sculpture japonaise.

a) De 668 à 672, — influence posthume de la dynastie chinoise des Soui, tendances nettement indo-grecques.

b) Au VIIIe siècle, l'art des Tang imprègne fortement la sculpture japonaise, qui recueille aussi des apports de l'Asie occidentale, Perse et Assyrie antique (724-748).

c) Durant la période dite de Kwammu Ier (770-893 env.), la statuaire est dominée par le mysticisme élevé des sectes Tendai et Shingon, d'où hiératisme et symbolisme. Dès la fin de cette époque, les tendances japonaises commencent à triompher.

4. Désormais la statuaire devient franchement nationale

a) Les Fujiwara voient l'art dominé par une excessive recherche de l'élégance (889-1185) Dans la seconde moitié de cette période se fonde l'école de Nara.

b) Au moment de la grandeur de Kamakura, provenant du triomphe des Minamoto (1185 à 1334), la simplicité et la grandeur inspirent au contraire toutes les œuvres des sculpteurs. L'école de Nara produit de bons artistes.

c) Décadence de la statuaire religieuse manquant désormais de vie et d'expression sous les Ashikaga (1336-1573). La routine règne. La richesse ornementale l'emporte sur le goût. A la fin du xiv siècle, la mode est aux masques du théâtre de No.

d) Sous le Kwampaku Toyotomi Hideyoshi (fin du xvi siècle), renaissance passagère de la sculpture, qui vient alors s'unir à l'architecture dont elle était jadis indépendante.

e) Sous les Tokugawa (1603-1868), s'établit dans l'art religieux un culte excessif de la tradition. La statuaire est luxueuse et décorative. Le xvii siècle marque l'apogée du goût des masques, et la fin au xviii celui des netzukés. Au commencement du xix siècle, la décadence de la sculpture s'accentue. Le grand art est mort. Deux chapitres spéciaux concernent les masques et les netzukés, après l'étude des figures.

La ciselure occupe dans ces « Notes » la place la plus importante.

Les armures et les garnitures de sabre sont traitées dans des chapitres séparés, puis l'auteur étudie les cinq grandes écoles de ciselure apparaissant à la fin du xv siècle et au commencement du xvi, écoles de Kane-iye, des Gôto, des Miôchin, des Umetada et des Schoami.

Le xvii siècle voit, avec la continuation des écoles précédemment créées, se fonder des ateliers de province et refleurir l'art de l'émail, perdu depuis le viii siècle, sous les doigts de la famille des Hirata.

Au xviii siècle, l'école de Somin et celle de Nara apparaissent. Les traditions des anciennes écoles persistent en se modifiant, et de nouveaux ateliers de province surgissent.

Au xix siècle, c'est le déclin profond, malgré quelques noms illustres et quelques chefs-d'œuvre.

Le détail excessif et l'amour du léché prédominent au détriment du caractère et de la beauté de l'ensemble. L'exécution manque de vigueur et les patines visent à l'effet.

Le livre se termine par la liste imposante des familles de sculpteurs et de ciseleurs dressée et gardée avec une piété d'art méticuleuse par les Japonais et par la bibliographie afférente aux sujets traités. Un catalogue supplémentaire de publications concernant la peinture et la gravure vient compléter encore fort utilement le relevé bibliographique du premier tome. A un premier examen, l'attrait de ce second volume semble moins vif que celui de son aîné : Il était inévitable que les questions générales et si attachantes des origines japonaises, des apports étrangers constituant l'art primitif, de l'évolution de cet art, de la psychologie, de la poésie, de l'amour de la nature du peuple nippon ayant été épuisées dans un travail précédent, celui-ci fût condamné à rester de portée moins haute.

Cet énorme catalogue commenté paraît d'abord un peu rebutant en l'absence de reproductions des types décrits. Mais, ceux-ci appartenant en majorité aux musées parisiens et aux publications faciles à consulter, l'objection ne saurait avoir une sérieuse valeur.

Désormais l'amateur japonisant, trop souvent conduit seulement par un vague instinct et par des données sommaires, ne pourra plus s'excuser de sa demi-compétence sur le manque d'ouvrage didactique pratique. Nous n'avons plus à désirer le manuel indispensable à toutes les ignorances comme à tous les savoirs.

A. G.

CHRONIQUE D'EGYPTE

165. — Le Service des Antiquités de l'Egypte, disposant de ressources abondantes et bien employées, a pu, durant ces dernières saisons, augmenter le nombre de ses inspecteurs et développer de plus en plus son activité.

A Karnak, M. Legrain a continué la réédification de la salle hypostyle, et l'exploitation si fructueuse du dépôt de statues et d'ex-voto découvert par lui, au printemps de 1904, dans la cour du VIIe pylône [1]. A la fin de Juillet 1905, la fouille avait été conduite jusqu'à 10 mètres de profondeur, et la *favissa* avait rendu plus de quinze mille objets, dont plusieurs centaines de statues, une

1. M. Maspero avait constaté, par des sondages pratiqués en 1883 et 1884, qu'il y avait des statues et des bas-reliefs enterrés dans cette cour, et avait recommandé à M. Legrain de reconnaître le sous-sol jusqu'à trois ou quatre mètres de profondeur.

multitude de statuettes et d'objets divers, des sphinx, des stèles, etc... Toutes les époques antérieures au III⁰ siècle avant l'ère chrétienne sont représentées parmi ces monuments, dont plusieurs sont d'un fort beau travail : la période grecque proprement dite ; la période perse ; le Nouvel-Empire jusqu'à la conquête perse ; le Moyen Empire, et jusqu'à l'époque memphite. M. Legrain a fait le catalogue de tous ces monuments; on peut mentionner des statues d'Ousirinrî et de Chéops, de Sahourî ; des Ousortesen et des Amenemhât ; un admirable buste de Toutankhamon, des statues de Thoutmès III, d'Aménôthès II et d'Aménôthès III, de Ramsès II, de Ramsès III, des grands prêtres Ramsèsnakhtou avec le cynocéphale de Thot sur les épaules, Bakenkhonsou I et II, Psarou, Mahouki, Roma, Roï, Aménôthès, Herhor, Pinotjem, Sheshonk, du roi Psioukhânou, etc... Cette découverte a fourni un argument solide à M. Maspero, qui considérait la *Table des Ancêtres* comme représentant les rois qui avaient une statue et un culte à Karnak, de même que pour Abydos et Sakkarah les Tables d'Abydos et de Sakkarah. « Au point de vue de l'histoire, « dit M. Maspero, la série des grands-prêtres, des rois-prêtres « thébains, des Pallacides, des majordomes, se complète et se « confirme [1]. On voit mieux comment de principauté militaire « Thèbes aboutit à être principauté théocratique. »

Pendant que M. Legrain travaillait à relever Karnak, M. Barsanti reconstruisait le mur d'enceinte d'Edfou [2] et consolidait Kom-Ombo. Puis il se rendait à l'extrémité Nord-Est de l'Egypte, aux ruines du grand temple de Tanis, dont l'emplacement était jonché de statues colossales et autres grands monuments, gisant dans un désordre qu'on a qualifié de chaotique, et faisait transporter ces monuments au Musée du Caire. Toutefois la stèle de l'an 400, découverte à Tanis au temps de Mariette, et enfouie de nouveau dans l'énorme butte constituée par les ruines de cette ville, n'a pu être retrouvée jusqu'à présent. Les fouilles entrepri-

1. Un monument de la princesse Ankhesnofiribrî, provenant de cette trouvaille et étudié par M. Maspero, nous donne la date précise de la mort de Psammétique II et celle de l'avénement d'Apriès ; de même que la chronologie des Pharaons, celle des princesses thébaines gagne en précision.

2. 82 mètres du mur de l'ouest ont été démolis et reconstruits.

ses dans la Vallée des Rois par le Service des Antiquités, aux frais de M. Théodore Davis [1], et qui avaient été récompensées, dès 1903, par la découverte du tombeau de Thoutmès IV, puis par celle de la tombe de la reine Hatshepsitou, n'ont pas été moins fructueuses en 1905. Si la tombe alors découverte n'était pas celle d'un roi, c'était du moins celle des parents d'une des plus fameuses reines d'Egypte, de la reine Tii, femme d'Aménôthès III et mère d'Aménôthès IV. Le mobilier de cette tombe était intact, et de la plus grande richesse, comme il convenait à la demeure d'éternité du beau-père et de la belle-mère d'un des plus illustres Pharaons. On peut mentionner dans ce mobilier des chaises et des fauteuils admirablement travaillés, et un char moins richement décoré que celui de Thoutmès IV, mais complet et prêt à atteler, suivant l'observation de M. Maspero.

On sait que M. Naville avait, en 1903-1904, reconnu l'ancien temple de Deir-el-Bahari, temple du Moyen-Empire dont l'existence justifie le plan des constructions d'Hatshepsitou, les architectes de cette reine ayant dû tenir compte de la présence de l'ancienne construction. La saison de 1904-1905 fut consacrée au dégagement de cet ancien temple et de ses abords. M. Naville y reconnut les traces de la pyramide de Mentuhotep, mentionnée au papyrus Abbott, et des sépultures des prêtresses d'Hathor, appartenant à la XIe dynastie ; les sarcophages de ces prêtresses étaient fort remarquables. Quelques intéressants bas-reliefs de la même époque et plusieurs statues royales furent aussi trouvées dans cette fouille ; enfin une belle tête en albâtre de la vache Hathor. Mais le 7 février 1906, M. Naville fut encore plus heureux, et trouva une image de la vache Hathor, représentée tout entière, dans une chapelle élevée par Thoutmès III. La vache, très bien conservée, de grandeur naturelle, est en grès peint, de couleur brun rouge, avec des taches noires ; elle allaite un jeune roi, Aménôthès II, fils de Thoutmès III. Elle a été sans retard transportée au Musée du Caire, où elle est admirée comme un parfait modèle de la race

---

1. Sous la direction des inspecteurs de la Haute-Egypte, d'abord M. Carter, nommé depuis lors inspecteur à Tantah, puis M. Quibell, qui prit un peu plus tard la direction des fouilles de Sakkarah, et fut remplacé à Thèbes par M. Weigall.

égyptienne, dont elle reproduit fidèlement tous les caractères, et comme un chef-d'œuvre de vérité et de naturel [1].

La découverte du trésor de Toukh-el-Garamous, dans la Basse-Egypte, n'est pas due à des fouilles bien conduites comme celles que nous venons de mentionner, mais tout simplement, paraît-il, au coup de pied d'un baudet qui brisa un vase de terre enseveli dans la poussière et en fit sortir des pièces d'or [2]. Le fellah propriétaire de l'âne aurait bien gardé la trouvaille pour lui seul ; mais son secret fut découvert, et le trésor saisi par les inspecteurs du Service des Antiquités, Mohammed Effendi Châbân, inspecteur local, et M. Carter, inspecteur en chef de Tantah. Il y avait des monnaies d'or et d'argent de Ptolémée Soter et de Ptolémée Philadelphe, des bijoux et des pièces d'orfèvrerie de travail grec et de travail égyptien ; plusieurs de ces pièces sont des chefs-d'œuvre.

M. Petrie a travaillé pour l'*Egypt Exploration Fund* et pour l'*Egyptian Research Account*. Pour l'*Exporation fund* il a dirigé une expédition au Sinaï, de concert avec M. Currelly, et déblayé le temple de Serabit-el-Khadem, dont la fondation est datée du règne de Snefrou. Les inscriptions de ce temple ont été entièrement copiées ; un grand nombre de petites stèles et de statuettes ont été découvertes. M. Petrie a cité spécialement et publié la tête d'une statuette dont le corps n'a pas été retrouvé ; cette tête est un portrait de la reine Tii, dont le nom est inscrit sur la couronne. M. Petrie croit avoir trouvé dans ce temple les traces évidentes d'un culte sémitique tel que le culte des Juifs ou des Musulmans, ayant remarqué des dispositions pour l'accomplissement des ablutions rituelles, qu'il n'a jamais vues dans les temples égyptiens ;

---

1. L'auteur de cette découverte, M. Naville, a fait lire à l'Académie des Inscriptions et Belles-Lettres, au mois de Janvier 1906, une note sur le dieu de l'oasis de Jupiter Ammon, représenté, selon un texte de Quinte-Curce, sous la forme d'un ombilic ou d'une bosse composée d'une émeraude et de pierres précieuses jointes ensemble. M. Naville croit reconnaître le siège de cet ombilic dans les godets des palettes de schiste de l'époque thinite, et cite à l'appui de son opinion la plus belle de ces palettes, maintenant au Musée du Caire, mais provenant d'Hiéraconpolis, et sur laquelle M. Naville retrouve le nom de Boëthos, Ier roi de la IIe dynastie.

2. Voir M. Maspero, Journal des Débats du 27 Décembre 1905.

une grande abondance de cendres indiquent que l'on brûlait les offrandes, etc...

Pour l'*Egyptian Research Account*, M. Petrie a fait copier un certain nombre de tombes de Sakkarah, tandis que M. Currelly, de retour du Sinaï, faisait de nouvelles recherches à Pithom ; il suppose que les magasins découverts par M. Naville ont pu appartenir à une place forte, comparable à celles de Defenneh ou de Naucratis, ce qui n'est pas invraisemblable.

M. Clédat a aussi entrepris, pour le compte de la Compagnie du Canal de Suez, des fouilles archéologiques dans la région traversée par le canal. Il a, en 1905, travaillé d'abord à Tell-el-Herr, non loin de l'ancienne Péluse, et y a trouvé des antiquités juives et grecques. Puis à Mahemdiah, à l'ouest du lac Sirbonis, il a constaté l'existence d'une construction byzantine qu'il suppose être le monastère du Mont Casios, que l'on plaçait plus à l'ouest, au Ras Bouroun, entre le lac Sirbonis et la mer [1].

Une intéressante inscription latine, trouvée dans l'île d'Eléphantine, portant une dédicace faite à César Diaduménien sous la préfecture de Julius Basilianus, a été copiée par M. l'Abbé Thédenat, de l'Académie des Inscriptions et Belles-Lettres, et communiquée à l'Académie [2].

Les fouilles faites à Oxyrhynchus par MM. Grenfell et Hunt en 1905 et 1906 ont été très fructueuses. Parmi les textes littéraires qu'ils ont retrouvés, ils ont signalé à M. Salomon Reinach [3] de longs passages des péans de Pindare, plus de cent lignes d'Hyptipyle, tragédie perdue d'Euripide, une texte perdu de Lysias, des documents historiques relatifs à des incidents inconnus de la guerre du Péloponnèse, etc...

M. Seymour de Ricci avait reçu de l'Académie des Inscriptions et Belles-Lettres une subvention pour l'achat de papyrus en Egypte. Les acquisitions ont été fort nombreuses. On peut citer celle d'un feuillet de papyrus portant un fragment considérable

---

1. Voir Comptes-Rendus de l'Académie des Inscriptions et Belles-Lettres, 1905, p. 603-611.

2. Id., p. 73-75.

3. Comptes-rendus de l'Académie des Inscriptions et Belles-Lettres, 1906, p. 203-204.

du procès-verbal, en langue grecque, d'une séance du sénat d'Antinoë [1] ; une série de documents provenant de Siout ou Lyconpolis, et parmi ceux-ci des contrats, des pièces relatives à l'organisation militaire de la province, et un fragment de l'Odyssée ; des papyrus démotiques littéraires. Ces derniers textes, qui ont été examinés par M. Spiegelberg ont fourni un recueil de sentences morales et un roman historique dont le héros était le roi Petoubastis, de la XXIIIe dynastie [2].

Dans un mémoire sur « Les abeilles dans l'Afrique du Nord [3] », lu au Congrès des Sociétés Savantes en Avril 1905, M. Lefébure a signalé un exemple de l'enfumage employé par les anciens Egyptiens pour la récolte du miel ; les ruches étaient des cylindres assez semblables à des tuyaux de drainage ; cette forme est encore en usage aujourd'hui.

Nous aurons à compléter cette chronique quand nous posséderons les renseignements qui nous manquent encore sur les résultats des fouilles de la première moitié de l'année 1906.

Philippe VIREY.

CHRONIQUE

16. — **Du Positivisme au mysticisme** ; Étude sur l'Inquiétude religieuse contemporaine, par Jules PACHEU. — Paris, Bloud, in-16 de 360 p. (Prix : 3 fr. 50).

Le présent volume étudie en autant de chapitres : l'état d'âme positiviste ; mysticismes humanitaire, naturiste ; l'état d'âme pessimiste ; pessimisme doctrinal : ascétisme de Schopenhauer ; réactions contre le pessimisme : l'état d'âme dilettante ; l'individualisme nietzschéen ; l'évangélisme sentimental de Tolstoï ; l'ésotérisme, ce qu'il est, son développement et ses causes ; l'ésotérisme, sa méthode, son histoire, ses doctrines ; le christianisme, fantômes et réalités ; Epilogue.

M. Pacheu analyse tous les symptômes dans l'âme contemporaine qui dénotent la nostalgie de la divine révélation. Il a rêvé d'écrire une suite de l'*Essai sur l'indifférence religieuse*, indifférence qui de toutes parts a fait

---

1 et 2. Id., 1905, p. 160-168, et p. 397-405.

3. Voir Bulletin historique et philologique, 1905.

place à l'inquiétude. C'est un livre à lire pour l'intérêt qu'il présente et aussi pour les fortes pages qu'il contient.
D. S.

17. — **Graecia capta. Saggi sopra alcune fonti greche di scrittori latini.** par Carlo Pascal. — Firenze, Le Monnier, 1905, in-8, 177 p.

M. C. Pascal, professeur à l'Université de Catane, a réuni sous ce titre, emprunté à un vers célèbre d'Horace [1], un certain nombre d'articles qu'il avait publié dans diverses revues d'érudition, telles que Rivista di filologia, Atene e Roma, Studii italiani di filologia classica, etc. De plus, sur 17 études, six étaient restées inédites. Les sources grecques invoquées sont Epicharme, Ibycus, Cléanthe, Euripide, Callimaque, Aristote, Epicure, Philodème, Eratosthène, Sophocle, Homère, Empédocle, le περὶ κόσμου (comme ayant inspiré le poème de l'Etna, avec les météorologiques d'Aristote), enfin Aelius Aristide. Ces mémoires sont frappés au coin d'une science étendue et précise. Ils présentent des rapprochements souvent nouveaux entre les auteurs latins et les poètes ou philosophes grecs qui leur ont prêté leur originalité.
C. E. R.

ACADÉMIE DES INSCRIPTIONS ET BELLES-LETTRES

Séance du 18 mai — M. Reinach, cédant le fauteuil de la présidence à M. Collignon, entretient l'Académie des fouilles d'Alésia, sur lesquelles un Echo » récent renseignait nos lecteurs. M. le commandant Esperandieu lui signale qu'on a trouvé un grand nombre de monnaies, un bronze de Mercure et un buste de Silène qui est un morceau de premier ordre. Ces trouvailles semblent prouver que l'Alésia gallo-romaine n'a pas disparu peu à peu, mais a dû être détruite de fond en comble par un incendie qui n'a pas permis aux habitants de venir rechercher leurs biens. M. le duc de Loubat, correspondant de l'Académie, a fait parvenir à la Société de Semur une somme de 1,000 fr. pour la continuation des fouilles.
— M. Reinach annonce ensuite que MM. Grenfell et Hunt ont découvert à Oxyrhynchus en Egypte des papyrus d'une grande importance, entre autres 135 vers de *péans* de Pindare, 100 vers d'une tragédie perdue d'Euripide, *Hypsipyle*, 70 vers des Méliambes de Cercidas, un fragment étendu d'une histoire de la Grèce au quatrième siècle et surtout quarante-cinq lignes de texte d'un Evangile jusqu'ici inconnu.

1. « Graecia capta ferum victore » cepit, et artes
« Intulit agresti Latio. . . . . »

Sur le rapport de M. J. Lair, le prix Bordin (moyen âge) est ainsi réparti : 2.000 fr. à M. Jules Gay pour son livre sur *l'Italie méridionale et l'empire byzantin de 867 à 1071* ; — 600 fr. à MM. Samaran et G. Mollat pour leur livre ; *la Fiscalité pontificale en France au quatorzième siècle* ; — 400 fr. à M. Pierre Champion pour son livre : *Guillaume de Flavy, capitaine de Compiègne*. — Sur le rapport de M. l'abbé Thédenat, les résultats du concours pour les Antiquités nationales sont les suivants : 1re médaille : M. Léon Mirot pour son livre : *Isabelle de France, reine d'Angleterre, comtesse d'Angoulême*. — 2e médaille : M. Ph Lauer pour sa publication des *Annales de Flodoard*. — 3e médaille : M. Serbat pour son livre : *Assemblées du clergé de France, de 1561 à 1615*. — 4e médaille : M. Henry d'Allemagne pour son ouvrage sur *les Cartes à jouer du quatorzième au vingtième siècle*. Sept mentions honorables sont attribuées à MM. 1. Georges Dottin 2. l'abbé C. Allibert ; 3. Lucien Bégule ; 4. l'abbé Abgrall ; 5. Emile Bonnet ; 6. Henri Moris ; 7. J.-C. Demarteau. — M. Émile Chatelain communique divers fragments d'imprimés du commencement du seizième siècle (incunables), provenant de reliures de la Bibliothèque de la Sorbonne. Il y a reconnu notamment : cinquante-huit feuillets d'un *Bréviaire* de Rodez imprimé à Lyon avant 1525 probablement ; — quelques pages d'un texte nouveau de la *Mélusine* de Jean d'Arras ; — cinq feuillets d'une édition du pseudo-Birose faite par Jean Gourmont vers 1510 ; huit pages d'épreuves d'un Traité de Raoul de Montfiquet sur le mariage d'environ 1510 — quatre feuillets du *Jouvencel* de Jean de Bueil, imprimé probablement par Philippe Lenoir en 1520 ou 1523. — M. Joret lit un Mémoire étendu sur les fouilles faites par M. Vasseur en Provence, dans la région d'Aix et commente diverses attributions ou identifications proposés par ce savant. — M. A. Thomas donne lecture de quelques parties d'un mémoire de M. Alfred Leroux, archiviste de la Haute-Vienne, sur le sac de Limoges par le prince de Galles en 1370 (19 septembre) et le relèvement de cette cité au seizième siècle. M. Leroux, grâce à une étude approfondie des différentes sources, réduit à 300 (au lieu de 3,000) le nombre des victimes qui succombèrent lors du siège de la ville. D'autre part, des documents nouveaux permettent d'établir que le palais épiscopal ne fut reconstruit qu'en 1534-1537 et les remparts seulement en 1545-1552. Deux siècles furent donc nécessaires à cette œuvre de restauration.

Séance du 23 mai. — M. Chavannes communique les résultats des recherches auxquelles il s'est livré, de concert avec son collègue du Collège de France, M. Sylvain Lévi, sur trois fragments d'un manuscrit chinois provenant du Turkestan oriental, et qui sont en la possession de M. Rudolf Hoernle, à Oxford. Ces débris proviennent de la version chinoise d'un ouvrage boudhique intitulé : *Pragrâpâramitâ*, qui dut être écrit entre le septième et le dixième siècle de notre ère. — Sur le rapport du même érudit, le prix Saintour (ouvrages sur l'Orient) est réparti de la façon suivante : 1,500 fr. au P. Lagrange, pour son ouvrage : *Etudes sur les religions sémitiques* ; 500 fr. à M. Victor Chauvin, pour les fascicules publiés de sa *Bibliographie des ouvrages arabes ou attribués aux Arabes* ; 500 fr. à Moïse Schwab, pour son *Rapport sur les inscriptions hébraïques de la France* ; 500 fr. à M. l'abbé Labourt, pour son livre : *le Christianisme dans l'empire perse*. — Sur le rapport de M. CHATELAIN, le prix Delalande-Guérineau est attribué à M. Edmond Courbaud, maître de conférences à la Faculté des Lettres de Paris, pour son édition du livre Ier du *de Oratore* de Cicéron. — Sur le rapport de M. OMONT, le prix Brunet, de la valeur de 3,000 fr., est réparti de la façon suivante : 2,000 fr. à M. Frédéric Lachèvre, pour sa *Bibliographie des recueils collectifs de poésies* publiés de 1597 à 1700, — et deux récompenses de 500 fr. chacune à l'ouvrage de M. A. de la Bourelière : *l'Imprimerie et la librairie à Poitiers aux dix-septième et dix-huitième siècles*, — et à celui de M. P.-P. Plan : *Bibliographie rabelaisienne*. — M. CLERMONT-GANNEAU analyse un rapport du P. Lagrange sur une récente exploration archéologique en Palestine. — M. SALOMON REINACH lit une curieuse étude sur un manuscrit commenté par le cardinal Jean de Médicis, plus tard Pape sous le nom de Léon X, et établissant que le prélat a lu Attila, roi des Huns, là où il fallait lire *Tolita*, roi des Goths. — Après un vote au scrutin secret, l'Académie attribue le premier prix Gobert, de la valeur de 9,000 francs, à M. Ernest Petit (de Veausse), érudit bourguignon et conseiller général de l'Yonne, pour son *Histoire des comtes et ducs de Bourgogne*, en neuf volumes in-8. Le second prix de la valeur de mille francs, est maintenu à M. Alfred Richard, archiviste de la Vienne, pour son *Histoire des comtes de Poitiers*.

L'Éditeur-Propriétaire-Gérant : ALBERT FONTEMOING.

BULLETIN CRITIQUE

166. — **Le P. Ventura**, par A. Rastoul. — Paris, librairie des Saint-Pères, in-12 de 187 p. (Prix : 3 fr. 50).

Sont-ils encore nombreux, ceux qui, il y a cinquante ans et plus, entendirent le P. Ventura à la Madeleine, à Saint-Vincent de Paul, à Saint-Louis d'Antin ? Ses conférences ne ressemblaient guère à des sermons ; elles ne ressemblaient pas non plus aux Conférences de P. Lacordaire, récemment descendu de la chaire de Notre-Dame, ni à celles du P. Félix que Paris commençait à connaître. Les textes des Pères et de Saint-Thomas abondaient dans ces discours qui n'étaient cependant pas des centons ; on y sentait un penseur qui s'était assimilé les richesses de la tradition, et un orateur qui trouvait spontanément de saisissantes images : il nous montrait un jour l'Eglise catholique passant, invulnérable et victorieuse, à travers les *navires forbans* de l'hérésie et du schisme. Sa doctrine était large et consolante, témoin cette conférence où il établissait que, dans les communions dissidentes, les simples se sauvent en croyant *catholiquement* à l'enseignement de leurs ministres. On goûta l'illustre théatin dont l'accent même et les hardiesses italiennes favorisaient le succès en piquant la curiosité. Un accent étranger dans certaines bouches, n'est-ce pas comme le sel qui ajoute à la saveur des aliments ?

Avant de monter dans les chaires de Paris, le P. Ventura avait occupé en Italie une place presque sans égale, et exercé une action considérable. Grégoire XVI, peu sympathique à certaines idées du théatin, lui rendait ample justice quand il disait (c'est de Rome surtout qu'il parlait) : Nous avons de nombreux théologiens, « de **nombreux apologistes** de la religion, des publicistes, des ora-

« teurs et des écrivains de talent, mais seul le Père Ventura est
« tout cela en même temps. »

Les années du pontificat de Grégoire XVI furent pour Ventura des années heureuses. Etranger à la politique, réfugié dans la prière, dans l'étude, dans les travaux de l'apostolat, il faisait du bien; et sa renommée déjà éclatante, gagnait en sérénité. L'avènement de Pie IX qu'il acclama avec enthousiasme, presque avec ivresse, changea le cours de sa vie. Ventura devint le conseiller politique du nouveau pape, conseiller écouté d'abord avec une confiante sympathie, mais qui s'aperçut bientôt qu'il demandait plus qu'il ne pourrait obtenir. Ce n'est pas qu'en ces premiers temps du règne de Pie IX, Ventura fût le moins du monde un révolutionnaire. Qu'on lise le mémorable éloge d'O'Connel, prononcé à Saint-André *della Valle* les 28 et 30 juin 1847; plus d'un de nos jeunes contemporains s'étonnera peut-être de la modération des idées et du langage. Sans doute, dans cette Oraison funèbre, on rencontre la phrase fameuse : « L'Eglise pourra se retourner vers la démocratie; elle la fera chrétienne, comme elle a fait chrétienne la barbarie... elle baptisera cette fille sauvage », mais, dans un langage éloquent, Ventura n'exprime-t-il pas une vérité que les premiers essais de Pie IX, que les enseignements de Léon XIII ne permettent pas de méconnaître? Toutefois, entre le pape et le théatin, l'accord n'était pas complet et ne fut pas durable. Ventura, né à Palerme, nourri dans l'aversion de la monarchie napolitaine, ressentait les passions guelfes qu'il ne désavoua jamais; d'autres guelfes de ce temps-là sont devenus plus tard des gibelins, enrôlés sous le drapeau de l'unité italienne. Démocrate, (le droit électoral qu'il réclamait était celui du père de famille, non de l'individu isolé; comme Bonald, il eût dit volontiers : *l'unité sociale, c'est la famille*); décentralisateur aussi, Ventura aurait voulu pousser Pie IX dans une voie résolûment démocratique et décentralisatrice; et Pie IX répugnait à s'engager sitôt et si avant dans la voie des innovations, ces innovations eussent-elles dû le ramener au moyen-âge. D'ailleurs, quelles que fussent les sympathies italiennes, les tendances réformatrices du pontife (si l'on croit certaines rumeurs, Grégoire XVI disait : *chez les Mastaï tous sont libéraux jusqu'au chat de la casa*, Pie IX n'oubliait point qu'avant tout, il était pape; et puis ces *étrangers* contre lesquels des esprits ardents prétendaient l'armer, étaient aussi ses enfants. Enfin, les réformes tentées avec le concours de l'intrépide Rossi, échouèrent dans le sang. Disons-le tout de suite, l'historien de Ventura, M. Rastoul, est bien chiche d'éloges pour l'homme qui osa se dévouer à la cause presque désespérée du pape, et affronta avec un dédaigneux, courage le poignard des assassins. J'ajouterai que M. Rastoul se méprend lorsqu'il place en 1847 la mission diplomatique de Rossi auprès du Saint-Siège ; c'est en 1845 que M. Guizot l'envoya, non point à Pie IX, mais à Grégoire XVI dans une intention, certes, moins persécutrice que ne l'était la fameuse interpellation de M. Thiers.

On sait ce qui suivit l'assassinat de Rossi. Pie IX se réfugia à Gaëte, et, découragé, sans les supplications obstinées du cardinal Giraud, archevêque de Cambrai, il eût peut-être imité Saint Célestin V, et déposé le suprême pontificat. Quant à Ventura, il eut le tort très grave de s'engager de plus en plus avec la révolution romaine, quoiqu'il n'en ait pas admis le principe. Il prononce à Saint-André *della Valle* l'éloge des Viennois morts pendant le siège de leur ville par les troupes impériales; il publie un *Aperçu sur la situation romaine et le règne de Pie IX*; il représente la Sicile auprès de la république romaine, regardée par lui *comme gouvernement de fait* (puérile subtilité); il assiste à la bénédiction que l'abbé Spola avait osé donner du haut de la *loggia* de Saint-Pierre; enfin, lors du siège de Rome par nos soldats (juin 1850), il écrit à un ecclésiastique français, qui ne garda point le secret, une lettre où le pape était comparé au calife de la Mecque. Ventura comprit qu'après la rentrée de Pie IX dans sa capitale, il eût été trop mal à l'aise à Rome ; la Sicile, où les Napolitains dominaient de nouveau, lui était fermée; il s'embarqua pour Marseille, et s'établit à Montpellier. L'expiation et l'épreuve l'y attendaient. Plus sévère que Rome, l'évêque de Montpellier, Mgr Thibault, d'un gallicanisme notoire, interdit à l'exilé la célébration des saints mystères. Le général des théatins lui infligea un blâme public ; si Pie IX ne s'y fut opposé, l'Ordre eût même expulsé son plus illustre fils. De meilleurs jours luisirent cependant pour Ventura. Quoique réconcilié avec Mgr Thibault, il jugea opportun de quitter Montpellier, et de se fixer à Paris (juillet 1851). Il y trouva dans la chaire les succès dont nous parlions en commençant. Le P. Ventura publia les Conférences des premiers temps de Paris sous ce titre : *La Raison philosophique et la Raison catholique.* Il fit paraître aussi un *Essai sur le pouvoir public* où il expose sur l'origine de la souveraineté une doctrine très différente, malgré quelques illusoires apparences, des théories de Jurieu et de Rousseau. Enfin, à ces suprêmes années si laborieuses, appartiennent des ouvrages d'ordre philosophique : *La vraie et la fausse philosophie* ; un *Essai sur l'origine des idées et le fondement de la certitude* ; *La tradition et les semi-pélagiens de la philosophie chrétienne.*

Contemporain, ami de La Mennais dont l'âme lui demeura toujours chère, Ventura était traditionaliste. Il l'était moins sans doute que l'auteur de l'*Essai sur l'indifférence* ; il l'était cependant, et Saint Thomas n'eût avoué qu'avec de décisives réserves un disciple qui se plaisait tant à se réclamer de lui. Le saint docteur eût formellement repoussé cette opposition entre la philosophie *inquisitive* et la philosophie *démonstrative*, laquelle est fondamentale dans le système de Ventura. « La raison », dit le théatin, « n'a pas été
« donnée à l'homme pour trouver de lui-même, avec le secours
« qu'elle lui prête, les vérités essentielles de l'ordre intellectuel
« dont la connaissance lui est indispensable dès le premier âge de
« la vie, parce que, quant à ces vérités, la Providence de Dieu
« a disposé qu'elles lui soient révélées par la tradition sociale
« avant même qu'il ait commencé à raisonner, et comme pour
« former la base de la raison même.. La raison n'a été donnée à
« l'homme que pour dépouiller... ces mêmes vérités...des erreurs
« dont elles pourraient avoir été altérées, que pour s'en rendre
« compte à lui-même, que pour les défendre... » C'est là restreindre outre toute mesure la puissance de la raison, et c'était contredire par avance l'enseignement du concile du Vatican.

Ce que Saint Thomas n'eût pas non plus approuvé, c'est le ton injurieux avec lequel le P. Ventura traite les semi-pélagiens, c'est-à-dire les adversaires du traditionalisme. Si incliné qu'il soit à l'indulgence par son admiration, M. Rastoul ne peut sur ce point défendre le P. Ventura. Et je me rappelle encore le jugement indigné que le P. Gratry, ménagé cependant par l'âpre Sicilien, portait sur de tels procédés, dans une conversation avec un jésuite des plus distingués, le P. Charles Daniel.

Nonobstant ces emportements et ces erreurs, le P. Ventura n'en a pas moins laissé un juste renom d'éloquence, de doctrine, de dévouement à l'Eglise. La très sincère et très suggestive biographie que M. Rastoul vient d'écrire, ravivera le souvenir d'un homme qui fut plus d'une fois nommé le Bossuet de l'Italie.

A. LARGENT.

---

167. — **Religion, critique et philosophie positive chez Pierre Bayle**, par Jean DELVOLVE. — Paris, Alcan, 1906, in-8, de 445. p. (Prix : 7 fr. 50).

Bayle, ainsi que M. Delvolve le note justement, est plus célèbre par son *scepticisme* que connu pour sa méthode *critique* et *positive*. Et c'est à faire comprendre cette méthode féconde et l'originalité de pensée de celui qui la pratiqua, que s'attache l'auteur. L'influence presque anonyme du grand critique pillé par les « philosophes » du XVIIIe siècle sera de la sorte expliquée en son principe presque systématique; et Bayle se trouvera replacé dans l'histoire de la philosophie française.

Ecrivain qui ne « compose » guère, esprit purement discuteur en apparence, Bayle ne peut aisément être étudié sous forme directe d'analyse des doctrines; M. Delvolve adopte avec raison la forme de la biographie intellectuelle. Toutefois, soucieux de systématiser la pensée positive de celui qu'il restitue, il montre le bien de ces réflexions critiques, soit (dans la première partie) en revenant de façon expresse, en un chapitre spécial; sur les idées d'ensemble de Bayle, soit (dans la deuxième partie) en dirigeant sa biographie de manière à étudier séparément et la discussion critique et l'élaboration positive qui constituent la philosophie baylienne. Il a pris soin, en terminant son travail, de marquer le rapport des idées et de la méthode de Bayle, soit aux doctrines philosophiques, soit aux attitudes scientifiques, et de l'époque même et des siècles ultérieurs.

L'ouvrage se compose de deux parties. La première a pour objet le développement de l'esprit de Bayle jusqu'en 1692, c'est-à-dire jusqu'au *Commentaire philosophique* et aux polémiques qu'il soulève. La deuxième a pour centre le *Dictionnaire historique et critique*, expression plus ou moins déguisée des idées de Bayle à l'époque où sa pensée fut entièrement mûrie. Et l'on s'aperçoit à la lecture de cette biographie que la philosophie de Bayle se partage en deux périodes. Dans la première, adversaire déjà du dogmatisme religieux, mais demeurée *dans* la religion (malgré son hétérodoxie), il cherche à réformer la religion d'un point de vue pratique et moral, et il enveloppe sa critique d'un vêtement théologique. Dans la seconde, c'est bien la religion même qu'il attaque, du point de vue d'un naturalisme expérimental. — M. Delvolve analyse de façon très claire le principe du *scepticisme* baylien, à savoir la théorie de l'*évidence*, et la distinction entre l'évidence *absolue*, purement rationnelle, bornée aux mathématiques et aux axiomes généraux, et l'évidence *relative*, basée sur les *faits* et l'accord des esprits; et il montre comment cette conception évolue, de telle manière que le critère du fait en vient à absorber *toute* l'évidence, la théorie de Bayle aboutissant ainsi à une prescription de la métaphysique *a priori*, à une réduction quasi kantienne de nos idées au pur domaine de l'expérience. Et si, dans la première période, par une autre analogie avec Kant, Bayle séparait radicalement spéculation et pratique, attribuant une valeur indiscutable aux dictons (mystérieuses dès lors et d'apparence surnaturelle) de la *conscience*, dans la deuxième période, la conscience redevient solidaire de la raison spéculative, mais bornée (celle-ci) au monde de la nature phénoménale et se développant par la *culture* même de l'esprit; ainsi le moral perd toute attache théologique. Elle devient même entièrement *positive*, (et Bayle est par là le précurseur de la morale sociologique), par le fait même que les axiomes de la moralité sont regardés désormais comme *donnés* dans l'expérience, et que la morale rationnelle se réduit à l'ensemble des maximes conservées par toutes les civilisations. Ainsi s'accentue peu à peu dans la doctrine de Bayle l'affranchissement de l'esprit; et par là se fonde solidement chez lui la liberté de conscience, qui, d'abord simple tolérance réclamée en vertu de l'inévidence et des droits de la *conscience errante*, devient enfin approximation personnelle et positive de la vérité contre le dogmatisme orthodoxe ou même religieux. Et il est remarquable que ce souci de la méthode positive inspire Bayle à tel point que, non plus métaphysicien dogmatiste, mais philosophe qui systématise la science expérimentale, il propose l'hypothèse cosmologique des atomes animés, si proche (en un sens) de la synthèse monistique de tels savants contemporains.

Si Bayle offre avec le kantisme des affinités, il n'en représente pas moins, aux yeux de M. Delvolve, un stade critique et positif plus avancé que la position kantienne. Sur un point seulement, Bayle demeure théologien encore, en sa doctrine des passions irrationnelles, issue de la doctrine du péché. Et M. Delvolve pense que l'idée cartésienne de la pénétration rationnelle des instincts achèverait sur ce point la thèse positive de son auteur.

Dirons-nous, en terminant, que la haine de la théologie et l'affirmation intransigeante du naturalisme apparaissent trop nettement chez l'*historien* de Bayle? Et l'on pourrait se demander si le *positivisme* est suffisamment *critique* chez un philosophe qui ne critique pas l'expérience, et voyant dans le libre-arbitre une survivance du dogmatisme religieux, regarde le déterminisme interne comme *donné en fait*!

* * *

Les éléments sociologiques de la morale, par Alfred Fouillée. — Paris, Alcan, 1905, in-8 de xii-379 pp. (Prix : 7 fr. 50).

M. Fouillée, depuis la publication de sa *Critique des systèmes de morale contemporains*, s'est toujours occupé de morale. C'est ainsi qu'il a consacré un volume à la critique de l'*immoralisme* nietzschéen, un autre (plus récent) au *formalisme* de Kant et à l'*amoralisme* actuel. Il prépare une *morale des idées-forces*, à laquelle le présent ouvrage sert d'introduction. Il y examine les éléments *objectifs* de la moralité, ses conditions *biologiques*, *sociologiques* et *cosmologiques*. Il critique les théoriciens de la morale *darwiniste*, insistant sur ce fait que la *coopération* joue dans l'ordre vital le rôle prépondérant. Il critique les thèses des *sociologues*, tels que M. Durkheim et M. Lévy-Brühl, qui réduisent toute morale à une simple application de la *science des mœurs*. Il combat les théories outrées des *solidaristes*, rappelant que lui-même est particulièrement autorisé à un tel examen, puisque l'un des premiers il fit voir l'importance de la solidarité. Il combat également l'individualisme sociologique et « amoral » des *libertaires*. Enfin, étudiant les éléments cosmologiques de la moralité, il est amené à critiquer la *morale de l'évolution cosmique*. — L'ensemble de l'ouvrage développe, en ses *faits* et ses *déductions*, la partie *scientifique* de la morale. Mais l'auteur estime que le point de vue *subjectif*, celui des *idées-forces*, est le seul qui donne à la morale son *objectivité* réelle; la *psychologie* et la *philosophie générale*, fondées sur la psychologie, « appréciant la valeur des idées-forces sur lesquelles repose la morale, » déterminent leur *validité*. Ainsi M. Fouillée a pour « ambition d'opérer une synthèse des diverses morales au moyen d'idées supérieures à chacune d'elles, » « de ne sacrifier ni les sciences objectives à la psychologie et à la philosophie générale, ni la psychologie et la philosophie aux sciences objectives. » « La morale doit reposer sur la synthèse aussi compréhensive que possible des sciences et sur l'analyse aussi exhaustive que possible de la conscience en expérience première. »

J. Segond.

---

168. — **Growth and Structure of the English Language**, par Otto Jespersen. — Leipzig, Teubner, 1905, in-8 de iv-260 pp. (Prix : 3 mk.)

Ce livre est à la fois un excellent résumé des plus récentes conclusions de la philologie anglaise, et un manifeste discret, mais d'autant plus convainquant, de cette école de linguistes psychologues dont l'auteur et M. Nyrop sont les maîtres appréciés, en Danemark — et ailleurs.

Et d'abord, c'est un résumé très plein, et très agréable à lire, de ce qu'une science un peu ingrate s'est laborieusement acquis : on y voit le fonds continental germanique (ch. 2) s'épanouir en ce vieil anglais si autonome, si peu mélangé de celticismes et de latinismes encore (ch. 3) ; recevoir ensuite ces apports scandinaves — dont il est curieux de voir les philologues d'aujourd'hui mieux reconnaître l'importance (ch. 4), puis ces apports normands (ch. 5) latins et grecs (ch. 6), et constituer ainsi une langue unique au monde pour sa facilité d'assimilation, sa souplesse créatrice, riche jusqu'à la pléthore de mots qu'elle forme ou déforme avec une incroyable liberté (ch. 7) et d'une grammaire simple à la fois et expressive, plus fidèle à la vie, moins éprise de logique que la nôtre (ch. 8.) Tel est le corps de l'ouvrage. Une introduction sur les caractères généraux de la langue, et un chapitre (9) sur la langue de Shakespeare et son influence en poésie anglaise, encadrent l'exposé historique. Quelques remarques sur l'élément biblique et puritain, et sur l'expansion de l'anglais dans le monde, terminent ce livre substantiel.

Mais l'esprit qui l'anime est encore son plus grand mérite. M. Jespersen a un sens aigu de la complexité des causes qui influent sur l'évolution des langues : il aime les solutions doubles (p. 187, origine du mot Yankee ; p. 221, changements dans le vocabulaire de Shakespeare, etc..). De plus, il cherche les raisons intérieures, et dès qu'il en soupçonne, il les préfère aux explications purement formelles et mécaniques (le recul de l'accent est ainsi fondé en psychologie, p. 104). Enfin, et d'une manière plus générale, le souci de montrer les choses sous leur aspect vivant, réel et présent, s'il se peut, éclate à chaque page : ainsi (p. 77) un exemple, emprunté aux *settlers* scandinaves des Etats-Unis, vient appuyer la théorie de Windisch sur le mélange des races; ailleurs, certains jeux du langage, mots familiers à la fois et très mystérieux, feront penser l'auteur aux fantaisies de l'invention verbale des enfants (p. 177).

On pourra discuter certains de ces rapprochements — et par exemple celui qui juxtapose l'écriture ferme et droite des Anglaises d'aujourd'hui (phénomène récent, et peut-être éphémère) et les traits séculaires de masculinité que la langue elle-même nous offre. Mais nul ne se plaindra qu'au risque d'être un peu téméraire, on cherche à creuser le fait brut et le catalogue pédant, afin d'y mettre, là aussi, moins d'esprit géomètre et plus d'esprit de finesse [1].

A. KOSZUL.

---

[1]. Les protes de Leipzig n'ont fait que peu d'erreurs et insignifiantes sont celles que nous avons relevées : *to* pour *tos* (p. iii), *je m'étais* pour *était* (p. 9), *to* répété à tort (56); *Interlocutors tendeven, outside, ninetcenth* à lire p. 146, 148, 199, 227.

169. — **Vie et office de sainte Marine**, (*textes latins, grecs, coptes, arabes, syriaques, éthiopien, haut-allemand, bas-allemand et français*), publiés par Léon Clugnet, avec la collaboration de E. Blochet, J. Guidi, H. Hyvernat, F. Nau et F. M. E. Pereira. — Paris, Picard, 1905, in-8 de xl-296 pp. avec 9 gravures. (Prix : 10 fr.)

Ce n'est pas une histoire banale que celle de sainte Marine. Un homme devenu veuf se retire dans un monastère avec sa fille, jeune enfant dont il avait dissimulé le sexe sous des habits masculins. Après la mort de son père, Marine continua à grandir au milieu des moines et à suivre leur règle. Tout alla bien tant qu'elle ne sortit pas du couvent : par sa conduite exemplaire elle édifiait les religieux, qui ne soupçonnaient pas la vérité. Mais le jour vint où le Père abbé l'envoya aux provisions avec les autres moines ; elle dût s'arrêter en route chez un hôtelier dont la fille avait péché avec un étranger. Lorsque la coupable fut dans l'impossibilité de dissimuler sa faute à ses parents, elle la rejeta sur le frère Marin, qui lui avait fait violence, disait-elle. Le père courut dénoncer le jeune religieux à son supérieur. Marine garda le silence devant l'accusation et, plutôt que de révéler son sexe, elle se soumit à une pénitence des plus rudes et des plus longues. Ce ne fut qu'à sa mort que son sexe fut découvert et son innocence reconnue.

Cette histoire est-elle authentique? Son invraisemblance et sa répétition dans d'autres vies de saintes jettent sur elle *a priori* un discrédit évident. M. Clugnet penche cependant pour son authenticité ; il croit que le fait a été possible dans les vastes monastères d'Orient, et il constate que si la biographie de sainte Marine a servi de modèle à d'autres, elle n'est pas composée elle-même de traits empruntés. La sainte aurait vécu au ve siècle, dans le monastère de Kanoubine, dans la vallée syrienne de Kadicha. C'est la tradition maronite, mais M. Clugnet reconnaît, p. xiii, qu'on ne peut la suivre plus haut que le xve siècle. Sans parler des traditions fantaisistes, dues aux copistes ou aux traducteurs, qui font vivre sainte Marine en Bithynie, à Alexandrie, en Italie etc, il en est une autre un peu plus sérieuse qui la place en Arménie. Aussi est-on tenté, même après le travail de M. Clugnet, de dire avec le Père J.-B. du Sollier : « Præter acta in vitis Patrum relata dubia omnia sunt quæ hanc sanctam circumstant, nam quis verus ejus natalis seu obitus dies fuerit, ubi terrarum degerit, quo sæculo vixerit, hactenus satis incertum est » (*Acta Sanctorum*, Anvers 1725, juillet IV, p. 278, cité par M. Clugnet, p. IX).

Le culte de sainte Marine eut une fortune extraordinaire : on le trouve chez les Syriens, les Grecs, les Arméniens, dans les Eglises coptes, à Venise, en Allemagne et à Paris. Avant la Révolution, la paroisse de sainte Marine était la plus petite du diocèse de Paris, mais la seule à la collation de l'évêque ou de l'archevêque. Son église était sur l'emplacement de la rue d'Arcole, elle n'a été démolie qu'en 1867 pour permettre les transformations décrétées par Napoléon III. On ne sait ni quand ni par qui elle avait été élevée. Elle est mentionnée déjà en 1045 dans un acte de Henri Ier, roi de France ; elle remonterait donc au moins à la fin du Xe siècle. On y mariait de gré ou de force, par autorité de justice, les filles qui avaient failli à leur honneur, et le curé leur remettait un anneau de paille. Cette coutume prouve que la patronne de l'église était bien notre héroïne, la sainte faussement accusée. Les plus anciens bréviaires et missels de Paris font mention de sa mémoire à la date du 18 juin, au lieu du 17 juillet, que M. Clugnet croit la date exacte de sa mort.

Nous ne possédons pas l'histoire originale de sainte Marine qui avait été écrite en syriaque ou peut-être en grec, p. III-IV. Nous en avons seulement des versions plus ou moins déformées et amplifiées, en latin, en grec, en syriaque, en copte, en arabe, en éthiopien, en haut et bas-allemand et en français. La version latine est la plus ancienne. Dans la seconde partie du volume, M. Clugnet et ses collaborateurs ont reproduit tous ces textes d'après les manuscrits les plus anciens ou les meilleures éditions. C'est assez dire que leur travail forme une contribution des plus scientifiques à l'hagiographie orientale. François MARTIN.

---

170. — **L'Orient dans la littérature française au XVIIe et au XVIIIe siècle**, par Pierre MARTINO, professeur agrégé des lettres au lycée d'Alger, docteur ès-lettres. — Paris, Hachette, 1906, in-8 de 378 p.

Dans son introduction l'auteur nous parle de la tradition littéraire de l'Orient, ou plus exactement peut-être de la tradition littéraire de l'Occident relative à l'Orient. Jusqu'au xviiie siècle on connaissait fort peu l'Orient et on le connaissait mal. Les rares voyageurs, tels que Marco-Polo, le plus illustre de tous, qui s'étaient aventurés jusque dans ces contrées lointaines, en rapportèrent des notions assez confuses, bien que cependant fort méritoires, car elles étaient le prix de fatigues extrêmes, et souvent de grands dangers. Ils ne parvinrent pas à éveiller la curiosité de leurs compatriotes, ni le désir de connaître davantage le royaume de Cathay. On préférait s'en tenir aux légendes imaginées par les poètes, Arioste, par exemple, qui donnait, dans son *Roland furieux* la belle Angélique pour une princesse de ce pays. Pour ce qui concernait *Mahom* et les *Sarrasins*, les chansons de geste, et les récits des Croisades semblaient contenir tout ce que l'on pouvait savoir à leur sujet. Le goût des choses de l'Orient naquit au xviie siècle, se continua durant le xviiie avec des fluctuations diverses, pour aboutir avec Anquetil Duperron, vers la fin de ce dernier, à la véritable science de l'Orient, à l'Orientalisme. Le sujet de cet important travail, c'est ce premier Orientalisme, celui d'avant la lettre et d'avant le mot.

L'auteur divise son ouvrage en deux parties. Dans la première il étudie ce qu'il appelle « la connaissance de l'Orient », c'est-à-dire l'étude de ces contrées, les notions fournies sur elles, durant ces deux siècles par les voyageurs, les commerçants, les missionnaires, les savants qui, sans sortir de leurs cabinets, s'efforcèrent de coordonner toutes ces notions et d'en faire une sorte de synthèse. Dans la seconde partie qui répond plus directement au titre du volume, M. Martino nous dit le parti que les littérateurs tirèrent de ces sources multiples et plus ou moins troubles, dans la tragédie, la comédie, le roman, la satire, la philosophie et les arts. Cette division l'oblige à revenir deux fois sur les mêmes époques, ce qui au premier abord semble une répétition, et c'est peut-être fâcheux, car l'impression demeure dans l'esprit du lecteur. Toutefois, en y regardant de plus près, l'on reconnaît que cette méthode n'est pas aussi défectueuse qu'elle paraît, et que peut-être mieux valait procéder ainsi, pour éviter toute confusion possible.

Les relations des Missionnaires sont incontestablement la mine de renseignements la plus riche que l'on ait. Quelle que fut la naïveté de ces bons religieux, naïveté que s'exagère un peu l'auteur, à mon gré, c'est encore aux *Lettres édifiantes* et aux *Mémoires sur les Chinois* qu'il faut recourir pour bien connaître les Chinois et les Japonais d'alors. S'il y eut une sorte d'émulation entre les jésuites qui évangélisaient la Chine et les jésuites qui évangélisaient le Japon ; si de part et d'autre, l'on s'efforçait d'attirer l'attention spécialement sur ses néophytes, en vantant leurs qualités, maintenant que l'on sait à peu près à quoi s'en tenir sur ces deux peuples, l'on reconnaîtra que si ces qualités furent exagérées, elles n'en sont pas moins réelles, qu'il s'agisse des vertus domestiques ou civiles, et certes pour ce qui concerne, par exemple, les Japonais, l'histoire, d'ailleurs magistrale de Charleroi, est plus instructive que *Madame Chrysanthème*, bien que Loti affiche une connaissance approfondie de cette nation. L'auteur rend d'ailleurs justice à ces missionnaires intrépides qui ne reculaient devant rien pour pénétrer au fond de l'âme chinoise ou japonaise. Que s'ils ne devinèrent pas toujours juste, s'ils prêtèrent aux Célestes une candeur, une simplicité qui semble bien, en effet, n'être pas le fond de leur caractère, de plus habiles s'y fussent mépris. Lorsque l'auteur dit que les voyageurs décrivirent l'Orient, tel qu'il était, ou du moins tel qu'ils l'avaient vu, mais que les missionnaires et les savants qu'il distingue pour les associer aussitôt, le représentèrent tel qu'ils voulaient qu'il fût, j'estime cette double affirmation bien absolue et quelque peu fantaisiste. Tout d'abord, certains jésuites, tels que les PP. Premare et Visdelou, que M. Martino cite du reste avec éloge, prouvèrent qu'ils étaient tout à la fois voyageurs, missionnaires et savants, et qu'ils étaient dès lors mieux qualifiés que personne pour parler de contrées qu'ils n'avaient pas traversées en courant, mais où ils avaient longtemps séjourné. Les philosophes du xviiie siècle, abusant de certaines descriptions enthousiastes, ou du moins trop flatteuses de missionnaires pour les Chinois, et exagérant encore leurs exagérations, donnèrent ceux-ci pour des modèles de toutes les vertus, et en conclurent que la religion naturelle suffisait, et que même il n'y avait que des religions naturelles. Le coryphée de ces philosophes, Voltaire, composa dans ce but des pièces en prose et en vers plus méchantes les unes que les autres, ce qui ne l'empêcha pas, à force d'en parler et d'en écrire, sans plus de compétence, de s'imaginer naïvement que l'Orient n'avait plus de secret pour lui, et de le regarder comme son domaine propre ; aussi en voulut-il à Montesquieu d'avoir chassé sur ses terres, en publiant l'Esprit des Lois sans parler des Lettres Persanes, et pour éviter que l'attention publique s'égarât davantage en se détournant de lui pour se porter plus longtemps sur son rival, il composa l'Essai sur les Mœurs. Les pages consacrées à cette sorte de conflit par l'auteur sont fort curieuses. On voit ce qu'était alors l' « exotisme. »

Lorsque M. Martino parle de « la fameuse théorie des climats, formulée par Montesquieu à propos de l'Asie et presque uniquement à son propos, acceptée en gros par Voltaire » ; c'est fort bien, mais où je ne consens pas à le suivre, c'est lorsqu'il la donne pour « une des plus estimables acquisitions du xviiie siècle », à moins toutefois qu'il s'agisse d'une boutade plus ou moins épigrammatique à l'adresse d'un siècle qui compta si peu d'acquisitions « estimables. » Prétendre que chaque climat impose à l'âme ses croyances, ses dogmes, comme il impose au corps son régime alimentaire et la façon de se vêtir : voilà ce qui n'est guère acceptable. L'Evangile, c'est-à-dire ici, la seule vraie Religion est de tous les préjugés et de tous les peuples, tandis que les fausses religions ne sont nécessairement d'aucun.

Anquetil Duperron, véritable fondateur de l'Indianisme, suivant l'expression de M. Barth, publia en 1771 sa traduction du *Zend Avesta*, et celle des *Oupanichat* en 1804, œuvres bien défectueuses sans doute, mais c'était quelque chose, et il n'y avait rien en ce genre auparavant. Il n'eut pas de peine à montrer l'insuffisance des Voltaire et des Montesquieu ; à l'entendre, ce n'était que des « publicistes ignorants. »

Dans une dernière page où il rappelle le *Bajazet* de Racine et tant d'autres tentatives de ce genre infiniment inférieures, l'auteur salue dans le commencement du xixe siècle l'aurore, le lever du « soleil oriental » qui luit toujours sur nos têtes.

Le présent ouvrage dénote un effort considérable, et par là très méritoire, et son auteur a fait preuve, en le composant, d'une érudition vaste et sûre. C'est vraisemblablement la thèse qui lui a valu le titre de docteur de la Faculté des lettres.

A. Roussel.

171. — **Abhandlungen zur Geschichte der Landstände ein Erzbistume Salzburg**, par Richard MELL. T. I. *Die Anfänge der Landstände*. — Salzbourg, 1905, in-8 de 240 pp. (Prix : 3 mk. 50).

Nous avons ici un tirage à part de plusieurs articles parus dans les *Mitteilungen der Gesellschaft für Salzburger Landeskunde* pendant les années 1903, 1904 et 1905. Dans cet ouvrage, M. Richard Mell traite des Etats de l'archevêché de Salzbourg. Cette étude entre donc dans les nombreux travaux historiques qui en France et plus encore en Allemagne visent à retracer la vie des anciennes provinces.

On sait que les archevêques de Salzbourg jouèrent un rôle très important dans l'Allemagne d'autrefois. Dès 798, l'évêché de Salzbourg était érigé en archevêché, et il devait demeurer Territoire d'Empire jusqu'à la destruction « du saint Empire romain germanique », sous Napoléon Ier.

Mais l'archevêque était loin d'avoir sur ce territoire un pouvoir absolu. A son côté, il avait les Etats de la province ; leur trait particulier, c'est que leur organisation se constitua très vite pour rester à peu près définitive jusqu'au 4 octobre 1811, date où Salzbourg fut absorbée dans le royaume de Bavière. (P. 5, 65.) Ces Etats étaient divisés en trois ordres : les Prélats, les Chevaliers, la Bourgeoisie. — L'auteur étudie ces différents ordres l'un après l'autre et les évolutions qu'ils ont subies.

Il faut dire toutefois que nous avons cherché en vain le chapitre sur la bourgeoisie. Nous ne voyons pas bien non plus quel ordre a suivi l'auteur. Il aurait sans doute de la peine à expliquer, par exemple, pourquoi au milieu de son chapitre sur les *Chevaliers*, il parle des « Débuts des Etats provinciaux ». (P. 65-72.) Il semble aussi que dans un tirage à part, l'on pourrait enlever les « Suite au prochain numéro » auxquels on se heurte çà et là.

L'ouvrage se termine par cinquante pièces ou collection de pièces justificatives, la plupart inédites. Comme elles ne sont pas toujours dans l'ordre chronologique, l'auteur a dû les faire suivre d'un tableau synoptique. Enfin, treize pages de *Corrections et Additions*, si elles montrent la loyauté scrupuleuse de l'auteur, indiquent aussi qu'il s'est sans doute trop pressé de publier son travail et qu'en outre il n'a pas eu le temps d'en corriger les épreuves.

Mais il reste que le récit est clair, le style simple et correct comme il convient à l'histoire, et les assertions toujours appuyées. Les notes, du reste, se bornent aux références : nous félicitons l'auteur de n'avoir pas divisé son récit en deux parties dont l'une aurait été dans le texte et la seconde dans des annotations.

J. Paquier.

---

172. — **L'insurrection de Lyon en 1793.** — **Le siège et l'expédition du Forez**, d'après des documents inédits, par René Bittard des Portes. — Paris, Emile Paul, 1906, in-8. (Prix : 7 fr. 50).

La population de Lyon avait chassé une municipalité indigne. La Convention, dirigée par le Comité de Salut Public, ne voulait pas pardonner cet acte d'indépendance aux habitants, malgré leurs protestations d'attachement aux institutions républicaines. Elle entendait réduire, même par la force, ceux qu'elle appelait des rebelles. Au mois de Mai 1793, la ville de Lyon présentait tous les signes de l'insurrection. Sur les places des groupes se formaient ; les magasins étaient fermés. On prévoyait des événements graves. Pour conserver les vieilles libertés de la cité, il faudrait sans doute lutter, et chacun, sans distinction de parti, s'enrôlait pour concourir à la défense.

L'insurrection de Lyon fut un des épisodes les plus dramatiques de la Terreur. D'un coté, la résistance s'organisa dans un superbe élan d'union ; de l'autre, les représailles, exercées à l'instigation des représentants en mission, furent acharnées. M. René Bittard des Portes a relaté en détail les tragiques péripéties de cette lutte. Son ouvrage, très soigneusement documenté avec des papiers d'archives et avec des mémoires encore inédits de contemporains, offre un vif intérêt.

Les Lyonnais étaient sincères en affirmant leur loyalisme républicain, mais les rapports haineux et mensongers de Dubois Crancé poussèrent la Convention dans les voies d'une inflexible rigueur. Toute tentative de conciliation fut repoussée. Le siège de Lyon fut décidé.

La défense de la ville s'organisa. La commission départementale en confia la direction à M. de Précy. Celui-ci avait servi dans les rangs de l'armée royale ; mais, refoulant tous les souvenirs qui l'attachaient au régime déchu, se mit résolument à la tête des troupes lyonnaises. Plusieurs nobles et royalistes s'enrôlèrent également parmi les défenseurs, quelques-uns sous des noms d'emprunt : Virieu, La Roche-Négly, Grandval, Clermont-Tonnerre. Ces hommes espéraient-ils que la lutte qui s'ouvrait contre la Convention pouvait vaincre la Révolution et ramener l'ancien état de choses ? En tous cas, ils imposèrent silence à leurs plus intimes convictions. Les lyonnais, d'opinions religieuses et politiques différentes, accueillirent cette collaboration loyale. L'union entre tous dans la « résistance à l'oppression » fut parfaite. Républicains et royalistes firent bravement leur devoir.

Dubois-Crancé s'établit sous les murs de la ville et enjoignit à Kellermann, général en chef de l'armée des Alpes de coopérer à la réduction de la ville, par l'envoi d'une partie de ses troupes. Le conventionnel ne craignait pas de dégarnir la frontière pour engager la guerre civile !

Le bombardement commença dans la nuit du 22 au 23 Août. Il fut très violent. Des incendies éclatèrent sur différents points de la ville. Lyon renfermait de nombreux individus suspects, agents secrets de la Convention et on peut leur attribuer ces incendies, que les bombes seules n'auraient pas allumés. Le 24, l'artillerie de Dubois-Crancé recommença à donner à boulets rouges contre les édifices et les maisons particulières. L'hopital fut atteint. Des scènes de terreur se produisirent. Ce fut à grand peine que le dévouement des admirables sœurs de charité et de plusieurs Dames de la société, pût empêcher la panique parmi les neuf cents malades.

Pendant que la ville était assiégée, une troupe de Lyonnais parcourait le Forez non seulement pour combattre les jacobins, mais encore pour assurer le ravitaillement et pour amener les populations à se soulever contre la Convention. Cette petite armée remporta quelques avantages ; elle occupa des centres importants : Saint-Etienne, Montbrison, Saint-Chamond et d'autres localités. Quoique certaines régions montagneuses, où regnait une vive foi religieuse, fussent ouvertement hostiles à la Révolution, les lyonnais, tout en faisant preuve de bravoure, n'obtinrent pas les résultats qu'ils espéraient. La colonne du Forez rentra bientôt dans Lyon, où elle coopéra avec ardeur à la défense.

On a pu reprocher à Précy d'être resté en quelque sorte sur la défensive et de n'avoir pas tenté un effort pour repousser les assiégeants. Il convient de remarquer que le général n'eut jamais à sa disposition plus de 5000 hommes capables d'effectuer une sortie, tandis que les troupes de la Convention se montaient à 15000 hommes. Précy n'a pas voulu courir le risque de voir son armée écrasée entièrement, tout d'un coup.

Après de longues semaines d'un siège opiniâtre, la ville se trouva réduite à l'extrémité. Les vivres manquaient ; le bombardement avait entassé des ruines ; le découragement commençait à s'emparer des habitants. Couthon venu de Paris, donnait, cloué dans son fauteuil de paralytique, des ordres véhéments ; il pressait les opérations contre la malheureuse cité. La situation devenait chaque jour plus critique. Le 10 Octobre, Précy rassembla tous les défenseurs valides et tenta une sortie désespérée. Les lyonnais accomplirent des prodiges de valeur, mais ils furent écrasés par le nombre. Ils furent vaincus, mais l'honneur de Lyon était sauf.

Les représentants de la Convention entrèrent dans Lyon. Des tribunaux s'organisèrent pour juger ceux qui étaient coupables d'avoir défendu leurs libertés. La guillotine fonctionna sans relâche.

Precy parvint à s'échapper. Après avoir crié pendant deux ans comme un misérable vagabond, il parvint à gagner la Suisse, où il retrouva plusieurs de ses compagnons d'infortune.

M. Bittard des Portes a publié, à la fin de son ouvrage, la liste de l'Etat-major de la défense de Lyon et un plan de la ville et des environs, pour suivre les opérations du siège.

André LE GLAY.

---

173. — **Correspondance du Comte de La Forest, ambassadeur de France en Espagne (1808-1813)**, publiée pour la *Société d'histoire contemporaine*, par M. Geoffroy DE GRANDMAISON. Tome Ier, avril 1808, janvier 1809. — Paris, Picard, 1905, in-8 de XLV-456 pp. (Prix : 8 fr.)

M. Geoffroy de Grandmaison, si versé dans les choses d'Espagne au temps de la Révolution et de l'Empire, a fait précéder cette importante publication de textes d'une notice sur le comte de La Forest qui par le style, la précision, l'esprit, est un morceau historique vraiment achevé. Il nous montre en son personnage « un de ces diplomates qui avaient traversé la Révolution en gardant les traditions de l'Ancien Régime pour en faire bénéficier le gouvernement impérial. »

En quelques pages animées et charmantes, il nous retrace la vie du jeune homme dans sa famille, au collège, en Amérique, sur ces terres que décrira Feminore Cooper, fils du régisseur de M. de La Forest. Puis il le conduit à Lunéville, à Münich, à la diète de Ratisbonne, à Berlin, puis enfin en Espagne. « Nous touchons ici, dit l'auteur, au point culminant de la carrière de M. de La Forest. Son séjour de cinq années consécutives en Espagne, sa mission de porte-parole de l'Empereur, son rôle de conseiller auprès du roi Joseph, constituent la page importante de sa vie. Il est inscrit dans l'histoire de son temps pour avoir été mêlé à cette tragédie des guerres de la Péninsule, pierre de touche des desseins et des actes de Napoléon, pierre d'achoppement de ses ambitions et de ses forces. S'il fallait le suivre pas à pas, il conviendrait de raconter par le détail le règne entier de Joseph Bonaparte. »

Les lettres de La Forest offrent une mine fertile de renseignements; elles révèlent les intentions du maître par les instructions que reçoit son ambassadeur et la façon dont il les accomplit. Elles sont en nombre considérable, plus de neuf cents, et d'un style impeccable que l'on donnait jadis comme modèle aux jeunes attachés du quai d'Orsay.

La Forest est un observateur attentif qui, dans le milieu, restreint par l'insurrection, où il est enfermé, voit et juge tout ce qui se passe. Il est en outre le *mentor* de Joseph. Comme du temps de Louis XIV, au début du règne de Philippe V, l'ambassadeur français est du même coup un ministre espagnol. La position n'est pas toujours agréable, comme le fait observer M. de Grandmaison, entre les injonctions impérieuses de Napoléon et les résistances énervées de Joseph. Sans jamais perdre le respect dû au frère de l'Empereur, il met une incroyable ténacité à l'empêcher d'entraver les plans de Napoléon : « Vous avez, lui écrivait Bassano, connaissance de la pensée de l'Empereur : vous devez insister jusqu'à l'importunité. »

Ce fut encore à La Forest que Napoléon s'adressa quand il voulut rendre l'Espagne à Ferdinand ; il fut en novembre et décembre 1813 le négociateur du traité de Valençay.

N'est-ce point assez dire l'intérêt qui s'attache à la correspondance publiée par M. Geoffroy de Grandmaison ? correspondance entièrement tirée des archives du Ministère des Affaires étrangères et qui va du 22 avril 1808 au 2 mai 1813. (Le tome Ier, d'avril 1808 à janvier 1809). Il est très fâcheux qu'un scrupule de conscience, celui d'une excessive modestie, ait entraîné le comte de La Forest à détruire toutes ses lettres et papiers personnels qui eussent éclairé les documents officiels. « Nous regretterons toujours, dit M. de G., un acte aussi radical d'un homme aussi modéré, mais qui avait peut-être trop vécu au pays des *autodafés* ; et notre déception historique ne lui pardonnera pas la destruction de ces pièces précieuses. »

L'éditeur a reproduit intégralement les dépêches conservées au Ministère des Affaires étrangères, sauf quelques-unes d'un intérêt moindre qu'il s'est borné à analyser. En respectant leur ordre chronologique, il les a classées par périodes, faisant précéder chaque période d'un court résumé historique. La publication présente ainsi son maximum d'utilité et de commodité.

Alfred BAUDRILLART.

---

174. — **Souvenirs d'un préfet de la Monarchie — Mémoires du baron Sers (1786-1862)**, publiés d'après le Manuscrit original avec introduction et des notes par le baron Henri SERS et Raymond GUYOT. — Paris, Fontemoing, 1906, pet. in-8 de xv-339 pp. av. portrait et index. (Prix : 7 fr. 50).

André Sers, né en 1786 et mort en 1862, écrivit ses Mémoires sous forme de *Notes sur sa vie pour ses enfants* en 1852. Fils d'un député girondin à la législative, devenu plus tard sénateur de l'Empire, il entra dès l'an XII (1804) dans l'administration sous les auspices de Jeanbon Saint-André, préfet du Mont Tonnerre à Mayence : attaché au bureau des contributions et de la conscription, il vécut familièrement avec l'ex-membre du Comité de Salut public et de la Convention, ce citoyen Jeanbon en passe de devenir M. le baron de Saint-André, et note avec exactitude et curiosité les relations de cet administrateur — d'ailleurs excellent — avec les populations allemandes d'une part et les autorités françaises de Mayence d'autre part — fort bigarrées. — Auditeur au Conseil d'Etat en 1810, il put ainsi s'initier — et il nous fait profiter de son passage en cette célèbre assemblée — au mécanisme extrêmement intéressant de l'administration centrale de l'Empire. Sous-préfet de Spire en 1811, il nous ramène sur les bords du Rhin où il eut à appliquer le système impérial sous la haute surveillance de son ancien préfet, et où il assiste à la débâcle de 1813. — Le livre est donc une excellente contribution à l'histoire de l'administration impériale sur laquelle les témoignages sont encore si peu abondants.

De 1814 à 1848 Sers resta à titre de sous-préfet et de préfet dans l'administration. Il y a de quoi étonner nos préfets modernes qu'un simple changement de ministère précipite des hauteurs d'une préfecture aux abîmes de la disponibilité ou tout au moins à l'opulente oisiveté d'une trésorerie générale. Sers qui avait servi Napoléon I*er* de 1804 à 1814, servit Louis XVIII, derechef l'Empereur, derechef Louis XVIII, Charles X et Louis-Philippe. Libéral, mais très loyaliste, protestant, mais d'esprit tolérant, homme de relations sûres et parfois aimables, administrateur fort distingué, il craignit des disgrâces, mais ne les subit pas. Ses opinions l'y exposaient : ses talents l'en sauvaient. Sous-préfet de Wissembourg, puis de Nancy (à cette époque les préfets étaient encore doublés de sous préfets dans leurs chef-lieux mêmes), il devint en 1819, à trente-deux ans, préfet du Haut Rhin, après avoir en Lorraine connu les tristesses et les difficultés de l'occupation étrangère dont il relate avec amertume — trente-cinq ans après — les brutalités odieuses.

A Colmar sa qualité de protestant lui créa plus d'une difficulté : le gouvernement de la Restauration tenait pour suspectes de libéralisme les sociétés protestantes d'Alsace, et, d'autre part, Sers n'entendait point se faire pardonner par les tenants du trône et de l'autel, son origine huguenote sur le dos de ses coreligionnaires. Les *ultra* lui attribuant les succès de l'opposition dans le Haut Rhin demandèrent son rappel ou du moins son changement. Il fut préfet du Cantal en 1820 et du Puy-de-Dôme en 1828; il y fut mêlé naturellement de fort près aux scènes violentes qu'y provoquèrent les événements de juillet. Encore que libéral, il sut faire preuve contre l'émeute d'une fermeté qui le rendit odieux au parti du mouvement un instant vainqueur. Celui que les *ultra* accusaient la veille, de favoriser d'Argenson en Alsace et Barante en Auvergne, fut en butte aux récriminations violentes des révolutionnaires et dut quitter Clermont pour Metz où il raconte — en des chapitres vraiment fort intéressants — quelles difficultés l'assaillirent : peu de témoignages me paraissent plus intéressants de l'anarchie où la France fut plongée de 1830 à 1832. Enfin Casimir Périer vint et les préfets reprirent le pas sur les présidents de clubs-républicains mal masqués d'orléanisme. Les assurances de Thiers et de Guizot, le voyage de Louis-Philippe à Metz achevèrent de rendre au laborieux, habile et ferme administrateur une autorité dont il usa si bien qu'il fut, en 1838, appelé à l'importante préfecture de Bordeaux : il y reçut le duc et la duchesse d'Orléans sur lesquels il nous donne des détails peu connus et qui ne sont point sans conséquences. Les éditeurs ont supprimé une partie du chapitre relatif à Bordeaux, partie où il « insistait longuement sur les travaux qu'il a fait exécuter » dans cette ville. Quand donc les éditeurs comprendront-ils que mieux vaut ne point supprimer ? Si les élections d'Alsace, d'Auvergne et de Lorraine intéressent certains lecteurs, les travaux de Bordeaux en pouvaient édifier d'autres.

Je ne formulerai que cette critique. Ces Mémoires d'un administrateur qui connut au pouvoir Talleyrand, Fouché, de Serre, Decazes, Pasquier, Villèle, Laffite, Casimir Périer, Thiers, Guizot, qui conversa avec l'Impératrice Joséphine à Mayence et la duchesse d'Orléans à Bordeaux, qui observa l'administration et la politique des bords du Rhin et de la Moselle à ceux de la Garonne en passant par les monts d'Auvergne sont présentés avec intelligence et conscience : préface courte et nourrie, notes bien formulées et fort utiles, index — ce qui sera toujours un grand mérite aux yeux des historiens — exact, tout fait de ce volume une excellente publication.

Louis MADELIN.

175. — **L'Empire Libéral**, par Emile Ollivier; tome XI : *La Veillée des armes*. — Paris, Garnier, 1907, in-18 de 631 p. (Prix : 3 fr. 50).

Le sous-titre du nouveau volume de M. Emile Ollivier n'est peut-être point d'une exactitude rigoureuse, mais ce qu'on contesterait en vain, c'est la variété, l'animation, le palpitant et croissant intérêt d'un récit qui tient tout à la fois de l'histoire documentaire et de l'autobiographie.

Ce volume ne nous conduit point encore au seuil de l'Empire libéral : il ne comprend qu'une année environ, du printemps de 1868 à celui de 1869. A l'intérieur, ce sont les indécisions persistantes en matière de réformes politiques, la réorganisation militaire ébauchée par Niel, les élections de 1869, (les dernières du régime); au dehors, la révolution espagnole, la première esquisse de la candidature Hohenzollern et un temps de flottement, sinon d'arrêt, dans les entreprises prusiennes.

Certains portraits, comme ceux de Delescluze et de Gambetta, sont remarquables d'impartialité autant que de vie. Si M. Ollivier ne s'expliquait précisément sur ce point (p. 467-469), on serait tenté de lui reprocher quelque abus des citations d'auteurs antiques ou classiques ; s'il n'était point « un des Quarante », on se risquerait peut-être à signaler une conjonction bizarrement placée [1]. Il faut en tout cas regretter que l'imprimeur n'ait pas apporté plus de soin à la correction matérielle : la confusion des signes de ponctuation, l'omission des guillemets déroutent plus d'une fois le lecteur.

Comme dans tout le cours de son livre, l'auteur fait généralement preuve de la plus méritoire et souvent la plus sereine équité : certains de ses jugements semblent pourtant influencés, soit par des antipathies ou des prédilections personnelles, soit par le désir peut-être inconscient de défendre une cause, un politique ou un souverain (comme il est inévitable quand l'annaliste a été

---

[1] « Les approvisionnements préparés d'avance sont réservés pour le moment où les armées peuvent être rejointes sûrement par les convois ou Que le pays sur lequel elles stationnent est épuisé. » (P. 314). J'entends bien que l'écrivain a reculé devant *ou où*, mais n'y avait-il point d'autre détour à prendre ?

mêlé aux événements qu'il raconte). Nous voyons poindre ici (p. 358) une thèse qui sera sans doute développée dans les volumes suivants, et qui tend à attribuer exclusivement à l'incapacité des chefs militaires les désastres de 1870. Dans l'affaire espagnole, on a l'impression que M. Ollivier a atténué l'hostilité témoignée par Napoléon III contre la candidature Montpensier, hostilité qui en un sens fortifia la candidature Hohenzollern. Le portrait très flatté et très réussi de Frère-Orban omet l'étroitesse anticléricale et doctrinaire qui finit par perdre politiquement le personnage. Enfin, M. Ollivier se plaît à insister sur ce qu'en 1869 il ne fut pas candidat officiel dans le Var ; or, il publie très loyalement une lettre du préfet, qui, tout en constatant l'absence de candidature officielle, ajoutait : « Restent seuls en présence M. Emile Ollivier et M. Laurier, c'est-à-dire la liberté et le progrès d'une part, et la révolution de l'autre. Le choix à faire n'est pas douteux... » (p. 539, note). N'était-ce point là une estampille administrative qui valait toutes les affiches blanches ?

De L. de L.

---

176. — **Theodor Mommsen als Schriftsller**, par K. Zangemeister u. E. Jacobs. — Berlin, Weidmann, 1905, in-8 de xi-189 pp. (Prix : 6 mk.)

C'est un instrument de travail essentiel pour les historiens de l'antiquité, les philologues et les archéologues que cette bibliographie complète et détaillée de Mommsen. Zangemeister, qui en avait conçu le plan et rédigé la première partie, l'offrait en 1887 au grand savant, pour fêter son soixante-dixième anniversaire. Et depuis cette date, mois par mois, année par année, l'œuvre énorme de Mommsen enrichissait ce catalogue de nouveaux numéros et de nouvelles pages. Après la mort de Zangemeister (1902) et celle de Mommsen (1 nov. 1903) il fut continué et achevé par Emil Jacobs, bibliothécaire de la Bibliothèque royale de Berlin.

Le plan de l'ouvrage est compris de la façon la plus heureuse pour faciliter les recherches des travailleurs : les œuvres de Mommsen exactement décrites y sont rangées dans l'ordre chronologique, de 1837 à 1903 (exactement 1904-1905, en comptant les œuvres posthumes.) La liste s'ouvre par trois devoirs d'écolier qui sont déjà de solides dissertations, dont la méthode fait prévoir la maîtrise future de celui qui les écrivait ; on les a imprimées en 1897, pour le quatre-vingtième anniversaire de l'auteur ; le choix des sujets est caractéristique : *Quelles sont les conditions d'une bonne biographie. — Dangers de la critique excessive.* — Le catalogue chronologique est suivi d'une liste alphabétique des principales revues ou publications collectives auxquelles Mommsen collabora. Enfin une table méthodique des matières, particulièrement précieuse, termine le volume.

Ce catalogue de l'œuvre d'un seul homme ne comprend pas moins de 1513 numéros. Et sans doute il y a dans le nombre quantité d'articles de journaux et de comptes-rendus qui ne représentent pas une somme d'effort très considérable ; mais il faut songer qu'il y a aussi, à côté de ces pages rapides, des monuments gigantesques d'un labeur minutieux, comme les tomes du *Corpus* ou le *Manuel des antiquités romaines*.

C'est vraiment l'image fidèle d'une belle vie de travail que cette publication, en même temps qu'un juste hommage rendu à la mémoire d'un des plus grands savants qui aient été. A parcourir cette énumération consciencieuse on ne ressent aucun ennui, en dépit de l'aridité forcée de la matière. Et ce qui frappe par-dessus tout c'est l'extraordinaire variété des sujets auxquels s'est appliquée cette intelligence méthodique, capable pourtant de passion et de rêve : auprès des travaux historiques proprement dits, des publications d'épigraphie, de numismatique ou d'archéologie figurée, ce sont, la même année, des articles de journaux sur les questions d'actualité politique ou littéraire, ce sont les articles retentissants donnés au journal *Die Nation*, les lettres publiées dans le *Secolo* ou la *Perseveranza* en 1870-1871, une sorte de proclamation aux Italiens à propos de la guerre, une protestation contre le voyage du président Krüger à Berlin, (1900) des enquêtes sur les questions d'enseignement en Allemagne, des interviews sur la guerre au Transvaal... Rien ne laissait indifférent cet esprit toujours en éveil, parmi les mille frissons de la vie qui passe. Il n'est pas jusqu'au succès littéraire qui n'ait tenté et préoccupé son activité : et l'on relève avec quelque surprise, entre deux austères dissertations, une traduction de la comédie de Giacosa, *Une partita a scacchi*, jouée à Berlin en 1879.

E. MAYNIAL.

VARIÉTÉS

XI

Papsturkunden in Frankreich, I Franche-Comté, par Wilhelm Wiederhold. [Aus den Nachrichten der K. Gesellschaft per Wissentchaften zu Göttingen Philologisch, historische Klasse]. — Göttingen, Beiheft, 1906, in-8 de 145 p.

Dès 1896 la Société Royale des sciences de Göttingen avait décidé d'entreprendre la publication des anciennes bulles pontificales restées encore inédites. Le travail commença sous l'habile direction de M. Kehr, nommé depuis Directeur de l'Institut prussien à Rome. Les *Nachrichten* donnèrent les premiers résultats des recherches.

La tâche fut ensuite répartie entre trois membres de la Société : M. Kehr dont l'*Italia pontificia* est sous presse, M. Brackmann qui qui se chargea de publier les documents allemands et M. Wiederhold qui se réserva les bulles françaises. Il entreprit de longues et laborieuses recherches dans tous les dépôts d'archives de l'ancien royaume d'Arles, en Bourgogne et à Paris. C'est la première partie de ses découvertes que M. Wiederhold publie aujourd'hui.

Il serait superflu d'insister sur l'importance de ces documents pour ce qui concerne l'histoire et la chronologie pontificales. Ces bulles, publiées avec la méthode la plus rigoureuse et toute la sûreté d'érudition dont a déjà fait preuve M. Wiederhold, seront étudiées avec fruit par tous ceux qui s'intéressent à l'histoire de l'ancien archevêché de Besançon. Elles fournissent les renseignements les plus précieux sur la question des origines des grandes abbayes Franc-Comtoises.

Et, en présence des magnifiques résultats obtenus pour la Franche-Comté, — M. Wiederhold donne quatre-vingt six bulles, du onzième et du douzième siècle ou entièrement inédites ou connues seulement par de courtes analyses et des extraits, — on ne peut que souhaiter que la deuxième partie, qui concernera la province voisine, la Bourgogne, ne se fasse pas attendre davantage.

H. P.

XII

L'Etica evolugionista, par Georgio del VECCHIO. [Estratto della Rivista italiana di Sociologia. Anno VI. Fon. V. VI. 12 p. in-8].

Cette petite brochure expose et critique le système de philosophie morale que G. Salvadori (L'*Etica evolugionista*. Studio sulla filosofia di Herbert Spencer. Torino, Bocca, 1903) a reconnue ou cru reconnaître dans la philosophie de Herbert Spencer. Contrairement à l'*utilitarisme empirique*, l'*utilitarisme rationnel* de Spencer mériterait le nom de *morale* dans le sens idéaliste du terme. Introduire le principe de causalité dans le monde des actions humaines, c'est-à-dire l'uniformité constante des rapports entre ces actions et leurs conséquences, c'est « déterminer justement l'absolu moral, ou, en d'autres termes, la fin de l'existence humaine et la conduite universellement et invariablement nécessaire pour atteindre cette fin »... « L'équilibre biologique » qui se présente « dans un sens comme le but dernier de la vie n'apparaît cependant plus comme le fait primitif, mais comme la conséquence de la conformation de l'organisme aux conditions de son existence. » En cette identification du principe final et du principe causal résiderait le propre caractère moral de l'éthique de Spencer.

L'auteur conteste d'abord que la morale ainsi exposée soit conforme à la vraie morale spencérienne. Celle-ci excluait en particulier de la nature humaine un pouvoir de spontanéité et d'invention, qui, dans le système de Salvadori, est présenté comme la base même de la liberté.

Il la critique ensuite en elle-même, comme impuissante, malgré les efforts de S. à créer l'obligation, à garantir l'absolu moral et la liberté.
L. P.

XIII

Le Monde médical parisien au XVIIIe siècle, par le docteur Paul DELAUNAY. — Paris, Rousset, 1906, in-8 de xcii-480, pp. avec planches hors texte. (Prix : 15 fr.)

Bien que cette intéressante, étude sorte un peu de celles dont s'occupe généralement le Bulletin critique, nous n'hésitons pas à la signaler à nos lecteurs. La forme en est parfois un peu lourde, mais l'intérêt est constant; c'est une étude de seconde main, qui nous donne du monde médical, au cours du xviii° siècle, le tableau le plus complet et le plus vivant. Ces études de médecine historique exigent chez les auteurs qui les abordent un ensemble de dons que l'on rencontrent rarement ; des livres récents dont le scandale dut faire le seul succès nous l'ont suffisamment prouvé. Dans l'ouvrage du docteur Delaunay, rien de semblable. C'est un médecin doublé d'un historien qui, avec scrupule et conscience nous trace le tableau d'un siècle de médecine et d'histoire. Rien n'est omis, et quitte à surcharger certains chapitres, toutes questions y sont traitées sans lacune et complètement.

Ce sont d'abord les études médicales en vigueur au xviii° siècle : examens, thèses, doctorat, cours de la Faculté, du collège de France, du jardin du roi, instruction pratique avec un aperçu de la vie de l'étudiant en médecine. Mais l'élève est devenu maître, et, dans un second chapitre, M. D. nous fait connaître les tracas comme les avantages de la profession médicale sous Louis XV et Louis XVI, avec les mœurs souvent pittoresques de la corporation et les rapports des médecins entre eux et avec la société. Ce chapitre est tout spécialement intéressant. Puis, viennent successivement : les médecins fonctionnaires, médecins des maisons du roi, du Châtelet, des hôpitaux, avec un aperçu sur les différents asiles qui pouvaient recevoir les malades. Le chapitre iv est entièrement consacré aux médecins de la cour et du roi et nous voyons défiler successivement Fagon, Poirier, Chicoyneau, Sénac, Lieutaud, Lassone, et enfin le Monnier, dont les différents *règnes* remplirent le siècle en question. La longue querelle des médecins et des chirurgiens donne lieu à un fort curieux développement : querelle d'influence et querelle d'habileté. Plusieurs des chapitres suivants sont consacrés à diverses maladies et méthodes de guérison : saignée, inoculation, cypridologie, obstétrique, magnétisme, électrothérapie. Pour être complet signalons également les chapitres traitant des remèdes, des médecins bibliophiles, et un aperçu fort curieux sur le journalisme médical.

Une abondante bibliographie termine le volume, témoignant de la conscience qui a présidé à cette longue étude ; elle est dressée

non seulement par chapitre mais par matières traitées dans chaque chapitre. C'est avec une table des noms propres, l'heureux complément d'une œuvre dont il faut féliciter hautement le docteur Delaunay.
B. F.

XIV

Œuvres oratoires, par l'abbé Gendron. I. *Retraites de Séminaires*. Préface de Joseph Turmel, prêtre du diocèse de Rennes. — Paris, Beauchesne, 1906, in-8 de iii-492 pp. (Prix : 4 fr.)

Pour un recueil de sermons, ce premier volume n'est pas banal. Il est vrai que ces petits discours, adressés à un auditoire choisi, se prêtaient bien à recevoir, sur un fond des plus solides, une forme originale et persuasive. Mais encore n'atteint pas qui veut cet idéal de distinction unissant la simplicité des pensées à l'inspiration littéraire.

Le volume comprend trois retraites, dont deux pour les ordinaires et une pour les professeurs ecclésiastiques. Au titre seul de certaines conférences, comme « le songe du Pharaon, Moïse sauvé des eaux, le Désert, Raphaël, le Figuier stérile, » on voit que le prédicateur se plaît à encadrer souvent son sujet dans une allégorie biblique dont il sait tirer le meilleur parti. Et le succès n'est pas moindre quand l'allégorie est tirée des usages les plus ordinaires de la vie, comme « le travail de l'apprenti et le travail de l'ouvrier » ou encore « tient tout ce qui concerne sa partie. » Qu'on étudie cette dernière conférence accrochée à une vulgaire enseigne de cordonnier. « Je ne la lisais jamais sans envie, » nous dit l'orateur, en son style symbolique. « Je me disais : voilà un homme heureux ; il tient tout ce qui concerne sa partie. Je voudrais bien pouvoir en dire autant. » Et il part de là pour montrer ce que le prêtre doit savoir afin de remplir parfaitement sa mission : c'est un petit chef d'œuvre. Sans s'astreindre toujours à peindre des tableaux de genre, que d'instruction précieuses il donne à ses auditeurs, dans des sujets comme: « le zèle sacerdotal, le ministère de la consolation, médiocrité » et bien d'autres !

Ce n'est pas lui qui consentirait à être médiocre ; il aurait certes préféré se taire que de parler médiocrement. De là, dans tous ses discours, une étude personnelle de chaque sujet, où il s'efforçait de donner des conseils pratiques et qu'il relevait par des mots à lui, des expressions de son crû et non sans agrément littéraire, jaillissant d'une observation perspicace ou rendues de façon ingénieuse. Il ne peut supporter la médiocrité du prêtre qu'il accuse de faire au bon Dieu sa part « comme au mendiant qui tend la main à la porte, mais à qui nous n'ouvrons pas. » Non point qu'il suggère au clergé des visées trop hautes : il veut qu'on aime la science et qu'on admire les prêtres qui s'y livrent, au lieu de les dénigrer ; toutefois il a observé que l'estime des confrères va non pas aux érudits, aux spécialistes, mais surtout « aux prêtres qui ont un fonds solide de connaissances élémentaires et essentielles. » Dès lors, il plaint ceux qui dédaignent l'étude des manuels, comme le soldat qui refuserait d'apprendre la théorie, « sous prétexte qu'il aime mieux étudier l'histoire militaire et la science stratégique. » On le prierait, dit-il, « de passer dans le régiment des généraux. »

De telles qualités ne peuvent manquer de plaire aux connaisseurs et vaudront à l'orateur « l'auditoire qu'il n'a pas eu pendant sa vie. » C'est le souhait de l'éditeur qui assure avec une admiration filiale, que sans les circonstances peu propices « il aurait occupé avec éclat les chaires les plus illustres et que sa voix aurait retenti sous les voûtes de toutes les cathédrales. » Je crains qu'il ne se fasse illusion, non pas sur la valeur de son maître, mais sur celle des auditoires de cathédrales. Ils n'ont guère le temps de réfléchir et l'éloquence de l'apôtre que fut M. Gendron demande à être savourée avec la réflexion qui l'inspira. Elle trouvera, dans le public auquel ce livre s'adresse, son auditoire véritable : les esprits cultivés et les âmes recueillies qu'il lui fallait.

A. Boué.

XV

Souvenirs anecdotiques et historiques d'anciennes familles champenoises et bourguignonnes (1175-1906), par Regnault DE BEAUCARON. — Paris, Plon-Nourrit et Cie, 1906, in-8.

Directeur d'une ancienne et importante compagnie d'assurances, dont il a publié l'an dernier l'intéresssante histoire, M. Regnault de Beaucaron est du nombre trop rare de ces intelligences toujours en éveil qui, tout en s'acquittant, avec le zèle le plus scrupuleux, d'une tâche professionnelle, cherchent un délassement dans le culte du passé. Il s'est, de longue date, imposé le devoir de faire revivre le souvenir de tous ceux qu'il peut regarder comme ses ascendants; la piété filiale seule lui a inspiré ce dessein; au prix de mille démarches de tout genre, à force de temps et de patience, il a mené à bonne fin cette lourde entreprise, et le beau livre, où il a consigné le résultat de ses travaux, est tout empreint de l'esprit qui l'a dicté; les plus saines leçons s'en dégagent, leçons de foi, de calme, de sagesse et de force, et c'est avec raison que l'auteur a dédié cet ouvrage à ses enfants : ils y puiseront l'amour et le respect de ceux qui les ont précédés, il gravera dans leur mémoire de nobles traditions et de remarquables exemples, en même temps qu'il leur fera connaître une foule de détails, tous intéressants, quelques-uns même très piquants.

Le public lettré, lira aussi ce livre avec plaisir et avec profit; peu de volumes en effet sont plus fertiles en renseignements historiques inédits ou peu connus. On y trouve des tableaux, d'après nature, de la vie des fonctionnaires de province sous l'ancien régime; des documents de premier ordre sur l'île Bourbon au XVIIIe siècle, des épisodes fort attachants de l'histoire de la Révolution, de l'invasion de 1814, de la guerre de 1870-71; le récit très curieux du séjour que firent au Mexique, entre 1831 et 1845, monsieur et madame Meurville, dont le fils fut si longtemps notaire à Blois et conseiller général de Loir et Cher; un drame au Tonkin; j'en passe, et non des moindres. A la vérité, tel lecteur estimera peut-être que toutes les anecdotes relatées par M. Regnault de Beaucaron n'ont pas le caractère de la nouveauté, que celles, par exemple, concernant la famille Denormandie font parfois double emploi avec certains paysages des *Souvenirs* laissés par le célèbre sénateur de ce nom; sans contester la justesse de cette réflexion, nous rappellerons le but que s'est proposé l'auteur, et nous serons plutôt tentés de le féliciter d'avoir pleinement réalisé son plan, fût-ce en répétant ce que d'autres avaient dit avant lui. Au surplus, même lorsqu'il rapporte des faits déjà connus, il a toujours un mot, un trait, qui soulignent, complètent ou rectifient les versions, les données courantes.

Il a donc, en définitive, fait œuvre originale à tous égards, notamment, et l'on nous pardonnera de revenir sur ce point, par le sentiment qui l'a inspiré. A l'heure présente, quelle heureuse fortune pour l'érudit, pour quiconque s'intéresse à la vie des sociétés, de retrouver un *livre de raison* au fond d'une malle ou dans un grenier! or, voici mieux qu'un livre de raison, voici l'histoire complète, sans lacunes, sans réticences, — sans vanité aussi, tranchons le mot, — de toute une ascendance : combien l'histoire intérieure de notre pays gagnerait en précision, en clarté et en intérêt, si quelques centaines d'écrivains avaient le courage de suivre l'exemple que vient de lui donner M. Regnault de Beaucaron!

J. Laurentie.

BIBLIOGRAPHIE

I. — SCIENCES RELIGIEUSES.

Anger (D.). — Les dépendances de l'abbaye de Saint-Germain des Prés (vii-362 p.), in-8, 10 fr. — H. Champion.

Archange (l') Saint Gabriel, par E. B. (ix-225 p.), in-8, 4 fr. — Beauchesne et Cie.

Be ha-Ullah. — Les Préceptes du behaïsme (Bibl. or. elzèv. 82) (x-77 p.), in-16, 2 fr. 50. — E. Leroux.

Romassieux (F.). — Les Evangiles synoptiques de Saint-Hilaire de Poitiers, étude et texte (thèse) (135 p.), in-8, 4 fr. — E. Vitte.

Boulay (D.). — Vie du vénérable Jean Eudes. T. II. 1643-1653 (665 p.), in-8, 7 fr. — R. Haton.

Bruston (C.). — L'Histoire sacerdotale et le deutéronome primitif (40 p.), in-8, 1 fr. 50. — Fischbacher.

Bruzat (chan.). — Henri Lasserre, son testament spirituel (440 p.), in-16, 4 fr. — Vve Ch. Poussielgue.

Camau (E.). — La Propagation de l'Evangile en Provence (40 p.), in-8, 2 fr. — E. Lechevallier.

Casali. — L'Eglise et l'Etat en Italie (108 p.), in-12, 2 fr. — Victor-Havard et Cie.

Castan. — Notice sur l'Hopital du Saint-Esprit de Besançon (94 p.), in-8, 3 fr. 50. — E. Lechevallier.

Chauvin (C.). — Les idées de M. Loisy sur le quatrième évangile, in-16, 3 fr. 50. — G. Beauchesne et Cie.

Constant. — Conférences religieuses. T. II. (221 p.), in-8, 3 fr. 50. — A. Savaète.

Constrasty (abbé). — Un conseil de paroisse sous le régime de la première séparation de l'Eglise et de l'Etat (112 p.), in-8, 2 fr. — E. Privat, à Toulouse.

Cothonay (B.). — Les XXVI martyrs des missions dominicaines du Tonkin, béatifiés par S. S. Léon XIII, le 7 mai 1900 (ix-407 p.), in-16, 3 fr. 50. — P. Lethielleux.

Crouzil (L.). — La liberté d'association, commentaire théorique et pratique de la loi du 1er juillet 1901, in-16, 3 fr. 50. — Bloud et Cie.

Désors (abbé L.). — Nos devoirs envers Dieu, in-12, 2 fr. 50. — Vve Ch. Poussielgue.

Dubot (T.). — Preuves de l'existence de Dieu (246 p.), in-18, 2 fr. 50. — G Beauchesne et Cie

Eutychii patriarchæ alexandrini annales, pars prior, texte arabe (234 p.), in-8, 4 fr. 50. — Vve Ch. Poussielgue

Leclerq (Dom). — Les Martyrs. T. VI. Jeanne d'Arc Savonarole, in-8, 4 fr. 50. — H. Oudin.

Origines (les) du centre allemand. Congrès catholique de Mayence 1848, (336 p.), in-16, 3 fr. 50. — Bloud et Cie.

Pourrat (abbé P.). — La théologie sacramentelle, étude de théologie positive, in-12, 3 fr. 50. — J. Gabalda et Cie.

Reinach (T.). — La fête de Pâques (64 p.), in-18, 1 fr. 25. — E. Leroux.

Réville (J.). — Le Prophétisme hébreu, esquisse de son histoire et de ses destinées, in-18, 1 fr. 25. — E. Leroux.

II. — PHILOSOPHIE ET SCIENCES SOCIALES.

Celengry (F.). — Psychologie et éducation T. II. Application à l'éducation (400 p.), in-8, 3 fr. — A. Picard et Kaan.

Barmold (F.). — La Religion du Vrai Credo philosophique (216 p.), in-18, 3 fr. — Leymarie

Delvove (J.). — L'organisation de la Conscience Morale. Esquisse d'un art moral positif (178 p.), in-16, 2 fr. 50. — F. Alcan.

Piat (abbé C.). — Platon (coll. grands philos.), in-8, 7 fr. 50. — F. Alcan.

Reynaud (P. S.). — La question sociale et la Civilisation païenne, in-16, 3 fr. 50. — Perrin et Cie.

Ribot (Th.). — Essai sur les passions, in-8, 3 fr. 75. — F. Alcan.

CHRONIQUE

18. — **Index verborum Propertianus**, par Johannes S. Phillimore. — Oxonii, e typographeo Clarendoniano, s. d. [Préface datée d'octobre MCMV], in-8 de II-112 pp. (Prix : 4 s. 6 d.)

Avec cet Index, M. Phillimore nous donne un très utile complément de son édition de Properce. Tous les mots et toutes les formes de ces mots qui se rencontrent dans le poète figurent ici, groupés et rangés par ordre alphabétique, avec renvoi aux passages où on les lit et indication très précise, pour chaque cas, de leur forme et leur fonction. Un exemple montrera combien M. Ph. a eu le souci d'être exact et complet. A *si*, on lit : si (*a*) *interr. indir.* : *cum ind. praes...* ; *cum fut...* : *cum subjunct. praes...* : *cum imperf...* : (*b*) *condit...* : *cum indic. praes...* : *cum indic fut...* : *cum indic. perf...* : *cum fut. perf...* : *cum indic plusquamperf...* : *cum subjunct. praes...* : *cum subjunct. imperf...* : *cum subjunct. perf...* : *cum subjunct. plusquamperf...* Il en est de même partout. Les particularités utiles à connaître sont signalées avec soin (mots sous-entendus, sens douteux, formes discutables etc.). L'obèle désigne les leçons sûrement mauvaises ; l'astérisque celles qui peuvent se défendre. On conçoit de quel intérêt peut être le travail de M. Ph. pour la connaissance de la Latinité de Properce, et, par comparaison, de celle de ses contemporains. Nous attendons avec impatience le Commentaire sur Properce que prépare M. Ph., et dont le minutieux travail d'aujourd'hui doit former la base, base sérieuse et solide, comme on le voit.

J. V.

19. — **Le Développement du Parlement pendant le dix-neuvième siècle**, par G. Lowes Dickinson. Traduction et préface par Maurice Deslandres. [Bibliothèque internationale de Droit public]. — Paris, Giard et Brière, 1906, in-16 de LXXVI-222 pp. (Prix : 2 fr.)

Le livre de M. Dickinson intéressera tous ceux que préoccupe en France la question du gouvernement Parlementaire : sans doute, M. Deslandres nous en prévient dans sa Préface, l'exemple du Parlementarisme Anglais n'est pas à imiter pour la France : « Les enseignements tirés du livre de M. Lowes Dickinson sont de nature à dissiper l'envie que nous pourrions avoir de chercher en Angleterre un modèle politique à copier ». Là n'est point l'intérêt de l'ouvrage. Il est ailleurs — d'abord dans le bel exemple d'emploi de la méthode historique chez l'auteur anglais pour étudier l'évolution du rouage politique capital de la constitution anglaise, ensuite dans la compréhension et l'acceptation du mouvement démocratique anglais dont M. Dickinson donne un si bel exemple, sans être d'ailleurs partisan de la démocratie.

L'importance du sujet est ici d'expliquer par des ressorts intimes le mouvement démocratique au XIXe siècle et cette manière d'éclaircir les questions politiques en les rattachant aux questions économiques est tout à la fois originale et inédite.

Le public français appréciera sans nul doute ce nouvel ouvrage qui vient s'ajouter à tant d'autres dans la Bibliothèque internationale du Droit Public. La préface de M. Deslandres commente à merveille le volume et c'est au livre lui-même que nous renvoyons le lecteur. B. R.

20. — **L'espagne, terre d'épopée,** par Pierre Suau. — Paris, Perrin, 1905, pet. in-8 de 379 p. (Prix : 5 fr.)

Tous ceux qui connaissent et aiment l'Espagne sauront gré à M. Pierre Suau d'avoir écrit son livre. Ce n'est pas qu'il apporte des révélations. Non, mais c'est un sentiment si juste, une intelligence si exacte de tout ce qui fait la poésie et, à travers tant de décadences, la grandeur vraie de l'Espagne, qu'on préfère ces pages personnelles et chaudement écrites à de plus érudites et plus froides dissertations. Ne chicanons pas l'auteur sur les histoires ou les légendes auxquelles très volontairement il se laisse prendre, mais plutôt laissons-nous prendre avec lui et subissons le charme de ces vieilles villes et de leurs vieux souvenirs. M. Suau a bien lu dans l'âme de l'Espagnol et dans celle de l'Espagne : c'est un mérite qui en vaut beaucoup d'autres. Alfred Baudrillart.

21. — **Frankreichs Versündigungen an Kirche und Christenheit,** par Franco-Germinus. — Munich, Roth, 1904, In-8 de 235 pages.

Odieux pamphlet. L'auteur (un ecclésiastique. *Tant de fiel*, hélas !.. etc...) n'oublie qu'une chose : c'est que si la France part aujourd'hui en guerre contre l'Eglise catholique, il y a plusieurs siècles que la défection de la plus grande partie de l'Allemagne est chose consommée.

ACADÉMIE DES INSCRIPTIONS ET BELLES-LETTRES

Séance du 1er juin. — Le président donne lecture d'une lettre de M. Merlin, directeur du service des antiquités tunisiennes, signalant les intéressantes trouvailles que vient de faire à Bulla-Regia, avec le concours de la direction des antiquités, M le capitaine Benet. — M. Philippe Lauer, attaché à la Bibliothèque nationale, communique les photographies des reliquaires en ivoire, émail, orfèvrerie, composant le trésor papal de la chapelle pontificale du *Sancta sanctorum* au Latran. Ces objets n'avaient été jusqu'à présent mentionnés que deux fois : au douzième siècle par Jean Diacre, et au seizième, lors d'une visite de Léon X. Personne, depuis le moyen-âge, ne les avait vus, ni décrits : plusieurs d'entre eux remontent aux quatrième, cinquième, neuvième et dixième siècles. — M. Paul Monceaux expose les principaux résultats de ses recherches sur la littérature donatiste, qui fut féconde et brillante dans l'Afrique latine des quatrième et cinquième siècles. Ces recherches ont porté plus spécialement sur les ouvrages de Petilianus, évêque donatiste de Constantine au temps de saint Augustin. — M. Schlumberger présente, au nom de M. de Mély, son Etude sur le rétable de Beaune. C'est admirable morceau de peinture n'avait jamais été publié, et l'inscription découverte par M. de Mély permettrait de l'attribuer à Memling, en le datant cependant de 1445 environ.

Séance du 8 juin. — M. P. Jouguet, maître de conférences à la Faculté des Lettres de Lille, communique une Note sur la date de la fin de la guerre entre Constantin et Licinius. Un papyrus du Fagoum permet d'établir, à son avis, que cet événement eut lieu en 324 et non en 323 comme l'avaient pensé d'autres érudits. — M. Clermont-Ganneau étudie deux fragments de vases en albâtre recueillis par M. de Morgan lors de ses dernières fouilles de Suse. Les inscriptions qu'il a pu déchiffrer sur ces vases sont très certainement hébraïques et écrites dans le même alphabet phénicien que celui de l'inscription de l'aqueduc d'Ezechian à Jérusalem et des cachets israélites archaïques antérieurs à l'exil. — M. Pottier lit une note de M. Radet, professeur à la Faculté des Lettres de Bordeaux, correspondant de l'Académie, sur « Cybébé ».

Séance du 15 juin. — M. Héron de Villefosse annonce une heureuse nouvelle sur les premiers résultats des fouilles entreprises à Alise-Sainte-Reine ; il a pu constater hier la mise au jour d'un théâtre romain ; outre le plan général de la construction qui rappelle celle du théâtre de Champlieu, on a retrouvé des débris de corniche. La façade avait 81 mètres de longueur et le pourtour de l'hémicycle environ 135 à 140 mètres de développement. — M. de Villefosse rend compte aussi de la découverte archéologique faite tout récemment à Paris sur l'emplacement du marché aux fleurs dans le chantier du Métropolitain ; une muraille romaine y a été trouvée faite de pierres dont plusieurs portent des inscriptions latines ou gauloises ou des bas-reliefs sculptés. — M. Albert Martin lit un Mémoire sur l'ostracisme ; il a étudié surtout la question de savoir si pour la validité du vote populaire il fallait, comme le dit Philochoros, six mille suffrages exprimés ou simplement six mille votants. C'est cette dernière opinion qui est aujourd'hui le plus en faveur. M. Martin cherche à concilier le témoignage de Philochoros avec celui de Plutarque ; six mille suffrages étaient exigés par la loi ; mais en fait, par suite de nombreuses abstentions, ces suffrages étaient souvent tous exprimés sur le même nom. — M. le comte Paul Durrieu communique le résultat des recherches auxquelles il s'est livré sur un livre d'Heures peint par Jean Fouquet pour Philippe de Commynes (Bibliothèque nationale, ms. latin 1417). Ce volume renferme vingt miniatures, malheureusement endommagées, mais où on a le droit de reconnaître la manière du célèbre artiste tourangeau ; il porte, en outre, les armoiries de Commynes comme blason du premier possesseur du livre. — M. Saglio dépose sur le bureau le 38ᵉ fascicule du dictionnaire des antiquités grecques et romaines, comprenant les mots de *paries* à *pistor*. — M. Barth lit un long mémoire sur « l'inscription du reliquaire de Pipràwà ».

Séance du 22 juin. — M. Héron de Villefosse rend compte de la visite des chantiers du Métropolitain dans la Cité, aux abords du Tribunal de commerce, visite à laquelle plusieurs membres de l'Institut ont pris part en même temps que les archéologues parisiens. Il signale notamment la découverte d'un beau morceau décoratif représentant un lion marin, un pilastre orné de fouilles d'acanthe, deux bas-reliefs représentant des groupes de personnages, etc. — M. Salomon Reinach, ayant étudié un grand nombres d'épées gauloises, conclut que contrairement au dire de Polybe, elles étaient excellentes. Si on en trouve pliées en deux, trois et même quatre morceaux dans les tombeaux, c'est qu'un rite religieux des Celtes voulait qu'il en fût ainsi, et que les guerriers gaulois fussent inhumés avec leurs armes ployées ; mais cette déformation était volontaire. — M. Toutain, maître de conférences à l'Ecole des Hautes-Etudes, communique un mémoire sur l'arpentage dans l'Afrique romaine au temps de Tibère, d'après des inscriptions recueillies par M. le capitaine Donau. Tout le pays situé au sud de la Tunisie et du département de Constantine fut arpenté par les Romains du premier siècle.

Séance du 29 juin. — A propos de la correspondance. M. Salomon Reinach donne quelques renseignements sur les fouilles d'Alésia. On a exhumé du puits d'une maison romaine divers objets fort bien conservés : un grand seau en bois cerclé de fer avec chaîne longue d'un mètre, une cuiller à pot fourchée, trois chaudrons de bronze, deux hipposandales, une flûte de pan à huit trous, encore en état de rendre des sons. — M. Héron de Villefosse entretient à nouveau l'Académie des fouilles de la Cité ; il signale une inscription où figure le mot *exarchus*. L'officier qui portait ce titre n'apparaît guère dans les textes avant le quatrième siècle, ce qui permettrait de dater approximativement la construction découverte, qu'il s'agisse du mur d'enceinte ou d'une autre bâtisse. — M. MICHEL BRÉAL fait une communication sur l'origine des mots σῶμα et *corpus* (romain). Il établit que le premier, à l'origine et chez Homère, signifiait toujours cadavre ; *corpus* a signifié d'abord : volume du corps et provient de la langue végétale, où ce mot a le sens de courge ou citrouille. Le mot latin *corpulentus*, nos expressions courantes : grands corps de l'Etat, corps constitués ont conservé un peu, entraînant avec elles l'idée d'une chose volumineuse. — M. de La Roncière, bibliothécaire à la Bibliothèque nationale, communique un Mémoire sur les premières explorations aux pôles par des Français au seizième siècle. — M. de Morgan rend compte des résultats de sa dernière campagne de fouilles à Suse. — En terminant sa lecture sur le cadastre romain dans l'Afrique du Nord, M. J. Toutain établit que cette grande opération fut effectuée entre le mois de juillet 29 et le mois de juillet 30 de l'ère chrétienne, c'est-à-dire environ six ans après la fin de la révolte de Tacfarinas. M. Toutain pense que le gouvernement impérial voulut de cette façon affirmer sa main-mise sur ces vastes territoires ; ce fut d'ailleurs l'une des étapes les plus importantes de l'occupation romaine.

La commission du prix de linguistique fondé par Volney décerne cette année le prix à M. O. Jespersen, professeur à l'Université de Copenhague pour son ouvrage : *Growth and structure of the english language*. Le prix est de la valeur de 1,500 francs.

Séance du 6 juillet. — Mgr DUCHESNE, directeur de l'Ecole française de Rome, entretient l'Académie des fouilles entreprises à Bologne par M. Albert Grenier, membre de l'Ecole, afin de déterminer les rapports entre le développement de deux nécropoles antiques, l'une étrusque et l'autre italiote. Il en peut résulter une certaine clarté sur les deux civilisations. Les fouilles entreprises ne pourront être terminées avant la fin de l'été. A cette époque, elles feront l'objet d'un rapport spécial à l'Académie. — M. René Pichon communique un Mémoire sur la politique de Constantin d'après les *Panegyrici latini* : substitution d'une monarchie héréditaire à une monarchie fondée sur l'adoption ; élargissement du paganisme vers un déisme éclectique capable de s'accommoder avec le christianisme, et en ce qui concerne les Barbares, abandon de la politique défensive pour une attitude plus belliqueuse. — M. LE MARQUIS DE VOGÜÉ signale à ses confrères une église du onzième ou douzième siècle, sise à Sauveplantade (Ardèche). Elle offre cette particularité, peut-être unique en France, que la coupole couvrant le carré du transept a la forme d'une pyramide portée sur des trompes et qu'on y remarque un chapiteau qui doit provenir d'un édifice antérieur, sans doute carolingien. — M. DE LASTEYRIE confirme tout l'intérêt que présentent ces indications. — M. Héron de Villefosse donne lecture d'un rapport étendu de M. l'abbé Leynaud sur les catacombes d'Hadrumète.

La séance se termine en comité secret.

Séance du 20 juillet. — M. Grenier, membre de l'Ecole française de Rome, communique le résultat des fouilles qu'il a été chargé de diriger à Bologne sur l'emplacement de la nécropole archaïque précédemment reconnue par les archéologues bolonais. Il a trouvé quatre tombes de caractère relativement récent, et une autre d'origine purement classique. Dans la nécropole étrusque il a mis à jour une quinzaine de tombes à inhumation contenant des vases figurés et autres objets d'importation grecque. Il espère, dans de prochaines fouilles, découvrir des tombes de l'époque villanovienne. — M. Paul Monceau rend compte des travaux de reconstitution auxquels il s'est livré sur trois ouvrages donatistes de Gaudontius, évêque de Thamugadi (Timgad), au temps de saint Augustin, et notemment des écrits de polémique diririgés contre l'évêque d'Hippone. — M. Edouard Cuq signale l'intérêt que présentent, pour l'histoire de la propriété foncière, certaines inscriptions provenant des fouilles de Suse et conservées au musée du Louvre. Plus anciennes que les documents analogues du cabinet des médailles et des musées de Londres, Berlin, Philadelphie, elles attestent l'existence de la propriété de tribu en Chaldée, sept à huit siècles après Hammourabi, dont le Code ne parle que de propriété privée. Elles font connaître plusieurs particularités du régime de la propriété collective, et les conditions sous lesquelles une tribu pouvait, à la demande du roi, aliéner une terre à perpétuité. Les précautions prises pour protéger l'acquéreur — formule d'imprécations et d'anathèmes, stèle avec des bas-reliefs représentant des emblèmes divins, — prouvent l'affaiblissement de l'autorité de la loi dans les régions occupées par les tribus.

Sous le titre : La date de la rédaction de l' « Histoire Auguste », M. Mispoulet s'efforce de préciser la date si controversée des biographies des empereurs romains, contenues dans le Recueil connu sous le nom d'*Historia Augusta*, et cela à l'aide des institutions qui y sont mentionnées ou décrites. En étudiant tout particulièrement le Consulat, il montre que trois auteurs, peut-être quatre, connaissent la réforme opérée sous le règne de Constantin et supposent qu'elle a été appliquée dès le troisième siècle. Les termes dont ils se servent pour désigner les *Consulares* n'ont pas été employés avant la seconde moitié du quatrième siècle : c'est donc à cette époque et probablement même à la fin de ce siècle qu'ont été écrites les biographies où il en est fait usage.

Séance du 28 juillet. — M. SALOMON REINACH annonce que MM. Regnault et Cartailhac ont découvert sur les parois de la grotte de Gargas, près Saint-Bertrand-de-Comminges, un grand nombre de mains humaines peintes sur fond rouge ou sur fond noir, — et que M. l'abbé Breuil a relevé une série très considérable de peintures et de gravures sur les parois des cavernes voisines de Santander ; les plus remarquables représentent un éléphant, un bouquetin et un singe à longue queue. — M. CAGNAT fait connaître qu'on a découvert dans la mine de cuivre d'Aljustrel, en Portugal, une table de bronze portant une longue inscription latine qui n'est autre qu'un règlement relatif à l'exploitation de cette mine. M. Cagnat en donne la traduction et signale l'importance du document. — M. SALOMON REINACH rapproche les témoignages de deux humanistes de la Renaissance, Pontenus et Cælius Rhodiginus, concordant à établir que les Gètes auraient élevé un tombeau à Ovide devant la porte de la ville de Tomes (Varna). Pontenus s'en réfère dans son affirmation à un « bon auteur » que M. Reinach croit être le moine Planude qui traduisit Ovide en grec vers l'an 1300. M. Reinach ajoute enfin quelques détails sur Rhodiginus et un manuscrit que possédait ce savant et qu'on l'accusa plus tard d'avoir fabriqué. De même Rhodiginus a fait connaître deux vers de Plaute qui ne se trouvent pas ailleurs et qu'on n'a pas le droit de croire forgés. — M. LE MARQUIS DE VOGÜÉ communique une charte du 15 octobre 1240, donnant le nom d'un évêque de Vivier, Bertrand, qui n'est mentionné dans aucune liste, pas même dans le *Gallia christiana*. Cette charte ratifie un accord entre l'évêque et le seigneur de la Goue, au sujet du siège qu'à l'instigation de l'évêque ce seigneur avait fait du château de Sampzou et de la capture de son châtelain. A propos de la communication faite dans la séance précédente par le même érudit sur l'église de Sauve-Plantade, M. LAIR lit une lettre par laquelle M. Brutails, archiviste de la Gironde, et correspondant de l'Académie, signale une église, celle de Saint-Orens de la Realle (Hautes-Pyrénées), non loin de Lourdes, possédant une pyramide à peu près analogue. M. de Vogüé reconnaît l'intérêt de cette similitude, mais il fait observer que le plan de la pyramide dans l'église pyrénéenne est carré, tandis que celui de l'église dauphinoise est octogonal. — M. MISPOULET achève la lecture de son Mémoire sur l'*Historia Augusta* et la date de sa rédaction, recherchée par l'étude des institutions qui y sont mentionnées. Il conclut en estimant que cette œuvre date du quatrième siècle.

L'Éditeur Propriétaire-Gérant : ALBERT FONTEMOING.

Imprimerie Générale de Châtillon-sur-Seine. — A. PICHAT.

BULLETIN CRITIQUE

177. — **Luther und Luthertum in der ersten Entwickelung**, von P. Heinrich Denifle. — Tome Ier, 1re partie, 2e édition, revue par l'auteur. — Mainz, Kirchhein, 1904. — 2e partie, 2e édition : *Quellenbelege : Die abendländischen Schriftausleger bis Luther uber Justitia Dei (Rom. I, 17) und Justificatio* (1905). — 3e partie, finale (Schluss-Abteilung), revue par l'auteur, éditée par le P. Albert Maria Weis (1906). (Prix : mk. 5; 5,50; 6,50). — T. II : *Lutherpsychologie* als Schlüssel zur Lutherlegende ; par le P. Albert Maria Weiss, avec les documents du P. Heinrich Denifle. (1906). (Prix : mk. 3).

Nous donnons ici, sous leur forme définitive, les travaux du P. Denifle sur Luther et le Luthéranisme. Pour être complet, il faudrait ajouter encore la brochure de Denifle à ses critiques : *Luther in rationalisticher und christlischer Beleuchtung* (Mainz, 1904) ; et même *P. Heinrich Denifle ; eine Würdigung seiner Forschungsarbeit*, par le Dr Martin Grabmann (Mainz, 1906).

Cette notice biographique nous annonce que l'auteur est mort avant d'avoir terminé son ouvrage. Le 5 juin 1905, il était subitement frappé à Munich d'un élancement au cerveau, et il mourrait cinq jours après.

Le P. Weiss, son ami, bien connu déjà par de nombreux ouvrages de piété et d'apologétique, continue pieusement les travaux du défunt.

Avant les ouvrages dont nous avons donné le titre, il avait paru du premier volume une première édition (1904), ou du moins de la première et de la troisième partie de ce volume, car les mots « 2e édition » sur la couverture de la deuxième partie se rapportent, croyons-nous, à l'ensemble du volume plutôt qu'à cette deuxième partie elle-même. En outre, il faut remarquer que cette deuxième partie est un appendice à la troisième, ce qui est de nature à égarer le lecteur.

L'on met ici le doigt sur un défaut qui se remarque dans tout l'ensemble de cette publication, à savoir un certain manque d'ordre, qui doit venir à la fois et de la précipitation avec laquelle l'ouvrage a été composé, et des dispositions de l'auteur, plus habitué à rechercher et à accumuler des documents qu'à les coordonner ; l'on sait du reste que c'est là un défaut assez commun chez nos voisins d'outre-Rhin. En outre, çà et là, ces volumes donnent l'impression d'articles de combat plutôt que d'un ouvrage longuement mûri. A côté de choses permanentes, il y a des remarques fugitives sur les productions de tel ou tel auteur contemporain, productions qui vivront à peine l'année où elles ont paru ; il y a des polémiques personnelles, qui seraient mieux placés dans un article de Revue ou même un article de Journal.

Ces défauts apparaissent peut-être davantage encore dans les changements introduits d'une édition à l'autre. Les deux éditions se sont suivies à un court intervalle, et pourtant, ces changements sont considérables. Certaines parties ont disparu tout entières : l'ancienne préface (P. v-xxv), un chapitre sur les défectuosités de l'édition de Weimar (P. 29-54); un article sur la physionomie de Luther, et les déductions psychologiques à en tirer (P. 815-828). D'autres, au contraire, ont été ajoutées; par exemple, une longue préface (P. iii-xxvi) où Denifle prend à partie, l'un après l'autre, ceux qui l'ont attaqué. A notre avis, cette préface ne fait pas oublier l'ancienne. Nous eussions mieux aimé la trouver dans l'opuscule de Denifle « à ses critiques »; opuscule qui lui, au contraire, a plutôt un caractère dogmatique et les allures d'un ouvrage de fond. Enfin, dans l'ensemble de cette nouvelle édition, l'on trouve une coordination assez différente de l'ancienne et tout à l'avantage de la seconde édition, mais sans que l'auteur soit toutefois parvenu à faire disparaître certaines répétitions et un certain manque de composition.

Dans la *Psychologie* de Luther, l'on se heurte à une autre difficulté. Jusque-là, nous avons eu complètement l'œuvre de Denifle : dans la troisième partie du premier volume, éditée pourtant après la mort de l'auteur, c'est à peine si quelques notes du P. Weiss font penser au continuateur. Il n'en est pas ainsi dans la *Psychologie* de Luther: ici le P. Weiss entre directement en scène, en sorte qu'assez souvent dans les « je » fréquents auxquels sont habitués les auteurs allemands, l'on se demande à qui l'on a affaire. Nous aurions mieux aimé qu'après une préface personnelle le continuateur s'effaçât complètement devant son ami. D'autant que les deux auteurs sont assez loin d'avoir la même manière de juger Luther. Aux attaques du P. Denifle contre le « tourbe » le « faussaire », le « menteur », à des boutades de style un peu fortes, mais primesautières et qui réveillent le lecteur, succèdent çà et là les adoucissements du P. Weiss et le refrain sur la dure nature du *Tyrolien* Denifle, qui ne savait pas assez mâcher ses mots. Retenons du moins cette remarque du P. Weiss: Denifle était pour Luther l'historien qui convenait. Morbleu! si Denifle avait vécu 350 ans plus tôt il y aurait eu plaisir, en effet, à voir ces deux hommes se mesurer l'un avec l'autre !

Mais ce sont là des remarques de détail sur un ouvrage d'une valeur exceptionnelle et, je ne crains pas de le dire, extraordinaire. En apprenant que Denifle écrivait sur Luther je m'étais demandé pourquoi l'auteur du *Cartulaire de l'Université de Paris* se fourvoyait sur un terrain que je croyais tout nouveau pour lui. Puis, je lus la critique de M. Brieger dans la *Zeitschrift für Kirchengeschichte*: « Denifle a souillé son nom par ce dernier ouvrage. » (T. XXVI, 1905, p. 383.)

Malgré ces préventions, la lecture de cet ouvrage m'a subjugué. L'on n'a point ici une biographie de Luther: je crois bien que l'on parcourrait en vain ce volume pour y apprendre l'année de la naissance du réformateur. Mais l'on a une étude qui touche presque à tout : à l'histoire, à la théologie scolastique, mystique et patristique, à l'exégèse...; l'on a avant tout une étude profonde de controverse dogmatique. Plus l'on avance, plus on voit en Luther le mystique voluptueux, le tribun faussaire et violent, et dans cette peinture, Denifle apporte deux grandes originalités : 1° il connaît les devanciers de Luther, et il montre dans quelle mesure Luther les a calomniés ou les a contredits; 2° pour juger le Luther de 1510, il ne pas va puiser ses jugements dans les *Propos de Table*, ou les écrits des dernières années de Luther, moins encore dans les historiens du réformateur ; il prend les œuvres de Luther contemporaines de sa vie dans le cloître, et il nous fait assister à l'évolution de ses sentiments et de ses pensées.

Du reste, cette étude, loin d'être isolée dans les travaux de l'auteur, les suit au contraire et les couronne fort naturellement. Au xv° siècle, la décadence était grande dans l'Eglise ; au xvi°, elle s'accentua encore. Avec ses études antérieures, Denifle en était arrivé à cette époque. Vers 1520, il trouve Luther sur son chemin, il le prend alors, il l'étudie. Puis, il cherche à voir d'où il vient et où il va, il le suit dans son développement, qui fera du moine d'autrefois le chef des ennemis du Catholicisme. Bref, à Luther, Denifle applique la méthode de la théorie de l'évolution. Et pour cette étude il est constamment remonté aux sources. Comme on l'a dit fort justement et spirituellement il y a toujours une manière de rajeunir une citation, c'est de la faire telle qu'elle est et dans son sens originel. Aussi Denifle a d'abord étudié Luther dans ses œuvres ; en premier lieu le Luther de 1520, puis le Luther d'avant et d'après. Ensuite, il a étudié le Luther des siècles suivants, souvent assez différent du premier.

Dans une première Section, il étudie l'écrit de Luther *Sur les vœux monastiques* (1521) (p. 29-348). Dans un long exposé, il montre quels « mensonges », quelles « fantaisies » Luther s'est permises dans cet ouvrage : pour Luther, il s'agissait de légitimer sa conduite et de se trouver des imitateurs. « Devenir moine, écrit-il, c'est perdre la foi, renier le Christ, devenir Juif et retourner au paganisme. » (I, 64).

Il faut se marier, et pour le prouver, Luther nous apporte une comparaison très imagée : « Que deviendrait celui qui voudrait garder en lui ses excréments et son urine. » (I, 269). Les petits Allemands, paraît-il, montrèrent une intelligence précoce à saisir ces enseignements : « A peine sortis du berceau, écrit en 1532 le luthérien Johann Brenz, ils veulent déjà avoir des femmes, et des petites filles qui ont beau temps à attendre pour être nubiles passent leur temps à rêver aux hommes » (I, 278).

Dans la seconde Section (349-889), l'auteur cherche le moment capital de l'évolution de Luther. Il montre qu'il faut le placer en 1515.

Le mensonge a été l'arme favorite de Luther contre l'Eglise et les ordres religieux ; il a menti aussi lorsque, sorti de l'Eglise, il a parlé de sa vie dans le cloître (I. p. 349). Denifle fait ici un travail tout nouveau et fort intéressant. Luther a beaucoup parlé de ses mortifications dans le cloître, du désespoir avec lequel il s'enfonçait dans le jeûne et la prière pour apaiser Dieu. Mais toutes ces confidences ne remontent pas au delà de 1530. Par contre, sur la vie de Luther dans le cloître nous avons d'assez nombreux renseignements qui remontent à l'époque où il s'y trouvait : ils sont loin de concorder avec les confidences postérieures : dans ces prétendues confidences, Luther fausse tout, pour mettre la réalité en harmonie avec ses désirs du moment.

Ici encore Denifle apporte tout ce qui manque aux écrivains protestants : la connaissance des ordres religieux, de leurs constitutions, de leur esprit, de tout le passé en un mot dont Luther est sorti.

Ce qui est certain, c'est que la règle des Augustins ne commandait pas ces mortifications qui, selon Luther, l'avaient conduit à la porte du tombeau. Les aurait-il donc faites de lui-même ? En tout cas, ce serait une première preuve de son manque d'équilibre, et d'un développement exagéré de son sens personnel : pourquoi ne consulter personne autour de lui ?

Dans une lettre de l'automne de 1516 que Luther adressait à Lang à Erfurt, nous avons au contraire une phrase terriblement révélatrice : « J'ai rarement le temps d'achever mes heures et de dire la messe. » L'on voit donc ce qu'il faut penser de ses déclarations sur sa vie dans le cloître, sur ses prières, et l'ensemble d'une vie où il accomplissait tout ce que suivant l'Eglise romaine contribue à faire un saint.

Ce manque de piété, ce délaissement de la prière nous met sur la voie pour répondre à cette importante question : Comment Luther en est il arrivé à son étrange théologie : « Nous sommes pécheurs ; nous ne pouvons que pécher, mais si nous avons la foi, la justice de J. C. nous est imputée ; elle nous recouvre comme un manteau. » La réponse à cette question est l'œuvre capitale de l'ouvrage de Denifle (I. p. 430 et suiv.).

Vers 1515, Luther ne peut plus résister aux tentations. D'où une théorie, qui remonte de sa volonté à son intelligence : il conclut qu'il est tout péché : la concupiscence est invincible. Dès lors, pour lui, péché originel, concupiscence, péchés actuels sont tout un. De ce moment, Luther était prêt pour la révolte.

Luther n'est donc que l'un de ces nombreux mystiques à qui une certaine piété ou mieux une certaine sentimentalité religieuse fait oublier la vertu. Ainsi en fut-il des Manichéens, des Albigeois, de Molinos et de quantité d'autres ; certains psychologues et non des moindres prétendent que les mystiques en sont à peu près tous là [1]. On en arrive toujours à cette conclusion que la partie inférieure de nous-même ne se peut dompter ; laissons-la donc faire, et communiquons avec Dieu par le haut de notre âme.

Avec ces mystiques Luther veut être *tout passif* sous l'action de Dieu. Il n'a pas à correspondre à cette action : ce ne serait pas seulement inutile pour l'homme, ce serait offensant pour Dieu et pour Jésus-Christ.

Ainsi c'est avant tout en lui-même, dans ses propres dispositions intérieures que Luther a puisé le principe de son système sur cette coexistence de dispositions mauvaises avec la justification. Pourtant une influence extérieure l'a aidé à en arriver là : cette influence, c'est la théologie d'Occam, dont il était tout imprégné.

Pour Occam, le surnaturel est extérieur à l'homme. Sans doute, Dieu met la grâce dans l'homme ; mais de *puissance absolue*, Dieu pourrait faire qu'un acte naturel ait une vertu surnaturelle. Tout dépend de la volonté de Dieu : *de puissance absolue*, Dieu peut faire que l'on devienne juste ou injuste sans qu'il y ait rien de changé en nous.

Dès lors Luther n'avait qu'un pas à faire pour mettre la *doctrine* en harmonie avec son *intérieur :* « Non seulement Dieu peut agir ainsi, mais il le fait ! » (I. p. 501 et suiv.)

Il fallait à la fois la grande connaissance que possédait Denifle de la théologie scolastique et de la théologie mystique pour mener à bonne fin une démonstration si ardue, et d'autant plus ardue qu'elle est plus nouvelle. Il est étonnant en effet comme tous les théologiens protestants, et les laïques en général, ont cru Luther sur parole: « Tous les scolastiques, affirme Luther, disent que la

1. Il serait curieux de montrer que le socialisme collectiviste et irréligieux n'est qu'une branche de ce mysticisme : l'on croit qu'avec une idée et sans beaucoup d'efforts personnels l'on régénèrera le monde.

grâce est dans la volonté. » (Denifle, I, 524). Evidemment, *ce grand homme* n'irait pas lancer une pareille affirmation au hasard. Or elle est pourtant absolument controuvée. Le prince de la scolastique, saint Thomas d'Aquin, et quantité d'autres après lui, disent précisément le contraire. Pour eux, l'âme est composée d'une essence, et de puissances ou facultés, réellement distinctes de cette essence. Il en est ainsi de la grâce : elle pénètre l'âme tout entière: l'essence de la grâce est dans l'essence de l'âme ; la charité *informe* la volonté, la prudence *informe* l'intelligence, etc. ; bref, essence et puissances, tout est élevé à une vie supérieure, la vie surnaturelle.

Toute cette partie est un véritable traité de théologie. Denifle y montre qu'il n'est pas seulement un grand érudit, capable d'écrire l'histoire des Universités au moyen âge, mais encore qu'il est un penseur et un grand théologien.

Nous recommandons la lecture de ce chapitre aux théologiens, aux psychologues et aux mystiques.

Dans sa préface, Denifle dit que son livre n'est point destiné à la jeunesse, parce qu'il a fallu montrer Luther tel qu'il est. On le sait sans doute : c'est surtout sur les questions afférant aux mœurs que la lecture de Luther est instructive. Sur des points de ce genre, il y a pour ainsi dire une manière traditionnelle de répondre au clergé catholique : « Ce sont des choses dont vous ne pouvez pas parler pertinemment, vous ne les connaissez pas ». — « Pardon, pardon, j'ai lu tout ce qui pouvait me renseigner sur l'objet en question ». — « Ah ! un prêtre ! Il n'y a pas là de quoi vous féliciter. »

Au risque d'encourir ce blâme, Denifle a tout lu et tout dit, et la lecture de l'un de ses chapitres vaut presque celle de Rabelais. Souvent, ce n'est que de la grosse plaisanterie : « Si un juriste veut discuter, dit Luther, répondez-lui: « Dis donc, mon garçon, un juriste ne doit pas parler ici avant qu'une truie ait fait entendre un pet. Alors, il doit dire : Merci, chère grand mère, il y avait longtemps que je n'avais entendu de sermon. » (I. 820).

Georges de Saxe était le cochon de Dresde; Jean Eck, le cochon d'Eck ; Wimpina grognait comme un cochon. Du reste, Luther n'était guère plus aimable pour l'ensemble de ses compatriotes: « Tous des cochons! Pour l'intelligence, leur niveau était celui du plus vulgaire cochon. »

On peut juger après cela de la manière dont le pape était traité. « Cet âne de pape veut être le maître dans l'Eglise, quoiqu'il ne soit pas chrétien, qu'il ne croie à rien, et qu'il ne sache que péter comme un âne. » (I, 824). Jésus-Christ a dit à Pierre : « Pais mes agneaux » (Jean XXI, 16), et les papes ont prétendu fonder sur ces paroles leur juridiction universelle. Voici le commentaire de Luther: « Je fus épouvanté, et je pensais, parole d'honneur, qu'il y avait de l'orage, mais ce n'était qu'un horrible pet du pape. Pour un coup de tonnerre de ce calibre, il lui a fallu le lancer avec une force rare ! C'est miracle qu'il ne se soit pas déchiré le derrière, et les boyaux par dessus le marché. Maintenant si je pose cette question : Mais de qui les autres apôtres et particulièrement saint Paul ont-ils donc été les pasteurs? Alors cet âne de pape me répondra sans doute avec un gros pet, qu'ils sont les pasteurs des rats, des souris et des poux, ou mieux encore les pasteurs des truies. »

L'on sait qu'après la mort subite de Luther le pharmacien appelé en tout hâte pour lui donner des soins le crut encore vivant parce qu'à l'appel du clystère, Luther répondait par des « vents bruyants. » Il est donc probable que les gaz devaient fortement incommoder Luther : le retour si fréquent à des souvenirs de ce genre dans ses écrits est une vive lumière projetée sur sa vie intime, un document psychologique et physiologique à la fois.

Du reste, Luther est loin de s'en tenir toujours à ces grosses plaisanteries : « Vous le voyez, écrivait-il le 5 nov. 1525, Dieu ne pense pas qu'un homme marié se contente de sa femme et réciproquement. Dieu nous reproche à tous d'être des coureurs de p...; et si nous ne le sommes pas ouvertement, nous le sommes du moins dans notre cœur. »

Et puis, les droits de la passion sont sacrés. Si une femme ne suffit pas, l'on peut à la rigueur en prendre deux. Et Philippe *le Magnanime* obtiendra de Luther la permission d'user de ce privilège.

Dans la *Psychologie de Luther*, le P. Weiss promet un autre volume sur l'Avenir du protestantisme (p. 38, 70, 212). Le mérite du grand lutteur qui n'est plus et de son continuateur font espérer que ce volume couronnera dignement l'un des travaux les plus remarquables qui aient été entrepris sur Luther et le luthéranisme.

J. Paquier.

---

178. — **Le sourire (psychologie et physiologie)**, par Georges Dumas. — Paris, Alcan, 1906, in-16 de 167 p. (Prix : 2 fr. 50).

Le sous-titre de cet essai me semble imparfaitement justifié ; et l'on aurait quelque déception si l'on pensait trouver dans l'étude du Dr Dumas le complément du *Rire* de Bergson. A dire vrai, l'auteur a écrit un livre de physiologie approximative ; et c'est presque toujours là que s'en tiennent, en France, les docteurs de la psychologie expérimentale. Un premier chapitre nous renseigne sur la structure et le fonctionnement du *nerf facial*. En second lieu, M. Dumas s'occupe de la *physiologie du sourire*. Puis il aborde la *pathologie* de son sujet. Ensuite, il en esquisse la *psychologie*. Il termine par des considérations générales sur *la loi du sourire et l'expression des émotions*. — Il critique vivement, dans tout le cours de son livre, les explications de Darwin et celles de Wundt, comme trop entachées d'histoire et de psychologie. Ce dernier reproche pouvait sembler bizarre sous la plume d'un psychologue ; mais on l'entendra, si l'on sait voir qu'aux yeux du Dr Dumas la psychologie proprement dite n'est que de la logique, tandis que la psychologie véritable se ramène à la physiologie, c'est à-dire (en fin de compte) à la mécanique. Les darwinistes et les psychologues compliquent artificiellement les choses. Ne vont-ils pas, pour expliquer la vie affective, s'embarrasser du jeu des représentations, des associations d'états de conscience, et de considérations finalistes ? Il est beaucoup plus *simple* (le Dr Dumas insiste sur ce qualificatif) de tout réduire à la double loi de l'excitation et de la dépression du système nerveux ; l'hypertonus et l'hypotonus des muscles rendront compte alors de tous les modes de la vie affective : la joie, la colère, la tristesse et la peur, s'expliqueront alors de la manière la plus satisfaisante. Et l'observation psychologique deviendra superflue. On excitera, au moyen d'un courant électrique, le nerf facial, et l'on produira une série d'expressions qui seront précisément des sourires. Il est vrai que, trop souvent (les figures insérées dans le texte en font foi), ces sourires ressemblent à des grimaces ; on en sera quitte pour avouer qu'il leur manque la grâce et l'aisance, et l'on ajoutera que ce sont là des qualités fugitives et relatives. C'est que l'on ne tient pas à se préoccuper des nuances ; comme, mécaniquement, le sourire est une réaction des parties du corps les plus mobiles, on appellera sourire du chien et du chat le frétillement de leur queue ! Et, lorsqu'il faut absolument aborder la psychologie du sujet, on s'en tiendra à quelques combinaisons hypothétiques d'impressions, en laissant entendre que la vraie raison de tout cela réside dans le mécanisme nerveux. Et l'on répétera l'éternelle rengaîne des pseudo-positivistes, dénonçant les conceptions téléologiques et anthropocentriques, attaquant ce que l'on est convenu d'appeler *idéologie*, assimilant une fois de plus les sciences morales aux sciences physiques. Les psychologues (?) et les sociologues ne seraient-ils pas tout simplement des retardataires ? Le dédain de tels d'entre eux (lisez M. Piéron et M. Ravault d'Allonnes) pour la psychologie bergsonienne ou même pour les spéculations de cet esprit si large qui est M. Prinet, sont très divertissants. Ils en sont encore à ne pas comprendre les réflexions si justes que faisait naguère M. Rauch sur la véritable *attitude scientifique* (à propos de la psychologie des sentiments). Et n'est-il pas facile, d'ailleurs, de se dire psychologues et savants, lorsqu'on use d'une méthode qui met au rancart, sous le prétexte usé de littérature, tous les dons psychologiques ? Le Dr Dumas est psychologue — nous le reconnaissons volontiers — à peu près autant que M. Le Dantec ou que feu M. Godfernaux (lequel l'était juste assez pour écrire un médiocre vaudeville). Et n'est-ce pas lui-même qui nous fournit (au moyen d'un léger changement) la conclusion la plus raisonnable au sujet de son œuvre : « Quand on les méconnaît » (disons encore les dons du psychologue), « on peut faire... de la physiologie conjecturale : on fait à coup sûr de la philosophie... pseudo-positiviste ; *on ne fait certainement pas de psychologie* ».

. .

Le sentiment et la pensée et leurs principaux aspects physiologiques, essai de psychologie expérimentale et comparée, par André Godfernaux. — Paris, Alcan, 1906, in-16 de xii-203 p. (Prix : 2 fr. 50).

Deuxième édition, sans changements notables, de la thèse de

M. Godfernaux. Illustration de l'hypothèse du parallélisme psycho-physiologique (« Réduite à elle-même, dit l'auteur, la psychologie n'est pas une science ; elle n'est une science que par ce qu'elle contient de physiologie »). Détermination des rapports du sentiment (expression psychique des mouvements diffus) et de la pensée (expression psychique des mouvements définis), dans le sens d'une direction de la pensée par le sentiment. L'association des idées (lesquelles n'ont entre elles aucune affinité propre) est gouvernée par l'état affectif (par l'excès ou le défaut du sentiment, qui symbolisent l'exagération ou la faiblesse des inhibitions motrices) : « La vie affective — qu'on a longtemps et avec justesse appelée la vie intérieure — avec ses hauts et ses bas est le fond mouvant sur lequel flotte la pensée ». (P. 237). — L'auteur a préconisé la démonstration de sa thèse par une double méthode : par la psychologie *morbide*, qui lui offrait dissociés la pensée et le sentiment (étude de la manie, de la mélancolie, de l'hypocondrie, de l'extase, du délire chronique à évolution systématique) ; par la psychologie *normale* (que la première a pour but unique d'éclairer). — La dernière formule du livre en résume très bien le sens : « Les phénomènes de conscience agissent et réagissent les uns sur les autres et s'associent entre eux comme les phénomènes corporels auxquels ils correspondent » (p. 200). J. SEGOND.

---

179. — **Dîpavamsa und Mahâvamsa und die Geschichtliche Uberltieferung in Ceylon**, von WILHELM GEIGER. — Leipzig, 1905, A. deichertsche Verlagsbuchhandlung Narhf. (Georg Böhme), in-8 de viii-146 pp.

L'auteur prépare une édition critique du Mahâvamsa. Le présent travail en est l'introduction littéraire et historique. Il se compose de trois chapitres où sont étudiés le Dîpavamsa et le Mahâvamsa par rapport l'un à l'autre, et dans leurs sources, ainsi que les traditions historiques de Ceylan étrangères à l'épopée. Avec une compétence indiscutable, l'auteur examine la composition du Dîpavamsa et celle du Mahâvamsa, le premier séparément, le second par rapport au premier. Ce sont deux Chroniques cinghalaises rédigées en vers dans le dialecte sacré du Bouddhisme, le pâli :

elles remontent l'une au ɪvᵉ et l'autre vers la fin du vᵉ siècle de notre ère. Toutes deux traitent le même sujet, mais avec de nombreuses variantes que M. Geiger s'applique à relever. Comme ce sont des écrits essentiellement bouddhiques, ils débutent naturellement par raconter la vie de Gotama ; de plus, s'adressant surtout au public cinghalais, ils n'ont garde ni l'un ni l'autre d'omettre les trois voyages, plus que problématiques pourtant, de Bouddha à Lankâ. Le Mahâvamsa fut l'objet d'un commentaire important que notre auteur interroge soigneusement pour en tirer des renseignements de toute sorte, car, comme il arrive à la plupart des poèmes de l'Inde, l'intérêt de leurs gloses dépasse souvent le leur, pour les Européens, du moins, qui s'efforcent de dégager de cette gangue plus ou moins épaisse et informe, le minerai précieux qu'elle peut renfermer. A ces sources passablement troubles l'auteur, non sans peine parfois, puise des renseignements sur l'histoire de l'Inde bouddhique jusqu'à Ciyadari ou Açoka, celle des trois conciles, du roi Malvinda et de ses successeurs, etc. Dans une dernière partie, il essaie de déterminer les éléments historiques renfermés dans certains écrits comme la Gemanta-Pâsâdikâ, le Mahâbodhivamsa, le Dâthâvamsa, la Daladâpûjâvali, les temps antérieurs, à Vigaya, d'après la Pûjâvali, le Râjaravinâkara et la Râjâvali, l'histoire de Vigaya et de ses successeurs, d'après ces trois chroniques.

Enfin l'ouvrage se termine par un appendice qui renferme l'analyse comparée du Dîpavamsa et du Mahâvamsa avec des renvois aux passages parallèles des écrits postérieurs.

La dissertation est suffisamment bien conduite. Est-elle toujours probande ? Ce serait, je crois, s'avancer un peu loin que de le prétendre. Telle qu'elle est, elle apporte un appoint sérieux à l'étude de la littérature sinon même de l'histoire cinghalaise.

A. ROUSSEL.

---

180. — **Lamennais et Victor Hugo**, par Christian MARÉCHAL. — Paris, A. Savaète, 1906, in-8 de 149 p.

M. Maréchal qui avait publié en 1905 des lettres inédites de Lamennais à madame Clément et qui publiait dernièrement les cahiers de philosophie de Lamennais du temps qu'il enseignait la philosophie à Juilly, s'est appliqué cette fois à déterminer avec précision les rapports de Lamennais avec V. Hugo. Il ne fait pas doute après cette étude que le poète aurait fortement subi l'influence de l'auteur de l'*Essai*, à partir de 1820 jusqu'en 1832 où l'Encyclique *Mirari vos*, condamnant l'*Avenir* et les doctrines libérales, vint tromper les espérances de Lamennais et achever la défection de V. Hugo. N'ayant reçu au foyer de la famille aucune formation chrétienne, V. Hugo n'avait pas la foi durant les années de son adolescence. Son âme commença à s'ouvrir aux idées religieuses sous la douce influence de sa fiancée. La lecture de l'*Essai* auquel il consacre un article dans le *Conservateur littéraire* (août 1820), le persuade de l'influence sociale du christianisme, et il proclame la nécessité de la religion pour faire vivre les peuples. Présenté à Lamennais par le duc de Rohan au mois d'octobre 1821, il se confessa à lui « avec tous les scrupules des examens de conscience », et des relations très intimes s'établirent entre eux, qui durèrent plusieurs années. A cette époque, V. Hugo parut vraiment à la génération nouvelle le poète chrétien qu'elle attendait. La préface des *Odes* et l'article qu'il publia dans la *Muse française* (Juillet 1823) sur les deux derniers volumes de l'*Essai* attestent l'influence profonde de Lamennais sur le jeune poète et montrent clairement en lui le catholique menaisien. M. Maréchal étudie ensuite avec une grande perspicacité les effets de cette conversion sur les doctrines littéraires de V. Hugo et comment le néophyte s'efforce d'accorder menaisianisme et romantisme. Le menaisianisme évolue vers le libéralisme, sa formule devient : la liberté dans l'ordre. A cette évolution doctrinale correspond l'évolution littéraire marquée dans la préface des *Odes et Ballades* et dont la formule est : la liberté dans l'art. La préface de Cromwell est un autre document encore plus intéressant du menaisianisme littéraire et social de V. Hugo. M. Maréchal l'établit en étudiant successivement dans cette préface la théorie de la société, la théorie de la religion chrétienne et de son influence sur la littérature, le libéralisme littéraire et le libéralisme social. Cependant V. Hugo ne devait pas persévérer longtemps dans sa fidélité à l'Eglise. La Révolution de juillet et la réaction anticatholique qui la suivit, sans doute aussi l'influence de Sainte-

Beuve, entraînèrent le poète vers la nouvelle puissance qu'il sentait grandir en face de la tradition immuable et de l'autorité qui jusque-là avait gouverné le monde. Croyant voir une opposition irréductible entre l'Église et la liberté, il renonce au catholicisme et choisit la liberté. Lamennais fit de vrais efforts pour le retenir. L'Encyclique *Mirari vos* condamnant les doctrines libérales auxquelles il voulait le rallier lui ôtait désormais toute action sur cet esprit sans convictions profondes et livré sans défense à tous les vents du siècle. Le vent soufflait maintenant à l'incrédulité. Victor Hugo cessa d'être catholique, sans cependant renoncer d'un coup à toutes les croyances et à toutes les espérances chrétiennes qui lui inspirèrent encore, plus d'une fois, des vers admirables. Cependant il publie les chapitres de *Notre-Dame de Paris* qui accusaient son hostilité à l'égard de l'Église et que, sur les conseils de Lamennais, encore écouté, il avait supprimé dans les deux premières éditions; il cessa peu à peu de voir celui qui avait été des années le directeur de son âme et qui lui-même, hélas! allait se détacher du centre de l'unité.

Après avoir lu cette étude, après avoir assisté à ces débuts si pleins de promesses d'un grand poète qui aurait pu être un grand poète catholique, on partage pleinement le regret qu'exprime en terminant M. Maréchal : « Qui dira ce que l'œuvre du poète aurait gagné en solidité et en profondeur, si, aux vides abstractions, à l'insupportable verbiage métaphysique qui tiendra désormais la place des croyances reniées, une philosophie religieuse positive comme celle du catholicisme avait installé ses solides assises. Mais le XIXe siècle pouvait-il avoir son Dante? Oui peut-être si Lamennais avait pu être son Docteur Angélique! Qui pourrait dire qu'entre 1820 et 1832 on n'eut point cette grande espérance?

Pierre HERVELIN.

---

181. — **Les Martyrs**. T. IV (**Juifs, Sarrasins, Iconoclastes**), par le R. P. Dom H. LECLERCQ. — Paris, Oudin, 1905, in-8 de CXLII-355 pp. (Prix : 3 fr. 50).

Le R. P. Dom H. Leclercq, moine bénédictin de Saint-Michel de Farnborough, continue dans ce tome quatrième la publication de son « recueil de pièces authentiques sur les martyrs depuis les origines du christianisme jusqu'au xx° siècle ». Le titre du volume : *Juifs, Sarrasins, Iconoclastes*, en laisse déjà deviner l'intérêt. Ce titre est pourtant incomplet. Beaucoup de ces martyrs, Vartan, Jésus-Sabran, Oswald et plusieurs autres, furent les victimes des *Païens*. Et ce mot devrait figurer dans le titre.

Une préface de 150 pages, où l'auteur fait sa profession de foi critique, où il résume les persécutions des Juifs contre les Chrétiens, où il rappelle l'opinion de l'Église romaine sur les Actes des Martyrs, forme, à notre avis, la partie la plus intéressante, la plus attachante et aussi la plus instructive du livre tout entier [1]. Il faut y insister.

Le savant bénédictin condamne sans pitié ceux qui font de l'histoire « une affaire de sentiment non de raisonnement,.. qui se laissent ordinairement conduire par le cœur » et s'érigent « les défenseurs intrépides et intraitables de récits dont le caractère non historique paraît démontré [2] ». C'est donc un esprit vraiment large et scientifiquement irréprochable qui a présidé à ces études hagiographiques, au triage de ces documents. Personne n'a le droit de s'en étonner, encore moins de s'en scandaliser. L'initiative de la critique hagiographique est venue du Saint-Siège lui-même et des meilleurs historiens de l'Église. Qu'on se rappelle la célèbre commission, instituée par le pape Benoît XIV, pour retrancher du Bréviaire romain toutes les légendes douteuses et qu'on veuille bien aussi ne pas oublier les remarquables paroles du cardinal oratorien Baronius : « L'on rend un service beaucoup plus considérable à la vérité et à l'Église en ensevelissant dans le silence des choses qui ne sont pas tout à fait certaines, que lorsqu'on en avance de fausses, même parmi d'autres qui sont vraies [3] », et le reste.

---

1. Nous n'aimons guère cependant la longue citation de Victor Hugo, pages VIII-IX de la Préface : « Quand Josué rêveur... sonnait de la trompette etc. » Oserons-nous dire que les trompettes de Jéricho empruntées au poète, nous font ici l'effet d'une fanfare énorme qui éclaterait inopinément au milieu d'une grave et paisible séance de l'Académie des Inscriptions et Belles-Lettres ?

2. P. IX-X.

3. Baronius, *Annales*, III, p. 444, cité par Dom H. L. p. CXXXIII.

L'Église catholique en effet peut faire bon marché des légendes apocryphes, alors que tant d'écrits historiques sur la vie des saints, sur la passion des martyrs en particulier, suffisent si amplement à la doter de la gloire incomparable qui est la sienne et de l'auréole sainte qu'elle revendique.

Sûr d'avoir pénétré dans le domaine de l'histoire par la porte d'une critique sévère, le lecteur des « Martyrs » ne se défendra pas, dans la suite, d'un irrésistible sentiment de réprobation, au récit des actes de violence et de haine commis par les Juifs contre les Chrétiens des premiers siècles. La calomnie, l'outrage odieux ou puéril prodigués par Israël à Jésus-Christ pendant sa vie et jusqu'au dernier soupir étaient renouvelés. Les Apôtres et les premiers chrétiens étaient représentés « comme des espèces de jongleurs et de thaumaturges en possession d'une recette curative merveilleuse dans laquelle se prononçait le nom de Jésus ; aussi se trouva-t-il des médecins juifs qui, jusqu'au IIIe siècle, s'obstinèrent à tenter des cures, au nom de ce Jésus qu'ils maudissaient intérieurement [1] ».

Que devenait cependant la religion des Juifs ? Elle se gâtait, s'abâtardissait, se noyait dans les subtilités ridicules qui remplissent le talmud, « lourd monument de pédanterie, dit E. Renan, de misérable casuistique et de formalisme religieux, quelque chose de barbare et d'inintelligible [2] ». L'étude de ce livre « repoussant [3] » immobilisait les Juifs instruits dans une science vaine et niaise, vrai défi au bon sens. Tandis que les Pères de l'Église démontraient victorieusement, dans leurs apologies, l'accomplissement des prophéties messianiques, qu'ils rendaient le christianisme plus hellénique dans ses formes littéraires et plus romain dans son type social et politique, les docteurs d'Israël, dans les talmuds, tiraient de chaque trait, de chaque lettre de la Bible, « des boisseaux entiers de décisions » ; ils examinaient par exemple « s'il est permis de tuer un pou ou une puce le jour du sabbat, s'il faut tuer les animaux du côté du cou ou du côté de la tête !... [4] » Le Christianisme

---

1. P. XXXVII.
2. E. Renan, *Origines du Christianisme*, VI, p. 145, cité par Dom H. L
p. XL.
3. *Ibid.*
4. P. LXVI.

clairvoyant appelait et recevait dans son sein « la multitude des nations » : le judaïsme aveugle, après une ardeur intempestive de prosélytisme, supprimait jusqu'à l'institution des prosélytes !

Enfin, « Israël gagne en violence tout ce que le christianisme gagne en indulgente bonté [1] ». Le diacre Étienne, Jacques, premier évêque de Jérusalem, saint Simon, deuxième évêque de cette ville, saint Polycarpe de Smyrne et beaucoup d'autres tombent sous les coups de la juiverie ; elle poursuit Pierre et Paul de ses outrages, de ses cris de mort ; elle se livre à de honteux brigandages, lorsque, grâce à la réaction judéo-païenne qui caractérise le règne de l'empereur Julien, elle incendie les basiliques chrétiennes de Damas, de Gaza, d'Ascalon, de Beryte et d'Alexandrie [2]. A Nadjrân, dans le Yémen, le roi Dhou-Nowâs, juif de religion, massacre 4.000 chrétiens, en haine de leur foi (523 de J. C.). Le récit macabre de cette abominable tuerie est détaillé tout au long dans le présent volume, avec pièces justificatives [3].

Cet acharnement des Juifs dura longtemps ; « on les rencontrait partout où il fallait provoquer à la violence contre les Chrétiens [4] ». Et toujours les empereurs consentaient à des ménagements en faveur d'Israël, si bien que Tertullien pouvait écrire cette phrase qui n'a rien perdu aujourd'hui de son actualité : « Les synagogues sont les sources d'où découle la persécution [5] ».

Sans doute, quand la paix fut rendue à l'Église, les Chrétiens eurent parfois la main un peu lourde dans leurs représailles ; « cependant parmi les documents que j'ai étudiés jusqu'ici, dit l'auteur, je n'ai jamais rencontré un seul cas, dans lequel les Chrétiens aient joué le rôle de provocateurs ; frappés, ils ont frappé à leur tour [6] ».

Cet historique de la persécution juive est suivi de 22 documents, la plupart ignorés ou peu connus du public, parmi lesquels nous voulons signaler les martyres des SS. Vartan d'Arménie, Herménégild, Jésus-Sabran, Arétas du Yémen et ses

1. P. L.
2. P. XCI.
3. P. CI et suiv. et p. 156 et suiv.
4. P. LXXXVI-LXXXVII.
5. P. LXXXVII.
6. P. C-CI.

compagnons, Martin Ier, pape, Julie de Corse, vierge, Porcaire et cinq cents moines de Lérins.

Critique, érudition, éloquence des faits, élévation morale, telles sont les qualités solides qui unissent ici leurs forces pour soutenir, comme des colonnes, ce nouveau temple des martyrs.

Jean Périer.

---

182. — **Figures bysantines**, par Charles Diehl. — Paris, Colin, 1906, in-16 de 341 p. (Prix : 3 fr. 50).

M. Diehl a le talent, dans ses livres de haute vulgarisation, de faire goûter par le charme de son style et l'imprévu de sa narration, des études en soi souvent assez ennuyeuses, mais qui sont toujours instructives. Ce nouvel ouvrage de M. D. n'a pas de prétentions scientifiques, en ce sens qu'il trace ses portraits sans les hisser sur le piedestal d'une érudition apparente. Mais qu'on ne s'y trompe pas. L'appareil scientifique, la charpente intérieure y est et a été soigneusement revue ; seulement elle se dissimule sous l'agrément d'une narration vive et parfois captivante. Qu'on lise, par exemple, le portrait de cette charmante Athenaïs qui devint l'impératrice Eudocie, celui de Théodista, mère du fameux saint Théodore, de Stoudion, pour parler des figures édifiantes, ou celui de Theophano et de Zoé parmi celles qui le sont moins, et l'on se rendra compte que tout en étant historien sérieux, critique et consciencieux, M. D. a su être littérateur de goût. Grâce à ces études qui s'ouvrent par un tableau « de la vie d'une Impératrice à Byzance », le lecteur peut suivre tout le développement de l'histoire byzantine jusqu'à l'époque des Croisades. Car chaque siècle est représenté dans cette galerie : le Ve avec Athénaïs, le VIe avec Théodora ; le VIIIe avec Irène et Théodista, le IXe avec Basile Ier, le Xe avec l'histoire des quatre mariages de Léon VI, et Theophano, le XIe avec Zoé, Psellos et Anne Dallassène. Tous ces sujets, on peut le remarquer, n'étaient pas également neufs. Plusieurs savants les avaient déjà étudiés ; mais c'est le mérite de M. D. d'avoir pu, par ce livre, comme par ceux qui l'ont précédé, montrer au grand public qui ne lit pas les travaux d'érudition qu'il y a mieux que du « sang, de la volupté, de la mort » dans l'histoire byzan-

183. — **Saint Théodore (759-856)**, par l'abbé Marin. [Collection *Les Saints*]. — Paris, Lecoffre, 1906, in-18 de iv-195 pp. (Prix : 2 fr.)

L'histoire de Saint Théodore de Stoudion est un des chapitres de l'histoire ecclésiastique byzantine que nous connaissons le mieux. Avant ce volume de M. Marin, plusieurs travaux lui avaient déjà été consacrés et tout dernièrement M. Diehl dans son livre intitulé : « Figures byzantines » a retracé le portrait de Théodista, mère de Saint Théodore. Le champ était donc suffisamment déblayé pour qu'on pût écrire une intéressante monographie sur l'homme qui joua à la fin du viiie siècle un rôle considérable à Byzance. Et c'est ce qu'on fait M. Marin. Son récit vivant, coloré, plaira sans doute aux lecteurs de cette collection autant qu'il les instruira. C'est que ce fut une grande figure que celle de saint Théodore. De sa retraite du mont Olympe en Bithynie, il dirigea une première fois la résistance contre les caprices conjugaux de son souverain. Puni de l'exil, pour son étrange hardiesse, il finit par en connaître toute l'amertume. Car ce ne fut pas une fois, mais trois que le pouvoir politique dut sévir contre lui, soit à propos de la controverse dite « mœchienne », soit à propos de la lutte iconoclastique. Mais rien n'y fit. Théodore vécut et mourut en exil : cela ne l'empêche pas d'enseigner le peuple, de diriger les moines et de faire pièce à toutes les prétentions théologiques des Basileis. Entre temps, aux heures d'accalmie, il rentrait à Byzance et avait les loisirs de s'occuper de tout. Chassé de l'Olympe, sur les pentes duquel il avait fondé le monastère de Sakkoudion, et où, durant de longues années, grâce à son habile direction, fleurit brillamment la vie morale et intellectuelle, il fut choisi pour réformer le grand couvent constantinopolitain du Stoudion qui lui a donné son nom, tant son œuvre y fut grande et féconde.

Cette vie de saint Théodore aussi belle par son activité intellectuelle, qu'harmonieuse dans son ascension morale, a trouvé en M. Marin un agréable biographe. M. Marin, était déjà connu des byzantinistes par sa thèse de doctorat sur « les moines de Constantinople jusqu'à la mort de Photius. » Il sera connu du grand public par cette monographie. Ce n'est pas qu'elle soit indemne de tout reproche et peut-être, au point de vue purement scientifique, pourrait-on faire plus d'une réserve ; mais il me semble qu'il est préférable de la prendre pour ce qu'elle a voulu être, une étude de vulgarisation. A ce titre elle instruira et édifiera le lecteur qui pourra parfois se demander s'il ne lui semble pas, en le lisant que, « nous vivons certaines heures tragiques de notre propre histoire et si ces faits déplorables se passent au ix^o siècle ou au xxe, dans la Byzance impériale ou bien dans notre France. »

A. Le Prévost.

184. — **Questions d'Histoire et d'archéologie chrétienne**, par Jean Guiraud. — Paris, Lecoffre, 1906, in-12 de 304 pages. (Prix : 3 fr. 50).

M. Jean Guiraud a réuni dans ce volume six articles consacrés à diverses questions, la plupart fort discutées d'histoire ecclésiastique. Une pensée apodogétique fait l'unité de cet ouvrage sans d'ailleurs rien lui enlever de sa valeur scientifique. L'auteur impartial dans sa critique n'entend point faire usage pour la défense de l'Eglise des « subtilités ou arguties que les avocats mettent d'ordinaire au service des mauvaises causes. » L'étude très loyale et très consciencieuse qu'il consacre dès le début du livre à la « répression de l'hérésie au Moyen-Age » en est une bonne preuve. Il ne fait pas difficulté de constater que l'Eglise s'est reconnue le droit de punir l'hérétique et qu'en maintes circonstances, elle a usé contre lui de procédures et de peines rigoureuses. Mais cette répression, si dure nous paraisse-t-elle, ne peut être cependant appréciée d'une façon équitable qu'après une enquête sérieuse de motifs qui l'ont déterminée. Avant de condamner trop précipitamment le juge, il est au moins prudent de connaître aussi l'accusé. Précaution d'ailleurs qui s'impose, si l'on sait que l'Eglise n'a pas déployé indifféremment à l'égard de tous les hérétiques le même luxe de sévérités.

Monsieur J. G. suit cette bonne méthode : il nous détaille par

le menu les victimes ordinaires de l'Inquisition ecclésiastique. Albigeois, Cathares et Vaudois du xiii° siècle. Fraticelli du xiv°, Wicklefistes et Hussites du xv° défilent successivement sous nos yeux avec leurs théories immorales et antisociales, et cette revue nous permet de constater « qu'en un temps où la pensée humaine
» s'exprimait le plus souvent sous une forme théologique, les
» doctrines socialistes, communistes et anarchistes se sont mon-
» trées sous forme d'hérésies et que dès lors par la force même
» des choses, la cause de l'Eglise et de la société étaient étroite-
» ment unies... même de nos jours, dans notre société laïque, un
» pur Vaudois, un Manichéen convaincu, un disciple militant des
» Fraticelli, Wiclef et Jean Huss lui-même seraient justiciables
» du tribunal correctionnel et de la Cour d'assises. Cette simple
» constatation fera comprendre le rôle de l'Eglise dans la répres-
» sion de l'hérésie au moyen-âge. »

Une longue étude « sur l'initiation ou consolamentum cathare » retient ensuite M. J. G. dans la question albigeoise. Il y précise le rapport de parenté qui existait entre les doctrines enseignées par les Parfaits du Languedoc et l'antique système de Manès. Il montre que le catharisme ne fut pas seulement « une résurrection,
» mais la continuation ininterrompue à travers les siècles, avec
» ses rites, sa morale, sa théologie et sa philosophie du mani-
» chéisme lui-même. »

Des cathares, nous passons à l'ordre qui naquit pour les combattre : celui de Dominique et des Frères Prêcheurs. Dans la vie de Saint-François d'Assise, M. P. Sabatier soutient que S. Dominique ne comprit pas tout d'abord la puissance et la supériorité de la pauvreté. Il lui fallut le beau spectacle du chapitre des Mineurs en 1218 pour l'amener à transformer ses compagnons en religieux mendiants et à n'être plus ainsi que le plagiat du pauvre d'Assise.

Ces affirmations sont de pures fantaisies et ce qui a trompé M. Sabatier, c'est qu'à plusieurs reprises S. Dominique se fit confirmer certaines donations par le Saint-Siège. Mais à ce compte, on pourrait aussi reprocher à S. François d'avoir accepté la Portioncule en 1211 et d'y avoir fait œuvre de propriétaire. En réalité, et de bons témoignages l'établissent, Dominique n'attendit pas 1218 et même 1215 pour faire de la pauvreté l'idéal de sa vie et de son ordre. Dès 1205 l'Evêque d'Osma, ses compagnons et lui commençaient à prêcher la vrai foi « in voluntaria paupertate » et de l'aveu du chroniqueur cistercien Pierre de Vaux Cernay, ce fut la raison de leurs succès apostoliques auprès des populations du Midi.

Tout un article consacré à la mémoire du grand archéologue chrétien J. B. de Rossi relie la précédente étude à la discussion d'une autre controverse : celle de la « venue et du séjour de s. Pierre à Rome. » Dans ce problème M. G. distingue avec raison deux choses et successivement il recherche : 1° si s. Pierre a gouverné 25 ans l'Eglise de Rome; 2° et s'il l'a fondée et sanctifiée par son martyre. Il faut reconnaître que l'Episcopat de 25 ans, quoique très probable n'est cependant pas assez établi pour être considéré comme certain. Mais S. Pierre est sûrement venu fonder l'Eglise de Rome et il y est mort martyrisé. Ce fait historique aujourd'hui généralement admis même par les savants non-catholiques s'appuie « sur une tradition constante qui de génération en
» génération nous fait remonter du IVe siècle aux temps apostoli-
» ques. »

D'ailleurs si l'Eglise Romaine n'était point l'œuvre du chef des apôtres, comment expliquerait-on sa continuelle prépondérance sur les autres Eglises et l'irrésistible prestige qu'elle exerça toujours sur l'occident chrétien, même aux plus tristes heures de la Papauté. L'Episode que décrit tout au long M. G. dans l'article « Reliques Romaines au XIe siècle » nous donne un peu l'idée de ce prestige. C'est l'histoire d'un diacre de l'Eglise Romaine, Deusdona sous la direction duquel « fonctionnait toute une association
» organisée à merveille pour exploiter la dévotion des Francs et
» leur faire payer fort cher des corps dont la sainteté était sujette à caution. » Rome exerçait sur l'imagination de nos pères une attraction si puissante, elle était tellement pour eux la ville sainte que « par tous les moyens, même par le vol ou l'achat simoniaque
» ils voulaient détourner sur leur ville ou monastère un peu de
» cette sainteté dont Rome débordait. »

Ce livre que nous venons d'analyser presque entièrement se termine par une étude sur « l'Esprit de la Liturgie catholique » malheureusement trop peu connue et comprise même des chrétiens. Après avoir signalé quelques travaux récents sur la question et notamment le beau livre de Dom Cabrol « La prière antique » Monsieur Guiraud nous montre que la Liturgie poursuit : 1° « La sanctification de la vie humaine dans tous ses instants »; « 2° La consécration de la nature et des éléments. » Les nombreux extraits des prières liturgiques cités pour le développement de ces deux idées et l'explication symbolique tant de fois donnée des cérémonies religieuses, laissent dans l'âme du lecteur un parfum de piété et de poésie, et lui font ainsi terminer cet ouvrage sur une heureuse et douce impression. Henri CARRU.

185. — **Chroniques et Annales** de GILLES LE MUISIT, abbé de Saint-Martin de Tournai (1272-1352), publiées par Henri Lemaître. [*Société de l'Histoire de France*]. — Paris, Renouard, 1905, in-8 de XXXIII-336 pp. (Prix : 9 fr.)

Gilles le Muisit fut un heureux mortel : « Pendant plus de
» soixante ans, il fut moine à Saint-Martin de Tournai; son exis-
» tence s'écoula tranquille et exempte de soucis. Durant cette lon-
» gue période il eut tout loisir d'observer en curieux les événe-
» ments qui se passaient autour de lui, et il le fit volontiers,
» n'étant pas de ces moines qui vivent confinés dans leur cellule.
» Loin de fuir la société, il aima au contraire à s'y mêler, n'étant
» pas dédaigneux des plaisirs permis, je veux dire des plaisirs de
» la table, du charme d'aimables entretiens. Les dames de Tour-
» nai, qu'il met en scène dans une de ses poésies, lui reprochent
» d'avoir dans sa jeunesse pris sa part des festins et Gilles ne leur
» répond pas que c'est faux. Le soin qu'il prend de noter dans ses
» cartulaires et dans sa chronique la qualité et la valeur des crus
» montre bien que le bon vin ne lui était pas désagréable. Mais ce
» qu'il semble avoir goûté beaucoup plus que la bonne chère, c'est
» le commerce d'une aimable société... »

Et, de fait, soit par ses relations de famille, soit par ses fonctions d'abbé de Saint-Martin de Tournai, Gilles s'est trouvé bien placé pour connaître tout ce que la ville pouvait posséder de citoyens de marque et d'hôtes bien informés des événements de leur temps. Durant de longues années, il prit plaisir à consigner par écrit les renseignements qu'il pouvait ainsi recueillir, en les complétant par la lecture d'un certain nombre de pièces officielles ou de textes littéraires, que malheureusement il a négligé d'indiquer avec précision. Ce sont ces matériaux qui lui ont servi pour la composition de sa *Chronique*. Gilles devint aveugle en 1345 et il semble, d'après certains détails, que son œuvre ait été en effet non pas écrite, mais dictée par lui à un secrétaire entre 1347 et 1349. C'est cette rédaction dont nous possédons le manuscrit original, aujourd'hui conservé à la bibliothèque de Courtrai. Lorsqu'elle fut terminée, l'abbé de Saint-Martin, pour la continuer, entreprit de faire écrire, également sous sa dictée, des *Annales*, dont le manuscrit original est aujourd'hui à Bruxelles. Il les poursuivit peu de temps, jusqu'à 1351 seulement, date à laquelle l'opération de la cataracte, heureusement pratiquée, lui rendit la vue. Il ne profita guère de ce résultat, car il mourut le 15 octobre 1352. Ce sont ces deux textes, publiés en 1841 par J.-J. de Smet dans le *Corpus Chronicorum Flandie*, dont M. H. Lemaître vient de donner par la Société de l'histoire de France, une édition qui semble fort soignée, pourvue d'une annotation sobre, trop sobre même parfois en ce qui concerne l'identification de certains personnages, mais fournissant en somme tous les renseignements indispensables, et terminée par une bonne table. On pourra reprocher à l'éditeur d'avoir laissé, de parti pris, de côté certaines parties de l'œuvre de Gilles, les passages poétiques ou plutôt versifiés, et les détails relatifs à Saint-Martin de Tournai, d'un intérêt tout local. L'ensemble de la Chronique constitue un document de grande valeur pour l'histoire du nord de la France et du centre d'influence française représenté par la ville de Tournai durant la première moitié du xiv° siècle. Gilles le Muisit, qui en sa qualité d'abbé de Saint-Martin hébergeait la plupart des diplomates et agents français de passage, qui vivait au milieu d'eux, était bien placé pour recueillir des informations sur la politique française. Il y a donc lieu de féliciter M. Lemaître d'avoir donné du texte latin de la Chronique et des Annales une édition soignée et facilement utilisable. R. P.

---

186. — **La Traite négrière aux Indes de Castille. Contrats et traités d'assiento.** Etude de droit public et d'Histoire diplomatique puisée aux sources originales, par Georges Scelle, docteur

en droit. — Paris, Larose et Tenin, 1906, 2 vol. in-8 de XXIII-845 et de XXVII-615 pp. (Prix : 30 fr. les deux volumes).

Il est rare que l'on puisse dire d'un livre qu'il est vraiment nouveau. Si l'on retirait à la plupart des publications contemporaines ce qu'elles doivent à celles qui les ont précédées, elles n'encombreraient pas tant de rayons dans les bibliothèques. L'ouvrage de M. Scelle sur la traite négrière aux Indes de Castille mérite le titre de livre nouveau : c'est indiquer d'un mot sa valeur. Avant lui, on ignorait à peu près tout de cette longue histoire des contrats et traités d'assiento ; après lui et grâce à lui, on sait beaucoup. Il a fallu pour qu'un homme encore très jeune, — ce livre est la thèse de doctorat de M. Scelle, — amassât une pareille quantité de documents et sût en tirer parti, une singulière puissance de travail, une remarquable faculté d'assimilation, et une intelligence capable de dominer de vastes ensembles. A peine un peu d'inexpérience de l'art du livre se trahit-il çà et là dans l'agencement des parties, dans l'addition de quelques hors-d'œuvre, et dans la façon de présenter les indications bibliographiques ; c'est fort peu de chose. A première vue, la matière est aride ; M. Scelle a su la faire valoir ; il a envisagé le sujet non seulement au point de vue du droit et de l'histoire, mais aussi, quand l'occasion s'est offerte, de la philosophie, de la morale et de la religion. Ses appréciations sont en général impartiales et bien fondées. Bref, on ouvre ces deux volumes gros comme des dictionnaires pour les consulter et insensiblement on se laisse aller à les lire.

Au surplus comment s'expliquer, sinon par le changement des temps et par la disparition de l'institution même, l'espèce d'indifférence où les historiens et le public auquel ils s'adressent semblaient être arrivés sur une question d'ordre économique et moral de première importance ? L'assiento des nègres ne se retrouve-t-il pas au fond de toutes les négociations diplomatiques de la fin du XVIIe siècle à la fin du XVIIIe ? A cette question toute celle du commerce de l'Amérique jusqu'au XIXe siècle n'est-elle pas liée ? Et n'est-ce pas encore elle par conséquent qui éclaire toute l'histoire de l'Espagne et de sa décadence à l'époque moderne ?

L'étude était tentante ; M. Scelle a compris qu'il y avait lieu de la faire remonter jusqu'à l'origine de la traite. Dès les premières conquêtes, il fallut des bras en Amérique ; dès les premières années de la colonisation on y porta des noirs ; dès le début du xviᵉ siècle, il y eut donc des *assientos* ou contrats pour le transport et le trafic des nègres, sans compter quelquefois des blancs et des blanches ; (M. Scelle rapporte sur ce point des faits très curieux). L'histoire de ces premiers Assientos était inconnue ; on ne parle guère en général de la chose qu'à partir des négociations d'Utrecht, à la fin de la guerre de succession d'Espagne ; M. Scelle a reculé les recherches de deux siècles en arrière ; ce qu'il nous apporte tout d'abord, c'est donc une étude de droit public espagnol absolument neuve. L'Espagne en effet commença par se suffire à elle-même et organisa la traite à son profit (particuliers ou Etat) ; de là toute une législation. Mais l'activité de l'Espagne s'affaiblit sur ce point comme sur tous les autres. Sans colonies africaines, sans marine suffisante, sans initiatives commerçantes, elle dut, bien malgré elle, ouvrir ses domaines à des auxiliaires dangereux, autrement dit faire appel à l'étranger. Elle le fit d'abord avec toutes sortes de précautions et de manière à maintenir son autorité ; ses voisins, les Portugais, furent ses premiers intermédiaires et à la fin du xviᵉ siècle, le Portugal se trouva uni à l'Espagne. Mais au milieu du xviiᵉ siècle, il reconquiert son indépendance et devient pour longtemps l'ennemi de sa puissante voisine. Celle-ci, d'autre part, se trouve impliquée dans toutes les grandes guerres européennes. Les autres nations vont dès lors être intéressées à la traite ; elles ne tardent pas à s'apercevoir de l'avantage qu'elles y trouvent ; pendant tout le xviiᵉ siècle, Portugais, Hollandais, Anglais, Français cherchent à accaparer un trafic qui leur ouvre la porte de l'Amérique espagnole.

En ce temps encore, l'Espagne fait tout ce qu'elle peut pour rester maîtresse de l'assiento, en ce sens qu'elle ne traite pas avec les gouvernements étrangers, mais bien avec des particuliers ou des compagnies qui doivent respecter ses lois ; l'institution demeure donc encore sur le terrain du droit public interne.

Le gouvernement espagnol prend peu à peu conscience de l'intérêt que les gouvernements étrangers portent à l'assiento et il en tire cette conclusion naturelle qu'une telle affaire peut désormais devenir un objet de marchandage diplomatique. L'heure des traités d'assiento va donc sonner. Evidemment, c'est un rude accroc au vieux système colonial. Mais au début du xviii⁰ siècle, lors du grand duel entre les Bourbons et les Habsbourg pour la possession de l'empire espagnol, il faut bien que les Bourbons établis à Madrid achètent des alliances ou désarment des hostilités. A ce prix est acquise en 1701 l'alliance portugaise, bientôt dénoncée ; les Français reçoivent à leur tour ce dédommagement de leur concours (compagnie française de l'assiento) ; à Utrecht enfin, les Anglais vendent à Philippe V pour le même prix la reconnaissance de ses droits au trône d'Espagne.

Mais le privilège de l'assiento deviendra entre les mains des rivaux de l'Espagne un puissant moyen de pénétrer ses colonies et de la déposséder de ses profits. Aussi, finalement, l'Espagne reviendra à la pratique du xviie siècle ; c'est-à-dire que les derniers assientos ne seront plus, de nouveau, que des contrats de droit public interne.

Le premier volume de M. Scelle est consacré aux *contrats* d'assientos, c'est-à-dire aux assientos purement espagnols, soumis uniquement au droit administratif espagnol, alors même que les assientistes seraient des étrangers.

Le second volume étudie les *traités* d'assientos, assiento portugais, assiento français, 1700-1713, puis les négociations d'Utrecht qui ont donné pour trente ans le monopole de l'importation des Noirs en Amérique à la puissante compagnie anglaise de la Mer du Sud.

M. Scelle prépare un troisième volume qui comprendra l'histoire des opérations commerciales de cette compagnie, les complications internationales qu'elles ont provoquées, et enfin celle des derniers Assientos, 1750-1800.

Si M. Scelle veut bien joindre à ce troisième volume une table analytique et un index alphabétique, il facilitera singulièrement les recherches de tous ceux dont son ouvrage si considérable deviendra sur cette question le manuel classique.

La sèche analyse que j'ai donnée suffit à montrer l'intérêt juridique et historique de l'œuvre ; je tiens à rappeler en finissant qu'elle comporte encore beaucoup d'autres points de vue intéressants.   Alfred BAUDRILLART.

187. — **Les Inscriptions de Sumer et d'Akkad**, *transcription et traduction*, par François THUREAU-DANGIN. — Paris, Leroux, 1906, in-8 de 352 p. (Prix : 7 fr. 50). — Edition allemande : *Die sumerischen und Akkadischen Kœnigsnischriften* : Collection *Vorderasiatische Bibliothek*. — Heinrichs, 1906, in-8. (Prix : 7 fr. 50).

Cette publication forme un *Corpus* des inscriptions historiques et religieuses de l'ancienne Chaldée. La période archaïque (antérieure à Hammurabi et à la formation du royaume Babylonien) dont les monuments sont ici transcrits et traduits, avait déjà été étudiée dans le Corpus de Schrader par Jensen et Winckler (*Keilnischriftliche Bibliothek*. t. III. 1890. 1er p. : pp. 2 à 107) ; le présent recueil offre un ensemble qui se trouve être deux fois plus riche pour le nombre des monuments, et qui marque, en même temps, un sensible progrès pour l'interprétation des textes. L'ancienne collection s'est en effet accrue de tout l'acquis des publications du British Muséeum, des fouilles Américaines de Niffer, des découvertes de la mission Morgan et Scheil en Perse, et des dernières mises à jour de la mission Sarzec-Cros à Telloh. D'autre part, l'auteur, en s'attachant tout spécialement depuis des années à l'étude de la période Sumérienne, en profitant de la publication d'importants nouveaux syllabaires (C. T. XI et XII; XIV; XVIII; XIX.) a fait faire des progrès notables à la connaissance du vocabulaire et de la grammaire du Sumérien, et possédait, par suite, une compétence toute spéciale pour l'interprétation de ces textes.

Pour le plus grand nombre, ces inscriptions sont originaires de Telloh, et se rapportent aux règnes des patésis (gouverneurs) de Lagas (pp. 12 à 213). Les autres portent les noms de rois, patésis ou seigneurs de Gishu, Suruppak, Kisurra, Adab, Sumer (le pays), Nippur, Kis, Akkad, Maër, Gutiu, Hursitu, Lulubu, (Cheikh-Khan), Ganhar, Asnun (ak), Dur-ilu, Kirmas, Suse, Sumer-et-Akkad (Ur, Isin, Larsa), et Uruk. — L'auteur a donné en note la bibliographie complète de chaque monument.

I. — Au point de vue *historique*, de petits monuments tels que sceaux et ex-voto à suscription votive peuvent avoir un grand intérêt pour l'aide qu'ils apportent à établir la suite des patésis ou les concordances de leurs règnes; le simple relevé des dates souscrites sur diverses tablettes (Appendice) permet, combiné avec l'étude des protocoles princiers et de leurs modifications d'un monument à l'autre, d'établir, pour quelques princes, la chronologie de leur règne et un schéma de leur histoire. Le profit historique des grands monuments est plus notable: on y trouve par exemple le procès-verbal de délimitations de territoires (v. p. ex. p. 45, p. 63) ou des traces d'alliances (p. 258; date *l.* p. 339), des récits de dévastations (v. g. p. 91-93) et de guerres (v. g. pp, 39, 43, 47, 49, etc). Les cônes A, B, C d'Urukagina décrivent la révolution politique et économique entreprise sous le règne de ce prince : ce fier récit d'une réforme qui ne semble pas sans grandeur et d'une restauration de la morale (plaque *i*, c. III. 20 et sv..) et de la justice (cônes B. C. XI. 20 — XII. 29), cette véritable charte de liberté (cônes B. C. col. VII, 26 sv. ; cône A. col. VII. 3 — 4) apparait comme une digne préparation à l'œuvre législative d'Hammurabi. — Il faut noter au point de vue de l'histoire, l'identification admise : *A-ga-dé-(ki) = Akkadi*, d'après K. 9906. Bez. Cat. III. p. 1039, (voir note 3. p. 232) et la distinction établie entre Arad-Sin et Rim-Sin, tous deux fils de Kudur-Mabuk (v. p. 300. n. 3).

II. — L'intérêt de ces textes pour l'*histoire religieuse* de l'antiquité est plus remarquable encore. Il n'est pas superflu d'attirer une fois de plus l'attention sur l'importance des deux grands cylindres de Gudéa, (pp. 134-199) : il n'est sans doute pas un seul document qui remonte à une date aussi haute et présente un si riche ensemble de renseignements précis et authentiques sur la religion d'un peuple. C'est, au point de vue de la religion extérieure, ici et dans tout l'ensemble des textes, des aperçus sur presque tout le rituel chaldéen, serments imprécatoires (p. ex. pp. 29-37), bénédictions, purifications, sorts, présages, inaugurations, consécrations, processions (v g. p. 159), chants et musique sacrés) ; deux cents mentions de constructions religieuses ou consécrations votives ; des descriptions pompeuses du mobilier des temples ; divers renseignements sur leur personnel de prêtres, de servants et de vierges ; la définition du temps sacré et des détails curieux sur ses interdictions; la mention de la néoménie (p. 149) ; des répliques sans fin d'anathèmes plus ou moins solennels contre les violateurs des constructions et des inscriptions ; enfin, des actes de donations et dotations pieuses. (p. ex. p. 255). L'histoire des idées et représentations religieuses, du sentiment de piété et de la religion intérieure n'y trou-

pas moins de profit. Peu de textes révèleraient une plus religieuse conception du temple : les cylindres de Gudéa en entier mettent en scène l'ordre révélé des dieux touchant la construction et le plan du temple des « Cinquantes » à Girsu. L'idée de révélation y est limpide et sa représentation grandiose ; les dieux sont l'objet d'un respect religieux. Les protocoles des dieux reflètent une théologie ferme et croyante. L'étude des prières éclairerait mieux encore le problème de la foi et du sentiment religieux dans la religion sumérienne. On pourrait en rapprocher les bénédictions, les anathèmes et imprécations parsemées dans les textes pour reconstituer l'esprit de piété des anciens Chaldéens. Nous pouvons encore faire remarquer ici la conception des responsabilités nationales (pp. 93. 117.), là celle de la « vocation divine » comme faisant partie surtout de la piété des usurpateurs et des conquérants (Urbau et Gudéa, de Lagas ; Lugalzaggizi et Lugalkigubdudu, de Sumer ; Urumus, de Kis ; Gimil-Lin, d'Ur).

III. — Au point de vue *philologique*, les assyriologues savent ce qu'on doit au patient et perspicace savant qui leur livre aujourd'hui un recueil des plus anciens textes sumériens, (les seuls susceptibles au reste d'une philologie précise), annotés de remarques précieuses sur la grammaire, la détermination des particules et d'idéographie sumériennes.

Le plus grand nombre des textes ne présentent en effet aucune trace d'influence sémitique (252 sur 311, dont tous ceux de Lagas, Gishu, Suruppak, Sumer, Nippur, Maër, Kimas.) — Quelques principautés ont laissé des textes purement sumériens à côté de textes purement sémitiques (Akkad, Dur-ilu, Suse, Sumer et Akkad) : parfois le même patési faisait écrire en l'une et l'autre langue (Idadu et Addahuu de Suse ; Dungi et Gimil-Sin, d'Ur.) Des traces plus ou moins notables d'influence sémitique apparaissent enfin dans un certain nombre de textes : c'est d'abord, l'apparition des particules *in* et *ana*, (Urumus et Manistusu, de Kis) ; c'est l'usage en outre de phonétismes nominaux et de la particule *sa* combiné avec le verbe sumérien (Itursamas, de Kissura ; Esar, d'Adab ; Naram-Sin, d'Agadé, *c. d. i* ; Kuknasur et Temti-halki, *a*, de Suse ; Dungi, d'Ur) ; c'est enfin, et le fait bien que connu n'en est pas moins remarquable, la concurrence dans des textes souvent courts de verbes sémitiques et de verbes sumériens (Sargon *c. d.*

et Naram-Sin, *g. h.*, d'Agadé; le roi de Gutiu; Bá-sa-Susinak et Idadu-Susinak de Suse.)

Les divers éléments sémitiques rencontrés dans tout ce recueil marquent l'usage d'une grammaire peu différente de celle d'Hammurabi : la mimation est de règle et les trois cas en *um*, *im*, et *am* sont respectés (Sargon, *e. f.*; — Naram-Sin, *e. i.*; — Lulubu; Idadu-Susinak et Idadu, *b* de Suse.)

Ce livre se recommande par sa haute valeur scientifique aux assyriologues et aux historiens soucieux de l'histoire et l'histoire religieuse de l'ancien Orient.   H. G.

VARIÉTÉS

XVI

L'Agonie du Catholicisme, par le Dr Marcel RIFAUX. — Paris, Plon, 1905, in-16 de 306 p. (Prix : 3 fr. 50).

Peut-on intellectuellement rester catholique en face d'une société qui a effacé Dieu de ses codes, de ses institutions, de son enseignement; en face d'une science qui a proclamé comme le dogme des temps nouveaux, l'unité absolue de la matière? M. Rifaux a répondu à cette redoutable interrogation, qui trouble tant de consciences, en reprenant un à un les arguments essentiels du spiritualisme et en les illuminant d'observations basées sur les plus récents travaux. Il montre que le matérialisme biologique a complètement échoué dans sa tentative d'explication du phénomène de la pensée, aussi bien que dans la fondation d'une morale autonome. Enfin, M. le Docteur Rifaux après avoir critiquement examiné le rôle historique de Jésus et l'établissement de l'Eglise à l'aide des dernières données de l'exégèse, conclut en réfutant, avec une pressante logique, les préjugés répandus sur le sens des dogmes catholiques, la portée du *Syllabus*, l'infaillibilité du Pape et affirme que la religion du Christ n'est pas périmée.

La modération, le grand esprit de tolérance et de bonté qui se dégage de toutes ces pages contribueront, à n'en pas douter, à conquérir au catholicisme la sympathie même de ceux qui en sont les plus éloignés. Impitoyable pour l'esprit de routine, il s'élève avec vigueur contre ceux qui ne veulent pas affranchir l'Eglise de certaines vieilles méthodes surannées. Avec une scrupuleuse exactitude et une loyauté absolue, il ne se dissimule aucune difficulté de sa tâche; mais convaincu, philosophiquement et historiquement parlant, de la transcendance du christianisme, il s'efforce de démontrer qu'il n'y a aucune antinomie possible entre les conclusions de la science et le spiritualisme catholique.

Nous recommandons vivement la lecture de ce livre de haute vulgarisation, qui par sa forme claire et concise s'adresse à tous savants aussi bien que gens du monde.   F.

XVII

Origines de la nonciature de France. Débuts de la représentation permanente sous Léon X (1513-1521), par l'abbé P. Richard. [Extrait de la Revue des questions historiques, juillet 1905]. — Paris, 1905, in-8 de 71 p.

Cet article est une suite intéressante de celui qui a été analysé ici même (n° du 25 janvier 1906). Au moment de l'avènement de Léon X (11 mars 1513), les relations étaient rompues entre la cour de Rome et la France : bientôt Louis XII les améliora en désavouant le conciliabule de Pise. Les deux premiers nonces en titre réunirent cette fonction avec celle d'ambassadeur de Florence : le second reçut comme auxiliaire Louis de Canossa, évêque de Tricarico, qui resta trois ans en France comme nonce ordinaire. Canossa conquit Louise de Savoie par ses qualités d'humaniste et suivit partout le roi. Rendu responsable de certains désagréments qu'il n'avait pu éviter au pape (restitution de Modène au duc de Ferrare, vassal indocile du Saint-Siège, demandée par François Ier), Canossa fut d'abord supplanté par un nonce extraordinaire, puis révoqué en Juillet 1517. Il se retira dans son évêché de Bagneux, qui lui avait été confié en 1516.

Il eût pour successeur Jean Stafileo, évêque de Sebenico, vrai agent des Médicis, qui eût pour premier souci la négociation du mariage de Laurent de Médicis, neveu du pape. De son union avec Madeleine de Boulogne devait naître en 1519 Catherine de Médicis. Pendant un an, le cardinal Bibbiena fut légat *a latere*, sans que pour cela, Stafileo fut mis de côté. François Ier remit alors en avant la question d'un légat *a latere* national, qui fut le cardinal de Boisy. Stafileo fut rappelé le 23 avril 1520, mais resta encore sept à huit mois pour former son successeur, Giovanni Ruccellaï, cousin germain de Léon X. Sous ce dernier nonce, la rupture entre les deux cours s'accentua progressivement, notamment au sujet de la légation d'Avignon, jusqu'à éclater en septembre 1521. Le pape mourut trois mois après (1er décembre).

En résumé, il y avait eu trois véritables nonces seulement en huit ans ; ces envoyés n'avaient guère que des intructions d'un ordre politique ; mais la permanence de l'institution était consacrée, et elle devait, avec le temps, produire tous ses effets utiles et bienfaisants.

Paul Deslandres.

XVIII

Juristische Schriften, von Th. Mommsen. 2 ter Bd. — Berlin, Weidmann, 1905, in-8 de vi-459 pp. (Prix : 12 mk.)

La maison Weidmann poursuit la publication des œuvres complètes de Mommsen. La seconde partie de cette édition définitive est consacrée aux travaux de Mommsen sur la science du droit ; le second volume comprend 39 études distinctes sur les écrits des juristes anciens et sur les codes. Ces études avaient été classées par Mommsen lui-même dans l'ordre où elles nous sont présentées aujourd'hui ; mais, après sa mort, on retrouva dans ses papiers un certain nombre d'articles (sur la loi des douze tables, sur le code égyptien, sur l'Edit de Dioclétien, sur la *Sanctio pragmatica*... etc...) qui complétaient naturellement la série des travaux plus anciens dont il avait préparé l'édition, et qui ont trouvé leur place dans le présent volume.

Malgré la diversité des sujets et le manque forcé de lien chronologique entre les matières, ce livre forme un tout : il montre l'unité des recherches de Mommsen à travers les sources du droit romain, depuis ses plus lointaines origines, jusque fort avant dans le moyen-âge. Ces recherches, ces travaux critiques ont occupé toute la vie de Mommsen : ils commencent dès sa jeunesse, et nous les retrouvons dans les dernières années de sa vie, puisque le plus ancien est daté de 1850 et les plus récents de 1903 : c'est d'abord cette étude si précise et si claire qu'il rédigea en français sur la *Loi des douze tables* pour les *Mélanges Bousier* ; puis trois pages inachevées sur la *Pragmatice sanctio* auxquelles il travaillait quelques jours avant sa mort et qui ont été retrouvées dans ses papiers. Lorsque la mort mit fin à sa formidable activité, il était occupé à une révision des *Prolegomena* au *Code Théodosien*. — La science du droit romain n'a cessé d'occuper l'activité de Mommsen ; sur certains points, ses travaux l'ont renouvelée ou ont indiqué aux juristes des directions jusque-là imprévues ; pour lui, elle a été la base même de ses études historiques, et tel ou tel de ses articles sur les légistes romains n'est à vrai dire qu'un chapitre détaché, plus complet et plus pénétrant, de son *Histoire romaine*.   E. MAYNIAL.

ERRATA DU N° DU 5-15 SEPTEMBRE 1906

Page 473, ligne 20, lire : *Zeitschrift für Romanische philologie*.

Page 476, n. 1., lire : ligne 5, tensément [au lieu de tenacement] ; — ligne 14, *flabiliter* [au lieu de *flatiliter*] ; — ligne 20, joingnablement [au lieu de jaingnablement] ; — ligne 26, *opiparè* [au lieu de *opiposè*] ; — ligne 33, *speciosè* [au lieu de *specissè*], petitivement [au lieu de positivement] ; — ligne 34 (*sutim*) [au lieu de (*satim*)].

Page 476, ligne 5, lire : *Carie* [au lieu de *Carde*].

Page 477, ligne 15, lire : perfuga [au lieu de pesfuga] ; — ligne 18, « citatu » [au lieu de estatu] ; ligne 23, *somnius* [au lieu de *somnus*] ; — ligne 35, nommeresse [au lieu de nammeresse] ; — ligne 36, *pistrix*, [au lieu de *piatrix*].

Page 478, n. 1, lire Romuald [au lieu de Ramuald].

ERRATUM DU N° DU 25 SEPTEMBRE-5 OCTOBRE

Page 514, ligne 21, lire : climats [au lieu de préjugés].

CHRONIQUE

22. — **Aristote**, par P. ALFARIC, professeur au grand séminaire de Bordeaux. (Coll. Science et Religion, série : *Les Grands Philosophes*, n° 337). — Paris, Bloud, 1906, in-16 de 64 p. (Prix : 0 fr. 60).

M. Alfaric étudie d'abord la vie d'Aristote ; il expose ensuite assez clairement la doctrine péripatéticienne, en suivant la division classique de son auteur : sciences spéculatives, sciences pratiques, sciences poétiques.

On regrettera que M. A. n'ait pas facilité la lecture de son opuscule par une plus nette disposition d'alineas et par l'emploi de caractères différents.

On aurait voulu aussi que M. A. ne se contentât pas de traduire les termes techniques, mais qu'il les fit suivre du mot grec. Cette mesure, utile aux lecteurs, l'aurait été aussi pour M. A. ; elle l'aurait certainement empêché de commettre la légère inexactitude de la page 4, où il est dit, à tort, que Platon appelait Aristote « le penseur. »

On jugera peut-être inutile, dans une œuvre de vulgarisation, l'établissement de la liste des écrits aristoteliciens ; en tout cas il eût semblé préférable de réserver quelques pages pour nous dire la manière dont Aristote présente ses idées, et la place qu'il occupe dans le développement de la pensée ; comment il a fait la synthèse de tout ce qui précède et comment il est le premier représentant d'une des tendances fondamentales de l'esprit humain : la tendance positive et érudite.

Enfin l'on serait curieux de savoir quelles raisons a M. Alfaric pour suspecter l'authenticité de l'élégie sur la mort de Platon, dont il nous reste quelques vers.

H. P.

23. — **Notices sur les manuscrits de la Bibliothèque Vaticane concernant la Belgiques. I. Fonds de la reine de Suède**, par Arnold FAYEN. — Bruxelles, Misch et Thron, 1905, in-8 de 26 p.

L'Institut historique belge de Rome continue la publication d'inventaires méthodiques des Archives et Bibliothèques d'Italie. M. Fayen, membre de cet Institut, débute par une notice sur le fonds de la Reine Christine de Suède, à la Bibliothèque Vaticane, dans lequel il a relevé plus de de cinquante manuscrits concernant la Belgique. Les différentes pièces analysées vont du IXe au XVIIe siècle. Bon nombre d'entre elles étaient déjà connues des historiens, mais à l'occasion de chacune d'elles, M. Fayen a donné une bibliographie très soignée qui est appelée à rendre de grands services. A signaler des lettres inédites de Charles-Quint (p. 4.) et de nombreux traités attribués à Pierre d'Ailly.

G. M.

24. — **Essai de fixation d'une chronologie des rois mérovingiens de Paris au VIe et VIIe siècles**, par H. J. Depoin. (Extrait du *Bulletin historique et philologique*). — Paris, 1906, in-8 de 12 p.

M. J. Depoin, dont on connait les intéressants travaux sur l'histoire de l'époque mérovingienne et carolingienne, a constaté que Dom Racine, dont le volumineux recueil sur l'histoire de Saint-Denis est conservé à la Bibliothèque Nationale (ms. fr. 8599-8600) devait avoir utilisé les plus anciens obituaires de la célèbre abbaye, aujourd'hui perdus. Il en a tiré en particulier les dates de mort d'un certain nombre de rois mérovingiens, Clovis II (31 octobre), Clotaire III (10 mars), Thierri III (4 septembre), qu'il rapporte à des dates d'années inexactes. Mais au point de vue des dates du jour, celles qu'il fournit tombent exactement dans les périodes déterminées par les érudits modernes. Il y a donc lieu d'accorder une certaine confiance à ces indications, qui permettront de préciser les dates établies par M. B. Krusch, W. : Levison et L. Levillain.

R. P.

25. — **Monseigneur Colmar**, évêque de Mayence, par Joseph Wirth. — Paris, Perrin, 1906, in-16 de 269 p. (Prix : 3 fr. 50).

Le livre de M. Joseph Virth sur Mgr Colmar n'est pas un chef d'œuvre, mais il se lit avec intérêt. On aurait souhaité que le sujet fût un peu plus creusé et que le ton fût moins constamment celui de l'apologie. Ce qui fait l'intérêt de ce volume, c'est la contribution qu'il apporte à l'histoire de l'influence alsacienne et française sur la rive droite du Rhin pendant la période napoléonienne. L'abbé Liebermann, le célèbre théologien, dont le chanoine Guerber a écrit la vie, l'abbé Humann et Mgr Colmar, ces trois alsaciens, ont été dans l'ordre ecclésiastique les instruments de cette influence. M. Georges Goyau dans son beau livre sur l'Allemagne religieuse avait déjà bien caractérisé leur rôle dans la renaissance catholique de l'Allemagne au XIXe siècle. Le retour à Strasbourg, après la mort de Mgr Colmar, de l'abbé Liebermann et de Mlle Humann, qui, à Mayence, avait dirigé l'*Institut de Joséphine*, pour l'éducation des jeunes filles, nous montre le lien qui existe entre ce mouvement mayençais et le renouveau de vie religieuse dont Strasbourg fut le vivant théâtre avec Bautain, Ratisbonne, Goschler, Gratry etc... C'est ainsi que cette vie de Mgr Colmar touche à plusieurs points intéressants de l'histoire des deux Eglises de France et d'Allemagne du XIXe siècle. Elle ne saurait en particulier laisser indifférents les admirateurs et les amis de la Société de Saint-Louis et de l'Oratoire.

Alfred Baudrillart.

26. — **L'art du lecteur, l'art du diseur, l'art de l'orateur**, par Maurice Castellar, président des Cornéliens, avec préface de *Sully Prudhomme*. — Paris, Poussielgue, 1906, in-12.

Qui ne connaît, au moins de nom et de réputation, la société des *Cornéliens*, fondée, il y a plus de vingt-cinq ans, par M. Castellar, dans le but d'initier les enfants du peuple aux chefs d'œuvre de nos grands poètes dramatiques, de celui surtout qui a laissé les plus admirables leçons de morale et de patriotisme, de Pierre Corneille? Avec un dévouement que l'on ne saurait assez louer, M. Castellar, depuis ce laps de temps, *grande œvi spatium*, réunit, plusieurs fois par semaine, d'anciens élèves des écoles primaires pour leur expliquer, pour leur faire lire et réciter les meilleures scènes du théâtre classique ; souvent, il fait jouer sa troupe devant des auditoires populaires, rendant ainsi à la société un double service, car il arrache bon nombre de jeunes gens à une oisiveté toujours fâcheuse, et il apprend à la foule à connaître et à comprendre le beau. Ajoutons que M. Castellar est lui-même un *diseur* d'un art consommé, et qu'il peut par conséquent fortifier ses leçons des plus utiles exemples.

Plus que personne, on le voit, il avait qualité pour offrir au public des réflexions didactiques sur l'art de la diction, et l'on se trouve disposé d'avance à compter sur leur justesse; l'examen du volume ne démentira pas, certes, cette présomption favorable : ce petit livre, dans sa concision élégante et spirituelle, est un traité complet, où rien n'est omis de ce qui peut apprendre à débiter le langage français avec toute la perfection dont il est digne et dont il est susceptible; les exemples sont aussi heureusement choisis que les préceptes sont judicieux et les conseils pratiques et faciles à suivre. Un semblable manuel a sa place marquée non seulement chez tous ceux qui parlent en public, mais encore chez tous les éducateurs. J. L.

ACADÉMIE DES INSCRIPTIONS ET BELLES-LETTRES

Séance du 3 août. — M. Collignon analyse un rapport d'ensemble de M. Gaudin sur les fouilles poursuivies à Aphrodisias pendant la campagne d'été de 1905. A ce rapport sont jointes les photographies des statues et des pièces d'architecture qui ont été découvertes principalement dans les thermes de cette ville.

M. l'abbé Thédenat lit le rapport sur le concours des antiquités nationales dont nous avons naguère fait connaître les résultats.

M. Léon Dorez, bibliothécaire à la Bibliothèque nationale, fait une communication sur la collection des manuscrits de Lord Leicester à Holkham-Hall (Norfolk, Angleterre), constituant un fond de 750 manuscrits environ. Parmi les documents les plus précieux, M. Dorez signale une importante série de volumes provenant des bibliothèques de Venise et de Padoue, un beau *Décaméron* de Bonne, enluminé par un duc de Ferrare ; un cahier de dessins d'antiques attribué à Raphael, un manuscrit autographe de Léonard de Vinci ; six grands volumes ornés d'admirables miniatures, ayant appartenu à la bibliothèque des ducs de Bourgogne, etc , etc. Prochainement M. Dorez communiquera une suite des photographies des plus belles miniatures de la collection

---

L'Éditeur Propriétaire-Gérant : Albert Fontemoing.

Imprimerie Générale de Châtillon-sur-Seine. — A. Pichat.

N° 31   5 Novembre   1906

BULLETIN CRITIQUE

188. — **Patrologia orientalis.** — **Les Versions grecques des Actes des martyrs Persans sous Sapor II**, textes et traductions publiés par H. DELEHAYE, S. J., Bollandiste. — Paris, Firmin Didot et Cie, gr. in-8 de 160 p. (Prix : 9 fr. 50).

Réfutation de Sa'îd Ibn Batriq (Eutychius), par Sévère IBNAL-MOQAFFA, évêque d'Aschmounaïn, texte arabe inédit, publié et traduit par P. Chébli, prêtre maronite. — Paris, Firmin Didot et Cie, gr. in-8 de 122 p. (Prix : 7 fr. 40).

Nous avons déjà eu l'occasion de présenter aux lecteurs du *Bulletin Critique* [1] la grande collection d'écrits chrétiens de l'Orient, publiée sous la direction de Mgr. Graffin et de M. l'abbé Nau, professeurs à l'Institut catholique de Paris. De nombreux ouvrages grecs, arméniens, syriaques, arabes, éthiopiens, coptes, y sont publiés chaque année et traduits par des orientalistes de tous pays, soit en latin, soit dans une des principales langues européennes (français, anglais, allemand ou italien). Nous ne reviendrons pas sur la perfection typographique de la *Patrologia orientalis*, ni sur son importance considérable, qui en fait, au double point de vue historique et apologétique, le complément nécessaire de la *Patrologie* de Migne.

Le R. P. Delehaye, bollandiste, vient d'y présenter au public *Les Versions grecques des Actes des martyrs Persans* sous Sapor II, avec une traduction latine. Nous voyons dans ce fascicule les passions des saints Jonas et Barachisius, Fherbuthe vierge, avec sa sœur et sa servante, Sadoth évêque et ses 120 compagnons,

[1]. Voir le *Bulletin Critique* du 25 novembre 1905.

Abraham, évêque d'Arbelles, Ia, vierge, Bademus, archimandrite, Acepsimas, évêque et ses deux compagnons Joseph, prêtre, Aeithalas, diacre.

Une préface très documentée dans laquelle nous remarquons une étude des sources et la description des mss. utilisés, puis, dans le corps du livre, les efforts du savant bollandiste pour « établir le texte aussi correctement que possible, tout en s'abstenant de le retoucher par conjecture », enfin un appareil critique considérable font de ce travail une contribution importante à la revision complète, mais si difficile, des textes grecs concernant l'hagiographie et l'histoire du christianisme en Orient.

Le fascicule publié par M. P. Chébli contient un ouvrage de polémique composé contre Eutychius (876-939), patriarche melkite d'Alexandrie. Cet évêque, dont le nom arabe était Sa'id Ibn al-Batriq, s'est rendu célèbre dans les lettres arabes par son Histoire universelle, qui a été traduite en latin par E. Pocock. Il y traite en passant des Jacobites et attaque leur doctrine. Voilà pourquoi, Sévère Ibn al-Moqaffa, évêque jacobite d'Aschmounaïn, au x⁰ siècle, écrivit, sur la demande d'un de ses amis, cette longue réfutation d'Eutychius, qui n'est qu'une « apologie des auteurs de l'hérésie et du schisme jacobite, particulièrement de Dioscore ».

L'avant-propos de M. P. Chébli n'est peut-être pas un modèle d'érudition, ni de précision. On y chercherait vainement, par exemple, les traits principaux de la vie de Sévère, auteur de la *Réfutation*, et de la vie d'Eutychius. Et, sans doute, il faut le regretter : car, cette Patrologie, destinée non seulement aux orientalistes, mais encore aux apologistes et aux historiens qui s'intéressent aux choses de l'Orient, doit toujours être pour eux un instrument de travail, complet et facile.

Heureusement, ces quelques défauts sont ici rachetés, au moins en partie, par les qualités d'une traduction française qui est très fidèle, parfaitement claire et même élégante. Ce ne sont pas là des mérites vulgaires. Où sont les lecteurs de traductions d'ouvrages Orientaux qui n'ont pas senti parfois l'impérieux besoin de recourir au texte original lui-même pour pouvoir comprendre la prose des traducteurs ? Que M. P. Chébli se rassure.. lui, qui ignore l'art d'être infidèle et de traduire « *obscurum per obscurius* ».

Jean PÉRIER.

189. — **Idées générales de Psychologie**, par G. H. Luquet, professeur agrégé de philosophie. [Bibl. de Philosophie contemporaine]. — Paris, Alcan, 1906, in-8 de 294 p. (Prix : 5 fr.)

Dans cet ouvrage, inspiré par l'enseignement de M. Bergson et destiné au grand public, M. L. expose quelles pourraient être les idées directrices d'un cours de psychologie. Méthode et résultats, tout y serait nouveau et remplacerait définitivement ou tout au moins compléterait heureusement la psychologie classique, c'est-à-dire, selon le mot ironique de Taine, la psychologie enseignée dans les classes qui, maintenant, se trouve être un peu celle de Taine et de ses chers atomistes anglais.

La psychologie s'est modelée sur la science du monde objectif. Or la science, beaucoup moins théorique que pratique, ne vise qu'à établir entre les choses des relations de dépendance; elle néglige la complexité du réel et l'abandonne à l'art. La psychologie poursuit un but analogue par des moyens semblables. Fondée sur la « réflexion, » elle s'efforce de saisir le précis sous le fluide, l'identique sous le divers, la loi sous les phénomènes et par la loi des règles d'action. Mais, comme la science, atteignant l'utile, elle manque le réel. Il y a donc place pour une psychologie qui fondée sur l'« introspection » s'efforce de saisir la vie psychique telle qu'elle est, pour le plaisir esthétique de la voir telle qu'elle est. Tandis que la réflexion procède surtout par analyse, l'introspection procède surtout par synthèse; la première aboutit à des classifications et à des lois, la seconde à des harmonies. (chap. iii et iv).

Or l'introspection découvre un monde étrange, réfractaire à notre logique objectiviste. Il y a ici fusion de l'existence et de la connaissance (chap. i), de l'identité et du changement (chap. ii et v) interpénétration de tous les états de conscience ou solidarité psychique (chap. vi), parenté d'essence ou continuité des opérations psychiques (chap. vii). La solidarité et la continuité ont leur raison dans la sélection ou activité de choix qui caractérise l'organisme psychique et se retrouve dans toutes les opérations depuis les plus simples jusqu'aux plus élevées (chap. viii). Enfin la sélection, c'est-à-dire la vie psychique sous son triple aspect: affectif, représentatif et actif a sa raison dernière et sa loi suprême dans l'intérêt soit vital ou immédiat, soit spéculatif ou médiat. L'homme est un être vivant servi par des organes, au premier rang desquels se trouve la conscience. Peu à peu cependant, et seulement, d'ailleurs, chez une élite de « dénaturés, » la pensée devient une fin en soi, une finalité sans fin; l'intérêt prend alors la forme de l'économie d'effort intellectuel, les opérations supérieures de l'esprit ayant pour effet d'assurer à la pensée le maximum de puissance et le minimum de fatigue (chap. IX).

Toutes les idées sont certainement familières au lecteur ; aussi ne faisons-nous que les indiquer. M. L. a voulu faire œuvre de vulgarisateur. Il a écrit un livre très attrayant de pensée un peu incertaine parfois (surtout dans le chap. VII) mais tout rempli d'idées générales et de faits précis et toujours très clairement écrit.

H. VILLASSÈRE.

---

190. — **Histoires d'Ahoudemmeh et de Marouta suivies du Traité d'Ahoudemmeh sur l'homme**, textes syriaques inédits, publiés, traduits et annotés par F. NAU, professseur à l'Institut catholique de Paris. *Patrologia orientalis*, (Graffin et Nau), tome III, fasc. I. — Paris, Firmin Didot et Cie, 1906, in-8 de 119 p. (Prix : 7 fr. 15).

M. Nau a commencé depuis plusieurs années la publication d'histoires locales et de biographies inédites en grec et en syriaque, d'une réelle importance pour l'histoire générale. Il nous donne aujourd'hui les histoires d'Ahoudemmeh et de Marouta, métropolitains jacobites de Tagrit et de l'Orient (VIe et VIIe siècles). Le savant éditeur fait précéder les textes d'introductions courtes mais substantielles dans lesquelles il résume les traits les plus saillants de ces biographies et les rattache au cadre au milieu duquel leurs héros ont vécu.

Mar Ahoudemmeh fut au VIe siècle l'apôtre des Arabes nomades de Mésopotamie entre Tagrit, le mont Singara, Balad et Nisibe. C'est peut-être à ce personnage que l'on doit faire remonter le titre d'évêque des Arabes que l'on trouve ensuite dans l'église monophysite et qui fut porté du VIIIe au IXe siècle par Georges, ami de Jacques d'Edesse. Un certain Ahoudemmeh est mentionné, comme évêque de Ninive, parmi les signataires du concile tenu en 554 par le catholicos nestorien Joseph (552-557). M. Nau propose de l'identifier à celui dont il publie la vie : Ahoudemmeh serait moins un Jacobite proprement dit qu'un dissident nestorien détaché après 554 du catholicos Joseph par la brutalité de ce chef de l'église nestorienne. Cette hypothèse est séduisante ; elle n'est cependant pas sans difficultés.

Jean d'Asie, Bar-Hébraeus, Michel le Syrien, Ebedjesu et le pseudo-Denys ont consacré à Ahoudemmeh de courtes notices que M. Nau reproduit p. 8 et suiv. L'histoire qu'il édite et traduit à la suite est beaucoup plus développée. Elle est écrite sous forme d'homélie.

Ahoudemmeh naquit à Balad dans le Beit Arbaïê. Il fut d'abord Nestorien ou infidèle, le texte n'est pas très clair. Puis il devint monophysite, fut consacré évêque du Beit Arbaïê et nommé métropolitain d'Orient par Jacques Baradée en 559. Il fit des Arabes de Mésopotamie des chrétiens fervents, combattit les mages et composa des ouvrages de philosophie et de théologie perdus pour la plupart mais dont le titre nous est parvenu par Ebedjesu. Le baptême d'un fils de Chosroës Anourchivan mit le sceau à ses travaux apostoliques. Il fut arrêté pour ce fait en 573, passa deux ans en prison et mourut le vendredi 2 aout 575. Sa biographie est conservée dans un seul manuscrit du British Museum, écrit en 936.

Marouta est le troisième successeur d'Ahoudemmeh sur le siège métropolitain de Tagrit qu'il occupa de 629 à 649 [1]. Il naquit dans l'empire perse, non loin de Ninive, à Shourzaq, vers 565 (?). Après avoir étudié de longues années dans les monastères de son pays, il alla compléter ses études au « pays des Romains ». Rentré en Perse vers 605, il enseigna d'abord la théologie dans le monastère de Mar-Mattaï, au nord de Mossoul, puis vers 615 (?), il prit la direction d'un monastère fondé par la reine Shirin, épouse de Chosroës II, à Séleucie-Césiphon. Enfin il fut nommé grand métropolitain de Tagrit en 629, après la mort de Chosroës II.

Grâce à son zèle, à la régularité qu'il établit parmi le clergé et

---

1. La note 1 de la p. 54, contient quelques autes d'impression qui ont échappé à l'auteur. Lire de Marouta (629-649), Denha (649-659), — au lieu de — Marouta (529-645), Denha (645-655.)

les fidèles, à la splendeur qu'il donna aux offices, Tagrit devint « la métropole et la mère des Eglises de l'Orient. » C'est sous son administration qu'eut lieu l'invasion arabe en Perse entre 633 et 642 et la chute de la dynastie des Sassanides. Il mourut le 2 mai 649 et eut pour successeur Denha (649-659), l'auteur de sa biographie.

Marouta a écrit un commentaire sur les Evangiles, deux scolies sur Exode, XVI, 1 et sur Mathieu XXVI, 6-14, une liturgie traduite par Renaudot etc. Denha lui attribue aussi une réfutation d'un libelle du catholique nestorien et des livres « d'extraits des Pères. »

A la fin du volume, M. Nau publie encore un fragment des œuvres d'Ahoudemmeh, le début d'un traité sur l'homme. L'auteur nous apprend qu'il a déjà composé un traité sur l'homme microcosme et qu'il ne veut pas traiter à nouveau des mêmes matières. Il veut seulement exposer comment l'homme est formé de deux parties qui ont chacune leurs opérations, bien qu'elles ne constituent qu'une seule personnalité. Il traite donc de l'âme, de son union avec le corps et du mécanisme de l'acte humain.

Ses théories offrent un curieux spécimen de la philosophie syriaque au vi⁰ siècle. Elles sont très apparentées sans doute à celles d'Aristote, comme le prouve M. Nau par de nombreuses citations, mais sur plusieurs points, en particulier sur le rôle de la volonté et des membres directeurs elle constituent une philosophie originale et indépendante. François MARTIN.

*
* *

Sepher ha-Zohar (le livre de la splendeur), traduit pour la première fois sur le texte chaldaïque et accompagné de notes par Jean DE PAULY. Œuvre posthume entièrement revue, corrigée et complétée, publiée par les soins de Emile LAFUMA-GIRAUD. — Paris, Leroux, 1906, t. Ier, grand in-8 raisin de vi-560 pp. (Prix : 20 fr.)

Le Zohar, sorte de commentaire rabbinique du Pentateuque, est une des principales sources de la cabbale juive. Il a été imprimé pour la première fois à Mantoue, en 1559. On n'en connaît aucun manuscrit antérieur à cette édition. Il est donc assez probable qu'il ne remonte pas plus haut que le xiii° ou le xiv° siècle. Peut-être est-il dû à la plume de Moïse de Léon (1309), qui par une fiction littéraire très familière aux Juifs aurait placé son commentaire dans la bouche de Rabbi Siméon ben Jochaï (ii° siècle), pour lui donner plus d'autorité.

Le travail de M. M. de Pauly et Lafuma comprendra six volumes. Il sera la première traduction complète du Zohar en français. Tous ceux qu'intéressent les doctrines cabbalistiques et l'exégèse juive en salueront l'apparition avec reconnaissance. Dès les premières pages (p. 12 et suiv.) ils trouveront un spécimen peu banal de cette singulière exégèse dans l'interprétation des premiers mots de la Genèse

A un autre point de vue, ils est intéressant de constater chez les rabbins juifs à une époque tardive la survivance de quelques-unes des vieilles légendes babyloniennes, par exemple p. 33, de celle d'Oannès, rapportée par Bérose, peut-être même du dieu Ea des documents cunéiformes.

Mais il sera assez difficile au lecteur, faute de points de repère, de découvrir les perles enfouies dans ce fatras de doctrines bizarres et obscures. Pour le guider, il aurait fallu introduire au moins en marge des sommaires ou des titres. De plus ce premier volume renferme beaucoup plus de références à la Bible ou au Talmud que de notes proprement dites. Le commentaire, qui serait souvent si utile, est peu fourni. M. Lafuma-Giraud annonce bien qu'un fascicule de corrections et d'observations accompagnera le second volume. Mais les lecteurs n'aiment guère à chercher dans un second volume les notes qui concernent le premier.

Il faut reconnaître d'ailleurs que l'édition d'œuvres de ce genre présente de grandes difficultés. Les commentateurs à la fois compétents et clairs n'abondent pas. Le promoteur de cette entreprise, M. Lafuma, en a fait l'expérience. Nous ne saurions le blâmer d'avoir mieux aimé donner un texte un peu sec que s'exposer à ne rien faire pour trop attendre. Il a bien droit pour son initiative si désintéressée et si courageuse à la reconnaissance de tous les amis de la science. François MARTIN.

191. — **L'Eglise byzantine de 527 à 847**, par Pargoire. — Paris, Lecoffre, 1905, xx-405 pp. (Prix 3 fr. 50).

Les R. R. P. P. Assomptionistes de Kadi-Kerri peuvent se rendre le juste témoignage que là-bas dans leur retraite de Chalcédoine ils font œuvre utile et bienfaisante. Grâce à eux l'histoire byzantine sort de l'obscurité où le dédain de nos devanciers l'avait ensevelie. Elle se revêt de nouveau à nos yeux de son manteau aux couleurs bariolées qui surprend et déroute peut-être nos goûts et nos idées mais qui n'en a pas moins sa très réelle beauté. Jusqu'ici cependant les travaux des Assomptionistes s'étaient cachés dans des recueils assez peu abordables. Ils avaient à leur service leur propre revue: « Les Echos d'Orient » et collaboraient aux deux grands périodiques russes : « Le Vyzandüski-Vrémenik » et les « Mémoires de l'Institut archéologique de Constantinople. « Mais voici que sortant de ce cercle de pure érudition, le P. Pargoire donne cette fois-ci au grand public lettré un premier volume de haute vulgarisation : « L'histoire de l'Eglise byzantine. » Comme cette histoire n'existait pas encore, le P. Pargoire a dû la bâtir de toute pièce avec des matériaux de première main et c'est ce qui en fait la très grande valeur.

Le premier volume qu'il donne au public et qui sera suivi de deux autres s'étend du vi{e} siècle, époque à laquelle il est convenu de faire commencer le Byzantinisme, au milieu du ixe siècle. L'auteur s'arrête à 847, au lendemain du triomphe définitif de l'Eglise par le rétablissement des images, c'est la fin des luttes iconoclastiques, à la veille du schisme de Photius. C'est donc trois siècles d'une histoire agitée, confuse, parfois sanglante, qu'il retrace avec tout le détail que pouvait lui permettre et un cadre assez restreint et des sources souvent peu nombreuses. C'est merveille de voir avec quelle aisance le P. Pargoire a su dégager du fatras puéril et généralement ennuyeux des chroniqueurs et des hagiographes les grandes lignes qui forment le cadre de l'histoire générale comme les menus faits qui l'illustrent, la rendent vivante et valent souvent à eux seuls par les renseignements fournis des pages nombreuses et vides des historiens contemporains. Pour mener à bien une telle œuvre ; pour, tout, à la fois, retracer l'histoire intérieure et extérieure de l'Eglise byzantine, ses luttes aussi bien que le développement de son dogme, sa vie intime aussi bien que sa liturgie et son art, il fallait une grande et sûre érudition, une patience de moine et une volonté à toute épreuve. Pour qui connaît l'Orient et sait quelles difficultés de tous genres les hommes d'études rencontrent par le seul fait du manque de bibliothèques, il y a lieu de féliciter hautement le P. Pargovie de son travail et de passer sur les quelques critiques qu'on pourrait peut-être lui adresser. Ces critiques, du reste, tiennent plus encore au sujet lui-même qu'à sa mise en œuvre. Il était trop complexe, trop neuf et trop riche pour que toutes les parties aient pu, en une seule fois et par le même homme, être traitées avec une égale perfection. Néanmoins, cette histoire de l'Eglise byzantine s'impose à la lecture de tous ceux qui s'occupent de choses religieuses. Le plupart des études qu'on y trouvera ne sont nulle part ailleurs. Le théologien pourra y faire une abondante moisson aussi bien que l'historien et par de nombreuses références qui enrichissent chaque chapitre tous auront la facilité de recourir aux sources et de vérifier par eux-mêmes les renseignements qui les intéressent. Albert VOGT.

---

192. — **Notice sur les manuscrits du « Liber Floridus » de Lambert chanoine de Saint Omer**, par M. Léopold DELISLE. (Tiré des *Notices et extraits des manuscrits*, t. XXXVIII). — Paris, Imprimerie nationale, in-4 de 215 p. et 1 pl.

On désigne sous le nom de *Liber Floridus* un recueil assez encyclopédique formé, au début du XIIe siècle, par un clerc du nom de Lambert. Nos renseignements sur ce personnage (parfois confondu à tort avec un homonyme qui fut abbé de Saint-Bertin de 1095 à 1125) se réduisent à ceci : qu'il était chanoine de Saint-Omer et fils d'un certain Onulf qui mourut en 1077. M. Delisle a en outre démontré qu'il rédigea sa compilation en 1120, date à laquelle s'arrêtent les notes historiques et les listes chronologiques insérées par lui dans son œuvre, et point de départ des tables de comput préparées pour les années suivantes. On possède de l'ouvrage le manuscrit original, conservé sous le n° 92 à la Bibliothèque de l'Université de Gand. Mais les neuf autres manuscrits contenant le même recueil et qui se trouvent à Paris, à Leyde, à

Wolfenbüttel, à Gênes, à La Haye [1], à Chantilly, à Douai, ne sont point de simples copies du précédent. Certains morceaux ont été intervertis, d'autres omis ; en revanche le ms. lat. 8865 de la Bibliothèque nationale, par exemple présente des additions intéressantes. En outre les miniatures et les dessins qui dans tout ces exemplaires accompagnent le texte du *Liber Floridus* constituent des documents utiles pour l'histoire de l'illustration des manuscrits. Quant au texte même, ainsi que je l'ai dit, on y trouve un peu de tout, de la théologie, de la cosmographie, des sciences naturelles, de l'histoire sacrée et profane. Des renseignements sur les pierres précieuses y figurent entre une description du Temple de Salomon et une généalogie des rois d'Angleterre. M. Delisle a dressé le tableau de tous les morceaux contenus dans la compilation, avec renvoi aux divers manuscrits où l'on retrouve chacun d'entre eux, et, le cas échéant, indication des sources auxquelles ils sont empruntés. Laissant de côté les fragments qui intéressent exclusivement la théologie ou les sciences, il est bon de signaler l'intérêt que peut présenter l'ouvrage de Lambert pour les études historiographiques. Le chanoine a composé et inséré dans son œuvre de courtes Annales de Saint-Omer, utiles pour l'histoire locale à la fin du xie siècle et au début du xiie. On y trouvera en outre des notes historiques isolées, relatives surtout bien entendu à la même région, mais susceptibles également de fournir des renseignements précieux pour l'histoire générale. M. L. Delisle lui-même avait montré l'intérêt qu'elles peuvent présenter à ce point de vue en commentant dans le *Journal des Savants* de 1898 la mention concernant l'association à la couronne de Philippe, fils de Louis le Gros. Lambert a en outre reproduit, en les modifiant parfois plus ou moins, un certain nombre de textes historiques, des généalogies de grands feudataires, des pièces relatives aux rapports de l'Empire et de la papauté, des extraits sur l'histoire des papes, constituant une sorte de *Liber pontificalis* abrégé, des notes empruntées aux Annales de Saint-Bertin, dont le compilateur paraît avoir connu le manuscrit aujourd'hui conservé à Saint-Omer. Parmi les notes de ce genre je signalerai particulièrement les

---

1. Un des deux mss. conservés à la bibliothèque de cette ville est une traduction française du *Floridus*. Il ne date malheureusement que du début du xvie siècle.

extraits des *Ann. Bertiniani* et des *Ann. Vedastini*, dont la réunion constitue le texte connu sous le nom de *Chronicon de Gestis Normannorum*. Ce *Chronicon* avait été publié par A. Duchesne d'après un manuscrit de Raucloistre en Belgique et un manuscrit de la chartreuse de Montdieu. On les considérait tous deux comme perdus, et tout en utilisant parfois ce texte comme moyen d'émonder celui des *Ann. Bertiniani*, certains critiques étaient portés à considérer le *Chronicon* comme une compilation de très basse époque, peut-être même du xvi° siècle. M. Delisle a démontré que le manuscrit de Montdieu est une des copies du *Liber Floridus*, le lat. 8,865 de la Bibliothèque Nationale, et que le *Chronicon Nortmannorum* ne constitue qu'un des chapitres du chanoine Lambert (n° 241 du classement de M. Delisle). Il date donc du début du xii° siècle, mais dérive probablement quant au texte d'un des manuscrits actuellement connus des Annales de Saint-Bertin.   R. P.

---

193. — **Das Converseninstitut des Cisterzienserordens in seinem Ursprung und seiner Organisation**, par Eberhard HOFFMANN. — Fribourg, 1905, in-8 de xii-104 pp.

L'Université de Fribourg en Suisse a voulu elle aussi avoir sa collection d'études historiques. Le travail du Père Hoffmann en est le premier fascicule. Comme le titre l'indique, cet ouvrage traite des *Frères convers* de l'Ordre de Citeaux. Naturellement, au cours de son travail, l'auteur a trouvé plus de documents qu'il ne pensait et la préface du professeur Kirsch nous dit que cet opuscule n'est que le préliminaire d'un ouvrage plus complet sur le même sujet.

Jusqu'aujourd'hui, l'orde de Citeaux n'a eu pour ainsi dire qu'une histoire externe : l'on sait surtout qu'il fut par excellence l'Ordre agricole, l'Ordre colonisateur ; mais on le connaît plus par ce qu'il a fait que par sa vie intime. Ainsi en est-il surtout des *Frères convers* de l'Ordre : on connaît leur œuvre d'agriculteurs ; l'on n'a pas encore élucidé dans quel rapport ils étaient avec les moines de Citeaux.

L'on n'a pas assez montré non plus leur importance au point de vue social. Ils parurent à un moment où la distinction entre les possesseurs du sol et les serfs tendait à disparaître, sous l'effort de ces derniers vers la liberté. Or, conformément à la règle de saint Benoît, tout Frère convers de Cîteaux était par là même un homme libre. Si nous songeons que ces Frères se comptèrent par milliers, nous pourrons apprécier quelle répercussion cette manière d'acquérir la liberté devait avoir sur l'opinion, et quelle influence eut l'Ordre de Cîteaux sur l'abolition de l'esclavage.

Tel est le sujet dont le P. Hoffmann nous donne aujourd'hui les premiers linéaments. Il cherche d'abord ce que furent les Frères convers dans l'ordre bénédictin avant la réforme de Cîteaux. Un convers fut d'abord un moine qui entrait au couvent dans l'âge mûr, par opposition à ceux qui y avaient été reçu dès l'enfance. Et ici, l'auteur nous rappelle le caractère vraiment chrétien et démocratique de l'ordre de Saint-Benoît : Nobles et esclaves, riches et pauvres, prêtres et laïques étaient moines sans distinctions entre eux. Saint Benoît avait même pris des précautions particulières contre les prétentions orgueilleuses de ceux qui étaient prêtres : comme les autres moines, le prêtre devait être complètement soumis à la règle (p. 10-11).

Puis, peu à peu, *Convers* prit la signification d'illettré et de laïque. C'est en Italie, à la fin du XIe siècle, que cette transformation dut achever de s'opérer.

Dans l'Ordre de Cîteaux cette situation *de fait* devint une situation *de droit* : Les *Convers* y trouvèrent officiellement place.

Quel but eurent les réformateurs en leur donnant dans l'Ordre cette place officielle? Pour le comprendre, il faut se rappeler l'évolution qu'avait suivie l'Ordre de saint Benoît. Le fondateur avait prescrit à ses moines le travail manuel; mais les monastères étaient devenus fort riches, les moines appartenant aux hautes classes de la société s'adonnaient difficilement aux travaux manuels : peu à peu, ce genre de travail avait donc été abandonné et regardé même comme indigne d'un moine. Par ailleurs, de nombreux moines avaient été détachés des monastères pour surveiller les laïques préposés à l'administration des biens, ce qui était une cause de relâchement.

Pour permettre aux moines de mieux suivre la règle de saint Benoît, la réforme de Cîteaux institua les *Frères Convers* : ils devaient s'occuper surtout des intérêts matériels de l'Ordre, notamment de l'agriculture. Le but premier des réformateurs fut donc un but d'ascétisme, non une conception économique.

Du reste, l'Ordre de Cîteaux n'entendit point par là exempter les moines eux-mêmes de tout travail manuel. Les *intellectuels* de Cluny jetaient même à la face des Cisterciens ce travail comme une injure.

Dans l'Ordre de Cîteaux, moines et frères convers travaillèrent donc de concert, et comme c'était un ordre puissant, personne n'eût la force de les empêcher de poursuivre la réalisation de leur idéal chrétien et économique (p. 68). Un archevêque de Milan, le pape Innocent IV employaient-ils un Convers comme général d'armée, le Chapitre commandait à ces Convers de laisser ce poste et de revenir dans leur couvent : contre celui qui était au service d'Innocent IV, on lança une menace d'excommunication (p. 96.)

L'institution des *Frères Convers* réussit à merveille. Dans son quatrième chapitre, l'auteur nous décrit toute l'organisation d'un monastère cistercien avec son moulin, sa boulangerie, ses ateliers de tissage, de menuiserie, etc.

Des études de ce genre appellent, à mon avis, une dernière considération. L'Ordre de Cîteaux a rendu d'immenses services à l'agriculture; il a enseigné l'agriculture au monde moderne. Mais il faut ajouter qu'une fois cette éducation faite, il était bon que les éducateurs disparussent, sinon complètement, du moins pour une notable part. Car à côté d'organisations si puissantes, composées de célibataires et qui souvent d'ailleurs ont reçu par voie d'aumône les terrains d'un premier établissement, pour des laïques avec femme et enfants, et qui, du reste, n'ont point ni ne sont obligés d'avoir le renoncement et la frugalité des moines, il est impossible de soutenir efficacement la concurrence. Dans les contrées où l'agriculture prospère, les moines agriculteurs ne pourraient guère qu'aigrir les laïques et les décourager par une concurrence où presque tous les avantages seraient du côté du cloître ; dès lors, au lieu d'enseigner la grande loi du travail, ils contribueraient plutôt à éloigner les peuples de la mettre en pratique.

C'est pourquoi ces moines seront toujours bons dans des contrées peu accessibles, où ils seront les pionniers de la civilisation. Là ils trouveront ample matière à la pratique des vertus du cloître : le renoncement, le labeur sans grand espoir de récompense terrestre.

C'est ce qu'ont fait les Cisterciens. Leur règle leur recommandait de s'établir loin de tout endroit habité, et le pays où ils travaillèrent par prédilection fut les rives de l'Elbe où de vastes terrains étaient laissés en friches par des habitants peu enclins à l'agriculture (p. 85 et suiv.)

Du jour où les moines agriculteurs deviennent plutôt propriétaires que travailleurs, leur rôle devient inutile ou même néfaste : ils s'étiolent dans la prospérité, ce qui, au XIIIe siècle, arriva à l'Ordre de Cîteaux.

C'est ce que sous une autre forme M. Allard rappelle excellemment dans son ouvrage sur les *Esclaves chrétiens* : à chaque époque, fait-il remarquer, les Ordres religieux ont reçu de Dieu la mission providentielle d'enseigner au monde la vertu qui lui manquait le plus : autrefois, l'amour du travail, aujourd'hui l'amour de la prière.

Dans les contrées où la loi du travail est déjà mise en pratique, le rôle de l'Eglise doit moins consister à envoyer des moines agriculteurs qu'à s'occuper des travailleurs eux-mêmes. Autrefois, elle a été la première à apporter le respect aux travailleurs, et à forcer le monde à les respecter Aujourd'hui, elle doit continuer de s'occuper d'eux, de s'intéresser à eux, pour les traiter non pas comme des enfants, avec une condescendance qui pourrait paraître quelque peu méprisante, mais comme des hommes à qui elle veut apprendre à faire la balance de leurs devoirs et de leurs droits : elle doit être la première à les diriger dans leurs efforts vers la majorité.

J. Paquier.

194. — **Chronique de Jean le Bel**, par Jules Viard et Eugène Déprez. [Société de l'Histoire de France]. — Paris, Renouard, 1905, tome II, in-8 de 403 p. (Prix : 9 fr.)

Si l'espace dont dispose le *Bulletin Critique* le permettait, nous demanderions à M. Jules Viard la faveur de reproduire la remarquable Introduction qu'il a écrite en tête du tome II de la Chronique de Jean le Bel éditée sous le patronage de la Société de l'Histoire de France. Cette Introduction est le seul compte rendu digne de l'œuvre; mieux encore c'est un nouveau chapitre du traité de la *manière d'écrire l'histoire* qui comporte, comme chacun sait, une suite indéfinie. La manière d'écrire l'histoire au xive siècle est essentiellement aristocratique et M. J. V. nous fait connaître par des citations caractéristiques la vie fastueuse que mena le chroniqueur, opulent chanoine de l'église Saint-Lambert de Liège. Froissart passe pour avoir cherché ses informations par monts et par vaux, Jean le Bel les attendait à table : son majordome était à l'affut des notables convives qu'il pouvait inviter au passage. Il faut croire qu'une large hospitalité vaut bien comme méthode de documentation les longues chevauchées en compagnie des gens de guerre, car Froissart copia aussi longuement qu'il le put la chronique de Jean le Bel. Celle-ci il est vrai ne le mena pas jusqu'au bout puisqu'elle s'arrêtait vers 1361. Le savant éditeur de Jean le Bel signale et mesure pour ainsi dire l'étendue des larcins de Froissart ; il dénonce le maquillage auquel s'est livré le littérateur sur l'œuvre de l'historien. Au tableau des faits militaires réduit prudemment par Jean le Bel à de sobres indications, Froissart ajoute des prouesses plus ou moins authentiques, il explique toutes les vicissitudes des batailles par des manœuvres en général identiques et peu conciliables avec la disposition du terrain qu'il n'a d'ailleurs pas étudiée. Beaucoup plus circonspect dans la critique des détails que ne l'a été Froissart, Jean le Bel n'a pas dépassé son léger imitateur par la valeur politique de son histoire. Jean le Bel, comme Froissart, ne s'est en effet proposé que de démontrer la supériorité, à son avis indiscutable, de la noblesse dans les combats et dans les conseils. S'il n'y a pas lieu de demander à Jean le Bel des leçons de philosophie, il faut du moins louer ses réflexions équitables et ses passages les mieux écrits. Jusqu'à présent « tous les beaux passages qui sont du chroniqueur Liégeois étaient présentés comme des chefs-d'œuvre de Froissart, » tel l'épisode célèbre des bourgeois de Calais. On comprend donc l'intérêt littéraire qui s'attache à la reconstitution soigneuse du texte de Jean le Bel, d'après le seul manuscrit que nous a conservé sa Chronique, le manuscrit de Châlons.

On ne cherchera guère de faits nouveaux dans une source déjà exploitée à ce point, mais on conservera sans doute une forte impression de sa lecture. Le mérite littéraire des pages de Jean le Bel ne nous dissimule pas la brutalité cruelle du xive siècle. Au contraire, la froide simplicité du sincère chroniqueur donne aux atrocités de la Guerre de Cent Ans tout leur sanglant relief.

.·.

Les forêts de Senlis, étude sur le régime des forêts d'Halatte, de Chantilly et d'Ermenonville au Moyen-âge et jusqu'à la Révolution, par Etienne GUILLEMOT, archiviste paléographe. — Paris, 1905, in-8 de 229 p.

Un tirage à part des Mémoires de la Société de l'histoire de Paris et de l'Ile de France est devenu un livre élégant orné de cartes, de gravures, bien divisé en chapitres qui ne paraissent négliger aucune sorte de recherche pouvant être faite sur l'historique des vieilles forêts. Les juridictions forestières, les droits d'usage, tous les détails compliqués de l'administration d'ancien régime protégeant et exploitant les bois, sont présentés avec netteté, suivis dans leurs modifications, illustrés par quelques épisodes de la vie des principaux préposés aux charges. L'administration forestière devait autrefois ses soins les plus assidus à un groupe de forêts où chassaient de préférence beaucoup de nos rois. Nombreux sont les détails cynégétiques que M. Et. G. a pu recueillir sur les chasses dont les forêts de Senlis ont été le théâtre depuis les derniers carolingiens jusqu'au grand Condé et à ses héritiers. Le dernier chapitre des *Chasses*, contenant des renseignement très précis sur les engins des chasseurs, leurs équipages, leur avide recherche du gibier, utilise très habilement des fragments de comptes de l'hôtel de Charles VI publiés d'ailleurs en appendice. Nous y remarquons entre autres choses l'effectif respectable d'une meute royale au xive siècle, quatre-vingt chiens pour chasser le sanglier.

Les futaies et taillis de la région de Senlis étaient très morcelés; les propriétaires nombreux, entichés de leurs droits, délimitaient soigneusement leurs lots quand ils avaient eu quelque démêlé avec leurs voisins. Les limites étaient marquées par des bornes gravées dont la dimension et les sculptures méritaient d'attirer l'attention. L'auteur en a reproduit de bonnes photographies, qu'il entoure de toutes les explications désirables. — Pareil travail serait utile à entreprendre autour de Paris dans d'autres directions, notamment près de Nantes et de Limours. — Les procès qui aboutissaient aux bornages nécessitaient des plans et c'est ainsi qu'au XVe siècle une première vue de la forêt fut dessinée « pour M. de Chantilly, demandeur ». L'étude attentive de ces cartes primitives est, ainsi que leur reproduction, un des attraits du joli volume que la Société de Paris et de l'Ile de France a détaché de ses Mémoires [1].   H. GAILLARD.

---

195. — **Un épicurien, sous la Terreur. Hérault de Séchelles,** par Emile DARD. — Paris, Perrin, 1906, in-8 de 388 p. (Prix : 3 fr. 50).

Après M. Ernest Daudet, dont on n'a pas oublié le livre piquant sur *Hérault de Séchelles et les dames de Bellegarde*, M. Emile Dard vient d'étudier à son tour « l'Alcibiade de la Montagne ». Cette nouvelle biographie, où foisonnent les documents inédits, est écrite par une plume agréable et souvent spirituelle ; on y voit défiler, au milieu d'anecdotes tantôt amusantes et tantôt tragiques, les principaux figurants du drame révolutionnaire, et certains tableaux, telle la fameuse fête de la Nature au Champ de Mars, y sont brossés avec pittoresque. Mais quel triste personnage que ce Hérault de Séchelles! Vaniteux et médiocre, dépravé et lâche, il apparait, malgré l'indulgence de son historien, comme un des fruits les plus pourris de la société matérialiste et sceptique de la fin du XVIIIe siècle.

Neveu du maréchal de Contades et cousin de la duchesse de Polignac qui obtint de Marie Antoinette qu'il fût à vingt-cinq ans, par pure faveur, nommé avocat général du Parlement de Paris, Hérault de Séchelles beau, riche, bien doué, était un favori de la destinée. De ses dons, il se servit pour être, pendant les dernières années de l'ancien régime, un viveur à la façon des Lauzun, mélants à des raffinements de débauche des prétentions littéraires. Son château d'Epone, si l'on en croit Bellart, le futur procureur général de la Restauration ressemblait à un mauvais lieu où « le maître de la maison se reposait des impiétés avec des obscénités. »

---

[1]. Tome XXXII, année 1905, pages 91 à 317.

Survint la Révolution. Hérault de Séchelles s'intéressa au mouvement sans conviction et sans enthousiasme ; il était, comme il s'en vantait devant ses camarades, « du parti qui se f... des deux autres ». Député à la Législative, il siégea d'abord au côté droit. Le désir de jouer un rôle, le goût d'être applaudi, la peur d'être compromis, l'entraînèrent bientôt vers la gauche — c'est à gauche qu'il sera le premier à réclamer au Comité de salut public la mort de Marie-Antoinette, sa bienfaitrice. Entre temps, il était devenu le patron de Carrier qui, sur sa recommandation, fut envoyé à Nantes, et il avait été, le 10 août 1793, le grand prêtre de la Nature au Champ de Mars. Pas un instant, il n'eut un réveil d'honneur ; pas une fois, un geste noble ou un cri généreux. Ses intrigues d'alcôve avec Adèle de Bellegarde et Madame de Morency nous montrent l'homme privé sous un jour aussi pitoyable que l'homme public. — Par un juste retour des choses, ses bassesses et ses crimes ne sauvèrent pas Hérault de Séchelles; entraîné par Danton dans sa chûte, il fut guillotiné le même jour que lui, le 5 avril 1794, et ainsi se termina cette existence qui ne peut inspirer que le dégoût.

B. DE LACOMBE.

CHRONIQUE

27. — **Commentaire théorique et pratique de la loi du 9 décembre 1905**, par G. DE LAMARZELLE et H. TAUDIÈRE. — Paris, Plon, 1906, in-8. (Prix : 3 fr. 50).

Nous n'avons pas à insister sur l'importance et la nécessité de cet ouvrage qui n'est pas seulement juridique mais qui est aussi et surtout pratique. Toutes les questions y sont traitées avec une clarté telle que le lecteur, quelque étranger qu'il puisse être à la science du droit, les saisira, sans aucune peine.

Une table alphabétique très complète et très détaillée permet au lecteur de trouver en un instant la solution de chacune des difficultés que soulèvent les nouveaux textes. Ce livre ne sera donc pas seulement celui de l'homme de loi, mais aussi le guide nécessaire de tous ceux qui, en France, sont préoccupés de la nouvelle situation faite au culte, par conséquent le livre du clergé et de tous les fidèles.

Les deux auteurs de ce commentaire étaient tout indiqués pour le mener à bonne fin. Personne n'a oublié la grande part qu'au Sénat M. de Lamarzelle, a prise dans les débats de la loi de Séparation et comment il a jusqu'au dernier moment lutté pied à pied pour éviter au pays cette législation funeste Plusieurs ouvrages ont déjà mis en lumière la haute compétence de M. Henry Taudière, professeur à la faculté libre de droit de Paris, particulièrement, en droit ecclésiatique, matière que l'éminent professeur a enseignée pendant plusieurs années. F.

28. — **Un homme d'autrefois. Le chanoine Mechler**, 1805-1866, par A. M. P. INGOLD. — Paris, Poussielgue, 1906, in-12 de 138 p.

Il faut savoir gré à M. l'abbé Ingold de nous avoir tracé la biographie du chanoine Mechler dont la vie toute de dévouement, d'abnégation et d'humilité se passa derrière les murs du séminaire de Strasbourg. Cette brochure avant tout œuvre d'édification nous restitue la figure vénérable d'un prêtre qui peut passer pour le type du maître de l'éducation cléricale.

29. — Signalons à nos lecteurs la publication récente par les soins des sociétés historiques du département de Seine-et-Oise, du *Liber Testamentorum Sancti Martini de Campis*. L'importance du chapitre de Saint Martin des Champs et du prieuré clunisien qui lui succéda fait comprendre l'intérêt qui s'attache à cette publication tant pour l'histoire religieuse que pour la topographie et l'histoire de Paris. Cette publication, inutile de le dire, est dressée avec le soin de la plus scrupuleuse critique.

ACADÉMIE DES INSCRIPTIONS ET BELLES-LETTRES

Séance du 10 août. — M. SALOMON REINACH communique, de la part de M. l'abbé Arnaud d'Agnel, les copies et les estampages de trois textes inédits relevés sur le territoire de Martigues (Bouches-du-Rhône) : 1º une dédicace à l'empereur Tibère par un personnage nommé Sextius Ælianus ; 2º une épitaphe fournissant un nom celtique encore inconnu : *Vebrullos* ; 3º une inscription rupestre composée de deux noms, avec mélange de caractères grecs et latins. — M. Merlin, directeur des antiquités de la Tunisie, fait connaître les résultats des fouilles que M. le capitaine Benet, du 3º bataillon d'Afrique, a entreprises à Bulla-Regia. Des inscriptions et des monuments curieux ont été découverts, notamment un collier d'esclave en plomb, qui était jadis rivé, ainsi que l'indique une inscription, au cou d'une femme publique. C'est la première fois que l'on rencontre un objet de ce genre. — M. LOUIS LÉGER lit un travail sur les relations de la France et de la Bohême au moyen âge. Des alliances de famille furent conclues entre la maison de Valois et la maison de Luxembourg; des Bohémiens suivirent les cours des Universités de Paris, d'Orléans, de Montpellier. — Des ambassadeurs bohémiens vinrent à la Cour de France et ont laissé de curieuses relations. Un prélat français, Philibert de Coutances, fut chargé de rétablir à Prague l'unité religieuse. Plus tard, on rencontra Bassompierre à la Cour de Prague et un gentilhomme bohémien, Zérotin dans l'armée de Henri IV. — M. LÉOPOLD DELISLE communique un Mémoire de diplomatique sur la chancellerie de Henri II, roi d'Angleterre, d'après les 570 chartes environ qu'il a réunies et qui ont trait aux possessions françaises du chef de la dynastie des Plantagenets. Dans ces chartes, la formule initiale est tantôt : *Henricus rex Anglorum*, tantôt *Henricus Dei gratia rex Anglorum*. Or, M. Delisle est parvenu à établir que les chartes offrant la première formule sont antérieures au printemps de 1173 ; la seconde formule intervient à partir de cette date, et ce changement coïncide avec la date où le roi d'Angleterre fut absous de complicité dans le meurtre de Thomas Becket. Cette heureuse constatation permettra dans l'avenir de dater plus rigoureusement les innombrables chartes de Henri II.

L'Éditeur-Propriétaire-Gérant : ALBERT FONTEMOING.

Imprimerie Générale de Châtillon-sur-Seine. — A. PICHAT.

BULLETIN CRITIQUE

---

196. — **La fiscalité pontificale en France au XVIe siècle** (période d'Avignon et grand Schisme d'Occident), par Ch. SAMARAN et G. MOLLAT. — Paris, Fontemoing, 1905, in-8 de xv-274 pp. (Prix : 10 fr.)

M. Samaran et M. l'abbé Mollat étaient désignés par leurs travaux antérieurs pour écrire ce livre : car dans des articles déjà remarqués sur le droit de dépouille ou certaines mesures fiscales des papes d'Avignon, ils avaient déjà traité plusieurs côtés de la question qu'ils envisagent aujourd'hui dans son ensemble. De plus, la publication des Registres de Jean XXII qu'il poursuit avec la plus grande activité a donné à M. Mollat une connaissance précise de la cour d'Avignon, et de ses hauts dignitaires.

Le sujet qu'ils traitent dans ce nouveau livre est de la plus haute importance. N'est-ce pas en effet de cette fiscalité excessive par laquelle elle pressura pendant un siècle l'Eglise universelle, que la papauté retira avec beaucoup de ressources non moins d'impopularité. Les tentatives que firent les églises nationales, à la fin du xive et au xve siècle, pour se soustraire dans une certaine mesure à sa toute puissance, les déclamations parfois fondées de nombreux écrivains contre l'avarice romaine, les Gravamina de l'Eglise germanique qui allaient alimenter les recriminations de la Réforme, viennent en grande partie de ces expédients financiers. Le sujet méritait donc une étude approfondie. Elle a été plusieurs fois tentée, depuis que l'ouverture des Archives Vaticanes a mis entre les mains des érudits les manuscrits si nombreux de la chambre apostolique, et la collection si volumineuse des Registres d'Avignon. En une bibliographie bien faite, MM. Samaran et Mollat nous donnent le détail des monographies déjà parues sur cette question.

Ils la reprennent à leur tour en l'examinant sous ses différents aspects, mais en la limitant à la France; il est vrai que, plus à portée de la cour d'Avignon que les autres nations, la France fut plus particulièrement mise en coupe réglée par la Chambre Apostolique. MM. Samaran et Mollat examinent tour à tour l'administration centrale avec ses hauts dignitaires : le camérier et le trésorier, les clercs de la Chambre qui formaient avec eux le Conseil Supérieur des finances, les subalternes, enfin la juridiction judiciaire qui réglait les conflits en matière financière avec ses procureurs et avocats fiscaux, dominés eux aussi par le camérier. Ils étudient ensuite la matière imposable et les moyens variés par lesquels on essayait d'amener « l'eau au moulin, » l'argent à Avignon : les décimes, les annates, les procurations, le droit de dépouille, les subsides caricatifs, le cens, les vacants que l'on a souvent confondus avec les annates, et pour chacun de ces impôts, ils nous montrent d'où ils sont venus, comment ils se sont établis et ont été étendus à l'Eglise universelle. Rien n'est plus curieux que le cas des procurations qui, établies à l'origine pour aider les évêques à faire leurs visites pastorales, ont fini par devenir une taxe pontificale, uniquement perçue au bénéfice de la Curie.

Pour la levée régulière de ces redevances, la chrétienté fut divisée en circonscriptions financières comprenant chacune plusieurs diocèses, parfois même plusieurs provinces et ayant à leur tête un collecteur apostolique. La France, payant plus qu'aucune autre nation, fut dotée aussi d'un plus grand nombre de collectories. MM. Samaran et Mollat en dressent la liste en indiquant, en appendice, les titulaires de chacune d'elles au xive siècle. Ils nous décrivent aussi la vie que menait le collecteur dans sa circonscription et les moyens qu'il employait pour prélever sur les bénéfices ecclésiastiques les taxes apostoliques. Leur rôle était presque toujours ingrat, et parfois même difficile à remplir : « Plusieurs de ces fonctionnaires au tempérament peu combatif nous ont sans embarras confié leurs mésaventures. C'est Géraud Mercadier, collecteur de Cahors, qui s'en allant à Avignon annoncer la mort de son prédécesseur Jean *de Palmis* est pris en chemin, dépouillé jusqu'à la chemise ainsi que son compagnon et perd deux roussins dans la bagarre. C'est Jean de Cavanhac son successeur qui, doublant les étapes de peur des Anglais, roule sous son roussin et dans sa chûte se brise trois côtes ; il est obligé de rester quarante-cinq jours à Rocamadour. » (p. 116) Signalons aussi les manières différentes par lesquelles les collecteurs transmettaient à la Curie les sommes qu'ils avaient perçues et le rôle que jouaient, dans ces cas, les banquiers de la Cour pontificale : enfin la façon dont s'y prenait la Chambre pour vérifier les comptes des collecteurs.

Cette analyse suffit largement à montrer l'intérêt de ce livre. Ajoutons qu'il est fait presque entièrement d'après les archives des collecteurs et de la Chambre Apostolique, perpétuellement confrontées avec les lettres des registres pontificaux ; qu'il a été traité selon les méthodes les plus scientifiques et que de bons index en rendent le maniement facile.

Deux identifications pour terminer : p. 114, note 1 nos auteurs marquent leur embarras en faisant suivre d'un point d'interrogation les mots « *rector ecclesie de Insalis Caborets*. Il faut lire *de Insulis Caborets* et il s'agit, à n'en pas douter des Ilhes dans le Cabordès (arrondis. de Carcassonne, canton du Mas-Cabordès.) p. 194, ils mentionnent la nomination du collecteur de Narbonne Guilabert (Guillaume) comme archiprêtre « Corbarie Inferioris ». Il s'agit des Basses Corbières dans l'archidiocèse de Narbonne.

Jean Guiraud.

197. — **Das Erkenntnissproblem in der Philosophie und Wissenschaft der neueren Zeit**, t. I, par le Dr Ernest Cassirer. — Berlin, Bruno-Cassirer, 1906, 1 v. lexicon-format de xv-608 p. (Prix : 15 mk.)

M. Cassirer — il nous l'explique dans sa *Préface* — s'est proposé un but *critique* et s'est efforcé de l'atteindre avec une méthode *historique*. La pensée moderne met au premier plan le *problème de la connaissance* ; et si, à chaque époque, on a admis un certain système de *présuppositions* scientifiques, on a transformé de tels *concepts,* qui sont de purs procédés de la pensée, en *objets* immuables. Pour montrer que ces règles du savoir n'ont rien d'*absolu*, qu'elles sont relatives à l'ensemble des formes de la connaissance, la méthode *historique* s'impose ; en nous faisant voir comment ces concepts se sont constitués, elle pratique ainsi l'analyse même de la connaissance. Et l'histoire de la *philosophie* doit être complétée, à cette fin, par l'histoire des *sciences exactes*.

Le premier volume de l'ouvrage de M. Cassirer, — après une *Introduction*, où la théorie de la connaissance est définie en son développement, où l'histoire en est identifiée (sous un certain aspect) avec l'histoire entière de la philosophie, où la « méthode transcendantale » mise en œuvre par Kant en sa critique de la science newtonienne est envisagée comme un simple *moment* de la critique intégrale et combattue en son dogmatisme de concepts radicaux *définitifs*, où l'*unité* du déroulement historique de la connaissance est *postulée*, où la conscience du problème est étudiée en ses origines chez les penseurs grecs et médiévaux, — s'arrête longuement sur la *renaissance* de ce problème aux xve et xvie siècles, chez Nicolas de Cuse, chez les humanistes et les platoniciens, chez les naturalistes et les historiens chez les sceptiques, — étudie les *philosophies de la nature*, notamment chez un Paracelse, un Campanella, et *la genèse de la science exacte* chez un Léonard, un Kepler, un Galilée, puis la *métaphysique copernicienne et mondiale* d'un Giordano Bruno, bref *la découverte du concept de la nature*, — explique *la constitution de l'idéalisme* en analysant l'œuvre de Descartes, celle de Pascal, celle de Geulinex, celle de Burthogge, celle de Malebranche, celle enfin de Bayle.

Un deuxième volume, que l'auteur annonce comme prochain, comprendra, après l'exposé de la philosophie anglaise de l'expérience, le double développement de l'idéalisme même de Leibnitz et de la science newtonienne de la nature, enfin la réunion de ces deux courants dans la philosophie critique.   J. SECOND.

---

198. — **Etude du mouvement syndical ouvrier en France. Syndicats « jaunes ou indépendants »**, par Maurice GROS, docteur en droit. — Paris, Henri Jouve, 1906, in-8 de 368 p. (Prix : 7 fr. 50).

« Œuvre d'école », comme il l'appelle lui-même, la thèse de doctorat de M. Maurice Gros n'a aucune intention ni caractère politique. Elle se borne à rapporter impartialement les faits, à les étudier à la lumière des principes et de la loi positive et à en déduire les conséquences. Son premier objet est la comparaison des anciennes corporations d'arts et métiers supprimées en 1791 et des syndicats professionnels institués par la loi du 21 mars 1884. Les unes étaient fermées et vivaient de privilèges, elles liaient étroitement le maître et l'ouvrier, c'est-à-dire les producteurs en face des consommateurs. Les seconds naissent dans l'antagonisme du travail et du capital afin de sceller leur union après avoir facilité leur entente. C'était du moins la pensée du législateur de 1884 : « ouvrir la plus vaste carrière à l'activité des syndicats, disait M. Waldeck-Rousseau, alors ministre de l'intérieur, leur permettre de se concerter pour la défense de leurs intérêts économiques... Désormais la fécondité des associations professionnelles n'a plus de limites légales. »

Ce but généreux a-t-il été atteint? Sans doute de 175 associations semblables créées au lendemain de l'acte législatif de 1884, ce chiffre s'est élevé au 1er janvier 1903 à 9.280, comprenant 1.481.485 membres. Mais, ajoute aussitôt l'auteur, le syndicat cesse rapidement d'être un instrument de liberté et de progrès, le socialisme s'en empare comme d'une citadelle dont l'arme est la grève générale ou partielle. Au lieu de rapprocher les personnes, de concilier les intérêts, de s'apaiser en un mot, l'ouvrier ne voit dans le nouveau groupement qu'un moyen de lutte et de résistance contre le patron. M. Gros compte de 1890 à 1899, pendant dix ans, 4210 grèves, 924.487 grévistes et 15.021.841 journées de chômage; dans la seule année 1900, 902 grèves, 222.714 grévistes qui perdirent 3.760.577 journées de salaire. Enfin en 1903, dernière année dont la statistique officielle ait été consultée par lui, il rencontre 528 grèves, dont 502 réunissaient 71.094 grévistes. Les résultats n'ont été connus que dans 451 d'entre elles. Elles se sont terminées par 172 échecs, 190 transactions et 39 succès seulement. La grève des textiles du Nord notamment a été moins une grève qu'un mouvement pur révolutionnaire longuement préparé par M. Guesde. La perte qu'elle a imposée aux travailleurs s'est élevée à 150 fr. par tête soit 13 millions dans le seul bassin. Contentons-nous de citer ces chiffres, sans les contrôler d'après les tableaux publiés dans le présent volume.

Son auteur aurait donc désespéré du sain emploi et des services de l'association ouvrière ; si de nombreux individus jusqu'alors isolés ne s'étaient formés en groupes pour résister à la tyrannie ambiante des meneurs et secouer leur servitude. A la suite d'une grève organisée au Creusot en septembre 1899 par le syndicat « rouge » et d'un appel adressé par M. Schneider à la population laborieuse qui désirait reprendre le travail, celle-ci se rendit à une réunion avec des fleurs jaunes à la boutonnière. De là sortit un syndicat contraire, indépendant, qui s'honora de la couleur dont ses fondateurs (Parmi eux il est juste de citer M. Mangematin, qui présida le premier le nouveau groupe) s'étaient un jour parés pour se distinguer des grévistes. Le nom de « jaune » lui resta et devint rapidement populaire non seulement au Creusot, mais dans les grandes usines voisines d'où il s'étendit comme une traînée de poudre sur la France. Au 1er janvier 1903, les « Jaunes » comptaient exactement 695 syndicats et 93.409 ouvriers syndiqués sans y comprendre les employés ni les agriculteurs. Au début de l'année suivante, ces chiffres atteignaient 900 groupes professionnels et 120.000 adhérents.

Il est impossible de suivre M. Gros dans les développements qu'il donne à une étude accomplie avec une profonde sympathie et de visibles espérances. Elles ne l'empêchent pas pourtant de prévoir certains obstacles et de manifester quelques craintes pour l'avenir. M. Biétry, qui dirige aujourd'hui le mouvement, n'est pas loin de les partager lui-même. Quoiqu'il en soit, si les « Jaunes », malgré l'infériorité de leurs ressources, — savent résolument se maintenir sur le terrain économique et professionnel, s'ils ne se divisent pas, si la politique ne les détourne point de leur véritable voie, si elle ne les entraîne pas artificieusement hors de leur programme actuel, qui est la liberté du travail avec la bonne harmonie entre patrons et ouvriers, leur œuvre courageuse mérite mieux qu'une bienveillance stérile, elle a droit de la part des intéressés à des appuis plus effectifs.   Henri BEAUNE.

---

199. — **De la catégorie du genre**, par R. DE LA GRASSERIE. — Paris, Leroux, 1906, in-16 de 256 p. (Prix : 6 fr.)

Cet ouvrage se divise en deux parties. Dans la première, l'auteur étudie les principes généraux, les divers espèces de genre, leur extension et leur fonction. Dans la seconde sont relevés des exemples empruntés aux diverses langues comme preuve des affirmations de la première partie. Ce plan nous révèle la tournure d'esprit de M. de la Grasserie qui se rattache plus à la méthode philosophique du xviii° siècle qu'à la méthode expérimentale et historique de la grammaire comparée. L'étude du genre dans une langue ou un groupe de langue déterminé nous semble devoir être plus féconde en résultats que cette promenade, quelque intéressante qu'elle soit, à travers toutes les langues de tous les temps. Une étude du genre nous apparaît comme une synthèse résultant d'une quantité de monographies de détail sur le genre à l'intérieur des principales langues. Or les monographies qui auraient servi de base à l'étude de M. de la G. sont encore rares et il ne semble pas que l'auteur les ait toutes utilisées, son livre étant dépourvu de références et de bibliographie. Pour critiquer avec compétence l'ouvrage de M. de la G. il faudrait une érudition que je ne possède point. Les langues américaines, africaines, asiatiques et océanniennes y occupent une grande place. Je me bornerai, pour ne pas étendre outre mesure ce compte rendu, à examiner quelques questions relatives à celles des langues indo-européennes que je connais le mieux. M. de la G. néglige dans son livre l'histoire du genre. Il considère les phénomènes comme ils apparaissent dans les grammaires pratiques. Mais la question est précisément de savoir dans quelle mesure les règles mnémoniques posées par les grammairiens représentent le sentiment du sujet parlant. Ainsi, la déclinaison en écossais moderne s'étant réduite, au point que la plupart des masculins suivent une déclinaison et la plupart des féminins une autre, certains masculins ou féminins qui ont conservé des traces de déclinaison disparues semblent se rattacher à la déclinaison masculine lorsqu'ils sont féminins, et féminine lorsqu'ils sont masculins. Mais il est évident que les Eccossais n'ont pas l'impression que les noms en question ont changé de genre. D'autre part, lorsqu'un nom masculin d'animal qui désignait anciennement le mâle et la femelle, arrive à ne plus désigner que la femelle et garde son ancienne déclinaison, personne ne peut avoir l'idée que le nom est masculin bien que désignant une femelle. C'est donc à tort que M. de la G. fait p. 175

l'observation suivante : « ce qui est curieux, c'est qu'au point de vue grammatical, *boirionnach* femelle, *capull* jument, *mart*, vache, sont masculins, et *sgalag*, domestique de ferme, féminin. » Ce serait en effet excessivement curieux si c'était vrai. Les auteurs de dictionnaires gaéliques ne s'entendent pas sur le genre de ces mots, parcequ'ils ont été préoccupés par la contradiction apparente entre le genre et la déclinaison. Les erreurs de ce genre sont inévitables dans un livre de synthèse ; il m'a semblé aussi que les erreurs dans le sens et la forme des mots cités étaient fréquentes : *manach* « moine » et *cailleach dhubh* « nonne » ne sont pas des noms de parenté (p. 91) *earb* signifie en écossais non pas « chèvre » mais « chevrette, biche » p. 91; « garçon » se dit en gallois *bachgen* et non *bachge*; « cousine » est *cyfnither* et non *cyfenther*; « oncle » est *ewythr* et non *ewgthr*; écossais *ghrian ghealach* ne prennent *gh* qu'en mutation (p. 175); *ceartas* signifie « justice » et non « juge ; » *marchadh* n'existe pas (p. 174); *bodach* signifie vieillard au sens péjoratif et non « daim » p. 190; au lieu de *chwogrwn, chwger* lire *chwegrwn, chwegr*. En général les formes données comme irlandaises sont écossaises. La documentation du livre de M. de la G., au moins en ce qui regarde les langues celtiques, n'est pas sûre. Les linguistes ne pourront donc l'utiliser qu'avec précaution, et regretteront que M. de la G. ne se soit pas borné à analyser à fond la notion du genre dans les langues qu'il connaît et qui auraient fourni une matière suffisante à une étude vraiment scientifique.

A. Dottin.

---

200. — **Mélanges Nicole.** Recueil de mémoires de philologie classique et d'archéologie offert à Jules Nicole, professeur à l'Université de Genève à l'occasion du xxxe anniversairre de son professorat, avec un portrait, 19 vignettes et 20 planches. — Genève, imprimerie Kundig et fils, 1905, in-8 de 651 p. (Prix : 30 fr.)

Voilà que la Suisse savante, à l'exemple de l'Allemagne et de la France, publie un recueil de soixante courtes dissertations en l'honneur d'un des philologues dont elle a lieu d'être fière, l'heureux inventeur et habile éditeur du papyrus portant des fragments du Γεωργὸς de Ménandre. Nous avons, depuis quelques années les Mélanges dédiés à la mémoire de Charles Graux puis ceux en l'honneur d'érudits vivants, les Henri Weil, les Gaston Boissier, les Georges Perrot, etc. Le volume que nous annonçons est trop considérable pour que nous puissions nous arrêter sur chacun des articles qu'il renferme aussi longtemps qu'ils le mériteraient. Bornons-nous donc à une sèche mention, accompagnée d'un mot d'éclaircissement lorsque le titre n'est pas assez explicite. Bon nombre de ces petits mémoires apportent, comme on pouvait s'y attendre, une contribution à la papyrologie.

Ad. Bauer, Die Chronik des Hippolytos. Examen de la chronique de l'anti-pape Hippolyte en ce qui concerne le « diamerismos » de la terre. — F. Blass, De personarum distributione in loco [vv. 479-509] Choephororum Aeschyli. — H. Blumner, Textkritisches zu Apuleius Metamorphosen. — M. Bréal, αἰσυμνήτης. Etymologie proposée : ἀεί et μνάω. — R. Cagnat. La maison des Antistius à Thibilis [aujourd'hui Announa près de Guelma]. (2. planches). — D. Comparetti, Epistolaire d'un commandant de l'armée romaine en Egypte. Description, déchiffrement et annotation d'un papyrus grec. — F. C. Conybeare, Pseudo-Hieronymus de Christianitate. Texte latin publié d'après le Laurentianus n° 214 du supplément. — W. Dörpfeld, Verbrennung und Bestattung der Toten in alten Griechenland. — L. Duchesne. L'Arménie chrétienne dans l'Histoire ecclésiastique d'Eusèbe. — H. Erman, La falsification des actes dans l'antiquité. Etude de papyrologie gréco-romaine. — H. Francotte, Le pain à bon marché et le pain gratuit dans les cités grecques. — A. Furtwängler, Ein Wirtshaus auf einem italischen Vasenbilde. (2 pl.) — P. Girard, Thucydide et le siège de Troie. [Thucyd., I, 11]. [Lire ἐκρατήθησαν au lieu de ἐκράτησαν.] — E. T. Goodspeed, Greek documents in the Museum of the New-York historical Society. — Gradenwitz, Schubart und Vitelli. Eine neue διαγραφή aus Hermonpolis. — B. P. Grenfell, A. S. Hunt, Some classical fragments frons Hermopolis. [Textes littéraires.] — L. Havet, La mise en relief par disjonction dans le style latin. — W. Helbig, Die Streitwagen in den jüngeren Schichten der Ilias. — (1 pl. : vase du Dipylon.) — H. van Herwerden, Nova addenda ad Lexicon meum graecum suppletorium et dialecticum. — H. Hitzig. Zur Wertung des Damanias-Codex 1399 (Pa) der Bibliothèque nationale in Paris. — M. Holleaux, La 1ʳᵉ expédition d'Antiochus le

Grand en Koilé-Syrie. — P. Jouguet et G. Lefebvre, papyrus de Magdola. [Pétition d'une femme au roi Ptolémée III Evergète.] — A. Körte, Die Entstehungszeit des Kiketiden des Aischylos. [Année 481-480.] — B. Latyschew, suscriptions métriques de Panticapée. — J. Le Coultre, La prononciation du latin sous Charlemagne. — A. Ludwich, Bemerkungen zu Xenophanes. — G. Maspero, Le début du second conte de Satni-Khâmoîs. — J. Paul Milliet, Les yeux hagards. Note sur une mode artistique de l'époque alexandrine. (3 pl.) — L. Mitteis, zur Statthalterliste der Thebais. [4ᵉ siècle de notre ère.] — E. Muret, Glaucus. Etude d'étymologie romane. — Ed. Naville, Un temple de la XIᵉ dynastie à Thèbes. (1 pl.). — G. Nicole, a). Remarque sur une statue inachevée de marbre pentélique. b) Sur une hydrie à figures rouges du Musée d'Athènes. (3 pl., 2 vign.) — P. Oltramare, L'épître d'Horace à Auguste, son objet et sa disposition. — E. Pottier, sur le bronze du Musée de Naples dit « Alexandre à cheval »... (5 fig.) — S. Reinach, Un Ganymède de l'école de Praxitèle. (3 pl.) — Th. Reinach, Les Juifs d'Alexandronèse. [Papyrus XXXV de Magdola, reproduit avec fac-similé, traduit et commenté.] (1 pl.) — C. Robert, Zu Hesiods Theogonie. (1 pl.) — A. Rzach, Zu A. von Gudschmid's Sibyllinenstudien. — F. de Saussure, D'Ὁμήλυσις ἀ Τριπτόλεμος [— τρίβων ὄλεμον.] — J. Gilbart Smyly, The employment of the alphabet in Greck logistic. — Chr. Tsountas, Περὶ τῶν ἐν Ἐλευσῖνι θησαυρῶν. — J. P. Waltzing, Un glossaire latin inédit (conservé dans un ms. de Bruxelles nᵒˢ 10615-10729), ms du XIIᵉ siècle. Texte de ce glossaire. — H. Weil, Observations sur deux odes d'Horace. [Odes, I, 1; IV, 4, vers 18-22.] — C. Wessely, Instrumentum census anni p. Chr. n. 245. Publication d'un papyrus grec. — A. Wiedemann, Die Anfänge dramatischer Poesie im alten Aegypten. — U. Wilcken, der Traum des Königs Nektonabos. Texte papyrologique grec, avec commentaire. — Ad. Wilhelm, Ein Beschluss der Athener. (1 pl.) Décret de l'an 421. Cp. Thucyd. V, 32. — C. Zenghelis, Sur le bronze préhistorique [en Grèce]. 1 pl. — P. Cavvadias, La Tholos d'Epidaure et le peintre Pausias. Les peintures murales de cette coupole. — G. A Gerhard, Mythologische epigramme in einem Heidelberger Papyrus. 6 épigrammes du pap. 1271 de la Collection. Texte restitué. — Commentaire, par O. Crusius. — Th. Homolle, Une inscription liturgique de Delphes. Convention entre les Phasélitains et Delphes. — Sp. P. Lambros, Ἀνέκδοτα ἀπανθίσματα Διογένους τοῦ Λαερτίου, d'après le ms. 90 du monastère Saint-Denis au Mont Athos. Notice du ms. avec extraits rapprochés du texte de D. L. ed Tauchnitz. — Emm. Lœwy, Zum Repertorium der späteren Kunst. 1 pl. double. Sarcophage de la villa Medicis rapproché de monuments postérieurs. — T. P. Mahaffy, The Fews in Egypt. [à partir d'Alexandre le Grand].

On voit par cette nomenclature que les amis de M. Jules Nicole ont choisi dans leurs porte-feuilles les morceaux les plus originaux, dont l'intérêt varié augmente le trésor toujours croissant de l'érudition.   C. E. RUELLE.

---

201. — **Appiani Historia Romana, ex recensione Mendelssohnii**. — Editio altera correctior, curante Paulo VIERECK. Volumen alterum ; dans la *Bibliotheca scriptorum graecorum et romanorum*. — Teubner, Lipsiæ, 1905. (Prix : 6 mk.)

Le présent volume forme dans la collection Teubner, le Tome. II des œuvres d'Appien. Il comprend les cinq livres des *Guerres civiles* (Ἐμφύλια), qui dans l'*Histoire romaine* vont des troubles occasionnés par Caius et Tibérius Gracchus aux batailles navales de Myles et Nauloque perdues par Sextus Pompée le Jeune.

Nous possédons trois manuscrits principaux de l'*Histoire romaine* d'Appien, le ms-387 de la Marciana, le ms. grec 134 de la Vaticana, et le ms-grec 374 de la Bibliothèque de Munich. Dans son édition (1785) Schweighæuser s'était surtout servi du manuscrit de Munich, le moins bon des trois; pour la sienne (1879-1881) Mendelsshon avait surtout utilisé celui du Vatican; le présent éditeur, M. Paul Viereck, a utilisé à la fois le manuscrit du Vatican et celui de Venise.

Tous ces manuscrits méritent peu de confiance, et il est impossible de reconstituer avec certitude le texte d'Appien. Du reste, Appien lui-même avait-il une manière constante d'écrire les mêmes formes et les mêmes mots ? C'est le contraire qui paraît certain.

Le premier volume des œuvres d'Appien dit M. Viereck, sera publié dans trois ans au plus tard, avec une préface détaillée; la valeur du manuscrit sera étudiée plus en détail. Nous ne doutons

202. — **Fontenelle. L'homme, l'œuvre, l'influence**, par Louis Maigron. — Paris, Plon-Nourrit et Cie, in-8 de 432 p. (Prix : 7 fr. 50.)

Le prospectus de la librairie affirme que le livre de M. Maigron est « une révélation complète de la valeur personnelle, de la vie intime, de l'égoïsme si sympathique, de la libre philosophie et de la longue et heureuse carrière de Fontenelle. » Bien qu'il ne s'agisse vraiment pas de « révélation, » l'ouvrage ne dément pourtant pas ces promesses. Il a le grand mérite d'être clair et vivant : M. M. a emprunté à Fontenelle quelque chose de son talent d'exposition lumineuse et aisée. L'érudition, rejetée avec soin au bas des pages, laisse au texte tout son agrément : la physionomie de l'écrivain ressort en plein relief. Suivant un plan naturel et simple, M. M., après avoir brièvement raconté la vie de Fontenelle, nous présente successivement le littérateur, le philosophe et le savant.

La biographie est parfaite : elle fait à merveille comprendre tout Fontenelle, ses talents et ses défauts, ses audaces de pensée, les contrastes déconcertants de ses œuvres, la belle unité de sa vie, se déroulant harmonieusement dans un égoïsme serein. Le voici à Rouen, ne s'amusant guère dans la tristesse du logis de Pierre Corneille, maussade et souffrant de se sentir « mourir littérairement. » Combien le jeune Fontenelle préfère son oncle Thomas, enjoué, dévoré d'activité, toujours plein de projets ! C'est lui qui guide son spirituel neveu dans les petits sentiers de la poésie galante et de la préciosité. Cydias a tôt fait de dépasser son guide : il émerveille et ravit les lectrices du « Mercure. » L'Opéra ne lui réussit guère non plus que la tragédie : mais on goûte le « tour fin » et « la morale agréable » des *Dialogues des morts*; l'*Histoire des Oracles* a un joli succès de scandale, les *Lettres galantes* enchantent les « caillettes » et la *Pluralité des mondes* fait triompher la science dans les salons. Il est maintenant célèbre à Paris ; après bien des efforts, il est élu membre de l'Académie française : son esprit, sans rejeter les bagatelles quintessenciées, devient plus large et plus curieux : de plus en plus, la science l'attire : il met son honneur à devenir le modèle des secrétaires perpétuels de l'Académie des sciences ; en même temps, il est le roi des conversations et fait savourer ses traits piquants et ses étincelantes badineries chez madame Lanbert ou chez madame Geoffrin. Il meurt à cent ans ayant donné l'aimable exemple d'un homme parfaitement heureux.

Le bel esprit mondain, le rédacteur du « Mercure » est longuement étudié dans le livre de M. M : La préciosité est bien le fond permanent de l'esprit de Fontenelle et on ne peut le montrer avec plus de verve et de charme que l'a fait M. M. Certaines analyses des Lettres galantes, par exemple, (p. 134-135) sont de petits chef-d'œuvre d'ironie délicate et d'exquise subtilité. Mais, peu à peu, la galanterie perd de sa finesse chez Fontenelle : des mignardises naissent les gravelures, et nous voyons naître la polissonnerie sèche et froide, si déplaisante dans toute la littérature du siècle. (p. 143). La grande lacune de l'esprit de Fontenelle, c'est l'absence de cœur et d'imagination : de là les insuffisances de son système littéraire. La poésie, par exemple, dépourvue d'inspiration, de passion, et de poésie enfin, en est réduite à devenir un jeu quelque peu puéril où l'unique mérite consiste à vaincre les difficultés des règles prosodiques On pourrait remarquer que la théorie germait au moins déjà chez Boileau : Fontenelle a hâté sa maturité. « Il a érigé en système ses infirmités intellectuelles, dit excellemment M. M., et de ses lacunes et de ses défauts personnels tiré toute une théorie qui a la prétention de se donner pour désintéressée et pour générale. » Avec moins de rigueur, sans doute, mais tout aussi justement, le reproche s'adresse aux théories philosophiques de Fontenelle : M. M. s'est contenté de vanter leur originalité hardie et de signaler leur influence. Il est vrai qu'à cet égard l'œuvre de Fontenelle prend une portée considérable : en tirant de la doctrine de Descartes toutes ses conséquences rationnelles, il a préparé cet esprit d'incrédulité et de libre examen dont « les philosophes » feront la caractéristique du XVIIIe siècle. Dénué d'imagination et de sensibilité, doué d'un bon sens clair, mais un peu étroit, observateur inattentif, il applique à toutes choses le mécanisme de la logique cartésienne : avec la poésie et l'art, la métaphysique lui est inaccessible; il n'a d'aucune manière le sens du mystère. Il proclame faux, sans hésitation, tout ce qui semble dépasser la partie actuelle de sa raison ou même de son raisonnement. « Rien n'étant naturel comme de mépriser ce qu'on n'entend pas, » il perd tout respect pour les traditions, quelles qu'elles soient : avec l'esprit ironique va naître la défiance de l'autorité et l'entier scepticisme. Tout cela, c'est du pur Voltaire : le nom de Voltaire vient du reste sans cesse à l'esprit quand on étudie la vie ou les idées de Fontenelle. L'analyse, quelque que soit sa puissance dissolvante — et M. M. l'a très clairement montré, p. 234 Sqq. —, ne conduit pourtant pas Fontenelle à l'absolue négation : deux principes d'activité se dégagent de son scepticisme, la croyance au progrès, l'amour de la liberté. Si l'on joint à cela, que l'idée scientifique n'avait pas encore eu de défenseur plus convaincu ni de propagateur plus zélé, on doit reconnaître, avec M. M., que Fontenelle fut « un des plus authentiques ancêtres de la pensée moderne. » Mais il est juste d'ajouter que, s'il a le mérite d'avoir exercé sur son siècle une influence féconde, il est aussi responsable des doctrines étroites ou fausses dont il a jeté les germes.

En somme, M. M. a bien analysé l'évolution d'intelligence qui fit « d'un bel esprit un grand esprit. » Grâce à lui s'éclairent ces années de transition où les idées et les doctrines du xviie siècle se sont modifiées et transformées : c'est une des plus pénétrantes études qu'ait inspirées le xviiie siècle depuis longtemps.

A. PRAT.

---

203. — **Etudes sociales et juridiques sur l'antiquité grecque**, par Gustave GLOTZ. — Paris, Hachette, 1906, in-12 de III-303 pp. (Prix : 3 fr. 50).

Sous ce titre l'auteur a réuni un certain nombre de leçons et d'articles. Les sujets traités sont : *La religion et le droit criminel*; l'*Ordalie*; le *Serment*; l'*Exposition des enfants*; la *Marine et la cité, de l'épopée à l'histoire*; les *Jeux Olympiques*; l'*Etude du droit grec*.

L'auteur a raison d'affirmer qu'en dépit de la diversité des matières abordées, le présent volume ne manque pas d'une certaine unité. Une des préoccupations de M. G. en effet, est de retrouver dans les mœurs et les croyances très anciennes du peuple grec, l'explication d'un assez grand nombre d'usages et de pratiques traditionnelles appartenant à l'époque historique et parfois en apparente contradiction avec les idées du temps. Ce sont les survivances très explicables si l'on en suit la perpétuité en remontant en arrière. D'autre part certains faits historiques et légendaires ont perdu de bonne heure leur explication véritable : telles les expositions d'enfants dans des circonstances particulières, comme dans le cas de filiation douteuse : ce sont de véritables ordalies, ou jugement de Dieu.

Un autre point de vue cher à M. G. est l'affranchissement progressif, dans le sens de l'esprit laïque, du droit et des institutions grecs, après une étroite alliance avec les idées religieuses, devenues selon lui inutiles lorsqu'elles ont accompli leur œuvre. Grand admirateur de la démocratie athénienne, l'auteur préconise l'étude du droit grec, infiniment mieux approprié selon lui, que le droit romain, en son esprit sinon dans sa lettre, à l'évolution des sociétés modernes.

Assurément les principales études qui composent ce volume sont pénétrées d'un esprit de système qui pourraient soulever maintes discussions [1]. Mais précisément cette unité de vues fait aussi leur force et leur intérêt. Tout d'ailleurs n'appartient pas à l'auteur. Il est, bien entendu, au courant de l'érudition contemporaine et en fait son profit. On peut se demander s'il a eu raison de ne pas citer les sources principales. Cette manière de présenter le

---

1. Ainsi, pour expliquer la solidarité familiale et l'hérédité de la peine, l'auteur ne tient aucun compte des faits très réels et facilement observables même pour des primitifs, de l'hérédité physique d'une part et des conséquences dans les enfants et les héritiers de la conduite des ascendants. De cette solidarité de santé, d'aspect, d'intérêt, à la solidarité morale il n'y a qu'un pas qui doit être vite franchi et fournit une explication naturelle de faits passés dans le domaine des mœurs et de la coutume. Ailleurs, n'est-il pas excessif de dire qu'à l'origine n'existe pas même la notion qu'il peut y avoir, en cas de conflits, une solution moralement vraie et juste, et que la pureté du sang, la noblesse fait seule l'innocence?

résultat de ses recherches et de ses lectures, a une tendance à revenir en vogue. Il en résulte qu'il est difficile de faire la part de l'auteur, et surtout, sans vouloir l'offenser, le livre perd nécessairement en autorité. Après tout, pour s'adresser à un public un peu plus nombreux que les purs érudits, de semblables études ne seront jamais recherchées par la masse de lecteurs. Il semble donc qu'il serait préférable de tenter un compromis, et, sans donner au volume un appareil par trop rébarbatif, d'indiquer au moins les références essentielles [1].

André BAUDRILLART.

---

204. — **Les Annales de Flodoard**, publiées d'après les manuscrits avec une introduction et des notes, par Ph. LAUER. (Collection de textes pour servir à l'étude et à l'enseignement de l'histoire). — Paris, Picard, 1905, in-8. (Prix : 8 fr.)

On sait l'importance des œuvres de Flodoard pour l'histoire des temps carolingiens. Ce chanoine de Reims ne s'est pas contenté d'écrire l'histoire de son Eglise à l'aide des riches archives qu'elle possédait au xe siècle et de ses propres souvenirs. Parfaitement informé des événements de son temps, il les a consignés dans une sorte de Journal, à mesure que les nouvelles arrivaient à Reims ou en leur donnant un classement sommaire.

M. Lauer publie une édition critique et, on peut le dire, définitive de ces Annales. Le texte est établi d'après sept manuscrits, alors que Pertz n'en avait utilisé que quatre pour son édition des Monumenta. M. Lauer en établit la filiation d'une manière très ingénieuse (p. XLV-LIX). La curieuse numérotation grecque des Annales qui figure dans plusieurs manuscrits concorde avec l'ère mondaine de Byzance. Il est possible que Flodoard ait trouvé les éléments de cette notation chronologique dans la bibliothèque de Saint-Rémy de Reims. Peut être aussi la connaissance qu'en eut

---

[1]. Ces références, M. Glotz les donne ailleurs, du moins pour une partie des sujets traités, soit dans ses thèses sur *la solidarité de la famille dans le droit criminel en Grèce*, et sur l'*Ordalie*, soit en divers articles donnés par lui au *Dictionnaire des Antiquités*, mais les lecteurs ne sont pas nécessairement les mêmes.

ce chanoine érudit du xe siècle est elle due aux rapports qui furent assez fréquents entre l'Empire grec et l'Occident (p. LIX-LXIV).

Outre l'appareil critique, M. Lauer a mis au bas des pages des notes très abondantes où il identifie les localités et les personnages mentionnés par Flodoard et nous en apprend tout ce que les sources du temps permettent d'en savoir. Un appendice renferme avec les visions de Flothilde, les passages de l'Histoire de l'Eglise de Reims et des ouvrages de Hugues de Flavigny et de Hugues de Fleury qui doivent être rapprochés du texte des Annales.

Il serait vivement à souhaiter que l'œuvre principale du chanoine de l'Eglise de Reims, l'Historia Remensis Ecclesiae, fît l'objet d'une publication semblable. L'édition de Lejeune et même celle des Monumenta Germaniæ paraissent bien insuffisantes quand on a sous les yeux celle que M. Lauer nous donne des Annales.

E. LESNE.

205. — **La Crise révolutionnaire (1584-1614)** (*Smontnoié vrémia*), par K. WALISZEWSKI. — Paris, Plon-Nourrit et Cie, 1906, in-8 de 501 p. (Prix : 8 fr.)

Nos lecteurs connaissent les importants ouvrages historiques de M. Waliszewski, ses travaux sur Pierre le Grand, sur son héritage, sur Elisabeth Ier, et surtout son avant dernier livre, *Ivan le Terrible*, où il inaugure l'étude des origines de la Russie moderne. Dans la « *Crise révolutionnaire* », l'auteur continue ses recherches sur cette période. Il reprend l'histoire après la mort du Terrible, c'est-à-dire à ce moment de troubles graves, où la succession du tyran amène sur le trône d'abord un idiot, avec lequel commence l'agonie de sa dynastie; puis ce sont les complots, le drame d'Ouglitch, Boris Godounov au pouvoir, et soudain le prétendant vrai ou faux, Dmitri, reparaissant, réclamant ses droits, les faisant triompher, élevant au trône, dans l'apogée de sa gloire, sa poétique compagne, confidente de sa politique, Maryna Mniszech. Et c'est enfin la chute du prince, le soulèvement populaire grondant et éclatant, et, au milieu des troubles locaux, dans la rivalité des deux capitales, Moscou et Touchino, la guerre nationale ensanglantant tout le pays.

La légende et le roman, qui en Russie ont si souvent tenu lieu d'histoire, ont, depuis longtemps, rendu célèbre cette période si profondément tourmentée Mais il fallait qu'après Pouchkine un écrivain de méthode scientifique et critique vint en donner une étude basée sur des faits et sur des vérités. Telle est l'œuvre à laquelle s'est attaché M. Waliszewski, et il y a réussi. S'il ne parvient peut-être pas à une solution définitive en ce qui concerne le vrai ou le faux Dmitri, du moins il a fait faire à cette question de réels progrès. Mais surtout il a mis clairement en relief le caractère révolutionnaire et même anarchique de cette période de 1584 à 1614, où la Russie fut secouée par des frémissements convulsifs aussi graves que ceux dont à l'époque actuelle nous sommes les témoins.

Le rapprochement s'impose entre les troubles russes du xvi⁰ siècle finissant, et ceux du xxᵉ commençant. C'est le même élan généreux vers la liberté, les mêmes aspirations nobles, et aussi les mêmes violences, les mêmes émeutes meurtrières, l'assassinat au service de l'esprit d'affranchissement, une brutalité presque sauvage dans la répression. A ce sujet, nous ne pouvons nous empêcher de citer la page éloquente que consacre à ce parallèle M. Walisewski, dans son avant-propos : c'est du reste un beau tableau, et qui fait songer à Tacite.

« Il y en a déjà, dans le passé de ce pays, un moment au moins où toutes les chances de développement grandiose semblaient perdues pour lui, dans la ruine apparente de tous les éléments de puissance et d'expansion que le passé lui avait ménagés. Trois établissements dynastiques renversés en quelques années, sans possibilité reconnue d'en constituer un autre ; la capitale aux mains de l'ennemi héréditaire ou de l'émeute ; les provinces livrées au pillage ; la révolte, la trahison, la discorde partout ; l'effondrement de l'édifice politique entraînant la décomposition de l'organisme social: plus de gouvernement, plus d'armée, plus d'administration, plus de justice et plus de morale aussi, même au foyer des familles... ; le règne de la violence sans borne et de la licence sans frein, préludant à la paralysie des organes vitaux ; tous les symptômes de la mort... Et c'est de cela qu'en quelques mois a surgi une Russie nouvelle, qui s'est donné une dynastie universellement acclamée... et qui est devenue l'empire de Pierre le Grand et de la grande Catherine ! »

L'histoire, dit-on, n'est qu'un recommencement. Souhaitons-le pour le monde russe. Souhaitons du moins, comme nous l'espérons, que de la tourmente actuelle, comme de celle de 1612, ce grand peuple sorte ressuscité, revivifié, ayant gagné, à verser tant de sang, un peu de vraie liberté. Dans tous les cas, M. Waliszewski nous permet cet espoir.

.

La Russie au XVIIIe siècle, par Emile HAUMANT. — Paris, Société française d'érudition d'art, 1906.

Slavisant et historien, M. Haumant est mieux désigné que personne pour exposer, comme il le fait dans ce volume, l'une des principales étapes de la civilisation russe. Il a bien choisi la période qu'il veut étudier : le xviiie siècle est en effet, comme on le sait, le temps où disparaît l'ancienne Moscovie à demi-sauvage, et où naît, au souffle de l'Occident, une nation nouvelle, forte, avide d'élégance et de goût, d'abord imitatrice plus ou moins maladroite des mœurs, de l'art, des littératures de l'Europe, puis se lançant à son tour dans la voie des productions originales. Transformation qui dure près d'un siècle, mais qui commence brusquement, sans préparatifs, par la volonté de Pierre le Grand. Grâce à lui, le pays inculte et le peuple encore barbare, se changent en une terre qu'on soigne, et en une race qui travaille.

C'est ce mouvement de transition, ce passage de l'asiaticisme à l'européanisme, que M. Haumant observe et nous décrit dans tous les détails de l'administration, de la vie nationale, enfin de la civilisation artistique, littéraire, morale ; et, dans un sujet sans doute déjà un peu connu, il a su apporter constamment de la nouveauté et de l'intérêt, parce qu'il a pris soin de baser son étude sur des documents de l'époque, rapports d'ambassadeurs, relations de voyage, correspondances, journaux intimes (tels que celui du chevalier de Corberon, chargé d'affaires en Russie). Parmi ces citations, beaucoup sont des témoignages indiscutables du progrès accompli par le peuple russe au xviiie siècle. Certains ajoutent au récit une note comique fort amusante ; enfin, il est souvent curieux de constater combien ces contemporains se trompaient, soit ignorance, soit parti pris. Car plus d'un parmi eux va jusqu'à nier complètement que la Russie se transforme au xviiie siècle ; plus d'un déplore les modifications introduites dans l'Etat et dans les coutumes, et regrette le temps passé, l'époque sombre de la Moscovie.

M. Haumant examine avec impartialité les plaintes de ces aveugles ou de ces pessimistes. Sans doute, il reconnaît que « la réforme accomplie par Pierre le Grand et ses successeurs n'a pas été de tout point un progrès ; non seulement elle n'a pas supprimé toutes les barbaries, tous les vices de la Moscovie d'autrefois, même dans les classes dirigeantes, mais encore elle les a parfois aggravées : la vénalité de l'administration n'a pas diminué ; la corruption de la Cour a grandi ; le progrès de la culture, en transformant en Européens les Russes de la caste supérieure, a créé entre eux et le peuple une différence qui a singulièrement aggravé le servage... »

Mais, reprend bientôt M. Haumant, ceci n'est que le mauvais côté de cette transformation. Il est juste de placer en parallèle les incontestables améliorations qui se manifestent en ce temps. Ne voit-on pas « se multiplier un type d'hommes nouveaux, européens en ce sens qu'ils se sont assimilé ce qu'il y a de meilleur et dans les mœurs et dans les idées européennes, mais en même temps profondément russes, et hantés du désir de mettre leurs facultés nouvelles au service de leur patrie » ? En outre, il ne faut jamais oublier qu'en Russie le progrès est plus lent qu'ailleurs, en raison de l'énorme étendue de l'Empire : « ce que le petit Japon a fait ou a l'air d'avoir fait en une génération devait en demander plusieurs à un pays immense ».

Oui, les Russes ont réellement progressé au xviiie siècle, conclut M. Haumant, et nous devons d'autant plus le reconnaître, nous Français, que cette heureuse transformation s'est accomplie, en très grande partie, par notre influence ou à notre exemple. On a prétendu que les vrais éducateurs de la Russie avaient été les Allemands : pendant une quarantaine d'années, peut-être, selon la juste remarque de Vinski dans ses *Mémoires*. Mais la grande œuvre durable, c'est la France qui l'a inspirée.

Pascal MONET.

206. — **Le duc de Lauzun (général Biron) (1791-1792).** Correspondance intime publiée par le comte de LORT DE SÉRIGNAN. — Paris, Perrin, 1906, in-16 de 329 p. (Prix : 3 fr. 50).

M. le comte de Sérignan publie le registre de « correspondance intime et politique du général Biron », conservé aux archives de la Guerre et comprenant la copie, le plus souvent de la main du duc, de lettres envoyées par lui du 9 décembre 1791 au 10 décembre 1792, avec la copie de lettres de ses correspondants, Talleyrand, Narbonne, Dumouriez, Rochambeau, Sainte-Foy, et d'autres[1]. Il accompagne ces documents de commentaires et d'une courte biographie de Lauzun.

Ce registre a déjà été souvent utilisé, notamment par M. Chuquet et par Albert Sorel; il l'a surtout été par M. de Sérignan lui-même dans son beau livre sur *La première invasion de la Belgique*, 1892[2], dont le chapitre « la préparation du plan de campagne » donne non seulement l'analyse très complète, mais les extraits les plus expressifs de cette correspondance au point de vue militaire[3], tandis que Sorel y avait pris l'essentiel au point de vue diplomatique. Ce n'était sans doute point une raison pour ne pas publier un document dont l'importance est attestée par les emprunts qu'on y a faits. D'ailleurs, à côté de ce qui était déjà connu comme d'intérêt général, il y a une foule de traits expressifs, de jugements sur les hommes et sur les événements, qui sont précieux pour la connaissance de ce temps, notamment le spectacle de ces généraux et diplomates de l'ancien régime, cherchant, avec plus ou moins d'ardeur et des succès divers, à s'adapter au nouveau, étonnés des changements survenus dans les armées et dans la politique, et, qui, gagnés par l'indiscipline générale, ne peuvent s'empêcher

1. Interruption du 26 mai au 22 août. Les lettres suivantes sont datées de l'armée du Rhin.

2. Commandant de Sérignan, *La première invasion de la Belgique* 1792, Paris, Perrin, 1903, in-8.

3 Signalons, bien qu'elles n'aient aucune gravité, quelques divergences entre le texte de ces extraits et celui de la publication présente (différences de temps, de ponctuation, pluriel pour singulier ; par exemple p. 59, 90, 92 la *Première invasion*), uniquement pour que l'on cite de préférence cette publication, qui paraît avoir été faite avec grand soin. Elle est munie, à la fin d'un index analytique.

d'intriguer et de politiquer, Lafayette ou Dumouriez tout autant que Biron. De ces hommes plus ou moins désorientés, le duc de Lauzun est l'un des plus singuliers, et les lettres en question auraient encore leur valeur quand elles feraient seulement connaître le rôle et la psychologie du « dernier des roués », jeté dans la Révolution, par ambition, par des rancunes personnelles, et aussi par le gaspillage de son immense fortune, apportant dans ces grands événements les procédés de la diplomatie secrète du passé, flattant les puissants du jour, sans comprendre qu'il deviendrait forcément suspect aux ennemis d'un régime, dont, a dit l'auteur, il incarnait au plus haut point les vices, et qui, tour à tour feuillant, girondin, jacobin, devait être envoyé à l'échafaud comme ayant montré envers les Vendéens des ménagements suspects.

Le commentaire de l'éditeur pourrait encourir plus justement le reproche de double emploi, du moins en ce qui concerne la première partie de la biographie de Biron et la transformation du plan militaire par Dumouriez; l'une et l'autre étaient exposées presque de même, et avec plus de détail, dans *La première invasion de la Belgique* [1]. On est disposé à regretter que l'auteur n'ait pas, au lieu de ces résumés ou redites, destinés à simplement encadrer des documents, écrit une biographie véritable, pour laquelle il était muni à merveille, et qu'il a, de fait, esquissée. L'homme semble en valoir la peine, sinon pour lui-même, du moins comme caractérisant une espèce bien curieuse de révolutionnaires.

Cette biographie n'eût point été un panégyrique, car M. de Sérignan n'épargne point, moins encore que dans son précédent livre, cet aristocrate travesti, ce général incapable autant qu'intrigant, que cependant on traitait généralement avec moins de rigueur, le regardant, ainsi que faisait Sorel, comme « plus dissolu que dépravé », égaré plutôt par sa fatuité, ayant conservé pur « l'honneur militaire, le patriotisme et le courage », ou tenant compte, avec M. Chuquet, de sa vaillance, de sa « grâce chevaleresque », de sa sollicitude pour le soldat, et qui, de son temps, fut regardé comme un général et un citoyen précieux, adoré, à l'armée du Rhin, par les militaires et par les habitants, loué par les commissaires de la Convention, et chargé, comme officier capable

1. Biron colonel à vingt ans suivant cet ouvrage, le fut à 17 suivant la *Correspondance*.

et sûr, de réorganiser les armées du Var, puis de l'Ouest [1]. Toutefois il est certain que les documents publiés par M. de Sérignan, et le commentaire qui en fait ressortir le contenu, donnent une assez triste idée de ce « duc et pair au service de la Révolution ». L'arrivée de Narbonne au pouvoir fit concevoir de grandes espérances à Lauzun, qui le tutoyait, et, dans chaque lettre, l'aime et l'embrasse de tout son cœur, ainsi qu'il fait à Talleyrand, conseiller très influent du ministre. C'est alors qu'il les harcèle l'un et l'autre de ses grands projets de neutralité prussienne et d'alliance anglaise. L'auteur montre bien qu'il ne faut pas exagérer l'influence qu'eut le général sur les entreprises de ses deux amis : Narbonne, dont Albert Sorel dit avec quelque exagération que Biron fut le « confident », sut en réalité, et avec de grandes protestations d'amitié, le tenir en dehors ; on pouvait ajouter que si Talleyrand l'assure tenir le plus grand compte de ses avis, c'est Ségur qui est envoyé à Berlin à l'indignation de Lauzun qui accuse le ministre de Lessart d'être un traître et de chercher à former contre nous une coalition [2], et c'est Talleyrand lui-même qui est chargé de la mission à Londres, n'emmenant Lauzun qu'à titre privé, alors que celui-ci s'était déclaré fort clairement le seul négociateur apte à réussir. Notons, chez Biron diplomate, le mélange des « petits moyens » et de la prédilection pour les agents tarés ou suspects, maîtresses, domestiques, étrangers, hommes d'affaires, avec des idées larges et vraiment politiques, alliance de l'Angleterre (idée moins répandue que la neutralité prussienne), pression à exercer sur elle par une flotte prête à partir pour l'Inde, formation pour contenir l'Empereur, de la principale armée sur la frontière du Brabant.

Avec Dumouriez, plus exubérant que Narbonne, et général-diplomate un peu à la façon de Lauzun, celui-ci espéra réussir davantage et, devenu subitement girondin, se mit à de nouveaux projets : faire passer la mission offensive de l'armée de Lafayette, que Biron haïssait, à celle de Rochambeau, où il était, sous prétexte que le Brabant se soulèverait aussitôt à l'entrée des Français, que, bien plus, une grande partie des troupes autrichiennes était prête à déserter. L'auteur, interprétant les lettres échangées, est frappé

1. Voir les dernières pages du présent ouvrage.
2. C'est donc par erreur que l'auteur, dans la *Première invasion de la Belgique*, p. 46, avait dit que Biron « fit envoyer à Berlin M. de Ségur. »

de « l'enfantine naïveté » de Dumouriez à tout adopter sans hésitation. Il nous paraît diminuer injustement les talents, le rôle de ce ministre. D'abord, il laisserait entendre que le projet d'envahir le Brabant lui aurait été suggéré par Biron alors que cette idée le hantait depuis longtemps, qu'il avait étudié par lui-même le pays, que d'ailleurs l'idée de révolutionner le Brabant était courante alors[1]. N'aimant pas plus Lafayette que ne le faisait Biron, il ne pouvait que faire attribuer volontiers le rôle offensif à ce dernier, qui paraissait en communion d'idées avec lui. Quant au « roman » d'une désertion parmi les Autrichiens, Dumouriez, la désirant, ne pouvait qu'exhorter le général à l'encourager, mais ses lettres montrent et qu'il refusa d'envoyer de l'argent avant qu'on pût lui signaler au moins une cinquantaine de déserteurs, et qu'il envoya un officier pour vérifier ces dispositions.

L'offensive ayant été modifiée et attribuée, par dessus la tête de son supérieur, le maréchal de Rochambeau, à Biron, celui-ci n'aboutit qu'à la panique de Mons : l'auteur explique le mieux possible, et comme il l'avait fait dans son précédent ouvrage, cet événement peu explicable ; il n'accable pas Biron, dont il reconnaît, à côté de l'ignorance complète du métier, le courage et la ferme attitude, la loyauté à se repentir de sa conduite envers Rochambeau et à s'efforcer de le retenir à la tête de l'armée ; il permet de regarder comme la cause essentielle de la déroute celle qu'il donne, dans l'ouvrage précité, au désastre de Dillon, collègue de Lauzun : l'inexpérience et le manque de cohésion des troupes. Cela paraît d'ailleurs être à ses yeux les seules circonstances atténuantes envers l' « un de ces hommes funestes qui portent malheur à tout ce qu'ils touchent. »

Jacques RAMBAUD.

---

207. — **Andegaviana** (4ᵉ série), par F. UZUREAU, directeur de l'Anjou historique. — Paris, Picard et Angers Giraudeau, 1906, in-8 de 512 p.

M. Uzureau continue ses très intéressantes publications. Il serait à désirer que ce qu'il fait pour l'Anjou, on le fît pour les au-

---

1. *La première invasion de la Belgique* paraît plus équitable

tres provinces de France. Bon nombre de ces documents se rapportent à la période révolutionnaire ; c'est dire qu'ils ont de nos jours un regain d'actualité. Parmi les pièces qui m'ont paru le plus dignes d'attention, je signalerai au lecteur l'interrogatoire d'un de Pallour qui ne se montra pas précisément très brave, mais qui cependant fut trouvé digne de l'échafaud, pour n'avoir pas voulu se ravaler complètement au niveau des Terroristes ; la curieuse aventure du guide Gally qui fut récompensé de ses services révolutionnaires par une libérale gratification de cinquante coups de trique, sans parler du vol de ses boucles d'argent, et de sa cravate ; les exploits sanglants de l'épicier Thierry qui commença par échanger ses prénoms chrétiens de Louis-Antoine contre celui de Brutus, et se fit fort de conduire à l'échafaud ou à la guillotine de douze à quinze cents Angevins. Il répondait à son complice Loizillon qui lui demandait non « de la drogue », « mais beaucoup de grosses têtes » : « N'aie pas peur, je suis aussi révolutionnaire que toi, tu peux compter sur nous ! » Notez que ces braves suaient l'épouvante par tous les pores, à l'approche des Vendéens ou des Chouans, et qu'ils ne se sentaient rassurés qu'au milieu des soldats mis à leur disposition par le Comité de Salut Public, et encore lorsqu'ils n'avaient affaire qu'à des gens désarmés ou inoffensifs ! Jamais l'on ne saurait trop redire le degré de lâcheté de ces farouches proconsuls, qu'une légende veut faire passer pour des héros. Ces fantoches ne ressemblaient guère à ce frère Trappiste Joseph Prudhomme, qui, expulsé de son couvent par les Républicains et menacé par eux de la guillotine, s'arma d'une pique et leur donna la chasse à son tour ; il avait soixante ans. Tombé aux mains de ses ennemis, il subit, pour la forme, une sorte de jugement, avant d'être conduit à la mort. « Avez-vous tué beaucoup de patriotes ? » lui demanda-t-on. Il répondit hautement : « Mes intentions étaient d'en tuer et de leur faire plus de mal possible. Les républicains étaient mes ennemis jurés ». Repousser la force par la force était sa maxime. Il est certain que si le gouvernement de la Terreur, avait toujours eu affaire à des hommes de ce genre, au lieu de ne rencontrer le plus souvent devant lui que des troupeaux de moutons, elle n'eût pu reprendre les flots de sang qu'il fit couler.

Le nouveau recueil de l'abbé Uzureau ne se borne pas, heureusement, à la période révolutionnaire, il eût été trop lugubre, mais n'y trouve aussi des pages reposantes, comme « les origines de l'abbaye de Saint-Florent-lès Saumur, le pays des Mauyes avant le xiᵉ siècle, les fêtes organisées à la Visitation d'Angers à l'occasion de la canonisation de S. François de Sales et de Sainte Chantal, etc. etc.

De pareils ouvrages uniquement composés de documents servent le plus souvent beaucoup mieux la cause de l'histoire, que les récits arrangés, dramatisés, car ils suppriment tout intermédiaire entre le lecteur et eux. Que ne donnerait-on pas quelquefois, pour avoir, au lieu de travaux plus ou moins artistiques, les documents sur lesquels ils reposent ou sont censés reposer ? Gardons nous pourtant de rien exagérer, et de médire de ce que d'aucuns appellent l'art de l'histoire. N'en médisons pas, mais défions-nous en:

A. ROUSSEL.

---

208. — **La colonisation et les colonies allemandes,** par André CHÉRADAME — Paris, Plon-Nourrit et Cie, 1905, in-8 de 500 p. (Prix : 12 fr.)

L'ouvrage que M. Chéradame vient de publier sous ce titre est fort documenté. Il a été composé à la suite d'une mission officielle que monsieur Lebon, ministre des colonies avait, en 1898, confié à l'auteur et celui-ci a pu puiser ses informations à bonne source.

Dans l'introduction, M. Chéradame traite d'abord des préliminaires de la colonisation allemande. Après une tentative malheureuse de colonisation faite par le Grand Electeur à la fin du xviiᵉ siècle, l'Allemagne est restée près de deux cents ans sans se préoccuper des questions coloniales. Il a fallu la formation de l'unité Allemande et le développement du sentiment national allemand pour qu'un mouvement colonial pût prendre naissance chez nos voisins. Les études des savants, les voyages des grands explorateurs, le développement du commerce maritime, la prospérité industrielle et le besoin de débouchés qui en est la conséquence, enfin la croissance constante de l'émigration pendant plusieurs années, donnèrent vite à ce mouvement une très grande force. Le prince de Bismark, malgré sa puissance et son énergie, fut obligé de le suivre après s'y être longtemps montré défavorable, et c'est de son temps que furent fondées la plupart des colonies allemandes. Néanmoins l'opposition du chancelier de fer eut son influence sur leur mode de formation : le prince de Bismark ne voulut que favoriser le commerce allemand. Toutes les colonies d'Afrique et d'Océanie furent fondées par des compagnies commerciales de colonisation et non directement par l'empire.

C'est ce que nous expose Monsieur Chéradame dans la première partie de son ouvrage intitulée : la fondation des colonies allemandes. Il fait successivement l'historique de chaque colonie, donne la date de tous les événements de quelque importance, énumère les traités conclus avec les puissances européennes ayant des colonies voisines, indique d'une façon très précise les délimitations qui furent la conséquence de ces traités.

Toutes les colonies allemandes ont à peu près la même histoire. Des commerçants, précédés le plus souvent par des missionnaires ou des explorateurs, envoient des expéditions dans les territoires qu'ils ont choisis. Ces expéditions concluent des traités avec les chefs indigènes, créent des plantations, des factoreries, et les commerçants groupés en compagnie de colonisation commencent l'exploitation méthodique de la colonie. Mais bientôt des conflits éclatent avec les puissances coloniales voisines. La compagnie allemande réclame l'appui de son gouvernement. Celui-ci intervient, prend le territoire de la compagnie sous son protectorat et se charge de traiter avec les nations continentales.

Seule la colonie de Kiao-Tchéou a une histoire tout à fait différente. Le prince de Bismark n'est plus au pouvoir. L'empereur gouverne personnellement ; la méthode est différente. L'Allemagne prend prétexte d'un massacre de missionnaires allemands par les Chinois pour intervenir militairement et forcer la Chine à lui concéder à bail une portion de territoire.

La seconde partie du livre de M. Chéradame est consacrée à l'étude de la condition juridique des colonies allemandes : c'est peut-être la plus intéressante. Du domaine de la géographie nous passons dans le domaine du droit : droit international public et droit administratif. L'auteur passe en revue les divers modes d'acquisition des colonies. L'Allemagne en a employé deux : le protectorat colonial et la cession à bail, mais ils ne furent en réalité que des prises de possession plus ou moins brutales.

Monsieur Chéradame traite ensuite de la souveraineté dans les colonies allemandes, examine la condition des habitants, puis passe à l'organisation administrative. De cette étude très détaillée et pourtant fort claire, il résulte que l'administration coloniale allemande est très simplifiée et que les fonctionnaires sont peu nombreux : organisation, qui a certainement des avantages au point de vue financier, mais qui d'autre part facilite les abus, à cause du manque de contrôle et du pouvoir presque absolu de certains fonctionnaires.

Dans la troisième et dernière partie de son ouvrage, M. Chéradame fait la description des colonies allemandes. Il prend successivement chaque colonie et donne sur la situation, le climat, les productions, la population, l'organisation administrative, et la situation économique des renseignements très précis. Les documents statistiques abondent et de nombreux tableaux, intercalés dans le texte, mettent en lumière certains chiffres.

Mais, comme nous l'apprend une note de l'auteur, la plupart de ces renseignements sont extraits d'un rapport officiel allemand paru en 1902-03. Un rapport analogue a paru en 1905, et il est probable qu'il en paraîtra un autre soit en 1906, soit en 1907. Les chiffres donnés par Monsieur Chéradame n'ont donc qu'un intérêt rétrospectif et demanderaient à être comparés avec des chiffres plus récents.

Dans sa conclusion, l'auteur constate que les résultats obtenus par les Allemands dans leurs colonies ne sont pas en rapport avec les efforts déployés. Les compagnies coloniales n'ont pas tenu ce qu'elles promettaient, de nombreuses révoltes ont éclaté dans les colonies d'Afrique, le succès des Japonais en Extrême-Orient a enlevé tout espoir d'extension territoriale en Chine. « La question est de savoir, dit en terminant M. Chéradame, si le gouvernement de Berlin ne cherchera pas à se procurer les terres d'outre-mer qui lui manquent, aux dépens d'autres puissances qui en possèdent à la convenance allemande. Seules l'Angleterre et surtout la France ont des colonies correspondant bien aux besoins allemands. C'est pourquoi le problème colonial allemand se fond dans le problème continental européen, pourquoi il est un des éléments grandissants de la politique mondiale. »

Henri SOULÈS.

209. — **Conférences faites au Musée Guimet,** par Emile GUIMET. T. XVII. — Paris, Leroux, in-12 de 279 p. avec figures et planches. (Prix : 3 fr. 50).

Ce dix-septième volume de la Bibliothèque de Vulgarisation du Musée Guimet contient cinq conférences données cette fois par Monsieur Guimet lui-même.

La première conférence a pour sujet la statue vocale de Memnon « qui rendait des sons harmonieux quand elle venait à être éclairée des rayons du soleil. » Que d'admirations ce colosse de granit qui chantait n'a-t-il pas suscitées depuis Strabon jusqu'à Diafoirus en passant par Pline, Juvénal, Pausanias et tant d'autres ! Que de traditions plus ou moins romanesques ne sont pas venues se greffer sur ce merveilleux concert qui charma tant d'auditeurs ! Et pourtant, il n'y avait pas là de supercherie ; Mariette-Bey découvrit la vraie destination du conduit par où, croyait-on, les prêtres pénétraient dans le colosse pour produire sa voix : c'était un conduit de serdob. Le phénomène était d'ailleurs des plus naturels, comme le démontre M. Guimet.

« La statue était brisée ; et la cassure, inclinée du côté des rayons solaires, recevait subitement la chaleur du matin, et passait sans transition du froid de la nuit tropicale à la température élevée donnée par le soleil égyptien. Il se faisait alors une dilatation dans ses molécules cristallines, et une sorte de détonation, prolongée par la sonorité de la pierre, venait à deux reprises charmer les auditeurs par un son analogue à celui d'une grosse cloche. » Depuis que Septime Sévère, en voulant restaurer le colosse, mit à couvert la cassure sonore, Memnon ne chante plus.

M. Guimet donne dans la seconde conférence un résumé des récentes découvertes archéologiques faites en Egypte. Ce sont les tombeaux, entre autres celui d'Osiris, trouvés par M. Amélineau dans les ruines d'Abydos ; les rois antérieurs à la première dynastie et classés dans la dynastie zéro, découverts par M. Quibell à Hieraconpolis ; les travaux de démolition et de reconstruction de la salle de Karnac, sous la direction de M. Legrain qui eut la bonne fortune de rencontrer dans l'intérieur de piglônes les pierres ayant servi à un monument de la reine Hatason ; les sépultures royales mises à jour par M. Soret dans la vallée de Bilam-El-Molouk, principalement les sépultures et les corps d'Aménophis III, le constructeur du magnifique temple de Luxor et de Kov en Aten les quatre cimetières découverts par M. Gayet sur l'emplacement d'Arsinoë ; les tombeaux « de la fameuse Thaïs et du non moins fameux Sérapion ».

Dans la troisième conférence, il s'agit des musées de la Grèce, non pas des deux musées d'Athènes, mais de ceux qui sont à la campagne, établis par ordre du gouvernement hellénique sur la place même où se firent les fouilles et les découvertes. En compagnie du savant conférencier, on visite Tirynthe, antérieure à la guerre de Troie, patrie des Cyclopes, de Persée, d'Amphytrion et d'Hercule ; on voyage en Crète où l'on admire les trouvailles de M. Evans dans le palais de Minos, à Knossos : on passe par Mycènes, célèbre par son acropole et les tombeaux des Atrées ; on s'arrête à Delphes, à Olympe, à Epidaure ; et on revient à Athènes.

La quatrième conférence, non moins intéressante, a pour thème la Syrie et la Palestine, en particulier Balbeck, et la cinquième étudie le théâtre en Chine au XIIIe siècle.

La deuxième, la troisième et la quatrième conférences se terminèrent par des projections dont les meilleurs clichés sont reproduits dans le cours de l'ouvrage.

Ce nouveau volume est digne de ses devanciers ; il aura le même succès. Les savants le liront avec plaisir ; et les profanes y trouveront de quoi s'initier sans peine à ces quelques questions orientales si pleines d'intérêt.

P. BUGNICOURT.

---

210. — **Saint Jérôme et ses ennemis.** Etude sur la querelle de Saint Jérôme avec Rufin d'Aquilée et sur l'ensemble de son œuvre polémique, par J. BROCHET, ancien élève de l'Ecole normale supérieure, docteur ès lettres. — Paris, Fontemoing, 1906, in-8 de XVI-492 pp. (Prix : 7 fr. 50).

Nul, que je sache, n'a eu la pensée d'écrire un livre sur Saint-Augustin et ses ennemis, car, à vrai dire, qu'elles qu'aient été les sévérités de sa polémique, l'évêque d'Hippone n'a pas eu d'ennemis. Pélage, Célestins, Julien d'Eclane n'étaient pour lui que des adversaires doctrinaux. La foi d'Augustin est menacée par eux, et il les combat; sa personnalité n'est pas en cause. Saint Jérôme, au contraire, a eu des ennemis; et c'est à l'histoire des luttes de l'exégète contre ces ennemis que M. J. Brochet a consacré un livre où l'érudition abonde, mais dont la qualité maîtresse est la vie. Rufin d'Aquilée, d'abord le compagnon d'études de Jérôme, a été le plus célèbre de ces ennemis; l'origénisme fut l'occasion de la retentissante querelle qui les sépara pour toujours. M. Brochet prend résolument parti pour Jérôme, et je suis de son avis. Sur tous les points où l'attaqua son cauteleux antagoniste, le solitaire de Bethléem avait raison. Il avait raison de donner aux Latins une traduction exacte du « Péri Archôn » d'Origène, laquelle ne leur permît pas, comme celle de Rufin, de se méprendre sur les doctrines de l'audacieux Alexandrin. Il avait raison de demeurer fidèle à cette culture classique dont s'alarmaient ces esprits étroits dont Rufin était le coryphée. Il avait raison surtout de poursuivre sur le texte original des Saintes Ecritures ces travaux dont la chrétienté occidentale a vécu durant quinze siècles. Que nonobstant tous ces mérites, Jérôme ait excédé dans ses réponses aux *Invectives* de Rufin, nul ne le prétendra. Plus d'un se rappellera peut-être le mot de Sixte-Quint. Passant devant une image qui représentait Jérôme se frappant la poitrine avec une pierre, ce pape s'était écrié: Tu fais bien d'avoir à la main ce caillou; sans lui, l'Eglise ne t'aurait jamais canonisé.

M. Brochet est sévère pour Rufin, « caractère ondoyant, dans lequel il est difficile de lire la vérité... esprit confus, indécis », en qui se vérifie si bien le mot de Saint Jérôme : *totus ambiguus*. Il ne méconnaît pas cependant les services que Rufin a rendu, par de nombreuses traductions, ni la dignité laborieuse et silencieuse de ses dernières années. « L'histoire, » dit M. Brochet, « a réconcilié depuis longtemps ces deux disciples malgré eux d'Origène. L'un et l'autre ont travaillé à enrichir l'Eglise occidentale des résultats de la spéculation orientale. » Enfin et surtout, de précieuses amitiés, celle de Saint-Paulin de Nole, de Saint-Gaudence de Brescia, de Saint-Chromace d'Aquilée, attestent que, malgré certaines imprudences et certaines réticences, Rufin demeura toujours fidèle à l'orthodoxie.

Une théologie sévère pourrait relever çà et là quelques expressions inexactes dans le livre de M. Brochet. En revanche, on ne saurait trop louer l'accent vraiment catholique qui vibre dans ces pages.

A. LARGENT.

VARIÉTÉS

XIX

Inventaire analytique des Diversa Cameralia des Archives Vaticanes (1389-1500), au point de vue des anciens diocèses de Cambrai, Liège, Thérouanne et Tournai par D. U. BERLIÈRE, O. S. B. — Paris, H. Champion, 1906, in-8 de IX-327 pp.

Aux Archives Vaticanes le précieux inventaire de De Pretis désigne sous l'appellation de « *Diversa Cameralia* » une série de registres qui renferment des documents de toute nature, concernant le fonctionnement de la Chambre Apostolique et s'échelonnant de 1389 à 1579. On trouve dans ces registres « les correspondances des camériers avec leurs agents, des mandats et des décisions en matière financière, les nominations d'employés, ordres de paiement, passe-ports et franchises, des lettres de recommandation, des actes concernant l'administration des douanes, des engagements militaires, des visites *ad limina*, des lettres de sacre et d'ordination, les procès d'exemption pour les « *curiales* » dispensés de la résidence personnelle dans leurs bénéfices, des vidimations d'actes tirés des registres d'obligations et de quittances, au milieu desquels se sont parfois glissées des copies de bulles et de *motu proprio*. » De cet ensemble de documents le P. Berlière a extrait, suivant sa méthode coutumière, tout ce qui intéresse l'histoire des anciens diocèses de Cambrai, Liège, Thérouanne et Tournai. Sa publication a sensiblement le même aspect que celles des *Inventaires analytiques des libri obligationum et solutionum des Archives Vaticanes* [1]; aussi n'insisterai-je pas sur l'intérêt qu'elle présente. Tout au plus faut-il signaler p. 208 un contrat pour les travaux à

---

1. *Bulletin critique*, t. XI (1905), p. 405.

exécuter à Avigon par le tapissier Jean Hermant, p. 235, 243 et 260 tout ce qui a trait à la vente de l'alun dans les domaines de Charles, duc de Bourgogne. Il me semble plus nécessaire de prévenir le lecteur que, depuis les évènements de 1870, les Archives de la Chambre Apostolique constituent l'un des fonds principaux des Archives d'Etat de la piazza Firenze, à Rome ; par suite, il eût été opportun que le P. Berlière nous fît connaître le rapport qui existe entre les « Diversa Cameralia » des Archives Vaticanes et les « Mandati Camerali, annate, collettorie camerale, obligazioni per minuti servizî » etc. des Archives d'Etat. En tout cas, il faut retenir que les « Diversa Cameralia » sont très incomplets et qu'ils doivent être complétés par des recherches dans les dépôts du gouvernement italien.
G. MOLLAT.

XX

Le droit pénal romain, par Th. MOMMSEN, traduct. franc. par J. DUQUESNE. Tome. I. — Paris, Fontemoing, 1907, gr. in-8 de XVI-401 pp. (Prix : 10 fr.)

L'ouvrage de Mommsen, dont l'excellente traduction de M. Duquesne, professeur à la faculté de droit de Grenoble, est pour le public français une réédition, s'ajoute au *Manuel des antiquités romaines* de Mommsen, Marquardt et Krüger, comme une sorte d'appendice ; en réalité, il en sera l'un des volumes les plus neufs et en même temps les plus définitifs. Comme l'a remarqué Mommsen lui-même dans sa préface, le droit pénal occupe une place intermédiaire entre le droit et l'histoire : la triple compétence d'un juriste, d'un philologue et d'un historien était requise pour mener à bien une œuvre fort complexe ; les auteurs qui l'avaient entreprise avant Mommsen, Geib, Rein et Zumpt, avaient fâcheusement dissocié le droit pénal et la procédure criminelle ; cette méthode, qui peut être suivit quand il s'agit du droit civil romain, devient au contraire artificielle et vaine en matière pénale. De plus, les traités auxquels nous faisons allusion se placent vers le milieu du XIXe siècle ; ils n'ont donc, en général, que fort peu bénéficié des découvertes incessantes de l'archéologie dont l'étude du droit pénal romain ne peut se passer.

Le livre de Mommsen comblait donc une lacune ; dans l'œuvre du grand savant allemand il restera comme l'un de ses travaux les plus parfaits et les plus dégagés de l'action du temps. Nous devons savoir gré à M. Duquesne d'en avoir facilité l'usage aux travailleurs français, par une traduction aussi claire que fidèle, enrichie de notes nouvelles et notamment de renvois aux excellents *Textes de Droit Romain* de P. F. Girard.   E. MAYNIAL.

XXI

L'Empire de la Méditerranée, par René PINON. — Paris, Perrin et Cie, 1904, in-8 de 478 p., cartes et plans. (Prix : 5 fr.)

Près de trois années se sont écoulées depuis le moment où a paru l'*Empire de la Méditerranée*; et cependant il n'est pas trop tard pour en parler. En effet, la question marocaine est toujours pendante, la question de l'hinterland de la Tripolitaine se pose avec plus d'acuité qu'il y a quelques années, et Bizerte est loin d'être encore devenue cette citadelle de « la plus grande France » que, avec M. Pinon, nous souhaiterions qu'elle fût. Est-ce tout ? et convient-il de clore ici l'énumération des questions qui touchent de très près notre pays, et dont parle M. Pinon dans son livre ? Pas le moins du monde. Dans un substantiel chapitre, que n'avait pas publié naguère la *Revue des Deux Mondes*, et qui constitue l'introduction de l'*Empire de la Méditerranée*, l'auteur examine le rôle de la France dans la mer intérieure que, moins que les Romains sans doute, mais cependant avec quelque raison, — nous pouvons appeler *mare nostrum*, et recherche dans quelle mesure l'entente franco-italienne doit permettre à la France d'y remplir son rôle. Il y montre le danger d'une expansion italienne dans la Méditerranée, il y indique à quelles conditions le rapprochement franco-italien aurait pu avoir des résultats heureux pour notre pays. Combien étaient justes les vues énoncées à cet égard par M. Pinon dès la fin de 1903, les événements qui se sont passés depuis lors nous en ont, hélas ! fournis de trop multiples preuves.

Cette vérification ne démontre pas seulement la clairvoyance de l'auteur; elle atteste aussi le soin avec lequel M. Pinon, au cours de son voyage dans la Méditerranée occidentale, a poursuivi son enquête sur la place que notre empire de l'Afrique du Nord tient ou devrait tenir dans la vie politique de la France, sur le rôle qu'il est appelé dans notre histoire ; elle témoigne de l'exactitude de ses informations. Aussi peut-on, à tous les points de vue, consulter avec une entière sécurité l'*Empire de la Méditerranée* ; c'est un de ces ouvrages d'histoire et de géographie politiques contemporaines où, sauf peut-être sur certains points de pure érudition [1], les questions sont très scrupuleusement mises au point, et que, pour cette raison même (sans parler des autres) on a toujours profit à lire. Il est d'ailleurs si facile, lorsque la chose devient nécessaire, de le tenir au courant ; il suffit de lire, dans la *Revue des Deux Mondes*, quelques toutes récentes études de M. René Pinon.

H. F.

XXII

Christian Garnier (1872-1898), par Fr. Denis. — Paris, Hachette, 1907, in-8 de vii-266 pp., avec portraits.

Pages remplies de charmes et d'intérêt ; — pleines de cœur aussi — et consacrées par une plume filialement amie à la mémoire de l'artiste que fut Charles Garnier, tout autant qu'au souvenir de l'homme que promettait d'être celui, dont le nom figure au titre de ce volume. Christian Garnier était né le 24 juillet 1872 ; il est retourné à Dieu le 4 septembre 1898. Durant les jours d'une exixtence si courte, il a eu néanmoins le temps d'esquisser une carrière. Quelle entrée dans la vie avait été la sienne ! Partout des sourires, des caresses ; déjà presque la renommée Son père, en plein épanouissement de son talent, achevait l'Opéra. Les hommes qu'il vit tout d'abord et qui furent ses premiers amis étaient des artistes comme Paul Baudry, Chapu, Boulanger, Lenepveu, Cabanel, Thomas, Reyer, Massenet, Larroumet ; des hommes de lettres qui s'appelaient Théophile Gautier, Edmond About, Francisque Sarcey, Philippe Gille... Ce voisinage lui pro-

---

1. A la p. 295, M. Pinon se montre très tenté de voir, dans les troglodytes du Djebel Nefousa et du Djebel Gharian les descendants directs des Garamantes. Peut-être eût-il pu rappeler qu'un de ceux qui ont le plus étudié la question, M. Berlioux, identifiait le pays des Garamantes avec le Fezzan.

fita. A cinq ans, lui aussi voulait être quelqu'un — « un grand savant. » A quatorze ans, son choix était arrêté : il serait géographe.

Un instant l'Ecole polytechnique fixe sa pensée ; mais la malchance d'un examen l'en écarte. Il se résigne à l'Ecole Centrale (1894) et y paraît à peine. Un mal implacable a fondu sur lui ; des prodiges de soins et de dévouement parviennent seul à l'arracher momentanément aux griffes de la mort. Lui, imperturbable et gai, quoique sans illusions sur son état, il étudie, il travaille. Il dispute le temps à la fièvre qui le mine, pour écrire son *Essai de géographie générale*. En 1895, à la suite du Congrès international géographique de Londres où il avait pu se transporter, il s'attelle à une œuvre de plus longue haleine qui devait lui valoir, en 1898, le prix Volney décerné par l'Académie des Inscriptions et Belles-Lettres : la *Méthode de transcription rationnelle générale des noms géographiques*. Il s'astreint à l'étude des langues : il aborde le serbe-croate, le roumain, le russe, l'arabe. Malgré son état continuel de souffrance, il entreprend quelques voyages. En 1896, il visite la Dalmatie, le Monténégro et la Serbie. En 1897, il s'échappe jusqu'à l'île d'Elbe et en Corse ; il se rend aux expositions de Genève, Stockholm, Hambourg et Bruxelles. Son activité est infatigable : il collabore à la *Rivista geografica italiana*, à la *Revue de géographie*, au Bulletin de la *Société de Topographie* ; il correspond avec les géographes les plus en renom de l'Europe ; il s'occupe d'horticulture, de botanique. La mort seule l'arrête, sans le surprendre, et il meurt en croyant convaincu. Je n'ajoute qu'un mot au sujet de l'illustration du livre : une attention artistique et délicate en a réglé le choix : on trouvera là, entre autres, la reproduction de trois œuvres inédites, signées des noms de Lenepveu et de Paul Baudry.

D. L. GUILLOREAU.

CHRONIQUE

30. — **S. Eustathii epicopi Anthiocheni in Lazarum, Mariam et Martham homilia christologica**, par Ferdinand CAVALLERA. — Paris, Picard, 1905, xiv-132 p. (Prix : 4 fr.)

M. Cavallera en étudiant le « Schisme d'Anthioche » eut l'occasion naturellement, de s'occuper de S. Eustathe, évêque d'Anthioche un des adversaires les plus en vue de l'Arianisme, d'un défenseur ardent de la foi de Nicée. L'idée lui vint donc de publier une homélie christologique inédite attribuée à l'auteur sur « Lazare, Marie et Marthe » et de republier des fragments déjà connus. Ce travail, accompagné d'une bonne traduction latine est une excellente édition, critique où rien ne manque, ni les remarques historiques et théologiques, ni les remarques philologiques. Des tables terminent cet intéressant opuscule. A. V.

31. — **L'oggetto della psicologia**, par Lorenzo Michelangelo Bilia, discours prononcé le 26 avril 1905 au 5e congrès international de psychologie à Rome au mois d'avril de la même année. — Rome, impr. Forzani et Cie, 1905, in-8 de 11 p.

Ce discours a été reproduit avec quelques additions, modifications et notes supplémentaires dans la *Rassegna nazionale*, n° du 1er septembre 1906. — Firenze, 1 br. in-8, tirée à part, de 21 p.

Le Bulletin critique se borne à signaler ce discours à l'attention des philosophes, particulièrement des psychologues, dans sa plus récente édition, qui est précédée d'une courte préface adressée à la signora Maria Sella Faccio. Sans en discuter le principe ni la base qui échappent à toute censure, puisque l'auteur en appelle à la « voix de la conscience », il suffit d'ajouter qu'en rendant pleine justice au grand, au puissant esprit de Taine, il lui reproche ses « illusions » et certaines parties « incomplètes » de sa critique. Il va même jusqu'à parler de ses « ingénieux et éloquents sophismes. » Le mot est dur. Est-ce à nous à lui en donner acte ?
H. B.

32. — **Le Seuil de la porte**, par Martin Pontoppidan, traduit du danois par E. Hoskier. — Paris, Delagrave, 1906, in-16. (Prix : 2 fr. 50).

Les sermons de M. Pontoppidan ne ressemblent pas à ceux que nous avons l'habitude d'entendre ; ils ne traitent ni de théologie, ni de morale, ils ont horreur de l'abstraction. Ils ont des expériences humaines.

Ce sont de petits récits, courts et très imagés d'un homme qui a vu souffrir et qui a souffert lui-même et qui apporte simplement les consolations que lui ont dictées son cœur et les voix de la nature. Il parle du jardin de l'âme que nous ne savons pas entretenir et dont nous laissons les belles fleurs se faner. Ses paroles sont toutes pénétrées d'images de la nature, du soleil, des arbres, de la mer. C'est là ce qui leur donne leur douceur charmante. Mais le récit qui semblait naïf s'agrandit tout à coup. Sous des paroles toutes simples on découvre des vérités profondes. M. P. sait avec quelques paroles ouvrir des horizons immenses. En traduisant ce livre, M. E. Hoskier a fait œuvre dont nous lui devons être reconnaissants.

ACADÉMIE DES INSCRIPTIONS ET BELLES-LETTRES

Séance du 17 août. — M. Léopold Delisle achève la lecture de son Mémoire sur la chancellerie royale d'Henri II Plantagenet et la date précise à laquelle la formule *Henricus Dei gratia rex Anglorum*, a succédé à celle usitée précédemment : *Henricus rex Anglorum*. Rappelons que cette date est le printemps de l'année 1173. L'académie se forme en comité secret pour entendre la lecture du rapport de M. Chatelain sur les Ecoles françaises d'Athènes et de Rome.

Séance du 24 août. — Le président M. Cagnat lit une lettre de M. Holleaux, directeur de l'Ecole d'Athènes, à M. le duc de Loubat. « Les fouilles de Délos ont été difficiles à mettre en train, mais elles se poursuivent et s'achèvent à souhait. Qu'il me suffise de vous dire qu'il y a des découvertes très importantes. Six grands lions archaïques du lac Sacré, ornant une esplanade. C'est une trouvaille unique et qui n'a pas son équivalent en Grèce. » D'autres découvertes intéressantes ont encore été faites à Délos, notamment une statue de la muse Polymnie et une tête de Dionysos. M. H. Dehérain communique et commente, d'après des photographies publiées par M. Blaud, des inscriptions du dix-septième siècle relevées à Malacca sur des pierres tombales. Ces épitaphes donnent des détails biographiques soit sur les fonctionnaires de la Compagnie hollandaise des Indes orientales résidant à Malacca, soit sur leurs familles, soit sur des colons libres. Elles contribuent à éclairer l'histoire de l'occupation des Hollandais dans la presqu'île malaise. En terminant, M. Dehérain insiste sur l'utilité qu'il y aurait à recueillir des textes épigraphiques, dispersés depuis la fin du quinzième siècle, sur les rivages des pays exotiques par les marins et par les agents des puissances européennes colonisatrices. M. le commandant Espérandieu, correspondant de l'Institut, directeur des fouilles d'Alésia, fait part à l'Académie de la découverte sur le mont Auxois d'un monument de dimensions considérables qui pourrait être un « Forum ». On ne peut encore se prononcer sur cette découverte, le monument n'étant pas encore complètement déblayé. — M. Héron de Villefosse signale la découverte par M. Audollent, professeur à l'Université de Clermont-Ferrand, d'une statuette de Mercure au sommet du Puy-de-Dôme.

Séance du 31 août. — M. Perrot, secrétaire perpétuel, donne lecture d'une lettre par laquelle Hamdy-Bey, directeur du Musée impérial ottoman et Correspondant de l'Académie, remercie la Compagnie de la haute marque d'estime qu'elle a daigné donner aux vingt-cinq années qu'il vient de passer au Musée impérial. L'Académie avait en effet félicité Hamdy-Bey du zèle dont il a fait preuve dans ses fonctions et l'avait remercié de ses bons offices constants à l'égard des savants français. — M. S. Reinach fait part au nom de M. le commandant Esperandieu, correspondant de l'Académie, de l'état des fouilles poursuivies à Alésia sous la direction de ce savant officier et de M. Pernet. On a notamment mis au jour de nombreux fragments d'une inscription celtique en lettres grecques, un bas-relief représentant Jupiter entre Minerve et Junon, un Jupiter gaulois à la roue, un torse d'Amazone, et surtout une applique en bronze d'un admirable travail représentant un gaulois mort. M. Reinach lit ensuite un mémoire d'Edhem-Bey sur la seconde campagne de fouilles qu'il poursuit à Alabanda en Carie aux frais du gouvernement ottoman. Un grand temple ionique a été découvert qui semble pouvoir être identifié avec celui que Vitruve a signalé en ce lieu. Les fouilles ont aussi révélé un bel autel et trois plaques d'une frise représentant un combat d'Amazones et de Grecs. — M. Héron de Villefosse communique un Mémoire du P. Deattre sur la découverte d'un cimetière chrétien au point nommé Maïdfa, à Carthage. Une des épitaphes retrouvés mentionne un personnage qualifié *immunis*, c'est-à-dire soldat privilégié, exempté des corvées. Le sarcophage est orné de six amours. L'un d'eux cache sa tête sous un masque de Silène, les autres portent des attributs bachiques Reprenant la parole, S. Reinach lit une Etude qu'il a consacrée au mythe d'Hyppolyte. Le nom de ce héros signifie non pas, comme certains l'ont cru, celui qui lie les chevaux, mais bien celui qui est déchiré par les chevaux. Le prototype d'Hippolyte dut être un cheval sacré, victime d'un sacrifice annuel de communion ; c'est par là que s'explique dans la tradition littéraire la résurrection d'Hyppolyte, le culte dont il est l'objet et les manifestations annuelles de deuil que lui prodiguent les filles de Trézène, telles les femmes de Byblos pleurant Adonis. — M. Bouché-Leclercq commence la lecture d'un Mémoire sur le notariat d'Egypte ptolémaïque.

Séance du 7 septembre. — Lecture est donnée de deux lettres adressées par M. Holleaux, directeur de l'Ecole française, à M. le duc de Loubat, pour le tenir au courant des fouilles de Délos. Les résultats qui, paraît-il, en sont superbes, feront prochainement l'objet d'une communication étendue de M. Holleaux. — M. Chavannes signale, dans le Soutra bouddhique des rêves du roi Prasenajit, tel qu'il existe en pâli et en chinois, un récit qui est étroitement apparenté avec la légende grecque relative à Oknos ; un homme assis tresse une corde pendant qu'un animal placé derrière lui la dévore au fur et à mesure. C'est l'image d'un homme laborieux associé à une femme dépensière. M. Chavannes croit pouvoir retrouver là une de ces devinettes qu'il faut classer parmi les plus anciennes inventions de l'esprit humain. — M. Merlin, directeur des Antiquités de Tunisie, communique le texte d'un sénatus-consulte relatif aux membres du *saltus Beguensis*, découvert il y a plus de quarante-cinq ans en Tunisie par Grévin. Une lecture nouvelle de plusieurs passages de ce précieux document fournit les noms de quelques-uns des sénateurs romains existant au moment de l'avènement d'Antonin le Pieux (138 ap. J.-C.). — M. Bouché-Leclercq termine la lecture du Mémoire qu'il a consacré à l'étude du notariat dans l'Égypte ptolémaïque. Entre autres particularités, il constate que d'après les papyrus actuellement connus, on ne rencontre de notaires officiels ou « agoranomes » que dans la Thébaïde, c'est-à-dire dans une région où le clergé était puissant et hostile, le gouvernement des Lagides avait intérêt à combattre le monopole effectif des notaires ou « monographes » sacerdotaux. M. Bouché-Leclercq s'occupe ensuite de l'enregistrement des contrats, institué dans un but fiscal et effectué d'abord dans des banques royales, puis plus tard dans des bureaux spéciaux. — M. Cagnat commente une inscription récemment découverte à Carthage et où figure le groupe mystérieux des deux signes I. S. Faut-il y voir l'abréviation de *immunis* ? M. Cagnat estime que ce sont plutôt deux chiffres, signifiant « un et demi » et qui désigneraient des soldats d'élite appelés *sesquiplares* parce qu'ils touchaient une solde et demie de plus que leurs frères d'armes non privilégiés.

L'Éditeur-Propriétaire-Gérant : Albert Fontemoing.

Imprimerie Générale de Châtillon-sur-Seine. — A. Pichat.

BULLETIN CRITIQUE

AVIS AUX LECTEURS

En même temps qu'il entre dans sa vingt-huitième année, le *Bulletin Critique* commence sa troisième série.

Nous y apportons quelques changements dont nous devons faire part à nos lecteurs. L'expérience et les observations d'un certain nombre d'abonnés nous ont décidés à ne publier, comme autrefois, que deux numéros par mois. Mais chacun d'eux, au lieu de vingt pages, en comptera vingt-huit.

L'un de nos plus anciens directeurs, presque de la première heure, M. l'abbé Beurlier, curé de Notre-Dame d'Auteuil, de plus en plus absorbé par un ministère que les circonstances actuelles rendent particulièrement difficile, a voulu, à notre grand regret, se retirer. Nous le prions d'agréer ici l'expression de notre plus vive reconnaissance pour les grands services qu'il nous a rendus. Il reste d'ailleurs au nombre de nos amis et de nos collaborateurs.

Deux savants bien connus, M. Frédéric Plessis, professeur à la Sorbonne, et le Père Scheil, professeur à l'Ecole pratique des Hautes-Etudes, ont bien voulu nous faire l'honneur de se joindre à nous pour la direction du *Bulletin Critique*.

Le Bulletin, en ces vingt-huit ans, a nécessairement vu disparaître plusieurs de ses rédacteurs. Nous nous sommes assurés, pour combler ces vides, le concours de nouveaux collaborateurs.

Nos lecteurs ne manqueront pas d'apprécier leur compétence et ils continueront au *Bulletin Critique*, pendant cette nouvelle période de son existence, les sympathies qui l'ont jusqu'à présent soutenu.

La Direction.

211. — **Les Préceptes du Béhaïsme,** par Beha-Ullah, traduits du persan par Hippolyte Dreyfus et Mirza Habib-Ullah Chirazi. — Paris, E. Leroux, 1906, in-18 de x-73 pp. (Prix : 2 fr. 50).

Le Béhaïsme, fils du Babisme persan, est une nouvelle secte orientale dont le fondateur, Beha-Ullah, a été notre contemporain. D'après MM. H. Dreyfus et Mirza, « il se présente comme l'aboutissant, le complément, si l'on veut, de toutes les religions révélées qu'il s'efforce de réunir dans une conception et dans une aspiration uniques, en les débarrassant de ce que les dogmes et les rites leur avait apporté de corruption [1]. »

Ce que le nouveau prophète Beha-Ullah, qui est la manifestation éclatante de Dieu, Dieu lui-même et Seigneur de l'Univers [2] — ni plus ni moins — recommande à ses fidèles et veut établir sur la terre, ce sont les relations amicales et la solidarité universelle de tous les hommes et de tous les peuples, la propagation de la science et des arts, la jouissance pour tous de tous les biens de ce monde, la protection des faibles et des opprimés, la prédominance de l'enseignement religieux dans l'éducation des enfants, l'abolition de l'ascétisme, etc. Voilà, en raccourci, la doctrine contenue dans les cinq opuscules du Prophète-Dieu, tous postérieurs à l'année 1868, dont MM. H. Dreyfus et Mirza nous donnent une bonne traduction. On voit que le fondateur du Béhaïsme fut une intelligence ouverte aux idées qui passionnent nos sociétés modernes.

Quoique l'esprit du Coran domine très visiblement dans la nouvelle secte, elle s'adresse pourtant « aux Chrétiens comme aux Musulmans, aux Juifs comme aux Indous ou aux Bouddhistes et emprunte parfois à chacune de leurs religions des formules et des arguments [3] », sans exiger de ses nouveaux adeptes l'abjuration de leurs premières croyances religieuses. Religion singulière !

---

1. Avant-Propos, p. vi. — Un groupe bien connu d'auteurs contemporains change comme à plaisir la valeur traditionnelle des mots et des expressions de notre langue. Nous en avons un exemple dans ce passage où la vérité est mêlée dans ce pluriel sceptique : « les religions révélées. »

2. P. 71.

3 Avant-Propos, p. vi.

sorte de *volapuc* de toutes les religions, qui aura, nous n'en doutons pas, à peu près le même succès [1].

MM. Dreyfus et Mirza, ne nous disent pas grand'chose de l'avenir de ce « mouvement religieux universaliste, qui, une fois de plus, nous arrive d'Orient »; en revanche, ils nous fixent à merveille sur le sort lamentable des « vieilles formules dogmatiques, » lesquelles, affirment-ils, « sont près de disparaître sous la poussée victorieuse de la raison et de la science [2]. » A la bonne heure ! MM. les traducteurs n'ont pas perdu leur temps au commerce du prophète Beha-Ullah, Seigneur de l'Univers ; et les voilà devenus prophètes comme lui ! chantant au pupitre de la déesse Raison, proclamant que « les vieilles formules dogmatiques » vont rentrer sous terre, réduites au silence par de sonores morceaux de *bastringue* et humiliées par un étalage scientifique de *bataclan*. Malheureusement pour les prophètes nouveaux, elles restent toujours debout, les vieilles formules, sur leurs pyramides de granit; et que ne peuvent-elles rire, mon Dieu ! dans leur quiétude éternelle, en regardant là-bas... très loin... une partie de l'humanité qui lutte sans trêve pour les détrôner ?

Jean PÉRIER.

---

212. — **La question sociale et la civilisation païenne**, par P. Stanislas REYNAUD. — Paris, librairie académique Perrin et Cie, 1906, in-16 de 302 p. (Prix : 3 fr. 50).

L'auteur de ce nouveau livre, déjà bien connu par une *Vie* du Père Didon, l'est également par quatre ouvrages distincts dans lesquels il compare la civilisation païenne et le Christianisme au point de vue de la morale, de la famille, de la religion et de la politique. C'était, ce semble, une excellente préparation à son étude actuelle sur la question sociale dans le paganisme grec et romain, car si l'antiquité nous a transmis le souvenir d'autres nations civilisées, celles-ci ont laissé des documents trop rares et surtout trop discutables pour être utilement consultés et interprétés.

---

1. Jusqu'à ce jour les communautés Béhaïes ne fleurissent guère que dans quelques villes de l'Inde, à Mandalay, à Bombay, à Lahore, etc.
2. Avant-Propos, p. I.

Le fait historique de la rédemption par le Christianisme, dit M. S. R., ne s'est pas seulement manifesté dans les domaines religieux, politique, domestique, individuel (p. ix), il a aussi résolu la principale des questions économiques, le problème de la production, de l'emploi et de la répartition des richesses, afin d'assurer la paix et la justice au sein des associations humaines. Il les a mises à la portée de tous les êtres vivants, sans exceptions ; l'Evangile leur a enseigné à en faire le meilleur usage. Il a énergiquement flétri les violences, les vols, les pillages guerriers, les rapines, les péculats, les fraudes, l'usure, l'esclavage. Il a proclamé l'obligation de la charité fraternelle, de la miséricorde, de la pitié vigilante et généreuse vis-à-vis du pauvre. L'idéal chrétien n'est pas uniquement de s'abstenir de faire du mal à autrui, mais de toujours chercher à lui faire du bien ; empêcher le prochain de mourir de faim, de froid, de soif ne suffit pas ; il faut encore le faire vivre dans la lumière, la santé, la vertu.

Au fond, ajoute M. S. R. (p. 297), le problème social ne comporte que deux solutions, la solution pacifique qui est la chrétienne et la solution violente qui est celle du paganisme. M. Fustel de Coulanges a remarqué finement dans sa *Cité Antique* que les Républiques de Grèce ou de Rome flottèrent invariablement entre deux révolutions : la première dépouillait les riches, et la seconde leur rendait leur fortune n'est-ce pas d'un mot résumer leur histoire économique et sociale ?

Mais si la thèse du laborieux et patient écrivain est irréfutable dans ses vues d'ensemble et dans les conclusions générales, il a tenu à les justifier par des preuves éclatantes puisées aux meilleures sources. Sans doute, dans son *Génie du Christianisme* et surtout dans ses *Etudes historiques*, Chateaubriand a tracé de merveilleux tableaux des bienfaits de la religion apportée au vieux monde sur la croix du Golgotha comme des vices hideux, de la corruption et de la fange où s'écroule l'Empire romain à l'approche des Barbares. M. S. R. n'a pas eu la prétention de les refaire, ces tableaux : il s'est contenté d'en appeler au témoignage des historiens, des philosophes, des poètes même de l'antiquité païenne et de nous montrer, par leurs propres paroles, comment les richesses étaient réparties dans les deux grandes sociétés qui se divisèrent quelque temps l'univers alors connu. Il s'est imposé même une tâche plus délicate : il les a interrogés sur l'usage que grecs et romains faisaient trésors accumulés soit dans les caisses publiques soit dans les bourses privées. En moins de 80 pages vengeresses, quoique de petit format, il a su condenser les aveux authentiques et sincères des témoins contemporains du luxe prodigieux, des prodigalités inouies, des abus, des excès de toute nature, des folles dépenses, des gaspillages qui succédèrent dans les derniers siècles du paganisme expirant à la simplicité des premiers âges. Il n'est plus question de la rigide discipline, de la tempérance ni de la modestie orgueilleuse des Spartiates ou de la loi somptuaire du tribun Oppius qui interdit aux femmes romaines d'user de voitures et de porter des bijoux pesant plus d'une once d'or. C'est Alcibiade, c'est jusqu'à Périclès, c'est Lucullus, c'est César lui-même qui paie un seul repas cent millions de sesterces, c'est Antoine et Cléopâtre, ce sont les empereurs Tibère, Caligula, Domitien, Néron, Héliogabale qui donnent l'exemple, suivi avec fureur, dit Tacite, par le patriciat et les moindres particuliers. En un mot, jamais réquisitoire plus rude, ni malheureusement plus vrai, n'a été prononcé contre les désordres et les hontes des civilisations idolâtres. Il était juste de le placer, comme un repoussoir, en regard de la civilisation chrétienne.

.*.

L'équivoque démocratique, par Pierre Félix. Préface par Paul Bourget, de l'Académie Française. — Paris, librairie des Saints Pères, 1906, in-18 de 162 p. (Prix : 2 fr. 50).

Le *Bulletin Critique* a déjà exprimé son opinion sur une œuvre précédente de M. Pierre Félix : La *Contre-Révolution*. Essais sur les principes fondamentaux des gouvernements [1], dont il est impossible de séparer le volume actuel. Il l'a fait avec son indépendance accoutumée, laissant à chacun le droit de discuter les conclusions de l'auteur de *la Contre-Révolution*, qui doit d'ailleurs être suivie de deux autres tomes, mais reconnaissant son originalité et sa sévère logique. *L'équivoque démocratique* est le complément nécessaire de

---

1. Un vol. in-8, art. publié dans le *Bulletin Critique*, n° du 5 mai 1906.

ce premier livre des *Essais* auxquels il se relie étroitement. Dans la lettre-préface que M. Paul Bourget a autorisé M. Pierre Félix à placer en tête de son nouveau travail, le célèbre académicien déclare nettement que ces pages substantielles et nerveuses lui paraissent « plus remarquables encore, parce qu'elles ont de dru et de condensé. » La doctrine qui s'en dégage leur donne « un relief singulier. »

C'est qu'en réalité la démocratie, telle qu'elle est théoriquement définie par le plus grand nombre de nos publicistes, n'a été pratiquée dans aucun temps ni dans aucun pays. Qu'est-elle donc, ou plutôt quels sont les dogmes qui la caractérisent? La souveraineté du peuple, l'égalité politique et sociale des citoyens, partout le suffrage universel égal pour tous. Or, est-il vrai que l'égalité des hommes, qui n'existe pas dans la nature, se manifeste dans le suffrage prétendu universel, quoiqu'il ne soit exercé que par une faible partie des vivants? Est-il d'ailleurs libre et volontaire, exprimé en pleine connaissance et en pleine lumière? Ne subit-il pas la pression d'un intérêt personnel ou d'une intelligence extérieure et parfois celle de la force? Admettra-t-on sérieusement que les votes se comptent toujours et ne se pèsent jamais?

Est-ce à dire qu'un gouvernement honnête n'ait pas le devoir de consulter les citoyens qu'il administre? Non pas : quelle que soit l'origine de son pouvoir, il a non seulement l'obligation, mais la nécessité, qui lui est imposée par le besoin de vivre, de les interroger sur leurs véritables intérêts et de se renseigner sur les réformes ou les progrès qu'ils désirent et comment se nommera cette collaboration, disons plus exactement cette coopération indispensable? La forme naîtra d'elle-même selon les circonstances. Mais le principe posé resterait hors de discussion et, en tout cas, de désobéissance, sans tenir compte de la nature du gouvernement lui-même.

Convient-il de répéter ici ce que l'auteur avouait dans ses écrits précédents à savoir « que les idées démocratiques nous dominent depuis environ deux siècles et qu'à leur tour elles ont donné au cerveau de l'immense majorité de nos contemporains un pli spécial qui ne saurait s'effacer par décret du jour au lendemain? » Oui, sans doute, il n'attend ni miracle du Ciel, ni survenue d'un homme de génie qui nous guérisse de nos préjugés, de nos sophismes, de nos lamentables illusions, en un mot de nos erreurs. Il croit sincèrement, fermement qu'il y suffit d'hommes de bon sens et de bonne volonté, rapprochés et unis sur un terrain d'entente, le terrain des libertés. « Les démocrates, dit-il, nous les doivent au nom de leurs principes ». Quant à nous, nos principes ne nous ordonnent plus maintenant de les refuser ; peut-être même nous poussent-ils à les accorder plus largement que nos adversaires, parce que « nous mettons toute notre confiance dans la raison. » C'est une noble et belle confiance dans la raison ». C'est une noble et belle confiance. Mais encore faudrait-il que *l'Equivoque démocratique*, si suggestive, trouve partout des lecteurs.

* *

La nation belge (1830-1906). Conférences jubilaires faites à l'Exposition Universelle et internationales de Liège en 1905. — Liège, Charles Desoer, Bruxelles, Weissenbruch, gr. in-8 de 490 p. (Prix : 12 fr. 50).

Comme l'expliquent un court avant-propos et le discours inaugural de M. E. Digneffe, président du comité exécutif de l'Exposition Universelle de Liège les conférences jubilaires réunies dans cet élégant volume pour résumer l'histoire intellectuelle et matérielle de la nation belge depuis 1830 sont dues à l'initiative d'un Français. M. de Monzie, commissaire spécial de la Section de l'instruction publique, avait organisé à Liège en 1905 une série de causeries sur l'enseignement donné en France à tous les degrés. Grâce à la collaboration des quatre Universités officielles du pays, des écrivains, des artistes, des savants distingués de Belgique suivirent avec empressement cet exemple venu du dehors et, élargissant le terrain, obtinrent un réel succès.

C'était strict justice de rendre à leur voisine ce qui lui appartient ; ils n'ont pas méconnu ce devoir ; mais en même temps on ne saurait s'étonner que leur patriotisme soit légèrement partial et même un peu exubérant. Il s'est d'ailleurs visiblement inspiré des idées, des doctrines chères aux orateurs et qu'ils professaient hors de l'Exposition. Elles débordèrent naturellement malgré leur sincère désir de donner une synthèse « harmonieuse » des activités nationales. De là sans doute quelques contradictions peu graves, mais inattendues et, dans le vaste domaine qu'ils ont parcouru, un peu d'ombre sous de brillants jets de lumière.

Il serait difficile d'analyser ici, l'une après l'autre, chacune des vingt conférences contenues dans ce volume. Tour à tour le passé et le présent y ont trouvé place, les libertés constitutionnelles, l'industrie, le commerce, l'agriculture, l'expansion coloniale, la littérature française, néerlandaise, wallonne, l'art belge, la musique, les sciences philosophiques et morales, la chimie, la physique, le droit enfin, avec des portraits qui animent les plus sévères de ces dissertations, selon les aptitudes, les goûts et les inclinations de leurs auteurs. La brièveté de ces pages me permet à peine de faire deux ou trois exceptions en faveur de celles qui m'ont plus particulièrement frappé.

M. Pirenne venge justement la maison de Bourgogne des accusations passionnées que certains historiens ont dirigées contre les ducs de la seconde race et leur prétendu despotisme. Ce sont eux qui ont préparé la future Belgique. Sans eux, elle n'existerait pas. Serrées entre la France et l'Allemagne, les provinces des Pays-Bas ne pouvaient garder leur indépendance qu'en devenant elles-mêmes un Etat. Appuyés sur le peuple durant leurs luttes contre les grandes communes, Philippe-le-Bon et Charles-le-Téméraire lui-même ont intelligemment maintenu les franchises des Etats-Généraux.

M. Godefroid Kurth a savamment décrit la commune de Liège et montré ce qu'elle était devenue sous la pression de la démagogie, « un enfer, une ville de fous furieux. »

Un poète indépendant, nullement classique, l'auteur des *Heures claires*, des *Forces tumultueuses*, de *Multiple splendeur*, et aussi un dramaturge, M. Emile Verhaeren a parlé en terme enthousiastes des lettres françaises en Belgique, de ces lettres faites pour chanter « ce qu'au monde il y a de plus grand et de plus doux. »

L'art national belge a rencontré dans M. Camille Lemonnier un peintre, un coloriste de premier ordre dont la plume est digne de se mesurer avec la riche palette de Rubens. Comme il le dit lui-même, il pense et sent en couleurs.

Ajouterai-je un autre nom qui clôt la série? Je n'ose. Il signe moins un médaillon qu'un buste souverain, et je m'arrête avant d'achever les dernières phrases de la conférence, de peur qu'elles ne semblent hors de Belgique un peu empreintes d'enflure.

Henri Beaune.

---

213. — **Aetna**. Texte latin, publié avec traduction et commentaire, par J. Vessereau, professeur agrégé au lycée de Poitiers, docteur ès lettres. — Paris, Fontemoing, 1905, in-8 de LI-107 pp.

Le poème Aetna reste anonyme, même après la thèse de M. Vessereau, bien que dans l'Antiquité, au moyen âge et dans les temps modernes, on lui ait donné tour à tour pour auteur Virgile, Ovide, l'empereur Auguste, Cornelius Severus, Manilius, Pline l'ancien, Sénèque, son disciple Lucilius Junior, Quintilius Varus et Claudien. M. V. croit la question insoluble, mais il prend en sérieuse considération l'attribution du poème à Virgile et en placerait volontiers la composition autour de l'an 44 av. J.-C. Dans une longue introduction qui dénote sa pleine connaissance de la littérature relative à l'auteur et au poème, il traite à fond cette question d'attribution; puis il résume l'ouvrage, dont il fait ressortir le caractère scientifique et les qualités littéraires. Le texte est établi sur le manuscrit de Cambridge, membranacée du xe siècle, avec le secours de quelques autres manuscrits ça et là meilleurs. La recension de M. V. est aussi conservative que possible, et, si l'on peut parler ainsi, constamment rationnelle. Pas de ces conjectures, audacieuses dans leur ingéniosité, dont est contumière la philologie germanique. La traduction, que M. V. a voulu rendre plus exacte que littéraire, se fait lire avec complaisance. Généralement le texte y est serré de près, mais parfois aussi le styliste s'est laissé entraîner à une élégance qui frise la paraphrase. Vient ensuite l'annotation critique et exégétique, où M. Vessereau rend consciencieusement compte des leçons adoptées, de son interprétation, et fait les rapprochements que lui suggère un érudition vaste, mais sobre et de bon aloi. Il n'existe en France aucun ouvrage du genre de celui-ci, et l'on peut affirmer sans hésitation que nous avons là, du poème Aetna, une édition définitive.

C. E. R.

214. — Une tentative de critique hagiographique au XVIᵉ siècle.

L'entreprise en question semble être restée inconnue. Elle s'est faite aux années les plus sombres de nos guerres de religion. Et si l'on interroge trois ouvrages classiques sur ces matières, Moreri ne cite pas le livre, tandis que Nicéron et Lenglet-Dufresnoy n'en ont pas connu le caractère propre, et ainsi n'en parlent qu'avec une sévérité excessive.

Il suffira pour fixer l'attention sur ce point et le mettre en lumière, d'insérer ici deux passages de l'*Histoire... des Saints* (Paris, 1603, 2 vol. in-fol.), réimpression non citée d'un livre publié d'abord en 1577, avec seconde édition de 1583 :

« Avertissement contenant un bref discours du moyen par lequel les présentes légendes, histoires et vies des saints ont été recherchées et compilées. — Nous ayant toujours eu un singulier désir que l'Eglise de Jésus-Christ.. eût principalement les deux livres d'où elle tient son fondement et reçoit sa perfection, qui sont la sainte Bible et les légendes, Vies et Histoires des Saints canonisés et baillés publiquement pour exemples du chemin de salut, et désirant en être faite une spéciale et diligente recherche. J'ai pensé n'y avoir un meilleur moyen que celui de MM. les syndics et députés du clergé, afin que par leur adresse nous puissions avoir icelles histoires des trésors, archives et martyrologes des évêchés, abbayes et autres églises de la France principalement. Pour quoi, connaissant le bon zèle et la bonne affection à l'Eglise et à la religion catholique, la grande prudence, industrie et expérience, avec le crédit et la connaissance par toute la France qu'avait l'un d'iceux, maître Pierre Mariau, chanoine de Paris, et prévôt de Vertou, l'un des premiers syndics du clergé de France ; en étant supplié par nous, il s'y est tellement employé que, par sa diligence et dextérité, plusieurs d'icelles histoires et légendes étant envoyées en cette ville et baillées au sire Nicolas Chesneau, angevin, libraire juré en cette université de Paris, personnage industrieux et fort laborieux, et amateur du public, signamment en ce qui concerne la religion et foi catholique ; il les fit traduire en français par MM. Viel et Jacques Tigeou, docteurs en théologie, et par M. Clément Marchant, et autres doctes personnages. Or demandant et poursuivant par plusieurs manières la perfection, la consommation et la décoration d'une œuvre tant utile et nécessaire, je l'ai enrichi de plusieurs choses qui se peuvent lire avec profit par toutes personnes pieuses et dévotes... »

Il faut se rappeler les difficultés des communications accrues par les déchirements de la guerre civile pour apprécier à sa juste valeur ce projet formé plus d'un demi-siècle avant l'œuvre de Bolland. Et son mérite s'accroît encore s'il faut vraiment l'attribuer avec les critiques au célèbre René Benoist, dont la bibliographie ne compte pas moins de cent soixante numéros.

L'idée se précisera mieux encore, en lisant ici le titre même du volume qui équivalait, selon l'usage de l'époque, à un véritable prospectus. Le voici :

« Histoire de la vie, mort, passion et miracles des saints desquels principalement l'Eglise catholique fait fête et mémoire par toute la chrétienté, divisée en deux tomes; extraite tant des écrits grecs de Syméon Métaphraste, d'Aloysius Lipomanus évêque très digne, et d'autres antiques auteurs catholiques approuvés, que des chartres et manuscrits qui sont ès trésors de diverses églises et abbayes de France, la recherche en ayant été faite par le zèle et la diligence de MM. les syndics du clergé qui étaient du temps de la première impression.

« Lesquelles vies et légendes ont été faites françaises par M. P. Viel, docteur en théologie à Paris; Jacques Tigeou, docteur en théologie à Reims ; M. Clément Marchant, et plusieurs autres savants et dévôts catholiques ; — où ont été ajoutées les épîtres et évangiles des dimanches et principales fêtes, exposées par scholies et familières interprétations, avec tout l'office en sommaires, et par les quatre sens de l'Eglise, et brèves oraisons pour lesdits jours, contenant tout l'office, par M. René Benoist, angevin, docteur et lecteur du roi en théologie, doyen de la Faculté de Paris, curé de S. Eustache, confesseur du roi, son conseiller d'Etat et nommé par sa Majesté à l'évêché de Troyes; plusieurs traités aussi et opuscules dudit sieur Benoist sont ajoutés à la fin... — Revue, corrigée et augmentée de nouveau. » Paris, 1603 ; in-fol. de 800 pp. à deux colonnes petit texte (le second volume nous manque.)

Il sied vraiment bien aux érudits du xviiie siècles d'écarter dédaigneusement un tel livre pour la belle raison qu'on a mieux fait depuis. C'est à peu près comme si l'on jugeait insignifiant l'excellent petit volume des *Légendes hagiographiques*. Car, outre qu'il a fallu au P. Delehaye un apprentissage tout bollandien pour l'écrire, ce manuel n'est devenu possible qu'après deux siècles et demi d'études méthodiques, qui ont usé la vie d'une trentaine de religieux, et imprime environ cent mille colonnes in folio de textes originaux savamment commentés.

La notice sur quelques saints normand m'a permis de contrôler le procédé des auteurs. Les vies de S. Ansbert, de sainte Austreberte de S. Vulfran sont traduites des meilleures pièces recueillies plus tard dans les *Acta Sanctorum*. Le célèbre « privilège des Romains est sommairement exposé par Cl. Sequart, sur l'ordre du chapitre de Rouen en 1576. Enfin l'article de S. Godard est un résumé de Clément Marchant, qui y traduit en vers français la poésie latine (maintenant reconnue comme apocryphe) de St Ouen.

A. TOUGARD.

---

215. — **Manuel pour l'étude de la langue russe**, par Paul BOYER et N. SPÉRANSKI. — Paris, Armand Colin, 1905, in-8. (Prix : 10 fr.)

Ce volume est destiné à quiconque, sachant déjà un peu de grammaire russe, désire pénétrer plus avant dans cette étude, et s'initier aux difficultés et aussi aux finesses de la langue. Ce n'est pas un manuel grammatical ordinaire, examinant tour à tour le substantif, le verbe, etc.; mais un recueil de textes faciles, à propos desquels chaque mot important devient, en note, l'objet de nombreuses et claires observations.

Cette méthode, on le devine, est autrement vivante, autrement attachante, que l'ancien système, qui consistait d'abord à apprendre les formes et la syntaxe, pour n'arriver que bien plus tard à la lecture et à l'explication de morceaux choisis. Que cette vieille routine s'applique, et longtemps, aux langues mortes, nous l'admettons : mais, quand il s'agit d'un idiôme actuel, quel avantage de pouvoir, presque dès les premiers jours, en étudier la pratique!

Une grave difficulté, toutefois, c'était de trouver des textes très faciles, d'une simplicité presque enfantine. MM. Boyer et Spéranski ont eu la très heureuse pensée de présenter au lecteur encore inexpérimenté des pages d'un écrivain simple entre tous, Léon Tolstoï ; et dans son œuvre, ils ont choisi des petites histoires destinées aux élèves des écoles primaires. Seul, le dernier de ces récits, *Trois morts*, est d'un style plus littéraire, et d'une inspiration plus abstraite.

Outre leur claire simplicité, ces morceaux de Tolstoï offrent l'avantage de contenir un vocabulaire des plus riches. On pourrait presque affirmer que l'on y rencontre tout le fonds essentiel de la langue russe courante.

Dès lors, on comprend l'utilité d'un ouvrage qui, ligne par ligne, relate, à propos de ces termes usuels, toutes les particularités importantes de formes et de syntaxe. Cette étude est menée avec autant de précision que de clarté. Les éléments des mots à flexions ou à préfixes sont séparés, mis en relief, avec l'indication de leur valeur propre : ainsi l'élève s'habitue vite à l'exercice si profitable de l'analyse morphologique. De même, les règles de syntaxe particulières au russe sont exposées avec une rigoureuse sobriété ; certaines sont reprises dans plusieurs passages différents, et développées selon leur ordre de complexité. La délicate question des aspects verbaux, si rarement bien traités dans les grammaires, apparaît ici en pleine lumière.

Enfin, MM. Boyer et Spéranski ne s'en tiennent pas aux remarques relatives aux formes, aux mots, ou aux tournures. Ils ont souvent ajouté des notes utiles, instructives, toujours intéressantes, sur les usages, le costume, les cérémonies, etc.

Les observations qui n'ont pas trouvé leur place dans les notes sont réunies, en une cinquantaine d'articles, dans un *Appendice*. Pour être plus théorique que la première partie du livre, cet *Appendice* n'est pas moins indispensable pour compléter et fixer les connaissances, et il est rendu, lui aussi, très attrayant par la grande variété des sujets traités.

L'étudiant, surtout quand il aura déjà beaucoup pratiqué ce manuel, appréciera fort l'*index alphabétique* qui résume, en renvoyant aux pages, toutes les matières contenues aussi bien dans les notes que dans l'*Appendice*.

Le volume se termine par un *Lexique* de tous les mots employés dans les textes de Tolstoï. Ce *Lexique* lui-même est presque encore une sorte de grammaire : les auteurs y ont en effet relaté toutes les formes un peu difficiles, et parfois renvoient aux notes insérées dans le cours du livre.

En résumé, cet ouvrage est des plus pratiques, des plus commodes à consulter. Ajoutons qu'il est imprimé avec un soin remarquable, et que, malgré la précaution prise d'accentuer tous les mots, il est difficile d'y relever des fautes, même légères.

Et, au point de vue de la science, les élèves peuvent se fier entièrement à ce livre, autant et plus qu'à n'importe quelle grammaire. Du reste, le nom seul de M. Paul Boyer, professeur à l'école des langues orientales, est la plus sûre des garanties.

* * *

Geschichte der russischen Litteratur. Von Prof. Alex. Brückner. — Leipzig, librairie Amelang, 1905, in-8. (Prix : 7 mk. 50).

Cet ouvrage est le second de la collection des *Littératures orientales* (*Litteraturen des Ostens*) qu'a entreprise la librairie Amelang, de Leipzig. Certains de nos lecteurs en connaissent peut-être et en ont déjà apprécié le premier volume, écrit par le même professeur A. Brückner, l'*Histoire de la littérature polonaise*. Dans ce livre, on a surtout loué le soin avec lequel les faits historiques servent de base à l'étude de la littérature ; c'est, a-t-on dit justement, la littérature expliquée par le pays et par les hommes.

La même préoccupation a constamment inspiré M. Brückner dans son *Histoire de la littérature russe* ; et sans doute, étant donné ce point de vue si juste de la science sociale, il y aurait là déjà de quoi recommander ce traité. C'est, d'autre part un livre très considérable, qui dépasse 500 pages in-8.

Mais il existait en Russie, en Allemagne, en France, des livres volumineux sur l'histoire littéraire russe, et c'est par ailleurs que celui-ci est nouveau. Ce qui le caractérise et lui donne son intérêt spécial, c'est qu'il a surtout pour objet de retracer l'histoire des écrits propres aux temps modernes. A vrai dire, l'ancienne littérature n'est pas oubliée ; mais M. Brückner ne consacre au moyen-âge, et même aux siècles suivants jusqu'à la fin du xviiie, que l'espace nécessaire pour orienter le lecteur, et le préparer à l'étude de la période plus récente et au développement progressif et rapide de l'esprit russe.

Le xixe siècle en particulier est traité avec d'amples détails. Par là, cet ouvrage est assurément le plus complet que nous possédions sur la pensée moderne en Russie. Car c'est bien l'esprit de tout un peuple, que M. Brückner recherche dans les œuvres littéraires; à ce point de vue, les cinquante dernières années, si riches en productions tendancieuses, politiques et sociales, lui fournissent une matière des plus intéressantes. Nous assistons à l'éclosion de toute cette littérature, contemporaine de notre époque, où les écrits ont si souvent, sous couleur poétique ou romanesque, la valeur d'une prédication ou d'un traité de philosophie. Nous voyons comment s'est préparée et formée peu à peu la génération actuelle, et, après cette investigation méthodique et scientifique, nous comprenons pourquoi il existe aujourd'hui en Russie des écrivains du genre de Tolstoï, de Gorki ou d'Andreief.

Les plus actuels des contemporains ont en effet leur place dans ce volume. C'est assurément la première fois qu'un historien s'occupe de certains jeunes, tels que cet Andreief au génie extraordinaire, si fougueux, si spontané, parfois si bizarre, — et qui aujourd'hui est à peine âgé de 26 ans. M. Brückner expose leur œuvre à tous; il les juge avec calme et impartialité, et souvent il inspirera au lecteur le désir de connaître par lui-même les ouvrages dont il parle.

Pascal Monet.

216. — **Les Grands poètes Romantiques de la Pologne : Mickiewicz, Slowcoki, Kraisnski,** par Gabriel Sarrazin. — Paris, Perrin et Cie, 1906, in-12 de xiii-337 pp. (Prix : 3 fr. 50).

Ce livre sera lu avec le plus vif intérêt et le plus grand profi par tous ceux qui aiment la haute et belle poésie mais qui ignorent ou ne connaissent que vaguement les chefs-d'œuvre du Romantisme polonais. « La poésie polonaise de la période romantique manifeste le premier et le plus haut des caractères de l'inspiration, j'entends cette liberté farouche de l'esprit créateur qui ne relève que d'elle même, abolit les règles et conventions, réduit en poussière les causes des âges trop policés, trop ratissés, trop usés, ceux qui prennent l'artificiel pour l'art... »

Un second caractère de cette poésie et qui la différencie très nettement de notre poésie romantique, c'est que c'est une poésie toute d'action, destinée à tendre les énergies d'une nation persécutée, à lui conserver une âme, à exalter son espérance. Elle n'est point un amusement de lettrés et un passe-temps pour lecteurs oisifs; elle a été et elle reste encore l'élément le plus actif d'éducation nationale pour la jeunesse. Comme les Hébreux, comme les Grecs dans l'antiquité, la Pologne, seule entre toutes les nations modernes, a reçu au xixe siècle une éducation exclusivement poétique.

Les Polonais persécutés attendaient un sauveur. Une sorte d'illuminé Towiauski annonça la venue d'un nouveau Messie pour délivrer la Pologne. Les poètes prêtèrent leur voix à cette audacieuse espérance et chantèrent l'homme prédestiné qui saurait préparer son âme à ce dessein sublime. C'est ce que Ladislas Mickiewicz a nommé d'un mot très heureux « l'appel au génie » et que d'autres ont appelé le « messianisme ».

Mais en même temps qu'elle appelait le Sauveur, la poésie demandait que le peuple polonais méritât la venue du héros par un effort moral qui haussât les cœurs jusqu'à leur guide. Cette foi invincible, cet idéalisme si pur inspire les trois grands poètes polonais et fait la beauté de leurs œuvres.

M. G. Sarrazin les étudie l'un après l'autre avec une sympathie enthousiaste qui gagne les lecteurs et ravit leur admiration. Ce n'est point un de ces ouvrages de critique livresque et mesquine, faite de menus détails, de compilation et d'analyses desséchantes; c'est un essai brillant de haute critique intelligente et féconde qui sait traduire les chefs-d'œuvre et nous en rendre la vie et la beauté. L'entreprise était difficile: « Il s'agissait de mêler l'histoire à la littérature ou plutôt de fondre les deux dans une œuvre vivante et si possible artiste » (Préface p. xi.)

J'ose dire que l'auteur a réussi ce dessein audacieux. Il a fait plus. Il a souvent haussé son style jusqu'à la grandeur de la poésie qu'il étudiait. Ce n'est pas le style amorphe et plat du genre ordinaire. Il a vraiment quelque chose de l'élan lyrique qui souleva les grands poètes de la Pologne et on y sent frémir par endroits leur dieu intérieur. Il serait à souhaiter que la critique littéraire nous donnât beaucoup de livres comme celui-là. Nous assisterions à une nouvelle évolution du genre, et ce ne serait pas la moins aimable. Mais tout le monde ne peut être à la fois critique et poète.   P. HERVELIN.

---

217. — **L'Aventin dans l'Antiquité**, par Alfred MERLIN. (*Bibliothèques des Ecoles française d'Athènes et de Rome*). — Paris, Fontemoing, 1906, in-8 de 476 p. avec deux illustrations dans le texte et un plan hors texte. (Prix : 12 fr.)

Les Revers monétaires de l'empereur Nerva. — Paris, Fontemoing, 1906, in-8 de 159 p. (Prix : 6 fr.)

Les études de topographie romaine sont depuis quelque temps en honneur parmi les membres de l'Ecole française de Rome. C'est une nouvelle, et des plus remarquables, contribution que vient de leur apporter M. Merlin avec son gros volume sur l'Aventin. A vrai dire ne s'agit-il pas ici d'une étude purement topographique, au sens le plus étroit du mot, mais d'un travail considérable où l'histoire tient la plus grande place, et non pas seulement, comme en autant de compartiments séparés, l'histoire successive des lieux, des cultes qui s'y établirent, du commerce qui s'y développa et des agitations politiques dont ils furent les témoins, mais l'histoire la plus largement humaine, qui nous fait assister à la vie d'un des coins les plus originaux de Rome depuis les débuts de l'époque historique jusqu'à la fin de l'Empire.

Le livre se divise en quatre parties, qui correspondent aux quatre périodes qu'il y a réellement lieu de distinguer dans l'histoire de l'Aventin. C'est d'abord l'époque lointaine où la colline n'est encore qu'une région de bois, de culture et de prairies, occupée par une population d'origine très probablement ligure, qui entre en lutte avec les *gentes* romaines voisines et est battue par elles. L'Aventin, réduit à l'impuissance, désert, misérable, maintenu hors du *pomoerium* de Rome, ne pouvait plus attendre son salut que de l'extérieur. Lorsque Rome devint un grande ville commerçante, que des négociants étrangers vinrent s'y établir, ils se fixèrent, avec leurs dieux, sur ce sol qui, tout en étant comme le prolongement de la ville, ne lui était pas étroitement incorporé. La *lex Icilia* reconnut cette situation ; elle permit au monticule de vivre, et il devint le centre commerçant et plébéen par excellence d'une Rome matériellement, moralement et économiquement élargie, encore que l'ancienne limite pomœriale ne fût pas dès lors effacée. Les deux derniers siècles de la République ouvrent une troisième période, pendant laquelle la colline aventine se rapproche de plus en plus des *montes* romains ; au moment où l'Empire s'établit, rien ne séparait plus en fait l' « autre ville », la ville des artisans et des marchands, la ville des divinités étrangères, de la ville proprement dite à laquelle elle était rattachée. L'Empire enfin amène l'entrée de l'Aventin dans les régions urbaines dès le règne d'Auguste et dans la zône pomœriale sous Claude ; ces réformes sanctionnèrent définitivement son admission dans la cité administrative et religieuse et abolirent la mémoire des anciennes compétitions ; mais, par une suite naturelle, elles firent perdre à l'Aventin son individualité ; son heureuse situation géographique le sauva pourtant d'un effacement trop radical ; proche de la campagne, dominant des horizons pittoresques, il devint le séjour favori des gens riches désireux de trouver en ville même un peu d'air, de lumière et de vie : la colline aventine finit en quartier aristocratique.

L'époque la plus animée de son histoire, c'est évidemment celle de la rivalité avec la cité patricienne. M. Merlin nous initie de très près aux détails et aux caractères de cette lutte par son étude des cultes amenés par cette plèbe étrangère qui triompha de l'hostilité du patriciat romain. C'est, comme il l'écrit, en examinant les religions des divinités aventines, Cérès, la Bona Dea, Mercure, Minerve, Diane, que « pendant ce temps, nous voyons se dessiner devant nous les phases successives du conflit, la physionomie des partis aux prises, les succès des uns, les concessions habiles des autres ; il n'est pas de meilleur moyen de pénétrer la vie propre de l'Aventin, les rapports qu'il entretient avec le patriciat ; de saisir sur le vif la ténacité impérieuse et persévérante des collèges d'artisans et de marchands désireux de briser les anciens cadres, la prudence, les atermoiements de l'aristocratie peu à peu acculée aux suprêmes abandons. »

Sous l'Empire, une religion nouvelle vient s'installer sur l'Aventin à côté des temples des dieux qui plusieurs siècles auparavant avaient été aussi des nouveaux venus, et finit par les remplacer : le christianisme, au temps de Marcella, qui y établit « une savante congrégation de femmes du monde », règne sur l'Aventin. Cette histoire, et aussi la légende, de l'Aventin chrétien sont étudiées dans deux chapitres très fouillés. Le dernier du livre, intitulé. « L'Aventin et les barbares » nous fait assister à la ruine finale de ce quartier de Rome qui avait été anciennement si actif et si vivant, et qui en est toujours resté depuis l'un des plus solitaires, mais peut-être aussi le plus charmant.

Un plan hors texte termine le volume qui a valu à son auteur, conjointement avec ses *Revers monétaires de l'empereur Nerva*, le grade de docteur ès-lettres avec la mention *très honorable*.

Dans ce second ouvrage, *Les Revers monétaires de l'empereur Nerva*, M. Merlin s'est proposé de rechercher quelles lumières les types et les légendes monétaires pouvaient jeter sur le gouvernement du successeur de Domitien.

Il examine successivement les types de revers frappés à Rome, monnaies relatives à la personne de Nerva, monnaies relatives à son programme politique, monnaies commémorant des actes gouvernementaux, et les types frappés hors de Rome, médaillons d'argent à légendes latines frappés en Asie-Mineure, monnaies à légendes latines frappées dans les colonies et enfin impériales grecques.

Il ressort de cet examen que les principes dont Nerva a voulu s'inspirer dans son gouvervement sont exprimés d'une façon très intéressante par un grand nombre des types de ses monnaies : régime libéral, entente parfaite avec le Sénat, bonnes relations avec l'année, dévouement spécial à Rome et à l'Italie, voilà ce que traduisent les sujets et les services dont M. Merlin dégage très heureusement la signification ; et il conclut que, « à l'aide des monnaies, le régime fondé par Nerva nous apparaît d'une façon lumineuse ce qu'il fut en réalité, un régime italien-romain plutôt qu'universel, visant à ménager un traitement favorisé dans l'Empire à Rome et à l'Italie, au mépris et au détriment des provinces, réduites suivant une conception chère au Sénat à la condition de *prædia populi romani* ».

Jacques ZEILLER.

218. — **La situation mondiale de l'Empire byzantin avant les Croisades**, par Carl NEUMANN. Traduction française, par RENAULD et KOZLOWSKI, avec une notice préliminaire de Charles Diehl. — Paris, Leroux, 1905, in-8 de 115 p.

Le livre de Carl Neumann paru en allemand au cours de l'année 1894 est un des travaux les plus connus et les plus exploités par les « byzantinistes » de profession. Les traducteurs ont pensé faire œuvre utile en donnant au public français cet opuscule et ils ont eu raison. Peu de lectures historiques sont aussi captivantes, riches en faits et en aperçus de tous genres, que ces cent pages destinées à faire connaître au grand public les traits essentiels d'une civilisation encore très mal jugée parce que très mal connue. L'auteur ne s'arrête pas en effet aux menus faits, propres à éclairer une monographie spéciale. Il prend l'histoire de Byzance par un tout autre biais. Ce qu'il veut surtout montrer c'est le développement logique de la civilisation et des institutions depuis le xe siècle jusqu'à l'heure des croisades; la place de l'Empire dans le monde à cette date décisive, ses rapports avec l'Orient comme avec l'Occident, tout cela pour mieux faire comprendre les Croisades et l'orientation nouvelle qu'elles imprimèrent à la société byzantine. Le livre divisé en quatre chapitres groupe autour de quelques grandes questions mille renseignements divers. Avec le premier chapitre, « L'Empire au xe siècle », nous voyons Byzance s'agiter en Italie, sur les frontières de l'Islam, partout où elle peut porter son influence, son commerce, sa science. Le second chapitre, intitulé « Politique de conquêtes et rajeunissement de l'Empire », nous fait assister aux luttes de partis à Byzance, à l'élaboration d'une politique nouvelle, à l'usage politique qu'on faisait des missions religieuses.

II) Le troisième chapitre. « L'Empire au xie siècle » est consacré aux deux questions qui vont amener l'avènement des Commènes à l'Empire : la question de l'armée et celle de la grande aristocratie féodale de province, avec sa conséquence fatale l'envahissement progressif de la propriété foncière par les « δυνατοί » les puissants aux détriments des pauvres : une véritable question sociale, comme on le voit. Enfin sous le titre de « Turcs et Normands », M. Neumann s'occupe spécialement des invasions normande et turque qui enlèvent à l'Empire provinces et sujets et resserrent autour de Byzance sa frontière auparavant si éloignée. On le voit donc, l'intérêt qui s'attache à cette étude n'est pas d'ordre secondaire ou spécial. Nous avons là un un essai philosophique, social, phsychologique même, qui s'adresse à tout homme cultivé et réfléchi aussi bien qu'à l'historien de profession.

Albert Vogt.

---

219. — **Gouverneur Morris ; un témoin américain de la Révolution française**, par A. Esmein, membre de l'Institut. — Paris, Hachette, 1906, in-18 de 386 p. (Prix : 3 fr. 50).

Le journal et la correspondance du diplomate américain Gouverneur Morris n'ont jamais été publiés que par extraits, même en anglais, et c'est un abrégé de ces extraits que contiennent les deux éditions françaises. M. Esmein a rendu un premier service au public curieux de lectures sérieuses en faisant connaître des fragments non traduits juqu'ici ; son livre présente aussi l'avantage d'enchâsser d'abondantes et caractéristiques citations dans un cadre simple, logique, fait pour plaire à nos latines habitudes d'esprit. Il ne dispensera point les historiens de recourir aux documents originaux, mais il met l'essentiel de ces originaux à la portée du grand public.

Il eût sans doute été à souhaiter que M. Esmein rectifiât l'orthographe des noms auxquels la fantaisie de Morris ou l'ignorance de ses éditeurs américains a fait subir d'invraisemblables déformations. Ainsi Pellene, l'un des « faiseurs » de Mirabeau, devient partout *Pellin* ; ainsi encore l'intransigeant *vicomte* de Segur est pris pour son frère, le futur maître des cérémonies de la cour impériale, qui porte toujours le titre de *comte* (p. 184).

Absorbé par des travaux d'autre nature, l'auteur a dû la plupart du temps s'en rapporter à des ouvrages de seconde main, et le loisir lui a manqué pour dépouiller l'énorme littérature originale de l'époque révolutionnaire et impériale. Par exemple, il cite d'après Vielcastel la jolie anecdocte de Lebrun proposant en 1814 la pure et simple remise en vigueur de la constitution de 1791 (p. 211-212), sans prendre garde que cet historien l'avait empruntée aux

Mémoires alors inédits de Pasquier, où elle est contée de façon très plaisante (t. II, p. 216-217).

Les commentaires de M. Esmein peuvent provoquer des contradictions, mais leur courtoise modération est faite pour ne choquer aucune conviction. Il nous sera permis pourtant de protester contre l'éloge « des lois, quoique trop restrictives, qui ont réglé le libre exercice des cultes » sous le Directoire (p. 323) : cette législation était si « restrictive » en effet qu'elle supprimait pratiquement la liberté des cultes.

De L. de L.

220. — **Les Statues de terre cuite en Grèce**, par W. Deonna. — Paris, Fontemoing, 1906, in-8 de 72 p. (Prix : 2 fr. 50).

Les anciens n'ont pas employé dans la plastique seulement le bois, le marbre et le métal : ils ont fait aussi de véritables statues en argile. On en connaît surtout d'importants exemplaires d'origine italique, mais les Grecs n'ont pas négligé ce procédé. Si peu d'œuvres ont survécu, cela tient à la fragilité de la matière employée. Il existe du moins assez de fragments pour qu'il soit possible de les étudier et de les classer. C'est ce que tente pour la Grèce M. Deonna qui se propose d'étendre son enquête à l'Italie.

L'auteur établit tout d'abord la haute antiquité du modelage en argile et affirme que les premières statues furent modelées en cette matière. C'est faire échec au xoanon, et c'est aussi ce qu'il faudrait démontrer. A vrai dire on ne saura jamais rien d'absolument certain sur ce sujet. Et hypothèse pour hypothèse, n'est-il pas assez naturel de penser que, le goût des *bonshommes* étant inné à l'espèce humaine, le potier de son côté, le sculpteur sur bois du sien, s'essayèrent gauchement à reproduire la figure humaine. Pourquoi l'origine de la statuaire serait elle une ? En revanche, comme la statuaire en bronze implique l'usage du moule, il n'est pas douteux que l'une n'ait précédé l'autre, et sans doute de beaucoup.

Non moins discutable est cette assertion que la statue en argile doit être née du vase. Il est vrai que les figurines de petites dimensions sont pleines et qu'il y a donc une différence de technique. Il est vrai aussi que l'on connaît de très anciens vases que le potier agrémenta d'éléments humains. Il est incontestable aussi que l'on a fait des vases avant de faire des statues. Mais rien ne prouve, pas même l'évolution observable dans le canope étrusque, que la statuaire en argile ne soit qu'un développement de ces sortes de vases ou de vases analogues. C'est une hypothèse soutenable, et ingénieusement soutenue, mais rien de plus.

L'ancienneté de la statuaire en terre cuite en Grèce est attestée par la légende de Pandore, puis par celle de Prométhée, aussi bien que par les traditions orphiques. La légende qui en attribuait l'invention à Butadés de Sicyone, est sans doute de peu de valeur; en revanche il est certain que les premiers fondeurs Rhaeus et Théodoros les trouvèrent en plein épanouissement. Et précisément ce fut leur art, joint au développement du travail du marbre qui entraîna la décadence de cette vieille technique. Les Grecs en effet ne pouvaient tarder à reconnaître combien les matières plus dures donnaient plus de satisfaction à leur conscience d'artistes. La statuaire en argile tomba donc rapidement à un rang inférieur, et c'est le vi^e siècle qui fournit le plus grand nombre des fragments subsistants. Ils présentent en général les caractères de la céramique corinthienne. On connaît les relations de Corinthe avec l'Ionie. La mollesse de la sculpture Ionienne n'est-elle pas due pour une part au grand développement qu'avait pris dans les mêmes régions la statuaire en argile qui n'admet pas le faire sec et nerveux que permettent des matières moins malléables? Le commencement du ve siècle voit donc la décadence de cette technique et le ive siècle n'en offre aucun exemple. Seulement à la fin de ce siècle et au iiie on la vit reparaître. L'époque hellénistique, d'un goût moins sévère et d'ailleurs avide de produits abondants et peu couteux, la remit en faveur. Ce renouveau se manifesta surtout en Asie Mineure.

L'étude de M. D. est terminée par un catalogue des fragments connus de statues grecques en terre cuite, parmi lesquels sont un grand nombre de têtes. Ce catalogue sera sans nul doute la partie la plus utile de son intéressant travail.

André BAUDRILLART.

221. — **Essai sur le Porhoët, le comté, sa capitale, ses seigneurs**, accompagné d'une carte, par le vicomte Hervé DU HALGOUËT. — Paris, Champion, 1906, in-8

L'auteur nous raconte tout d'abord les origines de cette juveignerie de Bretagne qui s'appelait auparavant Pontrocoët, en latin Pagus trans sylvam, et dont Josselin fut la capitale, lorsque démembré elle devint la vicomté de Rohan (XIIe siècle). Après une série de vicissitudes qui fournissent à M. du Halgouet l'occasion de rappeler les longues discordes qui désolèrent la Bretagne, au XIIIe et au XIVe siècle, et surtout cette lamentable guerre de succession entre Charles de Blois qu'il qualifie de *saint*, et Jean de Montfort à qui il confère moins justement peut-être le titre de héros, il nous dit comment Béatrice, fille du fameux connétable de Clisson, frère d'armes d'un autre connétable plus célèbre encore, Duguesclin, apporta le fief de Porhoët à la maison de Rohan par son mariage avec le vicomte Alain VIII. On sait que cette puissante famille dont la devise était : « Roi ne puis, prince ne daigne, Rohan suis, duc de Bretaigne », prétendait remonter à Conan Mériadec dont l'existence est aussi problématique, pour le moins, que celle de Pharamond. Elle trouva dans le Bénédictin dom Morice un annaliste complaisant qui composa, pour démontrer cette thèse aventureuse, toute une volumineuse histoire qu'il eut l'heureuse idée de faire suivre de *Preuves* consultées toujours avec profit.

L'histoire de la vicomté de Rohan-Porhoët, nous conduit jusqu'au seizième siècle, aux guerres de religion. La cause calviniste trouva dans les Rohan, grâce à Isabeau d'Albret, épouse de René Ier de Rohan-Gié-Porhoët, des partisans déterminés qui ne négligèrent rien pour la faire triompher en Bretagne, surtout dans leur fief. Le succès ne répondit pas à leurs efforts ; les populations du Porhoët demeurèrent en très grande majorité fidèles à la foi de leurs pères. Henri IV, dans sa guerre contre Mercœur, fut puissamment aidé par les Rohan. Il leur témoigna sa reconnaissance en créant le comte Henri pair de France et en érigeant en Duché-

Pairie sa vicomté de Rohan. Le nouveau duché fut divisé en six châtellenies. Henri de Rohan fut l'âme de la résistance du parti protestant, sous Louis XIII, Richelieu ne trouva pas d'adversaire plus redoutable pour sa politique de centralisation. Il fit sa soumission en 1639 et mourut des suites d'une blessure reçue à la bataille de Reinfeld (1638). Sa fille Marguerite, qui seule lui survécut de tous ses enfants, épousa Henri Chabot, ce fut l'origine des Rohan-Chabot qui possédèrent le Porhoët jusqu'à la Révolution. Marguerite est célèbre par la pantoufle dont elle souffleta le Maréchal de la Meilleraie.

L'auteur après avoir ainsi raconté l'histoire de Porhoët et de ses diverses transformations, nous dit ce que devient Josselin dont il a précédemment énuméré les pieuses fondations parmi lesquelles l'église de Notre-Dame du Roncier, fameuse par ses pèlerinages et ses... aboyeuses, termine son travail par le récit des guerres dont le Porhoët fut le théâtre, durant la Révolution. Ces pages sont loin d'être les moins intéressantes du volume. Le château de Josselin, devenu propriété nationale, fut plus tard rétrocédé à la famille des Rohan qui en a fait l'une des merveilles de notre province de Bretagne.

L'ouvrage est accompagné de pièces justificatives, de notes complémentaires, et d'illustrations qui en augmentent encore l'importance.

Dans son avant-propos, l'auteur s'exprime ainsi : « Du culte que nous devons au sol natal, l'étude de son histoire n'est pas une des moindres obligations. » Il a raison et cette bonne monographie prouve qu'il ne s'en est pas tenu à cette belle parole, mais qu'il a su remplir ce qu'il appelle un devoir.

Je n'ai qu'un reproche à lui faire, c'est de citer parfois ses auteurs, de donner ses références, d'une façon incomplète et vague.

A. ROUSSEL.

VARIÉTÉS

XXIII

Preuves de l'existence de Dieu, par le chanoine Th. Dubot. — Paris, Beauchesne, 1906, in-18 jésus de xiii-242 pp. (Prix : 2 fr. 50).

Le clergé ne peut plus suffire aujourd'hui à enrayer le mouvement d'impiété qui se manifeste jusque dans les campagnes les plus reculées : il faut faire appel à ce qu'on a quelquefois appelé dédaigneusement « le laïcisme ». Et, pour organiser l'apostolat laïque, le moyen le plus efficace semble bien être le cercle d'études.

C'est pour faciliter la création et la direction de ces centres de travail, pour munir cet arsenal de l'apologétique populaire, que l'on a vu se former et que l'on voit se développer toute une littérature « à l'usage des cercles d'études. »

C'est un ouvrage de cette espèce que nous offre M. le Chanoine Dubot « docteur en théologie, licencié-ès-lettres, ancien professeur de philosophie, supérieur du Petit Séminaire de Ploërmel. » Ce volume est adressé « aux directeurs de cercles d'études » et résume à leur usage, d'une façon sérieuse les « preuves de l'existence de Dieu. » L'ouvrage a une allure scientifique et un apparat de citations dont il convient de féliciter l'auteur.

Ce n'est pas qu'il n'y ait à faire de nombreuses réserves sur ce petit livre. Nous nous attachons uniquement aux reproches qui vont directement contre le but que s'est proposé M. Dubot : nous faisons seulement les critiques que fera sans doute un directeur de cercles d'études.

Il faut regretter que M. Dubot, ne se soit pas un peu plus étendu sur la méthode à suivre : ceci est capital pour un instrument de travail, et pour un tel sujet. Ne convenait-il pas de prévenir les jeunes intelligences auxquelles on s'adresse et de leur dire de ne point chercher dans ce livre ce qui n'y est pas et ne saurait y être : à savoir une preuve *scientifique* de l'existence de Dieu? N'importait-il pas grandement de les prémunir contre la fâcheuse tendance qui consiste à mêler les questions et à brouiller les compétences ? Arrière les métaphysiciens qui veulent régenter les sciences, mais arrière aussi les savants qui prétendent régenter la métaphysique, comme M. Berthelot !

Il fallait aussi marquer le caractère *religieux* du problème. De rechercher si Dieu existe n'est pas un problème purement spéculatif, c'est-à-dire accessoire et de luxe, comme tous les problèmes scientifiques ; c'est un problème où nul ne peut se flatter de neutralité, où la recherche constante est le droit et le devoir de tout homme qui veut aller jusqu'au bout de son humanité, jusqu'au fond de son âme, jusqu'au terme de ses besoins et de sa raison.

Enfin l'on aurait souhaité que M. Dubot morcelât un peu moins son sujet, ou du moins qu'il en reliât les fragments à l'aide d'une idée directrice. Il était facile de grouper en une imposante et naturelle synthèse toutes les preuves de l'existence de Dieu. Au fond, tous les arguments donnés dans ce livre et tous ceux qu'on pourrait y ajouter, n'ont de valeur probante que celle qui leur vient de l'unique argument dont ils sont des formes particulières ou des applications. Tous en effet se ramènent en définitive à la constatation de l'insuffisance de l'homme et à l'appel à la toute suffisance de Dieu. Dieu est la raison suffisante mais nécessaire de l'univers matériel ; Dieu est la raison suffisante mais nécessaire de l'univers moral. — Il semble bien que les jeunes intelligences, auxquelles s'adresse M. Dubot, auraient trouvé dans cette synthèse une satisfaction légitime et sûre.

Le livre de M. Dubot tel qu'il est, sera cependant utile : s'il n'a pu donner une force bien probante à des arguments qui n'en sont pas susceptibles, du moins n'a-t-il pas diminué celle dont ils sont capables... A être exposés par M. Dubot quelques preuves gagnent même un peu de force ; d'autres ne perdent point de leur faiblesse.

Henri PRADEL.

XXIV

Il sentimento imperialista, studio psico-sociologico, par M. Giovanni Amadori Virgini, con prefazione di Errico de Marinis. — Milano, Palermo, Napoli, Remo Sandron, editore, 1906, in-12.

La préface placée en tête de ce volume par M. Errico de Marinis, professeur à l'Université de Naples et député au Parlement italien, insiste avec raison sur le côté purement philosophique de cette nouvelle œuvre d'un de ses collègues déjà distingué par ses études sur le Mutualisme de Proudhon et le collectivisme de Marx et d'Engels. On peut dire que *Il sentimento imperialista*, comme son auteur l'a dénommé, est un fait considérable qu'il est impossible de méconnaître indépendamment de toute politique, un fait psychique et sociologique, qui naît de la mentalité d'un peuple et surtout de ses intérêts. Comment imaginer qu'une nation, maîtresse de ses destinées autant qu'il est permis de le supposer au milieu des conflits internationaux, ne rêve pas la puissance en face de ses voisines et la force de leur transmettre ses opinions? Or, ses opinions sont essentiellement individualistes, parce qu'elles résultent de la glorification du travail individuel qui tend toujours à la grandeur de la race. Toutes les masses humaines ont le même objectif ; elles recherchent d'abord par l'effort la satisfaction personnelle du travailleur, puis, par surcroît, celle de la collectivité. C'est la noblesse de cette conception idéale. Nous n'en avons pas un meilleur exemple que dans la Grande-Bretagne. Que l'on en rencontre les causes multiples, avec M. Amadori-Virgili, dans l'ambiance intellectuelle, les préoccupations économiques, la foi religieuse, l'éducation, le patriotisme, le désir d'élever sa nation, l'action de l'Etat lui-même, rien ne s'y oppose; ces causes diverses y ont contribué dans des proportions inégales. Mais ce qui est certain, c'est que le sentiment impérialiste est l'opposé du socialisme et qu'il le combattra résolument, du moins en théorie, sinon en pratique. Quel sera en définitive le vainqueur? L'avenir seul nous l'apprendra. Mais déjà les Etats-Unis d'Amérique semblent nous indiquer que leur choix est fait et que l'impérialisme n'est pas encore près de succomber.   H. B.

XXV

Pour le centenaire de Gaspar Zeuss, fondateur de la philologie celtique, par H. Gaidoz. — Paris, 1906, in-8 de 32 p. et un portrait.

A l'occasion du centenaire de l'illustre auteur de la *Grammatica Celtica*, G. Zeuss, né à Bamberg le 22 juillet 1806, et mort le 10 novembre 1856 à Vogtendorf. M. Gaidoz a réimprimé la notice consacrée à Zeuss et à son disciple Glück, dans le tome VI de la *Revue Celtique*, p. 519-522. Il la complète au moyen de l'article publié par O'Donovan dans le tome VII (1859) de l'*Ulster Journal of archaiology* et de renseignements fournis par M. Kuno Meyer. Une étude du nom de Zeuss et l'analyse d'un compte rendu de la *Grammatica Celtica* paru le 17 décembre 1853 dans l'*Athenæum français* (revue sur laquelle M. Gaidoz nous donne de curieux détails) complètent cette intéressante brochure. A la page 2 est reproduite une photographie exécutée d'après un portrait à l'huile conservé dans la famille de Zeuss et récemment acquis par l'Académie de Munich.

Cet hommage de M. Gaidoz est le seul que les celtistes français aient rendu à la mémoires de Zeuss, M. d'Arbois de Jubainville, désigné par l'Institut pour le représenter aux fêtes de Bamberg, n'ayant pu s'y rendre. On s'étonnera moins de cette attribution quand on saura que c'est seulement par les comptes rendus de ces fêtes que la plupart des celtistes français ont été informés du centenaire de Zeuss.   A. Dottin.

XXVI

Frère et sœur, par Hugo Bertsch. — Paris, Perrin et Cie, 1906, in-16. (Prix : 3 fr. 50).

Ce livre est tout simplement extraordinaire. D'abord, il abonde en réflexions d'une profondeur et d'une sagesse qui font rêver. Et surtout, il a ceci de presque invraisemblable, qu'étant une œuvre si élevée par le ton, si peu banale par les pensées, si supérieure par la forme, il est sorti des plus humbles classes populaires : il a pour auteur un ouvrier allemand de Brooklyn, ayant reçu pour toute instruction celle d'une école quelconque de la Forêt-Noire. Mais, comme il l'écrivait lui-même à Adolphe Wilbrandt, qui l'a lancé, cet homme a lu beaucoup, non seulement dans les livres humains, mais surtout dans le grand livre du monde. Tour à tour fermier, mineur, bûcheron, matelot, briquetier, ouvrier de fabrique, Hugo Bertsch eut l'occasion d'observer bien des gens, de réfléchir à bien des actes, de se faire toute une philosophie. Soit tendance naturelle de son esprit, soit souvenir de son éducation, il rapporte sans cesse tout à Dieu ; et le livre est tellement pénétré par la pensée de l'Infini, que dans ses quelques pages liminaires, M. François Coppée croit y reconnaître « le parfum délicat et pur qui sort des tabernacles ». Peut-être aurait-il pu écrire, sauf paradoxe, « des temples protestants » : car cette philosophie est profondément protestante, et parfois il est des passages qui rappellent vaguement le ton d'un prêche. L'ouvrage n'en est point pour cela moins élevé.

Du reste, il comprend aussi une part de roman : l'histoire d'un ouvrier, à qui une scie mécanique a coupé une main. Le récit de l'accident est d'une simplicité poignante dans son sanglant réalisme. La suite raconte la lente guérison, puis le rétablissement, la pénible recherche d'une nouvelle position pour l'infirme, les péripéties douloureuses qu'il traverse, la lutte pour la vie de toute une famille ; l'anxieux travail de la femme, qui finit par succomber à la peine ; des jalousies de parents ; les enfants menacés, puis sauvés... Tout cela est d'un intérêt puissant, d'un sombre drame, dans lequel on sent l'énergie du désespoir, et auquel la remarquable sincérité des peintures donne une vigueur étrange.

Pensées fortes, pathétiques, émouvantes, telles sont les qualités maîtresses de ce livre surprenant. A ces mérites, joignez, en de nombreux passages, une intense poésie, des accès de lyrisme d'une allure très germanique :

« Les voilà qui roulent de nouveau vers la côte, les lames vertes, couronnées d'écume, et elles ne se fatiguent pas ! Dans leurs bras froids elles bercent les bateaux pêcheurs, les barques, les yachts, les lourds vapeurs d'airain, et elles ne se fatiguent pas ! Est-ce l'univers bleu là-haut qui s'harmonise avec la mer pour chasser ses nuages blancs, navires à voiles des cieux, de pays en pays, comme l'Océan ? Est-ce le vent du sud qui, embaumé des senteurs des palmiers, caresse les côtes, et fait endoyer l'onde des prairies en longues traînées, comme les vagues de l'Océan » ?

Ne croirait-on point lire une chanson marine, ou une ballade des bords du Rhin ?

Ce livre, écrit par un Humble, apportera à ceux qui ne sont pas des Humbles, à la fois le bienfait de les faire peut-être penser, et le délicat plaisir de lire une des œuvres les plus fortes, les plus variées, les plus extraordinaires, que l'âme mystique de l'Allemagne ait jamais inspirées.

La traduction, de M. de Komar, est d'un beau style, et digne de l'œuvre.

Pascal MONET.

XXVII

Jésus-Christ, sa vie, son temps, par le père Hippolyte LEROY, S. J. Année 1906. — Paris, Gabriel Beauchesne, 1906, in-12 de 327 p.

C'est le douzième volume de la série de conférences que le Père

Leroy poursuit au Gesu de Bruxelles, ne pouvant plus les faire au Gesu de Paris, et qui formeront une vie complète de Notre-Seigneur, d'après les quatre Evangiles. Il contient dix conférences qui vont depuis la parabole du maître de la vigne et de ses ouvriers, jusqu'à celle des vignerons homicides, c'est-à-dire jusqu'à la veille de la Passion. Le lecteur y retrouvera les belles qualités qui distinguent les volumes précédents : c'est la même étude sagace, pénétrante, approfondie du texte sacré, s'aidant, pour mieux entendre, des lumières que peuvent fournir anciens et modernes ; c'est le même succès aussi pour retracer en une série de tableaux animés et vivants, les grandes scènes évangéliques : c'est la même sureté de doctrine. J'ai regret seulement que dans sa première conférence : « Les sources du mérite », sujet capital s'il en fut, le Père Leroy se borne à donner de la parabole du maitre de la vigne et de ses ouvriers, l'explication qu'il croit la vraie, sans même indiquer, pour brièvement que ce soit, d'autres explications qui ne manquent pas de vraisemblance. Est-il bien sûr que la scène représente ce qui se passera dans le ciel et les ouvriers, même ceux qui murmurent, l'élite et le commun des élus, le denier figurant le bonheur éternel ? Ne faudrait-il pas voir plutôt, sans d'ailleurs prétendre épuiser par là le sens de la parabole, les païens derrière les tard-venus, derrière ceux qui murmurent et rejettent le denier, les Juifs, furieux qu'on leur assimile les païens dans l'économie nouvelle et sous le denier, la justification que le Christ vient offrir également à tous les hommes de bonne volonté, soucieux du salut de leur âme ? La conclusion : Beaucoup sont appelés, mais peu sont élus, ne s'expliquerait-elle pas alors d'une manière plus simple et plus heureuse ?

R. Sainte-Croix.

XXVIII

Atala, par Chateaubriand. *Reproduction de l'édition originale,* avec une *Étude sur la Jeunesse de Chateaubriand* d'après des documents inédits, par MM. Victor Giraud, professeur de littérature française moderne et Joseph Girardin, lecteur de langue française à l'Université de Fribourg (Suisse). — Paris, Fontemoing, 1906, in-18 de lxxxviii-210 pp. (Prix : 2 fr.)

« L'édition originale d'*Atala,* — l'*Atala* d'avant Morellet, si l'on peut ainsi dire, — était devenue introuvable. Les auteurs de cette publication ont voulu mettre à la portée de tous, et sous sa forme première, le texte de ce petit chef-d'œuvre si souvent retouché depuis par Chateaubriand. Ils ne se sont pas contentés de le réimprimer purement et simplement, avec la plus scrupuleuse exactitude, — orthographe et ponctuation comprises. Le format, la justification, l'interlignement, les caractères d'imprimerie, reproduisent aussi fidèlement qu'on l'a pu, l'aspect extérieur de l'édition princeps. Rien, en un mot, n'a été négligé pour que l'on eût l'illusion d'avoir entre les mains cette édition même. » Les promesses des éditeurs ont été pleinement tenues, et, en vérité ce petit livre tout neuf a l'air d'avoir plus de cent ans. M. Giraud a mis en tête une bien curieuse étude sur la *Jeunesse de Chateaubriand.* Il a reproduit les souvenirs inédits de l'abbé de Mendésit qui fut compagnon de voyage du futur auteur d'*Atala.* Ce témoignage est d'autant plus précieux qu'au fond il est peu sympathique et que l'abbé ne ménage guère les épigrammes au « bouillant Chateaubriand, » qu'il dépeint volontiers comme un Don Quichotte vantard et « menteur. » M. Giraud montre fort heureusement quel parti on peut tirer de ce texte pour la connaissance de Chateaubriand encore tout jeune et que certains traits font pressentir dans le disciple des philosophes qu'il était alors, le futur apologiste sinon de la religion au moins *des beautés de la religion.*

G. Michaut.

CHRONIQUE

33. — **Sainte Colette,** par André Pidoux [dans la collection *Les Saints*]. — Paris, V. Lecoffre, 1906, in-12. (Prix : 2 fr.)

Rien de plus vivant que cette biographie de Sainte Colette de Corbie, la célèbre réformatrice de l'ordre des Clarisses. L'auteur M. Pidoux, archiviste-paléographe a trouvé dans sa situation près de la personne même du souverain Pontife à Rome, le moyen de se faire communiquer bien des documents. Il les a habilement mis en œuvre, et son livre qui a pour théâtre tour à tour la Picardie et la Franche Comté est neuf, très soigné et plein d'enseignements édifiants.

34. — Le catholicisme est-il destiné à disparaître? Peut-il au contraire sortir triomphant des épreuves actuelles? Sommes-nous à la veille d'un déclin ou d'une renaissance? M. P. Imbart de la Tour, professeur à l'Université de Bordeaux, a examiné ces graves questions dans une conférence faite le 2 août 1906 à la IIIe semaine sociale de Dijon, conférence que la librairie Bloud vient de publier. (plag. in-16. Prix : 0, 40). Analysant, pour les étudier à la lumière des faits, les causes qui ont provoqué en France, depuis un quart de siècle, le recul du catholicisme, M. I. de la Tour, établit qu'elles sont d'ordre politique, intellectuel, ecclésiastique. Puis il préconise comme **Conditions d'une Renaissance religieuse et sociale** dans notre pays un contact plus grand des catholiques avec la vie sociale, une réforme et une organisation meilleure de l'enseignement de la religion, enfin une direction donnée aux catholiques par la restauration du gouvernement intérieur et de la force de l'épiscopat.

35. — M. L. Lejeal a repris son cours sur les *Antiquités américaines* le samedi 8 décembre 1906, à 5 heures, au Collège de France, salle n° 3, et le continuera les mercredis et samedis suivants, à la même heure.

Cette année le professeur expose **Les Eléments de la grammaire mexicaine, avec explications de textes historiques et religieux** (cours du mercredi); et il étudie **La Magie, la sorcellerie et l'Astrologie dans l'ancienne Amérique, spécialement au Mexique et au Pérou** (cours du samedi).

ACADÉMIE DES INSCRIPTIONS ET BELLES-LETTRES

Séance du 14 septembre. — L'académie fixe au 16 novembre le jour de sa séance publique annuelle.

M. Babelon commente deux passages de Polybe dans lesquels il est parlé du prix des voyages dans la Haute Italie, au deuxième siècle avant notre ère, et de la solde des légionnaires romains. Ce texte et un autre de Plutarque donnent au mot obole le sens d'as libral, ou as pesant une livre de 327 grammes. De là il résulte que le voyageur séjournant dans une hôtellerie de la Haute-Italie payait une somme équivalant à 25 ou 30 centimes pour sa nourriture et son logement. Quant à la solde des soldats, elle était de deux deniers et demi pour le fantassin, quatre deniers et demi pour le centurion, sept deniers et demi pour le cavalier; mais sur cette somme, le questeur retenait le prix de la nourriture, de l'entretien et de l'équipement.

M. Cagnat commente une inscription de Carthage relative à un personnage nommé Sex. Appuleius; il reconnaît en ce personnage le beau-frère d'Auguste, étant le mari d'Octavie. Les Carthaginois lui avaient élevé une statue, peut-être dans le Capitole.

M. Perrot commence la lecture d'une Notice sur l'histoire de l'Académie, destinée à un travail d'ensemble que prépare chacun des secrétaires perpétuels de l'Institut.

Séance du 21 septembre. — M. Cagnat fait connaître qu'il a reçu de M. le commandant Guénin, chef du cercle de Tébessa, la copie et la photographie de trois inscriptions qui font connaître la limite du territoire des Musulames dans la région de Tébessa.

M. Georges Perrot continue la lecture de l'Historique de l'Académie qu'il a rédigé. Les chapitres qu'il en lit ont trait aux règlements de l'ancienne Académie et aux travaux des plus célèbres érudits qui la composaient.

M. l'abbé Breuil communique le résultat des investigations que, grâce à une subvention de l'Académie, il a pu faire dans six cavernes ornées de peintures et de gravures de la province de Santander (Espagne.) Il y a relevé un grand nombre de dessins naïfs d'animaux : chevaux, bisons, cerfs, éléphants, etc. Ces dessins et le texte qui les commente seront reproduits dans une publication d'ensemble faite sous les auspices du prince de Monaco.

Séance du 28 septembre. — Lecture est donnée d'une lettre de M. le commandant Esperandieu, correspondant de l'Académie, rendant compte des dernières fouilles pratiquées à Alise sur le mont Auxois. Il signale notamment la mise au jour d'une statue représentant vraisemblablement un chef gaulois, malheureusement très mutilée, ainsi que plusieurs têtes sans corps, aux yeux clos, et une figure de cavalier.

M. Héron de Villefosse annonce qu'il a reçu de M. le docteur Carton une lettre l'informant de la découverte faite récemment à Sousse, par le lieutenant Mollier et ses hommes, d'un groupe de galeries souterraines occupant un espace d'environ 200 mètres carrés. Ce groupe offre des caractères différents de ceux qu'on a trouvés précédemment.

M. Perrot achève la lecture de sa Notice historique sur l'Académie.

Séance du 5 octobre. — M. Salomon Reinach commente un passage de Juvénal (XI, 177-80) qui lui paraît avoir été mal interprété ; ce n'est pas entre Homère et Virgile, mais bien entre Virgile et Stace, que Juvénal a songé à établir un parallèle, et Virgile n'y est pas mis en belle place. Il est qualifié d'*altisonus*, c'est-à-dire pompeux, et jugé comme manquant d'esprit, critique déjà commune dès le temps de Caligula.

M. Boissier combat cette théorie avec une verve étincelante.

Communication est donnée d'une lettre de M. Volgraff sur la campagne de fouilles entreprises à Argos durant cet été.

M. Maspero rend compte, avec son habituel talent d'exposition, des travaux de l'Institut du Caire pendant la dernière campagne ; il signale les principales trouvailles faites par ses collaborateurs et notamment la découverte par M. Gustave Lefebvre d'un dépôt d'archives notariales parmi lesquelles d'importants fragments de plusieurs comédies de Ménandre.

M. Senart donne des nouvelles de la mission Pelliot en Turkestan.

M. le marquis de Vogüé entretient l'Académie de la remarquable publication que viennent de faire paraître en Angleterre, MM. Sayce et Cowley sous le titre : *Aramaic Papyri*, et qui comprend la reproduction, la traduction et le commentaire d'une importante collection de papyrus araméens découverts à Assouan, en 1904, puis donnés au Musée du Caire par lady William Cecil et M Robert Mond. Ces documents proviennent des archives privées d'une famille et constituent une partie de ses titres de propriété. Elles éclairent la vie privée d'une colonie juive établie dans l'île d'Eléphantine et dans la forteresse d'Assouan, située en face sur la rive gauche de Nil, sous la protection du gouvernement perse.

M. Emile Rivière, directeur de laboratoire au Collège de France, présente une série de reproductions, soit par la photogravure, soit par des moulages, des principales gravures préhistoriques si curieuses qu'il a découvertes sur les parois de la grotte de la Mouthe (Dordogne).

Ces gravures représentent toutes, à l'exception d'une seule qui est la figuration d'une hutte, des animaux, les uns de grandeur naturelle, les autres de grandeur plus ou moins réduite; elles ont été exécutées par les troglodytes de la région à l'aide de gros burins en silex, dont quelques-uns sont mis par M. E. Rivière sous les yeux des membres de l'Académie. Sur les unes, les traits sont profondément creusés dans la roche; sur les autres, ils sont superficiels et d'une fraîcheur telle qu'on les croirait d'hier. Les animaux représentés sont le bison, l'antilope, le bouquetin, le renne, un cheval barbu, une sorte d'hémione, le mammouth, un félin, etc... Les uns, comme le renne, sont remarquablement dessinés par l'artiste des temps primitifs; d'autres, au contraire, sont d'une facture qui laisse fort à désirer; tous néanmoins sont facilement reconnaissables.

La grotte de la Mouthe est située dans le département de la Dordogne, sur le territoire de la commune des Eyzies-de-Tayac. Elle est longue de deux cents mètres environ. Les fouilles que M. Rivière y a pratiquées pendant plusieurs années lui ont donné des milliers d'ossements d'animaux de toute espèce et d'outils en silex et en os.

Si la Mouthe n'est pas la première grotte à gravure qui ait été signalée, c'est à sa découverte et à la mise au jour de ses dessins par M. Emile Rivière et à la publicité qu'il leur a donnée par ses nombreuses communications tant à l'Institut que dans les diverses Sociétés savantes, que l'antiquité des gravures analogues trouvées antérieurement dans les grottes d'Altamira en Espagne et de Chabot en France, doit d'avoir été reconnue; c'est également à ses communications que l'on doit la découverte, quelques années plus tard, par MM. Breuil, Capitan, Peyrony, etc... d'autres grottes à gravures et à peintures dans la Dordogne.

Séance du 12 octobre. — M. Glotz, professeur d'histoire au lycée Louis-le-Grand, commente une inscription récemment découverte au cours des fouilles allemandes de Milet, et reproduisant un fragment de décret de proscription qui mettait à prix la tête de plusieurs personnages.

Tant au point de vue juridique qu'historique, ce document est précieux. Il nous révèle la sanction en usage des crimes politiques et d'autre part montre l'état de détresse où se trouvait au milieu du cinquième siècle la ville de Milet, livrée à toutes les violences des factions.

M. Léon Dorez, bibliothécaire à la Bibliothèque nationale présente, en les commentant, les photographies de reliures et de miniatures qu'il a rapportées d'un récent voyage de travail en Angleterre, dans la bibliothèque de lord Leicester à Holkham (Norfolk). Ces documents, au nombre de cent vingt, empruntés à des manuscrits qui datent du onzième au quinzième siècle constituent de précieux documents pour l'histoire de l'art du moyen âge en Allemagne, en Angleterre, en France, en Italie et dans les Flandres.

M. A. Thomas analyse des documents inédits qu'il a découverts aux Archives nationales et qui jettent un jour tout nouveau sur la biographie du poète français Henri Baude, lequel vivait au temps de Louis XI. Baude avait obtenu en 1458 l'office d'élu pour le fait des Aides en Bas-Limousin ; mais ses administrés incriminèrent sa conduite, le poursuivirent d'abord devant le Grand-Conseil, puis devant la Cour des Aides, et finalement après l'avoir fait longtemps emprisonner le firent révoquer et condamner à une amende de 800 livres parisis, en 1468.

Il faut croire, toutefois, que le malheureux financier-poète rentra en grâce par la suite, car un document de 1487, publié par son premier biographe, Jules Quicherat, le qualifie à nouveau d' « élu du bas pays de Limosin. »

Séance du 19 octobre. — M. Homolle communique une lettre de M. Replat, architecte de l'Ecole française d'Athènes, annonçant l'achèvement du Trésor d'Athènes à Delphes ; cette lettre est accompagnée de photographies représentant la Voie sacrée et les travaux de déblaiement du sanctuaire.

M. Salomon Reinach transmet au nom de M. Cartallhac, correspondant de l'Académie, les résultats d'une découverte intéressante faite dans les Pyrénées arriégeoises. Il s'agit d'une caverne située au cœur d'une montagne (800 mètres de l'entrée et du jour) et ornée de dessins qui représentent, comme dans beaucoup d'endroits, des bisons, des chevaux, des cervidés, des bouquetins, etc. Sur les flancs d'un groupe de ces bisons, on remarque la figuration de flèches noires ou rouges, et il est difficile de n'y pas voir l'origine de la pratique de l'envoûtement. Le mérite initial de la découverte appartient, un peu fortuitement, à M. le commandant Malar et à ses fils.

M. Léon Dorez, bibliothécaire à la Bibliothèque nationale, poursuit sa communication sur les manuscrits à peintures de la bibliothèque de lord Leicester, à Holkham (Norfolk). Il avait présenté, dans la dernière séance, des peintures datant du quatorzième au seizième siècle ; il montre cette fois, des peintures qui s'échelonnent du quatorzième au seizième siècle, empruntées à des manuscrits provenant de divers couvents italiens, d'Alberto d'Este, du roi de Hongrie, Mathias Corvin, de Laurent de Médicis, de Charles le Téméraire, de Raphaël, de Marcatel, abbé de Saint-Bavon, de Grand, etc.

M. Reinach communique le mémoire qu'il lira jeudi prochain à la séance publique annuelle des cinq Académies et qui a pour titre « la Vénus d'Alésia. »

ERRATUM DU NUMÉRO DU 5 NOVEMBRE 1906

Page 551, ligne 24, lire : Uberlieferung.
— ligne 25, — Nachf.
Page 552, ligne 16, lire : Pigadasi.
— ligne 17, — Malinda.
— ligne 19, — Samanta.
— ligne 21, — Vijaya, Râjaratnâkara.

L'Éditeur-Propriétaire-Gérant : Albert Fontemoing.

TABLE ALPHABÉTIQUE

A

	Pag.
Ahoudemmeh. Voir **Nau.**	
Alfaric (P.). Aristote. (H. P.)	575
Allègre (F.). Sophocle : Etudes sur les ressorts dramatiques de son théâtre et la composition de ses tragédies. (A. DUPOUY)	281
Amadori-Virgili (G.). Il sentimento imperialista. (H. B.)	668
Ancienne Version Syriaque des Evangiles. (H. DUMAINE)	26
Anthiaume (A.). Le Collège du Havre. (A. TOUGARD)	113
Appelmant (H.). Nécessité philosophique de l'existence de Dieu. (J. SEGOND)	409
Appiani. Historia Romana [éd. P. Vierek]. (J. PAQUIER)	611
Applications sociales de la solidarité. (A. PRAT)	141
Arbois de Jubainville (H. d'). La famille celtique. (DOTTIN)	253
— Mélanges. (F. L. G.)	439
Archiv für Religionswissenschaft. t. VII. (D. E. B)	101
Aristophane. La Paix [éd. P. Mazon]. (C. E. R.)	411
Aslan (G.). La morale selon Guyau. (J. SEGOND)	410
Aubès (J.). Le Protectorat religieux en Orient. (H. F.)	278
Auriol (Ch.). La France, l'Angleterre et Naples de 1803 à 1806. (B. DE LACOMBE)	573
Austrasie (L'). (A. L.)	199
Avis aux lecteurs. (LA DIRECTION)	642

B

	Pag.
Barbier (Em.). Les Catholiques français et la République. (ALFRED BAUDRILLART)	368
Bardoux (J.). Essai d'une psychologie de l'Angleterre contemporaine : les crises belliqueuses. (A. KOSZUL)	326
Barine (A.). Louis XIV et la Grande Mademoiselle. (H. CARRU)	150
Baumann (A. T.). Les Martyrs de Lyon. (P. HERVELIN)	210
Beaucaron (Regnault de). Souvenirs anecdotiques. (J. LAURENTIE)	530
Beha-Ullah. Les Préceptes du Behaïsme. (J. PÉRIER)	642
Benoist (Ch.). L'organisation du travail. (H. SOULÈS)	383
Berlière (Don Ursmer). Suppliques de Clément VI. (A. INGOLD)	288
— (G. MOLLAT)	381
— Diversa Cameralia (1389-1500). (G. MOLLAT)	632
Bertsch (Hugo). Frère et sœur. (P. M.)	670
Bildt (Baron de). Christine de Suède et de Conclave de Clément X. (H. GAILLARD)	192
Bittard des Portes (R.). L'Insurrection de Lyon en 1793. (A. LE GLAY)	516
Bliard (P.). Le Conventionnel Prieur de la Marne en mission dans l'Ouest. (L. LESCŒUR)	290
Bonnet-Maury (G.). L'Islamisme et le Christianisme en Afrique. (A. ROUSSEL)	443
Boor (Car. de). Voir **Georgius.**	
Bordier. Voir **Höffding.**	
Bourdeau (J.). Poëtes et humoristes de l'Allemagne. (L. GUÉRIN)	229
Bourg de Bozas. Mission scientifique. (H. F.)	455

	Pag.		Pag.
Boyer (P.) et N. Speranski. Manuel pour l'étude de la langue russe. (PASCAL MONET)	652	**Conciliation** internationale. (H. BEAUNE)	407
Brehier (L.). Les Basiliques Chrétiennes. (L. BORDET)	175	**Correspondance** du comte de Jaucourt avec le prince de Talleyrand pendant le Congrès de Vienne. (L. MADELIN)	103
Breil de Pontbriand (Vte du). Un chouan. Le général du Boisguy. (R. GUYOT)	234	**Correspondance** du comte de la Forest [éd. G. de Grandmaison]. T. I. (ALFRED BAUDRILLART)	518
Brémond (H.). Newmann : Essai de biographie psychologique ; — Pages choisies. (D. SABATIER)	402	**Couailhac** (M.). Maine de Biran. (D. SABATIER)	464
Brochet (J.). Saint Jérôme et ses ennemis. (A. LARGENT)	630	**Couvent** persécuté au temps de Luther. — Mémoires de Charité Pirkheimer [trad. J.-P. Heuzey]. (D. L. GUILLOREAU)	110
Brückner (Alex.). Geschichte der Russischen litteratur. (P. MONET)	654	**Cox** (Ch.). The Religious Houses of Surrey. (D. L. GUILLOREAU)	261
Brülhart (Fr.). La seigneurie et la paroisse de Font. (J. GAUDEUL)	16	**Critique** hagiographique au XVIe siècle. (A. TOUGARD)	650
Buettner-Wobst (Th.). Voir **Polybius**.		**Croiset** (M.). Aristophane et les Partis à Athènes. (A. DUPOUY)	329
		Crombrugghe (C. Van). De Soteriologiæ Christianæ primis fontibus. (H. D.)	202

C

Cagnac (Moïse). Saint François de Sales. Lettres de direction. (A. LARGENT)	74	**D**	
Cardon (H.). Extraits du Journal de Charles de Croix chanoine de Saint-Quentin. (A. LESORT)	254	**Dalibray**. Œuvres poétiques [éd. A. Van Bever]. (E. MAYNIAL)	479
Cassirer (E.). Das Erkenntnissproblem in der philosophie. T. I. (J. SEGOND)	603	**Darcy** (J.). France et Angleterre. Cent années de rivalité coloniale : I. L'Afrique. (H. FROIDEVAUX)	144
Castelen (S. J.). Droit naturel. — Devoir religieux. — Droit individuel. — Droit social. — Droit domestique. (A. LARGENT)	70	**Dard** (Em.). Hérault de Séchelles. (B. DE LACOMBE)	597
		David (F.). Esquisse de la science du bonheur. (H. VILLASSÈRE)	8
Châteaubriand. Attala [éd. V. Giraud et J. Girardin]. (G. MICHAUT)	673	**Davignon** (H.). Molière et la vie. (J. LAURENTIE)	75
Chébli (P.). Voir **Ibn-al-Moqaffa**.		**Debidour** (A.). L'Eglise Catholique et l'Etat sous la troisième République. (ALFRED BAUDRILLART)	361
Chéradame (A.). La Colonisation et les Colonies allemandes. (H. SOULÈS)	626	**Delahaye** (H.). Voir **Versions Grecques**.	
Chronique d'Egypte. (PH. VIREY)	491	**Delarue** (P.). Le Clergé et le culte catholique en Bretagne pendant la Révolution. District de Dol. (A. ROUSSEL)	54
Chuquet (A.). Dugommier. — Un prince Jacobin Charles de Hesse. (R. GUYOT) — (L. MADELIN)	51 484	**Delaunay** (Dr P.). Le Monde médical parisien au XVIIIe s. (B. F.)	527
Clugnet (L.). Voir **Vie** de sainte Marine.		**Delisle** (L.). Notice sur le manuscrit du Liber Floridus. (R. P.)	590
Colajanni. Latins et Anglo-Saxons : Races supérieures et races inférieures. (L. DE LACGER)	5	**Delvolvé** (J.). Religion, critique et philosophie positive chez Pierre Bayle. (J. SEGOND)	505
Colin (G.). Le Culte d'Apollon Pythien à Athènes. (ANDRÉ BAUDRILLART) — Rome et la Grèce de 200 à 146 av. J.-C. (ANDRÉ BAUDRILLART)	156 309	**Denifle** (P. II.). Luther und Lutherthum in der Ersten Entwickelung. (J. PAQUIER)	541
		Denis (Fr.). Christian Garnier. (D. L. GUILLOREAU)	635

	Pag.
Deonna (W.). Les Statues de terre cuite en Grèce. (ANDRÉ BAUDRILLART)	663
Désers (L.). La Morale dans ses principes. (D. S.)	139
Dicey (A. V.). Law and opinion in England. (A. KOSZUL)	376
Diehl (Ch.). Etudes Byzantines. (A. VOGT)	212
— Figures Byzantines. (A. VOGT)	558
Dionysius Halicarnasseus. Opuscula [éd. H. Usener et L. Radermacher]. (C. E. RUELLE)	266
Doguereau (Général J.-P.). Journal de l'expédition d'Egypte [éd. Cte de la Jonquière]. (R. GUYOT)	171
Doumic (R.). Voir **Lettres**.	
Du Bellay (Joachim). La Deffence et illustration de la langue francoyse [éd. H. Chamard]. (G. MICHAUT)	433
Dubot (Chan. Th.). Preuves de l'existence de Dieu. (H. PRADEL)	666
Dubrulle (H.). Cambrai à la fin du Moyen-Age (XIIIe-XVIe s.) (G. MOLLAT)	213
Dugas (L.). Cours de morale théorique et pratique. (J. SEGOND)	468
Dumas (G.). Le Sourire. Psychologie et Physiologie. (J. SEGOND)	541
Dumesnil (G.). Le Spiritualisme. (C. HUIT)	48
— L'âme et l'Evolution de la Littérature des origines à nos jours. (L. SILVY)	268

E

Esmein (A.). Gouverneur Morris, un témoin américain de la Révolution française. (DE L. DE L.)	661
Eudel (P.). Dictionnaire des bijoux de l'Afrique du Nord. (E. MAYNIAL)	443
Eusèbe. Histoire Ecclésiastique. L. I-IV. [éd. et trad. E. Grapin]. (A. V.)	161

F

Faure (Fern.). Éléments de statistique. (B. R.)	400
Fayolle (Marquis de). La Famille et les origines du Vénérable Alain de Solminihac. Etude critique, historique et archéologique avec une généalogie par le Comte de Saint Saud et P. Huet. (D. L. GUILLOREAU)	128
Félix (P.). La Contrerévolution. Essai sur les principes fondamentaux des gouvernements. (H. BEAUNE)	242
— L'Equivoque démocratique. (H. BEAUNE)	645
Ferrand (G.). Un texte arabico-Malgache du XVIe siècle. (J. PÉRIER)	134
Flodoard. Annales [éd. Ph. Lauer]. (E. LESNE)	616
Foerster (Rich.). Voir **Libanius**.	
Fonsegrive (G.). Mariage et Union libre. (E. CAILLEUX)	162
Foucart (P.). Le Sénatus consulte de Thisbé. (PH. VIREY)	379
Foucault (M.). Le Rêve. Etudes et observations. (J. SEGOND)	283
Fougères (G.). Guide Joanne. Grèce I. Athènes et ses environs. (ET. MICHON)	294
Fouillée (A.). Les Eléments sociologiques de la morale. (J. SEGOND)	507

G

Gaidoz (H.). Pour le centenaire de Gaspar Zeuss. (DOTTIN)	669
Gaspar (C.). Olympia. (C. E. R.)	216
Gaudillière (M.). Contribution à l'Histoire de l'Eglise de Louhans. (H. P.)	453
Gautier (J. E.) et **Lampre** (G.) Fouilles de Moussian. (FR. MARTIN)	337
Geiger (W.). Dipavamsa und mahâvamsa. (A. ROUSSEL)	551
Gendron (A.). Œuvres oratoires. (A. BOUÉ)	529
Georges (A.). Voir **Mariotte**.	
Georgius Monachus. Chronicon. [éd. C. de Boor]. (A. V.)	231
Gess (Fel.). Akten und Briefe zur Kirchenpolitik Herzog Georgs von Sachsen. (J. PAQUIER)	441
Gide (Ch.). Economie sociale. Les Institutions de progrès social au début du XXe siècle.	13
— Les sociétés coopératives de consommation. (B. R.)	14
— La Coopération. (B. R.)	284
Gilles le Muisit. Chroniques et annales [éd. H. Lemaitre]. (R. P.)	563
Girardin (J.) Voir **Châteaubriand**.	
Giraud (V.). Voir **Châteaubriand**.	
Glachant (V.). Benjamin Cons-	

tant sous l'œil du guet. (CH. M. DES GRANGES). 324
Glotz (G.). Etudes sociales et juridiques sur l'antiquité grecque. (ANDRÉ BAUDRILLART). 613
Godard (A.). Le Tocsin National. (A. LE GLAY). 487
Godfernaux (A.). Le sentiment et la pensée dans leurs principaux aspects physiologiques. (J. SEGOND). 550
Goetz (G.). Voir **Plaute**.
Gossart (Ern.). L'auberge des Princes en exil. (H. GAILLARD). 24
Grapin (E). Voir **Eusèbe**.
Grasserie (R. de la). De la catégorie des genres. (DOTTIN). . 606
Graux (Ch.). Correspondance d'Espagne. (C. E. RUELLE). . 435
Gros (M.). Etude du mouvement syndical ouvrier en France. (H. BEAUNE). 604
Güthling (Otto). Voir **Vergils Aeneide**.
Guillemot (Et.). Les Forêts de Senlis. (H. GAILLARD). . . . 596
Guimet (E.). Conférences. (P. BUGNICOURT). 629
Guiraud (J.). La séparation et les élections. (ALFRED BAUDRILLART). 45
— Questions d'Histoire et d'Archéologie chrétienne. (H. CARRU). 560

H

Halgouët (Vte H. du) Essai sur le Porhoet (A. ROUSSEL). . . 664
Healy (Patrick. J.). The Valerian Persecution. (D. L. GUILLOREAU). 301
Haumant (E.). La Russie au XVIIIe siècle. (F. MONET). . . 619
Haury (J.). Voir **Procopius**.
Henry (V.). Le Parsisme. (A. ROUSSEL). 89
Hermes. Voir **Seneca**.
Hettner (A.). Das Europaische Russland. (L. DE LACGER). . 276
Heuzey (J. P.). Voir **Couvent**.
Höffding (Harald). Histoire de la philosophie moderne [trad. P. Bordier] t. I. (D. SABATIER). 303
Hoffmann (Eberh.). Das Converseninstitut des Cisterziensordens in seinem Ursprung und seiner Organisation (J. PAQUIER). 591
Horn (E.). François Rakoczi II, prince de Transylvanie (1672-1735). (H. GAILLARD). . . . 126
Hosius (Car.). Voir **Lucanus**.
Huet (P.). Voir **Fayolle**.

I

Ibn-al-Moqaffa (Sév.). Réfutation de Sa id Ibn Batriq [Eutychius], (éd. P. Chébli). (J. PÉRIER). 581
Ilberg (J.). Aus Galens Praxis, ein Kulturbildaus der römischen Kaiserzeit (P. CAMUSET). 235
Imbart de la Tour (P.). Des Conditions d'une Renaissance du catholicisme en France. 674
Inscriptions de Summer et d'Akkad [trad. F. Thureau-Dangin]. (H. G.). 568
Isambert (G.). Des Idées socialistes en France de 1815 à 1848. (E. CAILLEUX). 184

J

Jacobs (E.) Voir **Zangmeister**.
Jacquier (E.). Histoire des livres du Nouveau Testament. (A. ROUSSEL). 1
Jean le Bel. Chronique [éd. J. Viard et E. Deprez]. (H. GAILLARD). 594
Jellinck (G.). L'Etat moderne et son droit. Première partie. L. I : Introduction à la doctrine de l'Etat. (E. CAILLEUX). 223
Jenouvier (L.). Situation légale de l'Eglise Catholique en France. (L. CROUZIL). 225
Jespersen (Otto). Growth and structure of the English Language. (A. KOSZUL). 508
Joran (Th.). Le Mensonge du Féminisme. (P. HERVELIN). 226
Joret (Ch.). L'Helleniste d'Ansse de Villoison et la Provence. (A. DUPOUY). 412

K

Kopp (A.). Die Lieder des Heidelberger Handschrift Pal. 343. (L. L.). 416
Kovalewsky (Max.). La crise russe. (B. R.). 459
Kyriale seu Ordinarium Missæ cum cantu Gregoriano. (H. VILLETARD). 447

L

Labourt. De Timotheo Nestorianorum patriarcha. (J. PÉRIER). 147
Lacroix (D.). La guerre des Vendéens (1792-1800). (A. ROUSSEL). 358
Lafuma-Giraud (L.). Voir **Sepher**.

	Pag.
La Jonquière (Cte de). Voir **Doguereau**.	
Lallemand (L.). Histoire de la Charité. (ALFRED BAUDRILLART).	283
Lampre (G.). Voir **Gautier**.	
Landry (A.). Principes de morale rationnelle. (H. VILLASÈRE).	342
Lanson (G.). Mélanges d'Histoire littéraire. (A. BOUÉ).	394
Lapparent (A. de). Science et Apologétique (D. S.).	277
Largent (A.). Les Sources de la piété. (L. LESCŒUR).	276
Lauer (Ph.). Voir **Flodoart**.	
Launay (L.). Histoire de l'Eglise gauloise depuis les origines jusqu'à la conquête franque (511). (G. M.).	241
Lechat (H.). La sculpture attique avant Phidias. (ET. MICHON).	106
Leclerq (D. H.) Les martyrs. T. IV. (J. PÉRIER).	554
Lefranc (Abel). Les navigations de Pantagruel. (J. PLATTARD).	431
Lemaitre (H.). Voir **Gilles le Muisit**.	
Leopardi (Giac.). Choix d'œuvres en prose [trad. Mario Turiello] (J. LAURENTIE).	350
Leroy (H.). Jésus-Christ, sa vie, son temps. (R. DE SAINTE-CROIX).	671
Lescœur (L.). Appel aux pères de famille. (A. LARGENT).	413
Lesne (E.). La Hiérarchie épiscopale en Gaule et en Germanie depuis la Réforme de Saint Boniface jusqu'à la mort d'Hincmar. (D. L.).	181
Le Sueur. Le clergé Picard et la Révolution. (E. AUDARD).	313
Letourneau (G.). La Mission de Jacques Olier et la fondation des Grands séminaires en France. (A. INGOLD).	41
Lettres d'Elvire à Lamartine [éd. par R. Doumic]. (P. HERVELIN).	468
Libanius. Opera [éd. R. Fœrster]. (C. L. RUELLE).	268
Lindsay (W. M.). Voir **Plaute**.	
Loménie (Ch. de). Trois années de la vie de Châteaubriand. (D. MEUNIER).	21
Lucanus (Ann.). De bello civili libri decem. [éd Car. Hosius]. (J. VESSEREAU).	469
Luchaire (A.). Innocent III et la Croisade des Albigeois (A. LESORT).	121
Luquet (G. H.). Idées générales de psychologie. (H. VILLASÈRE).	583

M

	Pag.
Madelin (L.). La Rome de Napoléon. (G. DAUMET).	70
Magne (E.). Scarron et son milieu. (J. PLATTARD).	308
Maigron (L.). Fontenelle. (A. PRAT).	612
Mandrot (B. de). Voir **Pélicier**.	
Maréchal (Ch.). Lamennais et Victor Hugo. (P. HERVELIN).	552
Marguery (E.). Le droit de propriété et le régime démocratique. (H. BEAUNE).	207
Maricourt (Baron de). En marge de notre histoire. (L. MADELIN).	87
Marin (l'Abbé). Saint Théodore. (A. LE PRÉVOST).	559
Marion (M.). Le garde des Sceaux Lamoignon et la Réforme judiciaire de 1788. (ALFRED BAUDRILLART).	355
Mariotte (E.). Chants de guerre, avec musique de A. Georges. (F. PLESSIS).	136
Marouta Voir **Nau**	
Martino (E.). L'Orient dans la Littérature française. (A. ROUSSEL).	511
Mazon (P.). Voir **Aristophane**.	
Mell (R.). Abhandlungen zur Geschichte... Salzburg. (J. PAQUIER).	515
Merlin (A.). L'Aventin dans l'antiquité. — Les revers monétaires de l'Empereur Nerva. (J. ZEILLER).	657
Mezières (Alf.). Au temps passé. (A. BOUÉ).	315
Michel (H.). La Loi Falloux. (ALFRED BAUDRILLART).	462
Michelet (G.). Maine de Biran. (D. SABATIER).	464
Mirot (L.). Les Insurrections urbaines au début du règne de Charles VI. (H. GAILLARD).	397
— Isabelle de France. (J. PAQUIER).	482
Mission scientifique du Bourg de Bozas (H. F.)	455
Moeller (Ch.). Histoire du Moyen-Age depuis la chute de l'Empire romain jusqu'à la fin de l'époque franque II° partie. (R. P.).	393
Mollat (G.). Voir **Samaran**.	
Mommsen (Th.). Juristische Schriften. (E. MAYNIAL).	573

	Pag.
— Le Droit pénal romain [trad. franç. par J. Duquesne]. T. 1. (E. MAYNIAL)	633
Mourre (Baron Ch.). D'où vient la décadence économique de la France. (G. DE MONICAULT)	123

N

Nation Belge (1830-1906). (H. BAUNE)	647
Nau (F.). Histoires d'Ahoudemmeh et de Marouta. (F. MARTIN)	584
Némethy (Geyza). Voir **Tibullus**	
Neumann (C.). La situation mondiale de l'Eglise byzantine avant les Croisades. (A. VOGT)	660
Newman. Méditations et prières. (D. S.)	112
Nicolas (A. L. M.). Seyyed Ali Mohammed dit le Bab. (A. ROUSSEL)	93
Nicole. Mélanges. (C. E. RUELLE)	606
Novicow (J.). La Justice et l'expansion dans la vie. Essai sur le bonheur des sociétés humaines. (H. BEAUNE)	9

O

Ollivier (Em.). L'Empire libéral. T. XI. (DE L. DE L.)	523

P

Pachalery (A.). Anthologie des prosateurs et des poètes français du XIXe siècle: I Prosateurs. (1800-1850). (D. ROLAND-GOSSELIN)	113
Pargoire. L'Eglise Byzantine de 527 à 847. (A. VOGT)	588
Parisot (Ed.). Un Educateur mystique. Jean Frédéric Oberlin. (P. MONET)	170
Pascal. Opuscules choisis [éd. V. Giraud]. (D. S.)	56
Pascal (G. de.). Le Christianisme: I. La Vérité sur la Religion. (A. LARGENT)	83
Pauly (J. de). Voir **Sepher**	
Pélicier (P.). et **Mandrot** (B. de.). Lettres de Charles VIII (H. GAILLARD)	332
Périer (J.). Vie d'Al-Hadjdjâdj Ibn Yousof. (J. LABOURT)	394
Phillimore (J. S.). Index verborum Propertianus (F. PLESSIS)	228
— Voir **Statius**	245
Philosophische Aufsaetze. (J. SEGOND)	152
Pidoux (A.). Sainte Colette	674
Pierleoni (B.). Voir **Xenophon**.	

	Pag.
Pilastre (E.). Lexique sommaire de la langue du duc de Saint-Simon. (J. CHARLES)	11
Pinon (R.). L'Empire de la Méditerrannée. (H. F.)	634
Platon (G.). Voir **Schmoller**.	
Plaute (T. M.). Comœdiæ [éd. W. M. Lindsay. T. II]. — [éd. C. Goltz et Frid. Schoell fasc. III]. (J. VESSEREAU)	370
Polybius Historiae. [éd. Th. Buettner-Wobst]. (C. E. RUELLE)	265
Prat (L.). Le Caractère empirique de la personne. (H. VILLASSÈRE)	263
Procopius Cœsariensis Opera: De Bellis. [éd. Jacob. Haury]. (A. V.)	

R

Radermacher (Ludov.) Voir **Dionysius Halicarnasseus**.	
Rageot (Gast.). Le Succès. Auteurs et public. (J. PLATTARD)	287
Rastoul (A.). Le Père Ventura. (A. LARGENT)	501
Reinach (Sal.). Manuel de Philologie classique. (C. F. R)	306
Retif de la Bretonne Collection des plus belles Pages. (J. LAURENTIE)	416
Reynaud (S.). La Question sociale et la civilisation païenne (H. BEAUNE)	643
Richard (P.). Origines de la nonciature en France (P. DESLANDRES)	43
Rifaux (Dr M.). L'Agonie du Catholicisme. (F.)	572
Rivaud (A.). Les notions d'essence et d'existence dans la philosophie de Spinoza. (J. SEGOND)	409
— Le problème du devenir et la notion de la manière dans la philosophie grecque depuis les origines jusqu'à Théophraste. (C. HUIT)	425
Rodochanachi (E.). Le Capitole romain antique et moderne. (ANDRÉ BAUDRILLART)	194
Roussel (A.). Correspondance de Lamennais et de l'abbé Guéranger. (A. B.)	420
Rubat du Mérac (H.). Le nouveau régime des pompes funèbres. (L. CROUZIL)	224

S

Sageot (A.). Le berceau de la France. (F. P.)	200

	Pag.
Saint-Saud (Cte de.). Voir **Fayolle**.	
Saint-Simon. Mémoires, t. XVII, XVIII [éd. A. de Boislisle et L. Lecestre]. (A. INGOLD).	72
Saleilles (R.). Newman : Choix de discours. (D. SABATIER).	401
Samaran (Ch.). et G. **Mollat**. La fiscalité pontificale en France au XIVe siècle. (J. GUIRAUD).	604
Sarrazin (B.). Les grands poètes romantiques de la Pologne. (P. HERVELIN).	655
Scelle (G.). La Traite Négrière aux Indes de Castille. Contrats et traités d'Asiento. (ALFRED BAUDRILLART).	564
Scheil (V.). Textes élamites, sémitiques. (FR. MARTIN).	347
Schmoller (G.). Principes d'Economie politique. Première partie. T. II ([trad. G. Platon]). (B. R.).	344
Schoell (F.). Voir **Plaute**.	
Schopenhauer (A.). Ecrivains et style. (P. HERVELIN).	251
Secret de la Franc-Maçonnerie (Le). (ALFRED BAUDRILLART).	25
Seillière (Ern.). La philosophie de l'Impérialisme. Apollon ou Dionysos (A. PRAT).	131
Seneca (L. Ann.). Dialogorum libri XII. [éd. E. Hermes]. (J. VESSEREAU).	164
Serignan (Cte de Lort de.). Le duc de Lauzun. (J. RAMBAUD).	621
Sers (Baron de). Souvenirs d'un préfet de la Monarchie. (L. MADELIN).	520
Servières (G.). L'Allemagne française sous Napoléon I. (R. GUYOT).	173
Séverac (J. B.). Le Socialisme moderne. (B. R.).	456
Sevestre (E.). L'Histoire, le texte et la destinée du Concordat de 1801. (A. ROUSSEL).	81
Sigogne (E.). Socialisme et Monarchie. (H. BEAUNE).	302
Sortais (G.). La Providence et le Miracle devant la science moderne. (D. SABATIER).	85
Speranski (N.). Voir **Boyer**.	
Statius (P. Pap.) Silvæ [éd. J. S. Phillimore]. (J. VESSEREAU).	245
Stein (H.). **Le Grand** (L.). La Frontière d'Argonne (843-1659). Procès de Claude la Vallée. (H. GAILLARD).	233
Stenger (Gilb.). La société française pendant le Consulat IIe série. (R. GUYOT).	172

	Pag.
Stryenski (C.). Soirées du Stendhal Club. (J. LAURENTIE).	199
Suau (P.). Saint François de Borgia. (H. GAILLARD).	3

T

Teï-San. Notes sur l'art Japonais : La peinture et la Gravure. (A. G.).	195
— La Sculpture et la Ciselure. (A. G.).	489
Telleen (J. M.). Milton dans la littérature française. (A. PRAT).	191
Terrade (Em.). Études d'âmes. Le vrai Féminisme. (A. G.).	437
Thouverez (E.). Stuart Mill. (J. SEGOND).	368
Thureau Dangin (P.). La Renaissance catholique en Angleterre au XIXe siècle. (ALFRED BAUDRILLART).	422
Tibullus (Alb.). Carmina. [éd. Geyza Némethy]. (F. PLESSIS).	345
Tougard (A.). Une tentative de critique hagiographique au XVIe siècle.	
Tourville (H. de.). Histoire de la formation particulariste. L'Origine des grands peuples actuels. (L. DE LACGER).	351
Touzard (J.). Grammaire hébraïque abrégée. (F. MARTIN).	449
Turiello. Voir **Leopardi**.	

U

Usener (H.). Voir **Dionysius Halicarnasseus**.	
Uzureau (F.) Andegaviana. (A. ROUSSEL.).	624

V

Van Bever (B.). Voir **Dalibray**.	
Vaganay (H.). Vocabulaire français du XVIe siècle. (A. TOUGARD).	473
Vecchio (G. del.). L'Etica Evolugionista. (L. P.).	586
Vergils Aeneide [éd. Otto Güthling]. (J VESSEREAU).	185
Versions grecques des actes des Martyrs persans sous Sapor II [éd. H. Delahaye]. (J. PÉRIER).	581
Vessereau (J.). Ætna. (C. E. R.).	649
Viard (J.). Voir **Jean le Bel**.	
Vie et office de Sainte Marine [éd. L. Clugnet]. (F. MARTIN).	540
Vieillard-Lacharme (D.) La Divinité de Jésus-Christ — L'œuvre messianique. (A. BOUÉ.).	221
Viereck (P.). Voir **Appiani**.	

Vogt (A.). Le Catholicisme au Japon. (H. CARRU). 215
— (H. FROIDEVAUX). 399

W

Waliszewski (R.). La crise Révolutionaire (1584-1614). (P. MONET). 617
Wecklein (N.) Iphigénie im Taurierland. (E. R.). 400
Weise (Oskar). Charakteristik der lateinischen sprache. (J. VESSEREAU). 90
Wesner (P.). Aeli Donati quod fertur Commentum Terenti. (J. VESSEREAU). 387
Wiederhold (W.). Papsturkunden in Frankreich I. Franche-Comté. (H. P.). 526
Winckler (H.). Die Gesetze Hammurabis im Umschrift und Ubersetzung. 285
Wirth (J.) Monseigneur Colinar, évêque de Mayence. (ALFRED BAUDRILLARD). 576

X

Xénophon. Respublica Lacedaemoniorum [éd. G. Pierleoni]. (C. E. R.). 411

Y

Young (B. Edw.). Michel Baron acteur et auteur dramatique. (A. PRAT.). 188

Z

Zangmeister (R.). et **E. Jacobs**. Théodor Mommsen. (E. MAYNIAL.). 524
Zapletal. (V.). Das Buch Kohelet. (P. BUGNICOURT). 61
Sepher ha-Zohar (le livre de la splendeur) [éd. J. de Pauly et Em. Lafuma-Giraud]. 586

TABLE MÉTHODIQUE

ECRITURE SAINTE.

Crombrugghe (C. Van). De Soteriologiae Christianae primis fontibus. (H. D.) 201

Jacquier (E.). Histoire des livres du Nouveau Testament. (A. ROUSSEL) 1

Zapletal (V.). Das Buch Kohelet. (P. BUGNICOURT) 61

HISTOIRE DE L'EGLISE. PATROLOGIE. ORDRES RELIGIEUX.

Aubès (J.). Le Protectorat religieux en Orient. (H. F.) . . . 278

Berlière (D. Ursmer). Suppliques de Clément VI. (A. INGOLD) 288
— (G. MOLLAT) 381

Bonnet-Maury (G.). L'Islamisme et le Christianisme en Afrique. (A. ROUSSEL) 443

Brochet (J.). Saint Jérôme et ses ennemis. (A. LARGENT) . . . 630

Cox (J. Ch.). The Religions Houses of Surrey. (D. LÉON GUILLOREAU) 261

Debidour (A.). L'Eglise catholique et l'Etat sous la troisième République. (ALFRED BAUDRILLART) 361

Denifle (H.). Luther und Luthertum in der ersten Entwickelung. (J. PAQUIER) 541

Guiraud (J.). La Séparation et les Elections. (ALFRED BAUDRILLART) 45

Histoires d'Ahoudemmeh et de Marouta [éd. F. Nau]. (F. MARTIN) 584

Hoffmann. Das Conversenistitut des Cisterzienserordens in seinem Ursprung und seiner Organisation. (J. PAQUIER) . . 591

Lallemand (L.). Histoire de la Charité (t. III). (A. BAUDRILLART) 282

Launay (L.). Histoire de l'Eglise Gauloise depuis les Origines jusqu'à la conquête franque. (G. M.) 241

Labourt. De Timotheo I. Nestorianorum patriarcha (728-723) et Christianorum orientalium condicione sub Chaliphis Abbasidis. (J. PÉRIER) 147

Leclercq (D. H.). Les Martyrs T. IV. (J. PERIER) 554

Le Sueur. Le Clergé Picard et la Révolution. (ERN. AUDARD) . . 313

Lesne (E.). La Hiérarchie épiscopale en Gaule et en Germanie depuis la réforme de Saint Boniface jusqu'à la mort d'Hincmar. (D. L. GUILLOREAU) . . 181

Letourneau (G.). La Mission de Jacques Olier et la fondation des Grands Séminaires en France. (A. INGOLD) 41

Mémoires de Charité Pirkheimer, abbesse du Couvent de Sainte Claire à Nuremberg. (D. L. GUILLOREAU) 110

Pargoire. L'Eglise Byzantine de 527 à 847. (A. VOGT) . . . 588

Patrick J. Healy. The Valerian Persécution. (D. L. GUILLOREAU) 301

Patrologia Orientalis: Version Grecque des actes des martyrs persans sous Sapor II (éd. H. Delahaye). (J. PÉRIER) . . . 581

Richard (P.). Origines de la Nonciature en France. (P. DESLANDRES) 43
— 572

Rifaux (Dr M.). Agonie du Catholicisme. (F.) 571

Sevestre (E.). L'Histoire, le texte

	Pag.
et la destinée du Concordat de 1801. (A. ROUSSEL)	81
Thureau-Dangin (P.). La Renaissance catholique en Angleterre au XIXe siècle. (ALFRED BAUDRILLART)	421
Vogt (A.). Le Catholicisme au Japon. (H. CARRU)	215
Wiederhold (W.). Papsturkunden in Frankreich. I Franche-Comté. (H. P.)	526

HISTOIRE DU DOGME. THEOLOGIE. APOLOGÉTIQUE. DROIT CANON.

Barbier (Em.) Cas de conscience. Les Catholiques français et la République (ALFRED BAUDRILLART)	368
Cagnac (M.). Saint François de Sales. Lettres de direction. (A. LARGENT)	74
Eusèbe. Histoire Ecclésiastique. Livre I-IV, [texte grec et trad. française, par E. Grapin]. (A. V.)	161
François de Sales (Saint). Œuvres. T. XIV. (R. DE SAINTE-CROIX)	482
Gendron. Œuvres Oratoires. T. I. (A. BOUÉ)	529
Ibn-al-Moqaffa. Réfutation de Sa id Ibn Batriq (Eutychius). (J. PÉRIER)	581
Lapparent (A. de). Science et Apologétique. (D. S)	277
Largent (A.). Les Sources de la Piété. (L. LESCŒUR)	276
Newman. Méditations et prières. (D. S)	112
Pascal (G. de) Le Christianisme. Première partie : La Vérité de la Religion. (A. LARGENT)	83
Saleilles (R.). Newman. Choix de discours. (D. SABATIER)	401
Sortais (G.). La Providence et le Miracle devant la Science moderne. (D. SABATIER)	85
Vieillard-Lacharme. La Divinité de Jésus-Christ. L'œuvre Messianique. (A. BOUÉ)	221

HAGIOGRAPHIE.

Clugnet (L.). Vie et office de Sainte Marine. (F. MARTIN)	510
Fayolle (Marquis de). La famille et les Origines du vénérable Alain de Solminihac. (D. L. GUILLOREAU)	128
Marin (l'Abbé). Saint Théodore. (A. LE PRÉVOST)	559
Suau (P.). Saint François de Borgia. (H. GAILLARD)	3

HISTOIRE DES RELIGIONS.

	Pag.
Archiv für Religionswissenschaft. T. VII. (D. E. B.)	101
Beha-Ullah. Les Préceptes du Behaïsme. (J. PÉRIER)	642
Dietrich (A.). Mutter Erde (Un Essai de Religion populaire). (L. DE LACGER)	322
Geiger (W.). Dipavamsa und Mahâvamsa und die Geschichtliche Uberlieferung in Ceylon. (A. ROUSSEL)	551
Henry (V.). Le Parsisme. (A. ROUSSEL)	89
Nicolas (A. L. M.). Seyyed Ali Mohammed, dit le Bab. (A. ROUSSEL)	93
Sepher-ha-Zohar (le livre de la splendeur). (F. MARTIN)	586

PHILOSOPHIE. HISTOIRE DE LA PHILOSOPHIE.

Amadori-Virgili. Il sentimento imperialista. (H. BEAUNE)	668
Appelmant (H.). Nécessité philosophique de l'existence de Dieu. (J. SEGOND)	409
Aslan (G.). La Morale selon Guyau et ses rapports avec les conceptions actuelles de la morale scientifique. (J. SEGOND)	410
Castelen (A.). Droit naturel. Devoir religieux. (A. LARGENT)	70
Cassirer (Ern.). Das Erkentnissproblem in der Philosophie. T. I. (J. SEGOND)	603
Couailhac (Marius). Maine de Biran. (D. SABATIER)	464
David (F.). Esquisse de la science du bonheur. (H. VILLASSÈRE)	8
Delvolvé (J.). Religion critique et philosophie positive chez Pierre Bayle. (J. SEGOND)	505
Dubot (Th.). Preuves de l'existence de Dieu. (H. PRADEL)	666
Dugas (L.). Cours de morale théorique et pratique. (J. SEGOND)	468
Dumas (G.). Le Sourire. (J. SEGOND)	549
Dumesnil (G.). Le Spiritualisme. (C. HUIT)	48
Foucault (M.). Le Rêve, études et observations. (J. SEGOND)	283
Fouillée (A.). Les Eléments sociologiques de la morale. (J. SEGOND)	507
Höffding (H.). Histoire de la philosophie moderne [trad. P. Bordier]. T. I. (D. SABATIER)	303
Godfernaux (A.). Le Sentiment et la pensée dans leurs princi-	

	Pag.
paux aspects physiologiques. (J. SEGOND)	550
Landry (A.). Principes de morale rationnelle. (H. VILLASSÈRE).	341
Luquet (G.). Idées générales de psychologie (H. VILLASSÈRE).	583
Michelet (G.). Maine de Biran. (D. SABATIER)	464
Philosophische Aufsaetze. (J. SEGOND)	152
Prat (L.). Le Caractère empirique et la Personne. (H. VILLASSÈRE)	263
Rivaud (Alb.). Les Notions d'essence et d'existence dans la philosophie de Spinoza. (J. SEGOND)	409
— Le problème du devenir et la notion de la matière dans la philosophie grecque depuis les origines jusqu'à Théophraste. (C. HUIT)	425
Schomoller (C.). Principes d'Economie politique 1re partie, T. II. [trad. G. Platon]. (B. R.)	344
Sellières (E.). La philosophie de l'Impérialisme (A. PRAT)	131
Thouverez (Em.). Stuart Mill. (J. SEGOND)	368
Vecchio (G. del). L'Etica Evolugionista. (L. P.)	527

SCIENCES SOCIALES ET POLITIQUES. INSTITUTIONS. DROIT.

Applications sociales de la Société (Les). Leçons professées à l'Ecole des Hautes Etudes par MM. BUDIN, GIDE, MONOD, PAULET, ROBIN, SIEGFRIED, BROUARDEL. (A. PRAT)	141
Bardoux (J.). Essai d'une psychologie de l'Angleterre contemporaine : les crises belliqueuses. (A. KOSZUL)	326
Benoist (Ch.). L'Organisation du travail. (H. SOULÈS)	383
Colajanni. Latins et Anglo-Saxons. Races supérieures et races inférieures [trad. et préf. par J. Dubois]. (L. DE LACGER)	5
Conciliation Internationale. (H. BEAUNE)	407
Dicey (A. V.). Law and Opinion in England. (A. KOSZUL)	376
Félix (P.). La Contrerévolution. Essai sur les principes fondamentaux des gouvernements. (H. BEAUNE)	242
— L'Equivoque démocratique. (H. BEAUNE)	645
Fonsegrive (G.). Mariage et Union libre. (E. CAILLEUX)	162
Gide (Ch.). Les Sociétés coopératives de consommations. (B. R.)	131
— La Coopération. (B. R.)	235
Glotz (G.). Etudes sociales et juridiques sur l'antiquité grecque. (ANDRÉ BAUDRILLART)	614
Gros (M.). Etude du mouvement syndical ouvrier en France. Syndicats jaunes ou indépendants. (H. BEAUNE)	605
Isambert (G.). Les Idées socialistes en France de 1815 à 1848. (E. CAILLEUX)	184
Jellinek (C.). L'Etat moderne et son droit. (E. CAILLEUX)	223
Jenouvrier (L.). Situation légale de l'Eglise Catholique en France. (L. CROUZIL)	225
La Coopération. (CH. GIDE)	284
La Nation Belge. (H. BEAUNE)	647
Lescœur (L.). Appel aux pères de famille. La mentalité laïque et l'Ecole. (A. LARGENT)	413
Michel (Henry). La loi Falloux. (ALFRED BAUDRILLART)	461
Mommsen. Juritische Schriften. (E. MAYNIAL)	573
— Le droit pénal romain. (E. MAYNIAL)	633
Mourre (Baron de). D'où vient la décadence économique de la France. (G. DE MONICAULT)	123
Novicow (J.). La justice et l'expansion dans la vie. Essai sur le bonheur des sociétés humaines. (H. BEAUNE)	9
Reynaud (P. S.). La question sociale et la civilisation païenne. (H. BEAUNE)	643
Rubat du Mérac (H.). Le Nouveau régime des Pompes funèbres. (L. CROUZIL)	224
Severac (J.-B.). Le Socialisme moderne. (B. R.)	456
Sigogne (E.). Socialisme et Monarchie. (H. BEAUNE)	302

LITTÉRATURE ET PHILOLOGIE ANCIENNES.

Aetna [trad. et com. par J. Vessereau]. (C. E. R.)	649
Allègre (F.). Sophocle : Etude sur les ressorts dramatiques de son théâtre et la composition de ses tragédies. (A. DUPOUY)	208
Appiani Romana Historia [éd. P. Viereck). (J. PAQUIER)	611
Aristophane. La Paix [éd. P. Mazon. (C. E. R.)	411
Croiset (M.). Aristophane et les Partis à Athènes. (A. DUPOUY)	329
Dionysii Halicarnassei Opus-	

	Pag.
cula [éd. Hermann Usener et L. Radermarcher]. (C. E. RUELLE).	267
Libanii Opera [ed. R. Fœrster]. (C. E. RUELLE).	268
Lucani (Annaei). De Bello civili libri decem. (J. VESSEREAU).	469
Mélanges. H. d'Arbois de Jubainville : recueil de Mémoires concernant la littérature et l'histoire celtiques. (F. L. G.).	439
Mélanges Nicole. (C. E. R.).	608
Phillimore (J. S.). Index verborum Propertianus. (F. PLESSIS).	228
Plauti Comœdiae. (J. VESSEREAU).	370
Polybii Historiae [ed. Th. Buettner-Wobst]. (C. E. RUELLE).	265
Reinach (S.). Manuel de Philologie classique (C. E. R.).	306
Scheil (V.). Textes élamites, sémitiques. (F. MARTIN).	347
Senecae (L. Annaei). Dialogorum libri XII [éd. Em. Hermes]. (J. VESSEREAU).	164
Statius (P. P.). Silvæ. (J. VESSEREAU).	245
Tibulli Carmina [éd. G. Némethy]. (F. PLESSIS).	345
Touzard (J.). Grammaire hébraïque abrégée, précédée de premiers éléments accompagnés d'exercices à l'usage des commençants. (F. MARTIN).	449
Vergils Aeneide [éd. Otto Güthling]. (J. VESSEREAU).	185
Weise (Oskar). Charakteristik der lateinischen Sprache. (J. VESSEREAU).	90
Wesner (P.). Æli Donati quod fertur commentum Terenti. (J. VESSEREAU).	387
Winckler (H.). Die Gesetze Hammurabis in Umschrift und Ubersetzung. (F. MARTIN).	285
Xénophontis respublica Lacedaemoniorum [éd. G. Pierleoni]. (C. E. R.).	411

LITTÉRATURE ET PHILOLOGIE DU MOYEN-AGE.

Delisle (Léopold). Notice sur le manuscrit du Liber Floridus (R. P.).	590
Du Bellay (Joachim). La deffence et illustration de la langue francoyse. [éd. H. Chamard]. (G. MICHAUT).	433
Kopp (Arth.). Die Lieder des Heidelberger Handschrift Pal. 343. (L. L.).	416
Lefranc (Abel). Les Navigations de Pantagruel. Etude sur la Géographie Rabelaisienne. (J. PLATTARD).	431

LITTÉRATURE ET PHILOLOGIE MODERNES.

Dalibray. Œuvres poétiques [éd. Van Bever]. (E. MAYNIAL)	479
Davignon (H.). Molière et la Vie. (J. LAURENTIE).	75
Jespersen (Otto). Growth and Structure of The English. Language. (A. KOSZUL).	508
Leopardi. Choix d'œuvres en prose. [éd. M. Turiello]. (J. LAURENTIE).	350
Maigron (L.) Fontenelle. L'Homme. L'œuvre. L'Influence. (A. PRAT).	642
Magne (Em.). Scarron et son milieu. (J. PLATTARD).	308
Martino (P.). L'Orient dans la littérature française au XVIIe et au XVIIIe siècle. (A. ROUSSEL).	544
Pascal. Opuscules choisis. [éd. V. Giraud]. (D. S.).	56
Pilastre (E.). Lexique sommaire de la langue de Saint-Simon. (J. CHARLES).	11
Rageot (Gast.). Le Succès. Auteurs et public. (J. PLATTARD)	287
Rétif de la Bretonne. Collection des plus belles pages. (J. LAURENTIE).	416
Telleen (J. Mart.). Milton dans la littérature française. (A. PRAT).	194
Texte arabico-malgache du XVIe siècle [éd. G. Ferrand]. (J. PÉRIER).	134
Vaganay (H.). Vocabulaire français du XVIe siècle. (A. TOUGARD).	473
Young (B.-Edw). Michel Baron acteur et auteur dramatique. (A. PRAT).	188

LITTÉRATURE CONTEMPORAINE.

Bourdeau (J.). Poètes et humoristes de l'Allemagne. (L. GUÉRIN).	229
Dumesnil (G.). L'âme et l'Evolution de la littérature des Origines à nos jours. (L. SILVY).	268
Gaidoz (H.). Pour le centenaire de G. Zeuss. (DOTTIN).	669
Lanson (G.). Mélanges d'Histoire littéraire. (A. BOUÉ).	391
Leopardi (G.). Choix d'Œuvres en prose. (J. LAURENTIE).	350

	Pag.
Lettres d'Elvire à Lamartine [éd. par R. Doumic]. (P. HERVELIN)	168
Loménie (Ch. de). Trois années de la vie de Châteaubriand. (D. MEUNIER)	21
Maréchal (Chr.). Lamennais et Victor Hugo. (H. HERVELIN)	552
Mariotte (E.). Chants de guerre. (F. PLESSIS)	136
Pachalery (A.). Anthologie des prosateurs et des poètes français du XIXe siècle. 1 Prosateurs. (D. ROLAND-GOSSELIN)	113
Sarrazin (G.). Les Grands poètes romantiques de la Pologne. (P. MONET)	555
Schopenhauer (A.). Ecrivains et styles. (P. HERVELIN)	251

ENSEIGNEMENT. PÉDAGOGIE.

Anthiaume (l'Abbé). Le Collège du Havre. (A. TOUGARD)	113
Boyer (P.) et **Spéranski** (N.). Manuel pour l'étude de la langue russe (P. HERVELIN)	652
Brückner (Alex.). Geschichte des Russischen Litteratur. (P. MONET)	654

HISTOIRE ANCIENNE.

Arbois de Jubainville (H.). La famille celtique. (DOTTIN)	53
Colin (G.). Rome et la Grèce de 200 à 146 av. J.-C. (ANDRÉ BAUDRILLART)	309
Glotz (G.). Etudes sociales et juridiques sur l'antiquité grecque. (ANDRÉ BAUDRILLART)	
Tourville (H. de.). Histoire de la formation particulariste. L'Origine des grands peuples actuels. (L. DE LACGER)	351

HISTOIRE DU MOYEN-AGE.

Annales de Flodoart [éd. P. Lauer] (E. LESNE)	616
Chroniques et Annales de Gilles le Muisit [éd. H. Lemaître]. (R. P.)	563
Diehl (Ch.). Etudes Byzantines. (A. VOGT)	212
— Figures Byzantines. (A. V.)	558
Dubrulle (H.). Cambrai à la fin du Moyen-Age. (G. MOLLAT)	213
Georgii Monachi Chronicon [éd. C. de Boor]. (A. V.)	231
Jean le Bel. Chronique. (H. GAILLARD)	594
Lettres de Charles VIII roi de France. T. V. (H. GAILLARD)	332
Luchaire (A.). Innocent III et la Croisade des Albigeois. (A. LESORT)	121

	Pag.
Mirot (L.). Les Insurrections urbaines au début du règne de Charles VI. (H. GAILLARD)	397
— Isabelle de France reine d'Angleterre	480
Moëller (Ch.). Histoire du Moyen-Age depuis la chute de l'Empire romain jusqu'à la fin de l'Epoque franque. (R. P.)	393
Neumann (C.). La situation mondiale de l'Empire Byzantin. (A. VOGT)	660
Périer (J.). Vie d'Al-Hadjdjâdj Ibn Yousof. (J. LABOURT)	394
Procopii Caesariensis opera omnia [éd. J. Haury]. De Bellis. (A. V.)	231
Samaran (Ch.). et **Mollat** (G.). La fiscalité pontificale en France au XIVe siècle. (JEAN GUIRAUD)	601

HISTOIRE MODERNE.

Barine (Arvède). Louis XIV et la Grande Mademoiselle. (H. CARRU)	150
Bildt (Baron de). Christine de Suède et le Conclave de Clément X. (H. GAILLARD)	192
Gess (Fel.). Akten und Briefe zur Kirchenpolitik Herzog Georgs von Sachsen. (J. PAQUIER)	441
Haumant (E.). La Russie au XVIIIe siècle. (P. MONET)	619
Horn (Em.). François Rakoczi II, prince de Transylvanie. (H. GAILLARD)	126
Marion (M.). Le Garde des Sceaux Lamoignon et la Réforme judiciaire de 1788. (ALFRED BAUDRILLART)	355
Scelle (G.). La Traite Négrière aux Indes de Castille. (ALFRED BAUDRILLART)	564
Walizewski (K.). La Crise Révolutionnaire. (P. MONET)	617

HISTOIRE CONTEMPORAINE.

Bittard des Portes (A.). L'Insurrection de Lyon en 1793. — Le siège et l'expédition du Forez. (ANDRÉ LE GLAY)	516
Bliard (P.). Le Conventionnel Prieur de la Marne en mission dans l'Ouest. (L. LESCŒUR)	290
Chuquet (Arth.). Dugommier — Un prince Jacobin Charles de Hesse. (R. GUYOT)	51
— (L. MADELIN)	484
Correspondance du comte de Jaucourt avec le prince de Talleyrand pendant le Congrès de Vienne. (L. MADELIN)	103

	Pag.		Pag.
Correspondance du duc de Lauzun (Général Biron) [éd. Cte de Lort de Sérignan]. (J. RAMBAUD)	621	**Dard** (E.). Un épicurien sous la Terreur. Hérault de Séchelles. (B. DE LACOMBE)	597
Debidour (A.). L'Eglise Catholique et l'Etat sous la troisième République. (A BAUDRILLART).	361	**Denis** (Fr.). Christian Garnier. (D. L. GUILLOREAU)	635
Delarue (P.). Le Clergé et le culte catholique en Bretagne pendant la Révolution, district de Dol. (A. ROUSSEL)	54	**Du Breil de Pontbriand** (Vte.). Un Chouan, le général de Boisguy. (R. GUYOT)	234
Doguereau (Jean-Pierre). Journal de l'Expédition. d'Egypte. [Ed. par le Cte. de la Jonquière]. (R. GUYOT)	171	**Guillemot** (Et.). Les forêts de Senlis. (H. GAILLARD)	596
		Halgouët (Vte H. du). Essai sur le Porhoët. (A. ROUSSEL)	664
Esmein (A.). Gouverneur Morris; un témoin américain de la révolution française. [DE L. DE L.]	661	**Mell** (R.). Abhandlungen zur Geschichte der Landstände ein Erzbistume Salzburg. T. I. (J. PAQUIER)	515
Glachant (V.). Benjamin Constant sous l'œil du guet. (CH. M. DES GRANGES.)	334	**Parisot** (Ed.). Un éducateur mystique. Jean Frédéric Oberlin. (P. MONET)	170
Gossart (Ern.). L'Auberge des Princes en exil. (H. GAILLARD).	24	**Rastoul** (A.). Le Père Ventura. (A. LARGENT)	501
Lacroix (D.). Guerre des Vendéens. (A. ROUSSEL)	358	**Saint-Simon** Mémoires. T. XVII-XVIII. (A. INGOLD)	72
La Forest (Cte de) Correspondance. T. I. [éd. G. de Grandmaison]. (ALF. BAUDRILLART).	518	**Zangmeister** (R.). et **Jacobs** (E.). Theodor Mommsen. (E. MAYNIAL)	524

ARCHÉOLOGIE. ÉPIGRAPHIE. BEAUX-ARTS.

	Pag.
Madelin (L.). La Rome de Napoléon. (G. DAUMET)	64
Maricourt (Baron de.). En Marge de notre Histoire. (L. MADELIN)	87
Ollivier (Em.). L'Empire libéral. T. XI. (DE L. DE L.)	523
Sers (Baron de). Souvenirs [éd. H. Sers et R. Guyot]. (L. MADELIN)	520
Servières (G.). L'Allemagne sous Napoléon. (R. GUYOT)	173
Stenger (G.). La société française pendant le Consulat (2ᵉ série). (R. GUYOT)	172

BIOGRAPHIES. MONOGRAPHIES. MÉMOIRES.

	Pag.
Andegaviana (4ᵉ), par Uzureau. (A. ROUSSEL)	624
Beaucaron (R. de.). Souvenirs anecdotiques et historiques d'anciennes familles champenoises et bourguignonnes. (J. LAURENTIE)	530
Brémond (H.). Newman. (D. SABATIER)	401
Brülhart (Frid.). La Seigneurie et la paroisse de Font. (J. GAUDEUL)	16
Cardon (H.). Extraits du Journal de Charles de Croix, chanoine de l'Eglise collégiale de Saint-Quentin. (A. LESORT)	254

	Pag.
Bréhier (L.). Les basiliques chrétiennes. Les Eglises byzantines, romanes, gothiques. (L. BORDET)	175
Colin (G.). Le culte d'Appollon Pythien Athènes. (ANDRÉ BAUDRILLART)	156
Deonna (W.). Les statues de terre cuite en Grèce. (ANDRÉ BAUDRILLART)	662
Eudel (F.). Dictionnaire des bijoux de l'Afrique du Nord. (E. MAYNIAL)	445
Foucart (P.). Le sénatusconsulte de Thisbé. (P. VIREY)	379
Fougères (G.). Guide Joanne. Grèce: I. Athènes et ses environs. (ET. MICHON)	294
Gaspar (C.). Olympia. (C. E. R.)	216
Gaudillière (M.). Contributions à l'histoire de l'église de Louhans. (H. P.)	453
Gautier (J. E.) et G. **Lampre**. Fouilles de Moussian. (F. MARTIN)	237
Guimet (E.). Conférences faites au Musée Guimet, t. XVII. (P. BUGNICOURT)	629
Guiraud (J.). Questions d'histoire et d'archéologie chrétienne. (H. CARRU)	560
Inscriptions de Summer et d'Akkad [transcrip. et trad. F. Thureau-Dangin]. (H. G.)	568
Joret (Ch.). L'Helléniste Anssé	

	Pag.		Pag.
de Villoison et la Provence. (A. DUPOUY)...	412	mischen Kaiserzeit. (P. CAMUSET)...	235
Kyriale seu Ordinarium missae cum cantu Gregoriano. (H. VILLETARD)...	447	**Mission scientifique** du Bourg de Bozas. De la mer Rouge à l'Atlantique à travers l'Afrique tropicale. (H. F.)...	455
Lechat (H.). La sculpture attique avant Phidias. (E. MICHON).	106	**Pinon** (R.). L'empire de la Méditerranée. (H. F.)...	634
Merlin (A.). L'Aventin dans l'antiquité. — Les revers monétaires de l'empereur Nerva. (J. ZEILER)...	637	**Stein** (H.) et **Le Grand** (L.). La frontière d'Argonne. (H. GAILLARD)...	233
Rodochanachi (E.). Le Capitole romain antique et moderne. (ANDRÉ BAUDRILLAT)...	194	ROMANS. PUBLICATIONS DIVERSES.	
Teï-San. Notes sur l'art japonais : La peinture et la sculpture. (A. G.)...	195	**Baumann** (A. T.). Les martyrs de Lyon. (P. HERVELIN)...	210
— La Sculpture et la ciselure. (A. G.)...	489	**Bertsch** (H.). Frère et sœur. (P. MONET)...	670
GÉOGRAPHIE. VOYAGES. SCIENCES NATURELLES.		**Delaunay** (Dr P.). Le Monde médical parisien au XVIIIe siècle. (B. F.)...	528
Chéradame (A.). La colonisation et les colonies allemandes. (H. SOULÈS)...	626	**Godard** (A.). Le tocsin national. (A. LE GLAY)...	487
Darcy (J.). France et Angleterre. Cent ans de rivalité coloniale. — L'Afrique. (H. FROIDEVAUX)...	144	**Graux** (Ch.). Correspondance d'Espagne. (C. E. RUELLE)...	435
Hettner (A.). Das Europaische Russland. (L. DE. LACGER)..	274	**Joran** (Th.) Le mensonge du féminisme. (P. HERVELIN)...	228
Ilberg (J.). Aus Galens Praxis ; ein Kulturbild aus der Rö-		**Le Secret** de la Franc-Maçonnerie. (ALFRED BEAUDRILLART).	25
		Mezières (A.). Au temps passé. (A. BOUÉ)...	315
		Terrade (Ém.). Études d'âmes. Le vrai féminisme. (A. C.)...	437

CHRONIQUES.

P. 98, 139, 180, 199-200, 399-400, 420, 459-460, 496-497, 534-535, 575-577, 598-599, 536-638, 674.

CHRONIQUE D'EGYPTE, par PHILIPPE VIREY............ 491

VARIÉTÉS.

L'Ancienne Version Syriaque des Evangiles, par H. DUMAINE..... 26

Une tentative de critique hagiographique au XVIe siècle, par A. TOUGARD........... 652

ACADÉMIE DES INSCRIPTIONS ET BELLES-LETTRES.

Séances des 24 novembre et 1er décembre, p. 20. — des 8 et 15 décembre, p. 39. — des 22 et 29 décembre, du 5 janvier 1907, p. 59. — du 12 janvier, p. 79. — du 19 janvier, p. 100. — du 26 janvier, des 2 et 9 février, p. 118. — du 16 février, p. 140. — du 23 février, p. 160. — du 2 mars, p. 180. — des 9, 16 et 23 mars, p. 219. — du 30 mars, p. 260. — du 6 avril, p. 299. — du 20 avril, p. 300. — du 27 avril, p. 320. — des 4 et 11 mai, p. 359-360. — des 18 et 23 mai, p. 497-499. — des 1, 8, 15, 22, 29 juin, p. 535-538. — des 6, 20, 28 juillet, p. 538-540. — du 3 aout, p. 577. — du 10 août, p. 599-600. — des 17 et 24 aout, p. 638. — des 31 août et 7 septembre, p. 639-640. — des 14, 21 et 28 septembre, p. 675. — du 5 octobre, p. 676-677. — des 12 octobre, p. 677-678. — du 19 octobre, p. 678-679.

BIBLIOGRAPHIE.

P. 17, 36, 76, 95, 115, 136, 157, 177, 197, 217, 238, 257, 279, 296, 316, 417, 457, 532.

AVIS AU LECTEUR 641

ERRATA.

P. 40, p. 340, p. 574, p. 679.

27ᵉ Année   Nº 1   5 Janvier 1906

BULLETIN CRITIQUE

Paraissant les 5, 15 et 25 de chaque mois

SOUS LA DIRECTION DE MM.

A. BAUDRILLART, E. BEURLIER, L. DUCHESNE, membre de l'Institut,
L. LESCŒUR, H. THÉDENAT, membre de l'Institut

Secrétaire de la rédaction : M. Bernard FAULQUIER

Deuxième série. — Tome XII

Les abonnements sont d'un an et partent du 1ᵉʳ janvier

FRANCE, ALGÉRIE ET TUNISIE............ **10 fr.** || ÉTRANGER ET COLONIES................ **12 fr.**

Un Numéro : Cinquante centimes

ADRESSER LES COMMUNICATIONS CONCERNANT LA RÉDACTION

au secrétaire, 2, rue de Villersexel, Paris,

et les livres à la Librairie Fontemoing

SOMMAIRE

1. E. JACQUIER. Histoire des livres du Nouveau Testament. *A. Roussel.*
— 2. P. SUAU. Saint François de Borgia. *H. Gaillard.* — 3. COLAJANNI. Latins et Anglo-Saxons : races supérieures et races inférieures. *L. de Lacger.* — 4. F. DAVID. Esquisse de la Science du Bonheur. *H. Villassère.* — 5. NOVICOW. La justice et l'expansion dans la vie. *H. Beaune.* — 6. E. PILASTRE. Lexique sommaire de la langue du duc de Saint-Simon. *J. Charles.* — 7. Ch. GIDE. Les Institutions de progrès social au début du xxᵉ siècle. *B. R.* — 8. Ch. GIDE. Les Sociétés coopératives de consommation. *B. R.* — 9. F. BRÜLHART. La Seigneurie et la paroisse de Font. *J. Gaudeul.* — BIBLIOGRAPHIE. — ACADÉMIE DES INSCRIPTIONS ET BELLES-LETTRES.

PARIS

ANCIENNE LIBRAIRIE THORIN ET FILS

ALBERT FONTEMOING, ÉDITEUR

LIBRAIRE DES ÉCOLES FRANÇAISES D'ATHÈNES ET DE ROME,
DU COLLÈGE DE FRANCE ET DE L'ÉCOLE NORMALE SUPÉRIEURE

4, RUE LE GOFF, 4

La Librairie A. Fontemoing se charge de fournir aux meilleures conditions tous les ouvrages français et étrangers que pourraient désirer les abonnés du Bulletin Critique.

ANCIENNE LIBRAIRIE THORIN ET FILS
ALBERT FONTEMOING, Éditeur
RUE LE GOFF, 4, A PARIS

MÉMOIRES

M.-H. WEIL

Le prince Eugène et Murat. — Opérations militaires — Négociations diplomatiques (1813-1814). Ouvrage honoré d'une souscription du Ministère de la Guerre. 5 forts volumes in-8, ornés de cartes. . . . . 47 »
(Chaque volume se vend séparément).
T. I : 10 fr. ; T. II : 10 fr. ; T. III : 12 fr. : T. IV : 12 fr. ; T. V : 3 fr.

Mémoires du Général-Major russe Baron de Lowenstern (1776-1858). — Publiés d'après le manuscrit original et annotés. Ouvrage honoré d'une souscription du Ministère de la Guerre, 2 beaux volumes in-8. . . . . 15 »
(Chaque volume se vend séparément).
Tome I (1776-1812), avec un portrait en héliogravure. 7 50
Tome II (1813-1858), avec un portrait en héliogravure et une carte dans le texte. 7 50

Mémoires du Général Govone (1848-1870), mis en ordre et publiés par son fils le chevalier U. GOVONE. — Traduit de l'italien par le commandant M.-H. WEIL. — Edition française augmentée de documents inédits. — Préface de M. Jules CLARETIE, de l'Académie Française, avec portrait et une carte. Un fort volume. 10 »

ARTHUR CHUQUET de l'Institut

Études d'Histoire. — 1ʳᵉ SÉRIE : *Bayard à Mézières* ; *la Sœur de Gœthe* ; *L'Affaire Abbatucci* ; *le Révolutionnaire Georges Forster*. Un volume. . . 10 »
2ᵉ SÉRIE : *Le Commandant Poincaré* ; *Adam Lux* ; *Klopstock et la Révolution Française* ; *Berlèche dit la Bretèche*. Ouvrage honoré de plusieurs souscriptions. Un volume. 3 50
Dugommier (1738-1794), portrait et cartes. Un volume in-8. . . . . 7 50
Charles de Hesse ou le général Marat, un Prince Jacobin. 7 50

LÉON-G. PÉLISSIER

Le portefeuille de la Comtesse d'Albany (1806-1824). — Lettres mises en ordre et publiées avec un portrait. Un volume in-8. . . . . 10 »
Lettres inédites de la Comtesse d'Albany à ses amis de Sienne (1797-1820). — tome premier formera 2 volumes. 7 50

Lieutenant-Colonel CLERC

Capitulation de Baylen. — *Causes et Conséquences*, d'après les archives espagnoles et les archives françaises de la Guerre, Nationales et des Affaires Étrangères, avec deux cartes. Ouvrage honoré d'une souscription du Ministère de la Guerre. Un volume in-8. . . . . 7 50

PAUL FRIEDMANN

Lady Anne Boleyn. Traduction de l'anglais par MM. LUGNÉ-PHILIPPON et DAUPHIN MEUNIER, 2 beaux volumes . . . . 7 »
(Chaque volume se vend séparément).
Tome I. — *Vers le Schisme*. 3 50
Tome II. — *Après le Schisme*. 3 50

SÉNAC DE MEILHAN

L'Émigré. — Publié par MM CASIMIR STRYIENSKI et FRANTZ FUNCK-BRENTANO. Contenant un portrait d'après une gravure du Cabinet des Estampes (Bibliothèque Nationale). Un fort volume in-8. . . . . 7 50

HENRI SERS ET RAYMOND GUYOT

Mémoires du Baron Sers. (1786-1862), publiés d'après le manuscrit original avec une introduction et des notes, contenant un portrait d'après une miniature. Un fort volume in-8. . . . . 7 50

ANCIENNE LIBRAIRIE THORIN ET FILS
ALBERT FONTEMOING, Éditeur
RUE LE GOFF, 4, A PARIS

Vient de paraître :

GUSTAVE VASA
ET
LA RÉFORME EN SUÈDE

ESSAI HISTORIQUE

Par JULES MARTIN
Prêtre de Saint-Sulpice
Ancien professeur d'histoire ecclésiastique
du séminaire de Saint-Sulpice

Un fort volume in-8. . . . . 10 fr.

ANNALES DE L'UNIVERSITÉ DE LYON
Nouvelle Série
II. **Droits, Lettres.** — Fascicule 15

SOPHOCLE

ÉTUDES SUR LES RESSORTS DRAMATIQUES DE SON THÉATRE
ET LA COMPOSITION DE SES TRAGÉDIES

Par F. ALLÈGRE
Professeur à l'Université de Lyon

Un fort volume grand in-8. . . . . 8 fr.

ANCIENNE LIBRAIRIE THORIN ET FILS
ALBERT FONTEMOING, Éditeur
RUE LE GOFF, 4, A PARIS

MONSEIGNEUR L. DUCHESNE
MEMBRE DE L'INSTITUT, DIRECTEUR DE L'ÉCOLE FRANÇAISE DE ROME

Vient de paraître :

HISTOIRE ANCIENNE DE L'ÉGLISE
— TOME I —

(Nouvelle édition des Origines Chrétiennes)

Un fort volume in-8 . . . . 8 fr.

Cet ouvrage formera 3 volumes

PRÉFACE. — Ch. I. L'empire romain patrie du christianisme. — Ch. II. La primitive église à Jérusalem. — Ch. III. — Antioche et les missions de S. Paul. — Ch. IV. Le chrétien dans l'âge apostolique. — Ch. V. Origine de l'église romaine. — Ch. VI. Les premières hérésies. — Ch. VII. L'épiscopat. — Ch. VIII. Le christianisme et la légalité. — Ch. IX. La fin du judéo-christianisme. — Ch. X. Les livres chrétiens. — Ch. XI. Le gnode et le Marionisme. — XII. Propagande et apologie au IIe siècle. — Ch. XIII. L'église romaine de Néron à Commode. — Ch. XIV. Les Églises au IIe siècle. — Ch. XV. Le montanisme. — Ch. XVI. La question pascale. — Ch. XVII. Les conflits romains. — Hippolyte. — Ch. XVIII. L'école chrétienne d'Alexandrie. — Ch. XIX. L'église et l'état au IIIe siècle. — Ch. XX. L'Afrique chrétienne, l'Église romaine au milieu du IIIe siècle. — Cyprien. — Ch. XXI. L'Orient chrétien jusqu'à Dèce. — Ch. XXII. Paul de Samosate. — Ch. XXIII. — Denys d'Alexandrie. — Ch. XXIV. La théologie en Orient après Origène et Paul de Samosate. — Ch. XXV. Les mœurs chrétiennes. — Ch. XXVI. La société chrétienne. — Ch. XXVII. La résistance au christianisme à la fin du IIIe siècle.

Vient de paraître :

JAMES DE CHAMBRIER

De Sébastopol à Solférino

APOGÉE DU SECOND EMPIRE

Un volume in-18 . . . . 3 fr. 50

IMPRIMERIE GÉNÉRALE DE CHATILLON-SUR-SEINE. — A. PICHAT.

27ᵉ Année   Nᵒˢ 35-36   15-25 Décembre 1906

BULLETIN CRITIQUE

Paraissant les 5, 15 et 25 de chaque mois

SOUS LA DIRECTION DE MM.

A. BAUDRILLART, E. BEURLIER, L. DUCHESNE, Membre de l'Institut,
L. LESCŒUR, H. THÉDENAT, Membre de l'Institut

Secrétaire de la rédaction : M. Marcel THIBAULT

Deuxième série. — Tome XII

Les abonnements sont d'un an et partent du 1ᵉʳ janvier

FRANCE, ALGÉRIE ET TUNISIE............ **10 fr.** || ÉTRANGER ET COLONIES............ **12 fr.**

Un Numéro : Cinquante centimes.

ADRESSER LES COMMUNICATIONS CONCERNANT LA RÉDACTION
au secrétaire, 1, rue Le Goff, Paris,
et les livres à la Librairie Fontemoing

SOMMAIRE

AVIS AUX LECTEURS. — 211. BEHA-ULLAH. Les préceptes du Béhaïsme. *J. Périer*. — 212. S. REYNAUD. La question sociale et la civilisation païenne ; — P. FÉLIX. L'équivoque démocratique ; — La nation belge. *H. Beaune*. — 213. J. VESSEREAU. Aetna. *C. E. R.* — 214. Une tentative de critique hagiographique au XVIᵉ siècle. *A. Tougard*. — 215. P. BOYER et N. SPÉRANSKI. Manuel pour l'étude de la langue russe ; — Alex. BRÜCKNER. Geschichte der russichen litteratur. *Pascal Monet*. — 216. G. SARRAZIN. Les grands poètes romantiques de la Pologne. *P. Hervelin*. — 217. A. MERLIN. L'Aventin dans l'antiquité ; — Les revers monétaires de l'empereur Nerva. *J. Zeiller*. — 218. Carl NEUMANN. La situation mondiale de l'Église byzantine avant les croisades. *A. Vogt*. — 219. A. ESMEIN. Gouverneur Morris, un témoin américain de la Révolution française. *De L. de L.* — 220. W. DEONNA. Les statues de terre cuite en Grèce. *André Baudrillart*. — 221. Vicomte H. DU HALGOUËT. Essai sur le Porhoët. *A. Roussel*. — VARIÉTÉS : XXIII. Th. DUBOT. Preuves de l'existence de Dieu. *H. Pradel* ; — XXIV. G. AMADORI-VIRGILI. Il sentimento imperialista. *H. B.* ; — XXV. H. GAIDOZ. Pour le centenaire de Gaspar Zeuss. *G. Dottin* ; — XXVI. Hugo BERTSCH. Frère et sœur. *P. M.* ; — XXVII. H. LEROY. Jésus-Christ, sa vie, son temps. *R. Sainte-Croix* ; — XXVIII. CHATEAUBRIAND. Atala (éd. V. Giraud et J. Girardin). *G. Michaut*. — CHRONIQUE. — ACADÉMIE DES INSCRIPTIONS ET BELLES-LETTRES. — ERRATUM.

PARIS

ANCIENNE LIBRAIRIE THORIN ET FILS

ALBERT FONTEMOING, ÉDITEUR

LIBRAIRE DES ÉCOLES FRANÇAISES D'ATHÈNES ET DE ROME,
DE L'INSTITUT FRANÇAIS D'ARCHÉOLOGIE ORIENTALE DU CAIRE,
DU COLLÈGE DE FRANCE ET DE L'ÉCOLE NORMALE SUPÉRIEURE

4, RUE LE GOFF, 4

La Librairie A. FONTEMOING se charge de fournir aux meilleures conditions tous les ouvrages français et étrangers que pourraient désirer les abonnés du Bulletin Critique

ANCIENNE LIBRAIRIE THORIN ET FILS
ALBERT FONTEMOING, Éditeur
RUE LE GOFF, 4, A PARIS

BIBLIOTHÈQUE DES ÉCOLES FRANÇAISES D'ATHÈNES ET DE ROME

DEUXIÈME SÉRIE (format grand in-4º raisin, sur deux colonnes), publiée ou analysée d'après les manuscrits originaux du Vatican et de la Bibliothèque nationale. — Le prix de souscription est établi à raison de 60 centimes par chaque feuille de texte et 1 fr. par planche de fac-similé. Aucun fascicule n'est vendu séparément.

ÉTAT DE LA PUBLICATION AU 1ᵉʳ janvier 1907

OUVRAGES EN COURS DE PUBLICATION

6° **LE LIBER CENSUUM DE L'ÉGLISE ROMAINE,** texte, introduction et notes, par M. Paul Fabre, ancien membre de l'Ecole française de Rome. — *N. B.* Cet ouvrage formera environ 130 à 150 feuilles, divisées en deux volumes. — Les cinq premiers fascicules ont paru. Prix : **57 fr. 15.** Le sixième fascicule est en préparation.

9° **LES REGISTRES DE GRÉGOIRE IX** (1227-1241), par M. L. Auvray, archiviste-paléographe, ancien membre de l'Ecole française de Rome. — Cet ouvrage formera trois volumes et sera publié par livraisons de 15 à 20 feuilles environ. — L'ouvrage complet formera environ 151 à 160 feuilles. — Les sept premiers fascicules, dont cinq forment le tome Iᵉʳ complet, sont en vente. Prix : **88 fr. 80.** — Le dixième fascicule est sous presse.

1° **LES REGISTRES D'INNOCENT IV** (1243-1254), par M. Élie Berger, ancien membre de l'Ecole française de Rome. — L'Académie des Inscriptions et Belles-Lettres a décerné à l'auteur, pour cet ouvrage, le *Premier Prix Gobert* (séance du 1ᵉʳ juin 1888). — *N. B.* Ce grand ouvrage paraît par fascicules de 20 à 25 feuilles. Il se composera de 270 à 300 feuilles environ, formant 4 beaux volumes. — Les tables, formant un volume à part, sont en cours de publication. Prix des trois premiers volumes : **115 fr. 50.**

15° **LES REGISTRES D'ALEXANDRE IV** (1254-1261), par MM. Bourel de la Roncière, de Loye et Coulon, anciens membres de l'Ecole française de Rome. — Les Registres d'*Alexandre IV* formeront deux volumes. — Ils seront publiés par fascicules de 15 à 20 feuilles environ. — L'ouvrage entier se composera de 200 feuilles environ. — Les quatre premiers fascicules ont paru. Prix : **36 fr. 75.** — Le cinquième fascicule est sous presse.

13° **LES REGISTRES D'URBAIN IV** (1261-1264), par M. J. Guiraud, ancien membre de l'Ecole française de Rome. — Cet ouvrage formera trois volumes dont un est occupé par le Registre dit Caméral. — L'ouvrage complet formera 160 à 180 feuilles environ. — Le *Registre dit Caméral* (tome I complet) a paru. — Les quatre premiers fascicules du *Registre ordinaire* (tome II complet), les cinquième, sixième, septième et huitième fascicules (tome III complet) le neuvième fascicule ont paru. Prix total : **93 fr. 45.** — Sous presse le dixième fascicule.

11° **LES REGISTRES DE CLÉMENT IV** (1265-1268), par M. Edouard Jordan, ancien membre de l'Ecole française de Rome. — Cet ouvrage formera un volume, et sera publié par fascicules de 15 à 20 feuilles environ. L'ouvrage complet formera 70 feuilles environ. — Les quatre premiers fascicules ont paru. Prix : **33 fr.** — Le cinquième fascicule est sous presse.

12° **LES REGISTRES DE GRÉGOIRE X ET DE JEAN XXI** (1271-1277), par MM. J. Guiraud et L. Cadier, anciens membres de l'Ecole française de Rome. — Les *Registres de Grégoire X et de Jean XXI* (réunis en une seule publication) formeront un beau volume. — Ils seront publiés par fascicules de 15 à 20 feuilles environ. — L'ouvrage entier se composera de 60 feuilles environ. — Les quatre premiers fascicules ont paru. Prix : **37 fr. 90.** — Le cinquième fascicule est sous presse.

14° **LES REGISTRES DE NICOLAS III** (1277-1280), par M. Jules Gay, ancien membre de l'Ecole française de Rome. — Cet ouvrage formera un volume et paraîtra en quatre fascicules. — Il formera environ 60 feuilles comprenant, avec les bulles, une introduction, un appendice et les tables. — Les deux premiers fascicules ont paru. Prix : **15 fr. 60.** — Le troisième fascicule est sous presse.

16° **LES REGISTRES DE MARTIN IV** (1281-1285), par les Membres de l'Ecole française de Rome. *Les Registres de Martin IV* formeront un volume et paraîtront en quatre fascicules. — L'ouvrage formera environ 80 feuilles. — Le premier fascicule a paru. Prix : **8 fr. 40.** Le deuxième fascicule est sous presse.

ANCIENNE LIBRAIRIE THORIN ET FILS
ALBERT FONTEMOING, Éditeur
RUE LE GOFF, 4, A PARIS

4° **LES REGISTRES DE BONIFACE VIII** (1294-1303). Par MM. Georges Digard, Maurice Faucon et Antoine Thomas, anciens élèves de l'Ecole des Chartes, membres de l'Ecole française de Rome. — Cet ouvrage formera 3 volumes et sera publié en 260 feuilles de texte environ. — Les trois premiers fascicules, le cinquième, le sixième, le septième huitième et le neuvième sont en vente. Le quatrième est sous presse. Prix des huit fascicules : **76 fr. 60**.

OUVRAGES TERMINÉS

2° **LES REGISTRES DE BENOIT XI** (1303-1304). Par M. Ch. Grandjean, ancien membre de l'Ecole française de Rome. — Un beau volume........ **60 fr**.

3° **LE LIBER PONTIFICALIS**, texte, introduction et commentaires, par Monseigneur L. Duchesne, membre de l'Institut, directeur de l'Ecole française de Rome. 2 beaux volumes in-4 raisin, *avec un plan de l'ancienne Basilique de Saint-Pierre et sept planches en héliogravure* (Epuisé)......... **200 fr**.

5° **LES REGISTRES DE NICOLAS IV** (1288-1292). Par M. Ernest Langlois, ancien membre de l'Ecole française de Rome. — Deux volumes. **100 fr**.

7° **LES REGISTRES D'HONORIUS IV** (1285-1287), Recueil des bulles de ce pape, publiées ou analysées d'après les manuscrits originaux des archives du Vatican, par M. Maurice Prou. Un beau volume grand in-4 raisin........... **50 fr**.

8° **LA NÉCROPOLE DE MYRINA**, Fouilles exécutées au nom de l'Ecole française d'Athènes de 1880 à 1882, par MM. E. Pottier, Salomon Reinach, et A. Veyries. Texte et notices par MM. Edm. Pottier et S. Reinach. — Ce magnifique ouvrage forme deux beaux volumes grand in-4, dont un de texte, et un de 52 planches en héliogravure, tirées sur papier de Chine............ **120 fr**.
Ouvrage couronné par l'Institut (**Prix Delalande-Guerineau**).

10° **FOUILLES DANS LA NÉCROPOLE DE VULCI**, par M. Stéphane Gsell, ancien membre de l'Ecole française de Rome. Un beau volume grand in-4 de 568 pag. avec 104 vignettes dans le texte, une carte et 23 pl.... **40 fr**.

N. B. Les numéros placés en tête des ouvrages ci-énoncés indiquent l'ordre dans lequel ces ouvrages sont publiés dans la collection.

3e SÉRIE — Format grand in-4° raisin — XIVe SIÈCLE

LETTRES DES PAPES D'AVIGNON
SE RAPPORTANT A LA FRANCE
PUBLIÉES OU ANALYSÉES D'APRÈS LES REGISTRES DU VATICAN
PAR LES
ANCIENS MEMBRES DE L'ÉCOLE FRANÇAISE DE ROME

TABLEAU DE LA PUBLICATION

1° **Jean XXII** (1316-1334). M. Coulon, ancien membre de l'Ecole française de Rome, archiviste aux archives nationales. (*Quatre fascicules parus*)........ **52 fr. 50**
— M. Mollat, ancien chapelain de Saint-Louis-des-Français à Rome. (*Huit fascicules parus*) Tomes I, II, III, IV..... **120 fr. 45**

2° **Benoit XII** (1334-1342), M. Daumet, ancien membre de l'Ecole française de Rome, archiviste aux archives nationales. (*Deux fascicules parus*)......... **23 fr. 40**
— M. Vidal, ancien chapelain de Saint-Louis-des-Français à Rome. (*Complet en deux volumes, fascicules I à IV*)..... **72 fr. 50**

3° **Clément VI** (1342-1352) M. Deprez, ancien membre de l'Ecole française de Rome. (*Le premier fascicule est paru*). **16 fr. 80**

4° **Innocent VI** (1352-1362), M. Deprez, membre de l'Ecole française de Rome. (*En préparation*).

5° **Urbain V** (1362-1370), M. Lecacheux, ancien membre de l'Ecole française de Rome. (*Deux fascicules parus*)....... **24 fr**.

6° **Grégoire XI** (1370-1378). M. Mirot, ancien membre de l'Ecole française de Rome. (*Sous presse*).

ANCIENNE LIBRAIRIE THORIN ET FILS
ALBERT FONTEMOING, Éditeur
RUE LE GOFF, 4, A PARIS

BIBLIOTHÈQUE DES UNIVERSITÉS DU MIDI
— FASCICULE XII —

HÉSIODE
ET
SON POÈME MORAL
Par **Pierre WALTZ**
Docteur ès-lettres

In-8... 10 fr

DE ANTIPATRO SIDONIO
Par **Pierre WALTZ**

In-8... 5 fr.

ORIGINES DE LA COMMUNAUTÉ CONJUGALE
Par Jean ACHER

In-8... 1 fr.

L'édition de 1907 de l'**ANNUAIRE DE LA PRESSE** française et étrangère et du monde politique vient de paraître, 33, **rue Saint-André-des-Arts,** Paris. Sous la nouvelle direction de notre confrère M. Paul Bluysen, l'**annuaire** est complètement remanié et amélioré; il contient, outre des statistiques et documents professionnels, aussi étendus et exacts que possible, des innovations importantes : par exemple un memento des principaux faits politiques, littéraires, sportifs de 1906, qui sera consulté et utilement par tous; des tableaux comparatifs des **cours** de la **Bourse** et des **valeurs d'assurances**; une partie étrangère très développée; enfin, il fait connaître les **tarifs de publicité** d'un grand nombre de journaux. C'est le guide indispensable de l'homme d'affaires, autant que le répertoire du journalisme. — Un volume de 1.500 pages et portraits : par poste, **13 fr.**

IMPRIMERIE GÉNÉRALE DE CHATILLON-SUR-SEINE. — A. PICHAT.

www.ingramcontent.com/pod-product-compliance
Lightning Source LLC
Chambersburg PA
CBHW081141230426
43664CB00018B/2768